KARL MAY
Am Rio de la Plata

KARL MAY
Am Rio de la Plata

Verlag
Neues Leben
Berlin

Diese Ausgabe erscheint unter Zugrundelegung der 1894 im
Verlag Friedrich Ernst Fehsenfeld, Freiburg i. Br.,
herausgegebenen Originalfassung Karl Mays

ISBN 3-355-01337-4

© Verlag Neues Leben GmbH, Berlin 1992
Einband: Peter Nagengast (Reihengestaltung)
Jörn Hennig (Bildmotiv)
Lichtsatzherstellung: Interpress Hamburg
Lithographie: Lithoanstalt Liechtenstein
Druck und buchbinderische Weiterverarbeitung:
Chemnitzer Verlag und Druck GmbH, Werk Zwickau

I. In Montevideo

Ein kalter Pampero strich über die meerbusenartige Mündung des La Plata herüber und bewarf die Straßen von Montevideo mit einem Gemisch von Sand, Staub und großen Regentropfen. Man konnte nicht auf der Straße verweilen, und darum saß ich in meinen Zimmer des Hotels Driental und vertrieb mir die Zeit mit einem Buch, dessen Inhalt sich auf das Land bezog, welches ich kennen lernen wollte. Es war in spanischer Sprache geschrieben, und die Stelle, bei welcher ich mich jetzt befand, würde in deutscher Sprache ungefähr lauten:

„Die Bevölkerung von Uruguay und der argentinischen Länder besteht aus Nachkommen der Spanier, aus einigen nicht sehr zahlreichen Indianerstämmen und aus den Gauchos, welche zwar Mestizen sind, sich aber trotzdem als weiße betrachten und sich stolz auf diesen Titel fühlen. Sie vermählen sich meist mit indianischen Frauen und tragen dadurch das ihrige bei, die Bevölkerung des Landes wieder den Ureinwohnern zu nähern.

Der Gaucho hat in seinen Charakter die milde Entschlossenheit und den unabhängigen Sinn der Ureinwohner und zeigt dabei den Anstand, den Stolz, die edle Freimütigkeit und das vornehme, gewandte Betragen des spanischen Caballero. Seine Neigungen ziehen ihn zum Nomadenleben und zu abenteuerlichen Fahrten. Ein Feind jeden Zwangs, ein Verächter des Eigentums, welches er als eine unnütze Last betrachtet, ist er ein Freund glänzender Kleinigkeiten, welche sich mit großen Eifer verschafft, aber auch ohne Bedauern wieder verliert.

Er ist ferner ein kühner, todesmutiger Beschützer seiner Familie, welche er aber ebenso hart behandelt wie sich selbst; weil er unzählige Male betrogen worden ist, schlau aus Instinkt und Vorsicht, achtet er den Fremden, ohne ihn zu lieben, dient er dem Städter, ohne ihn zu achten, und hat niemals begreifen gelernt, wie man man in seine Heimat kommen konnte, um die auszubeuten, welche die seinigen geworden waren und von denen er nichts verlangte als den täglichen Lebensunterhalt, ohne sich um den vorhergehenden und den folgenden Tag zu kümmern.

Seit sich im Lande eine besitzende Klasse gebildet hat, ruht der Gaucho, welcher sich tapfer für die Befreiung vom spanischen Joch schlug, vom Sieg aus, hat niemals Belohnung verlangt und begnügt sich sich mit der bescheidenen Rolle, das Eigentum anderer zu schützen, wofür er nichts fordert, als daß man nie vergesse, daß er ein freier Mann sei und seine Dienste freiwillig leiste. Die Bewaffnung des Gaucho bildet der Lasso, ein langer, lederner Riemen mit einer Schlinge, die Bolas und im Fall des Krieges eine Lanze.

Der Ruhm des Gaucho besteht in der Geschicklichkeit, mit welcher er den Lasso wirft. Ein mehr als dreißig Fuß langer Riemen ist mit dem einem Ende am Schenkel des Reiters befestigt; das andere läuft in eine bewegliche Schlinge aus. Diese Schlinge wird um den Kopf geschlungen und nach dem fliehenden Tier geworfen. Trifft sie den Hals oder die Füße, so wird sie durch den Widerstand des Tieres zugezogen. Die Aufgabe des Pferdes ist nun, die Erschütterung des Riemens auszuhalten, bald nachzugeben, halb Widerstand zu leisten. Der Reiter versucht indes, das Tier nach einem Ort zu ziehen, wo er es niederwerfen kann. Diese Art des Schlingenwerfens, welche man *laceara muerte* nennt, ist sehr gefährlich und erfordert große Übung. Man hat viele Beispiele, daß durch die Bewicklung des Riemens dem Reiter die Beine zerbrochen worden sind. Der Lasso hängt beständig am Sattel des Gaucho. Widerspenstige Pferde, Ochsen, Hammel, alles wird mit der Schlinge gebändigt und gefangen.

Die Bolas sind drei am Riemen zusammenhängende Bleikugeln. Zwei werden um den Kopf geschlungen, die dritte aber festgehalten, bis man sicher ist, das Tier mit dem Wurf zu erreichen. Die Kugeln schlingen sich dann um die Beine desselben und bringen es zu Fall.

Die Hauptleidenschaft des Gaucho ist das Spiel; die Karten gehen ihm über alles. Aus den Fersen hockend, das Messer neben sich in die Erde gesteckt, um einen unehrlichen Gegner sofort mit einem Stich ins Herz bestrafen zu können, wirft er das Kostbarste, was er besitzt, in das Gras und wagt es kaltblütig.

In der Estanzia arbeitet der Gaucho nur, wenn es ihm gefällig ist, gibt seinen Dienstverhältnis ein Gepräge von Unabhängigkeit und würde es niemals dulden, daß sein Herr so unhöflich wäre, in ihm nicht die Eigenschaft eines Caballero anzuerkennen, deren er sich durch seine Bescheidenheit, sein anständiges, ja sein nobles Betragen und seine ruhige, Achtung einflößende Haltung würdig macht.

„Das sind allerdings zwei recht schöne, brauchbare Sachen, Geld und Einfluß. Sind Sie zu dem Zweck gekommen, mir beides zur Verfügung zu stellen?"

„Ich würde mich glücklich fühlen, wenn Sie die Gewogenheit haben wollten, diese meine Absicht nicht zurückzuweisen!"

Das war überraschend. Dieser Mann stellte mir seine gesellschaftlichen Verbindungen und auch seinen Geldbeutel zur Verfügung! Aus welchen Grund? Um das zu erfahren, sagte ich:

„Gut Señor, ich nehme beides an, vor allen Dingen das erstere."

„Also zunächst Kapital! Wollen Euer Hochwohlgeboren mir sagen, wie stark die Summe ist, deren Sie bedürfen?"

„Ich brauche augenblicklich fünftausend Pesos Fuertos."

Er zog sein Gesicht befriedigt in die Breite und sagte:

„Eine Kleinigkeit! Euer Gnaden können das Geld binnen einer halben Stunde haben, wenn wir über die kleinen Bedingungen einig werden, welche zu machen mir wohl erlaubt sein wird."

„Nennen Sie dieselben!"

Er trat nahe an mich heran, nickte mir sehr vertraulich zu und erkundigte sich:

„Darf ich vorher fragen, ob dieses Geld privaten oder offiziellen Zwecken dienen soll?"

„Nur privaten natürlich."

„So bin ich bereit, die Summe nicht etwa herzuleihen, sondern sie Euer Hochwohlgeboren, falls Sie es mir gestatten, dies tun zu dürfen, als ein Beweis meiner Achtung schenkweise auszuzahlen."

„Dagegen habe ich nicht das mindeste."

„Freut mich außerordenlich. Nur möchte ich Sie in diesem Fall ersuchen, Ihren Namen unter zwei oder drei Zeilen zu setzen, welche ich augenblicklich entwerfen werde."

„Welchen Inhalts sollen diese Zeilen sein?"

„O, es wird sich nur um eine Kleinigkeit, um eine wirkliche Geringfügigkeit handeln. Euer Hochwohlgeboren werden mir durch diese Namensunterschrift bestätigen, daß ich, Esquilo Anibal Andaro, Ihr Korps bis zu einer angegebenen Zeit und zu einem ganz bestimmten Preis mit Gewehren zu versehen habe. Ich bin in der glücklichen Lage, mich in einigen Tagen im Besitz einer hinreichenden Anzahl von Spencer-Gewehren zu befinden."

Jetzt war es mir klar, daß dieser Señor Schleicher mich mit einem Offizier verwechselte, dem ich vielleicht ein wenig ähnlich sah. Wahrscheinlich hatte er die löbliche Absicht, den Betreffenden durch das Geschenk von fünftausend Pesos zu bestechen, auf den Gewehrhandel einzugehen. Beim Schluß des nordamerikanischen Bürgerkriegs waren zirka zwanzigtausend Spencer-Gewehre in Gebrauch gewesen. Man konnte den Yankees recht gut zutrauen, daß sie einen Teil dieser Waffen nach den La Plata-Staaten, wo dergleichen damals gebraucht wurden, verkauft hatten. Bei diesen Handel konnte der Señor das Zehnfache des Geschenks, welches er mir anbot, herausschlagen.

Er hatte mich Oberst genannt. Wie kam ein Oberst dazu, über den Kriegsminister hinweg den Anlauf von Gewehren zu bestimmen? Wollte der Betreffende etwa als Libertador auftreten? Mit diesen Wort, zu deutsch Befreier, bezeichnet man am La Plata die Bandenführer, welche sich gegen das herrschende Regiment auflehnen. Dergleichen Leute hat die Geschichte jener südamerikanischen Gegenden sehr viel zu verzeichnen.

Die Sache war mir sehr interessant. Kaum hatte ich den Fuß auf das Land gesetzt, so bekam ich auch schon Gelegenheit einen Blick in die intimsten Verhältnisse desselben zu tun. Ich hatte große Lust, die Rolle meines Doppelgängers noch ein wenig weiter zu spielen, doch besann ich mich eines besseren. Natürlich hatte ich, bevor ich nach hier kam, mich über die hiesigen Verhältnisse möglichst unterrichtet, und so wußte ich, daß es für mich sehr gefährlich werden könne, meinen Besuch in seinem Irrtum zu belassen, nur um mich über Verhältnisse zu unterrichten, welche mir unbekannt bleiben mußten. Darum sagte ich ihm:

„Eine solche Schrift kann ich leider nicht unterzeichnen. Ich wüßte nicht, was ich mit den Gewehren machen sollte, da ich nicht die geringste Verwendung für dieselben habe."

„Nicht?" fragte er erstaunt. „Euer Hochwohlgeboren können in Zeit von einer Woche über tausend Mann beisammen haben!"

„Zu welchem Zweck?"

Er trat um zwei Schritte zurück, kniff das eine Auge zu, lächelte listig, als ob er sagen wolle: Na, spiel doch mit mir nicht Komödie; ich weiß ja genau, woran ich mit dir bin! und fragte:

„Soll ich das Euer Gnaden wirklich erst sagen? Ich habe gehört, daß Sie nach Montevideo kommen würden, und nun, da Sie sich hier befinden, kenne ich ganz genau den Zweck Ihrer Anwesenheit. Es gibt ja nur diesen einen Zweck."

„Sie irren sich, Señor. Mir scheint, Sie halten mich für einen ganz anderen Mann, als ich bin."

„Unmöglich! Sie hüllen sich in diesen Schleier, weil meine Forderung bezüglich der Gewehre Ihnen vielleicht nicht genehm ist. So bin ich gern bereit, Ihnen andere Vorschläge zu machen."

„Auch diese würden nicht zu ihrem Ziel führen, denn Sie verwechseln mich wirklich mit einer Person, mit welcher ich einige Ähnlichkeit zu besitzen scheine."

Das machte ihn aber nicht irre. Er behielt seine zuversichtliche Miene, zu welcher sich noch ein beinahe überlegendes Lächeln gesellte, bei und sagte:

„Wie ich aus Ihren Worten schließe, befinden Sie sich jetzt überhaupt nicht in der Stimmung, über diese oder eine ähnliche Angelegenheit zu sprechen. Warten wir also eine geeignete Stunde ab, Señor. Ich werde mir erlauben, wieder vorzusprechen."

„Ihr Besuch würde das gegenwärtige Resultat haben!"

Er wurde ernster und fragte:

„So wünschen sie also nicht, daß ich meinen Besuch wiederhole?"

„Er wird mir jederzeit angenehm sein, vorausgesetzt, daß Sie nicht länger in dem erwähnten Irrtum verharren. Können Sie mir sagen, wer der Herr ist, mit welchen Sie mich verwechseln?"

Jetzt musterte er mich scharf vom Kopf bis zu den Füßen herab. Dann meinte er kopfschüttelnd:

„Ich kenne Euer Gnaden bisher als einen tapferen, hochverdienten Offizier und hoffnungsvollen Staatsmann. Die Eigenschaften, welche ich jetzt an Ihnen entdecke, geben mir die Überzeugung, daß Sie in letzterer Beziehung schnell Karriere machen werden."

„Sie meinen, ich verstelle mich? Hier, nehmen Sie Einsicht in meinen Paß."

Ich gab ihm den Paß aus der Brieftasche, welche ich auf dem Tisch liegen hatte. Er las ihn durch und verglich das Signalement Wort für Wort mit meinem Äußeren. Sein Gesicht wurde dabei länger und immer länger. Er befand sich in einer Verlegengeit, welche von Augenblick zu Augenblick wuchs.

„Teufel!" rief er, indem er den Paß auf den Tisch warf. „Jetzt weiß ich nicht, woran ich bin! Ich sowohl als auch zwei meiner Freunde haben Sie ganz genau als denjenigen erkannt, den ich in Ihnen zu finden gedachte!"

„Wann sahen Sie mich?"

„Als Sie unter der Tür des Hotels standen. Und nun ist dieser Paß ganz geeignet, mich vollständig irre zu machen. Sie kommen wirklich aus New York?"

„Allerdings. Mit der ‚Sea-Gall', welche noch jetzt vor Anker liegt. Sie können sich beim Kapitän erkundigen."

Da rief er zornig:

„So hole Sie der Teufel! Warum sagten Sie das nicht sogleich?"
„Weil Sie nicht fragten. Ihr Auftreten ließ mit Sicherheit schließen, daß Sie mich kennen. Erst als Sie von den Gewehren sprachen, erkannte ich, wie die Sache stand. Dann habe ich Sie sofort auf ihren Irrtum aufmerksam gemacht, was Sie mir hoffentlich bestätigen werden."

Nichts bestätige ich, gar nichts! Sie hatten mir nach meinem Eintritt bei Ihnen sofort und augenblicklich zu sagen, wer Sie sind!"

Er wurde grob. Darum antwortete ich in sehr gemessenem Ton.

„Ich ersuche Sie um diejenige Höflichkeit, welche jedermann verlangen kann! Ich bin nicht gewöhnt, mir in das Gesicht sagen zu lassen, daß mich der Teufel holen solle. Auch bin ich nicht allwissend genug, um sofort beim Eintritt eines Menschen mir sagen zu können, was er von mir will. Übrigens müssen Sie doch bei dem Wirt oder den Bediensteten des Hotels gefragt haben, bevor Sie zu mir kamen, und da muß man Ihnen unbedingt berichtet haben, daß ich ein Fremder bin."

„Das hat man mir allerdings gesagt; aber ich glaubte es nicht, da ich den Verhältnissen nach mir sagen mußte, daß der Señor, für welchen ich Sie hielt, sich inkognito hier aufhalten werde. Dazu kam dann ihre Aussprache des Spanischen, welcher man es nicht anhört, daß Sie ein Fremder, ein Alemano sind."

Dieses letztere war sehr schmeichelhaft für mich. Als ich vor mehreren Jahren nach Mexiko kam, hatte ich mich in Beziehung auf diese Sprache der grausamsten Radebrecherei schuldig machen müssen. Aber das Leben ist der beste Lehrmeister. Während der langen Wanderung durch die Sonora und den Süden von Kalifornien hatte ich mich nach und nach in die *Language Española* finden müssen, ahnte aber bis heute nicht, daß ich gar ein Gancho Pansa geworden sei.

„Und endlich", fuhr er fort, „warum tragen Sie den Bart genau in der Weise, wie er von den Bewohnern unserer Banda oriental getragen wird?"

„Weil ich, wenn ich reise, mich den Gewohnheiten der betreffenden Bevölkerung anzubequemen pflege und nicht überall und immer als Fremder erkannt werden will."

„Nun, so tragen sie eben die Schuld daran, daß ich Sie für einen anderen hielt. Kein Ausländer hat das Recht, uns nachzuahmen. Man kennt eine gewisse Art von Tieren, welche diesen Nachahmungsbetrieb in hohen Grad besitzen, und jeder verständige Mann wird sich hüten, mit den selben verglichen zu werden."

„Für diesen Wink bin ich Ihnen unendlich dankbar, Señor; doch bitte ich Sie dringend, die Lektion nicht noch weiter auszudehnen. Bis jetzt habe ich dieselbe gratis entgegengenommen; geben Sie sich aber noch weitere Mühe, so würde ich mich gezwungen sehen, Ihnen ein Honorar auszuzahlen, welches Ihren Verdiensten angemessen ist."

„Señor, Sie drohen mir?"

„Nein. Ich mache sie nur aufmerksam."

„Vergessen Sie nicht, wo sie sich befinden!"

„Und ziehen Sie selbst in Betracht, daß Sie nicht in einem Zimmer Ihrer Hazienda stehen, sondern in einem Raum, welcher gegenwärtig mir gehört! Und nun mag es genug sein. Bitte, machen Sie mir das Vergnügen, Ihnen Lebewohl sagen zu dürfen!"

Ich ging zur Tür, öffnete dieselbe und lud ihn durch eine Verbeugung ein, von dieser Öffnung Gebrauch zu machen. Er blieb noch einige Augenblicke stehen und starrte mich groß an. Es erschien ihm jedenfalls als etwas ganz Ungeheuerliches, von mir hinauskomplimentiert zu werden. Dann schoß er schnell an mir vorüber und hinaus, rief mir aber dabei zu:

„Auf Wiedersehen! Man wird mit Ihnen abzurechnen wissen!"

Er schüttelte die Faust drohend gegen mich und eilte dann die Treppe hinab. Das war meine erste Unterredung mit einem Eingeborenen, ein Anfang, von welchem ich keineswegs erbaut sein konnte. Freilich, irgendeine Befürchtung zu hegen, das fiel mir nicht ein. Der Mann hatte mich beleidigt und war deshalb von mir hinausgewiesen worden, etwas so Einfaches und Selbstverständliches, daß gar keine Veranlassung vorhanden war, weiter daran zu denken. Auch hatte dieser Haziendero auf mich gar nicht den Eindruck gemacht, als ob ich ihn weiter zu beachten oder gar zu fürchten hätte.

Bevor ich ging, mir die Stadt anzusehen, nahm ich die ein paar Empfehlungsschreiben her, welche ich mitgebracht hatte. Ich bin prinzipiell gegen diese Art und Weise, fremden Leuten Pflichten aufzuerlegen oder ihnen gar zur Last zu fallen. Man wird selbst in seinen Handlungen und Bewegungen sehr gehindert. Aus diesem Grund mache ich, wenn ich reise, meine Bekanntschaften lieber aus freier Hand, bewege mich und wähle ganz nach meinem persönlichen Geschmack und gebe etwaige Briefe erst kurz vor der Abreise ab. Hundertmal habe ich da beobachtet, wie befriedigt die Betreffenden davon waren, daß es nun keine Zeit mehr zu gesellschaftlichen Ansprüchen und Forderungen gab.

Heute hatte ich vier solcher Schreiben in der Hand. Eins derselben war von dem Chef eines New Yorker Exporthauses an seinen Kompagnon, welcher die Filiale dieses Geschäfts in Montevideo leitete. Ich hatte Gelegenheit gehabt, dem Yankee einen nicht ganz unwichtigen Dienst zu leisten, und von ihm das Versprechen erhalten, daß er mich seinem Teilhaber auf das allerbeste empfehlen werde. Dieses eine Schreiben mußte ich sofort abgeben, da der Wechsel, dessen Betrag mein Reisegeld bildete, von dem Kompagnon honoriert werden sollte.

Die drei anderen Schreiben steckte ich wieder in die Brieftasche; dieses eine aber legte ich auf den Tisch oder vielmehr, ich wollte es auf den Tisch werfen. Es traf mit der Kante auf und fiel auf die Diele herab. Als ich es aufhob, sah ich, daß das dünne Siegel zersprungen war und die Klappe des Kuverts offenstand. In dieser Weise konnte ich den Brief unmöglich übergeben. Ich mußte ihn wieder schließen und zwar so, daß man nicht sehen konnte, daß er offen gewesen war, ich wäre sonst in den Verdacht gekommen, ihn mit Absicht geöffnet und ihn dann gelesen zu haben.

Gelesen? Hm! Konnte ich das nicht dennoch tun? Ein Anrecht, eine Verletzung des Briefgeheimnisses, eine große Indiskretion war es, aber ich hatte doch vielleicht eine Art von Recht dazu, da ich es ja war, auf den der Inhalt sich bezog. Ich nahm also den Bogen aus dem Kuvert und öffnete ihn.

Der Inhalt lautete, abgesehen von der Anrede, folgendermaßen:

„Habe Ihr Letztes empfangen und bin mit Ihren Vorschlägen vollständig einverstanden. Das Geschäft ist ein gewagtes, bringt aber im Fall des Gelingens so hohen Gewinn, daß wir den Verlust riskieren können. Das Pulver kommt mit der Sea-gall. Wir haben dreißig Prozent Holzkohle darunter gemischt, und da ich hoffe, daß es Ihnen gelingen werde, es heimlich an Land zu bringen und also den Zoll zu sparen, so machen wir ein vorzügliches Geschäft.

Ich ermächtige Sie hiermit, die Kontrakte zu entwerfen und an Lopez Jordan zur Unterschrift zu senden. Letzteres ist eine höchst gefährliche Angelegenheit, denn wenn die Nationalen den Boten erwischen und die Kontrakte bei ihm finden, so ist es um ihn geschehen. Glücklicherweise kann ich Ihnen ganz zufällig einen Mann bezeichnen, welcher sich zu dieser Sendung ganz vortrefflich eignet.

Der Überbringer dieses Briefes hat sich mehrere Jahre lang unter den Indianern umhergetrieben, ein verwegener Kerl, dabei aber stockdumm vertrauensselig, wie es von einem Dutchman auch gar nicht anders zu erwarten ist. Er will, glaube ich, nach Santiago und Tucuman und wird also durch die Provinz Entre-Rios kommen. Tun Sie, als ob Sie Ihm ein Empfehlungsschreiben an Jordan geben, welches aber die beiden Kontrakte enthalten wird. Findet man sie bei ihm, und er wird erschossen, so verliert die Welt einen Dummkopf, um welchen es nicht schade ist. Natürlich dürfen die Dokumente Ihre Unterschrift nicht enthalten; Sie unterzeichnen vielmehr erst dann, wenn sie dieselben durch einen Boten Jordans zurückerhalten.

Im übrigen wird der Dutchman Ihnen nicht viel Beschwerden machen; er ist von einer geradezu albernen Anspruchslosigkeit. Ein Glas sauren Weins und einige süße Redensarten genügen, ihn glücklich zu machen."

Dies war, so weit er sich auf mich bezog, der Inhalt dieses merkwürdigen ‚Empfehlungsschreiben', hätte ich den Brief nicht gelesen, so wäre ich sehr wahrscheinlich in die Falle gegangen. Es war ein echter Yankeestreich, um den es sich hier handelte. Der deutsche ‚Dummkopf' sollte, ohne es zu ahnen, eine der Hauptrollen beim Zustandekommen eines Aufruhrs spielen. Denn daß es sich um nichts anderes handelte, sagte mir die Erwähnung des Schießpulvers und der Name des berüchtigten Bandenführers Lopez Jordan, welcher seinen Gewissenlosigkeit sogar soweit getrieben hatte, seinen eigenen Stiefvater, den früheren General und Präsidenten Urquiza, ermorden zu lassen. Ihm sollte jedenfalls Pulver und auch Geld geliefert werden, und der Überbringer der auf dieses Geschäft bezüglichen Kontrakte sollte ich sein!

Ich steckte den famosen Brief in das Kuvert zurück und stellte mit Hilfe eines Streichholzes das zersprungene Siegel wieder her. Dann machte ich mich auf den Weg zu dem lieben Kompagnon, welcher spanischer Abkunft war, Tupido hieß und an der Plaza de la Independencia wohnte.

Als ich auf die Straße trat, war von dem Pampero und dem Regen keine Spur mehr zu sehen. Montevideo liegt auf einer Landzunge, welche sattelartig auf der einen Seite zur Bai und der anderen zum Meer abfällt. Infolgedessen läuft das Wasser so schnell ab, daß das Abtrocknen des Bodens selbst nach dem stärksten Regen nur wenige Minuten bedarf.

Montevideo ist eine sehr schöne, ja glänzende Stadt mitteleuropäischen Stils. Sie besitzt gute Straßen mit vortrefflichen Trottoirs, reiche Häuser mit lieblichen Gärten, Paläste, in denen sich Klubs und Theater befinden. Die Bauart der Privathäuser ist sehr eigenartig. Es herrscht da eine Verschwendung von Marmor, welchen man aus Italien holt, obgleich im Land selbst ein sehr guter zu finden ist.

Wer bei seiner Ankunft in der Hauptstadt Montevideo etwa glaubt, da die Bewohnertypen des Landesinneren zu sehen, der hat sich sehr geirrt. Kein Gaucho reitet durch die Straßen, indianische Gesichtszüge sind nur selten zu sehen, und Neger trifft man nicht häufiger als zum Beispiel in London oder Hamburg.

Die Tracht ist genau unsere französische, sowohl bei den Männern als auch bei den Frauen. Es können Tage vergehen, ehe man einmal eine Dame erblickt, welche die spanische Mantilla trägt. Über die Hälfte der Einwohnerschaft ist europäischen Ursprungs.

Die Durcheinanderwürfelung der Nationalitäten ruft ein auffallendes Polyglottentum hervor. Leute, welche drei, vier oder fünf Sprachen geläufig beherrschen, sind hier weit zahlreicher als selbst in den europäischen Millionenstädten. Kurz und gut, so lange man sich innerhalb der Bannmeile der Stadt befindet, ist aus nichts zu ersehen, daß man sich auf südamerikanischen Boden bewegt. Man könnte sich ebenso gut in Bordeaux oder Triest befinden.

Auch ich fühle mich ziemlich enttäuscht, als ich jetzt, neugierig um mich blickend, langsam dahinschlenderte. Ich sah nur europäische Tracht und Gesichter, wie man sie überall findet, wenn man die dunkle Färbung derselben nicht als etwas Eigenartiges betrachten will.

Auffällig waren mir nur die weißen oder roten Bänder, welche viele Herren an ihren Hüten trugen. Später erfuhr ich die Bedeutung derselben: Die Träger weißer Bänder gehörten zur politischen Partei der ‚Blancos', während ‚Colorados' rote Abzeichen trugen. Señor Esquilo Anibal Andaro war demnach nicht etwa hochzeitsbitter, sondern ein Blanco gewesen. Höchst wahrscheinlich gehörte also der Oberst, mit welchem er mich verwechselt hatte, derselben Partei an. Vielleicht gelang es mir, den Namen desselben zu erfahren.

An der Plaza de la Independenzia angekommen, erkannte ich an einem riesigen Firmenschild das Haus, in welchem sich der Sitz der Filiale meines pfiffigen Yankee befand. Die Front desselben machte einen nichtsweniger als imponierenden Eindruck. Sie zeigte nur das Parterre und den ersten Stock. In ersterem befand sich eine Tür von kostbarer, durchbrochener Eisenarbeit. Hinter derselben lag ein breiter, mit Marmorplatten belegter Hausgang, welcher in einen Hof führte, der mit demselben Material gepflastert war. Dort standen in großen Kübeln blühende Pflanzen, deren Duft bis zur mir drang.

Die Tür war verschlossen, obgleich sich vielbesuchte Geschäftsräume hinter derselben befinden mußten. Ich bewegte den Klopfer. Durch eine mechanische Vorrichtung wurde sie geöffnet, ohne daß jemand erschien.

Im Flur sah ich je rechts und links eine Tür. Ein Messingschild sagte mir, daß diejenige der ersteren Seite die für mich richtige sei. Als ich da eintrat, befand ich mich in einem ziemlich großen Parterreraum, welcher sein Licht durch mehrere Türen empfing, die nach dem Hof offen standen. Schreiber waren an mehreren Tischen oder Pulten beschäftigt. An einem langen Tisch stand ein hagerer Mann im Hintergrund des Zimmers und sprach in sehr rauher Weise mit einem ärmlich gekleideten Menschen.

Ich wendete mich an den mir zunächst Sitzenden, um nach Señor Tupido zu fragen. Die Antwort bestand in einem stummen, kurzen Wink nach dem Langen. Da dieser mit dem erwähnten Mann beschäfigt war, blieb ich wartend stehen und wurde Zeuge der zwischen ihnen geführten Unterhaltung.

Dem Señor war die spanische Abkunft von weitem anzusehen, denn er hatte scharfe Züge und einen stolzverschlagenen Gesichtsausdruck. Den dunklen Bart trug er nach hiesiger Sitte so, daß Schnurr- und Knebelbart zu einem spitzen Zipfel nach abwärts vereinigt waren.

Der Mann, mit welchem er sprach, schien zu der ärmsten Volksklasse zu gehören. Er war barfuß. Die vielfach zerrissene und notdürftig geflickte Hose reichte ihm kaum bis über die halbe Wade. Die ebenso lädierte Jacke mochte einst blau gewesen sein, war aber jetzt ganz und gar verschlossen. Um die Hüfte trug er einen zerfetzten Poncho, aus welchem der Griff eines Messers hervorblickte. In der Hand hielt er einen Strohhut, welcher alle und jede Form hatte, aber nur die ursprüngliche nicht. Sein Gesicht war tief gebräunt, die Haut desselben lederartig, und die etwas vorstehenden Backenknochen ließen vermuten, daß zum Teil indianisches Blut in seinen Adern fließe, eine Ansicht, welche durch das dunkle, schlichte, ihm lang und straff bis auf die Schulter reichende Haar bestätigt wurde.

Tupido schien meinen Eintritt gar nicht bemerkt zu haben. Er stand halb von mir abgewendet und fuhr den anderen hart an:

„Schulden und immer wieder Schulden! Wann soll das einmal ausgeglichen werden! Es scheint, in alle Ewigkeit nicht. Arbeitet fleißiger! Die Yerba wächst allenthalben. Sie ist überall zu finden; man braucht nur zuzugreifen. Ein Faultier wird es freilich zu nichts bringen!"

Der andere zog seine Brauen leicht zusammen, sagte aber doch in höflichem Ton:

„Ein Faultier bin ich nie gewesen. Wir haben fleißig gearbeitet, monatelang. Wir mußten im Urwald leben mit den wilden Tieren und wie dieselben; wir haben mit ihnen um unser Leben kämpfen müssen und sind bei Tag und Nacht an der Arbeit gewesen. Wir freuten uns auf den Ertrag unseres Fleißes und der Entbehrung, welche wir uns auferlegten, nun aber machen Sie unsere Freude zunichte, da Sie Ihr Versprechen nicht halten."

„Das brauche ich nicht, denn die Lieferung traf zwei Tage zu spät hier ein."

„Zwei Tage! Señor, ist das eine so bedeutende Zeit? Haben Sie irgend einen Schaden davon?"

„Natürlich, denn wir liefern infolgedessen auch zu spät und müssen uns also einen Abzug bis zu zwanzig Prozent gefallen lassen."

„Soll ich das wirklich glauben?"

„Natürlich!" brauste Tupido auf. „Ihr müßt es mir Dank wissen, daß ich Euch nicht mehr als ganz dasselbe abziehe. Ich versprach Euch zweihundertvierzig Papiertaler für den Pack Tee. Zwanzig Prozent gehen ab, macht hundertzweiundneunzig, zwei Taler Schreibgebühr, bleiben hundertneunzig Papiertaler. Multipliziert damit die Zahl der Ballen, welche Ihr geliefert habt, so werdet Ihr finden, daß Ihr uns gerade noch zweihundert Papiertaler schuldet. Ihr habt uns nicht den Wert des Vorschusses und Proviants geliefert, welchen Ihr erhielet."

„Wenn Sie uns solche Abzüge machen, Señor, so ist Ihre Rechnung allerdings richtig. Aber ich bitte, zu bedenken, daß ich einen Ochsen für hundert Papiertaler bekomme, während Sie uns das Stück mit hundertfünfzig berechnet haben. Einen ähnlichen Aufschlag haben Sie uns bei allen übrigen Artikeln auch gemacht; da können wir nicht auf die Rechnung kommen. Anstatt Geld ausgezahlt zu erhalten, bleiben wir in Ihrer Schuld. Ich habe keinen einzigen, armseligen Peso in der Tasche. Ich soll hier für meine Gefährten einkassieren und ihnen das Geld bringen. Sie warten mit Schmerzen auf dasselbe; anstatt Geld aber bringe ich ihnen neue Schulden. Was soll daraus werden?"

„Fragt doch nicht so albern! Abarbeiten müßt Ihr es!"

„Dazu haben wir nicht länger Luft. Wir haben beschlossen, uns einen anderen Unternehmer zu suchen."

„Mir auch recht. Ich finde genugsam Teesammler, welche gern für mich arbeiten. In diesem Fall müßt Ihr aber die zweihundert Taler zahlen, und zwar sofort!"

„Das kann ich nicht. Ich habe Ihnen gesagt, daß ich ohne alle Mittel bin. Und ich bitte Sie, zu bedenken, daß wir bis auf die bisherige Weise nie so weit kommen können, unsere Schuld abzutragen. Was sie uns liefern, wird uns zu den höchsten Preisen angerechnet, und wenn wir die Früchte unseren schweren Arbeit, bei welcher wir fortgesetzt das Leben wagen, bringen, so gibt es regelmäßig so bedeutende Abzüge, wie der heutige ist. Wir treten aus Ihrem Dienst."

„Dagegen habe ich ja gar nichts; nur müssen die zweihundert Taler sofort bezahlt werden. Dort sitzt der Kassierer! Wer so auftreten will wie Ihr, der muß auch Geld haben!"

Der arme Teufel sah verlegen vor sich nieder. Ich fühlte Mitleid mit ihm. Er war ein Teesammler. Ich hatte gelesen, welch ein beschwerliches und gefährliches Leben diese Leute führen. Er und seine Genossen sollten um den Lohn ihrer Arbeit gebracht werden und mit ihren Familien der Not überantwortet werden, nur um sie in größere Abhängigkeit von dem reichen Unternehmer zu bringen. Dieser Señor Tupido war jedenfalls ein sehr würdiger Kompagnon meines hinterlistigen Yankee.

Der Teesammler legte sich auf das Bitten. Er gab die besten Worte, ihm den kleinen Betrag doch nachzulassen. Vergebens.

„Das Einzige, wozu ich mich verstehen kann, ist die Gewährung einer Frist", erklärte schließlich der harte Geschäftsmann. „Zahlt Ihr die zweihundert Pesos nicht, so habt Ihr bis auf weiteres in meinem Dienst zu bleiben, um die Schuld abzuarbeiten. Das ist mein letztes Wort. Jetzt geht!"

Der Arme schlich betrübt davon. Als er an mir vorüberging, raunte ich ihm zu:

„Draußen warten!"

Er warf einen schnellen, froh überraschten Blick auf mich und ging; ich aber schritt auf den Herrn des Geschäfts zu. Dieser musterte mich scharf und forschend, kam mir dann einige Schritte entgegen, verbeugte sich sehr tief und fragte.

„Señor, was verschafft mir die unerwartete Ehre eines mich so überraschenden Besuchs?"

Es war klar, daß auch er mich für ein anderen hielt. Ich antwortete in einem nicht übermäßig höfichen Ton:

„Mein Besuch ist für Sie nicht ehrenvoller als jeder andere auch. Ich bin ein einfacher Mann, ein Fremder, der diesen Brief abzugeben hat."

Er nahm den Brief, las die Adresse, betrachtete mich abermals und sagte mit einem diplomatisch sein sollenden Lächeln:

„Aus New York, von meinem Kompagnon! Stehen Señor bereits mit diesem in geschäftlicher Beziehung? Es hätte mich unendlich gefreut, vorher von Ihnen durch einen Avis unterrichtet zu werden."

„Als ich Ihren Kompagnon zum erstenmal sah, wußte ich von Ihnen gar nichts."

Das machte ihn doch in seiner Überzeugung irre. Er schüttelte den Kopf, brach den Brief auf, ohne zu bemerken, daß das Siegel vorher verletzt worden war, und las ihn. Sein Gesicht wurde länger und immer länger; sein Blick flog zwischen mir und den Zeilen herüber und hinüber. Endlich faltete er ihn wieder zusammen, steckte ihn in die Tasche und sagte:

„Höchst sonderbar! Sie sind also wirklich ein Deutscher? Derjenige, von welchem dieses Empfehlungsschreiben handelt?"

„Ich darf allerdings vermuten, daß in diesem Brief von mir dir Rede ist."

„Sie werden mir in demselben auf das allerwärmste empfohlen, und ich stelle mich Ihnen in jeder Beziehung zur Verfügung."

„Danke sehr Señor! Doch das ist nicht meine Absicht, Ihnen Mühe zu bereiten."

„O bitte, von Mühe kann gar nicht die Rede sein! Sie sahen mich gewissermaßen erstaunt. Das war infolge einer ganz bedeutenden Ähnlichkeit, welche Sie mit einem in dem besseren Kreisen sehr bekannten Herr besitzen."

„Darf ich erfahren, wer dieser Herr ist?"

„Gewiß. Ich meine nämlich Oberst Latorre, von welchem Sie vielleicht gehört haben."

„Ich kenne allerdings den Namen dieses Offiziers, an welchen sich gewisse Zukunftshoffnungen zu knüpfen scheinen. Seien Sie versichert, daß meine Ähnlichkeit mit ihm nur eine äußere ist. Ich bin ein einfacher Tourist und besitze weder für Politik noch für Kriegskunft die geringste Lust oder gar Begabung."

„Das sagt Ihre Bescheidenheit. Mein Kompagnon teilt mir mit, daß Sie sich jahrelang bei den Indianern befunden haben: eine Art kriegerischen Sinn müssen Sie also doch besitzen. Hoffentlich habe ich das Vergnügen, von den Abenteuren zu hören, welche Sie erlebt haben. Würden Sie mir die Ehre erweisen, heute abend bei mir das Essen einzunehmen?"

„Ich stehe ganz zu Ihrer Verfügung."

„So bitte ich Sie, sich um acht Uhr in meiner Privatwohnung einzustellen, welche Sie auf dieser Karte verzeichnet finden. Kann ich Ihnen für jetzt noch in etwas dienen?"

„Ja, wenn ich bitten darf. Ich möchte Ihnen dieses Papier zustellen."

Ich nahm seine Visitenkarte und gab ihm den Sichtwechsel. Er prüfte denselben, schrieb einige Ziffern auf den Zettel und stellte mir denselben mit den Worten zu:

„Dort ist die Kasse, Señor. Für jetzt empfehle ich mich Ihnen, aber auf Wiedersehen heute abend!"

Er wendete sich ab, um durch eine Tür zu verschwinden, der durchtriebene Kerl. Ein Blick auf den Zettel genügte, mich zu überzeugen, daß ich geprellt werden sollte.

„Señor!" rief ich Ihm nach. „Bitte, nur noch für einen Augenblick!"

„Was noch?" fragte er, sich wieder herumdrehend. Sein Gesicht hatte alle Freundlichkeit verloren, und seine Stimme klang scharf und befehlend.

„Es ist da wohl ein kleiner Irrtum unterlaufen. Der Wechsel lautet auf eine höhere Summe."

„Sie vergessen höchst wahrscheinlich die Diskontogebühr?"

„Sie kann nicht vergessen werden, da von einem Diskontieren gar keine Rede ist. Sie ziehen mir fünf Prozent ab, während der Wechsel auf Sicht, nicht aber auf ein späteres Datum lautet."

„Dieser Abzug ist hier Usus."

„Ein Teesammler mag sich nach Ihren persönlichen Gepflogenheiten richten müssen, weil er sich in Ihrer Gewalt befindet; ich aber habe das nicht nötig. Ihr Kompagnon hat diesen Wechsel nicht mir zu Gefallen akzeptiert, sondern ich habe die Summe voll bei Ihm einbezahlt und verlange sie also ebenso voll zurück, wobei ich übrigens ohnedies einen Zinsenverlust zu tragen habe."

„Ich zahle nicht mehr."

„So behalten Sie Ihr Geld, und geben Sie mir meinen Wechsel zurück!"

„Der befindet sich in meiner Verwahrung, und Sie haben dafür die Anweisung an die Kasse erhalten. Folglich ist der Wechsel mein Eigentum."

„Ich lege Ihnen die Anweisung hier auf den Tisch zurück, da ich keinen Gebrauch von ihr machen werde."

„Tun Sie das, wie Ihnen beliebt. Der Wechsel aber ist honoriert und bleibt in meiner Hand!"

„Lange Zeit jedenfalls nicht, denn ich werde zwar jetzt gehen, aber binnen fünf Minuten mit dem Polizeimeister zurückkehren. Bis dahin empfehle ich mich Ihnen!"

Ich machte ihm eine kurze Verbeugung und wendete mich zum Gehen. Seine Untergebenen hatten ihre Federn weggelegt und der Szene mit Spannung zugesehen. Schon hatte ich die Tür in der Hand, da rief er mir nach:

„Halt, Señor! Bitte, eine Sekunde!"

Der Mann hatte Angst vor der Polizei bekommen. Sein geschäftlicher Ruf konnte Schaden erleiden, und überdies war, wenn er mich gehen ließ, von der Ausführung des beabsichtigten Plans keine Rede. Er zog den Empfehlungsbrief nochmals hervor und tat, als ob er ihn jetzt genauer durchlese. Dann sagte er in der früheren höflichen Weise:

„Ich habe allerdings um Verzeihung zu bitten. Mein Kompagnon schreibt mir am Schluß, den ich vorhin leider übersah, daß Sie die Summe voll ausgezahlt erhalten und wir aus Rücksicht auf Sie in diesem Fall von unserem Usus absehen sollen. Ich werde Ihnen also den ganzen Betrag notieren. Sind Sie dann zufriedengestellt?"

Ich nickte nachlässig.

„Vergessen wir die kleine, unangenehme Differenz, Señor", sagte er. „Ich darf doch für heute abend bestimmt auf Sie rechnen?"

„Gewiß! Vorausgesetzt allerdings, daß es in Ihrer Häuslichkeit nicht auch einen Usus gibt, gegen den ich protestieren müßte."

„O nein, nein, nein! stieß er mit freundlichen Gesicht, aber mit vor Wut heiserer Stimme hervor und verschwand durch seine Tür.

Ich erhielt mein Geld, steckte es ein, dankte, grüßte und ging. Draußen sah ich den armen Teesammler gegenüber an der Ecke stehen. Ich ging auf ihn zu und forderte ihn auf, für kurze Zeit mit mir zu kommen.

In Montevideo gibt es keine Restaurationen in unserem Sinn. Die Kaffeehäuser taugen nicht viel, ganz abgesehen davon, daß man da nicht Kaffee, sondern Mate, das ist Paraguaytee, zu trinken bekommt. Besser sind die sogenannten Konfiterias, in denen man feines Gebäck, Eis und dergleichen genießt.

In den Gasthäusern zahlt man für Wohnung und Beköstigung ohne den Wein fünfzig Papiertaler täglich. Das klingt sehr viel, beträgt aber nur acht Mark, da so ein papierner Peso ungefähr sechzehn deutsche Pfennig gilt. Die Flasche Bier kostet sechs Taler, also fast eine Mark. Dem Haarschneider zahlt man ‚zehn

Taler', für ein fingerhutgroßes Gläschen Rum habe ich ‚drei Taler' bezahlt. So entwertet war damals das Papiergeld. Man mußte in den La Plata-Staaten damals sehr vorsichtig sein, wenn man mit den verschiedenen Arten minderwertigen Papiergelds nicht, selbst im täglichen Leben, bedeutend verlieren wollte. Die Eingeborenen beuteten die Unkenntnis des Fremden in geradezu abscheulicher Weise aus.

In eine der Konfiterias führte ich den Teesammler.

Das Lokal war voller Gäste, welche ihrer Kleidung nach zu den besten Ständen gehörten. Der Sammler zog aller Augen auf sich; aber was machte ich mir daraus! Man schob sich soweit von uns zurück, daß wir Platz für fünf oder sechs Personen gehabt hätten. Das war sehr bequem für uns, und es fiel uns also gar nicht ein, ihnen darüber zu zürnen.

Keineswegs aber kann ich sagen, daß der Teesammler sich etwa unanständig benommen hätte. Sein Anzug paßte nicht zu denen der anderen; aber in Beziehung auf sein Betragen, seine Bewegungen u.s.w. war er ganz der Caballero, wie es jeder, der ein wenig spanisches Blut in seinen Adern hat, wenigstens äußerlich zu sein pflegt. In dieser Beziehung gleicht der Südamerikaner ganz und gar nicht dem Angehörigen der sogenannten Volksklasse europäischer Länder. Der erstere ist, selbst in Lumpen gehüllt, stets von einem ritterlichen Benehmen. Der letztere aber hat so viele Ecken und Schroffheiten in allen seinen Bewegungen, daß man in ihm, selbst wenn er Generalsuniform trüge, doch den gewöhnlichen Arbeiter unfehlbar erkennen würde.

Sein bärtiges Gesicht war interessant zu nennen. Die Wimpern waren meist bescheiden gesenkt; aber wenn sie sich erhoben, so entschleierten sie ein klares, scharfes, durchdringendes Auge, dessen Blick auf Selbstbewußtsein und Charakterstärke schließen ließ. Der Mann schien zwei ganz verschiedene Naturen in sich zu vereinigen, den unterdrückten, demütigen Arbeiter und den mutigen, besonnenen Pampas- und Urwaldläufer, welcher, wenn es nötig war, auch einen hohen Grad von Schlauheit entwickeln konnte.

Er wählte sich unter den vorhandenen Süßigkeiten das ihm Beliebende mit einer Miene aus, als ob er seit frühester Jugend in so angenehmen Lokalen verkehrt habe. Er genoß es mit der Eleganz einer Dame, der so etwas geläufig ist, und verriet durch keine Miene, daß ich derjenige sei, welcher schließlich bezahlen werde. Dabei sagte er in der ihm eigen scheinenden Weise, in wohlgesetzten Worten zu sprechen:

„Señor haben mir einen Wink gegeben, auf Sie zu warten. Ich habe gehorcht und bin nun bereit, Ihre Befehle zu vernehmen."

„Ich beabsichtige nicht, Ihnen Befehle zu erteilen", antwortete ich. „Es ist vielmehr eine Bitte, welche ich Ihnen vorlegen möchte. Ich war Zeuge des Schlußes Ihrer Unterredung mit Señor Tupido. Ich entnehme aus dem Gehörten, daß Sie sich in einer abhängigen Lage von diesem Herrn befinden?"

„Hm! Vielleicht!" antwortete er mit der lächelnden Miene eines Mannes, welcher, ohne sich zu schaden, tausend Taler verschenken kann.

„Zugleich hörte ich ,daß Sie durch den Besitz von zweihundert Papiertalern imstande sein würden, sich aus dieser Knechtschaft zu befreien. Würden Sie mir nun gestatten, Ihnen diese Summe zur Verfügung zu stellen?"

Er blickte mich groß an. Der Betrag war zwar nicht bedeutend, nur zweiunddreißig Mark nach deutschem Geld, aber für einen armen Teesammler doch wohl nicht gering. Die Lage des Mannes hatte meine Teilnahme erregt, und einem glücklichen Instinkt folgend, wollte ich ihm das Geld schenken, obgleich ich selbst keineswegs ein wohlhabender Mann war.

„Ist das Ihr Ernst, Señor?" fragte er. „Welchen Zweck verfolgen Sie dabei?"

„Keinen anderen als nur den, Sie in den Besitz Ihrer geschäftlichen Selbständigkeit zu bringen."

„Also Mitleid?"

„Nein, sondern Teilnahme. Das Wort Mitleid hat eine Nebenbedeutung, welche nicht geeignet sein würde für den caballeresken Eindruck, welchen Sie auf mich machen."

Sein Gesicht, welches sich verfinstert hatte, erhallte sich.

„Sie halten mich also trotz meiner Armut für einen Caballero?" fragte er. „Aber wie stimmt ein Almosen mit dem Wort Caballero überein?"

„Von einem Almosen ist keine Rede."

„Also ein Darlehn?"

„Wenn Sie es so nennen wollen, ja. Werden Sie dasselbe annehmen?"

„Vielleicht, vielleicht auch nicht. Welche Bedingung stellen Sie?"

„Sie verzinsen mir die Summe zu drei Prozent. Kündigung ist auf ein Jahr. Jeder von uns beiden hat bei unserer nächsten Begegnung das Recht, zu kündigen, worauf Sie das Geld nach Ablauf eines Jahres an mich zu entrichten haben."

„Und wenn wir uns nicht wieder treffen?"

„So behalten Sie es oder schenken es nach fünf Jahren einem Mann, welcher ärmer ist als Sie."

Da streckte er mir die Hand entgegen, drückte die meine in herzlichster Weise und sagte:

„Señor, Sie sind ein braver Mann. Ich nehme Ihr Darlehn mit Vergnügen an und weiß, daß Sie keinen Peso verlieren werden. Darf ich fragen, wer und was der fremde Señor ist, welcher sich so freundlich meiner annimmt?"

Ich gab ihm meine Karte.

„Ein Alemano!" sagte er im Ton der Freude, als er den Namen gelesen hatte. „Nehmen Sie auch die meinige, Señor!"

Er langte in seine zerfetzte Jacke, zog aus derselben ein sehr feines, kunstvoll gesticktes Visitenkartentäschchen hervor und gab mir aus demselben eine Karte. Auf derselben stand:

„Señor Mauricio Monteso,
Guia y Yerbatero."

Also Fremdenführer und Teesammler war er. Das schien ein guter Fund für mich zu sein.

„In welchen Gegenden seid Ihr bewandert, Señor?" fragte ich ihn. „Ich will nach Santiago und Tucuman und stand im Begriff, mich nach einem zuverlässigen Führer zu erkundigen."

„Wirklich? Dann werde ich Ihnen einen meiner besten Freunde empfehlen. Er ist ein Mann, auf welchen Sie sich vollständig verlassen können, kein Arriero, dessen Sinn einzig nur dahin steht, den Fremden nach Kräften auszunützen."

„Sie selbst haben wohl nicht Lust oder Zeit, den Auftrag anzunehmen?"

Er sah mich freundlich prüfend an und fragte dann:

„Hm! Sind Sie reich, Señor?"

„Nein."

„Und dennoch borgen Sie mir Geld! Darf ich fragen, was Sie da drüben wollen? Sie gehen doch nicht etwa als Goldsucher oder aus anderen spekulativen Gründen nach Argentinien?"

„Nein."

„So, so! Will es mir überlegen. Wann aber wollen Sie hinüber?"

„So bald wie möglich."

„Da werde ich wohl nicht können, denn ich habe noch einiges abzumachen, was nicht aufgeschoben werden darf. Übrigens befindet sich der Freund, den ich ihnen empfehlen will, auch nicht hier. Ich müßte Sie zu ihm führen, und das ist ein weiter Weg ins Paraguay hinein. Dieser Umweg würde sich aber lohnen, denn er ist ein Mann, an den kein zweiter kommt, der berühmteste und gewandteste Sendador, den es nur geben dann. Wollen Sie sich die Sache nicht wenigstens überlegen? Sie kommen trotz des Umwegs mit ihm weit eher und wohlbehaltener ans Ziel, als mit einem Führer, mit welchem Sie sofort aufbrechen können, dessen Unkenntnis Ihnen aber bedeutende Zeit- und auch andere Verluste bereiten würde."

„Wann und wo kann ich Sie treffen, um Ihnen meinen Entschluß mitzuteilen?"

„Eigentlich wollte ich nur bis morgen hier bleiben; aber ich will noch einen Tag zulegen. In meine Herberge mag ich Sie nicht bemühen; lieber komme ich zu Ihnen."

„Schön! Kommen Sie morgen am Mittag nach dem Hotel Oriental, wo Sie mich in meinem Zimmer treffen werden. Ich glaube, bis dahin eine Entscheidung getroffen zu haben."

„Ich werde mich pünktlich einstellen, Señor. Darf ich fragen, ob Sie mit Señor Tupido in geschäftlicher Verbindung stehen?"

„Das ist nicht der Fall. Ich gab ein Empfehlungsschreiben ab."

„Hat er Sie eingeladen?"

„Ja. Für heute abend acht Uhr in seine Privatwohnung."

„Die kenne ich. Sie befindet sich auf der Straße, welche nach La Union führt. Es ist eine kleine, prächtige Villa, welche Ihnen sehr gefallen wird. Leider möchte ich bezweifeln, daß die Bewohner Ihnen ebenso gefallen."

„Wenn sie dem Señor ähneln, so werde ich mich bei ihnen nicht übermäßig amüsieren."

„So! Hm! Seine Person hat also auch Ihnen nicht behagt?"

„Gar nicht. Es kam sogar zu einem kleinen Zusammenstoß zwischen ihm und mir."

Er hatte während der letzten Minuten den Blick meist draußen auf der Straße gehabt, als ob er dort nach etwas forsche. Da ich mit dem Rücken nach dieser Richtung saß, konnte ich nicht sehen, was seine Aufmerksamkeit so sehr in Anspruch nahm. Jetzt fuhr er im Ton der Besorgnis auf:

„Caramba! Haben Sie ihn etwa dabei beleidigt?"

„Einige scharfe Worte hat es gegeben, aber von einer eigentlichen, wirklichen Beleidigung ist wohl keine Rede."

„Und Sie werden trotz der Differenzen, welche Sie mit ihm hatten, zu ihm gehen?"

„Ja. Warum nicht?"

„Tun Sie es immerhin! Aber nehmen Sie sich in acht! Man vergißt Beleidigungen hier nicht so leicht. Die Rache trägt zuweilen ein außerordentlich freundliches Gesicht."

„Haben Sie Grund zu dieser Warnung?"

„Ich vermute es. Bitte, drehen Sie sich doch einmal um! Sehen Sie den Mann, welcher gerade gegenüber an der Gittertür lehnt?"

Der Mensch, welchen der Yerbatero meinte, stand *vis-a-vis* am verschlossenen Eingang des Hauses, ganz in der nachlässigen Haltung eines Mannes, dessen einzige Absicht es ist, zu seiner Unterhaltung das Treiben der Straße zu beobachten. Er war in Hose, Weste und Jacke von dunklem Stoff gekleidet, trug einen breitrandigen Sombrero auf dem Kopf und rauchte mit sichtbarem Behagen an einer Zigarette.

„Ich sehe den Mann", antwortete ich. „kennen Sie ihn?"

„Ja. Er ist bekannt als einer der verwegensten Agenten für gewisse Geschäfte, bei denen es auf einige Unzen Blut nicht ankommt. Er beobachtet Sie."

„Nicht möglich!"

„Bitte! Ich sage es Ihnen, und Sie können es glauben. Als ich an der Ecke der Plaza de la Independencia auf Sie wartete, bemerkte ich ihn, daß er ebenso stand wie jetzt, scheinbar ganz unbefangen, aber den Blick doch scharf auf das Geschäftshaus von Señor Tupido gerichtet. Als Sie aus demselben traten, ging er uns nach und stellte sich da drüben auf. Mir kann seine Aufmerksamkeit unmöglich gelten, folglich gilt sie Ihnen."

„Vielleicht irren Sie sich doch. Es ist nur ein Zufall, daß er in gleicher Richtung mit uns ging."

„Und auch Zufall, daß er sich da drüben aufstellte? Nein. Solche Zufälle gibt es hier nicht. Beobachten Sie ihn unbemerkt, wenn Sie von hier fortgehen, und Sie werden ganz gewiß sehen, daß er es auf Sie abgesehen hat. Sagen Sie mir morgen wieder, ob ich recht gehabt habe oder nicht. Ich bitte Sie wirklich, meine Beobachung zu beherzigen."

„Aber, Señor, wenn es sich wirklich um eine Rache handelt, so muß ich doch sagen, daß ich Tupido nicht in der Weise beleidigt habe, daß er mir einen Bravo auf den Hals schicken könnte."

„Vielleicht nennt man in Ihrem Vaterland eine Beleidigung geringfügig, welche hier nur mit Blut abzuwaschen ist. Sie haben es mit Abkömmlingen der alten Spanier zu tun, was Sie ja nicht vergessen dürfen. Oder gibt es außer Tupido vielleicht einen anderen, dessen Zorn Sie erregt haben?"

„Schwerlich! Einen sehr komischen Señor, dessen Besuch ich empfing und welcher mir bei seinem Fortgehen allerdings sogar mit der Faust drohte, kann ich unmöglich zu den gefährlichen Lezten zählen."

„Hm! Was nennen Sie komisch, und was nennen Sie gefährlich? Kennen Sie den Namen des betreffenden Mannes?"

„Er nannte sich Esquilo Anibal Andaro."

„Lieber Himmel! Der ist gar kein komischer Mann. Der ist einer der eingefleischtesten Blancos, die es gibt. Ihm ist alles, alles zuzutrauen. Ich kenne ihn, ich kenne ihn! Wenn Sie mir doch anvertrauen wollten, welchen Zweck sein Besuch hatte und wie derselbe abgelaufen ist!"

Ich erzählte ihm das kleine, mir lustig vorkommende Abenteuer meiner Verwechslung mir dem Oberst Latorre. Die Miene des Yerbatero wurde immer ernster. Er sagte, als ich geendet hatte:

„Señor, ich wette, daß dieser Andaro Ihnen den Bravo zum Aufpasser gegeben hat. Nehmen Sie sich in acht, und gehen Sie nicht ohne Waffen aus!"

„Kennen Sie den Oberst auch?"

„Ich habe ihn noch nie gesehen, sonst würde Ihre Ähnlichkeit mit ihm auch mir aufgefallen sein. Aber ich weiß, daß es eine Partei gibt, welche große Hoffnungen auf ihn setzt. Daß Sie in Ihrem Äußeren eine solche Ähnlichkeit mit ihm besitzen, kann, wie Sie sehen, unter Umständen bedeklich für Sie werden. Kein Parteigänger ist hier seines Lebens sicher, und wenn man Sie für einen solchen hält, so kann sich leicht eine Kugel oder ein Messer zu Ihnen verirren."

„Das ist einerseits fatal, andererseits aber hoch interessant."

„Ich danke für das Interessanteste, wenn es möglich ist, daß ich es mit dem Leben bezahlen muß! Wie nun, wenn dieser Esquilo Anibal Andaro Ihnen nach dem Leben trachtet, weil er Sie für Latorre hält?"

„Das ist geradezu unmöglich."

„Meinen Sie? Warum?"

„Weil beide zu ein und derselben Partei gehören. Er kam ja doch, um Latorre ein Geschäft anzubieten!"

„Daran glaube ich nicht."

„Aber, Señor, er hat es ja doch mir angeboten, weil er mich für den Oberst hielt!"

Über sein Gesicht glitt ein außerordentlich pfiffiges Lächeln.

„Man merkt es, daß Sie ein Bücherwurm sind", sagte er. „Im Leben geht es weit anders zu als in Ihren Büchern. Latorre gehört nämlich nicht zur Partei Ihres Señors Andaro, den Sie komisch nennen. Er hält zwar sehr mit seiner eigentlichen Meinung zurück, denn er ist nicht nur ein kühner, sondern auch ein vorsichtiger Mann; aber man weiß doch ziemlich genau, daß er zu den Roten hält und nicht zu den Weißen."

„Warum aber trägt ihm Andaro ein Geschäft an?"

„Zum Schein nur, um ihn blamieren zu können. So wenigstens denke ich mir. Denken Sie sich doch das Aufsehen, wenn die Blancos sagen könnten: Wir haben eine Unterschrift Latorres, mit welcher er bestätigt, daß er von uns fünftausend Pesos erhalten hat, damit wir ihm die Waffen zum Aufstand liefern! Er hätte sich dadurch für alle Zeit unmöglich gemacht."

„Ah, jetzt durchschaue ich diesen Andaro."

„Entweder hält er Sie für Latorre und ärgert sich darüber, daß Sie sich nicht auf seine Leimrute gesetzt haben, oder er hat eingesehen, daß Sie wirklich ein anderer sind, und ärgert sich nun, einem Fremden Einblick in seine Pläne gewährt zu haben, was für ihn und seine Partei gefährlich werden kann, wenn Sie Latorre davon benachrichtigen. In beiden Fällen haben Sie nichts Gutes von ihm und den Blancos zu erwarten. Es muß ihnen daran liegen, Sie am Sprechen zu hindern. Und womit erreicht man das am sichersten? Beantworten Sie sich diese Frage selbst!"

„Wollen Sie mir wirklich Sorge machen, Señor Monteso?"

„Ja, das will ich. Der Bravo steht nicht zum Scherz so lange da drüben. Darauf können Sie sich wohl verlassen. Ich kenne die hiesigen Verhältnisse besser als Sie."

„So wäre ich ja gleich mit meinem ersten Sprung an dieses schöne Land in ein Loch geraten, in welchem ich sehr leicht steckenbleiben kann!"

„Dieser Vergleich ist sehr richtig. Steigen Sie schnell heraus, und laufen Sie davon! Ich meine es gut mit Ihnen. Damit will ich nicht etwa sagen, daß Sie gleich heute von hier aufbrechen sollen. Nehmen Sie sich nur vor dem Bravo und anderen Fallen in Acht, welche man Ihnen legen könnte. Ich bin überzeugt, daß Sie bis morgen mittag, wo ich zu Ihnen komme, irgend etwas erlebt haben werden. Da sollte es mich freuen, zu erfahren, daß meine Warnung nicht unbeachtet geblieben ist."

„Ich werde sie mir zu Herzen nehmen, Señor. Und da ich sehe, daß Sie gehen wollen, so erlauben Sie mir, Ihnen die zweihundert Pesos jetzt auszuzahlen."

Ich schob ihm fünf Diez Pesos Fuertes zu. Er wickelte sie zusammen und steckte sie mit einer Miene in die Westentasche, als ob es nur ein Stückchen Zigarettenpapier sei. Dann reichte er mir die Hand, machte mir eine höflich vertrauliche Verbeugung und entfernte sich.

Jetzt nahm ich seinen Platz ein, um den Bravo beobachten zu können. Dieser musterte den aus der Tür tretenden Yerbatero mit einem kurzen Blick und machte dann eine ungeduldige Bewegung. Nach einer Weile entfernte auch ich mich. Dabei tat ich so, als ob ich den Menschen gar nicht bemerkte. Ich schritt durch mehrere Straßen, blieb an verschiedenen Schaufenstern stehen und überzeugte mich, daß der Mann mir allerdings unausgesetzt folgte.

So verging wohl eine Stunde, und die Dämmerung trat ein. Glockenton machte mich darauf aufmerksam, daß ich mich in der Nähe der Kathedrale befand. Auf meine Erkundigung erfuhr ich, daß man sich jetzt zum täglichen *Ave Maria de la noche* in die Kirche begebe, und ich schloß mich den gebetsbedürftigen Leuten an.

Der hehre lichtdurchflossene Raum war von so vielen Gläubigen besucht, daß die Gemeinden mancher europäischen Hauptstädte sich ein Beispiel daran nehmen könnten. Ein gemischter Chor mit Orgelbegleitung tönte von dem Chor herab. Die Sänger waren ziemlich gut geschult, aber der Organist war ein Spieler fünften oder sechsten Rangs. Er verstand das Registrieren nicht und griff sogar sehr häufig fehl.

Die Orgel ist mein Lieblingsinstrument. Ich stieg hinauf, um mir den Mann, welcher die weihevolle Komposition von Palestrina so verdarb, einmal anzusehen. Der Kantor stand dirigierend vorn am Pult. Der Organist war ein kleines, dünnes, bewegliches Männchen, dessen Gestalt unter den mächtigen Prospektpfeifen noch kleiner erschien, als sie war. Als er sah, daß ich, an der Ecke des Orgelgehäuses lehnend, ihn beobachtete, kam ihm sichtlich die Lust, mir zu imponieren. Er zog schleunigst Prinzipal und Kornett und einige sechzehnfüßige Register dazu. Das gab natürlich einen Lärm, welcher die Vokalstimmen ganz verschlang. Dennoch erhielt er von dem Dirigenten keinen Wink. Das Kirchenstück wurde in dieser Weise bis zu Ende gesungen.

Dann kam ein kurzes Vorspiel, welches aus einem verunglückten Orgeltrio aus zwei Manualen und dem Pedal bestand und in eine mir so bekannte und liebe Melodie leitete. Leider aber hatte der Organist oben *Vox angelica, Vox humana*, Aeoline und *Flauta amabile* gezogen und dazu für die Bässe die tiefsten und stärksten Register, so daß die schöne Melodie wie ein Bächlein im Meer der Bässe verschwand.

Das konnte ich unmöglich aushalten. Mochte der biedere Orgelschläger mich meinetwegen dafür mit ewiger Blutrache verfolgen, ich huschte zu ihm hin, schob die volltönenden Stimmen hinein und registrierte anders. Er blickte mich erst erstaunt und dann freundlich an. Mein Arrangement schien ihm besser zu gefallen als das seinige.

Nach dem dritten Vers trat der Predikador zum Altar, um ein Gebet vorzulesen. Dies benutzte der Organist zu der leisen Frage an mich:

„Spielen Sie auch die Orgel, Señor?"

„Ein wenig", antwortete ich ebenso leise.

Sein kleines, dünnes Gesicht glänzte vor Freude.

„Wollen Sie ?" nickte er mir einladend zu.

„Welche Melodie?"

„Ich schlage sie Ihnen auf und das Gesangbuch dazu. Es sind nur drei Verse. Sind Sie hier bekannt?"

„Nein."

„So winke ich Ihnen, wenn Sie anfangen sollen. Erst ein schönes, liebliches Vorspiel; dann die Melodie recht kräftig mit leisen Zwischenspielen und endlich nach dem dritten Vers eine Fuga mit allen Stimmen und Kontrapunkto. Wollen Sie?"

Ich nickte, obgleich er mehr verlangte, als in meinen Kräften stand. Eine Fuge und Orgelpunkt!

Ich zog die sanften Stimmen zu dem „schönen, lieblichen Vorspiel", und da war auch schon das Gebet zu Ende, der Segen erteilt, und der Organisten stieß nich mächtig in die Seite, was zweifelsohne der Wink sein sollte, den er mir hatte geben wollen. Ich begann.

Wie ich gespielt habe, das ist hier Nebensache. Ich bin keineswegs ein fertiger Spieler, und ob mein „Kontrapunkt" Gnade vor einem Kenner gefunden hätte, bezweifle ich mit vollstem Recht. Aber man war die kunst des kleinen Organist gewöhnt, und so fiel mein Spiel auf. Im Schiff der Kirche standen nach dem Gottesdienst die Leute noch alle und oben der Kantor, der Organist und sämtliche Sänger um mich her. Ich mußte noch eine Fuge zugeben und erklärte aber dann, daß ich fort müsse. Der Organist legte sein Ärmchen in meinen Arm und schien sich meiner bemächtigen zu wollen. Er führte mich unten durch die neugierig wartende Menge und erklärte, als wir vor der Kathedrale anlangten, daß ich unbedingt mit ihm gehen und zu Abend bei ihm speisen müsse.

„Das ist unmöglich, Señor", antwortete ich, „denn ich bin bereits geladen."

„Zu wem?"

Ich sagte es ihm.

„So darf ich Sie freilich nicht belästigen. Dafür aber müssen Sie mir die Ehre erzeigen, morgen das Frühstück bei mir einzunehmen. Wollen Sie?"

„Mit Vergnügen."

„Ich verlasse mich darauf, Sie um zehn Uhr bei mir zu sehen. Dann spielen wir miteinander vierhändig und vierbeinig Orgel. Ich habe prächtige Noten dazu. Und zu Mittag essen wir auch bei mir."

„Um diese Zeit bin ich bereits in Anspruch genommen."

„Tut nichts, Señor. Das wird sich wohl ändern lassen. Ich gehe mit zu dem, der Sie in Anspruch nehmen will, und bitte Sie los. Ich kenne Ihren Namen noch nicht, aber wir sind Brüder in *organo* und werden einander lieb gewinnen."

„Hier ist meine Karte!"

„Danke! Von mir habe ich keine mit. Ist auch nicht nötig. Ich will von ihnen das Registrieren lernen, denn, unter uns gesagt, ich ziehe stets die verkehrten Stimmen. Man muß auf die Hände und Füße achtgeben und auf Noten und Gesangbuch sehen. Wie kann man da eigentlich noch an die Register denken! Das ist mir unbegreiflich. Ich werde es Ihnen hoffentlich ablauschen. Übrigens, wenn Sie nach der Quinta des Señor Tupido wollen, so gehen wir miteinander. Meine Wohnung liegt nur ein wenig abseits Ihres Wegs."

Er zog mich mit sich fort und beschrieb mir die Lage der Quinta so genau, daß ich sie mit geschlossenen Augen hätte finden können.

Indessen war es natürlich Abend geworden, ein wunderbar schöner, südamerikanischer Frühlingsabend. Der Mond schien fast voll auf den blinkenden Marmor der Häuser nieder, an denen wir vorüberkamen, und der aus den Gärten und Höfen aufsteigende Blumenduft erquickte alle Sinne.

Wir ließen den belebteren Teil der Stadt hinter uns, denn der Organist wohnte „im Grünen" wie er sich ausdrückte. Rechts und links gab es Villen. Ich hatte nicht mehr als fünf Minuten bis zur Quinta Tupidos zu gehen. Da lenkte mein Begleiter oder vielmehr Führer in einen ziemlich schmalen Weg ein, der zwischen zwei Landhäusern hindurchging.

„Wohin?" fragte ich.

„Nach meiner Wohnung. Wir müssen wenigstens ein Glas Wein trinken, wenn Sie keine Zeit haben, mit mir zu speisen. Ich habe

Sie ebenso schnell wie herzlich lieb gewonnen. Mein Domizilio liegt gleich hinter diesen zwei Gärten, zwischen denen wir jetzt gehen!"

„Gut, so begleite ich Sie bis an Ihre Tür, an welcher ich mich von Ihnen verabschiede. Morgen früh, zehn Uhr, sehen wir uns ja sicher wieder."

Bald waren die Gärten zu Ende, und dann standen wir vor einem kleinen Häuschen, welches an seiner niedrigen Außenseite keine Fenster, sondern nur eine Tür hatte. Während wir da, uns verabschiedend, noch einige Worte wechselten, war es mir, als ob ich Schritte hörte. Das leise Geräusch kam von dem Gang her, durch welchen wir soeben gekommen waren. Ich blickte hin.

Ein Sombrero ragte hinter der Ecke der Gartenmauer hervor. Unter diesem Hut mußte ein Kopf, ein Mensch stecken. Der Mann sah, daß er bemerkt worden war. Ein Zurückweichen hätte seiner Absicht nur geschadet, denn es mußte unseren Verdacht erregen; darum wählte er das in dieser Lage Beste und trat hervor. Es war der Bravo, vor welchem ich von dem Yerbatero gewarnt worden war.

„Wer ist da? Was wollen Sie, Señor?" fragte der Organist in ziemlich kleinlauter Weise. Er war ein winziges Männchen und schien auch kein großer Held zu sein.

Der Gefragte trat um einige Schritte näher, doch so, daß trotz des Mondscheins sein Gesicht unter der breiten Krempe des Hutes so im Dunkeln lag, daß die Züge nicht erkannt werden konnten. Ich war augenblicklich überzeugt, daß es sich um einen Angriff auf mich handle.

„Pardon, Señores!" antwortete er. „Ich suche die Wohnung des Señor Arriquez, und man hat mich hierher gewiesen."

Die Stimme war unbedingt verstellt. Der Mann stand noch drei Schritte von nur entfernt und steckte die Hand in die Tasche.

„Hier wohnt kein Señor Arriquez", antwortete der Organist. „Man hat Sie falsch gewiesen."

Jener trat noch einen Schritt näher; ich aber wendete mich rasch zur Seite, so daß ich wieder drei Schritte zwischen uns legte und den Mond hinter mich bekam. Nun konnte mir die kleinste seiner Bewegungen nicht entgehen.

„Einen Señor dieses Namens kenne ich nicht", meinte der Organist kopfschüttelnd. „Vielleicht hat man Ihnen nicht nur eine falsche Wohnung, sondern auch einen falschen Namen genannt."

„Das glaube ich nicht. Ich meine den fremden Señor, welcher Orgel gespielt hat."

„Ah, der steht hier. Aber auch er heißt nicht Arriquez, sondern..."

Er hielt meine Karte, welche er noch in der Hand hatte, dem Mond entgegen, um den Namen zu lesen. Dies benutzte der Bravo, indem er sich schnell auf mich warf. Er hatte ein Messer aus der Tasche gezogen. Ein Glück für mich, daß ich gewarnt worden war! Zwar hätte sein Benehmen auf alle Fälle meinen Verdacht erweckt, aber so ganz heiler Haut, wie jetzt, wäre ich wahrscheinlich doch nicht davongekommen. So aber trat ich einen Schritt zur Seite. Die blinkende Klinge zuckte an mir vorüber, und der Kerl bekam von mir einen Fausthieb an den Kopf, daß er taumelte. Gleich hatte ich ihn mit der Linken beim Genick und schlug ihm die Rechte von unten an den Ellbogen, so daß ihm das Messer aus der Hand flog. Dann schleuderte ich ihn gegen die Mauer des Hauses; er sank dort nieder und blieb liegen. Das alles war das Werk nur weniger Augenblicke.

Dem guten Organist war vor Schreck die Karte entfallen. Er stammelte etwas ganz Unverständliches, rang die Hände und schnappte nach Atem; dann aber erhielt er die Sprache zurück und schrie aus Leibeskräften:

„O Unglück, o Traurigkeit! Zu Hilfe, zu Hilfe!"

„Schweigen Sie doch, Señor!" gebot ich ihm. „Es ist nicht die geringste Gefahr vorhanden."

„Das ist Verblendung, Herr! Es sind ja Mörder hier! Solche Leute haben stets Helfershelfer bei sich. Wir müssen fort; wir müssen fliehen! Aber wohin, wohin? Was tue ich doch nur? Was... ah, welch ein Glück! Ich habe den Türschlüssel bei mir; ich kann ja in mein Haus! Ich bin gerettet!"

Er schloß schnell auf, trat hinein und schloß die Tür hinter sich zu, ohne mich eingeladen zu haben, mit ihm zu kommen. Er wußte sich in Sicherheit. Ob aber ich nun doch noch abgewürgt oder abgestochen wurde, das war ihm sehr gleichgültig. Er blieb hinter dem Gitter stehen und rief mir durch dasselbe zu:

„Gelobt sei Gott, ich bin gerettet! Machen Sie schnell, daß Sie fortkommen!"

„So? Weshalb haben Sie mich nicht mit in Ihr Haus genommen?"

„Danke sehr! Ich will nicht die Rache der Bravos auf mich lenken. Gehen Sie, gehen Sie! Ich darf Sie nicht vor meinem Haus dulden!"

„Ah! Das sagen Sie, trotzdem Sie sich meinen Freund nannten und mir versicherten, daß Sie mich lieben?"

„Wenn die Mörder drohen, da hört alle Liebe und Freundschaft auf. Ich kann mich doch nicht Ihnen zu Gefallen abschlachten lassen!"

„Das verlange ich auch nicht. Ich werde also gehen. Auf Wiedersehen morgen!"

Ich wendete mich von der Tür ab. Da aber rief er mir im Ton des Schreckens nach:

„Was fällt Ihnen ein, Sie Unglückskind! Sie dürfen mich nicht besuchen. Ich muß mir das verbitten!"

Die Angst des kleinen Männchens machte mir Spaß. Der Kerl, welcher mich angefallen hatte, lag, wie es schien, bewußtlos an der Erde. Ich war überzeugt, daß er keine Helfershelfer hatte, und fühlte mich also ganz sicher. Darum trat ich zur Tür zurück und sagte im Ton des Erstaunens:

„Sie haben mich doch so dringend eingeladen! Wir wollten miteinander um zehn Uhr frühstücken!"

„Frühstücken Sie wo, wann und mit wem Sie wollen, nur nicht bei mir!"

„Sie sind es doch nicht, welcher Angst zu haben braucht, sondern die Feindseligkeit ist ganz gewiß nur gegen mich gerichtet."

„Ursprünglich, ja; aber Sie kennen diese Leute schlecht. Sie sind dem Tod geweiht, und man wird all Ihre Freunde und jeden, der mit Ihnen verkehrt, auch morden. Keine Partei schont die andere. Machen Sie sich so schnell wie möglich fort! Ich mag mit Ihnen nichts mehr zu tun haben."

„Gut, so werde ich gehen. Aber haben Sie nicht eine Person bei sich, welche mir helfen kann, den Bravo nach der Polizei zu schaffen?"

„Was denken Sie! Das wäre die größte Dummheit, welche ich begehen könnte. Selbst wenn ich tausend Diener hätte, würde ich Ihnen keinen einzigen von ihnen zur Verfügung stellen. Ich bin viel zu klug, als daß ich etwas tun könnte, was die Rache der Bravos gegen mich herausfordern würde. Lassen Sie ihn liegen und... Gott sei Dank, da kommt mein Frauchen! Sie bringt Licht, und nun kann mir nichts mehr geschehen. Laufen Sie, laufen Sie! Es ist das allerbeste, was Sie tun können!"

Ich sah einen Lichtschein hinter dem Türgitter und hörte eine scheltende weibliche Stimme. Der gute Organist verschwand. Vielleicht erwartete ihn ein zarter Verweis wegen nächtlicher Ruhestörung. Ich wendete mich zu dem Bravo.

Da mußte ich erkennen, daß mein unnötiges Geschwätz mit dem Kleinen eine Dummheit gewesen war, denn noch war ich nicht ganz bei dem vermeintlich Bewußtlosen, so sprang er plötzlich auf. Er mochte eben in diesem Augenblick die volle Besinnung wieder erlangt haben und schnellte sich nach der Stelle hin, an welcher sein Messer lag. Ich mußte ihm zuvorkommen, denn ich war nicht bewaffnet, und wenn er das Messer erreichte, so konnte er mir wenigstens eine Wunde beibringen. Ich tat also einen raschen Sprung nach der betreffenden Stelle hin, welche mir näher lag als ihm, und streckte zur gleichen Zeit den Arm nach ihm aus. Er warf sich zur Seite, so daß ich ihn nicht fassen konnte, sprang einige Schritte zurück, erhob drohend die Faust und rief mir zu:

„Später werde ich besser treffen!"

Dann rannte er fort, nicht in das Gäßchen hinein, durch welches er sich herbeigschlichen hatte, sondern in die entgegengesetzte Richtung, in welcher das freie Feld lag.

Ich hätte ihn wohl ergreifen können, hatte aber davon abgesehen, weil es große Anstrengung erfordert hätte, ihn zu transportieren, und ich konnte dem Organisten nicht ganz Unrecht geben, nach dessen Versicherung es überhaupt geraten war, den Bravo laufen zu lassen. Da ich nun wußte, daß man es von irgendeiner Seite auf mich abgesehen hatte, bedurfte es nur der nötigen Vorsicht, mich vor ähnlichen Überfällen zu bewahren.

Ich hob das Messer auf und ging durch das Gäßchen zurück, natürlich langsam und sorgfältig achtgebend, ob sich vielleicht noch jemand da befinde. Kein Mensch war zu sehen. Dann wandte ich mich nach links, nach der Quinta Tupidos zu, ging aber auf der Mitte der breiten Straße, wo der helle Mondschein mir erlaubte, das Terrain scharf zu überblicken.

An meinem Ziel angelangt, schob ich das Messer in die Tasche. Ich stand an der Tür eines schmalen Vorgartens, hinter welchem die Villa lag. Rechts sah ich den Klingelzug und links ein Messingschild, dessen Inschrift mir sagte, daß ich an der richtigen Stelle sei. Ich klingelte.

„Wer ist da?" fragte darauf eine Stimme vom Haus her.

Ich nannte meinen Namen, worauf eine männliche Dienstperson kam und aufschloß. Der Mann führte mich, ohne ein Wort zu sagen, in das Haus und öffnete dort eine Tür, hinter welcher sich ein kleines, behaglich eingerichtetes Zimmer befand. Tupido saß, eine Zigarre rauchend, auf dem Sofa. Er erhob sich, bot mir die Hand und sagte in sehr verbindlichem Ton:

„Endlich! Sie kommen fast eine Viertelstunde später, als ich Sie erwartete, Señor. Da ich mich auf Sie freute, mußte ich diesen Zeitverlust natürlich sehr bedauern!"

„Und ich habe um Verzeihung zu bitten. Ich hatte eine kleine Abhaltung, welche von mir nicht verschuldet war. Hoffentlich erdrücken Sie mich nicht unter Ihrem Zorn!"

„O nein", lachte er. „Ich kann Ihnen leicht verzeihen, da die Señora glücklicherweise ihre Vorbereitungen zum Souper noch nicht beendet hat. Sie werden sich also noch einige Minuten mit mir begnügen müssen. Nehmen Sie Platz, und stecken Sie sich eine Zigarre an!"

Er zog mich neben sich auf das Sofa und schob mir das Kästchen und Feuerzeug hin. Natürlich machte ich von beiden sofort Gebrauch. Er war die Liebenswürdigkeit selbst, ganz anders als am Nachmittag. Als meine Zigarre brannte, legte er mir vertraulich die Hand auf den Arm und sagte:

„Ich will Ihnen aufrichtig gestehen, daß ich es meinem Kompagnon herzlich Dank weiß, Sie an mich adressiert zu haben. Zunächst besitze ich im allgemeinen eine große persönliche Vorliebe für alles, was deutsch heißt, und sodann im besonderen sind Sie mir als ein Herr bezeichnet worden, von dessen bedeutendsten Kenntnissen und reichen Erfahrungen ich profitieren könne. Ich habe Sie also doppelt willkommen zu heißen, Señor."

Das war sehr stark aufgetragen. Dieser Mann mußte mich wirklich für höchst harmlos halten, um annehmen zu können, daß er durch solche Überschwänglichkeiten seinen Zweck bei mir erreichen werde. Ich antwortete also im gemessensten Ton:

„Es tut mir wirklich leid, daß der Inhalt des betreffenden Briefs Sie veranlaßt hat, mich falsch zu beurteilen. Ich reise, um zu lernen, nicht aber um zu belehren. Für das letztere mangeln mir alle dazu nötigen Eigenschaften. Wer mir ein so unverdientes Lob erteilt, erwirbt sich nicht etwa ein Verdienst um mich, sondern er bringt mich ganz im Gegenteil in Verlegenheiten, denen ich nicht gewachsen bin."

„Diese Sprache habe ich erwartet. Ich weiß sehr gut, durch welche rühmenswerte Bescheidenheit der Deutsche so vorteilhaft vor anderen sich auszuzeichnen pflegt. Lassen wir also lieber diesen Gegenstand fallen, und sprechen wir von den Absichten, welche Sie bei ihrer jetzigen Reise verfolgen. Ich vermute, daß dieselben entweder merkantilischer oder naturwissenschaftlicher Natur sind."

„Keins von beiden, Señor. Ich reise um des Reisens willen. Ich bin weder in den Wissenschaften, noch im Handel unterrichtet und erfahren. Der Grund, warum ich reise, ist ganz derjenige eines Spaziergängers, welcher es liebt, sein Auge an abwechselnden Bildern zu ergötzen. Ich bitte also, der falschen Ansicht, welche Sie von mir haben, eine darauf bezügliche Berichtigung zu erteilen!"

Nachdem er mich mit so ausgezeichneter Freundlichkeit empfangen hatte, mußte ihn meine Art und Weise abkühlen. Sein Ton klang bedeutend zurückhaltender, als er mich fragte:

„Aber wie ist es denn möglich, so weite Reisen ohne einen wirklichen Zweck zu unternehmen? Wahrhaftig, die Deutschen sind ein höchst ideales Volk! Sie sagen, daß Sie spazierengehen. Und dazu wählen Sie sich eine Gegend, welche alles besitzt, aber nur nicht den Anreiz zum Promenieren. Haben Sie denn wirklich eine Ahnung von den Gefahren und Entbehrungen, welchen Sie während einer Reise nach dem Westen unterworfen sein werden?"

„Ich habe mich darüber unterrichtet, natürlich nur so weit, als es aus der Entfernung möglich war, und ich sehe keinen Grund, den einmal gefaßten Gedanken aufzugeben."

„So bewundere ich Ihre Unternehmungslust!"

„Sie wollen sagen, Sie belächeln die Unerfahrenheit, mit welcher ich etwas tue, was jeder andere an meiner Stelle unterlassen würde. Wenn der Unerfahrene nichts unternimmt, gelangt er eben nicht zur Erfahrung."

Er schüttelte den Kopf. Er schien einzusehen, daß ich noch dümmer sei, als er bisher geglaubt hatte. Es klang fast wie Mitleid, als er mich fragte:

„Und Sie besitzen wirklich die Kühnheit, bis nach Santiago oder gar Tucuman gehen zu wollen? Wissen Sie, wie es bei uns aussieht? Gegenwärtig gibt es zahlreiche politische Parteien, welche sich gegenseitig bekämpfen, und zwar mit allen Mitteln und ohne zu fragen, ob dieselben verwerflich sind oder nicht. Gerade diejenigen Gegenden, durch welche Sie reisen wollen, sind durch diese Wirren unsicher gemacht. Sie wagen viel, vielleicht gar Ihr Leben, wenn Sie darauf bestehen, diesen Vorsatz auszuführen. Ich rate Ihnen ganz entschieden ab."

Das sagte er natürlich nur zum Schein. Ich antwortete ihm:

„Ich pflege einen einmal gefaßten und auch reiflich erwogenen Entschluß nicht wieder aufzugeben. Das ist auch hier der Fall."

„Nun, so habe ich meine Schuldigkeit getan und bin auch noch bereit, Ihnen die Reise zu erleichtern, so viel das in meinen Kräften steht. Natürlich vorausgesetzt, daß Ihnen das angenehm ist."

„Ich werde Ihren Beistand mit größter Dankbarkeit akzeptieren, Señor."

„Schön. So darf ich Ihnen vielleicht meinen Rat zur Verfügung stellen. Die Reise, welche Sie vorhaben, macht man gewöhnlich von Buenos Aires aus, wohin Sie sich also von hier aus zu begeben hätten. Leider aber würden Sie da durch Gegenden kommen, welche durch zügellos gewordene militärische Banden unsicher gemacht werden. Aus diesem Grund schlage ich Ihnen eine andere Route vor, welche zwar ungewöhnlicher ist, Ihnen dafür aber die möglichste persönliche Sicherheit bietet. Gehen Sie quer durch Uruguay und die Provinz Entre Rios bis nach Parana oder Santa Fe. Von da aus haben Sie die beste Gelegenheit, über Cordoba nach Santiago und Tucuman zu kommen."

„Danke, Señor! Ich bin bereits jetzt der Ansicht, daß es für mich vorteilhaft sein wird, Ihrem Rat zu folgen."

„Gewiß ist es das beste, was Sie tun können. In diesem Fall wäre ich imstande, Ihnen die Reise bedeutend zu erleichtern. Ich könnte Sie mit einem Empfehlungsschreiben an einen sehr einflußreichen, hohen Offizier versehen, in dessen Macht es liegt, Ihnen Ihren Weg zu ebnen. Es ist Lopez Jordan, der Stiefsohn des früheren Präsidenten Urquiza. Haben Sie von ihm gehört?"

„Ich habe erfahren, daß er allerdings ganz bedeutende Verbindungen besitze."

„Er besitzt weit mehr als das. Es ist aller Grund vorhanden, anzunehmen, daß er vor einer Karriere stehe, welche ihn zur höchsten Stelle der öffentlichen Gewalt bringen wird. Ich kann mich einer näheren Bekanntschaft, ja fast Freundschaft mit ihm rühmen, und hege die Überzeugung, daß meine Empfehlung an diesen bedeutenden Mann für Sie von sehr großem Vorteil sein würde. Da Sie mir empfohlen sind, ist es meine Pflicht, für Sie zu sorgen. An eine Gegenleistung hat man dabei nicht zu denken. Sie nehmen also meinen Vorschlag bezüglich dieser Empfehlung an?"

„Gewiß. Es wäre ja die größte Unklugheit, denselben zurückzuweisen."

„Gibt es einen Grund, welcher Sie für längere Zeit hier in Montevideo halten könnte?"

„Nein, Señor. Hier fesselt mich weder ein persönliches, noch ein geschäftliches Interesse, und ich kann zu jeder Stunde aufbrechen. Die Stadt bietet mir nichts Neues oder Seltenes. Ich will tiefer in das Land hinein und habe gar keinen Grund, mich unnütz hier an der Küste lange aufzuhalten."

„Das ist gut, Señor. Heute weiß ich nämlich noch, wohin ich meinen Empfehlungsbrief zu adressieren habe, später aber wüßte ich nicht, wohin ich Sie schicken sollte, da Lopez Jordan nächstens aufbrechen wird, um in amtlicher Eigenschaft die Provinzen zu bereisen. Je eher Sie bei ihm ankommen, desto besser für Sie. Es ist alle Wahrscheinlichkeit vorhanden, daß Sie sich ihm anschließen könnten, da er nach ganz derselben Gegend gehen will, die auch Ihr Ziel ist. Freilich dürfen Sie sich nicht unnötig hier verweilen und müßten vielleicht schon morgen von hier abreisen."

Er sagte das in einem so eindringlichen und fürsorglichen Ton, daß ich mich gewiß hätte täuschen lassen, wenn mir nicht der Inhalt des Schreibens bekannt geworden wäre. Ich ging daher scheinbar auf seine Vorstellung ein:

„Unter diesen Verhältnissen bin ich natürlich bereit, schon morgen früh aufzubrechen."

„Schön! Ich werde Sie also jetzt mit der Empfehlung versehen. Aufrichtig gestanden, habe ich bereits am Nachmittag an dieselbe gedacht, da ich ziemlich überzeugt war, daß Sie meinem Rat Folge leisten würden, und habe also den Brief bereits angefertigt. Lopez Jordan befindet sich gegenwärtig in Parana. Der kürzeste Weg würde über Mercedes, den Uruguayfluß und Villaguay führen. In welcher Weise reisen Sie?"

Ich zuckte die Schultern.

„Ich bin mit den hiesigen Verhältnissen so wenig vertraut, daß ich Sie ersuchen möchte, mir auch in dieser Beziehung Ihren Rat zu erteilen."

„Ich rate zur Diligence, der Staatskutsche, deren Benutzung ich Ihnen angelegentlich empfehlen kann. Mit derselben reisen Sie billig und so angenehm und sorglos, wie es unter den hiesigen Verhältnissen möglich ist. Ich weiß, daß morgen am Vormittag eine Diligence in der angegebenen Richtung abgeht. So werde ich Ihnen also gleich jetzt den Brief einhändigen können. Ich habe nur die Adresse hinzuzufügen. Entschuldigen Sie mich!"

Er trat zu einem Stehpult, welches sich in der Ecke befand. Da wurde die Tür aufgerissen, und es stürmten zwei Knaben herein. Sie standen im Alter von wohl zehn oder zwölf Jahren.

Ich hatte mir sagen lassen, daß die Kindererziehung in den La Plata-Staaten eine sehr mangelhafte sei, und fand das jetzt bestätigt. Die beiden wie die Puppen aufgeputzten Buben stellten sich vor mich hin und starrten mich in frecher Weise an.

„Papa", fragte der eine, „ist das der Deutsche?"

„Ja, mein Söhnchen", antwortete der Vater, indem er an der Adresse des Briefs schrieb, ohne sich um das Benehmen seiner Lieblinge zu bekümmern. Der kleine Fragesteller wendete sich sodann in verächtlichem Ton an mich:

„Bist du wirklich ein Dummkopf?"

Da beeilte sich der andere Liebling, an meiner Stelle zu antworten:

„Nein, er ist ein alberner deutscher Grobian."

„Wer hat das gesagt?" fragte ich schnell.

„Der Vater", lautete die Antwort. „Er sagte es der Mutter."

Da wendete sich ihr Vater um und rief in zorniger Verlegenheit:

„Unsinn! Dieser Señor war nicht gemeint, sondern ein ganz anderer Mann, ein deutscher Arbeiter, welcher einen Auftrag falsch ausgeführt hatte."

Diese Ausrede wurde sogleich in für ihn höchst ärgerlicher Weise zurückgewiesen, denn der ältere der beiden lieben Buben sagte:

„Und da hast du ihn zum Abendbrot eingeladen!"

„Schweig mit deinen Verwechslungen!" gebot Tupido. „Lassen Sie sich durch diese kindlichen Irrtümer nicht irre machen, Señor! Hier haben Sie den Brief. Der Inhalt desselben wird Sie im höchsten Grad zufriedenstellen."

Er gab mir den Brief in die Hand, welcher in einem mittelgroßen, mittels Gummi verklebten Kuvert steckte und so dick war, daß er wenigstens drei Bogen enthielt - den eigentlichen Brief und die beiden Kontrakte. Ich wog ihn in der Hand und sagte:

„Ist es bei Ihnen nicht gebräuchlich, offene Empfehlungsschreiben zu geben?"

„Nein, hierzulande überhaupt nicht. Es kommt häufig vor, daß man eine geschäftliche Notiz beifügt, welche nur für den Empfänger bestimmt ist."

„Das ist wohl auch hier der Fall?"

„Allerdings."

„So muß diese Notiz eine sehr umfangreiche sein! Und ich gestehe offen, daß es mir lieber sein würde, wenn Sie die Güte haben wollten, beides zu trennen."

„Señor", sagte er, „ich pflege nie von meinem Usus abzuweichen und denke, daß Sie mir auch jetzt erlauben werden, bei demselben zu verharren!"

„Hm! Sie sind bereits einmal von demselben abgewichen, indem Sie heute auf den bei Ihnen gebräuchlichen Abzug verzichteten. Ich will dies dankbar anerkennen, indem ich den Brief so besorge, wie Sie ihn mir übergeben."

Er hatte die Feder noch in der Hand und ging jetzt wieder an das Pult, um sie mit dem Schreibzeug einzuschließen. Die beiden Buben standen bei mir und sahen den Brief verlangend an.

„Was steht darauf? Zeigen Sie her!" sagte der größere, indem er das Schreiben ergriff, um es mir in seiner ungezogenen Weise aus der Hand zu reißen. Das war mir ungeheuer lieb. Während er in der Mitte festhielt, ergriff ich das Kuvert an beiden Enden.

„Laß es sein! Das ist nicht für dich", sagte ich.

„Zeig nur her!" gebot er starrköpfig. „Der Brief ist von meinem Papa. Er gehört also mir und nicht dir. Ich will ihn sehen!"

Er zerrte mit aller Gewalt. Das eben wollte ich. Das Kuvert riß auseinander, und der Inhalt fiel zu Boden. Schnell raffte ich denselben auf, und zwar so, daß die Schriftstücke auseinander gefaltet wurden. Den „Empfehlungsbrief" hatte ich obenauf.

„Na, da hast du das Kuvert zerrissen!" sagte ich in ärgerlichem Ton. „Nun kann der Papa ein anderes schreiben. Aber... was ist das? Was lese ich da?"

Tupido kam auf mich losgeschossen.

„Halt! Nicht lesen, nicht lesen!" rief er aus.

Ich trat zurück, hielt mir den Brief lesend vor die Augen und schob den anderen Arm abwehrend gegen ihn vor.

„Nicht lesen, nicht lesen!" wiederholte er zornig, indem er sich bemühte, die Papiere in seine Hand zu bekommen. Ich aber war weit stärker als er und schleuderte ihn so kräftig von mir, daß er auf das Sofa flog. Die beiden Jungen hatten sich schreiend an mich gehängt. Sie ließen sich von mir nach der Tür zerren. Ich öffnete dieselbe und schob die Rangen hinaus. Tupido war wieder aufgesprungen und wollte sich auf mich stürzen.

„Bleiben Sie mir vom Leib!" donnerte ich ihn an. „Sonst werfe ich Sie an die Wand, daß Sie an derselben klebenbleiben! Hier, diese beiden Kontrakte erhalten Sie zurück, denn ich ersehe aus der Überschrift, daß es eben Kontrakte, also Geschäftspapiere sind; sie gehen mich nichts an."

„Auch den Brief will ich sofort haben!" schrie der Mann jetzt wütend auf.

„Der bezieht sich auf mich, und ich habe das Recht, ihn zu lesen. Erziehen Sie Ihre Kinder anders, daß sie nicht Kuverts zerreißen, auf deren Verschluß Ihnen viel anzukommen scheint!"

„Ich werde die Dienerschaft kommen lassen, welche Ihnen den Brief abnehmen und Sie dann hinauswerfen wird!"

„Ihre Leute werden keins von beiden tun, denn ich werde jeden, der mich berührt, sofort niederschlagen. Ich gehe selbst, denn bei so einem Menschen, wie Sie sind, ist meines Bleibens natürlich nicht. Sie haben die Wahl: Entweder Sie sorgen jetzt dafür, daß ich hier den Brief ohne Störung lesen kann, und in diesem Fall erhalten Sie ihn zurück, oder ich gehe sofort, nehme ihn aber mit und mache den Inhalt an den betreffenden Stellen bekannt."

Ich hatte Grund, diese Bedingung zu stellen, denn es war jetzt die Tür geöffnet worden, und ich sah eine Dame und einen dienstbaren Geist unter derselben stehen. Beide sagten nichts, hielten aber die Augen erstaunt auf uns gerichtet, die wir einander in feindlicher Haltung gegenüberstanden.

Tupido sah meine Entschlossenheit. Er winkte den beiden ab und sagte:

„So lesen Sie meinetwegen in drei Teufels Namen! Aber dann verlange ich den Brief zurück und mag nichts mehr mit Ihnen zu schaffen haben!"

Die beiden Zuschauer waren verschwunden. Ich setzte mich behaglich nieder und las:

„Señor! Soeben wird mir die Zustimmung meines Kompagnons mitgeteilt. Ich sende Ihnen also schleunigst die Kontrakte zur Unterzeichnung, und Sie wollen mir dann beide durch einen sicheren Boten zurückschicken, worauf ich Ihnen den einen mit der Ware zustellen werde.

Der Überbringer dieses Schreibens ist ein unwissender und dabei höchst aufgeblasener Deutscher, der keine Ahnung hat, welche wichtigen Papiere er Ihnen überbringt. Sie wissen, daß alle eingewanderten Deutschen gegen Ihre Partei sind, und, obgleich er der Meinung ist, daß dieser Brief ein Empfehlungsschreiben sei, erwarte ich selbstverständlich nicht, daß Sie ihn als Freund empfangen und behandeln.

„Ich habe gerade ihn als Boten gewählt, weil man bei einem Teutonen, welcher erst heute aus dem Schiff gestiegen ist, so wichtige Dokumente nicht suchen wird. Hält man ihn dennoch an und findet sie, nun, so gibt man ihm eine Kugel; das ist alles; es fehlt jede Unterschrift; wir können leugnen und werden sagen, daß es sich nur um eine gegen uns geführte Intrige handelt. Es kann Ihnen nicht schwer werden, den Kerl, welcher dümmer ist, als er aussieht, wieder loszuwerden. Stecken Sie ihn unter Ihre Soldaten; er scheint ein guter Schütze zu sein, und es schadet gar nichts, wenn man ihm zum Besten des Vaterlands ein wenig Blut abzapft..."

So ungefähr lautete der Inhalt dieses liebenswürdigen Schreibens, so weit es sich auf mich bezog. Ich stand auf und warf den Brief auf den Tisch.

„Hier haben Sie Ihren Wisch zurück! Vielleicht legen Sie sich eine andere Meinung von mir bei, wenn ich Ihnen sage, daß ich bereits, bevor ich zu Ihnen kam, wußte, daß ich betrogen werden soll. So dumm, wie Sie meinen, sind die Deutschen denn doch nicht. Ich bin vielmehr der Überzeugung, daß sie, trotz ihrer weltbekannten Ehrlichkeit, es an Scharfsinn mit jedem südamerikanischen Schuft aufnehmen. Ich kannte Sie, bevor ich Sie sah."

Er hatte den Brief schnell an sich genommen und eingesteckt.

„Wen meinen Sie mit dem Wort Schuft?" fragte er jetzt, indem er einen Schritt näher trat und mich drohend ansah.

„Beantworten Sie sich diese Frage gefälligst selbst, Señor!"

„Wissen Sie, was für eine Beleidigung das ist und womit sie beantwortet wird?"

„Unter Ehrenmännern, ja. Da Sie aber kein solcher sind, so habe ich mich um Ihre Antwort gar nicht zu kümmern."

„Oho! Sie wird Ihnen werden und zwar so gewiß, wie ich jetzt vor Ihnen stehe."

„Das kann sich nur auf irgendeine Hinterlist beziehen, gegen welche ich mich zu schützen wissen werde. Leute Ihres Schlags fürchtet man nicht. Ein guter deutscher Fausthieb setzt einen bei jedem feigen Bravo in Respekt. Wagen Sie es, mir irgendwelche Unbequemlichkeit oder gar Gefahr zu bereiten, so wende ich mich etwa an die hiesige Polizei, weil mir das zu umständlich sein würde, sondern ich komme direkt zu Ihnen und ohrfeige Sie wie einen Buben, welcher die Tortilla hat verbrennen lassen. Merken Sie sich das! Und nun gute Nacht, hoffentlich für immer!"

Er zog mir eine wütende Grimasse, sagte aber nichts. Ich ließ mir von dem Diener den Gartenausgang öffnen. Bis das geschah, sagte der Mensch nichts. Dann aber, als die Tür offenstand, machte er mir eine tiefe, natürlich höhnische Verbeugung und fragte:

„Wollen Sie gefälligst hier hinausgehen? Sie haben doch nichts eingesteckt? In diesem Fall..."

Was er in diesem Fall tun wolle, erfuhr ich nicht, denn er erhielt eine so gewaltige Ohrfeige, daß er um fünf oder sechs Schritte fortgeschleudert wurde und dort seine Gestalt, so lang und hager sie war, auf die Erde ausstreckte. Ich vermute, daß er seine in solcher Weise beantwortete Frage nicht so bald wieder an einen Deutschen gerichtet hat. Natürlich fiel es mir nicht ein, mich darum zu bekümmern, wie lange er liegenbleiben werde. Ich zog die Gittertür hinter mir zu und ging fort, in der Richtung, aus welcher ich gekommen war. Dabei hielt ich mich abermals auf der Mitte der Straße, denn es war nicht unmöglich, daß der Bravo sich noch in dieser Gegend aufhielt, um einen zweiten Versuch gegen mich zu unternehmen.

Ich war noch gar nicht weit gekommen, so hörte ich vor mir eilige Schritte, welche sich mir zu nähern schienen. Es mußten zwei Menschen sein, welche da liefen, und zwar auf der rechten Seite. Ich ging darum auf die linke hinüber, wo der Mondschein nicht durch die Wipfel der Bäume drang und es also Schatten gab. Allerdings mußte man, da ich auf der hellen Straße gegangen war, mich schon von weitem gesehen haben.

Jetzt sah ich die erste Person, ein Frauenzimmer, welches so schnell wie möglich lief. Und nun erblickte ich eine männliche Person, welche der ersteren nacheilte, sie jetzt erreichte und die beiden Arme um sie schlang.

„Hilfe, Hilfe!" rief die Überfallene, allerdings mit nicht allzu lauter Stimme. Vielleicht benahm der Schreck ihr das Vermögen, lauter zu rufen.

„Einen Kuß, einen Kuß will ich haben!" hörte ich die Stimme des Menschen. Die beiden rangen miteinander. Ich eilte selbstverständlich zu ihnen hin. Die Bedrängte sah mich kommen.

„Herr, Herr, beschützen Sie mich!" rief sie mir entgegen.

Der Mensch ließ sie augenblicklich los und entfloh in der Richtung nach der Stadt zu. Die also Gerettete ging sehr einfach nach französischer Mode gekleidet und trug anstatt des Huts einen spanischen Schleier, welcher jetzt verschoben war, auf dem Kopf. Sie stand gegen den Mond gerichtet, und ich sah ein ganz allerliebstes, junges Mädchengesicht. In der einen Hand hielt sie ein Fläschchen, wie es schien.

„O Señor", sagte sie tief aufatmend, „welch ein Glück, daß Sie sich in der Nähe befanden! Ich kann vor Schreck nicht mehr stehen."

Sie wankte wirklich, und ich unterstützte sie dadurch, daß ich ihren Arm in den meinigen zog.

„Nehmen Sie meine weitere Hilfe an, Señorita! Es soll Ihnen nichts ferner geschehen."

Sie hing sich schwer an mich, als ob sie wirklich nicht ohne Unterstützung stehen könne, und seufzte:

„Welch ein Mensch! Er hat mich auf einer großen Strecke verfolgt, und dann konnte ich nicht mehr fliehen."

„Kannten Sie ihn? Wer war er?"

„Ich sah ihn noch nie."

„Es scheint für junge Damen gefährlich zu sein, zu dieser Stunde auf der Straße zu gehen. Wußten Sie das nicht?"

„Ich wußte es, aber dennoch mußte ich zur Apotheke, um die Medizin für meine Großmutter zu holen."

„Und wo wohnen Sie?"

„Gar nicht allzuweit von hier. Aber dennoch fürchte ich mich außerordentlich. Wie leicht kann dieser Mensch wiederkommen!"

„Wenn Sie mir die Erlaubnis erteilen, werde ich Sie zu Ihrer Wohnung begleiten."

„Wie gütig Sie sind! Ich nehme Ihr Anerbieten so gern an. Darf ich mich weiter auf Ihren Arm stützen?"

„Tun Sie es immerhin!"

Sie sah mir so ehrlich und unbefangen in das Gesicht, und dennoch war es mir, als ob ich der Sache nicht trauen dürfe. Wir waren bis jetzt stehengeblieben, gingen nun aber fort, meiner eigentlichen Richtung wieder entgegengesetzt. Sie blickte so vertrauensvoll zu mir auf und erzählte mir dabei, daß ihre Eltern gestorben seien und sie nun nur noch das gute Großmütterchen habe, welches gar nicht aus dem Land stamme, sondern aus Deutschland herübergekommen sei.

Es fiel mir auf, daß sie das Wort Deutschland ganz besonders betonte und mich dabei erwartungsvoll anblickte. Ich sagte aber nichts und ließ sie erzählen.

So kamen wir an Tupidos Quinta vorüber, und weiter ging es, bis die Straße eine breite Lücke zeigte, wo es kein Haus und keinen Garten gab. Wir befanden uns auf einer Blöße, die nur mit einigen hohen, stattlichen Ombu-Bäumen bestanden war.

„Dort drüben liegt unser kleines Häuschen", sagte das Mädchen, über die Lichtung hinüberdeutend.

Ich sah eine im Mondschein weiß glänzende Hütte, welche vielleicht fünfhundert Schritte entfernt war.

„Darf ich noch weiter mit bis dorthin?" fragte ich. „Oder fühlen Sie sich nun sicher?"

„Sicher werde ich mich erst dann fühlen, wenn ich daheim bin."

„So kommen Sie!"

Wir bogen in die Blöcke ein. Doch blieb ich schon nach wenigen Schritten stehen, denn aus dem dunklen Schatten der Ombu-Bäume lösten sich fünf oder sechs Gestalten, deren eine auf uns zukam, während die anderen stehenblieben.

„Halt! Keinen Schritt weiter!" gebot ich. „Was treibt ihr hier?"

Auch das Mädchen war erschrocken. Es schmiegte sich fester an mich.

„Was wir hier treiben?" antwortete eine Stimme, welche mir bekannt vorkam. „Wir warten auf Sie, Señor."

Ich nahm das Mädchen in den linken Arm, um den rechten zur Verteidigung frei zu bekommen. Ich fühlte, daß mein Schützling zitterte.

„Ich bin... kennen Sie mich denn wirklich nicht — Mauricio Monteso!"

Er war es wirklich, der Yerbatero; das sah ich, als er jetzt näher trat.

„Sie sind es?" fragte ich verwundert. „Das ist eine Überaschung! Aber ich wiederhole doch meine Frage: Was treibenSie hier?"

„Das werden Sie sofort erfahren. Wenn Sie Vertrauen zu uns haben, so treten Sie da unter den Baum, wo man uns nicht sehen kann!"

„Warum?"

„Sie werden es dann erfahren. Jetzt gibt es keine Zeit zur Erklärung, denn er wird gleich kommen."

„Wer?"

„Derjenige, der die Señorita angefallen hat, nämlich ihr eigener Vater."

„Ihr Va... das ist doch nicht möglich!"

„O doch. Bitte, schweigen Sie jetzt, und halten Sie das Mädchen fest, damit sie nicht entfliehen und uns verraten kann!"

Er trat nahe an das Mädchen heran, hielt ihr sein Messer vor das Gesicht und drohte:

„Señorita, wenn Sie jetzt einen einzigen Schritt tun oder ein einziges Wort sagen, so stoße ich Ihnen diese Klinge in Ihr liebes, kleines, falsches Herzchen. Verlassen Sie sich darauf, daß ich nicht scherze!"

Das Mädchen zuckte zusammen und drängte sich noch fester an mich als vorher. Ich ergriff ihr Handgelenk, daß sie nicht fortkonnte. Auch die anderen Männer waren wieder in den Schatten zurückgetreten. Jetzt nahten schnelle Schritte aus der Gegend, aus welcher ich mit dem Mädchen gekommen war. Ein Mann erschien und blieb für eine Sekunde an der Mauerecke des letzten Gartens stehen. Ich erkannte sogleich den Menschen, welcher das Mädchen angefallen hatte.

„Kein Wort!" flüsterte der Yerbatero meiner Begleiterin zu.

Ich sah, daß er ihr das Messer auf die Brust setzte. Sie zitterte am ganzen Leib und hütete sich, einen Laut von sich zu geben. Der Mann an der Mauerecke legte die Hand über die Augen und sah nach der Hütte hinüber, in welcher das kranke Großmütterchen wohnen sollte. Wir hörten, daß er einige Worte brummte, dann setzte er sich in schnelle Bewegung nach der Hütte zu. Er mußte dabei an den Bäumen vorüber. Kaum hatte er diese erreicht, so warfen sich die Männer auf ihn und rissen ihn zu Boden. Er wollte schreien; aber der Yerbatero kniete ihm auf die Brust und drohte:

„Schweig, sonst ersteche ich dich, Halunke! Deine Komödie gelingt dir dieses Mal nicht. Bindet ihm den Lasso um den Leib und die Arme, und schafft ihn nach der Hütte! Ihr wißt schon, wie."

Der Mann mußte sich aufrichten, man schnürte ihm den Lasso um und schaffte ihn fort. Nun befand sich nur noch der Yerbatero bei uns beiden.

„Señorita, haben Sie den Mann gekannt, welcher soeben mit meinen Kameraden verschwunden ist?" fragte er sie.

„Ja", hauchte das erschrockene Mädchen. „Es war mein Vater."

„Es war auch derselbe, der Sie scheinbar überfiel, um Sie zu küssen?"

Sie schwieg.

„Antworten Sie, sonst fühlen Sie mein Messer! War er es?"

„Ja."

„Auf wen war denn die Komödie abgesehen?"

Sie senkte den Kopf und sagte nichts.

„Ich will Sie darauf aufmerksam machen, Señorita, daß ich alles weiß und daß ich Sie nur frage, damit dieser fremde Señor alles aus Ihrem Mund erfahren möge. Antworten Sie freiwillig und der Wahrheit gemäß, so wird Ihnen nichts geschehen. Verweigern Sie aber die Antwort, so werden Sie mein Messer schmecken!"

„Warum sind Sie so streng mit mir, Señor?" fragte sie jetzt. „Warum drohen Sie mir mit dem Messer und wohl gar mit dem Tod? Was ich getan habe, ist doch nicht so sehr schlimm!"

„Es ist sehr schlimm, schlimmer als Sie denken und wissen. Ich aber weiß mehr als Sie. Wer wohnt da drüben in der Hütte?"

„Ich, der Vater und die Großmutter."

„Womit ernährt sich Ihr Vater? Er lebt vom Spiel. Nicht?"

„Ich kann es nicht leugnen."

„Und eure Hütte ist der Ort, zu dem man die Vögel schleppt, die man rupfen will. Sie aber sind das Lockvögelchen, welches die Beute in das Netz bringt. Habe ich recht?"

Erst nach einer Weile stieß sie hervor:

„Muß ich nicht dem Vater gehorchen?"

„Leider! Darum bin ich auch nachsichtig mit Ihnen, aber nur so lange, als Sie aufrichtig antworten. Heute sollten Sie den Señor nach der Hütte bringen, nicht wahr?"

„Ja."

„Sie mußten sich in einiger Entfernung von der Quinta des Señor Tupido aufstellen. Ihr Vater stand bei Ihnen. Es war verabredet worden, daß er Sie überfallen wolle, sobald der Alemano komme. Dieser letztere solle Sie befreien und nach Hause begleiten? Um den Fremden ganz sicher anzulocken, sollten Sie sagen, daß Ihre Großmutter eine Deutsche sei?"

„Ja."

„Jedenfalls haben Sie das auch getan. Aber wissen Sie denn, was geschehen sollte, wenn Sie diesen Señor nach der Hütte gebracht hatten?"

„Man wollte ein Spielchen machen."

„So sagte man Ihnen; aber man hatte etwas ganz anderes vor. Man wollte ihn ermorden."

„*Santa madonna de la cruz*! Das ist nicht wahr!"

Die Entrüstung, mit welcher sie dies sagte, war eine ungeheuchelte; das hörte ich ihrem Ton an.

„Es ist sehr wahr. Man hätte Sie und die Großmutter schlafen geschickt und den Señor getötet."

„Mein Vater spielt gern, wie jedermann hier; aber ein Mörder ist er nicht!"

„Armes Mädchen! Das ist eine Täuschung. Ihr Vater verkehrt mit den berüchtigten Bravos. Doch will ich gegen Sie lieber davon schweigen. Sie, Señor, werden neugierig sein, zu erfahren, wie ich hierher und hinter diese Geheimnisse gekommen bin. Ich werde es Ihnen nachher erzählen. Jetzt aber können Sie sich Ihre Mörder einmal ansehen, ohne daß es für Sie eine Gefahr dabei gibt. Warten Sie, nachdem ich mich jetzt entfernt habe, noch ungefähr fünf Minuten. Dann gehen Sie langsam mit der Señorita auf die Hütte zu. Das übrige werde ich besorgen."

„Warum gehen Sie nicht mit uns?"

„Weil der Mond so hell scheint, und weil man Sie mit der Señorita erwartet. Man blickt Ihnen ganz gewiß aus dem Fenster entgegen. Darum müssen Sie beide allein kommen, damit kein Verdacht erregt werde. Ich hingegen folge meinen Kameraden, welche auf einem Umweg voran sind, um von hinten an das Häuschen zu kommen."

„Was sind diese Ihre Kameraden?"

„Brave Yerbateros, wie ich, die sich selbst vor dem Teufel nicht fürchten. Sie werden sie wohl noch kennenlernen. Also ich gehe, und nach fünf Minuten gehen dann Sie!"

Er wandte sich nach der Straße, in deren Seitenschatten er verschwand. Das Mädchen war von mir zurückgetreten, aber ich hielt sie noch immer am Handgelenk fest.

Fast konnte ich es nicht glauben, daß dieses Kind mit den unschuldsvollen Gesichtszügen die Zubringerin einer Spielerbande sei. Das Mädchen hatte wohl gar keine Ahnung von der Verwerflichkeit dessen, was sie getan und bis heute abend getrieben hatte. Daß man mir nach dem Leben trachtete, wußte sie nicht. Davon war ich überzeugt. Ich war überhaupt geneigt, sie von jeder Schuld freizusprechen. Das Mädchen wartete, bis von dem Yerbatero nichts mehr zu sehen und zu hören war; dann fragte sie mich:

„Señor, glauben Sie es, daß mein Vater Ihnen nach dem Leben trachte?"

„Auf diese Frage kann ich keine bestimmte Antwort geben, mein Kind. Ihren Vater kenn ich nicht; von dem Mann aber, welcher mir diese Mitteilung machte, glaube ich annehmen zu dürfen, daß er mir keine Unwahrheit sagt. Ich denke, daß er seine Gründe haben wird, einen solchen Verdacht auszusprechen. Wie dem aber auch sei, so bin ich vollständig überzeugt, daß Sie mit diesem ruchlosen Plan nichts zu tun haben."

„Nein, gewiß nicht, ich nicht und auch die Großmutter nicht."

„Sie lieben wohl Ihre Großmutter sehr?"

„Sehr, Señor, viel mehr als den Vater."

„Und doch gebrauchten Sie dieselbe als Lockung, mich nach der Hütte zu bringen!"

„Das war mir so gesagt worden, und ich mußte gehorchen, sonst wäre es mir nicht gut ergangen."

„Aber Sie haben Ihren Auftrag in so ausgezeichneter Weise ausgeführt, daß ich annehmen muß, Sie seien in solchen Sachen außerordentlich erfahren. Sie besitzen ein bedeutendes Verstellungsvermögen."

„*Dios*! Das lernt man ja, wenn man es oft machen muß."

Fast hätte ich über diese Worte lachen müssen und über den Ton, in welchem sie dieselben vorbrachte. Sie war eine heißblütige, seichtlebige Südländerin und nicht gewöhnt, über das, was sie tat, viel nachzudenken. Es war vorauszusehen, daß sie zu Grunde gehen werde; aber ich konnte ihr nicht helfen. Darum schwieg ich und trat nach den abgelaufenen fünf Minuten den Weg mit ihr an.

Der Mond beschien sehr hell die ganze Fläche, welche zwischen uns und der Hütte lag. Man mußte uns vom Fenster derselben aus kommen sehen. Als wir noch nicht die Hälfte der Strecke zurückgelegt hatten, fragte mich das Mädchen:

„Was meinen Sie, Señor, werden die Männer, welche uns anhielten, mit meinem Vater schlimm verfahren?"

„Sie haben wohl keine Veranlassung, ihm viel Gutes zu erweisen."

„So muß ich die Leute in der Hütte warnen."

Ich war auf einen Fluchtversuch nicht gefaßt und hielt infolgedessen ihre Hand nicht mehr so fest wie vorher. Sie riß sich los und eilte davon. Aber mit einigen Sprüngen hatte ich sie wieder erreicht und ergriff sie beim Arm.

„Halt, Señorita; so schnell und ohne allen Abschied wollen wir uns doch nicht trennen. Es würde unhöflich sein, den Schutz ohne Dank zu verlassen, in den Sie sich begeben haben."

Sie stieß einen tiefen, ärgerlichen Seufzer aus, sagte aber von jetzt an kein Wort mehr und folgte mir willig weiter. So kamen wir an die Hütte. Noch ehe wir die Tür öffnen konnten, wurde dieselbe von innen aufgestoßen, und beim Schein der brennenden Lampe sah ich einen Mann, welcher ein buntes Tuch um den Kopf trug, ungefähr wie die Gauchos sich ähnliche Tücher über den Hut weg um das Kinn binden. Sein Gesicht konnte ich nicht sehen, da er das Licht im Rücken hatte.

„Endlich, endlich!" sagte er. „Deine Großmutter hat mit Schmerzen auf die Medizin gewartet."

„Du, Vetter, bist da?" fragte sie erstaunt. „Dich konnte man heute und so spät nicht erwarten."

„Die Sorge um die Kranke trieb mich her. Aber du bist nicht allein. Seit wann läßt sich mein Mühmchen in so später Stunde in Herrenbegleitung sehen?"

„Seit heute, wo ich von einem wüsten Menschen angefallen wurde. Dieser Señor befand sich glücklicherweise in der Nähe und hat mich von dem Zudringlichen befreit. Wollen wir ihn bitten, hereinzukommen, um dem Großmütterchen Gelegenheit zu geben, ihm zu danken?"

Das gewandte Mühmchen spielte ihre Rolle ganz so, wie sie ihr aufgetragen worden war, obgleich sie wußte, daß nun der Erfolg ausbleiben werde. Sie wußte wohl nicht, welches andere Benehmen in ihrer Lage besser einzuschlagen sei.

„Ganz natürlich!" antwortete der Vetter. „Bitte, Señor, treten Sie herein! Sie sind uns auf das herzlichste willkommen."

Er trat zur Seite, um die Türöffnung freizugeben; das Licht fiel auf sein Gesicht, und ich erkannte... den Bravo. Der Kerl verstand es sehr gut, seine Stimme zu verstellen. Daß er anstatt des Huts ein Tuch um den Kopf trug, gab ihm ein verändertes Aussehen. Hätte ich sein Gesicht nicht am Nachmittag genau betrachten können, so wäre ich jetzt getäuscht worden.

„Danke, Señor!" antwortete ich zurückhaltend. „Ich will nicht stören. Ich habe die Señorita bis an ihre Wohnung gebracht, was ich ihr versprochen hatte, und meine Zeit ist mir nicht so reichlich zugemessen, daß ich hier verweilen könnte."

„Nur auf einen Augenblick, auf einen einzigen Augenblick, Señor!"

„Nun gut, um das Großmütterchen zu begrüßen. Oder befinden sich noch andere Personen drin?"

„O nein. Nur mein Pate ist noch da mit seinem Sohn, sonst weiter niemand. Sie müssen einen Schluck mit uns trinken, bis der Vater der Señorita kommt, welcher in einigen Minuten von seinem Ausgang zurückkehren wird. Mein Mühmchen ist ein liebenswürdiges Wesen; Sie müssen sie kennenlernen. Kommen Sie also, kommen Sie, Señor!"

Er sagte das in so freundlichem und dringendem Ton, daß er jeden anderen getäuscht hätte. Ich aber zögerte, seiner Aufforderung zu folgen. Da erklang es hinter mir:

„Gehen Sie getrost hinein, Señor! Es ist wirklich so, wie Ihnen dieser gute Sobrino sagt. Es wird Ihnen außerordentlich gefallen. Ich gehe auch mit hinein. Gehen Sie... gehen Sie!"

Es war der Yerbatero, welcher mich nach der Tür schob. Der Bravo fragte überrascht:

„Noch einer! Wer sind Sie, Señor?"

„Ich bin der Begleiter des Vaters, welcher soeben von seinem Ausgang zurückkehrt", antwortete der Yerbatero. „Nur immer hinein, hinein!"

Er schob mich; ich schob die Señorita, und diese schob den Bravo zur Seite. So gelangten wir in die Stube, denn die Tür führte aus dem Freien direkt in dieselbe. Ich hatte das erbeutete Messer bei mir und griff nach demselben. Die Sache kam mir verdächtiger vor, als sie war. Eine Art von Mißtrauen wollte sich auch gegen den Yerbatero in mir regen. Ich kannte ihn eigentlich noch gar nicht. Sein Benehmen ließ immerhin die Möglichkeit offen, daß er ein Mitglied der sauberen Bande sei. Aber mein Vertrauen wurde augenblicklich wieder hergestellt, als ich bemerkte, daß noch fünf Yerbateros hinter mir sich hereindrängten. Jeder von ihnen hatte sein Messer in der Hand. Das Haus hatte keine Glasfenster, und die Läden standen offen. Nur aus dem Parterre bestehend, war es durch eine dünne Wand in zwei Hälften geteilt. Die Verbindungstür war geschlossen. Auf einem in der Ecke stehenden Stuhl saß eine alte, sehr runzlige Frau, deren Augen mit sichbarer Sorge auf den vielen Menschen ruhten, welche so unerwartet eingetreten waren. Einige am Boden liegende Strohmatten und ein Schemel, welcher als Tisch benutzt zu werden schien, bildeten das Möblement dieses Raums.

Der Sobrino machte auch große Augen, als er die Yerbateros bemerkte.

„Wer sind Sie? Was wollen Sie? Wer hat Ihnen erlaubt, hier einzutreten?" fragte er.

„Wir selbst", antwortete Monteso. „Dieser Señor hat die Señorita beschützt, und wir beschützen ihn. So hängt einer am anderen, und wir sind mit ihm gekommen. Wo befindet sich denn der liebe Pate mit seinem Sohn?"

„Jedenfalls hier nebenan", antwortete das Mädchen schnell, auf die Verbindungstür zeigend. „Ich werde sie holen."

„Ja, tun Sie das! Ich möchte die liebenswürdige Gesellschaft vollständig kennenlernen."

Sie ging in den Nebenraum. Die Yerbateros standen unbeweglich an der Eingangstür; die Alte saß starr in ihrem Stuhl und sagte kein Wort; Mauricio Monteso musterte den Bravo mit einem verächtlichen Blick und fragte ihn:

„Haben wir uns nicht bereits heute getroffen, Señor? Sie standen doch in der Nähe des Geschäfts des Señor Tupido?"

„Es ist möglich, daß ich da vorübergegangen bin."

„Nein, Sie standen wartend da. Und sodann hatten Sie sich um die Ecke der Plaza gegenüber der Confiteria aufgestellt, sind durch mehrere Straßen bis zum Dom gegangen, in welchem Sie gewartet haben, bis das Orgelspiel zu Ende war."

„Señor, was gehen Sie meine Spaziergänge an!"

„Sie interessieren mich außerordentlich, wenigstens heute haben sie das getan. So weiß ich auch, daß Sie dann bis an das Häuschen gegangen sind, in welchem der Organist wohnt. Und eigentümlich, daß überall, wo Sie gingen, gerade dieser Señor vor Ihnen ging! Und noch viel eigentümlicher, daß da, wo Sie gingen, ich mit diesen meinen Kameraden Ihnen folgte!"

„Ich habe mit Ihnen nichts zu schaffen!"

„Aber wir mit Ihnen. Leider war es uns nicht vergönnt, Ihnen bis zum Haus des Organisten zu folgen; wir wurden gestört. Glücklicherweise aber gelang Ihr Vorhaben nicht, welches Sie dort ausführen wollten. Dieser Señor bedurfte unseres Beistandes nicht, da er selbst auf seiner Hut war. Er begab sich zu Señor Tupido, und Sie hatten sich indessen hierher verfügt. Sie sprachen mit dem Bewohner dieses Häuschens und bemerkten nicht, daß ich draußen am Fenster stand und alles hörte."

Der Bravo erbleichte.

„Was Sie mir da sagen, ist mir vollständig fremd", wendete er ein. „Ich weiß von alldem kein Wort."

„Leugnen Sie immerhin! Wir aber sind unserer Sache gewiß."

„Ich bin erst vor einigen Minuten hier angekommen und vorher heute noch nicht dagewesen. Fragen Sie den Wirt, wenn er jetzt zurückkehrt!"

„Er ist bereits da, und wir haben ihn gefragt. Er liegt draußen neben dem Häuschen, denn er ist mit einem Lasso gebunden, und er hat uns alles eingestanden."

„So ein Dummkopf!"

„O, wenn man Ihnen die Spitze eines guten Messers auf die Brust setzen würde, so glaube ich nicht, daß Sie klüger handeln würden. Und wenn Sie nicht gestehen, werden wir dieses Experiment versuchen."

„So zeige ich Sie an und lasse Sie bestrafen!"

„Das werden Sie wohlweislich unterlassen, denn Sie wissen gar wohl, daß die Polizei keine allzu gute Freundin von Ihnen ist."

Da hielt ich ihm sein Messer hin und fragte:

„Jedenfalls ist Ihnen dieses Messer wohl bekannt. Wollen Sie das leugnen?"

Er warf einen kurzen Blick darauf und antwortete:

„Das Messer habe ich noch nie gesehen. Lassen Sie mich mit Ihren Fragen in Ruhe!"

Ich sah jetzt unter dem Kopftuch eine zerschundene Stelle seines Gesichts.

„Bei welcher Gelegenheit sind Sie hier blessiert worden?" fragte ich ihn, indem ich auf die betreffende Stelle deutete. „Das ist wohl geschehen, als ich Sie an die Mauer des Hauses des Organisten warf?"

Jetzt wurde er grob:

„Bekümmern Sie sich doch um Ihr eigenes Gesicht, für welches ich das meinige nicht umtauschen möchte! Sie haben nichts zu fragen, nichts zu sagen und nichts zu befehlen. Packen Sie sich fort, sonst werden Sie hinausgeworfen!"

„Nachdem Sie mich vorher so höflich eingeladen haben!"

„Das tat ich, weil ich Sie für einen Caballero hielt. Jetzt sehe ich ein, daß ich mich in Ihnen geirrt habe. Denken Sie nur nicht, daß ich mich vor Ihnen fürchte! Ich stehe nicht allein gegen Sie, sondern ich werde mir Hilfe holen."

Er öffnete die Nebentür und rief hinaus:

„Komm heraus, Pate! Hier sind Leute, welche Fäuste oder Messer sehen wollen."

Anstatt des Gerufenen kam die Señorita herbei. Sie erklärte mit zufrieden lächelndem Gesicht:

„Der Pate ist gar nicht mehr da. Als ich ihm sagte, welchen Besuch wir haben, ist er mit seinem Sohn durch das Fenster hinausgestiegen, denn er meinte, daß es nicht seine Leidenschaft sei, mit Yerbateros zu verkehren."

„Welche Feigheit! Durch das Fenster zu steigen und mich hier allein zu lassen!" Aber ich fürchte mich dennoch nicht. Macht Platz, Leute! Wer mich anrührt, bekommt das Messer!"

Er zog ein Messer hervor, welches er sich indessen wohl geborgt hatte, und wendete sich nach der Tür. Ich trat zurück, um ihn vorüber zu lassen. Das war eine Falle, in welche er lief, denn kaum wendete er mir den Rücken zu, so umfaßte ich ihn von hinten und drückte ihm die Arme fest an den Leib. Einer der Yerbateros schlang sich den Lasso von den Hüften und band den Bravo mit demselben. Der Kerl versuchte zwar, sich zu wehren, doch ohne allen Erfolg. Er schrie und schimpfte aus Leibeskräften, bis ihm der Mund mit seinem Kopftuch zugebunden wurde.

Während wir uns mit ihm beschäftigten, sah ich, daß die liebenswürdige Señorita zur Tür hinausschlüpfte. Auch die alte Frau erhob sich von ihrem Stuhl und glitt mit einer Schnelligkeit hinaus, welche ich ihr gewiß nicht zugetraut hätte. Die anderen achteten nicht darauf. Ich hätte die beiden zurückhalten können, tat es aber nicht, da es mir keinen Nutzen bringen konnte.

Als der Bravo gebunden war, sagte Monteso:

„Nun haben wir auch diesen fest. Holt jetzt den anderen herein!"

Zwei gingen hinaus, um diesen Befehl auszuführen. Ich freute mich im voraus auf die Gesichter, welche sie bei ihrer Rückkehr machen würden. Nach geraumer Zeit kamen sie wieder. Der eine von ihnen kratzte sich verlegen sein struppiges Haar und meldete:

„Der Halunke ist fort. Wir haben die ganze Umgebung des Hauses durchsucht."

„Aber wir haben ihn doch ganz sicher neben die Mauer hingelegt, und er hat sich doch nicht von dem Lasso befreien können!"

„So haben andere ihn von demselben befreit", sagte ich. „Der Pate ist mit seinem Sohn entwichen; die Alte ist mit ihrer Enkelin auch fort. Diese vier Personen genügen wohl, einen Lasso aufzubinden."

„Alle Teufel! Sie sind fort?" fragte er, nun erst nach den Frauen sich umschauend. „Das habe ich gar nicht bemerkt. Nun ist freilich der Kerl auch fort und mein Lasso mit ihm! Das hat man davon, wenn man nicht aufpaßt! Na, wenigstens haben wir diesen Halunken noch; er ist der Hauptkerl und soll nun auch für die anderen zahlen. Was tun wir mit ihm, Señor?"

Diese Frage war an mich gerichtet. Ich zuckte die Schultern.

„Ich kenne die hiesigen Gesetze nicht und bin auch nicht der Richter, welcher ihm sein Urteil zu sprechen hat."

„Pah, Richter! Wollten wir diese Sache der Polizei und dem Gericht übergeben, so hätten wir tausend Scherereien. Wir müßten als Zeugen bis nach beendetem Prozeß hierbleiben und würden indessen von den Freunden dieses Kerls beiseite geschafft. Vielleicht käme die Behörde gar auf den Gedanken, uns alle einzusperren, damit wir uns ja nicht vorzeitig entfernen könnten. Ich kenne das. Nein, die Richter sind wir selbst. Das ist das Kürzeste und Beste. Und nach den Gesetzen oder nach dem Urteil, welches das Gericht fällen würde, frage ich auch nicht. Ich selbst mache das Gesetz. Im Urwald ebenso wie in der Pampa ist es Sitte, einen Mörder einfach für immer unschädlich zu machen. Man gibt ihm das Messer oder eine Kugel in den Leib. Das werden wir auch hier tun."

„Nein, Señor, damit bin ich nicht einverstanden."

„Aber, warum denn nicht?"

„Weil ich weder der Richter noch der Henker dieses Mannes bin."

„Aber das sollen Sie auch gar nicht sein, sondern wir wollen es übernehmen."

„Sie haben mit dieser Angelegenheit gar nichts zu tun; sie ist allein meine Sache, weil ich beleidigt bin."

„*Caramba*! Jetzt laufe ich seit Nachmittag hinter dem Halunken her, nehme dazu sogar den Beistand meiner Kameraden in Anspruch; es gelingt mir auch, den Mord zu verhüten, und da soll mich diese Sache jetzt nichts angehen? Hat man schon so etwas gehört! Sie haben mir eine große Wohltat erwiesen, Señor; Sie sind also mein Freund; was man meinem Freund tut, das ist ganz so, als ob es mir selbst getan wird; wenigstens ist das der Gebrauch unter den Yerbateros. Man hat Sie morden wollen; das gilt gleich einem gegen mich selbst gerichteten Mordversuch, den ich unbedingt bestrafen muß."

„Wäre ich ermordet worden, so könnten Sie als mein Freund mich rächen; da mir aber nicht das mindeste Leid geschehen ist, so bitte ich Sie, die Sache auf sich beruhen und den Kerl laufen zu lassen!"

„Herr, man merkt, daß Sie ein Deutscher sind. Bekommen in Ihrem Vaterland die Mörder vielleicht einen Orden oder irgendeine andere Belohnung und Auszeichnung? Bedenken Sie doch: wenn Sie ihm die Freiheit geben, so wird er dieselbe sofort benutzen, den bisher verunglückten Anschlag gegen Sie besser auszuführen!"

„Er mag es versuchen! Ich kenne seine Absichten nun so genau, daß ich sie nicht zu fürchten brauche. Prügelt ihn tüchtig durch, wenn Ihr wollt. Vielleicht macht ihn das willig, uns zu sagen, von wem er seinen Auftrag, mich zu ermorden, erhalten hat."

„O, das zu erraten, ist kinderleicht; aber er soll es uns dennoch sagen müssen. Wie viele Hiebe soll er erhalten?"

„Ihr schlagt so lange, bis er gesteht, wer ihn gegen mich gedungen hat. Dann aber erhält er keinen einzigen Schlag weiter. Ich mag nicht dabei sein. Ich mag den Menschen überhaupt nicht mehr sehen."

Ich ging hinaus und schritt suchend einigemale um das Haus. Es war keine Spur von den Bewohnern desselben zu sehen. Ich hörte deutlich die Hiebe fallen, welcher der Bravo erhielt, doch vernahm ich keinen Schmerzenslaut. Als zehn Minuten vergangen waren, öffnete ich die Tür und sah hinein. Der Kerl lag auf dem Bauch. Seine Hose war zerschlagen und blutig gefärbt, und doch grinste er mir mit einem höhnischen Lachen ins Gesicht. Er hatte nichts gestanden, überhaupt keinen Ton, keine Silbe hören lassen; er schien die Nerven eines Nilpferds zu besitzten.

„Señor, was meinen Sie?" fragte Monteso. „Er gesteht nichts, und wenn wir fortfahren, so schlagen wir ihn tot."

„Er hat genug. Laßt ihn liegen! Ich kenne ohnedies den Mann, von welchem er seinen Auftrag erhalten hat."

„Gut, so mag er liegenbleiben. Wir schließen ihn ein, so daß man nicht sogleich zu ihm kann. Besser aber ist es, wir löschen das Licht aus und bleiben hier, um die Bewohner dieses Hauses abzufangen."

„An ihnen liegt mir nichts. Ich mag nichts mehr von ihnen hören."

„Gott segne Ihre Milde, Señor, aber sie ist nicht angebracht. Wenn mich ein Ungeziefer beißt, so mache ich es tot, sonst beißt es mich wieder. Doch ganz wie Sie wollen. Laßt uns also gehen!"

Er kam mit den anderen heraus, schloß die Tür zu und warf den Schlüssel von sich. Wir gingen über die Blöße zurück und bogen dann in die Straße ein. So gelangten wir in die Stadt, ohne belästigt worden zu sein. Wir hatten unterwegs gar nicht gesprochen.

„Gehen Sie sofort in Ihr Hotel?" fragte mich Monteso. „Oder würden Sie uns die Ehre erweisen, ein Gläschen mit uns zu trinken, Señor. Sie würden uns dadurch außerordentlich erfreuen."

Ich hatte dem Mann mein Leben zu verdanken und mochte ihn also nicht durch die Zurückweisung dieser freundlichen Einladung betrüben oder gar beleidigen. Darum nahm ich dieselbe an.

Er führte mich von der Hauptstraße in eine der Querstraßen, wo wir in ein unscheinbares Haus traten, dessen Schild anzeigte, daß es eine gewöhnliche Schenke sei.

Zigarettenqualm und wüstes Geschrei drang aus der halb offenen Tür der Gaststube entgegen. Schon bereute ich, mitgegangen zu sein; aber Monteso trat nicht in diese Stube, sondern er klopfte an die Tür, hinter welcher die Küche zu liegen schien. Ein junges, sauberes Weibchen kam heraus und machte ihm einen tiefen Knicks.

„Ist oben offen?" fragte er.

„Ja. Es sind einige Señores da, und meine Schwester ist zur Bedienung oben."

„So gehen wir hinauf. Sorgen Sie dafür, daß wir nicht von Gesindel belästigt werden!"

Das klang in einem ganz anderen Ton, so bestimmt, als ob er von Jugend an gewöhnt sei, Befehle zu erteilen. Sie verneigte sich abermals wie vor einem gebietenden Herrn, und dann stiegen wir die Treppe hinauf.

Droben kamen wir erst in ein kleineres Vorzimmer, in welchem einige Hüte hingen und Stöcke in einem eleganten Halter standen. Monteso schlug eine Plüschportiere zurück, und wir traten in einen schmalen, langen Salon, welcher reich ausgestattet war. Einige verbreiteten beinahe die Helle des Tages. Die Tische hatten Marmorplatten; Stühle und Diwane waren mit rotem Plüsch überzogen. Auf jedem Tisch stand eine Flaschenkollektion mit Weinen verschiedener Sorten. Kurz und gut, der Salon hätte in das feinste Hotel einer europäischen Großstadt gepaßt.

Vom Büffett erhob sich ein junges Mädchen, um uns mit tiefen Verbeugungen zu grüßen. An einem Tisch saßen vier Herren, welche ihrer Kleidung nach den besten Ständen angehörten. Auch sie grüßten höflich. Einer von ihnen reichte sogar Monteso in kordialer Weise die Hand.

Und hier verkehrten die Yerbateros? Die anderen fünf waren ebenso lumpig gekleidet wie Monteso. Sie gingen barfuß. Ihre Hüte waren in Summa keine fünfzig Pfennig wert. Haare und Bärte waren ungepflegt. Keiner schien sich später als vor Monaten gewaschen zu haben. Ich war erstaunt, ließ aber natürlich nichts davon merken.

Monteso schritt zum hintersten Tisch, welcher so groß war, daß wir alle Platz an demselben fanden, gab einen Wink, uns da niederzusetzen, und kehrte zum Büffet zurück, um eine Bestellung zu machen.

Das Mädchen nahm die auf dem Tisch stehenden Flaschen weg und brachte andere an deren Stelle. Zu meinem Erstaunen las ich Etiketten wie „Chateau Yquem", „Latour blanche" und „Haut-Brion". Wenn diese Weine echt waren, so paßte der Preis derselben freilich nicht zu den nackten Füßen derer, welche die Flaschen leeren wollten.

Monteso setzte sich mir gegenüber, machte mir eine freundliche höfliche Verbeugung und sagte:

„Da ich Sie seit Mittag beobachtet habe, Señor, so weiß ich genau, daß Sie noch nicht zur Nacht gespeist haben. Denn bei Tupido sind Sie so kurze Zeit gewesen, daß Sie ganz unmöglich an seiner Tafel gegessen haben können. Wir ersuchen Sie daher, unser Gast zu sein und ein Abendbrot mit uns einzunehmen. Freilich können wir Ihnen eben nur das bieten, was arme Yerbateros zu essen pflegen, wenn sie sich einmal in einer Stadt befinden. Es ist frugal genug."

„Das scheint allerdings so", lachte ich, indem ich auf die Flaschen deutete. „Wenn das Brot, welches Sie genießen, zu diesem Wasser paßt, so möchte ich wohl alles, aber nur nicht Yerbatero sein."

„Vielleicht ist es nicht ganz so schlimm, wie es den Anschein hat. Hoffentlich werden Sie unsere Art und Weise näher kennenlernen, denn ich schmeichle mir, daß wir noch sehr oft so wie heute beisammen sitzen werden, wenn auch nicht hier an diesem Ort."

Er entkorkte einige Flaschen, füllte die Gläser und stieß auf die Fortdauer unserer jungen Bekanntschaft an. Dann zog er eine, wie es schien, reich gefüllte Brieftasche hervor und reichte mir aus derselben die Geldnoten zurück, welche ich ihm heute geliehen hatte.

„Erlauben Sie mir, gegen unsere heutige Vereinbarung handeln zu dürfen!" sagte er dabei. „Eigentlich müßte ich kündigen und hätte erst übers Jahr zu zahlen. Da die Sache aber meinerseits nichts als Scherz war, so bitte ich, es als solchen aufzufassen. Ich bin keineswegs der arme Mann, für den Sie mich hielten, doch freue ich mich Ihres Irrtums, da er mir Gelegenheit gegeben hat, Sie kennenzulernen. Leute von Ihrer Herzensgüte mag es unter den Deutschen viele geben; hier aber sind dieselben äußerst selten. Darum habe ich Sie sofort in mein Herz geschlossen und meinen Kameraden von Ihnen erzählt. Sie können in jeder Beziehung auf unsere Freundschaft rechnen."

Ich suchte zwar mein Erstaunen möglichst zu verbergen, brachte es aber doch nicht über mich, die Frage zurückzuhalten:

„Aber, Señor, wenn Sie so viel besser situiert sind, als es den Anschein hatte, warum ließen Sie sich da bei dem hochnasigen Tupido herab, ihm wegen lumpiger zweihundert Papiertaler so viele gute Worte zu geben?"

„Um ihn zu täuschen, Señor. Wir sind ehrliche Leute, und derjenige, welcher uns Vertrauen schenkt, der wird sich niemals getäuscht fühlen. Wer uns ehrlich bezahlt, der erhält auch ehrliche Ware und kann sich in jeder Beziehung auf uns verlassen. Dieser Tupido aber ist ein Betrüger, ein Schwindler, und darum haben wir ihn ausgewischt. Ich weiß, daß Sie es ihm nicht wieder sagen. Die Probe, welche er von unserem Tee untersucht und auch getrunken hat, war ausgezeichnet; aber des Nachts haben wir in seinem eigenen Magazin, zu welchem wir uns Zugang geschafft hatten, die Pakete umgetauscht. Er hat unter den vielen Zentnern Tee, welche nach seiner Ansicht in seinem Vorratshaus liegen, nicht so viel wirklichen Tee, wie man mit drei Fingerspitzen fassen kann."

„Ah, Señor, das ist aber Betrug!"

„Betrug? Sie sind ein Deutscher, und jedem anderen als Ihnen würde ich dieses Wort sehr übelnehmen. Was nennen Sie Betrug? Ist es Diebstahl, wenn ich dem Dieb das, was er mir gestohlen hat, heimlich wieder abnehme?"

„Warum nicht durch das Gericht?"

„Weil dies ihm gegenüber vielleicht machtlos ist. Bleiben Sie mir mit den Gerichten fern! Werden mir hier tausend Pesos gestohlen, und ich zeige den Dieb an, so kostet es mich vielleicht zwei oder gar drei Tausend, um das eine Tausend zurück zu erhalten, und dabei geht der Dieb wahrscheinlich straflos aus. Unsere Diebe haben nämlich die Angewohnheit, nebenbei Beamte zu sein. Auch stehlen sie niemals, sondern die Sachen kommen ihnen des Nachts in die Häuser gelaufen. Da hilft man sich denn am liebsten selbst. Tupido hat uns betrogen, und wir haben ihn nun ausgezahlt, ohne uns an die Behörde zu wenden. Wir fühlen uns in unserem Recht und denken nicht, uns darüber ein böses Gewissen machen zu müssen. Die zweihundert Taler habe ich ihm hingeschickt. Ich ließ ihm sagen, daß es mir gelungen sei, sie geborgt zu erhalten. Und nun sind wir mit ihm fertig. Sie kennen das Leben eines Yerbatero nicht. Es gehört zu den mühseligsten und gefährlichsten, welche es gibt, und wir wollen nicht täglich unsere Gesundheit und unser Leben wagen, um Sklaven zu bleiben und Betrüger zu Millionären zu machen."

„Ich habe allerdings keine Ahnung von den Gefahren, denen ein Teesammler ausgesetzt ist. Welche Lebensgefahr könnte es dabei geben, wenn man in einer wohlangelegten Teepflanzung die Blätter der Sträucher oder Bäume sammelt?"

„Wären Sie nicht unser Gast, so würden wir Sie vielleicht ein wenig auslachen, Señor. Sie sprechen von wohlangelegten Pflanzungen. Sie meinen Teeplantagen? Zur Erntezeit begeben sich dann die Arbeiter in diesen Garten und pflücken die Blätter ab?"

„So ungefähr habe ich es mir vorgestellt, ganz analog der Art und Weise, wie der chinesische Tee kultiviert wird."

„Dachte es mir. Aber da befinden Sie sich in einem gewaltigen Irrtum, Señor. Ich werde Ihnen das erklären, wenn wir bedient worden sind."

Das Mädchen begann jetzt nämlich, den Tisch zu decken. Was machte ich für Augen, als diese barfüßigen Leute silberne Bestecke vorgelegt erhielten! Das Geschirr bestand aus feinstem Sèvres, und was die Speisen betraf, so konnte man sie im besten Restaurant eines Pariser Boulevards oder Unter den Linden nicht besser haben. Es gab außer Suppe sechs Gänge und zuletzt feines Backwerk und die Früchte dreier Erdteile in Menge. Dabei machte Monteso den Wirt in der Weise eines Schloßherrn, welcher gewohnt ist, zu repräsentieren. Und während er mit der Eleganz einer Hofdame speiste und mir immer nur das beste zuteilte, fuhr er in seiner Erklärung fort:

„Der echte Yerbatero holt den Tee aus den Urwäldern, oft aus Gegenden, welche nie eines Menschen Fuß betrat, aus Gegenden, in denen er jeden Schritt breit den Jaguars, Pumas, Krokodilen und wilden Indianern abzukämpfen hat. Haben Sie davon noch nichts gehört?"

„O doch, aber ich habe geglaubt, daß dies nur ausnahmsweise vorkomme. Ich bin gespannt, etwas Näheres über das Leben des Yerbatero zu hören."

„Nun, was im allgemeinen darüber gesagt werden kann, das ist sehr bald mitgeteilt. Der Yerbatero geht natürlich nicht allein in die Wildnis. Ein Unternehmer engagiert zehn, zwanzig oder auch dreißig von ihnen und sorgt für ihre Ausrüstung. Er versieht sie mit Ponchos und anderen Kleidungsstücken, mit Messern, Äxten, Waffen, Branntwein, Tabak und sonstigen Bedürfnissen. Sodann muß eine hinlängliche Anzahl von Stieren zusammengebracht werden, deren Fleisch während der Zeit des Sammelns als Nahrung dient und deren Felle zum Einpacken des Tees verwendet werden. Die Gesellschaft der Yerbateros wählt oder erhält einen Anführer, dem alle während der Saison unbedingt zu gehorchen haben. Dann wird aufgebrochen. Im Urwald angekommen, bestimmt der Anführer die Stelle, an welcher das Lager errichtet werden soll. Von da aus zerstreuen sich die Leute je zwei und zwei nach den verschiedenen Richtungen, um zu arbeiten. Man sammelt diejenigen kleinen Zweige, welche viele Blätter und junge Schößlinge besitzen, beschneidet sie und trägt sie in den Ponchos oder mittels Riemen zweimal des Tags nach der Hütte, in welcher man zusammentrifft, um das Mittags- und Abendbrot zu essen. Diese Arbeit wird je nach den Umständen wochen- auch monatelang fortgesetzt. Sind eine hinreichende Menge von Yerbazweigen vorhanden und auch genug Ochsen geschlachtet, deren Felle als Emballage dienen, so wird in der Nähe der Hütte ein hohes Gestell errichtet, unter welchem die Erde so hart und fest wie möglich geschlagen werden muß. Auf dieses Gerüst legt man die gesammelten Zweige und brennt unter demselben ein Feuer an, welches die Zweige leicht anrösten muß. Ist das geschehen, so wird die Asche entfernt und man nimmt die Yerba vom Gerüst, um sie auf dem heißen Erdboden vollends zu dörren, damit sie die nötige Sprödigkeit erhalten, um zu Pulver zerrieben werden zu können. Dieses letztere geschieht, indem man sie mit Stöcken tüchtig klopft. Indessen sind die Ochsenfelle je in zwei Teile zerschnitten, gehörig eingeweicht und dann so zusammengenäht worden, daß Säcke oder Ballen entstehen, welche fast würfelförmige Form besitzen. In diese Ballen wird das Pulver gepackt und so fest mit hölzernen Schlägeln bearbeitet, daß der Pack, wenn er oben zugenäht worden ist, die Härte eines Steins besitzt. So ein Ballen ist nicht groß, kann aber leicht bis gegen dreihundert Pfund wiegen."

„Ich höre, daß das Teesammeln allerdings etwas anderes ist, als ich mir gedacht habe. Es gleicht dem Leben eines Fallenstellers oder eines Bienenjägers in den Vereinigten Staaten."

„Dieser Vergleich ist sehr zutreffend, wenn auch nicht erschöpfend. Sie werden anderer Meinung sein, wenn Sie Länder und Völker durch den Augenschein kennenlernen."

„Das ist eben mein Bestreben. Darum reise ich! Ganz besonders wollte ich die Pampas kennenlernen."

„Den Urwald nicht?"

„Natürlich auch."

„Und sind Sie an eine bestimmte Zeit gebunden? Gibt es einen Zeitpunkt, an welchem Ihre Reise zu Ende sein muß?"

„Nein. Ich bin vollständig Herr meiner Zeit."

„Aber, Señor, was hält Sie denn ab, mit uns auf einige Wochen nach dem Urwald zu kommen?"

„Eigentlich gar nichts."

„So kommen Sie doch mit uns! Lernen Sie das Leben eines Yerbatero kennen! Haben Sie vielleicht schon einmal vom Gran Chaco gehört? Eine hochinteressante Gegend, wie Sie erfahren werden, wenn Sie sich entschließen, mit uns zu kommen. Wir treffen dort den Sendador, welchen ich Ihnen als den besten Führer empfohlen habe. Er wartet auf uns. Ich habe da etwas Besonderes zu tun."

„Darf ich nicht erfahren, was das ist?"

„Hm!" brummte er. „Es ist eigentlich ein Geheimnis; aber Ihnen können wir es anvertrauen, vorausgesetzt, daß Sie uns nicht auslachen wollen."

„Was denken Sie von mir, Señor! Ich, der Neuling, welcher von den hiesigen Verhältnissen so gut wie gar nichts kennt, sollte Sie auslachen, Männer, welche mir so weit überlegen sind, wie ein Professor dem Schulknaben!"

Er strich sich geschmeichelt den Bart, warf einen fragenden Blick auf seine Kameraden, und als sie ihm beistimmend zunickten, wendete er sich an mich:

„Sie sind jahrelang bei den nördlichen Indianern gewesen und verstehen also, mit Waffen und Pferden umzugehen. Heute habe ich bemerkt, daß Sie geistesgegenwärtig sind und mehr Kenntnisse haben, als wir sechs zusammengenommen. Ich denke also, daß Sie der Mann sind, welchen wir brauchen können. Ich werde Ihnen einen Vorschlag machen. Vorher aber muß ich eine Frage aussprechen, um deren aufrichtige Beantwortung ich Sie dringend ersuche."

„Fragen Sie!"

„Gut! Ich werde fragen. Aber lachen Sie uns ja nicht aus. So sagen Sie uns einmal, was würden Sie tun, wenn Sie einen Ort wüßten, an welchem ein Schatz vergraben liegt?"

„Ich würde den rechtmäßigen Besitzer darauf aufmerksam machen."

„Rechtmäßiger Besitzer! So! Hm! Aber wenn nun kein solcher rechtmäßiger und überhaupt kein Besitzer vorhanden wäre?"

„So würde ich den Schatz für mich heben."

„Verstehen Sie sich denn auf Magie?"

„Unsinn! Magie gibt es gar nicht. Und Magie hat man nicht nötig, um einen Schatz zu heben. Weiß man, wo einer vergraben liegt, da mag man getrost nachgraben, zu jeder beliebigen Zeit des Tages oder der Nacht; man wird ihn sicher finden."

„So! Hm!" brummte er nach seiner Gewohnheit. „Wenn das wahr wäre, so sollte es mich freuen."

„Es ist wahr."

„Nun, Señor. Sie sind gelehrter als wir alle, und wie Sie Ihre Überzeugungen vorbringen, haben sie einen Klang, daß man ihnen glauben muß. Ich sehe ein, daß Sie der Mann sind, den wir brauchen. Wir wissen nämlich einen Ort, an welchem ein Schatz zu heben ist, sogar zwei solche Orte."

„So eilen Sie hin, die Schätze schleunigst zu heben."

„Hm! Ja, wenn das so schnell ginge! Ich bin schon dort gewesen, habe aber nichts entdeckt. Den Ort kennen wir ganz genau; aber die betreffende Stelle konnten wir nicht finden, weil wir nicht gelehrt genug waren, die Schrift zu verstehen."

„Aha! Es handelt sich also um eine Schrift?"

„Ja, leider! Sie sind ein Gelehrter, und darum…"

„Bitte!" unterbrach ich ihn. „Muten Sie mir nicht zu viel zu. In welcher Sprache ist die Schrift verfaßt?"

„In der Inkasprache, aber mit lateinischen Buchstaben geschrieben, im sogenannten Kitschua."

„Das ist im höchsten Grade interessant, zumal für mich!"

„Warum für Sie!"

„Ich habe während meines Aufenthaltes unter den nordamerikanischen Indianern mich sehr bemüht, ihre Sprachen zu erlernen. Ebenso habe ich, bevor ich jetzt nach Südamerika ging, mir einige Bücher gekauft, welche die Sprachen der hiesigen Indianerstämme behandeln. So habe ich mich über zwei Monate lang mit dem Kitschua beschäftigt. Also muß die Schrift, von welcher Sie sprachen, mich lebhaft interessieren. Wer ist denn im Besitz derselben?"

„Eben der Kamerad, welchen ich Ihnen als den besten Sendador empfohlen habe."

„Er ist der Eigentümer des Dokuments?"

„Ja. Er hat es von einem sterbenden Mönch erhalten."
„Warum wurde gerade ihm das Geschenk gemacht?"
„Weil er den Mönch als Führer begleitete. Sie waren nur zu zweit! Kein Mensch befand sich bei ihnen. Er brachte den frommen Herrn von jenseits der Anden herüber und sollte ihn bis nach Tucuman ins Kloster der Dominikaner geleiten. Unterwegs aber wurde der Padre, welcher sehr alt war, plötzlich so krank, daß er starb. Kurz vor seinem Tod übergab er dem Sendador die Schrift. Ich habe sie früher gesehen. Es sind zwei Zeichnungen dabei."
„Konnten Sie sie nicht lesen?"
„Nein. Aber der Sendador ist ein halber Gelehrter. Er hat sie jahrelang durchstudiert. Er glaubte, seiner Sache ganz sicher zu sein, und nahm mich mit an die beiden Orte, aber er hatte sich doch nicht richtig informiert, denn wir fanden nichts."
„Hat er Ihnen denn nichts über den Inhalt der Schrift mitgeteilt?"
„Alles, was er wußte."
„Darf ich das erfahren, was Sie sich gemerkt haben?"
„Jener Padre war ein gelehrter Mann. Er hatte sich die Erlaubnis ausgewirkt, nach Peru zu gehen und gelehrte Schnuren aufbinden zu dürfen..."
„Nicht aufknüpfen? Sie meinen entziffern."
„Ja. Es hat da ein Volk gegeben, die Inkas genannt, welche, anstatt zu schreiben, Schnuren knüpften. Ich habe gewußt, wie diese Schnuren genannt werden, es aber wieder vergessen."
„Kipus?"
„Ja, so war das Wort."
„Jeder Kipus besteht aus einem Schnurenbündel, das heißt aus einer Hauptschnur, an welche dünnere Nebenschnüre von verschiedener Farbe verschiedenartig angeknotet wurden. Jede Farbe und jede Art der Knoten hatte ihre eigene Bedeutung."
„So ist es. Gerade so hat mir auch der Sendador gesagt. Solcher Kipus sollen viele vergraben und verborgen liegen. Der Padre hat nach ihnen gesucht und auch welche gefunden. Er hat sich lange, lange Jahre bemüht, ihre Bedeutung zu enträtseln, und das ist ihm endlich gelungen. Eine alte Indianerin, welche er von einer Krankheit geheilt hatte und die ihm deshalb wohlwollte, schenkte ihm zwei Kipus, welche sie von ihren Vorfahren überkommen hatte. Sie konnte sie nicht lesen, aber sie hatte überliefert bekommen, daß es sich um große Schätze handle. Der Padre hatte auch diese beiden enträtselt. Über die anderen Kipus hat er ein Buch

geschrieben, welches aber nicht gedruckt worden ist. Den Inhalt dieser beiden hat er geheimgehalten; er hat sie nach Tucuman bringen wollen und sie vorher übersetzt, oder, wie es wohl richtiger ist, die Knoten und Farben in Buchstaben verwandelt. Leider ist er, wie bereits erwähnt, unterwegs gestorben und hat die Übersetzung dem Sendador vermacht."

„Nicht auch die Kipus?"

„Nein. Die hat er in Peru in seiner Sammlung gelassen, wohin er zurückkehren wollte."

„Hm! Vielleicht ist er nur der Schätze wegen über die Anden gegangen. Und nach Tucuman hat er gewollt, zu den Dominikanern?"

„Ja."

„So kommt mir Ihr Sendador verdächtig vor."

„Warum?"

„Sagen Sie mir erst, was Sie über den Inhalt des Schreibens wissen."

„Nun, es hat zwei berühmte Inkas gegeben, welche sich durch sehr glückliche Kriege ausgezeichnet haben. Während dieser Kriege sind große Schätze versteckt worden, welche bis heute noch nicht gehoben sind. Eine Stadt hat am See gelegen. Die Bewohner derselben haben, bevor die Belagerung begann, alle ihre silbernen und goldenen Gefäße in den See gesenkt. Sie wurden besiegt und ausgerottet. Die Schätze liegen noch jetzt auf dem Grund des Sees, und niemand, als der eine Kipu, weiß davon."

„Wie aber ist dieser Kipu erhalten worden? Er hat sich doch in der betreffenden Stadt in Verwahrung befunden?"

„Es ist einigen gelungen, zu entfliehen. Die haben ihn mitgenommen. Sie haben sich nach einem höher im Gebirge gelegenen Ort geflüchtet; aber auch dorthin ist der Sieger ihnen gefolgt. Die Bewohner dieses letzteren Ortes haben ihre Schätze in einen alten Schacht versteckt und den Eingang desselben so vermauert, daß er von seiner Umgebung nicht zu unterscheiden gewesen ist. Da sie sich nicht freiwillig ergeben haben, sind auch sie getötet worden. Einer war nicht tot, sondern nur verwundet; er ist des Nachts davongekrochen und entkommen. Später kehrte er zurück in das Haus des Kaziken des Ortes, wo die Kipus verborgen lagen. Das Haus lag in Trümmern aber das Versteck war unversehrt. Der Mann nahm die beiden Kipus mit sich. Er fand keine Gelegenheit, sie zu benutzen; vielleicht konnte er sie nicht einmal lesen, denn der Sendador sagte mir, daß nicht alle Inkas die Knoten haben lesen können. Der Mann vererbte die Kipus weiter, bis sie an die Frau kamen, welche sie dem Padre gab."

„Señor, wenn das kein Roman ist, so gibt es überhaupt keinen Roman."

„Sie glauben mir nicht?"

„Ihnen glaube ich gern; aber das, was man Ihnen gesagt hat, möchte ich bezweifeln."

„Der Sendador belügt mich nicht!"

„Mag sein. Vielleicht hat er sich selbst getäuscht. Es kommen in dieser Geschichte einige bedeutende Unwahrscheinlichkeiten vor. Und dann habe ich den Sendador im Verdacht der Unterschlagung."

„Meinen alten, ehrlichen Freund in einem solchen Verdacht! Wäre Ihnen dieser Mann so bekannt, wie mir, so würden Sie sich hüten, ein solches Wort auszusprechen."

„Und dennoch muß ich Sie damit betrüben, daß ich Ihnen mitteile, dieser Verdacht habe einen sehr triftigen Grund. Hatte der Sendador den Padre schon früher gesehen, bevor er von diesem als Führer engagiert wurde?"

„Nein. Mein Freund hat dies einigemale erwähnt."

„Er kannte ihn also bis dahin nicht, war auch weder ein Freund noch ein Verwandter des frommen Herrn?"

„Weder das eine noch das andere."

„Hat der Sendador ihm während ihres Gebirgsübergangs vielleicht einen ganz besonderen Dienst erwiesen?"

„Nein. Warum fragen Sie so? Wie hängt das mit den beiden Kipus zusammen?"

„Sehr eng. Wo liegen die beiden Orte, an denen die Schätze verborgen sein sollen? In der Nähe von Tucuman?"

„Sie sind im Gegenteil sehr entfernt von dieser Stadt."

„Nun, warum hat der Padre sich nach Tucuman begeben und nicht nach den erwähnten Orten? Sie geben doch zu, daß ein Übergang über die Anden nicht nur beschwerlich, sondern auch gefährlich ist, für einen alten Herrn sogar lebensgefährlich?"

„Das ist wahr. Für alte Leute bringt die außerordentlich dünne Luft und der dadurch verursachte Blutdrang stets eine Lebensgefahr hervor."

„Sie haben gesagt, der Padre sei ein alter Herr gewesen. Die Reise war also lebensgefährlich für ihn. Einer solchen Gefahr setzt man sich aber nur dann aus, wenn man von wichtigen Gründen dazu gedrängt wird. Er hat gewiß die Schätze heben wollen. Ein Padre aber trachtet nicht nach irdischem Besitz. Wenn er dennoch nach dem Schatz gestrebt hat, so hat er ihn jedenfalls nicht für sich, sondern für andere erlangen wollen. Geben Sie das zu?"

„Ja, denn Ihre Gründe zwingen mich."

„Wer könnte es nun wohl sein, für welche er die Schätze bestimmt hat? Sollte etwa der Sendador der Erbe sein?"

„Anfangs lag das wohl nicht in der Absicht des Mönchs."

„Wahrscheinlich später auch nicht. Der Sendador sollte überhaupt von der ganzen Angelegenheit nichts erfahren. Erst in der Nähe des Todes hat der Padre ihm die betreffende Mitteilung gemacht. Er gab sein Geheimnis nicht freiwillig, sondern gezwungen preis. Wo aber mag man diejenigen zu suchen haben, denen er es eigentlich offenbaren wollte?"

„Natürlich die Dominikaner in Tucuman."

„Ich halte diese Ansicht für die richtige. Die Ordensbrüder wären wohl besser imstande gewesen, die Schrift zu lesen oder den Inhalt der beiden Kipus zu verstehen, als der Sendador. Ein guter Grund, anzunehmen, daß die Hinterlassenschaft des Padre nicht für ihn, sondern für sie bestimmt war."

„Aber der Padre hat die Kipus gar nicht bei sich gehabt!"

„Das glaube ich nicht."

„Mein Freund sagte es, und ich habe keinen Grund, die Worte desselben zu bezweifeln."

„Ich habe desto mehr Grund. Woher war der Padre?"

„Das weiß ich nicht, denn er hat es dem Sendador nicht mitgeteilt."

„Wo befanden sich seine Sammlungen, von denen Sie sprachen? Wo lag das Buch, welches nicht gedruckt wurde, also das Manuskript eines so hochwichtigen Werks?"

„Niemand weiß es."

„Sollte der Padre gestorben sein, ohne gerade dies Wichtige dem Sendador mitzuteilen? Sollte er die Übersetzung der Kipus bei sich getragen haben und nicht auch die Kipus selbst, welche doch wenigstens, ich sage wenigstens, denselben Wert hatten als die Übersetzung?"

„Hm! Sie bringen mich mit diesen Fragen wirklich in Verlegenheit!"

„Ich bin überzeugt, daß Ihr Freund durch dieselben in eine noch viel größere Bedrängnis geraten würde. Sind meine Vermutungen richtig, so hat er nicht bloß die Schrift widerrechtlich an sich genommen, sondern auch die beiden Kipus unterschlagen."

„Der Padre hatte sie ja gar nicht bei sich, wie ich Ihnen schon wiederholt erklärt habe!"

„Und ich behaupte, daß er sie bei sich hatte. Er vertraute beides dem Sendador an. Dieser versteht doch die Kitschuasprache?"

„Jawohl."

„Aber Kipus kann er nicht lesen?"

„Nein."

„Nun, so sind die beiden Kipus ihm nicht nur überflüssig, sondern sogar gefährlich gewesen. Er kannte das Geheimnis, indem er die Übersetzung las. Kamen die Kipus zufälligerweise abhanden, und zwar in die Hände eines Mannes, der sie zu entziffern verstand, so war das Geheimnis verraten. Daraus ergab sich die Notwendigkeit, sich ihrer zu entledigen, sie zu vernichten. Was gedenkt er zu tun, nachdem seine Nachforschungen vergeblich gewesen sind?"

„Er gibt sie nicht auf."

„Er wird keinen besseren Erfolg erzielen."

„Vielleicht doch, denn er will sich einem Mann anvertrauen, welcher sich in die beigegebenen Zeichnungen besser zu finden vermag, als er selbst. Ich habe den Auftrag erhalten, mich nach so einem Mann umzusehen, und glaube, ihn gefunden zu haben."

„Ich vermute, daß Sie mich meinen."

„Das ist auch wirklich der Fall."

„So befinden Sie sich in einem großen Irrtum. Ich bin für Ihre Absichten vollständig unbrauchbar und untauglich. Auch ist die Sache gefährlich. Warum sucht der Sendador nicht selbst nach einem passenden Mann? Warum bleibt er im Urwald verborgen, und überläßt Ihnen die Aufgabe, welche er wenigstens ebenso leicht ausführen könnte. Allerdings, er würde auch so gefragt werden, wie ich Sie jetzt nach allem ausforsche. Bei verdächtigen Stellen können Sie als Mittelsperson ausweichen und sich auf ihn berufen; er aber müßte direkt antworten, und das ist nicht ungefährlich."

„Aber wenn ich Sie zu ihm bringe, so muß er Ihre Fragen ja auch beantworten!"

„Ja, aber dann ist es zu einem Rücktritt für mich wohl bereits zu spät."

„O nein. Sie können sich in jedem Augenblick von unserem Unternehmen lossagen."

„Ja, dann aber stecke ich als fremder Mann ganz einsam und verlassen in einem Urwald oder einer Wüste des Gran Chaco und bin ein verlorenes Menschenkind. Sollte der Sendador das nicht berechnet haben?"

Monteso fuhr sich in komischer Wut mit beiden Händen in das wirre Haar.

„Señor, Sie machen mich mit Ihrem unmotivierten Mißtrauen ganz verrückt!" erklärte er. „Aber ich hoffe, Sie noch bekehren und für das Unternehmen engagieren zu können."

„Hoffen Sie nicht zu viel! Ich wiederhole, daß ich nicht der geeignete Mann bin. Ein Fremder muß unfähig sein, Ihren Forderungen zu entsprechen. Sie ahnen nicht, welche Kenntnisse unter Umständen dazu gehören, den betreffenden See und den vermauerten Schacht zu entdecken."

„Den Schacht fanden wir nicht; den See aber haben wir. Nur die betreffende Stelle desselben war nicht zu entdecken."

„Das glaube ich gern. Angenommen, daß in Wirklichkeit solche Schätze in demselben versenkt worden sind, meinen Sie etwa, daß man an der betreffenden Stelle nur niederzutauchen brauche, um das Gesuchte zu finden? Ich wiederhole, daß zur Lösung Ihrer Aufgabe Kenntnisse gehören, von denen Sie gar keine Ahnung haben. Wollte ich Ihnen das erklären, so würden Sie mich nicht verstehen. Diese Kenntnisse kann nur ein Inländer oder wenigstens ein Gelehrter besitzen, welcher jahrelang die Verhältnisse hier studiert hat. Ich aber befinde mich erst seit wenigen Stunden hier im Land und bin gar nicht einmal ein Gelehrter."

„Das wird sich finden. Ich habe Vertrauen zu Ihnen; das genügt mir einstweilen. Auch sind Sie bereits an die Gefahren und Entbehrungen einer solchen Reise gewöhnt. Sie haben vollständige Freiheit, nach Belieben über sich zu verfügen. Was kann ich mehr von Ihnen verlangen? Und wenn wir einig werden, so wird das ja auch zu Ihrem Vorteil sein. Sagten Sie mir heute nicht, daß Sie nicht reich seien?"

„Das sagte ich allerdings."

„Nun, so bedenken Sie, daß Sie sofort ein steinreicher Mann sein werden, wenn unser Vorhaben gelingt. Welchen Teilsatz jeder erhält, das muß freilich erst besprochen werden."

„Das reizt mich nicht. Ich sagte Ihnen vorhin, daß es ganz andere Schätze gebe, als diejenigen, nach denen Sie suchen. Und aus Rücksicht auf einen so fraglichen Gewinn lasse ich mich nicht auf Abenteuer ein, welche fast wahrscheinlich zu einem schlimmen Ende führen."

Ich hatte längst aufgehört, zu essen. Der Yerbatero war erst jetzt fertig. Er ballte seine Serviette zusammen, warf sie unmutig auf den Tisch und fragte:

„So sagen Sie sich also von uns los?"

„Nein. Ich reite mit Ihnen, aber ohne mich zu irgendetwas verbindlich zu machen."

Sein verfinstertes Gesicht heiterte sich sofort auf.

„Schön, schön!" rief er aus. „Das ist ein Wort, welches ich gelten lasse. Wir sind also einig?"

„O nein! Seien wir nicht allzu sanguinisch! Ich will Ihnen offen gestehen, daß die Angelegenheit an sich einen großen Reiz für mich besitzt. Die Sache an und für sich entspricht so ganz und gar gewissen Neigungen von mir. Und da ich mir das Land und die Bewohner desselben ansehen will, so ist es am besten, ich mache es so wie derjenige, welcher schnell schwimmen lernen will: Ich springe da in das Wasser, wo es am allertiefsten ist. Also, wenn Sie mich mitnehmen wollen, so gehe ich mit. Aber ich mache meine Bedingungen."

„Heraus mit ihnen!"

Monteso lachte jetzt am ganzen Gesicht. Die Erklärung, daß ich mit wolle, erfreute ihn außerordentlich. Ich erfuhr später tagtäglich, daß er mich wirklich tief in sein ehrliches Herz geschlossen hatte.

„Eigentlich habe ich nur eine einzige Bedingung", sagte ich. „Wer nimmt überhaupt teil an der Expedition?"

„Nur der Sendador und wir, die wir hier sitzen. Wir sechs haben eine lange Reihe von Jahren zusammen gearbeitet, wir kennen uns; wir passen zueinander und wissen, daß wir uns auf einander verlassen können. Sie haben es nur mit tüchtigen und verschwiegenen Leuten zu tun."

„Auf diese letztere Eigenschaft, nämlich die Verschwiegenheit, gründe ich die Bedingungen, welche ich zu machen beabsichtige. Ich habe Ihnen offen das Mißtrauen angedeutet, welches ich gegen den Sendador hege. Es liegt nicht nur in meinem, sondern auch in Ihrem Interesse, daß er nichts davon erfährt. Wenn Sie mir versprechen, auf das strengste darüber zu schweigen, schließe ich mich Ihnen an, sonst aber nicht."

„Einverstanden! Hier meine Hand, Señor! Und Ihr anderen schlagt natürlich auch ein!"

Sie folgten willig dieser Aufforderung, und so war denn für den nächstliegenden Teil meiner Zukunft entschieden: ich schloß mich diesen Yerbatero an.

„So sind wir also endlich einig", sagte Monteso im Ton der Befriedigung. „Alles weitere wird sich ganz von selbst ergeben. Jetzt noch eine Hauptsache, ein Frage, wegen der Zeit der Abreise und Ihrer Ausrüstung. Können Sie morgen vormittag von hier fort?"

„Ist mir sehr recht. Sie wissen ja, daß ich keine Veranlassung habe, mich hier länger zu verweilen, als unbedingt nötig ist."

„Dann also morgen vormittag. Sie werden sich vorher mit der erforderlichen Ausrüstung versehen müssen."

„Welche Gegenstände gehören zu derselben?"

„Ein Poncho; Hut haben Sie bereits. Zu demselben gehört ein Kopftuch, welches man beim Reiten über den Hut bindet, und zwar so, daß die frische Luft vorn gefangen und nach Hals und Nacken geleitet wird. Das kühlt sehr angenehm. Ich werde in der Frühe zu Ihnen kommen, um Ihnen beim Einkauf der Sachen behilflich zu sein, da ich in dieser Beziehung wohl erfahrener bin als Sie. Außer dem Poncho brauchen Sie eine Chiripa."

„Beschreiben Sie mir dieselbe."

„Sie besteht in einer Decke, welche hinten am Gürtel befestigt, dann zwischen den Beinen hindurch und nach vorn gezogen wird, wo man sie wieder am Gürtel befestigt. Ferner brauchen Sie eine weite, leichte Pampahose und dazu tüchtige Gauchostiefel ohne Sohle. Dann einen Recadosattel, Gewehr, Lasso, Bola und Messer. Mit dem Lasso und der Bola werden Sie mit der Zeit leidlich umzugehen lernen. Da ich Sie, wie sich übrigens ganz von selbst versteht, als meinen Gast betrachte, so ersuche ich Sie um die Erlaubnis, die Kosten der Ausrüstung tragen zu dürfen."

„Ihre Güte rührt mich tief, Señor. Ich würde dieselbe annehmen, wenn von Kosten überhaupt die Rede sein könnte. Ich bin bereits mit einer guten Ausrüstung versehen. Ich werde dieselbe Kleidung anlegen, welche ich in der Prärie getragen habe."

„Aber, Señor, die wird im höchsten Grade unpraktisch sein! Bedenken Sie den Unterschied zwischen dort und hier!"

„Es gibt keinen Unterschied, den ich in Beziehung auf die Kleidung zu beachten habe. Ein erprobtes Gewehr habe ich auch mit, ebenso meinen Lasso; im Gebrauch der Bola werde ich mich fleißig üben. Es fehlt mir nur der Sattel und das Pferd."

„Beides besorge ich, Señor. Pferde haben wir ja mit. Ich werde eins für Sie herauslesen, und einen Sattel besorge ich gern dazu."

Eben jetzt kam ein neuer Gast herein. Er war sorgfältig gekleidet, ein junger Mann, grüßte höflich und ließ sich am nächsten Tisch nieder, woselbst er nach einer Flasche des dort stehenden Weins langte. Da er uns den Rücken zukehrte und dann sich mit einer Zeitung beschäftigte, so war anzunehmen, daß kein Grund vorhanden, uns seinetwegen in unserer Unterhaltung stören zu lassen.

„Welchen Weg schlagen wir ein?" sagte ich.

„Wir reiten quer durch Uruguay und Entre Rios nach Parana und fahren dann auf dem Fluß bis nach Corrientes. Von da aus müssen wir links nach dem Chaco einbiegen."

Der erste Teil dieser Reise war ganz genau die Route, welche Tupido mir vorgeschlagen hatte. Das war mir interessant.

„Natürlich ist das für Sie eine große Anstrengung", fuhr der Yerbatero fort. „Darum werden wir zuweilen an geeigneten Orten Halt machen, damit Sie sich erholen können."

Er hielt die Meinung, welche er von mir hegte, fest. Ich war kein „Greenhorn" mehr wie damals, als ich zum erstenmal den fernen Westen betrat. Darum sagte ich:

„Sie brauchen nicht so ungewöhnliche Rücksicht zu nehmen, Señor. Ich reite ausdauernd."

„Weiß schon!" lächelte er. „Den ersten Tag hält man es aus; am zweiten bluten die Beine; am dritten ist die Haut von denselben fort, und dann liegt man wochenlang da, um später ganz dasselbe durchzumachen. Zum Reiten muß man in der Pampa geboren sein. Wir werden also morgen nur bis San Jose reiten, übermorgen bis Perdido, und dann wenden wir uns kurz vor Mercedes nördlich ab, um auf der Estancia eines Vetters von mir auszuruhen. Die weitere Tour müssen wir dort beraten. Sie führt nach der Grenze, also nach einer Gegend, welche jetzt sehr wenig sicher ist."

„Von dieser Unsicherheit haben doch wir nichts zu befürchten! Was geht uns die politische Zerfahrenheit der hiesigen Bevölkerung an!"

„Sehr viel, Señor. Es gibt hier eben ganz andere Verhältnisse als in Ihrem Vaterland. Besonders hat der Reisende sich in Acht zu nehmen. Sie reiten früh als freier, unparteiischer Mann aus, und des Abends kann es vorkommen, daß Sie als Soldat aus dem Sattel steigen und später für eine Partei kämpfen müssen, für welche Sie nicht das mindeste Interesse haben."

„Das wollte ich mir verbitten! Ich bin ein Fremder, ein Deutscher, und niemand darf sich an mir vergreifen. Ich würde mich sofort an den Vertreter meiner Regierung wenden."

„Sofort? Man würde das sehr leicht verhindern; ein Fluchtversuch würde Ihnen die Strafe der Desertion einbringen, den Tod. Und ehe Sie Gelegenheit finden könnten, sich an Ihren Vertreter zu wenden, würden Ihre Gebeine auf der Pampa bleichen. Gewalt hilft da nicht, sondern nur Vorsicht allein. Übrigens stehen Sie unter unserem Schutz, und können sich denken, daß wir Sie in keine Gefahr führen werden, da wir uns dabei ja selbst derselben aussetzen würden. Lassen wir also diesen Gegenstand fallen. Wir haben ihn bis zur Erschöpfung erörtert. Das Mädchen mag den Tisch freimachen, damit wir Platz zu einem Spielchen bekommen."

Dieses Wort wirkte wie elektrisierend auf die anderen. Sie sprangen auf, um selbst zu helfen, das Speisegeschirr fortzuräumen. Monteso holte eine Karte herbei. Dann wurde Geld aus den Taschen gezogen, und zwar so viel, daß ich unwillkürlich mit meinem Stuhl vom Tisch rückte.

„Bleiben Sie, Señor!" sagte der Yerbatero. „Natürlich sind Sie eingeladen, sich zu beteiligen."

„Danke, Señor! Ich spiele nicht. Ich möchte aufbrechen."

Er sah mich ganz und gar ungläubig an. Dort zulande spielt eben jedermann, und zwar sehr leidenschaftlich und sehr hoch. Eine Weigerung, mitzuspielen, kommt gar nicht vor und würde die anderen beleidigen.

„Aber, Señor, was fällt Ihnen ein! Sind Sie krank?" fragte er.

„Nein, aber sehr müde", lautete meine Ausrede.

„Das ist für Sie freilich eine Entschuldigung, zumal Sie morgen den ersten und anstrengenden Ritt vor sich haben."

Glücklicherweise trat jetzt der zuletzt angekommene Gast herbei und erklärte, daß er gern bereit sein werde, meine Stelle einzunehmen, wenn man ihm die Erlaubnis dazu erteile. Er erhielt sie sofort, und ich stand auf, um ihm Platz zu machen und zu gehen. Meinen neuen Kameraden die Hand reichend, verabschiedete ich mich von ihnen. Um Bezahlung der Zeche hatte ich mich nicht zu bekümmern, wie Monteso schnell erklärte, als ich mit der Hand in die Tasche griff und mich zum Mädchen wendete.

„Lassen Sie das, Señor!" sagte er. „Sie würden uns beleidigen. Früh neun Uhr bin ich mit dem gesattelten Pferd vor Ihrem Hotel. Aber wäre es nicht besser, daß ich Sie jetzt begleite? Sie wissen ja...!"

„Danke, Señor! Von hier bis zum Hotel wird mir nichts geschehen. Ich nehme mich in acht. *Buenas noches!*"

„Gute Nacht, Señor! Träumen Sie von dem See und dem vermauerten Schacht! Vielleicht zeigt Ihnen der Traum den richtigen Weg."

II. Bei den Bolamännern

Am anderen Morgen war ich sehr zeitig wach, und lange vor der Zeit, in welcher der Yerbatero kommen wollte, hatte ich meine kleinen Angelegenheiten in Ordnung gebracht. Dazu bedurfte es keiner großen Mühe und Arbeit. Ich war echt amerikanisch gereist. Ein kleiner Koffer hatte all mein Eigentum enthalten, und diesen Inhalt trug ich jetzt auf dem Leib. Den leeren Koffer hatte ich dem Kellner und den gestern getragenen Anzug dem Hausknecht geschenkt. Einige Hemden, Taschentücher und sonstige Notwendigkeiten lagen in Leder geschnallt auf dem Tisch. Ich war zur Abreise bereit.

Die Hotelrechnung war berichtigt, und der Kellner hatte nebst dem Koffer noch ein Trinkgeld erhalten. Er war ein Schweizer und schien sehr schweigsam zu sein. Das Geschenk aber hatte ihn redselig gemacht. Als er erfuhr, daß ich die Reise zu Pferd und in gleicher Gesellschaft machen werde, beglückwünschte er mich, daß ich so klug gewesen sei, diese Art des Fortkommens zu wählen. Er entwarf mir eine entsetzliche Schilderung der Reise in der Diligence, und ich fand diese Beschreibung später vollständig bestätigt.

Diese sogenannte Staatskutsche ist ein mehr als solide gebauter Wagen von riesigen Verhältnissen. Sie besteht aus Coupe, Cabriolet und Rotunde und bietet zehn bis zwölf Personen Platz. Sie wird gezogen von sieben gewöhnlichen ausgehungerten „Rössern", davon vier neben einander unmittelbar vor dem Wagen, vor denselben nur zwei, und vor diesen letzteren eins, auf welchem der Vorreiter sitzt. Ein anderer Peon sitzt auf dem hinteren Sattelpferd. Auf einem achten Tier galoppiert ein dritter Reiter nebenher, welcher ohne Unterlaß, mit Grund oder ohne Grund, mit einer großen Hetzpeitsche auf die Pferde losschlägt, um sie anzutreiben.

Dem Vorreiter obliegt es, dem unbeholfenen Fuhrwerk die Richtung zu geben. Der Kutscher, Mayoral genannt, thront vorn oben, mit einem stereotyp verächtlichen Gesicht, aus welchem zu ersehen ist, daß es ihm höchst gleichgültig erscheint, ob die Fuhre glücklich vonstatten geht oder einige der Pferde totgehetzt liegenbleiben und er beim Umwerfen die gebrochenen Glieder der Passagiere aus dem Wagen auf die Pampa schüttet.

Man erlaubt den Pferden niemals, im Schritt zu gehen; auch der Trab ist selten und fällt dann schlecht und unregelmäßig aus. Meist oder vielmehr stets geht es im sausenden Galopp vorwärts, und gerade an den schlechtesten und gefährlichsten Stellen wird dieser Galopp zum Rasen.

So kommt es, daß man per Diligence trotz des miserablen Wegs pro Tag bis und über fünfzehn deutsche Meilen zurücklegt, eine Leistung, worüber ein deutscher Postillon den Kopf schütteln würde.

Wenn ich von einem Weg spreche, so ist das nur figürlich gemeint, denn einen Weg gibt es eben nicht. Man sieht keine Andeutung oder Spur eines solchen. Man fährt über die natürliche Fläche, wie sie eben geschaffen ist, und der Europäer traut seinen eigenen Augen nicht, wenn er sieht, daß auf einem solchen Terrain gefahren werden kann.

So geht es über Stock und Stein — auch nur figürlich gemeint, denn Stöcke oder Steine gibt es in der Pampa nicht, desto mehr aber Unebenheiten, ausgetrocknete Bäche und andere Erhöhungen und Vertiefungen, über und durch welche der Wagen wie im Flug fortgerissen und fortgeschleudert wird, so daß die Reisenden unaufhörlich gegeneinander stoßen und ihnen Hören und Sehen vergehen möchte.

„War das Ihr Kopf, Señor?"

„Nein, der Ihrige, Señorita?"

„Herr, Sie treten mich ja an den Leib!"

„Nein, Señor, Ihr Fuß stieß mir den Schenkel wund!"

„Haben Sie Ihr Leben versichert, Herr Nachbar?"

„Nein, denn wenn ich hier den Hals breche, was höchstwahrscheinlich ist, so bekommen lachende Erben den Betrag. Ich habe keine Familie."

„Sie Glücklicher! Ich habe Frau und Kinder. Seit ich in dieser Diligence sitze, kann ich sie mir nur noch als verwitwet und verwaist denken."

Solche und ähnliche Interjektionen, scherzhaft oder ernst gemeint, ertönen unablässig aus dem Mund der Passagiere, welche für ihr teures Geld am Rande des Todes dahingezerrt werden.

Der Kutscher schreit; der Vorreiter brüllt; der hinterste Peon wettert; der Seitenreiter flucht und haut wie verrückt auf die armen Tiere ein, welche, hungernd und entkräftet, kaum mehr vorwärts können. Die wilde Jagd geht steil bergab in den Fluß hinein, welcher hoch aufschäumt. Halb vom Wasser getragen und halb von den Pferden gerissen, gelangt der Wagen, als ob er einzelne Sprünge mache, an das andere Ufer und wird unter Heulen, Schreien und Peitschenhieben an demselben emporgezerrt. Dort hält die zerlumpte Schar. Ein Pferd ist gestürzt. Man durchschneidet den Riemen, mit dem es an den Wagen gehängt war, nimmt ihm den Sattel ab, und dann geht es weiter, weiter, weiter!

Dem Pferd hängt die Zunge aus dem weit offenen Maul. Seine Flanken schlagen, und aus den Augen bricht ein jammernder Blick. In zwei — drei Minuten ist es von Raubvögeln umgeben, welche nur auf die letzte Bewegung des zu Tode gehetzten Tieres warten, um ihm das warme Fleisch von den Knochen zu reißen.

Überall sieht man die gebleichten Knochen dieser armen Geschöpfe auf der Pampa liegen. Kein Mensch denkt sich etwas dabei. Pferde gibt es im Überfluß. Eine Stute kostet nach deutschem Gelde zwölf bis sechzehn Mark. Man schämt sich, auf Stuten zu reiten. Diese Tiere haben so wenig Wert, daß man mit ihren Knochen und ihrem Fett die Ziegelöfen heizt.

Einen Stall gibt es im ganzen Land nicht. Die Pferde befinden sich bei Tag und Nacht, zur Winters- und Sommerszeit, in Sonnenglut und Gewitterstürmen im Freien. Sie genießen nicht die geringste Pflege. Eine Fütterung mit Hafer, Mais oder Heu gibt es nicht. Das Tier hat eben für sich selbst zu sorgen. Das einzige, was der Besitzer tut, ist, daß er ihm seinen Stempel einbrennt. Braucht er es, so wird die Herde von den Peons oder Gauchos in den Koreal gehetzt und man fängt sich das betreffende Pferd mit dem Lasso heraus.

Uruguay wird von den Bewohnern desselben die Banda oriental, d.h. die östliche Seite, genannt, und der Uruguayense bezeichnet sich infolgedessen gerne als „Orientale". Das Land stößt im Norden und im Osten an den Atlantischen Ozean. Es ist durchweg welliges Hügelland, durch welches von Nordost nach Südwest, also in der Diagonale, der Rio Negro fließt, ein Fluß ungefähr von der Größe unserer Oder. Er läuft parallel einem Höhenzug, welcher der Cuchillo grande genannt wird. Cuchillo heißt im Spanischen das Messer, und dieses Wort ist eine sehr treffende Bezeichnung für diesen schmalen, sich gleich einer Messerklinge erhebenden Gebirgszug. Die von Flüßchen und Bächen zerrissene, wellenförmige Fläche des Landes ist meist mit Gras bewachsene Pampa. Höchstens in den Furchen der genannten Wasserläufe findet man niedriges Buschwerk, welches nach Norden in Wald übergeht, ohne aber den eigentlichen Charakter eines geschlossenen Walds anzunehmen.

Dörfer nach unserem Sinn gibt es in diesem Land nicht, sondern nur größere Landgüter und einzelne Gehöfte. Unter diesen ersteren muß man eine Unterscheidung zwischen Estanzias, das sind Viehgüter, und Haziendas, das sind Ackerbaugüter, treffen. So ein Gehöft besteht meist aus weiß getünchten Gebäuden und nimmt sich aus der Ferne recht stattlich aus, zeigt sich aber in der Nähe als ein höchst einfaches und aus mangelhaftem Material hergestelltes Bauwerk.

Ranchos sind kleinere Güter, in welchem die weniger wohlhabenden Leute wohnen. Die mit Stroh oder Schilf gedeckten Mauern eines solchen bestehen meist aus festgestampftem Rasen.

Der Viehstand des Landes ist sehr bedeutend. Wenn man durch dasselbe reitet oder fährt, so kann man nach jeder halben Stunde eine große Herde von Hornvieh, Pferden oder Schafen zu sehen bekommen. Ein ausgewachsener, vollwichtiger Schlachtochse kostet kaum fünfzig Mark, eine Pferdestute, wie bereits erwähnt, höchstens sechzehn Mark. Bei diesen Pferden achtet der Besitzer das einzelne Stück gering; es ist ihm gleichgültig, ob es hungert und dürstet oder von den Peons tot gequält wird. Ein „Orientale" würde die teilnehmende Fürsorge, welche ein armer deutscher Landmann seinem Pferd, seiner Kuh, ja seiner Ziege und sogar seinem Schwein widmet, laut verlachen.

Es war nahe an neun Uhr, als lautes Pferdegetrappel mich veranlaßte, an das Fenster zu treten. Da unten hielten die sechs Yerbateros. Der Anblick, welchen sie boten, war köstlich.

Die Reiter habe ich schon beschrieben. Sie waren jetzt nicht anders und besser gekleidet als gestern. Ihre Pferde paßten zu ihnen. Es waren magere, ruppige, struppige Gäule. Aber wie waren sie gesattelt und aufgezäumt! Das Lederzeug war mit Silber beschmückt. Federn und Quasten wankten auf den Köpfen und von denselben herab. Die Sattelponchos waren mit klingenden Schellen versehen, und in die Schwänze hatte man bunte Seidenbänder eingeflochten. Auch die Steigbügel waren von Silber, aber eben nur groß genug für eine Zehe. Die Reiter hatten an ihre nackten Füße Sporen geschnallt, deren Räder wohl vier Zoll im Durchmesser hatten. Wie sehr man sich dieser Sporen bediente, das bewiesen die blutrünstigen und eiternden Stellen rechts und links in den Weichen der Pferde.

So einen Aufputz liebt der Südamerikaner, und der Yerbatero also auch. Kehrt der Teesammler nach harter Arbeit aus den

Wäldern zurück, so ist es gewöhnlich seine erste Sorge, sich so ein glänzendes Reitzeug zu verschaffen, für welches er gern sein sauer verdientes Geld hingibt.

Es ist gar nichts Seltenes, einem Reiter zu begegnen, dessen Pferd in so glänzender Weise herausgeputzt ist; er selbst aber hat weder Stiefel oder Schuhe noch Strümpfe, und seine Hose, seine Jacke sind so zerlumpt, daß ein europäischer Bettler sich sehr bedenken würde, ob die Polizei ihm erlauben werde, sich in einem solchen Habitus auf der Straße sehen zu lassen.

Dann vertrinkt und verspielt der Yerbatero das Geld, welches ihm übrig geblieben ist, verspielt schließlich sogar das Pferd mitsamt dem Flitterkram und kehrt in den Urwald zurück, um von neuem sechs oder neun Monate lang als Sklave seines Auftraggebers zu arbeiten. Da denkt er mit Wonne an die Tage zurück, in denen er als angestaunter Stutzer durch die Straßen von Montevideo, Asuncion oder Corrientes ritt.

Daß meine neuen Freunde, heute, wo sie Montevideo verließen, sich noch im Besitz all dieses Putzes befanden, war ein sicherer Beweis, daß sie nicht zu den ärmsten ihres schweren Berufs gehörten.

Señor Mauricio Monteso war vom Pferd gestiegen und kam herauf zu mir in das Zimmer, um mich abzuholen. Ich ging ihm bis an die Tür entgegen, um ihn zu begrüßen. Er aber hörte die Worte gar nicht, welche ich sagte, und sah auch nicht, daß ich ihm die Hand entgegenstreckte. Er war unter der geöffneten Tür stehengeblieben und starrte mich mit einem unbeschreiblichen Erstaunen an. Er schien ganz fassungslos zu sein. Sprachlos war er ganz bestimmt, denn er hatte den Mund weit offen, brachte aber keinen Laut heraus.

„Willkommen, habe ich gesagt, Señor!" erinnerte ich ihn. „Hoffentlich komme ich Ihnen nicht ganz unbekannt vor, und Sie erinnern sich, was wir gestern miteinander getan und gesprochen haben!"

„Gott steh mir bei!" Diesen Ausruf stieß er hervor, weiter nichts.

„Was bringt Sie denn so sehr aus der Fassung?"

Er trat vollends in die Stube und machte wenigstens die Tür zu.

„Kommen Sie doch zu sich!" lachte ich. „Was haben Sie denn an mir auszusetzen?"

Er faßte mich am Arm, zog mich näher zum Fenster, betrachtete mich vom Kopf bis zu den Füßen und stieß dann ein so schallendes Gelächter aus, daß es klang, als ob die Fenster mitzitterten. Hierauf rief er aus:

„Señor, was ist denn geschehen? Wer hat Ihnen denn das angetan? Man erlebt ein wahres Wunder an Ihnen. Ich muß mich in der Zeit verrechnet haben. Springen Sie mir doch zu Hilfe, und sagen Sie mir gütigst, ob wir gegenwärtig vielleicht in der Fastnachtszeit leben!"

Er begann von neuem zu lachen. Ich ließ ihm Zeit, sich zu beruhigen. Ich wußte natürlich, daß mein Anzug es war, welcher ihn in diese überaus heitere Laune versetzte. Endlich, als er nicht mehr zu lachen vermochte, trat er weit von mir zurück, betrachtete mich durch seine beiden Hände, welche er sich wie ein Fernrohr vor das Auge hielt, und fragte:

„Señor, sagen Sie mir einmal aufrichtig, wer von uns beiden ein Narr ist, Sie oder ich?"

Jetzt machte ich ein recht ernstes Gesicht, denn einen solch vertraulichen Ton wollte ich zwischen uns doch nicht aufkommen lassen, und antwortete:

„Jedenfalls Sie! Als ich Sie zum erstenmal sah, war Ihre Erscheinung mir ebenso fremd, wie die meinige jetzt Ihnen zu sein scheint; aber ich habe mich wohl gehütet, mich über Sie lustig zu machen oder gar Sie einen Narren zu nennen."

Das wirkte augenblicklich. Er ließ die Hände sinken und sagte in entschuldigendem Ton:

„Verzeihen Sie, Señor! So waren meine Worte nicht gemeint. Aber Sie geben doch zu, daß Sie in diesem Anzug eine gar zu komische Figur machen!"

„Das gebe ich durchaus nicht zu. Mir erscheint es vielmehr komisch, mit nackten Beinen in den Urwald zu wollen und das Pferd mit Flittern zu behängen, während der Reiter die Hose und Jacke voller Flecke und Löcher hat. Wenn Sie mich für einen so komischen Menschen halten, welcher die Lachluft anderer herausfordert, so haben Sie es frei, sich nach einem ernsteren Begleiter umzusehen!"

Jetzt wurde er ängstlich.

„Aber bitte tausendmal um Verzeihung, werter Señor! Ich wiederhole, daß ich ganz und gar nicht die Absicht hegte, mich über Sie lustig zu machen. Sie kommen mir so außerordentlich fremdartig vor, daß es mir für den Augenblick unmöglich war, an mich zu halten. Nehmen Sie das ja nicht übel, und haben Sie lieber die Güte, mir zu erklären, in welcher Weise diese lederne Kleidung für unsere Reise geeignet sein soll!"

„Das ist ganz genau der Anzug eines nordamerikanischen Westmannes."

„So mag ein solcher Lederanzug wohl für Nordamerika passen, aber für den Süden doch unmöglich."

„Sie scheinen anzunehmen, daß es im Norden nur kalt und im Süden nur warm ist. Am Äquator ist die größte Hitze; je weiter man sich von demselben nach Norden oder Süden entfernt, desto mehr nimmt die Wärme ab. Wir befinden uns gegenwärtig fünfunddreißig Grad südlich des Äquators. Ebenso viele Grade nördlich desselben haben wir im allgemeinen dasselbe Klima zu suchen. Ich habe mich aber noch weit südlicher befunden und dabei doch die lederne Kleidung getragen."

„Das ist mir zu gelehrt."

„So will ich populärer sein. Sie haben im allgemeinen hier warme Tage und kalte Nächte. Das Leder aber ist ein schlechterer Wärmeleiter als das Zeug, aus welchem Ihre Kleidung besteht. Infolgedessen werde ich am Tag weniger schwitzen und des Nachts weniger frieren als Sie. Während Sie sich des Nachts in mehrere Ponchos hüllen, schlafe ich in dieser Kleidung im Freien, ohne daß die Kühle mich aus dem Schlaf weckt."

„Dann wäre sie freilich praktisch!"

„Sie haben hier oft starke Regengüsse. Durch dieses indianisch zubereitete Leder dringt der Regen nicht, während er bei Ihnen sofort bis auf die Haut geht. Mir können die Stachelgewächse des Urwalds nichts anhaben, während Ihnen die Kleidung durch die Dornen in Fetzen gerissen wird. Und sehen Sie, wie eng meine Kleidung am Halse schließt! Kein Moskito vermag es, bis auf meine Haut zu dringen. Wie aber steht es bei Ihnen?"

„O, Señor", seufzte er, „wenn ich mich vier oder fünf Tage bei der Arbeit befinde, so ist mein ganzer Körper ein einziger Moskitostich!"

„So wird es Ihnen sehr leicht sein, einzusehen, daß Sie über etwas gelacht haben, um was Sie mich beneiden sollten."

„Ja, aber Sie können sich doch gar nicht bewegen! Sie sehen aus wie ein Taucher in seiner Rüstung. Diese schrecklichen Stiefel!"

Er betastete die genannte Fußbekleidung, deren Aufschlageschäfte mir allerdings sogar die Oberschenkel bedeckten.

„Sie sind nicht schrecklich, sondern außerordentlich praktisch. Durch diese Stiefel dringt kein Giftzahn einer Schlange und auch kein Wassertropfen. Ich reite bis zur Sattelhöhe im Fluß, ohne naß zu werden."

„Und diese Hose mit den eigentümlichen Fransen!"

„Das sind indianische Leggins, aus der Haut einer Elenkuh gefertigt, fast unzerreißbar zu nennen."

„Und dieses Kleidungsstück?"

„Ist ein indianisches Jagdhemd aus dem Fell eines Büffelkalbs. Es ist so dünn und leicht wie ein Leinwandhemd, reißt nicht und kann gewaschen werden. Und das Oberkleid ist ein indianischer Jagdrock aus Wapitifell, dessen Zubereitung über ein Jahr erfordert hat. So dünn das Leder ist, es dringt kein Pfeil hindurch, der nicht ganz aus der Nähe abgeschossen ist."

„Das wäre prächtig! Wissen Sie, Señor, daß es im Gran Chaco und den angrenzenden Nordgegenden Indianer gibt, welche sich vergifteter Pfeile bedienen? Nur ein leiser Ritz durch einen solchen Pfeil tötet den Getroffenen binnen kurzer Zeit!"

„Das weiß ich, und gerade darum habe ich diesen Anzug mitgebracht."

„Ich beginne einzusehen, daß ich unrecht hatte. Aber die Hauptsache fehlt, Señor, die Sporen."

„Die habe ich eingepackt. Ich lege sie nur an, wenn ich sie brauche."

„Aber Sie werden ja reiten und brauchen sie also! Kein hiesiges Pferd läuft, ohne daß es die Sporen bekommt."

„Das hat seinen Grund. Sie gebrauchen dieses Reizmittel zu oft, so daß sie Pferde es gar nicht mehr beachten, und Sie es in stets größerer Stärke anwenden müssen. Ich bin tagelang geritten, ohne das Pferd mit dem Stachel berührt zu haben. Das ist eben das Kennzeichen eines guten Reiters. Er braucht die Haut des Pferdes nur ganz leise mit dem Sporn zu berühren, so geht es bereits in die Luft."

Was für Augen machte mir da der Mann! Einen Vortrag wie diesen hatte er nicht erwartet; aber er schwieg. Er betrachtete meine Gewehre, meine Revolver, den Inhalt meines Gürtels. Er fand viel, was ihm unnötig erschien, und er vermißte noch weit mehr, was er für das größte Bedürfnis hielt. Doch unterließ er es, sich darüber in eine Diskussion einzulassen. Meine Abweisung seiner Kordialität wirkte noch nach, und das konnte gar nichts schaden.

Vom Fenster aus bemerkte ich das ledige Tier, welches für mich bestimmt war. Es war nicht mehr wert als die anderen auch. Es blutete ebenso an den beiden Weichen und hatte einen tückisch ängstlichen Blick wie alle diese Tiere, welche keine Liebe und Pflege finden.

„Das ist für mich?" fragte ich.

„Ja, Señor. Ich habe Ihnen das ruhigste und zuverlässigste ausgewählt."

„Dafür bin ich Ihnen nicht dankbar, ebensowenig auch dafür, daß Sie es angeputzt haben wie die anderen. Ich liebe das nicht. Sie können das alles abnehmen und die Decke auch. Ich reite hart und sitze also auf dem bloßen Sattel."

„Behüt' mich Gott, sind Sie ein Mann! Sie werden es bereuen, die Decken verschmäht zu haben! Soll ich hinabgehen, um sie wegzunehmen?"

„Ja, bitte!"

Er ging.

Ich hatte noch einen zweiten, sehr triftigen Grund, diese Decken zurückzuweisen, aber ich sagte ihm denselben nicht. Dieser Grund bestand in dem Ungeziefer, mit welchem diese Leute zur Überfülle behaftet zu sein pflegen, und ich fühlte keine Lust, gleich am ersten Tage mit einer solchen Einquartierung bedacht zu werden.

Durch das Fenster blickend, sah ich, daß er die Decken abschnallte. Dabei schien er seinen Gefährten etwas zu erklären. Ich vermutete, daß er ihnen verbot, über meinen ungewöhnlichen Anzug zu lachen. Er schob das Tier hin und her, und dabei bemerkte ich, daß das Pferd das eine Hinterbein schnell und zukkend hob, im Sprunggelenk stark bog und rasch wieder auf den Boden setzte. Ah, hielt man mich für einen so schlechten Reiter, daß man mir ein solches Tier anbieten konnte? Ich öffnete das Fenster und rief hinab:

„Aber, Señor, das Pferd leidet ja ganz stark am Zuckfuß!"

„Nur ein wenig", antwortete er herauf.

„Das ist mehr als ein wenig!"

„Sie werden es nicht bemerken, wenn Sie im Sattel sitzen!"

„Ich werde gar nicht auf diesem Pferd sitzen."

Ich machte das Fenster zu, um den Wirt aufzusuchen. Er gehörte zu den wenigen, welche einen Stall besaßen. In demselben hatte ich mehrere Pferde stehen sehen, von denen eins mir besonders gut gefallen hatte. Er stand mit seiner ganzen Dienerschaft bereit, mir einen höflichen Abschied zu bereiten. Ich trug ihm mein Anliegen vor, und er war bereit, mir das Pferd abzulassen, und ließ es in den Hof bringen. Ritt ich schlechte Pferde, so war ich gezwungen, oft zu wechseln. Ich brauchte ein Tier, welches sich an mich gewöhnte und auf welches ich mich verlassen konnte. Wechseln wollte ich so wenig wie möglich, am liebsten gar nicht.

Ja, das war ein ganz anderes Tier als der Zuckfuß! Ein vierjähriger Brauner, voll Feuer, stark und hoch elegant gebaut, mit hübsch aufgesetztem Hals und prächtiger Hinterhand. Die Yerbateros standen dabei und betrachteten ihn mit bewundernden Blicken.

„Da darf man sich noch nicht aufsetzen", erklärte Monteso. „Der muß erst einen Tag lang nebenher gehen, um müde zu werden."

„Ja", stimmte der Wirt bei. „Er wurde nicht gebraucht und hat über eine Woche im Stall gestanden. Übrigens reite ich ihn nur selbst. Er duldet keinen anderen im Sattel. Sie werden Ihre Not haben, wenn Sie ihn kaufen, Señor!"

„Was kostet er?" fragte ich kurz, anstatt der Antwort.

„Sie sollen ihn für fünfhundert Piastertaler haben."

Das waren nach deutschem Geld achtzig Mark. Ich handelte nichts ab und zahlte die Summe sofort aus. Ich hätte ihm auch noch mehr gegeben. Im Stall hatte ich einen englischen Sattel mit zugehörigem Zeug hängen sehen. Ich kaufte auch das noch und hatte dafür hundert Papiertaler, also sechzehn Mark, zu zahlen.

Nun war Pferd und Sattel mein, und ich konnte machen, was mir beliebte. Sämtliche Insassen und Bewohner des Hotels hatten sich auf dem Hof eingefunden. Der Braune hatte keinen Augenblick still gestanden. Er sprang in graziösen Bewegungen im Hof umher, und der Peon, welcher ihn aus dem Stall gelassen hatte, gab sich vergeblich Mühe, ihn am Halfterband zu fassen. Als noch zwei andere Knechte sich diesen Bemühungen anschlossen, wurde das Pferd geradezu wild und verteidigte sich mit den Hufen gegen die es bedrängenden Männer. Es wurden Lassos herbeigeholt, aber das Tier schien die Weise, wie man sich dieser Riemen bedient, genau zu kennen. Er tat, so oft die Schlinge geflogen kam, um sich um seinen Hals zusammenzuziehen, einen Seitensprung, durch welchen es ihm gelang, der Gefangenschaft auszuweichen.

Monteso lachte die Knechte aus. Er behauptete, sie seien im Gebrauch des Lasso nicht geschickt genug. Aber als er es dann selbst versuchte, hatte er ganz denselben Mißerfolg, wie sie, und seinen Kameraden erging es ebenso.

„Señor, Sie müssen sich der Bola bedienen", sagte er zu mir. „Das Pferd hat den Teufel im Leib. Werden ihm nicht die Kugeln um die Hinterbeine geworfen, so daß es stürzen muß, so bekommen Sie es nicht in Ihre Gewalt."

„Meinen Sie? Ich denke, daß der Lasso genügend ist, es zu fangen. Denn ich glaube, daß es bisher am nötigen Geschick gefehlt hat."

Er machte ein ganz unbeschreibliches Gesicht und musterte mich mit einem Blick, ungefähr wie ein Rechenkünstler einen Schulknaben ansehen würde, welcher behauptet, im Kopf aus einer hundertstelligen Zahl die Kubikwurzel ziehen zu können.

„Das klingt sehr hübsch aus Ihrem Mund!" lachte er. „Getrauen etwa Sie sich, es besser zu machen als wir alle? So versuchen Sie es! Sie werden ausgelacht werden, wie ich."

Ich rollte meinen Riemen auf, legte die Schlinge und näherte mich dem Pferd. Es sprang weiter, und ich folgte ihm langsam von der Seite. Dabei schwang ich den Lasso um den Kopf. Jetzt machte ich eine schnelle Armbewegung, als ob ich die Schlinge schleudern wolle, tat dies aber nicht. Der Braune ließ sich betrügen; er machte einen Seitensprung. Kaum jedoch hatten seine Hufe den Boden wieder berührt, so flog ihm der Riemen um den Hals. Ich hielt das andere Ende desselben fest und wurde vom Pferd einmal um den Hof gezerrt. Dabei aber zog sich die Schlinge so fest zusammen, daß dem Tier der Atem verging und es stehenbleiben mußte. Augenblicklich stand ich neben ihm und sprang auf. Ich lockerte die Schlinge, und nun gab es sich alle Mühe, mich abzuwerfen. Es folgte ein Kampf zwischen Reiter und Pferd, welcher mir den Schweiß in dicken Tropfen in das Gesicht trieb; aber ich blieb Sieger, und der Braune mußte sich ergeben.

Nun stieg ich ab, schickte nach meinen Sachen, welche sich noch oben im Zimmer befanden, und legte dem Pferd indessen den Zaum an. Als ich dann meine schöne Santillodecke auf den Rücken des Pferdes gab, um den Sattel darauf zu legen, sagte Monteso:

„Sie sind ein sehr tüchtiger Reiter, Señor!"

„Und wie ist es mit dem Lasso?"

„Nun, den werfen Sie ausgezeichnet. Ich bin beinahe überzeugt, daß Ihre Begleitung uns wenigstens keine schweren Hindernisse bereiten wird."

„Ich danke Ihnen für diese Aufrichtigkeit! Vielleicht sehen Sie ein, daß ich Ihnen nützlich, anstatt hinderlich bin. Steigen wir jetzt auf!"

Meinen Henrystutzen umhängend, stieg ich in den Sattel und ritt auf die Straße. Der Wirt und seine Untergebenen machten mir tiefe Verbeugungen und knixten noch hinter mir her. Der Umstand, daß ich mich nicht vom Pferd hatte werfen lassen, hatte ihre Achtung für mich erhöht.

Der erste Mensch, welchen ich sah, als ich auf die Straße kam, war Señor Esquilo Anibal Andaro, der famose Haziendero, welcher mir den Bravo nachgeschickt hatte. Er stand dem Tor des Hauses gegenüber, und es hatte den Anschein, als ob er nur gekommen sei, Zeuge meiner Abreise zu sein. Wußte er denn, daß ich jetzt Montevideo verlassen wollte? Von wem hatte er das erfahren können? Er warf einen langen, giftigen und dabei wie triumphierenden Blick auf mich. Wäre ich willens gewesen, noch länger hierzubleiben, so hätte dieser Blick mich warnen müssen, denn derselbe sagte mir ganz deutlich: Gestern ist es nicht gelungen, aber ich habe dir eine andere Falle gestellt, in welcher du ganz gewiß steckenbleiben wirst!

Einen Augenblick hatte ich zu warten, bis die Yerbateros aufgestiegen waren. Als wir uns dann in Bewegung setzten, kam Andaro auf uns zu, schritt schnell quer vor dem Kopf meines Pferdes vorüber und rief mir dabei in höhnischem Ton zu:

„Glück zur Reise, Señor!"

Ich antwortete ihm natürlich kein Wort, sondern tat, als ob ich ihn gar nicht gesehen hätte. Monteso aber war ganz ergrimmt über diese Frechheit. Er stieß seinem Pferd beide Sporen in den Leib, daß es emporstieg, riß es zur Seite und zwang es dann, einen Satz zu tun, durch welchen Andaro zur Erde geschleudert wurde. Seine Flüche und Verwünschungen folgten uns laut nach.

„Dieser Halunke hätte eigentlich von meinem Pferd zertreten werden sollen!" schimpfte der Yerbatero. „In seinem Gesicht lag etwas Drohendes; blieben wir noch da, so hätten wir wohl Gefahr zu befürchten."

„Davon bin ich überzeugt. Ja, ich möchte fast glauben, daß er jetzt noch im Sinn hat, mir eine Schlinge zu legen. Vielleicht ist sie schon gelegt, und ich tappe ganz ahnungslos hinein."

„So sah er allerdings aus. Aber worin könnte diese Schlinge bestehen? Höchstens könnte er irgendwo einen Kerl hingestellt haben, welcher auf Sie schießen soll."

„Das ist möglich. Kommen wir durch Waldung?"

„Welch eine Frage! Von Waldung ist hier kein Rede. Das Land besteht aus lauter wellenförmigen Erhöhungen, in deren Vertiefungen, wenn es Feuchtigkeit gibt, ein lichtes Buschwerk steht. Bäume aber finden Sie nur an den Gebäuden stehen, welche über das Land zerstreut liegen."

„So würden wir also einen Hinterhalt, den man mir gelegt haben könnte, sofort bemerken?"

„Augenblicklich. Übrigens werde ich zwei meiner Leute beordern, in gewissem Abstand voran zu reiten, so lange wir rechts und links noch Bauten haben, hinter denen jemand stecken könnte. Indessen sind wir nicht ganz allein auf uns angewiesen, dann es reitet ein Señor mit uns, welcher uns in dieser Beziehung von Nutzen sein kann."

„Wie? Sie haben, ohne mich vorher zu fragen, jemandem die Erlaubnis erteilt, sich uns anzuschließen?"

„Ja, denn ich war Ihrer Zustimmung sicher, wenn es überhaupt einer solchen bedarf."

Er sagte das in etwas wichtigem Ton. Darum antwortete ich:

„Gewiß bedarf es meiner Einwilligung. Ich pflege nur mit Leuten zu reisen, welche mir angenehm sind. Darum hätte es sich ganz von selbst verstanden, daß Sie mich vorher fragen mußten."

„Ich bitte aber zu bedenken, daß eigentlich ich der Anführer unserer kleinen Reisegesellschaft bin!"

„Einen Anführer gibt es nicht. Meiner Ansicht nach hat jeder gleiche Rechte. Sie mögen die Direktion haben, wenn Sie mit Ihren Kameraden in den Urwald reiten, um Yerba zu sammeln. Da ich aber kein unter Ihnen stehender Yerbatero bin, so kann ich Sie nicht als meinen Anführer anerkennen. Soll ich von den Anordnungen eines anderen abhängig sein, so reise ich lieber allein."

Hatte ich vorhin seine allzu große Vertraulichkeit zurückgewiesen, so mußte ich ihn jetzt von dem Gedanken abbringen, daß ich in irgendwelche Abhängigkeit zu bringen sei. Er war ganz gewiß ein sehr braver Mann; aber er durfte nicht glauben, auch nur den geringsten Vorrang vor mir zu haben. Leute seines Bildungsgrads greifen dann leicht weiter, als sie eigentlich sollen. Meine Worte versetzten ihn in Bestürzung.

„So ist es nicht gemeint, Señor!" sagte er schnell. „Ich habe Ihnen nicht zu gebieten; das weiß ich ja. Es fällt mir gar nicht ein, Ihnen gegenüber den Anführer spielen zu wollen. Wenn ich ja ein kleines Vorrecht beanspruche, so ist es nur dasjenige, Sie beschützen zu dürfen."

„Dagegen habe ich freilich gar nichts."

„Und darüber, daß ich diesem Caballero erlaubt habe, mit uns zu reiten, dürfen Sie nicht zürnen. Sie haben keine Veranlassung dazu."

„Also ein Caballero ist er, kein gewöhnlicher Mann?"

„Er ist ein fein gebildeter Herr, ein höherer Polizeibeamter."

„So habe ich nichts gegen seine Begleitung einzuwenden, vorausgesetzt, daß er das auch wirklich ist, wofür er sich ausgibt."

„Natürlich ist er es. Warum sollte er es nicht sein und mich belogen haben?"

„Hm! Aus Ihren Worten ist zu vermuten, daß Sie ihn eigentlich nicht genau kennen?"

„Ich kenne ihn, und zwar sehr gut."

„Seit wann?"

Er wurde ein wenig verlegen.

„Nun", antwortete er, „eigentlich erst seit — gestern."

„Ah! Das nennen Sie eine gute Bekanntschaft?"

„Unter diesen Umständen, ja. Sie selbst kennen ihn ja auch. Erinnern Sie sich nur des Herrn, welcher sich gestern abend in unsere Nähe setzte und um die Erlaubnis bat, mit uns spielen zu dürfen."

„Dieser ist es? Hm!"

Ich brummte nachdenklich vor mich hin. Dies veranlaßte ihn zu der Frage:

„Haben Sie etwa ein Bedenken?"

„Ja. Für ein so wichtiges Amt, welches große Erfahrungen und eine ziemlich bedeutende Karriere voraussetzt, scheint der Mann doch wohl zu jung zu sein."

„Denken Sie das nicht! Hier macht man schneller Karriere als anderwärts. Es gibt noch höhere Beamte, welche nicht viel älter sind. Sie werden ihn als einen hochgebildeten und sehr unterrichteten Mann kennenlernen. Als ich ihm mitteilte, daß ein vielgereister Deutscher mit uns reite, war er ungemein erfreut davon."

„Wo befindet er sich jetzt? Holen wir ihn an seiner Wohnung ab?"

„Nein. Wir verabredeten, daß wir draußen vor der Stadt mit ihm zusammentreffen würden."

„Das ist mir nicht lieb. Ein Beamter von solcher Stellung gesellt sich nicht draußen vor der Stadt wie ein Wegelagerer zu seinen Reisegenossen. Warum kam er nicht in das Hotel, sich mir vorzustellen? Warum läßt er sich nicht an seiner Wohnung abholen? Kennen Sie überhaupt dieselbe?"

„Nein."

„Aber wenigstens ist Ihnen sein Name bekannt?"

„Ja. Er heißt Señor Carrera."

„Der Name klingt gut. Wollen hoffen, daß er zu dem Mann stimmt! Wären wir nach seiner Wohnung geritten, um ihn abzuholen, so hätten wir den Beweis gehabt, daß er wirklich derjenige ist, für den er sich... ah, Señor, welch eine Nachlässigkeit!"

Ich hatte während der letzten Worte an meine Tasche gegriffen, als ob ich etwas suche. Jetzt hielt ich mein Pferd an und ließ ein möglichst beunruhigtes Gesicht sehen.

„Was ist's? Was fehlt Ihnen?" fragte er.

„Soeben bemerke ich, daß ich meinen Geldbeutel im Hotel auf dem Zimmer liegengelassen habe."

„Das ist kein Unglück, denn er liegt jedenfalls noch dort. Ich werde einen meiner Leute zurücksenden, ihn zu holen."

„Danke! Ich hole ihn selbst. Mein Pferd ist wohl schneller als die Ihrigen. Wenn Sie langsam reiten, werde ich Sie bald einholen."

Ohne seine Gegenrede abzuwarten, wendete ich mein Pferd und galoppierte zurück, aber nicht nach dem Hotel, denn ich hatte den Geldbeutel in der Tasche, vielmehr nach dem Polizeigebäude, welches in der Nähe des Doms lag. Dort angekommen, band ich das Pferd an und ließ mich dann zu dem obersten der anwesenden Beamten führen. Der Mann machte große Augen, als er mich in dem hier so fremdartigen Trapperanzug eintreten sah. Ich stellte mich ihm vor und fragte, ob es einen *Comisario criminal* Carrera gebe.

„Nein, den gibt es nicht, Señor", lautete die Antwort. „Wahrscheinlich haben Sie als Fremder den Namen verhört?"

„O nein. Der Mann hat sich selbst als einen Polizeibeamten dieses Ranges bezeichnet."

„Gewiß war es ein Scherz."

„Dann scheint aber Grund vorhanden zu sein, dem Scherz ein wenig zu Leibe zu gehen, weil ich vermute, daß der angebliche Kriminalist Böses im Schild führt, und zwar gegen meine Person."

„Dann muß ich mich freilich eingehender mit der Angelegenheit befassen. Bitte, setzen Sie sich!"

Er deutete auf einen Stuhl, auf welchem ich mich niederließ, und nahm an seinem Tisch Platz. Dort legte er einige Bogen weißen Papiers vor sich hin, tauchte die Feder in die Tinte und begann:

„Zunächst muß ich mir Ihren Namen, Ihr Alter, Ihre Nationalität, den Geburtsort, den Stand, die Vermögensverhältnisse, den Grund Ihrer Anwesenheit und anderes notieren. Sie werden die Güte haben, mir meine Fragen zu beantworten."

„Um Himmels willen!" rief ich, gleich wieder aufstehend. „Soll das ein wirkliches, ausführliches Legitimationsverhör werden?"

„Allerdings. Es ist unumgänglich nötig!"

„Ich kam nur, um Anzeige zu erstatten und Sie zu ersuchen, mir einen Beamten mitzugeben, welcher sich des Betreffenden bemächtigen soll."

„Das ist sehr viel verlangt. Haben Sie denn ganz besondere Gründe, anzunehmen, daß der Mann Böses gegen Sie im Schild führe?"

„Allerdings. Man hat gestern zwei Mordanfälle auf mich gemacht. Jetzt stehe ich im Begriff, nach Mercedes zu reiten. Ich befand mich bereits unterwegs; da erfuhr ich, daß ein junger Mensch mit uns will, welcher sich Carrera nennt und als Kriminalkommissar bezeichnet. Ich habe den Mann im Verdacht, sich in böser Absicht an meine Person machen zu wollen."

„Was Sie da erzählen! Zwei Mordanfälle? Und davon wissen wir nichts! Señor, Sie werden nicht nach Mercedes reisen. Wir müssen diesen Fall in die Hand nehmen und untersuchen. Sie werden als Zeuge hierbleiben."

„Wie lange?"

„Das kann ich jetzt nicht wissen. Es kann einen oder auch mehrere Monate dauern."

„Dann danke ich! So lange Zeit habe ich nicht. Mein Wunsch läuft nur darauf hinaus, von der Person befreit zu werden, welche sich einen falschen Stand beigelegt hat."

„So müssen Sie auch in aller Form Anzeige erstatten."

„Das tue ich ja hiermit!"

„Ja, aber der nötigen Form zu genügen, scheinen Sie eben nicht Lust zu haben. Ich muß auf jeden Fall die erwähnten Fragen aussprechen."

„Und sie mit meinen Antworten zu Protokoll nehmen?"

„Ja. Dann werde ich Ihnen zwei Offizials mitgeben, welche den Mann arretieren und ihn mit Ihnen zu mir bringen."

„Und dann?"

„Dann werde ich sofort die Vorarbeiten fertigen und die Sache dem Kriminalrichter übergeben."

„Es wird also eine förmliche Kriminaluntersuchung anhängig gemacht werden?"

„Ganz selbstverständlich."

„Und wie lange ist da meine Gegenwart notwendig?"

„Bis zum Urteilsspruch, also einige Wochen."

„Das ist ganz und gar nicht nach meinem Geschmack, Señor. Ich muß nach Mercedes. Soll ich des Kerls wegen hierbleiben, so bedaure ich, Sie belästigt zu haben, und verzichte auf alles. Empfehle mich Ihnen!"

Ich setzte meinen Hut auf und eilte nach der Tür.

„Halt, halt!" rief er mir nach. „Sie können verzichten, wir aber nicht. Da wir nun einmal wissen, daß..."

Mehr hörte ich nicht, denn nun war ich draußen. Aber hinter mir riß er die Tür wieder auf und fuhr fort:

„Daß zwei Mordanschläge auf Sie gemacht worden sind..."

Jetzt war ich unten an der Treppe. Er stand oben und fügte hinzu, indem er mir nachkam:

„Gemacht worden sind, so sehe ich mich gezwungen, die Sache zu untersuchen und Sie..."

Ich befand mich unter dem Tor und band mein Pferd los. Er hatte die unterste Stufe erreicht und schrie:

„Und Sie bis Austrags der Sache hier festzuhalten. Darum muß ich Ihnen..."

Ich saß im Sattel, und er erreichte das Tor. Beide Arme nach meinem Pferd ausstreckend, wetterte er:

„Muß ich Ihnen jetzt allen Ernstes befehlen, hier zu bleiben, sonst werden Sie arretiert und so lange eingesperrt, bis..."

Weiter vernahm ich nichts, denn ich jagte fort, nach der Markthalle zu, neben welcher mein Weg aus der Altstadt hinaus führte. Es fiel mir gar nicht ein, meine schöne Zeit an einen uruguayischen Kriminalprozeß zu verschwenden. Wollte er mich wirklich dazu zwingen, so konnte er ja versuchen, mich zu arretieren. Ich hatte nichts dagegen.

Es ging zur Bai hinab und dann wieder zu der Straße hinauf, an deren Ende die Yerbateros auf mich warteten.

„Nun", rief Monteso mir entgegen, „da sind Sie endlich! Schon glaubte ich, Sie hätten aus Versehen eine andere Richtung eingeschlagen. Haben Sie das Geld gefunden?"

„Ich habe es. Und wo befindet sich der Gefährte, welchen wir erwarten? Ich sehe ihn nicht. Er hat doch vor der Stadt zu uns stoßen wollen!"

„Er wird noch etwas weiter vorangeritten sein. Darf ich vielleicht annehmen, daß Sie sich nicht unfreundlich zu ihm verhalten?"

„Mein Betragen wird sich ganz genau nach dem seinigen richten."

„So bin ich beruhigt, denn er ist ein außerordentlich höflicher Mann, ein Caballero durch und durch."

„Was sich bei einem *Comisario criminal* von selbst versteht!"

Vielleicht hatte ich das in einem etwas ironischen Ton gesagt, denn Monteso fragte:

„Glauben Sie es immer noch nicht, daß er es ist?"

„Ich will Ihnen den Gefallen tun, keinen Zweifel mehr hören zu lassen."

„Schön! Sie werden sich überzeugen, daß er wirklich ein Kriminalist ist. Er hat uns so viele interessante Fälle erzählt, in denen es ihm durch großen Scharfsinn und wahrhaft bewundernswerte

Gewandtheit gelungen ist, die Schuldigen zu entdecken. Er hat oft sogar sein Leben riskiert."

Wir hatten die Stadt bald so weit hinter uns, daß wir sie nicht mehr sehen konnten. Hier und da gab es noch ein vereinzeltes Feld, welches zum Schutz gegen die Herden von mächtigen Kaktus- und Agavehecken eingeschlossen war; sonst aber befanden wir uns im offenen Land, dessen Charakter fast durch ganz Uruguay derselbe bleibt: eine hügelige Fläche, welche von dem feinen, selten über einen Fuß hohen Camposgras bewachsen ist, und in den Vertiefungen lichtes Buschwerk, auf welches der Name Gebüsch eigentlich nicht angewendet werden konnte. Weidende Tiere sah man überall, Pferde, seltener Schafe, zumeist Rinder.

Ein vor uns reitender Mann hatte sich umgeblickt und uns gesehen. Er hielt sein Pferd an, um auf uns zu warten. Als wir ihm so nahe gekommen waren, daß ich sein Gesicht deutlich erblickte, erkannte ich den jungen Menschen, dem ich gestern abend meinen Stuhl überlassen hatte.

„Da haben wir Sie ja!" redete Monteso ihn an. „Guten Tag, Señor! Hier sehen Sie den deutschen Caballero, von dem ich Ihnen erzählt habe."

Der Mann war in weite, blaue Hosen und eine ebensolche Jakke gekleidet. Seine Weste war weiß, ebenso die Schärpe, welche er sich um die Taille geschlungen hatte und in welcher ein Messer und eine Pistole steckten. Ein Gewehr hing an seinem Sattelknopf. Er zog den Hut vom Kopf, erhob sich in den Bügeln und grüßte:

„Mei-ne Em-pfeh-lung, Herr!"

Das klang gebrochen und in einem Ton, wie wenn ein Papagei die ihm eingelehrten Worte ausspricht.

„Sie sprechen meine Muttersprache?" fragte ich spanisch.

„Nein", antwortete er in derselben Sprache. „Ich kenne nur diesen Gruß, welchen ich mir in Buenos Aires gemerkt habe, wo ich mit Deutschen verkehrte. Ich wollte Sie durch die Klänge Ihres Vaterlands erfreuen. Darf ich hoffen, daß Sie meinem Anschluß an Ihre kleine Gesellschaft Ihre Zustimmung erteilen?"

„Jeder ehrliche Mann ist mir willkommen."

„So nehmen Sie mir eine Sorge vom Herzen. Ich danke Ihnen sehr!"

Er reichte mir die Hand, und ich gab ihm die meinige. Der angebliche Kriminalist war höchstens dreißig Jahre alt. Sein Gesicht sah nicht so aus, wie dasjenige eines mutigen, sogar verwegenen Menschen. Weit eher hielt ich ihn für einen verschlagenen Feigling, welcher seine Absichten am liebsten durch Hinterlist auszuführen sucht.

Wir ritten weiter. Die Yerbateros hielten sich hinter uns. Sie mochten denken, es sei eine Pflicht der Höflichkeit, die beiden Vornehmen voran zu lassen. Wir waren also gezwungen, hier und da eine Bemerkung auszutauschen, doch erkannte ich bald, daß dem Kommissar an meiner Nähe nichts gelegen sei. Er hielt sich außerordentlich wortkarg, jedenfalls aus Sorge, daß er sich verraten könne.

Dadurch, daß ich in die Stadt zurückgekehrt war, hatte Monteso seinen Vorsatz gar nicht ausführen können, zu meiner Sicherheit zwei seiner Leute voraus reiten zu lassen. Jetzt war dies gar nicht mehr nötig, denn wir befanden uns auf freiem Feld und hatten eine ganz vortreffliche Fernsicht. Ich wendete meine Aufmerksamkeit fast ausschließlich der Gegend zu, was dem Kommissar jedenfalls sehr lieb war. Die Pferde liefen gut, diejenigen der anderen nur deshalb, weil sie ohne Unterlaß angetrieben wurden; mein Brauner aber wäre gern ein wenig mit mir durchgegangen; ich mußte ihn scharf im Zügel halten.

Wir gelangten noch vor Mittagszeit an einige niedrige Höhenzüge, auf denen einzelne Felsblöcke lagen. Dies waren die Ausläufer der Cuchilla, über welche wir hinweg mußten. Eine Stunde später sahen wir zu unserer Rechten einen bewohnten Ort liegen, dessen Name mir entfallen ist. Vor demselben lag in einiger Entfernung ein ziemlich großes Gebäude, welches Monteso als Poststation bezeichnete.

Daß es eine solche sei, erkannte man an den vielen Gleisen, welche hier zusammentrafen, während sie sonst auseinander gehen, da ein jeder fährt, wie es ihm beliebt. Die Yerbateros hielten da an und erklärten, einen Schluck tun zu müssen. Auch ich stieg ab und setzte mich auf die mit Rasen bekleidete Lehmbank, welche vor dem Haus stand. Es gab einen Laden da. Der Kriminalist ging hinein und brachte drei Flaschen Wein und Gläser heraus. Er hatte die Absicht, die Yerbateros zu traktieren, und auch ich sah mich gezwungen, ein Glas zu nehmen, dachte aber nicht daran, ihm Revanche zu geben.

In der Nähe des Hauses gab es einen kleinen Fluß, welcher sein Wasser dem Rio Negro zusendet. Die Ufer desselben waren scharf und tief eingeschnitten, und doch sah ich an den Gleisen, welche quer über den Fluß führten, daß man ihn zu wagen passieren könne. Aber in welcher Weise das geschieht, bekam ich sehr bald zu sehen. Wir wollten eben aufbrechen, als sich uns aus der

Gegend, aus welcher wir gekommen waren, ein Lärm näherte, als ob die wilde Jagd im Anzug sei. Ich kehrte um die Ecke des Hauses zurück und erblickte eine der beschriebenen Diligencen, welche in rasendem Galopp näher kam.

Der Kutscher und die drei Pferdeführer schlugen wie verrückt auf die Tiere los, welche alle ihre Kräfte anstrengten, das schwere Vehikel fortzuzerren. Ich glaube, der Wagen müsse jeden Augenblick umstürzen, so ruckweise wurde er vorwärts gerissen. Die Kerle brüllten wie die Unsinnigen; aus dem Innern des Wagens und vom Verdeck ertönten kreischende und bittende Stimmen. Es gab Passagiere, welche um langsameres Fahren bitten oder hier am Hause einmal aussteigen wollten. Vergebens! Die Hetzjagd flog vorüber, auf den Fluß zu, das steile Ufer hinab, durch die hoch aufspritzenden Wasser und am jenseitigen Ufer wieder hinauf, wobei die Pferde vor Anstrengung fast auf den Bäuchen lagen. Mir wollte Hören und Sagen vergehen. Lieber auf dem allerschlechtesten Pferd reiten, als sich in einer solchen Kutsche über die Campos schleudern, schlingern und zerren lassen!

Nun brachen wir wieder auf. Wir mußten durch das Wasser, welches mir bis über die Füße ging. Drüben kam den Yerbateros der Gedanke, die Diligence einzuholen. Darum wurde im Galopp geritten. Als wir uns ihr näherten und der Beireiter unsere Absicht erkannte, ging er auf den tollen Wettlauf ein. Es war, als ob vor uns die ganze Hölle losgebrochen sei, so ein Gebrüll erhob sich. Die Hiebe fielen hageldicht auf die armen Pferde nieder. Der Wagen wurde in einzelnen Stößen fortgerissen. Er neigte sich bald nach rechts, bald nach links, und es sah aus, als ob er in großen Sprüngen über den Campo dahineile.

Alles, was sich bei und in dem Wagen befand, schrie, heulte und brüllte, die einen vor Angst und die anderen in der Aufregung des Wettrennens. Meine Yerbateros erhoben auch ihre Stimmen. Es klang, als ob eine Rotte von Jaguaren oder Pumas die andere hetze.

Die Aufregung hatte auch mein Pferd ergriffen, aber ich hielt es zurück. Das Rennen war nicht nach meinem Geschmack. Die gesunden Glieder derer, welche in der Kutsche saßen, befanden sich in der größten Gefahr. Darum rief ich meinen Gefährten zu, abzulassen. Doch das war vergebens. Sie bearbeiteten mit ihren Sporen die Pferde, daß diese vor Schmerz wie unsinnig vorwärts rannten.

Das Terrain war hier ziemlich eben. Sobald aber die Kutsche an irgendein Hindernis stieß, war hundert gegen eins zu wetten, daß sie umstürzen werde. Und da, da sah ich es von weitem, dieses Hindernis! Ein zwar nicht breiter, aber tief eingeschnittener Bach kam von der Seite her und floß quer über unsere Richtung. Alle diese Wasserläufe zeichnen sich durch solche schroff in den Lehm eingefressene Ufer aus.

Die Peons sahen die Gefahr natürlich auch; aber sie waren gewöhnt, gerade an solchen Stellen die größte Eile zu entfalten, und wollten sich nicht von uns einholen lassen. Rosse und Wagen flogen auf den Bach zu. Ein Sprung in das Wasser — die Diligence neigte sich nach rechts. Die drei Passagiere, welche auf dem Verdeck saßen, streckten vor Angst brüllend die Hände empor. Die Pferde kamen durch das Wasser. Sie rangen sich in gleicher Eile und mit der größten Anstrengung jenseits desselben empor, und der Wagen neigte sich nun nach links. Die Pferde waren auf der Höhe des Ufers angelangt und zogen, von den Peons gepeitscht, nun doppelt stark an. Das gab dem Wagen einen gewaltigen Ruck — er neigte sich wieder nach rechts — ein zweiter Ruck — die Diligence machte einen Sprung und fiel auf die zuletzt angegebene Seite. Sie wurde von den Pferden noch eine kurze Strecke weit fortgerissen. Die drei waren herabgeschleudert worden. Sie lagen an der Erde und streckten Arme und Beine von sich. Sie befanden sich in der Gefahr, von den Pferden meiner Yerbateros verletzt zu werden, denn wir hatten uns hart hinter der Diligence befunden.

Diese lag nun an der Erde, daneben der Mayoral mit zwei Passagieren, welche hinter ihm gesessen hatten. Das Pferd des Vorreiters war gestürzt, ebenso eins der beiden Tiere, welche sich hinter demselben befanden. Mehrere Lassos waren gerissen. Das Zuggeschirr ist nämlich in jenen Gegenden ein sehr mangelhaftes. Es besteht nur aus einem Riemen, welcher um den Leib des Pferdes läuft. An diesen Riemen wird ein Lasso befestigt und mit dem anderen Ende an den Wagen gebunden. Auf diese Weise müssen die Pferde den letzteren ziehen. Stürzt eins der Tiere, und muß es liegenbleiben, nun, so nimmt man ihm einfach den Riemen und den Lasso ab, und man ist mit ihm fertig.

Wir hielten neben dem verunglückten Vehikel an. Es herrschte da ein Skandal, welcher gar nicht zu beschreiben ist, Pferde und Peons wälzten sich am Boden. Die von ihren Sitzen Geschleuderten jammerten oder fluchten aus Leibeskräften. Noch weit schlimmer als sie waren diejenigen dran, welche im Innern der „Staatskutsche" steckten. Diese lag jetzt auf der Seite, und die Passagiere befanden sich infolgedessen in jedenfalls nicht sehr bequemen Stellungen. Sie zeterten, so laut es ihre Lungen erlaubten. Ganz besonders kräftig ließ sich eine weibliche Stimme vernehmen.

„Mein Hut, mein Hut!" schrie sie unausgesetzt.

„Zum Teufel mit Ihrem Hut!" brüllte eine männliche Stimme. „Treten Sie mir nicht im Gesicht herum!"

„Ich bin verwundet! Hinaus, hinaus!" schrie ein anderer.

Ich sprang vom Pferd und öffnete den Schlag, welcher sich jetzt obenauf befand. Das Glasfenster desselben war zerbrochen, und jedenfalls waren die Trümmer desselben in das Innere des Wagens geflogen.

Zuerst erschien ein Mann, welcher am Arm verletzt sein mochte, denn er versuchte vergeblich, sich oben heraus zu arbeiten. Ich half ihm, dem engen und gefährlichen Gefängnis zu entkommen. Dann schwang sich ein kleiner, schmächtiger Kerl heraus; nach ihm kam ein dritter, welcher so dick war, daß Monteso mir helfen mußte, ihn an das Tageslicht zu zerren.

„Mein Gott, mein Hut, mein Hut!" schrie es noch immer im Innern. „Treten Sie nicht, treten Sie nicht, Señor! Sie verletzen mich und verderben mir meinen schönen Hut!"

„Was geht mich Ihr Hut an! Lassen Sie mich hinaus!"

Der Passagier, welcher diese zornigen Worte ausgestoßen hatte, kam langsam herausgekrochen. Dann erschienen zwei lange Frauenarme, denen der Kopf der jammernden Dame folgte. Sie hatte ganz zusammengekauert im Wagen gesteckt. Jetzt ragte ihre Gestalt lang und dürr aus dem Schlag hervor.

„Mein Hut, mein Hut!" jammerte sie noch immer, als ob es sich um den Verlust eines geliebten Familienmitglieds handle, so herzzerbrechend war ihre Stimme. Sie blutete im Gesicht; auch ihre Kleidung hatte unter den erhaltenen Stößen, Tritten und Verletzungen gelitten.

„Steigen Sie nur erst aus, Señora!" sagte ich. „Ihr Hut wird dann auch gewiß gerettet werden."

„O, Señor, er ist ganz neu, die allerneuste Pariser Façon! Ich habe ihn erst gestern in Montevideo gekauft."

„Bitte, retten Sie sich nur selbst erst! Ich werde Ihnen helfen, wenn Sie es mir erlauben."

Ich stieg auf den alten Kasten, faßte sie um die Taille und hob sie heraus und herab. Sie war noch länger als ich selbst. Kaum hatte sie den Boden berührt, so beugte sie sich über die Öffnung des Kutschenschlags und langte in dieselbe hinein. Sie brachte einen formlosen Gegenstand heraus, den sie einen Augenblick lang vor sich hinhielt, um ihn zu betrachten, dann aber vor Entsetzen fallen ließ.

„O, welch ein Schmerz, welch ein Unglück!" rief sie aus, indem sie die Hände zusammenschlug. „Die Hutschachtel ist ganz zusammengetreten; wie mag da erst der Hut aussehen!"

Sie befand sich in der größten Aufregung. Die Sorge um den kostbaren Schmuck ihres Hauptes war noch größer, als diejenige um sich selbst. Aber ihre Klagen waren nicht die einzigen, welche man hörte. Wer einen Mund hatte, ließ seine Stimme vernehmen. Die einen untersuchten fluchend ihre Gliedmaßen; die anderen schimpften aus Leibeskräften auf den Mayoral und die Peons ein; die letzteren wieder zankten untereinander, da ein jeder dem anderen die Schuld des Unglücks beimaß. Die Passagiere drohten mit Beschwerde und Klage auf Schadenersatz und Erstattung der Kurkosten. Die Lenker des Wagens und der Rosse verteidigten sich mit der Behauptung, die Passagiere hätten die Pferde durch ihr grundloses und unnützes Geschrei erschreckt und wild gemacht. So wurden die Vorwürfe hin- und zurückgeworfen, und es wäre wohl gar eine tüchtige Prügelei entstanden, wenn die Yerbateros sich nicht Mühe gegeben hätten, die streitenden Parteien zu trennen.

Sich zunächst um die Hauptsache, nämlich den Wagen zu bekümmern, war noch keinem eingefallen. Ich untersuchte ihn und fand, daß die beiden rechtsseitigen Räder, auf denen die Kutsche jetzt lag, zerbrochen waren, das eine geradezu in Stücke.

Als ich das mitteilte, erhob sich der eben erst gestillte Lärm von neuem, denn der Mayoral erklärte, daß zunächst an eine Fortsetzung der Fahrt nicht zu denken sei. Er wolle versuchen, die Räderstücke durch Lassos zusammen zu binden. Das werde, selbst wenn es gelinge, lange Zeit in Anspruch nehmen, und dann könne man nur im Schritt weiterfahren.

Als die Dame, welche noch immer neben ihrem an der Erde liegenden Hutfutteral stand, dies vernahm, schrie sie:

„Welch ein Unglück! Welch ein Elend! Stundenlang warten! Und dann im Schritt fahren! Das darf ich nicht zugeben!"

Sie trat zum Mayoral, nahm eine sehr kampfesmutige Haltung an und schrie ihm in das vor Verlegenheit hochrote Gesicht:

„Señor, behaupten Sie wirklich, daß wir nicht sofort aufbrechen können?"

„Das ist leider hier nicht zu ändern. Wir müssen versuchen, uns so leidlich wie möglich bis nach San Lucia zu schleppen. Vielleicht finden wir dort ein Fahrzeug."

„Vielleicht finden wir, vielleicht! Señor, auf Ihr Vielleicht kann ich mich nicht einlassen! Ich befehle Ihnen strengstens, ganz gewiß eine Kutsche zu finden, und jetzt sofort aufzubrechen!"
„Das ist unmöglich. Sie werden das einsehen!"
„Nichts sehe ich ein, ganz und gar nichts! Ich erkenne keine Unmöglichkeit an! Was ich verlange und wir alle verlangen, muß möglich gemacht werden. Wissen Sie, wer ich bin, Señor?"
„Ich schmeichle mir, Sie allerdings oft gesehen zu haben, kann aber Ihre Frage nicht genau beantworten."
„Ich bin die Schwester des Bürgermeisters von San Jose, heiße Señora Rixio und bin die Gattin des Kauf- und Handelsmannes gleichen Namens. Wissen Sie es nun?"
Er bejahte durch eine stumme Verneigung.
„Und", fuhr sie fort, „ich muß unbedingt auf das schnellste nach Hause. Ich habe heute abend eine Gesellschaft, eine großartige Tertullia, zu welcher die Vornehmsten der Stadt geladen sind. Ich kann meinen Pflichten nicht entsagen und die Gäste auf mich warten lassen. Ich bin die Leiterin, die Königin des gesellschaftlichen Lebens und darf mir nicht die Blöße geben, bei einer Tertullia zu fehlen, zu welcher ich selbst die Einladung erlassen habe. Sie haben alle Rücksicht auf diese meine Stellung zu nehmen und augenblicklich aufzubrechen!"
Die „Königin des gesellschaftlichen Lebens" sagte das in einem Ton, welcher unter anderen Verhältnissen geeignet gewesen wäre, jeden Versuch eines Widerspruchs abzuschneiden. Die anderen Passagiere, von denen glücklicherweise keiner eine wirkliche Verletzung davongetragen hatte, standen still umher. Sie sahen ein, daß es für sie am allerbesten sei, zu schweigen, da die energische Dame ihre Angelegenheit nach besten Kräften führen werde. Der Mayoral aber deutete kopfschüttelnd auf den Wagen und blieb bei seiner Behauptung:
„Es ist wirklich ganz unmöglich, Ihrem Wunsch nachzukommen. Sie müssen sich ebenso wie wir alle in die Notwendigkeit fügen!"
„Das fällt mir nicht im Schlaf ein! Ich bin wegen meiner Tertullia nach Montevideo gefahren, um mir einen Hut nach dem neuesten Pariser Muster zu holen. Den Hut habe ich und nun muß ich unbedingt heim, um ihn... O Himmel!" unterbrach sie sich. „Dort liegt er an der Erde! Wie wird er aussehen! In welchem Zustand mag er sich befinden! Ihre Diligence geht mich nichts an; sie möchte immerhin zerschellt und zerbrochen sein; aber mein Hut, mein Hut! Welch ein schweres Geld habe ich zahlen müssen; nun

ist er verschimpfiert, und ich soll außerdem zu spät zur Tertullia kommen! Ich glaube, ich falle in Ohnmacht, wenn ich die Schachtel öffne!"

Sie eilte zu der Stelle zurück, an welcher der Hut lag, und ich hob denselben auf, um ihn ihr hinzureichen. Kein Maler hätte es vermocht, das Gesicht wiederzugeben, welches sie machte, als sie die zusammengequetschte Form nun näher betrachtete, als es vorhin der Fall gewesen war. Nie wieder habe ich bei einer Dame ein so deutlich ausgesprochenes Herzeleid gesehen, auf einen erhofften Vorzug verzichten zu müssen. Die Klagen, welche sie ausstieß, hätten eigentlich Lachen erregen müssen, erweckten aber meine Teilnahme. Sie bemühte sich vergeblich, die verbogene Schachtel zu öffnen. Endlich warf sie dieselbe zur Erde und rief im höchsten Zorn:

„Ich kann nicht einmal zu dem Hut! Man hat mir auf denselben getreten. Das herrliche Frühjahrsmodell ist mir verdorben. Wer kann es mir ersetzen, und wer wird mich überhaupt entschädigen, wenn ich meine Tertullia versäume! Ich werde es meinem Bruder sagen, die ganze Gesellschaft einzusperren!"

Ich hob die weggeworfene Schachtel wieder auf, betrachtete sie und sagte in tröstendem Ton:

„Vielleicht läßt sich der Schaden wieder heilen, Señora!"

„Das ist unmöglich! Sie sehen ja, wie zusammengedrückt das Ding ist! Man kann es ja nicht einmal öffnen!"

„Darf ich es versuchen?"

„Bitte, bitte, haben Sie die Güte! Vielleicht gelingt es Ihnen besser als mir."

Es gelang mir allerdings besser, aber erst nach längerem Bemühen. Ich bog zunächst die Knillen der Schachtel aus und zog sodann das „Frühlingsmodell" aus derselben. O weh! Wie sah der Hut aus! Er war von sehr hoher Façon gewesen, jetzt aber ganz und gar zusammengedrückt. Die Señora schlug die Hände über dem Kopf zusammen und schrie:

„Entsetzlich! Dieses Meisterstück ist mir für alle Zeit verdorben! Sieht es nicht wie die reinen Eierkuchen aus? Ich zittere vor Entsetzen! Der Schreck kann mich töten! So ein Unglück wurde noch niemals erlebt, von keinem Menschen!"

Ich untersuchte den Hut. Er bestand aus einer Façon aus dünnstem Draht, welcher mit einem spinnwebfeinen Zeug überzogen war. Der daraufliegende Grund war von schwarzem, dünnem Schleierstoff, und der Ausputz bestand in einer seidenen Bandschleife, zwei aufgepufft gewesenen Rosetten und einer weißen

Straußenfeder. Diese Teile befanden sich freilich in einem sehr tristen Zustand. Das Gesicht der Dame aber sah noch weit trauriger aus.

„Beruhigen Sie sich, Señora!" tröstete ich sie. „Vielleicht läßt sich diese Ruine wieder herstellen. Die Façon wird sich wohl ausbiegen lassen, und die Feder kann wieder gerade und gekräuselt werden."

„Meinen Sie?" fragte sie in hoffnungsvollerem Ton.

„Ja, gewiß. Die Schleife muß freilich abgenommen und von neuem gesteift werden, was mit Hilfe von Weizenkleie und einem Plätteisen sehr gut möglich ist, und den Rosetten kann man wohl ihr früheres Aussehen auch wiedergeben."

Sie sah mich mit großen Augen an.

„Verstehen Sie denn etwas von solchen Dingen, Señor?" fragte Sie. „So sind Sie wohl zufälligerweise ein Modisto?"

„Das nicht, Señora", lächelte ich, da mein Aussehen eine solche Vermutung eigentlich gar nicht zuließ.

„Oder ein Hutmacher?"

„Auch das nicht. Aber ich habe eine Schwester, welche sich ihre Hüte stets selbst aufputzt, und bin oft mit großem Interesse Zeuge solcher Arbeit gewesen. Ich habe mir die dabei vorkommenden Kunstgriffe genau gemerkt und möchte behaupten, daß ich Ihren Hut recht leidlich zu reparieren vermag."

„Durch diese Mitteilung versetzen Sie mich in die höchste Seligkeit. Ich würde Ihnen ganz unbeschreiblich dankbar sein, wenn Sie sich meiner erbarmen wollten!"

„Sehr gern, Señora. Aber hier im Campo ist das nicht gut möglich."

„Wir werden ja doch nicht hierbleiben. Wohin reisen Sie denn?"

"Wir gehen nach San Jose, wo wir für die nächste Nacht zu bleiben beabsichtigen."

„Das ist ein sehr glückliches Zusammentreffen. Sie werden mir dort, bevor die Tertullia beginnt, den Hut herstellen. Wollen Sie das? Wollen Sie mein Retter sein?"

Sie ergriff bittend meine Hand.

„So weit es in meinen Kräften steht, bin ich zu Ihrer Verfügung. Aber wie wollen Sie bis zum Abend nach San Jose kommen? Die beiden Räder der Diligence sind so kaputt, daß ein Zusammenbinden der Stücke nicht möglich ist. Man wird den Wagen fortschleifen müssen."

„So bin ich freilich verloren! Mein Ruf steht auf dem Spiel; ja, er ist so gewiß wie ganz dahin!"

„Hm! Wenn Sie reiten könnten, Señora!"

„Das kann ich. Welche Dame dieses Landes könnte nicht reiten! Ich bin in Matara am Rio Salado geboren, wissen Sie, in der Gegend, wo Frauen selbst ohne Sattel reiten oder gar sich hinter ihren Männern auf das Pferd setzen."

„Und das können auch Sie?"

„Ja. Ich habe schon als kleines Mädchen, hinter meinem Vater sitzend, weite und schnelle Ritte unternommen."

„Nun so steht also Ihrem Fortkommen kein Hindernis im Wege. Señor Monteso!"

Der Yerbatero, welchen ich rief, stand bei einem der Passagiere, mit welchem er sich im Gespräch befand. Er kam herbei und ich bat ihn, der Dame das ledige Pferd zu leihen.

„Warum sagten Sie mir das nicht eher!" antwortete er. „Nun habe ich es verkauft an jenen Señor, mit welchem ich sprach. Er sah, daß es unmöglich sei, zu Wagen fortzukommen. Er zählte unsere Pferde, und da er bemerkte, daß eins derselben überzählig sei, fragte er, ob wir es ihm verkaufen möchten. Ich war froh, den Hahnentreter los zu werden."

„Das ist höchst unangenehm. Ist der Handel nicht rückgängig zu machen?"

„Nein, denn er hat mich bereits bezahlt. Hier sehen Sie!"

Er öffnete die Hand und zeigte uns eine Anzahl Papiertaler, welche er in derselben hielt.

„So kaufe ich ihm das Pferd wieder ab", meinte die Dame. „Sollte mein Geld nicht reichen, so bitte ich Sie um einen Vorschuß, welchen ich Ihnen sofort nach unserer Ankunft in San Jose zurückerstatten werde."

„Ich stelle Ihnen meine Mittel gern zur Verfügung, Señora" antwortete ich. „Bitte, kommen Sie zu dem Mann! Wollen sehen, ob er sich bereitfinden läßt."

„Er kann einer Dame ein solches Ansuchen nicht abschlagen. Täte er es, so wäre er kein Caballero."

Leider hatte sie sich geirrt. Der Mann wollte lieber auf die Bezeichnung eines Caballero verzichten, als sich in den einsamen Campo setzen und, wer weiß wie lange, auf eine Gelegenheit zum Fortkommen warten. Als ich der Dame diese Erklärung mitteilte, deutete sie auf mein Pferd und sagte:

„Dies ist von Ihren Pferden das beste und kräftigste. Wer reitet es?"

„Ich selbst, Señora."

„Glauben Sie, daß es zwei Personen tragen kann?"

Diese Frage klärte mich über die Absicht der Dame vollständig auf. Fast hätte ich laut gelacht.

„Es ist stark genug dazu", antwortete ich so ernsthaft wie möglich.

„So könnten Sie mich hinter sich aufnehmen. Ich halte mich an Ihnen fest, wenn das Sie nicht geniert. Den Hut binden Sie an den Sattelknopf. Mein Tuch breiten wir über den Sattel und die Kruppe des Pferdes aus. Gehen Sie darauf ein, so können Sie meiner allergrößten Dankbarkeit versichert sein."

„Ich bin mit dem größten Vergnügen bereit dazu."

„Sind Sie in San Jose bekannt, Señor?"

„Ich war niemals dort. Ich befinde mich erst seit gestern hier im Land."

„Und haben Sie schon bestimmt, wo Sie dort bleiben werden?"

„Jedenfalls im Posthaus."

„Nein, das dürfen Sie nicht. Das kann ich unmöglich zugeben. Sie müssen mit zu mir, um mein Gast zu sein. Ich werde Sie meinem Bruder vorstellen, und Sie sollen teil an meiner prächtigen Tertullia nehmen."

„Das ist nicht möglich, Señora, weil ich dazu eines Anzugs bedarf, welchen ich nicht besitze. Ich muß mir also den Eintritt in ein Paradies versagen, welches mir mit solcher Freundlichkeit angeboten und geöffnet wird."

Sie strahlte im ganzen Gesicht vor Vergnügen.

„Paradies!" sagte sie. „Alle Ihre Worte legitimieren Sie als einen Poet! Aber dieses Paradies soll Ihnen nicht verschlossen bleiben. Sie dürfen in diesem Anzug erscheinen. Ich werde Sie entschuldigen, und Sie können des freundlichsten Empfanges sicher sein. Also, ich reite mit Ihnen, ja?"

„Gewiß."

„Und Sie nehmen meine Einladung an?"

„Wenn ich überzeugt sein könnte, Nachsicht zu finden, ja."

„Sie haben nie um Nachsicht zu bitten. Sie werden die Honoratioren und hervorragenden Schönheiten der Stadt bei mir versammelt finden. Nun freue ich mich doppelt auf den heutigen Abend und auf meine Tertullia. Mein Sohn ist auch geladen und wird von Mercedes herüberkommen, wo er jetzt mit seiner Eskadron steht. Er ist Rittmeister und kommandiert unter Latorre, von welchem Sie trotz Ihres kurzen Aufenthalts vielleicht gehört haben werden."

„Dies ist allerdings der Fall. Es ist möglich, daß ich Ihrem Sohn eine sehr wichtige Mitteilung zu machen habe. Haben Sie Latorre bereits einmal gesehen?"

„Noch nicht."

„Dachte es mir! So scheint dem Herrn Rittmeister eine kleine Überraschung bevorzustehen. Doch davon später. Würden Sie mir jetzt gestatten, mich als Ihren Arzt zu betrachten? Sie sind leider im Gesicht von den Splittern der Fensterscheibe verwundet worden."

Ich führte die Dame an das Wasser zurück, um ihr mit ihrem Taschentuch das Gesicht vom Blut zu reinigen, und bedeckte dann die Risse der Haut mit schmalen Pflasterstreifen; ich hatte Heftpflaster bei mir. Das sah allerdings unschön aus, war aber nicht zu ändern.

Übrigens gehörte die Señora ihrem Aussehen nach keineswegs zu den Xantippen. Sie war zwar lang und hager und hatte vorhin im Zorn gesprochen. Jetzt aber befand sie sich in ruhiger Gemütsstimmung und machte auf mich den Eindruck einer zwar energischen, dabei aber auch gutmütigen Dame. Sie mochte früher sogar schön gewesen sein, und ihr Benehmen bewies jetzt, daß sie die Herrin eines nach hiesigen Verhältnissen fein zu nennenden Hauses sei.

Als wir zum Wagen zurückkehrten, sah ich, daß eins der beiden gefallenen Tiere, welches sich nicht hatte aufrichten können, ausgesträngt worden war. Man zerrte es an einem Bein auf die Seite, um dort liegengelassen zu werden. Dabei schnaubte und stöhnte es in einer Weise, welche bewies, daß es große Schmerzen leide. Um nicht von seinen Hufen getroffen zu werden, zog man es an einem Lasso, welcher ihm um das Bein geschlungen worden war.

„Was ist mit dem Tier?" fragte ich.

„Es hat sich ein Bein gebrochen", antwortete der Mayoral. „Es kann nicht mehr gebraucht werden."

„Welches Bein ist es?"

„Das hintere linke."

„Also gerade das, an welchem Sie es zerren! Denken Sie denn nicht daran, daß Sie ihm dadurch große und unnötige Schmerzen bereiten?"

„Pah! Ein Pferd!" antwortete er roh.

„So! Was soll nun mit dem Pferd werden?"

„Es bleibt liegen und mag verrecken."

„Und wird von den Caranchos und Chimangos bei lebendigem Leib zerrissen. Das Tier ist, den Beinbruch abgerechnet, noch ganz gesund und kräftig. Es kann noch tagelang hier liegen, bis es verschmachtet und ihm das Fleisch von den Knochen gerissen worden ist."

„Das geht uns gar nichts an! Es ginge nur mich an, nicht aber Sie!"

„Sie irren! Auch die Tiere sind Gottes Geschöpfe. Sie sind nicht da, um nur allein die Qualen des Daseins zu tragen und dann lebendig zerfleischt zu werden. Ich fordere von Ihnen, daß Sie es töten!"

„Dazu ist mir mein Pulver zu teuer!"

Er hatte kein Gewehr bei sich und nur eine alte Pistole im Gürtel stecken. Er wendete sich ab, als ob ihn die Sache nichts mehr angehe und er sie als beendet betrachte. Ich aber hielt dem Pferd die Mündung meines Gewehrs an den Kopf und schoß es tot. Kaum war das geschehen, so traten die Peons zusammen und sprachen einige Augenblicke leise miteinander. Dann kam der Mayoral zu mir und sagte, indem er eine sehr strenge Miene zog:

„Señor. Gab Ihnen der Besitzer die Erlaubnis, es zu töten?"

„Nein!"

„So haben Sie es zu bezahlen. Dieses Pferd kostet hundert Papiertaler, welche ich mir jetzt ausbitten muß."

„Ah so! Läuft es darauf hinaus! Es war unbrauchbar geworden, und Sie gaben es dem langsamen Tod anheim, welchen ich abgekürzt habe. Sie bekommen nichts."

„Und ich bestehe auf meinem Verlangen!"

„Tun Sie das immerhin! Ich bestehe auf meiner Weigerung."

Ich wollte von ihm fort; da aber stellte er sich mir in den Weg, und die drei Peons kamen herbei, um ihn zu unterstützen. Sie nahmen eine sehr feindselige Haltung an. Als das Monteso sah, kam er mit den Yerbateros, um mir beizustehen.

„Ich lasse Sie nicht eher fort, als bis Sie gezahlt haben!" erklärte der Mayoral.

„Oho!" meinte da Monteso. „Dieser Señor hat recht. Wir alle haben gehört, daß Ihr das Pferd liegenlassen wolltet, bis es verreckt!"

„Bitte!" sagte ich ihm. „Bringen Sie sich nicht meinetwegen in Unannehmlichkeiten! Ich werde ganz allein mit diesen vier Señores fertig."

„Und wir mit Ihnen noch viel eher!" rief der Mayoral. „Wollen Sie das Geld sofort zahlen oder nicht?"

Bei diesen Worten trat er ganz an mich heran und legte die Hand an meinen Arm.

„Die Hand fort!" gebot ich ihm. „Ich dulde keine solche Berührung!"

„Sie werden es doch dulden müssen! Heraus mit dem Geld, oder wir nehmen es uns selbst!"

Er schlang die Finger fester um meinen Arm und versuchte, mich zu schütteln. Ich riß mich los, stand im nächsten Augenblick hinter ihm, faßte ihn mit der Linken am Kragen, mit der Rechten unten an der Hose, hob ihn empor und warf ihn fort, an den noch auf der Seite liegenden Wagen, so daß das alte Fuhrwerk wie eine morsche Holzkiste krachte. Seine drei Peons wollten nach mir fassen, aber ich warf den mir nächsten seinem Mayoral nach, gab dem anderen die Faust unter das Kinn, daß er sich überschlug, und der dritte wich selbst zurück.

„Bravo!" rief Monteso. „Ich sehe, Señor, Sie brauchen niemanden zur Hilfe. Aber geben sich die Kerle auch nun nicht zufrieden, so werden wir ihnen unsere Komplimente dennoch auch noch machen!"

Das zeigte sich als nicht nötig. Die Peons hatten Respekt bekommen. Sie rafften sich auf und standen beisammen, wütende Blicke auf mich werfend, aus denen ich mir nichts zu machen brauchte. Der Mayoral aber konnte sich doch nicht enthalten, uns zu drohen:

„Sie gehen nach San Jose. Auch wir kommen dorthin und werden dort Anzeige machen."

„Immer tut das!" antwortete ihm die Señora, welche diese Gelegenheit ergriff, sich wieder streitbar und mir ihre Freundschaft zu zeigen. „Mein Bruder wird Euch wegen Erpressung einsperren lassen. Ich werde ihm die Angelegenheit mitteilen. Kommen Sie, Señor! Verlassen wir diesen Platz und diese Menschen!"

Sie legte ihren Arm in den meinen, und ich führte sie zum Pferd. Dort breiteten wir ihr Tuch in der angedeuteten Weise auf den Rücken des Tiers und ich band die liebe Hutschachtel an den Sattel.

Da ich dem angeblichen Polizeibeamten nicht traute, so hatte ich ihn stets im Auge behalten. Auch er war, wie wir, vom Pferd gestiegen. Sonderbarerweise aber hatte er sich dann hinter dasselbe zurückgezogen, und zwar, wenn meine Beobachtung mich nicht täuschte, von dem Augenblick an, an welchem die Dame aus der umgestürzten Kutsche gestiegen war. Es schien mir, als ob er sich von derselben nicht gern sehen lassen wolle. Hatte er einen Grund dazu? Um denselben kennenzulernen, hatte ich die Señora in einem kleinen Bogen zu meinem Braunen geführt. Der Verdächtige aber war dabei in der Weise langsam um sein Pferd geschritten, daß dieses letztere sich genau zwischen ihm und uns befand. Darum machte ich sie nun direkt auf ihn aufmerksam, indem ich auf ihn zeigte und dabei sagte:

„Sollten die Peons mich etwa noch belästigen wollen, so habe ich Hilfe in nächster Nähe. Da ist ein Herr, welcher uns begleitet, Señor Carrera, welcher in Montevideo das Amt eines Polizeikommissars bekleidet."

Jetzt war er gezwungen, sich zu zeigen. Kaum war ihr Blick auf ihn gefallen, so rief sie aus:

„Mateo, du!"

Er wurde blutrot im Gesicht; gab sich aber Mühe, gefaßt zu erscheinen, und fragte im Ton des Erstaunens:

„Sprechen Sie mit mir, Señora? Was wollen Sie mit diesem Namen sagen?"

„Er ist doch der deinige. Wo kommst du denn her?"

„Verzeihung, Señora! Ihr Benehmen läßt mich stark vermuten, daß Sie mich mit irgendeiner Person verwechseln, welche Ihnen bekannt zu sein scheint!"

„Bekannt ist sie mir allerdings, sehr bekannt! Aber von einer Verwechslung ist hier keine Rede. Ich werde doch dich, unseren einstigen Lehrling, kennen!"

„Sie irren sich wirklich ungeheuer. Ich bin nicht derjenige, für welchen Sie mich halten. Ich befinde mich, wie dieser Señor bereits sagte, in Montevideo", antwortete der Gefragte in scharfem Ton, „heiße Carrera und bin Beamter der dortigen Polizei."

„Polizei!" wiederholte sie, ihn immer von neuem fixierend. „Das ist unmöglich. Sie scherzen, Mateo!"

„Ich scherze nicht, Señora. Ich bin sehr gern höflich gegen Damen, so weit es meine amtliche Stellung erlaubt, aber solche Beleidigungen, wie sie in Ihren Worten, Ihren Blicken und Ihrem Ton liegen, muß ich energisch von mir weisen. Ich habe Ihnen gesagt, wer und was ich bin, und muß Sie also ersuchen, dies zu beachten!"

Man sah es der Dame an, daß sie im Zweifel war, ob sie ihn auslachen, oder sich über ihn ärgern sollte. Sie tat keins von beiden. Ihr Gesicht wurde sehr ernst, als sie ihm jetzt in warnender Weise sagte:

„Mateo, ich bitte Sie, um Ihrer Eltern willen keine Dummheiten zu machen. Ich vermute aus Ihrem Benehmen, daß Sie unsere damaligen Warnungen nicht beachtet haben. Sie geben sich für einen anderen aus, als Sie sind. Die Gründe, infolge deren Sie dies tun, können keine lobenswerten sein."

„Jetzt ist's genug, Señora!" brauste er auf. „Ich darf kein Wort mehr hören, sonst muß ich Sie wegen Beleidigung bestrafen lassen, obgleich Ihr Bruder Bürgermeister ist, wie ich Sie vorhin sagen hörte."

Die Dame schien fassungslos zu werden. Sie errötete und erbleichte abwechselnd. Ich sah, daß sie sich von ihm abwenden wollte; da aber fragte ich sie:

„Bitte, wer ist der Mateo, von welchem Sie sprachen?"

„Ein früherer Lehrling meines Mannes. Er mußte plötzlich entlassen werden, weil er die Kasse bestohlen hatte."

„Und Sie erkennen ihn in diesem Mann wieder? Ist es nicht möglich, daß Sie sich täuschen?"

„Nein. Er ist aus San Jose, und ich kenne ihn seit der Zeit, als er noch Knabe war. Eine Täuschung ist da unbedingt ausgeschlossen."

„Pah!" lachte jener, indem er auf sein Pferd stieg. „Weibergeklatsch!"

„Bitte, Señor!" antwortete ich ihm. „Ich kann mich diesem Ihrem Urteil nicht anschließen, sondern ich glaube alles, was die Dame gesagt hat. Sie sind jener Mateo, jener Dieb, welcher sich jetzt vielleicht auf noch weit schlimmerem Weg befindet als damals."

„Hüten Sie sich! Sie wissen ganz genau, was ich bin!"

„Das weiß ich allerdings sehr genau. Sie sind ein Lügner, ein Schwindler!"

„Wollen Sie, daß ich mich meines Gewehrs bediene!" drohte er.

„Immerhin! Aber nur nicht aus dem Hinterhalt, wie Sie vielleicht die Absicht hegen. Ich habe mich auf der Polizei erkundigt. Es gibt keinen Polizeikommissar namens Carrera. Ich vermute, die Polizisten sind bereits hinter Ihnen her, um Sie festzunehmen. Haben Sie also die Güte, abzusteigen, um die Zusammenkunft mit diesen Herren nicht zu verzögern!"

Er warf einen sehr besorgten Blick nach rückwärts. Dort war niemand zu sehen. Das gab ihm die fast verlorene Frechheit zurück. Er sagte:

„So werde ich ihnen entgegenreiten und dann mit ihnen umkehren, um Sie und diese Frau festnehmen zu lassen. Beleidigungen, wie die gegenwärtigen, müssen schwer geahndet werden!"

Er ritt fort, zurück, über das Flüßchen hinüber, wo er hinter dem Posthaus verschwand.

„Señor, was haben Sie getan!" sagte Monteso. „Sie haben ihn auf das tödlichste beleidigt. Die Folgen werden nicht ausbleiben, denn er ist wirklich Polizeikommissar!"

„Unsinn!" sagte ich und klärte ihn dann auf.

„Warum hat der Mann uns dann belogen?" fragte er.

„Um sich in dieser guten Weise an mich machen zu können. Mut hat er nicht, und verwegen ist er noch viel weniger. Direkt auf mein Leben hat er es nicht abgesehen. Zu einem Mord ist er zu feige. Er hat etwas anderes vor, irgendeine Teufelei, die ich aber vielleicht noch herausbekommen werde."

„Das ist nun nicht mehr möglich. Er ist ja fort."

„Er kommt wieder; aber er wird uns heimlich folgen, um sein Vorhaben doch noch auszuführen. Setzen Sie sich auf Ihr Pferd, und folgen Sie mir nur fünf Minuten! Ich werde Ihnen den Beweis liefern, daß es ihm gar nicht einfällt, nach Montevideo zurückzugehen."

Ich stieg auf, und er tat dasselbe. Wir ritten über den kleinen Fluß zurück bis an das Gebäude der Poststation. Als wir um die Ecke desselben blickten, sahen wir den Kerl, welcher in gestrecktem Galopp die Richtung nach der Hauptstadt verfolgte.

„Da sehen Sie, daß er doch nach Montevideo will!" sagte Monteso.

„Er hält diese Richtung nur so lange ein, als wir ihn sehen können. Passen Sie auf!"

Ich nahm mein Fernrohr vom Riemen und richtete es. Der Reiter wurde für das bloße Auge kleiner und immer kleiner, bis er endlich verschwand. Durch das Fernrohr sah ich ihn aber dann auf dem Kamm einer Bodenwelle erscheinen und bemerkte zu meiner Genugtuung, daß er nach links eingelenkt hatte. Ich gab Monteso das Fernrohr und zeigte ihm den Mann.

„Wahrhaftig, er reitet jetzt nach Nord!" gab er zu. „Sie haben recht, Señor."

Er kehrt zurück und wird in einiger Entfernung von hier wieder über das Flüßchen gehen, um uns zu folgen. Sind Sie nun überzeugt?"

„Vollständig."

„Ich hege nicht den geringsten Zweifel, daß er der Dieb Mateo ist. Läßt er sich vor mir wieder sehen, so werde ich sehr kurzen Prozeß mit ihm machen. Kommen Sie!"

Wir kehrten zum Wagen zurück. Noch ehe wir denselben erreichten, begegneten uns zwei der Peons, welche klugerweise nach der Station wollten, um dort Hilfe zu holen, die Diligence transportabel zu machen. Der Mayoral war mit dem dritten Peon zurückgeblieben. Die Passagiere hatten sich in das Gras gesetzt, um das weitere zu erwarten. Nur der eine von ihnen, welcher das

Pferd gekauft hatte, brauchte nicht zu bleiben. Er bat um die Erlaubnis, sich uns anschließen zu dürfen, und sie wurde ihm selbstverständlich gewährt.

Jetzt hob Monteso die Dame auf mein Pferd. Ich merkte gleich, daß sie nicht zum erstenmal in ihrem Leben einen solchen Sitz einnahm. Sie legte beide Arme um mich, und dann konnte der unterbrochene Ritt wieder beginnen.

Während der ersten Viertelstunde saß ich wie auf glühenden Kohlen. Hinter sich eine Señora, in deren Umarmung man sich befindet, und vorn am Sattel einen neuen, aber zusammengedrückten Frühjahrshut, welchen vollständig herzustellen man versprochen hat, das ist eine Situation, an welche man sich nur langsam gewöhnt.

Meine Gefährtin saß natürlich als Dame zu Pferd beide Füße nach derselben Seite. Das ist ein wahrer Kunstreitersitz, aber ich habe dann später sehr oft Frauen in derselben Weise über die Pampa fliegen sehen, ohne daß sie auf ihrem Sitz nur einen Zoll gerückt wären. Ich sah Frauen, welche sich nicht einmal am Reiter festhielten und doch so sicher saßen, als ob sie sich selbst im Sattel befunden hätten. Wir unterhielten uns ausgezeichnet miteinander, und als wir das Ziel erreichten, war ich ebensogut über ihren Lebenslauf unterrichtet, wie sie über den meinigen. Wer vermag es, gegen eine Dame einsilbig und verschwiegen zu bleiben, wenn sie Bildung hat, Teilnahme für einen empfindet und dabei das richtige „Plapperment" besitzt!

San Jose hat einen kleinen Marktplatz, an welchem die turmlose Kirche liegt. Gegenüber derselben wohnte der Kaufmann Rixio, der Gemahl meiner Mitreiterin, welche ich bis zur Tür brachte. Dort stieg sie ab, während ich nach dem nahen Postgebäude ritt, wo die Yerbateros bleiben wollten. Doch mußte ich der Dame versprechen, mich so bald wie möglich bei ihr einzufinden.

Kaum hatte ich mich von dem anhaftenden Staub gereinigt, so kam ein junger Herr, welcher sich mir als Rittmeister Rixio vorstellte, und den Auftrag hatte, mich zu seinen Eltern zu bringen. Ich mußte ihm sofort folgen.

Das Haus war groß und geräumig, aber nach europäischen Begriffen nur dürftig ausgestattet. Im Empfangszimmer wurde ich von den Eltern des Rittmeisters erwartet, welche mich mit ausgezeichneter Freundlichkeit willkommen hießen. Die Frau konnte ihrem Gemahl nicht genug rühmen, wie gut ihr der Ritt mit dem deutschen Poeten — sie hielt mich in der Tat für einen Dichter — gefallen habe. Ich wurde in die Fremdenzimmer geführt, von denen ich mir eins auswählen durfte. Dann holte man meine Sachen und sogar mein Pferd. Ich sollte eben im weitesten Sinn des Worts Gast des Hauses sein.

Der Sohn des Hauses lud mich zu einem Spaziergang in den Garten ein, doch fand ich jetzt keine Zeit dazu, denn seine Mutter brachte mir den verunglückten Hut, den ich reparieren sollte. Sie war höchst gespannt darauf, ob mir dies gelingen würde, und jubelte vor Glück, als ich ihn nach einer halben Stunde so hergestellt hatte, daß sie behauptete, er sei sogar noch schöner als vorher. Dann führte mich der Offizier in den Garten. Es gab da einige Pappeln und zwei mir fremde Bäume. Von einem im Sommer schattigen oder gar „lauschigen" Aufenthalt war keine Rede. Diese letztere Bezeichnung ließ sich höchstens auf die Wildwein-Laube anwenden, in welcher wir uns niederließen. Der Offizier bat mich um Verzeihung, daß ich einstweilen nur auf seine Gesellschaft angewiesen sei; die Eltern seien zu sehr mit der Vorbereitung zur abendlichen Tertullia beschäftigt. Wir unterhielten uns trefflich. Der junge Mann gefiel mir. Er hatte so etwas Bedächtiges, Gründliches an sich. Ich konnte nicht umhin, ihm zu sagen:

„Sie scheinen viel nachgedacht zu haben. Das bringt Überzeugung und Ruhe."

„O, wenn das ein Vorteil ist, so habe ich es nicht mir selbst zu verdanken. Ich habe einen Lehrer und Freund, dessen aufmerksamer Schüler ich bin. Sie hörten auch von ihm. Ich meine Latorre."

„Ah, dieser! Woher wissen Sie, daß ich von ihm hörte?"

Ein schlaues, überlegenes Lächeln glitt über sein hübsches Gesicht. Er blickte mich schalkhaft an und antwortete: „Ich bemerkte, als ich mich Ihnen im Posthaus vorstellte, in ihren Zügen eine gewisse Spannung. Auch haben Sie zu meiner Mutter von einer Überraschung gesprochen. Ihre Spannung wurde nicht befriedigt, und die Überraschung ist ausgeblieben. Ist es nicht so, Señor?"

„Genau so!"

„Sie hatten auf Ihre Ähnlichkeit mit Latorre gerechnet?"

„Ja. Aber wie können Sie wissen, daß..."

„Pst! Es gibt überall Agenten und scharf geöffnete Augen. Man sah Sie in Montevideo an Land steigen. Ihre Ähnlichkeit fiel auf. Sie wurden beobachtet. Ein gewisser Andaro war bei Ihnen. Vielleicht kann man erfahren, was er bei Ihnen gewollt hat. So viel ist gewiß, daß Sie von ihm mit Latorre verwechselt worden sind."

„Señor, ich erstaune über das, was ich von Ihnen höre!"

„Es ist gar nicht erstaunlich. In einem Land, in welchem ein jeder schnell steigen und ebenso schnell fallen kann, ist Vorsicht die größte der Tugenden. Sie wären ganz gewiß von einem der Unsrigen besucht worden. Dies unterblieb aber, als man erfuhr, daß Sie nach Mercedes wollen, also über San Jose kommen mußten. Hier erwartete ich Sie und hätte im Posthaus mit Ihnen gesprochen, wenn nicht das Abenteuer meiner Mutter Sie uns nähergebracht hätte."

„Aber, sagen Sie, wie konnte man wissen, daß ich nach Mercedes will? Das wurde erst spät am gestrigen Abend entschieden."

„Allerdings, und zwar in einem Spiellokal, in welchem außer Ihnen noch andere saßen, als Sie eintraten, die Ihnen dann aufmerksam zuhörten. Man hatte Sie mit dem Yerbatero gesehen. Man wußte, wo dieser zu verkehren pflegt, und man ahnte, daß er Sie dorthin bringen werde. Doch, da kommt Vater. Lassen sie uns dieses Gespräch gelegentlich fortsetzen! Sollte es aber Vater für angezeigt halten, jetzt von demselben Gegenstand zu beginnen, so ersuche ich Sie ebenso herzlich wie dringend, ihm keine verneinende Antwort zu erteilen. In Ihrem eigenen Interesse liegt es, daß Sie sich unsere Partei zum Dank verpflichten. Wir können Ihnen bedeutende Vorteile bieten."

Das klang bittend und beinahe feierlich. Mich aber befremdete es. Was hatte ich mit seiner Partei zu tun? Sowohl die Blancos oder Weißen, wie auch die Colorados oder Roten waren mir sehr gleichgültig. Wer sich in Gefahr begibt, muß sich darauf gefaßt machen, in derselben umzukommen. Am allerwenigsten fiel es mir ein, die gebratenen Kastanien für andere aus dem Feuer zu holen und mich zum Dank dafür mit jenem wackeren, sprichwörtlich gewordenen Huftier vergleichen zu lassen, von welchem man sagt, daß es auf das Eis tanzen gehe, wenn es ihm zu wohl geworden ist.

Señor Rixio kam in würdevoller Haltung auf uns zu, verbeugte sich mit spanischer Grandezza vor mir und bat mich um die Erlaubnis, bei uns Platz nehmen zu können. Die einfache, herzliche Freundlichkeit, mit wecher er mich in seinem Haus empfangen hatte, war von ihm gewichen. Sein Gesicht lag in ernsten, feierlichen Zügen.

Es geschah, was der Rittmeister angenommen hatte. Sein Vater hielt es für geraten, das betreffende Thema sofort aufzunehmen, denn er fragte den Sohn:

„Hast du dem Señor bereits eine Mitteilung gemacht?"

„Über Allgemeines sprachen wir. Näheres zu sagen, habe ich vermieden", antwortete der Gefragte. „Der Señor weiß aber bereits, daß wir ihn zu uns dirigiert hätten, selbst wenn Mutter nicht so glücklich gewesen wäre, ihn unterwegs kennenzulernen."

„So ist die Einleitung geschehen, und Sie werden sich nicht wundern, wenn ich Sie frage, Señor, zu welcher Partei Sie halten, zu den Roten oder zu den Weißen?"

Er blickte mir mit einer Spannung ins Gesicht, als ob von meinem Bescheid das Glück des ganzen Landes abhänge.

„Ich wundere mich allerdings, diese Frage zu hören, Señor", sagte ich. „Ich bin ein Deutscher und lege auch im Ausland meine Nationalität nicht ab."

„Nun, so will ich meine Frage anders formulieren: Welcher Partei geben Sie recht, den Colorados oder den Blancos?"

„Ich bin nicht zum Richter über sie gesetzt."

„Aber, Señor, es handelt sich ja gar nicht um einen Urteilsspruch. Es verlangt mich nur, Ihre perlönliche Ansicht zu hören."

„Die können Sie leider nicht hören, und zwar aus dem einfachen Grund, weil ich keine Ansicht habe. Um zu wissen, wer recht hat, müßte ich die hiesigen Verhältnisse studiert haben, was aber nicht der Fall ist. Ich beschäftige mich nicht mit Politik, da ich eingesehen habe, daß ich nicht die geringste staatsmännische Begabung besitze. Mich interessieren die allgemein geographischen und ethnologischen Verhältnisse eines Landes. Auf andere Betrachtungen lasse ich mich niemals ein."

Er zog die Brauen enger zusammen, gab sich aber Mühe, das Gefühl der Enttäuschung nicht merken zu lassen. Er fand keine Handhabe, an welcher er mich zu fassen vermochte.

„Aber, Señor", sagte er, „Sie müssen doch wenigstens eine Art von Teilnahme für die Zustände desjenigen Landes haben, in welchem Sie sich jeweilig befinden!"

„Das ist natürlich auch der Fall, nur daß mir gerade diejenige Art der Zustände, welche man politisch nennt, gleichgültig sind. Ich verspeise das Brot, ohne mich um den Bäcker zu bekümmern, der es gebacken hat, und Millionen freuen sich des Frühlings, ohne Astronomie studieren zu müssen, um die Ursache desselben kennenzulernen."

„Señor, Sie bringen mich in Verlegenheit. Sie sind glatt wie ein Aal; Sie weichen mir aus, obgleich Sie jedenfalls recht gut wissen, worüber ich mit Ihnen sprechen will. Sie wissen doch, daß bei uns zwei Parteien sich gegenüberstehen?"

„So viel weiß ich."

„Die Partei, zu welcher ich gehöre, hat das wirkliche Wohl des Landes im Auge. Sie will Ordnung, Gerechtigkeit und Wohlstand schaffen, während die andere Partei das Gegenteil, die Verwirrung wünscht, um im Trüben fischen zu können. Wir wissen, daß wir siegen werden; aber bis dahin kann noch eine lange Zeit vergehen, welche große Opfer fordert. Wir stehen im Begriff, diese Opfer zu sparen, indem wir zu einer großen, unerwarteten Tat schreiten. Gelingt dieselbe, so sind unsere Gegner vernichtet, oder doch wenigstens für Jahrzehnte hinaus unschädlich gemacht. So unglaublich es klingen mag, so sind Sie es, welcher außerordentlich viel zu diesem Gelingen beitragen kann."

„Ich? Sie überraschen mich auf das höchste! Ich, der Fremde, der sich erst seit gestern im Land befindet, sollte so etwas vermögen!"

„Der Grund liegt in Ihrer außerordentlichen Ähnlichkeit mit dem Mann, welchen wir an unsere Spitze zu stellen beabsichtigen."

„Mit Latorre also? Darf ich um die Erklärung bitten?"

„Sie würde sehr einfach sein, wenn ich mich auf Ihre Diskretion vollständig verlassen könnte."

„Ich gebe Ihnen das Versprechen der strengsten Verschwiegenheit."

„Nun, so will ich, obgleich ich Sie nicht näher kenne, im Vertrauen auf Ihr ehrliches Gesicht es wagen, Ihnen einige Andeutungen in Beziehung auf unseren Plan zu geben. Wir wünschen uns Latorre zum Präsidenten..."

„Das vermutete ich."

„Also haben Sie doch nachgedacht, was Sie vorhin in Abrede stellten. Soll dieser Wunsch in Erfüllung gehen, so dürfen wir die Hände nicht in den Schoß legen; wir müssen vielmehr arbeiten. Aber nicht nur wir, sondern auch Latorre selbst muß eine Tätigkeit entfalten, welche seine ganzen Kräfte in Anspruch nimmt. Das werden Sie einsehen, Señor?"

„Natürlich! Kein Ziel ohne Streben, kein Preis ohne Anstrengung und kein Lohn ohne Arbeit."

„Nun aber ist Latorre Offizier. Er ist an diesen Beruf gebunden, dem er sich ganz zu widmen hat. Das ist ein großes Hindernis. Er muß also seinen Abschied oder wenigstens einem längeren Urlaub nehmen, um die notwendige Muße zu gewinnen und außerdem sich der bei seinen dienstlichen Verhältnissen unvermeidlichen Beaufsichtigung entziehen zu können."

„Diese Notwendigkeit sehe ich ein. Was aber hat dies mit meiner unbedeutenden Persönlichkeit zu tun?"

„Außerordentlich viel. Unser späterer Präsident hat seine Dispositionen in tiefster Verborgenheit zu treffen. Er hat Reisen zu unternehmen, von denen unsere Gegner nichts ahnen dürfen. Da gibt es Besuche, Konferenzen und dergleichen, welche nur im stillen abgehalten werden dürfen. Da man aber ahnt, was im Werk liegt, so beobachtet man ihn auf das allerstrengste. Darum müssen wir ein Mittel zu entdecken suchen, welches geeignet ist, diese lästige und gefährliche Aufmerksamkeit von ihm abzulenken. Wir haben es gefunden. Dieses Mittel sind... Sie, Señor."

„Ich, ein Mittel? Schön! Aber wollen Sie mir auch sagen, welche Wirkung dieses Mittel haben soll?"

„Indem wir die Aufmerksamkeit unserer Gegner von Latorre abziehen und auf Sie lenken."

„Ah, jetzt beginne ich zu begreifen. Ihre Gegner sollen mich für ihn halten?"

„Ja."

„Soll ich vielleicht seinen militärischen Rang einnehmen und seine bezüglichen Pflichten erfüllen, während er sich nach einem Ort zurückzieht, an welchem er unbeobachtet für Ihre Partei wirken kann?"

„Ihre Frage trifft die Wahrheit halb, zur anderen Hälfte geht sie über dieselbe hinaus. Seinen Rang können Sie nicht einnehmen; das ist sehr klar. Aber die Angelegenheit soll so arrangiert werden, daß Latorre sich einen Urlaub nimmt, um auf einer entlegenen Hazienda oder Estanzia seine angegriffene Gesundheit zu kräftigen. Dorthin reisen Sie; dort tragen Sie seine Uniform; dort sind Sie ganz Latorre. Man wird alle Aufmerksamkeit auf Sie richten und dann finden, daß Sie in tiefster Einsamkeit nur allein Ihrer Gesundheit leben. Inzwischen geht Latorre inkognito nach einer ganz anderen Gegend, wo er seine Anhänger sammelt, seine Pläne entwirft und dann zur geeigneten Stunde losbricht."

„Und was wird aus mir zu dieser geeigneten Stunde?"

„Sie setzen Ihre unterbrochene Reise fort, nachdem Sie die eklatantesten Beweise unserer Dankbarkeit empfangen haben."

„Und worin werden diese Beweise bestehen? Meinen Sie irgendeine Bezahlung?"

„Bezahlung! Wer wird sich so eines Wortes bedienen! Nennen wir es Honorar, Dotation oder dergleichen! Bestimmen Sie die Höhe der Summe, welche Sie für zureichend halten, das Opfer zu ersetzen, welches Sie uns bringen."

„Ich kenne die Art und die Größe dieses Opfers nicht. Es kann sich um eine kleine Zeitversäumnis, aber auch um mein Leben handeln, Señor."

„Das letztere unmöglich!"

„O doch. Wenn der echte Latorre losbricht, können seine Gegner sich sehr leicht über den unechten heranmachen, um ihn ein wenig tot zu schießen. Werde ich füsiliert, so bin ich nicht mehr imstande, mich der Dotationen zu erfreuen, welche Sie mir so freundlich bewilligen wollen."

Der Rittmeister hatte bisher seinen Vater sprechen lassen. Jetzt sagte er:

„Señor, fürchten Sie sich? Ich habe Sie für einen mutigen Mann gehalten!"

„Ich bin kein Feigling; das habe ich schon oft bewiesen und finde wahrscheinlich Gelegenheit, es auch fernerhin zu beweisen. Aber es ist zweierlei, das Leben für sich selbst, für die Seinigen, für sein Vaterland zu wagen oder es um Geldes willen für fremde Interessen auf das Spiel zu setzen. Was das Wagnis an sich betrifft, so wollte ich mich getrost für Latorre ausgeben und die Folgen ruhig erwarten. Ihre Gegner fürchte ich geradeso wenig, wie ich auch vor Ihnen keine Angst besitze. Brächte mich diese Angelegenheit in Gefahr, so traue ich mir Mut und List genug zu, derselben zu entkommen. Also die Rücksicht auf einen etwaigen Schaden, den ich erleiden könnte, ist es nicht, was mich verhindert auf Ihre Offerte einzugehen."

„Welchen anderen Grund hätten Sie dann?"

„Den, daß die Sache mir nicht gefällt. Ich hasse die Unwahrheit, die Lüge, und einer großen, ungeheuren Lüge würde ich mich schuldig machen, wenn ich Ihren Wunsch erfüllte."

„Aber es ist für die gute Sache!"

„Jeder andere würde mir ganz dieselbe Versicherung geben."

„Señor, Sie sind sehr schwer zu bekehren!"

„Weil ich überhaupt nicht bekehrt sein will."

Bei diesen Worten stand ich auf. Der Kaufmann ergriff schnell meinen Arm, zog mich auf den Sitz nieder und sagte:

„Handeln Sie nicht zu schnell, Señor! Sie bleiben mein Gast auf alle Fälle, selbst wenn die Hoffnungen, welche wir auf Sie setzen, nicht erfüllt werden. Ich zweifle übrigens noch nicht daran, daß wir dennoch einig werden. Vielleicht wissen Sie nicht, welche Gegenleistung Sie von unserer Dankbarkeit erwarten dürfen. Es sind reiche, sehr reiche Männer unter uns, und der Vorteil, welchen Ihre Ähnlichkeit mit Latorre uns bietet, ist so groß, daß Sie durch die Annahme meines Vorschlags geradezu Ihr Glück machen können."

„Was nennen Sie Glück?"

„Als Kaufmann verstehe ich unter dem Ausdruck „sein Glück machen" die Erlangung großer geschäftlicher Vorteile, also besonders die Erwerbung einer Summe Geldes von so bedeutender Höhe, daß man für die Lebenszeit aller Sorgen enthoben ist. Sagen Sie mir, welche Summe Sie verlangen!"

„Gar keine. ich sehe mich ganz außerstande, Ihnen den gewünschten Dienst zu erweisen."

„Hoffentlich ist das nicht Ihr letztes Wort in dieser Angelegenheit, welche Ihre ganze Zukunft bestimmen kann."

„Mein Entschluß lautet nicht anders, und ich pflege solche Entschlüsse niemals aufzugeben."

„Dennoch bitte ich Sie, sich die Sache doch noch zu überlegen. Ich will jetzt nicht näher in Sie dringen. Sie haben heute abend Gelegenheit, uns kennenzulernen. Wenn Sie sich dann meinen Vorschlag beschlafen, so werden Sie mir morgen früh gewiß Ihre Zusage erteilen."

Ich wollte eine Gegenbemerkung machen; aber er stand auf und wehrte mir mit den Worten ab:

„Bitte, sagen Sie jetzt nichts mehr! Sie wissen nun, um was es sich handelt. Bis morgen wird Ihnen wohl der bessere Entschluß kommen. Ich sehe, daß man die Lichter anbrennt. Die Gäste werden jetzt kommen. Begeben wir uns ins Haus."

Es war beinahe dunkel geworden. Wir befanden uns im Oktober, also im südamerikanischen Frühling, wo die Abende zeitig anbrechen. Vom Haus her flimmerte Lichterschein. Die berühmte Tertullia sollte beginnen. Darum begaben Vater und Sohn sich nach den Gesellschaftsräumen; ich aber suchte meine Stube auf, um nicht der erste der Gäste zu sein. Vorher aber ging ich zu einem Bäcker, welcher nebenan wohnte, wie ich bemerkt hatte, und kaufte mir ein Schwarzbrot, wie es hier von den armen Leuten gegessen wird. Mit demselben begab ich mich in den Stall, um mein Pferd zu füttern.

Der Knecht war anwesend. Er wunderte sich nicht wenig, als er das Brot sah und daß ich es zerschnitt und dem Pferd gab. Auch für das Tier war diese Gabe etwas ganz Ungewohntes. Es fraß und rieb dabei den Kopf dankbar an meiner Schulter. Jedenfalls war es das erstemal, daß es bei einem Menschen Liebe fand. Als ich es streichelte, wieherte es freudig auf. Ich war überzeugt, daß es mir gelingen werde, es an mich zu gewöhnen.

Das Zimmer, welches ich mir ausgewählt hatte, lag nach dem Hof zu. Es hatte zwei Fenster, zwei wirkliche Fenster mit Glasscheiben, ein Luxus, auf welchen der Reisende zu verzichten bald gezwungen ist. Es gab da ein gutes Bett, einen Tisch und einige Stühle. Auf einem der letzteren stand ein breiter Wassertopf, und dabei lag ein feines, weißes Taschentuch. Beides stellte das Waschgeschirr vor. Anstatt des Sofas gab es eine Hängematte, welche an zwei Mauerringen hing. Auf dem Tisch lag ein Karton mit Zigaretten. Das war eine dankenswerte Aufmerksamkeit des Wirts gegen mich. Freilich rührte ich die kleinen Dinger nicht an. Ein wirklicher Raucher, wenn er nicht Südamerikaner ist, mag von Zigaretten nichts wissen. Er will Tabak haben, aber nicht Papier.

Zu meiner Genugtuung bemerkte ich, daß sich an der Tür ein Nachtriegel befand. Ich hegte natürlich nicht das geringste Mißtrauen gegen die Bewohner des Hauses; aber ich dachte an den falschen Polizeikommissar, der sich höchstwahrscheinlich nun auch hier im Städtchen befand. Er hatte bei Rixio gelernt und kannte also die Räume des Gebäudes ganz genau. Vielleicht kam er auf den Gedanken, mir einen nächtlichen Besuch zu machen. Das konnte durch den Riegel verhütet werden.

Ich hatte ein Rindstalglicht brennen, welches auf dem Tisch stand. Eben war ich beschäftigt gewesen, den Riegel hin und her zu schieben, um mich von der Brauchbarkeit desselben zu überzeugen, da sah ich, mich umwendend, ein Gesicht, welches zum Fenster hereingeblickt hatte und jetzt so schnell verschwand, daß es mir unmöglich war, die Züge desselben zu erkennen. Ich vermochte nicht einmal zu sagen, ob es ein männliches oder weibliches sei.

Ein Sprung brachte mich zum Fenster. Es war verquollen, vielleicht seit langer Zeit nicht geöffnet worden, daß es mir schwer gelang, den einen Flügel aufzumachen, und als ich dann in den Hof blickte, sah ich keinen Menschen. Es war dunkel draußen, da der Mond erst in einer Viertelstunde aufging.

Besorgniserregend war die Sache nicht. Vielleicht war einer der vielen dienstbaren Geister des Hauses neugierig gewesen, zu sehen, was der Fremde in seiner Stube eigentlich treibe. Doch verschloß ich nunmehr das Fenster fest, so daß es von draußen nicht geöffnet werden konnte.

Bald kam der Rittmeister, um mich abzuholen. Er erwähnte das vorhin gehabte Gespräch mit keinem Wort und war so freundlich und höflich wie zuvor gegen mich. Jedenfalls war er ganz der Ansicht seines Vaters, daß ich meinen Entschluß doch noch ändern werde.

Im Salon war eine ziemlich zahlreiche Gesellschaft von Damen und Herren versammelt. Die Blicke, welche sich bei meinem Eintritt auf mich richteten, sagten mir, daß von mir bereits die Rede gewesen war. Ich wurde vorgestellt und hörte eine Menge langer, hochtönender Namen und Titel, welche ich augenblicklich wieder vergaß. Der Spanier ist in dieser Beziehung fast wie ein Araber: Er liebt es, seinem Namen die Namen und einstigen Würden seiner Vorfahren beizufügen. Dem Fremden klingen diese wohllautenden Worte sehr angenehm in das Ohr; wenn man sie aber in das Deutsche übersetzt, so verschwindet die Poesie und das Imponierende. Don Gänseschmalz von Ofenruß, Donna Maria Affensprung von Hobelspan und ähnliche Namen haben nur im Spanischen Wohlklang, aber im Deutschen nicht.

Für einen oberflächlichen Beobachter konnte es leicht sein, die Gesellschaft eine glänzende zu nennen; leider aber besaß ich scharfe Augen. Mir fiel der viele Puder auf, das stumpfe Schwarz der Augenbrauen und Stirnlöckchen, welches auf die Anwendung gewisser Färbemittel schließen ließ. Ich sah die zierlichsten Füßchen mit Schuhen Nummer Null; aber an diesen Schuhen war irgendeine Naht geplatzt oder die Sohle klaffte los. Zarte Damenhände mit schwarzgeränderten Fingernägeln, rauschende Seide mit Brüchen und die Säume ausgefranst, falsche Steine in kunstvoller Fassung — und wie die Kleidung, der Putz, so war auch alles andere darauf berechnet, das Auge, das Ohr, die Sinne zu bestechen; Echtheit aber fand ich nicht.

So war es auch bei der Tafel. Mein Messer hatte einen Griff von Elfenbein, die Gabel einen von papierdünnem Silber, mit Kolophonium ausgefüllt; der Löffel war zerbrochen gewesen und zusammengelötet worden. Die Früchte erschienen in kostbar gewesenen Vasen, an denen Stücke fehlten. So war das ganze Geschirr beschaffen, aber die Speisen waren gut. Vorzüglich mundete mir der landesübliche Asado, welcher ganz vortrefflich war.

Asado ist ein Spießbraten. Das Leibgericht des Gaucho aber ist Asado con cuero, Spießbraten in der Haut. Wird ein Rind oder Pferd geschlachtet, so schneidet sich der Gaucho ein Stück des noch dampfenden Fleischs samt der Haut ab, steckt es an ein Holz und hält es über das Feuer. Nun wartet er nicht etwa, bis das Stück ganz durchbraten ist, sondern er bratet Bissen um Bissen. Dabei fährt er mit dem Fleisch abwechselnd an den Mund und wieder an das Feuer und hantiert sich mit dem scharfen, langen Messer so vor der Nase her, daß einem angst und bange um dieselbe wird, denn er beißt in das Fleisch, bevor er sich den Bissen abschneidet.

Unser heutiger Asado war ohne Haut, doch war es nichts weniger als appetitlich, zu sehen, wie er verspeist wurde. Ich sah Damen, welche sehr einfach die Hände als Gabeln und die Zähne als

Messer benutzten. Das fiel hier gar nicht auf. Ich erhielt vielmehr von mehreren Seiten die wohlgemeinte Aufforderung, es mir ebenso bequem zu machen und nicht wie eine Gouvernante zu essen.

Später wurde getanzt. Darauf hatte ich mich gefreut. Ich sehnte mich, allein in einer Ecke zu sitzen und zuzuschauen. Leider aber kam ich nicht dazu. Man gab mich nicht frei. Ich war und blieb der Mittelpunkt der Unterhaltung, aber einer ganz und gar gehaltlosen Konversation. Man sprach von allen Seiten auf mich ein. Ich sollte und mußte auf alle möglichen und unmöglichen Fragen Antwort erteilen. Es wurde mir zumute wie einem alten Uhu, welcher an seinen Sitz gefesselt, von einer Schar Krähen und Elstern umschwärmt wird, deren er sich nicht erwehren kann. Und dabei war man überzeugt, ich sei entzückt, mit solcher Liebenswürdigkeit behandelt zu werden. Man tanzte nach den Tönen von Gitarren, deren mehrere vorhanden waren. Diese Instrumente wurden meisterhaft gespielt. Der Spanier scheint als Gitarrero geboren zu werden.

Nun hatte man sich unterhalten, gegessen, getanzt, und es blieb nur noch eins zu tun... zu spielen. Bald saßen sie alle, Männlein und Weiblein, bei den Karten. Ich beteiligte mich nicht, was mit Kopfschütteln kritisiert wurde. Eine Zeitlang interessierte es mich, den Zuschauer zu machen; als aber der Teufel des Spiels seine Samtpfötchen nach und nach in Krallen verwandelte und ich aus schön fein sollendem Mund so manches Fluchwort hörte, da schlich ich mich heimlich fort. An einem deutschen Skat mag man sich beteiligen, an einem südamerikanischen Fuego aber nicht. Es ist kein Vergnügen, die Leidenschaften zu beobachten, welche das Gesicht eines solchen Spielers oder gar so einer Spielerin verzerren. Die berühmte Tertullia war jetzt für mich zu Ende, und ich kann nicht behaupten, daß ich von ihr sehr erbaut gewesen sei.

Draußen im Vorzimmer saßen die bedienenden Peons und — spielten auch. Mein Erscheinen war für sie keine Veranlassung, sich stören zu lassen.

Ich hatte meine Stube nicht verschlossen, da es möglich war, daß die Dienerschaft während meiner Abwesenheit da noch zu tun hatte. Der Mond schien so hell zum Fenster herein, daß ich einer anderen Beleuchtung nicht bedurfte. Ich überzeugte mich, daß die Fenster noch so wie vorher verschlossen waren. Unter das Bett zu schauen, das vergaß ich. Vielleicht hätte ich es getan, aber man hatte mir so fleißig zugetrunken, und ich war gezwungen gewesen, so viel Bescheid zu tun, daß der schwere, gefälschte Fabrikwein mich ermüdet hatte. Ich schob den Riegel vor und fiel, als ich mich gelegt hatte, sofort in einen tiefen Schlaf.

Der Aufenthalt in den Prärien hatte meine Sinne so geschärft, daß sie sich selbst während dieses tiefen Schlafs nicht ganz außer Tätigkeit befanden. Mir träumte, ich liege im Wald und werde von Indianern beschlichen. Einer derselben kam an mich heran und holte aus, um nach mir zu stechen. Ich sprang auf, um mich zu wehren, und — erwachte. Ich saß im Bett.

Noch lag der Mondschein in der Stube; nur die Türgegend war im Dunkel. Es war mir, als ob dort sich eine menschliche Gestalt bewege.

„Wer da?" fragte ich.

Ich erhielt keine Antwort, vernahm aber ein leises Knarren. Ich sprang aus dem Bett und nach der Tür. Sie war zu, also hatte ich mich wahrscheinlich getäuscht. Darum legte ich mich beruhigt wieder nieder und schlief nun ohne Unterbrechung bis zum Morgen.

Als ich da aufstand und nach dem Waschen die Stube verlassen und also den Riegel zurückschieben wollte, bemerkte ich zu meinem Erstaunen, daß derselbe bereits zurückgeschoben war.

Ich wußte ganz genau, daß ich ihn am Abend vorgeschoben hatte. Ebenso genau wußte ich, daß ich ihn dann, als ich aus dem Traum erwachte und eine Gestalt zu erblicken meinte, nicht geöffnet hatte. Wie kam es, daß er jetzt offen war?

Ich durchflutete das Zimmer, fand aber keine Spur, welche angedeutet hätte, daß sich jemand bei mir befunden habe. Von meinen Kleidern und Sachen, von dem Inhalt meiner Taschen war nichts abhanden gekommen. Auch die Waffen befanden sich im besten Zustand. Auf der Diele sah ich einen roten, seidenen Faden liegen. Er war ganz kurz abgerissen und vierfach genommen, als hätte er sich in einer Nähnadel mit starkem Öhr befunden und sei nach dem Nähen abgerissen worden.

Hatte dieses Fadenende schon gestern hier gelegen? Wahrscheinlich! Gewiß kam doch kein Dieb in meine Stube, um mir einen Faden herzulegen. Ich hatte wohl dennoch in der Nacht den Riegel zurückgeschoben, um die Tür zu öffnen und hinauszusehen. In der Schlaftrunkenheit hatte ich dann vergessen, wieder zu schließen. Auf diese Weise war die Erklärung sehr einfach.

Mochte dem sein, wie ihm wolle, ich beruhigte mich, da mir gar nichts abhanden gekommen war, und begab mich in das Speisezimmer, wo die Familie bereits bei der Schokolade saß.

Nach Beendigung des Frühstücks entfernte sich die Dame, und die beiden Herren ergriffen die Gelegenheit, das gestrige Thema wieder zur Sprache zu bringen. Sie schienen überzeugt zu sein, daß ich mich nun eines Besseren besonnen habe, mußten aber von mir das Gegenteil erfahren. Sie ergingen sich in allen möglichen Vorstellungen und Zureden, welche aber keinen Eindruck auf mich machten. Es war mir sehr gleichgültig, wer heute oder morgen oder übers Jahr Präsident der Banda oriental sein werde, und es fiel mir gar nicht ein, mich aus Rücksichten für fremde politische Meinungen in Gefahr zu begeben.

Die Enttäuschung der beiden war groß. Ihre Gesichter verfinsterten sich, und ihr Benehmen wurde gemessener.

„Nun, da Sie partout nicht wollen, zwingen können wir Sie nicht", sagte Rixio endlich fast zornig. „Hoffentlich aber werden Sie wenigstens Ihr Wort halten und den Inhalt unseres Gesprächs bis auf weiteres keinem unserer Gegner mitteilen?"

„Ich werde überhaupt zu keinem Menschen davon sprechen."

„Wie lange gedenken Sie hier im Land zu verweilen?"

„Ich reite quer durch dasselbe, und zwar voraussichtlich ohne jeden Aufenthalt. Sie kennen die Entfernungen besser als ich und werden also wissen, daß ich in wenigen Tagen die Grenze hinter mir haben werde."

„Das ist gut für Sie. Ihre Ähnlichkeit kann Ihnen sehr leicht große Fatalitäten bereiten, nachdem Sie die Vorteile, welche wir Ihnen boten, zurückgewiesen haben. Darum rate ich Ihnen in Ihrem eigenen Interesse, sich nirgends zu verweilen."

„Diesem freundlichen Rat werde ich so eilig nachkommen, daß ich denselben schon auf meinen hiesigen Aufenthalt in Anwendung bringe. Ich werde sofort aufbrechen."

Er hatte zuletzt in fast gehässigem Ton gesprochen. Das verdroß mich natürlich. Darum wendete ich mich kurz ab nach der Tür.

„Bitte, Señor", rief er mir nach. „So war es nicht gemeint. Mein Haus steht Ihnen zur Verfügung, so lange Sie es wünschen. Übrigens war es doch bestimmt, daß mein Sohn mit Ihnen reiten werde."

„Dann muß ich denselben bitten, sich mit dem Aufbruch zu beeilen. In einer halben Stunde liegt San Jose hinter mir."

„So schnell kann ich nicht", erklärte der Offizier. „Es hat sich herausgestellt, daß ich erst am Nachmittag fort kann."

Das war nur Vorwand. Ich sagte, daß ich so lange nicht warten könne, und begab mich in den Stall, um mein Pferd selbst zu satteln. Dann verabschiedete ich mich von der Familie, von welcher der so herzlich aufgenommene Fremde sehr kalt entlassen wurde. Wie es gewöhnlich zu sein pflegt, war die Höhe der Trinkgelder, welche ich zu geben hatte, größer als der Wert des Genossenen.

Im Posthaus fand ich die Yerbateros meiner wartend. Monteso benachrichtigte mich gleich bei meinen Eintritt:

„Señor, Sie haben recht gehabt: Der Polizeikommissar ist nicht nach Montevideo geritten. Gestern abend lungerte er draußen auf dem Hof herum; als er mich sah, machte er sich schleunigst von dannen. Er führte irgendetwas im Schilde."

„Wir müssen vorsichtig sein. Wie weit reiten wir heute?"

„Nach Perdido, einer Station für die Diligence, aber mit allen möglichen Bequemlichkeiten ausgestattet."

„Sie haben dem angeblichen Polizisten natürlich unsere Reiseroute mitgeteilt?"

„Ja."

„Das ist nun leider nicht zu ändern."

„O doch ist es zu ändern. Wir bleiben an einem anderen Ort."

„Hm! Dieser Vorschlag ist nicht übel, doch läßt sich auch einiges gegen denselben einwenden. Sie sagen, Perdido sei nur Station, also ein einzelnes, freistehendes Gebäude?"

„Es liegt in einer weiten Ebene. Man hat von da einen bedeutenden Fernblick."

„So ist es besser, dort zu bleiben. Wir wissen, daß dieser Mensch kommen wird, und können also unsere Maßregeln treffen. Wir sehen ihn wohl sogar kommen. Nehmen wir aber anderswo Quartier, so haben wir keine solche Sicherheit."

„Ich stimme Ihnen bei. Wann brechen wir auf, Señor?"

„So bald wie möglich, am allerliebsten gleich."

„Das kann geschehen. Wir sind fertig und haben hier gar nichts mehr zu suchen."

Sogar die Pferde der Yerbateros standen schon gesattelt. Fünf Minuten später hatten wir die Stadt hinter uns, in welcher ich der ersten südamerikanischen Tertullia beigewohnt hatte.

Über die Gegend, durch welche wir kamen, läßt sich nur das bereits Gesagte wiederholen. Sie bleibt sich durch ganz Uruguay gleich: sanfte Bodenwellen mit Vertiefungen dazwischen, schmale tief eingeschnittene Bäche oder kleine Flüsse, welche dem Rio Negro zustreben, Camposgras und wieder Camposgras — es ist die Einförmigkeit im vollsten Sinne des Wortes.

Kurz nach Mittag sahen wir ein ziemlich großes Gebäude vor uns liegen, ein Posthaus mit Schenke und Kramladen, das an einem Flüßchen lag. Weit über dieser Station draußen sahen wir einen Reiter, welcher im Galopp nach Westen ritt und also von dem Haus kam, bei welchem wir anhalten wollten.

Dort angekommen, erkundigte ich mich nach dem Reiter. Er hatte mehrere Stunden lang vor dem Haus gesessen und war dann, als er uns kommen sah, in den Sattel gestiegen und davongeritten. Die Beschreibung, welche der Wirt lieferte, stimmte ganz genau. Es war Mateo, der frühere Kaufmannslehrling. Eine Stunde hinter dieser Station kamen wir an die Cuchilla Grande, den bereits erwähnten Gebirgszug. Aber von Bergen war auch hier keine Rede. Auf unbedeutenden Bodenerhebungen standen einzelne Felsen, welche den Überresten einer zerfallenen Mauer glichen. Das war das Gebirge.

Als wir es durchkreuzt hatten, gab es wieder die vorige wellenförmige Ebene, deren Grasfläche zuweilen von einem ausgedehnten Distelfeld unterbrochen wurde. Die Disteln hatten mehr als Manneshöhe. Sie verbreiten sich mit außerordentlicher Geschwindigkeit und nehmen den Bewohnern des Landes nach und nach die besten Weideflächen weg. Zwischen ihnen verbirgt sich allerlei Getier. Ich hörte, daß sie sogar Hirschen und Straußen zum Aufenthaltsort dienen, konnte aber keins dieser Tiere erblicken. So ging es fort bis gegen Abend. Die Pferde der Yerbateros begannen zu ermüden. Sie mußten durch Peitsche und Sporen angetrieben werden. Mein Brauner aber hielt vortrefflich aus.

Als die Sonne im Westen verschwinden wollte, erreichten wir unser heutiges Ziel. Es lag am Rio Perdido und führte denselben Namen. Das Gebäude bestand aus Wänden von festgerammter Erde und war mit Schilf gedeckt. Eine alte Magd und zwei Peons waren zur Stelle. Wir erfuhren, daß der Besitzer in Mercedes abwesend sei und erst morgen wiederkomme.

Die Station liegt in sehr einsamer Gegend, dennoch wurden uns gute Betten und ein ebenso gutes und auch billiges Abendessen geboten.

Die Einsamkeit pflegt den Menschen wortkarg zu machen. Den beiden Peons hätte man jede Silbe abkaufen mögen. Die Magd war gesprächiger. Ich erkundigte mich, ob im Lauf des Nachmittags ein Reiter hier eingekehrt sei. Als die Peons diese Frage hörten, verließen sie die Stube. Ich sah ihren Gesichtern an, daß sie diese Frage erwartet hatten, aber von der Beantwortung derselben nichts wissen wollten. Die Magd hielt mir stand, aber mit sichtlichem Widerwillen. Sie verneinte meine Frage, doch sah ich ihr an, daß sie mich belog.

„Señorita, wollen Sie einem Caballero, der sich so offen an Sie wendet, eine Unwahrheit sagen?" fragte ich. „Sie haben so ein gutes, ehrliches Gesicht. Ich denke nicht, daß Sie es über das Herz bringen werden, mich zu täuschen."

Ich hatte Sie trotz ihres Alters Señorita, also Fräulein genannt. Dazu kam der zutrauliche Ton, in welchem ich sprach. Sie konnte nicht widerstehen.

„Ja, Señor, Sie haben das Aussehen eines Caballero", sagte sie; „aber ich bin gewarnt worden."

„Von wem?"

„Von eben dem Reiter, nach welchem Sie sich erkundigen."

„Was hat er gesagt?"

„Das darf ich nicht verraten."

„So tut es mir leid, daß Sie zu einem Bösewicht mehr Vertrauen haben, als zu einem ehrlichen Menschen."

Ihr Gesicht wurde immer verlegener.

„Mein Gott!" stieß sie hervor. „Dieser Reiter hat auch gesagt, daß er ein ehrlicher Mann sei, Sie aber ein böser Mensch."

„Das ist Lüge."

„Er vertraute uns sogar an, daß er ein Kriminalbeamter aus der Stadt Montevideo sei."

„Weshalb reiste er?"

„Er wollte Ihnen voraus nach Mercedes, damit Sie dort sogleich bei Ihrer Ankunft arretiert werden könnten."

„Hat er Ihnen gesagt, was ich begangen haben soll?"

„Ja. Sie sind ein Aufrührer und Verschwörer, der das Land in Unglück bringen will."

„Sie haben ihm das natürlich geglaubt. Glauben Sie es denn auch jetzt noch, nachdem Sie mich gesehen haben, Señorita?"

„O, Señor, Sie haben gar nicht das Aussehen eines Mannes, welcher so nach Blut trachtet."

„Nicht wahr? Ich bin ein ganz und gar friedfertig gesinnter Mensch. Ich bin gar nicht hier im Land geboren, und ich bekümmere mich auch nicht um die Verhältnisse desselben. Ich trachte nach nichts, als nach einem guten Bett, in welchem ich diese Nacht ruhig zu schlafen vermag."

„Aber das will er nicht. Ich soll Sie nicht im Haus aufnehmen, und sobald die Polizei befiehlt, muß ich gehorchen."

„Nun, Señorita, so sehr streng gehorsam sind Sie doch nicht gewesen. Sie haben mir die Betten gezeigt, und uns in Ihrer Freundlichkeit ein gutes Abendessen versprochen?"

„Ja", lachte sie gezwungen, „konnte ich denn anders. Sie fragten gar so höflich. Sie nannten mich Señorita, was hier niemand tut, und Sie haben so ein... ein... ein... Wesen wie ein echter Caballero. Es war mir ganz unmöglich, Sie abzuweisen und draußen im Freien schlafen zu lassen."

„Also hatte Ihnen dieser Mann befohlen, es so einzurichten, daß wir unter freiem Himmel schlafen müßten?"

„Ja, das befahl er mir."

„Er ist ein großer Lügner, Señorita. Er ist gar nicht ein Kriminalkommissar, sondern ein Spitzbube, welchen *wir* arretieren lassen könnten, anstatt *er* uns. Wollen Sie etwa die Verbündete eines solchen Menschen machen?"

„Das fällt mir gar nicht ein. Wenn es so ist, wie Sie sagen, Señor, so soll er sich ja nicht wieder bei uns sehen lassen. Es würde ihm schlecht ergehen, denn wir verstehen keinen Spaß. Ich glaube Ihren Worten, und gerade weil dieser Kerl uns vor Ihnen gewarnt hat, sollen Sie auf das allerbeste bedient werden. Ich verlasse Sie jetzt, um das Abendmahl zu bereiten, mit welchem Sie hoffentlich zufrieden sein werden."

Mateo hatte gewünscht, wir sollten im Freien schlafen; das mußte einen Grund haben. Es war ein milder, wunderschöner Abend. Kein Lüftchen regte sich. Die Yerbateros erklärten, daß es Ihnen bei solchem Wetter nicht einfallen könne, im Haus zu schlafen. Ich warnte sie, doch vergeblich. Als wir gegessen hatten, und zwar verhältnismäßig sehr gut, wickelten sie sich in ihre Decken und legten sich unter ein Strohdach nieder, welches zu irgendeinem Zweck auf vier Pfählen neben dem Haus errichtet war. Ihre Pferde ließen sie frei weiden.

Da ich Mateo nicht traute, so brachte ich meinen Braunen in den Koreal, welcher mit einer hohen, dichten und stacheligen Kaktushecke umgeben war. Die Magd bewies mir eine ganz besondere Aufmerksamkeit dadurch, daß sie einen Hund zu dem Pferd in den Koreal sperrte. Sie versicherte, derselbe werde einen Heidenskandal machen, falls ein Fremder es wagen solle, sich zu dem Pferd zu schleichen.

Das Haus hatte ein ziemlich plattes Schilfdach. Ein Teil desselben war so fest gestützt, daß man darauf stehen konnte. Zu dieser Stelle führte neben meiner Zimmertür eine schmale Stiege empor. Man hatte diese Vorrichtung angebracht, um von da oben aus möglichst weit nach Reisenden und wohl auch nach den Herden ausblicken zu können.

Der heutige Ritt hatte mich nicht ermüdet; ich hatte dem Abendessen sehr fleißig zugesprochen und fühlte infolgedessen noch keine Lust zu schlafen. Darum wanderte ich draußen ein Stück am Ufer des Flusses hin. Glühende Leuchtkäfer irrten um das Gesträuch; große Nachtfalter huschten mir am Gesicht vorüber; unsichtbare Blumen dufteten; die Luft war so balsamisch, so erquickend, und über mir gab es die Sterne des Südens. Ich kam nach und nach in jene Stimmung, welche der Dichter Träumerei nennt, der Laie als Duselei bezeichnet. So spazierte ich weiter und weiter. Endlich kehrte ich doch um, und als ich das Haus erreichte, mochte ich wohl an die zwei Stunden abwesend gewesen sein.

Ich ging leise nach dem Strohdach, unter welchem die Gefährten schliefen. Wenn sie noch wach waren, mußten sie mich kommen sehen. Der Mond stand auf der anderen Seite, und der Schatten des Hauses fiel auf das Schutzdach. Es war also hier verhältnismäßig dunkel. Dennoch glaubte ich, als ich näher trat, eine Gestalt zu sehen, welche bei meiner Annäherung unter dem Dach hervorhuschte und hinter dem Haus verschwand. Ich eilte derselben schnell nach.

Als ich um die Ecke gebogen war, stand ich im vollen Mondschein. Eine freie, hell beleuchtete Fläche lag, wohl hundert Schritte breit, zwischen dem Haus und einem dichten Distelcamp, welcher von dort aus nach Osten lag. Von dem Augenblick, an welchem ich die Gestalt zu erblicken meinte, bis jetzt, konnte kein Mensch diese Strecke durchschritten haben. Vielleicht war der Mann schnell am Haus entlang und um die nächste Ecke geflohen. Ich folgte ihm dorthin, sah aber auch da nichts. Ich eilte zweimal um das Gebäude, ohne die Spur eines Menschen zu sehen. Dann ging ich unter das Dach.

Die Yerbateros schliefen fest. Monteso lag ein wenig abseits von den anderen und blies den Atem in lauten Stößen von sich. Sollte ich sie wecken? Nein. Ich hatte mich wohl getäuscht. Ihre Gewehre lagen neben ihnen. Ein Dieb hätte wohl zuerst nach denselben gegriffen. Daß sie noch da waren, galt mir als Beweis, daß niemand hier gewesen sei. Ich ging also leise wieder fort, in das Haus, dessen bisher unverriegelte Tür ich hinter mir verschloß.

Schon wollte ich, in meiner Stube angekommen, die Kleider ablegen, da kam mir der Gedanke, doch lieber erst einmal auf das Dach zu steigen und Umschau zu halten. Bei der Schärfe meiner Augen war es doch wohl möglich, daß ich mich nicht geirrt hatte.

Ich nahm mein Fernrohr mit. Es konnte mir nützlich sein, da der Mond alles erleuchtete.

Oben angekommen, hütete ich mich wohl, mich aufrecht auf das Dach zu stellen. Ich hätte von unten gesehen werden müssen. Ich legte mich vielmehr nieder und hielt nach allen Richtungen Ausguck. Nichts, gar nichts Verdächtiges war zu sehen.

Nun nahm ich das Rohr an das Auge und suchte die Umgebung ab. Das Bild, welches die Gläser mir lieferten, war nicht scharf. Dennoch kam es mir vor, als ob an der linken Seite des erwähnten Distelcamps sich eine Gestalt befände, welche zuweilen eine Bewegung machte. Ich zog das Glas weiter aus, und richtig, dort stand ein Pferd. Wo ein Pferd steht, muß auch ein Reiter sein. Die Tiere, welche zu dem Haus gehörten, standen im Koreal. Die Pferde der Yerbateros weideten auf der anderen Seite des Hauses. Das Pferd, welches ich sah, gehörte also einem Fremden.

Ich stieg hinab und verließ das Haus, um das Pferd aufzusuchen. Ich erreichte es, ohne einen Menschen gesehen zu haben, und erkannte es sogleich als Mateos Gaul. Um ihm das Entkommen unmöglich zu machen, stieg ich auf und ritt in einem kleinen Bogen nach dem Fluß, wo ich wieder aus dem Sattel sprang und die Zügel an einem Busch befestigte.

Er hatte gewünscht, wir sollten im Freien schlafen; er war von mir vorhin bei den Yerbateros gestört worden. Jedenfalls befand er sich wieder dort. Darum schlich ich mich zum Haus zurück, doch so, daß ich von dort aus nicht gesehen werden konnte. An der Seite angelangt lugte ich um die Ecke. Ja, dort bei Monteso kniete einer, der sich eben jetzt erhob, um den Ort zu verlassen. Ich sprang vor und auf ihn zu. Er sah mich und rannte fort.

„Ein Dieb, ein Dieb! Steht auf, wacht auf!" rief ich und schoß hinter dem Kerl her.

Er rannte auf den Distelcamp zu und um die Ecke desselben. Dort blieb er erschrocken stehen, da er sein Pferd nicht sah, nur einige Augenblicke lang, aber das war für mich genug, ihn zu erreichen und beim Kragen zu fassen. Er riß sein Messer aus dem Gürtel, um nach mir zu stechen; ich schlug ihn auf den Arm, daß er es fallen ließ und schleuderte ihn zu Boden. Hinter uns ertönte die Stimme der Yerbateros.

„Hierher!" rief ich ihnen zu, indem ich auf dem Kerl kniete und ihm die Hände hielt, damit er nicht nach Schießwaffen greifen könne. Sie kamen herbeigerannt.

„Was ist? Was gibt's? Ein Dieb? Wer ist's?" so fragten sie durcheinander.

„Der Kriminalkommissar ist's", antwortete ich. „Er war bei Ihnen unter dem Dach und muß Monteso bestohlen haben."

„Mich?" meinte der Yerbatero. „Das soll ihm schlecht bekommen. Ist er es denn wirklich?"

Er bückte sich nieder, um ihm ins Gesicht zu sehen.

„Ja, wirklich, er ist es. Da liegt sein Messer. Nehmt ihm die Feuerwaffen ab! Dann führen wir ihn in das Haus."

Die Bewohner des letzteren hatten unsere Rufe gehört. Sie wunderten sich nicht wenig, als wir den Polizeibeamten brachten. Dieser hatte bis jetzt noch keinen Laut von sich gegeben, machte ein sehr trotziges Gesicht und ließ ein höhnisches Lächeln sehen. Er hörte ruhig zu, als ich erzählte, wie ich ihn schon einmal bemerkt und mich dann seines Pferds und auch seiner selbst bemächtigt habe.

„Also ein Dieb!" sagte Monteso. „Das wird ihm so einhundert Lassohiebe einbringen. Kerl, was fällt dir ein, mich zu bestehlen?"

„Schweigen Sie!" gebot jetzt Mateo. „Wie kann es jemanden einfallen, mich für einen Dieb zu halten!"

„Brausen Sie nicht auf!" antwortete ich ihm. „Ich habe Sie gleich im ersten Augenblick durchschaut. Sie sind ein Schwindler, aber kein Polizeibeamter. Warum folgen Sie uns? Was haben Sie bei diesem Señor zu suchen, während er schläft? Auf eine Dieberei ist es abgesehen."

„Ich und ein Dieb! Beweisen Sie es doch!"

„Der Beweis wird wohl nicht schwer zu führen sein. Die Señores mögen einmal nachsuchen, was ihnen fehlt."

„Ja, sie mögen suchen. Und wenn ich sie bestohlen habe, so dürfen Sie mich getrost und sofort aufknüpfen!"

Die Yerbateros leerten alle ihre Taschen. Es fehlte ihnen nichts, nicht der geringste Gegenstand. Sie gingen hinaus, um auch die Satteltaschen zu untersuchen. Als sie zurückkehrten, meldeten sie, daß alles noch vorhanden sei.

„Nun, bin ich ein Dieb?" fragte Mateo triumphierend.

„Jedenfalls habe ich Sie gestört, bevor Sie die Sachen nehmen konnten, auf welche es abgesehen war", antwortete ich.

„Dummheit! Was kann man einem Yerbatero stehlen! Der Dieb, welcher sich an solche Leute machte, müßte ein Dummkopf sein!"

„Nun, was haben Sie denn sonst bei ihnen zu suchen?"

„Das möchten Sie wohl gern wissen! Sie sind doch sonst so klug und weise! Warum fehlt es Ihnen denn jetzt an dem nötigen Verstand zur Beantwortung dieser Frage?"

„Señor, keine Beleidigung! Sobald Sie es nochmals an der Höflichkeit, welche ich gewöhnt bin, mangeln lassen, schlage ich Ihnen die Hand ins Gesicht, daß Ihnen alle Sterne vor den Augen flimmern! Sie haben irgendeine Absicht mit uns, und diese Absicht wollen wir jetzt kennenlernen."

Er setzte sich auf den Stuhl, welcher in seiner Nähe stand, musterte mich hohnlächelnd vom Kopf bis zu den Füßen herab und sagte dann:

„Nun wohl, ich will es Ihnen sagen. Aber jeder andere an Ihrer Stelle würde das für ganz unnötig halten. Was ich bin, das wissen Sie. Ich bin Kriminalkommissar."

„Das glaube ich nicht!"

„Ob Sie es glauben oder nicht, das bleibt sich sehr gleich."

„Beweisen Sie es!"

„Ich werde es beweisen, sobald ich das für nötig halte. Sie aber sind der Mann nicht, welcher diesen Beweis von mir fordern darf. Ich habe mich nur vor der Behörde zu legitimieren, nicht aber vor Ihnen."

„So lassen Sie uns ungeschoren!"

„Das geht nicht!" lachte er. „Weil Sie uns verdächtig sind."

„Ah! Jedenfalls kommen Sie mir bedeutend verdächtiger vor, als ich Ihnen."

„Mag sein! Es wird sich ja zeigen, auf wessen Seite das Recht ist. Also Sie haben den Verdacht der Behörde auf sich geladen, und ich erhielt die Weisung, mich Ihnen anzuschließen, um Sie zu beobachten."

„Pah! Sie beobachten mich, um mich eines Vergehens, wohl gar eines Verbrechens zu überführen, und geben sich dabei für einen Kriminalbeamten aus! Das würde eine ganz unbegreifliche Dummheit von Ihnen sein."

„Nun, man begeht zuweilen in ganz überlegter Weise sogenannte Dummheiten, welche von ausgezeichnetem Erfolg sind!"

„An Ihrem jetzigen Erfolg zweifle ich sehr. Sie verfolgen uns oder vielmehr mich. Das ist mir unbequem. Ich muß Sie jetzt zwar laufenlassen, aber sobald Sie meinen Weg nochmals kreuzen, übergebe ich Sie der Polizei."

„Die wird sehr glücklich sein, in mir einen ihrer Oberbeamten kennenzulernen. Sie haben mich von sich gewiesen; ich kann also nicht mehr mit Ihnen reiten; darum bin ich Ihnen heimlich gefolgt und habe mich, als ich vorhin Leute draußen liegen sah, überzeugt, ob es diejenigen Personen sind, auf welche ich es abgesehen habe. Ich schlich mich also hin, um in das Gesicht der Leute zu sehen. Wollen Sie mich aus diesem Grund zur Anzeige bringen, so habe ich nichts dagegen. Jetzt aber bitte ich mir mein Pferd aus. Ich muß weiter!"

Ich wies ihm alles an und sagte:

„Machen Sie sich schleunigst aus dem Staub! Später könnte ich auf die Idee kommen, Sie nicht so leichten Kaufs loszugeben."

„Nun, wenn ich Sie einmal in den Händen habe, so werden Sie überhaupt gar nicht wieder loskommen. Das schwöre ich Ihnen zu!"

„Hinaus! Fort!" fuhr ich ihn an.

Er riß den Gürtel samt dessen Inhalt vom Tisch fort und eilte hinaus. Wir gingen ihm nach. Wir sahen, daß er sein Messer holte und dann nach dem Fluß ging. Einige Augenblicke später sahen wir ihn davonreiten.

„Señor", sagte Monteso, „sollte er doch wirklich ein Beamter sein! Sein Auftreten ist so sicher!"

„Nicht sicher, sondern frech."

„Warum haben Sie ihn dann entlassen!"

„Konnte ich anders?"

„Ja. Wenn Sie wirklich überzeugt sind, daß er sich für etwas ausgibt, was er gar nicht ist, so steht es fest, daß er uns bestehlen wollte. Wir konnten ihm also durch eine tüchtige Tracht Prügel das Wiederkommen verleiden."

„Was nützt es uns, den Menschen zu prügeln? Gar nichts! Übrigens glaube ich nun selbst, daß es nicht auf einen Diebstahl abgesehen war. Als ich kam, war er bei Ihnen fertig. Er stand zum Gehen bereit, bevor er mich sah. Vom Stehlen ist also keine Rede."

„Was aber könnte er denn sonst bei uns gewollt haben?"

„Das eben möchte ich wissen. Er befand sich bei Ihnen, hatte es also nicht auf Ihre Kameraden, sondern auf Sie abgesehen. Vermissen Sie wirklich nichts? Ist Ihr Gewehr in Ordnung?"

„Mir fehlt nichts, und das Gewehr ist unberührt. Der Teufel mag erraten, was der Kerl bei mir gesucht hat."

„Ich werde nachdenken. Vielleicht errate ich das Richtige."

„Ja, denken Sie nach, Señor, denn das Nachdenken ist meine schwache Seite. Meinen Sie, daß wir wieder schlafen dürfen? Daß er uns nicht mehr belästigen wird?"

„Wird ihm nicht einfallen! Er ist jedenfalls froh, von uns fort zu sein. Wir sehen ihn wohl nicht eher wieder, als bis der Streich reif ist, den er gegen uns auszuführen beabsichtigt."

Ich begab mich in meine Stube; aber zum Schlafen kam ich nicht. Ich sann und sann, und doch konnte ich trotz aller Anstrengung nicht erraten, was der Mann bei Monteso gewollt hatte. Ich überlegte jedes Wort, welches er gesagt hatte; ich erinnerte mich an jede seiner Mienen; ich verglich und verglich... vergebens!

Endlich schlief ich doch ein, hatte aber einen unruhigen Schlaf, aus welchem ich bald wieder erwachte. Der Tag schaute zum Fenster herein, und ich stand auf. Die Yerbateros lagen noch schlafend unter ihrem Strohdach. Ich ging hin zu ihnen. Ich untersuchte den Boden, das Gras, die ganze Umgebung des Hauses; ich fand nichts, gar nichts, was mir als Fingerzeig hätte dienen können. Man kommt dadurch in einen geradezu peinlichen Seelenzustand, der nur schwer zu beschreiben ist. Sich vor etwas ganz Unbekanntem und Unbestimmten ängstigen zu müssen, ist fatal.

Ich weckte die Männer. Wir bezahlten die Zeche und ritten dann weiter. Auch heute bot die Gegend keinen anderen Anblick dar als gestern und vorgestern. Wir folgten den ausgefahrenen Gleisen der Diligence und kamen an gar keine Ortschaft. Einige Ranchos berührten wir, konnten aber über Mateo nichts erfahren.

Um die Mittagszeit wurde die Gegend belebter. Die Estanzias und Ranchos mehrten sich, und Leute begegneten uns. Wir näherten uns der Stadt Mercedes, bogen aber rechts ab, nach Norden zu, wo die Besitzung des Verwandten Montesos sich befand. Wir hatten den Rio Negro zur Linken. Zuweilen kamen wir ihm so nahe, daß wir seine schimmernde Wasserfläche erblickten. Es gab zahlreiche Fahrzeuge auf derselben, denn Mercedes, welches an seinem Ufer liegt, treibt einen lebhaften Handel mit dem Landesinnern.

Drei Stunden von Mercedes sollte der Verwandte wohnen; es waren aber wohl mehr als vier. Doch wurde mir die Zeit nicht lang, denn die Nähe des Flusses wirkte vorteilhaft auf die Landschaft und deren Bewohner.

Wir kamen sogar zuweilen durch ein kleines Wäldchen, hier eine Seltenheit, und ich hatte nun auch die Freude, eine ganze Straußenfamilie zu sehen. Wie kamen durch Büsche auf den freien Camp. Die Tiere hatten in der Nähe geweidet und jagten, über unser Erscheinen erschrocken, in größter Eile davon. Die Wirkung auf mich war eine sonderbare: ich mußte so herzlich lachen, daß mir die Tränen in die Augen traten. Den Yerbateros war der Anblick dieser Vögel etwas sehr Vertrautes, und doch lachten sie mit, von meiner Luftigkeit angesteckt.

Wer kein ausgesprochener Griesgram ist, wird unbedingt in Gelächter aufschlagen, wenn er eine Truppe Straußen ausreißen sieht. Das ist kein Rennen, wie ich es mir ausgemalt hatte, sondern ein höchst kurioses und possierliches Humpeln und Watscheln. Sie werfen die Beine auf eine ganz unbeschreibliche Weise hinter sich; die Haltung des Körpers und die Bewegungen des Halses tun das übrige.

Der amerikanische Strauß oder Nandu wird im La Plata-Gebiet Avestruz genannt. Er ist ein riesengroßer Vogel, welchen man selten einzeln sieht. Ein Männchen hat immer fünf und noch mehr Hennen bei sich; oft sieht man Trupps bis zu zwanzig Individuen. Er wird selten geschossen, sondern zu Pferde gejagt und mit dem Lasso gefangen. Die Eingeborenen behaupten, daß sein Fleisch sehr wohlschmeckend sei. Wenn dies wahr ist, so ist das ein Vorzug, welchen er vor seinem afrikanischen Verwandten hat. Das Fleisch eines jungen Vogels ist allerdings nicht übel, aber einen älteren weich zu bringen, das möchte wohl schwer gelingen.

Seine Federn werden zu allerlei Putz verwendet, besonders zur Herstellung von Staubwedeln, doch haben sie bei weitem nicht den Wert der Federn des afrikanischen Strauß.

Beliebt sind die großen Eier des Nandu. Die zu einer Familie gehörigen Hennnen legen ihre Eier in ein gemeinschaftliches Nest. Diese letzteren werden nicht von der Sonne, wie man irrtümlich angenommen hat, sondern von dem Vogel ausgebrütet. Das Nest ist außerordentlich kunstlos und besteht nur in einer ausgekratzten Erdvertiefung.

Die Menschen streben diesen Eiern fleißig nach, denn dieselben sind außerordentlich nahrhaft und wohlschmeckend; eine Tortilla aus Straußeneiern wird selbst ein Feinschmecker nicht verschmähen. Man behauptet freilich anderwärts, Kibitz- und Fasaneneier sollen zarter sein. Ich bestreite es nicht.

Die Sonne senkte sich gegen den Horizont, als wir an einer weidenden Rinderherde vorüber kamen. Monteso deutete auf die eingebrannten Zeichen und sagte:

„Das ist das Zeichen meines Verwandten. Wir befinden uns auf seinem Gebiet."

Der Mann mußte ungeheuer reich sein, denn wir ritten an noch anderen Herden Rindern, Pferden, Schafen vorüber, und alle diese Tausende von Tieren trugen dasselbe Zeichen. Agavezäune, welche mir meilenlang vorkamen, trennten die einzelnen Herden und Weideplätze voneinander. Gauchos jagten auf sehr schnellen

Pferden über diese Flächen, um die Tiere zusammenzuhalten oder kämpfende Stiere auseinanderzutreiben.

Dann sahen wir Baumwipfel sich im Norden erheben. Weiße Mauern schimmerten uns einladend entgegen. Wir hatten die Estanzia vor uns, welche im Schatten hoher Pappeln, Eichen und Trauerweiden stand. Besonders waren die letzteren von einer Größe und Schönheit, wie man sie in Deutschland gewiß nicht zu sehen bekommt. Ein Landschaftsmaler wäre entzückt gewesen über jeden einzelnen dieser Bäume.

Die Estanzia bestand aus mehreren Gebäuden, welche ein schloßähnliches Ganzes bildeten. Zunächst ritten wir in einen großen Hof, welcher von drei Seiten von einer hohen Mauer eingefaßt war. In der vorderen Mauer befand sich das Tor. Die vierte Seite des Hofs wurde von einem langen, zweistöckigen Gebäude begrenzt. Das war das Herrenhaus.

Der Hof war, hierzulande eine Seltenheit, sehr reinlich gehalten. Mehrere schwere Ochsenkarren standen da. Einige Füllen jagten spielend umher. Knechte waren mit allerlei Arbeiten beschäftigt. Wir ritten quer über den Hof nach der Eingangstür des Hauses.

Die Knechte sahen uns, stutzten und kamen dann eiligst herbei, um uns zu begrüßen. Das geschah mit einer Höflichkeit, über welche ich mich verwundern mußte. Sie verneigten sich fast ehrfurchtsvoll vor Monteso, welcher barfüßig und zerlumpt vor ihnen stand und sich erkundigte:

„Ist der Señor daheim?"

„Nein", antwortete einer. „Er ist nach Fray Bentos, wegen der letzten Herde, welche wir dorthin geliefert haben."

„Und die Señora?"

„Ist daheim mit der Señorita."

„Melde mich!"

Der Peon ging in das Haus. Monteso befahl den anderen:

„Unsere Pferde laßt frei; diesen Braunen aber übergebe ich eurer besonderen Obhut. Laßt es ihm an nichts fehlen!"

Das klang ganz so, als ob er hier zu befehlen habe. Seine Gefährten gingen nach verschiedenen Seiten ab. Mich aber führte er in das Haus und auf eine mit einem breiten Teppichläufer belegte Treppe. Oben öffnete der Peon, welchen er in das Haus geschickt hatte, eine Tür. Wir traten ein und standen vor zwei Damen, welche jedenfalls Mutter und Tochter waren. Er begrüßte beide auf das herzlichste, die Dame mit einem Handkuß und das Mädchen mit einem Kuß auf die Wange, wie es nur unter Verwandten üblich ist, und ich hörte zu meinem Erstaunen, daß die Tochter ihn Oheim nannte. Also war er jedenfalls der Bruder des Besitzers dieser Estanzia, welche eine der reichsten des Landes sein mußte.

Er stellte mich vor, und ich wurde mit ausgezeichneter Freundlichkeit begrüßt und von Herzen willkommen geheißen. Dann führte er mich nach dem Zimmer, welches ich bewohnen sollte. Wie war ich erstaunt, ein Logis zu sehen, welches aus Vor-, Wohn-, Schlafzimmer und Badestube bestand. Die Ausstattung war so geschmackvoll, daß ein Graf nichts an derselben auszusetzen gehabt haben würde. Er lächelte mich vergnügt an, als er meine Überraschung bemerkte.

„Gefällt es Ihnen hier, Señor?" fragte er.

„Welch eine Frage! Sie haben mich da in ein Schloß, in ein wirkliches Palais gebracht!"

„Palais? Nein. Sie befinden sich in der einfachen Estanzia des Yerbatero."

„Die Estanzia des Teesammlers! Señor, da steigen gewisse Vermutungen in mir auf, welche..."

„Welche vielleicht das Richtige treffen", fiel er ein. „Ich war, ebenso wie mein Bruder, ein armer Teesucher. Wir waren ehrlich, fleißig und sparsam. Wir hatten Glück und mein Bruder heiratete ein reiches Mädchen. Wir kauften diese Estanzia. Er bewirtschaftete sie, und ich bin sein Kompagnon. Durch den Einfluß seiner Frau ist er ein feiner Caballero geworden, ich aber liebe die Wildnis, die Pampa, den Camp, den Urwald und bin dieser meiner Liebe treu geblieben. Ich sammle während acht oder zehn Monaten des Jahres Tee, aber *en gros*, Señor, und komme dann stets nach dieser Estanzia, um mich auszuruhen. Wen ich mitbringe, er gilt als Mitglied der Familie. Denken Sie also, Sie seien hier geboren und hätten ebenso zu gebieten wie ich. Wie lange werden Sie brauchen, um den Schmutz des Ritts los zu werden?"

„In einer halben Stunde stehe ich zur Verfügung."

„So hole ich Sie dann ab. Da ich daheim bin, muß ich auch in eine andere Kleidung fahren. So, wie ich hier bin, lasse ich mich nur sehen, wenn ich ausreite. Man lacht über mich, zankt mich sogar aus; aber ich befinde mich als armer Yerbatero am wohlsten."

Er ging. Jedenfalls war er ein halbes Original. Nun konnte ich es mir freilich erklären, daß er in Montevideo mit silbernem Besteck gespeist und Champagner getrunken hatte. Wer hätte das gedacht, als ich ihm lächerlicherweise ungebeten zweihundert Papiertaler borgte!

Natürlich benutzte ich das Bad. Kleider zu wechseln gab es nicht. Als ich in das Wohnzimmer zurückkehrte, war mir leise ein prachtvolles Rauchservice an die Samtcauseuse geschoben worden. Es gab echte Cuba, und ich griff sofort zu. Da klopfte es, und das lachende Gesicht Montesos erschien in der geöffneten Tür, dann schob er sich vollends zur Tür herein. Jetzt sah er freilich ganz anders aus. Er trug einen Salonanzug von feinstem schwarzen Stoff, weiße Weste und Lackstiefel. Eine Kette mit großen Berlocks hing von der Uhrtasche herab. Dazu war er auch im Bad gewesen und hatte sich den Vollbart nach hiesiger Weise ausrasiert.

„Nun, wie gefällt Ihnen jetzt Ihr Yerbatero?" fragte er, indem er, vor mir stehend, sich einmal um sich selbst drehte.

„Ein äußerst sauberer Caballero!"

„Nicht wahr? Ist mir aber unbequem. Morgen früh, wenn ich Ihnen unsere Herden zeige, werden Sie wieder den Alten vor sich haben. Jetzt soll ich Sie abholen. Wir wollen im Garten speisen."

Ich folgte ihm die Treppe hinab, durch einen hohen, breiten Flur, über einen Innenhof und dann in den Garten. Das war ein Blumengarten, wie ich ihn hier nicht erwartet hatte. Die Dämmerung brach herein, und darum konnte ich ihn nicht überschauen; aber wir waren von Düften umgeben und die Wipfel von Bäumen rauschten über uns.

In einer großen, verdeckten Laube, die von einer Ampel erleuchtet wurde, war angerichtet. Die Tafel brach fast unter der Last der Speisen, welche sie zu tragen hatte. Ein Braten von wenigstens fünfzehn Pfund duftete uns verführerisch entgegen. Goldene Flaschenhälse schauten aus silbernen Kühlern. Das liebste aber war mir die aufrichtige Herzlichkeit, mit welcher wir von den beiden Damen empfangen wurden.

Ich merkte sehr bald, daß der Yerbatero mich sehr gut eingeführt hatte. Und dennoch gab es nicht jene laute, aufdringliche Hochachtung, die man mir gestern in San Jose gezeigt hatte. Man fühlte sich wirklich wohl bei diesen guten Leuten.

Aus einer Ecke des Gartens erklangen laute, fröhliche Stimmen und klingende Gläser.

„Hören Sie?" sagte Monteso. „Das sind meine Yerbateros. Was ich habe, haben auch sie, und wenn ich hungere, so klappern auch ihnen die Zähne. Brave Kerls, auf die man sich verlassen kann! Sie werden sie bald noch besser als bisher kennenlernen."

Natürlich wurde vor allen Dingen erzählt, wie wir beide bekannt geworden waren und was wir bis heute miteinander erlebt hatten. Da kam einer der Peons und meldete, daß ein fremder Herr angekommen sei, ein Kavallerieleutnant, welcher die Señora zu sprechen wünsche, da der Señor nicht zu Hause sei. Die Dame erlaubte, daß der Herr zu ihr gebracht werde.

Als er kam, erfuhren wir, daß er den Auftrag habe, eine Anzahl von Pferden einzukaufen. Er habe auch die Mittel miterhalten, dieselben gleich zu bezahlen, was bei den gegenwärtigen Verhältnissen ein für ihn sehr angenehmer Umstand sei. Leider habe er erfahren, daß Señor Monteso nicht daheim sei, und es tue ihm herzlich leid, unverrichteter Sache wieder abreisen zu müssen.

„Mein Mann kommt morgen sicher zurück, wenn auch erst am Nachmittag", erklärte sie. „Wenn Sie bis dahin Urlaub haben, Señor, würde es mich freuen, Sie bei mir aufnehmen zu können."

„Hm!" antwortete er nachdenklich. „Mein Urlaub würde wohl ausreichen, aber der Vormittag wäre versäumt."

„Was das betrifft", fiel Monteso ein, „so stelle ich mich Ihnen für früh zur Verfügung. Ich bin der Bruder des Besitzers und zugleich sein Kompagnon und habe das Recht, in seinem Namen Käufe abzuschließen."

„Wenn dies der Fall ist, so werde ich mich allerdings am Morgen einfinden."

„Einfinden? Wieso? Sie bleiben bei uns!"

„Das ist unmöglich, Señor. Ich darf Sie nicht imkommodieren; das ist die Strafe, welche ich selbst mir dafür auferlege, daß ich so spät am Tag gekommen bin."

„Pah! Wir werden Sie nicht fortlassen, Señor. Oder trauen Sie den Bewohnern der Estanzia del Yerbatero vielleicht eine solche Unhöflichkeit zu."

„Nein, gewiß nicht. Aber ich darf Ihre gütige Einladung nicht annehmen, denn ich bin nicht allein, ich habe fünf meiner Kavalleristen bei mir, die ich, wenn der Kauf zustande kommt, zum Transport der Pferde brauche."

„Nun, die Estanzia hätte auch noch für mehr Personen Platz, ohne daß wir durch dieselben geniert würden. Erlauben Sie, daß ich das besorge!"

Er ging fort, und der Leutnant mußte sich setzen, um mitzuessen. Er hatte sich Mühe gegeben, höflich zu sein. Dennoch gefiel er mir nicht. Worin das seinen Grund hatte, konnte ich mir selbst nicht sagen. Er war älter, weit älter, als sonst Leutnants zu sein pflegen, denn er konnte wohl über vierzig Jahre zählen. Das war aber doch kein Grund zur Antipathie. Sein ganzes Gesicht bis auf die Wangen herüber war voller Bartwuchs. Seine Brauen waren borstig und über der Nasenwurzel zusammengewachsen. Sein Auge hatte einen stechenden Blick, obgleich er sich Mühe gab, denselben zu mildern. Kurz und gut, er gefiel mir ganz und gar nicht. Seine Uniform schien von der Phantasie geschneidert worden zu sein. Sie war zuavenmäßig, phantastisch und aus groben Stoffen gefertigt. Er machte auf mich nicht den Eindruck eines Offiziers, jedenfalls weil ich die hiesegen Verhältnisse nicht kannte und das knappe „schneidige" Aussehen unserer heimischen Offiziere als Maßstab anlegte.

Eigentümlich war es, daß seine Anwesenheit auf die anderen in gleicher Weise einzuwirken schien. Die Unterhaltung stockte. Der Leutnant gab sich zwar alle Mühe, angenehm zu sein, erreichte aber seinen Zweck doch nicht. Es war plötzlich um und in uns kalt geworden.

Er richtete seine Worte meist an mich. Es war, als ob ich ihn sehr lebhaft interessiere. Er fragte nach meiner Heimat, nach den dortigen Verhältnissen, und seine Fragen waren so albern, daß ich oft nicht wußte, wie ich es vermeiden könne, ihn zu blamieren. Der Mann war im höchsten Grad unwissend. Sprach ich aber ein belehrendes Wort aus, so blitzte er mich aus dunklen Augen an, als ob ich eine Todsünde begangen hätte. Es war darum kein Wunder, daß die Unterhaltung endlich stockte. Er hatte uns um die ganze Freude des Abends gebracht.

Er mochte das wohl fühlen, denn er stand auf und bat, sich zurückziehen zu dürfen, da er sehr ermüdet sei. Er schien gar nicht zu wissen, welch einer Taktlosigkeit er sich damit schuldig machte. Er wurde für dieselbe bestraft, denn die Señora nickte ihm nur ruhig zu, und Monteso klingelte einen Peon herbei, welchem er den Befehl erteilte, den Leutnant nach dessen Zimmer zu bringen.

Als er fort war, holten wir alle erleichtert Atem. Aber erst nach einer Weile fragte mich der Yerbatero:

„Nun, Señor, wie gefällt Ihnen unser Kavallerie?"

„Ist dieser Leutnant ein Typus derselben?"

„Gott sei Dank, nein. Wie man einen solchen Menschen auf die Remonte schicken kann, das begreife ich nicht. Ich habe gar keine Luft, mit ihm zu handeln. Höchstwahrscheinlich werde ich ihm solche Preise stellen, daß er gleich wieder fortreitet."

„Das hättest du vorhin tun sollen, bevor er sich niedersetzte", lächelte die Dame. „Wollen die Unterbrechung vergessen und wieder fröhlich sein wie vorher."

Das taten wir denn auch. Wir saßen bis gegen Mitternacht beisammen und gestanden einander schließlich, daß wir lange keinen so frohen und schönen Abend erlebt hatten. Monteso gab der Señorita und deren Gesellschafterin seine Arme, und ich reichte den meinigen der Señora. So gingen wir noch eine Viertelstunde lang im Garten auf und ab, mein heller, lederner Jagdrock neben der eleganten Robe der Estanzia. Dann brachte der Yerbatero mich nach meiner Wohnung.

Am Morgen hörte ich, daß die Schokolade wieder im Garten eingenommen werden solle. Ich ging also in denselben. Ich war wohl am frühesten wach gewesen und fand niemand in der Laube, obgleich das Geschirr auf dem Tisch stand. Aus diesem Grund spazierte ich weiter bis an das Ende des Gartens. Dort gab es einige Stufen, welche zu einer kleinen Laube führten, die in gleicher Höhe mit der obern Kante der Gartenmauer lag. Man konnte also von hier aus über die Mauer hinweg sehen und hatte einen Ausblick auf die rundum liegenden Weiden und die auf denselben grasenden Herden. Ich stieg die Stufen hinan, setzte mich oben nieder und betrachtete das ganz und gar nicht romantische, aber sehr reich belebte Landschaftsbild. Noch befand ich mich kaum zwei oder drei Minuten oben, so hörte ich Schritte im Garten, welche sich meiner Ecke näherten. Die Laube war dicht verwachsen, so daß man mich nicht sehen konnte; ich aber erblickte durch die Zwischenräume der Blätter hindurch zwei schmutzige, bärtige Kerls, welche unweit der Laube standen und sehr behaft miteinander sprachen. Sie trugen rote Mützen, blau und rot gestreifte Ponchos und rote Chiripas; an den Füßen hatten sie Stiefel ohne Sohlen, aber großrädrige Sporen dran.

Das waren jedenfalls zwei von den fünf Kavalleristen, welche der Leutnant mit sich hatte. Was sie sprachen, konnte ich nicht hören, da sich nur halblaut redeten. Nun aber kamen sie langsam näher auf die Laube zu und die Stufen heran. Draußen blieben sie im Eifer des Gesprächs für einige Augenblicke stehen, und nun verstand ich die Worte des einen:

„Uns braucht es doch nicht bange zu werden, denn wir riskieren nicht das mindeste."

„Das weiß ich ebenso gut wie du, und es fällt mir gar nicht ein, Angst zu haben. Ich habe nur gemeint, daß die Angelegenheit schwieriger ist, als wir es vorher dachten."

„Wegen der Verwandlung des Yerbatero?"

„Ja. Wer konnte ahnen, daß er der Bruder und Kompagnon des Estanziero sei! Der ganze Handel wird dadurch ein anderer. Aus dem Pferdekaufe wird..."

Er hielt erschrocken inne. Sie waren während der letzten Worte in die Laube getreten und erblickten mich. Ihre wettergebräunten Gesichter wurden noch dunkler, da die Verlegenheit ihnen das Blut in die Wangen trieb. Sie mußten sich sagen, daß ich den letzten Teil ihres Gesprächs gehört habe.

„Entschuldigung!" stieß der eine hervor. „Wir wußten nicht, daß jemand hier sei, Señor."

Ich antwortete nur mit einem scharfen Blick, den ich ihnen zuwarf. Das machte sie noch verlegener; sie drehten sich um und gingen.

„Alle Wetter!" hörte ich noch sagen. „Wer konnte ahnen, daß dieser..."

Weiter konnte ich nichts vernehmen, da sie sich sehr schnell entfernten. Der Inhalt ihres Gesprächs gab mir sehr zu denken. Eigentlich hatten sie nichts gesagt, was geeignet gewesen wäre, Mißtrauen zu veranlassen; aber dieses Mißtrauen war dennoch vorhanden. Es war mir, als ob sich uns oder wenigstens mir eine Gefahr nahe; aber woher sie kommen werde und welcher Art sie sei, darüber blieb ich vollständig im unklaren.

Ich wartete noch eine kleine Weile und stieg dann wieder in den Garten hinab, um mich dorthin zu begeben, wo die Schokolade getrunken werden sollte. Unterwegs traf ich auf Monteso. Er hatte mich in meiner Wohnung gesucht und nicht gefunden; darum hoffte er, mich im Garten zu sehen. Natürlich erzählte ich ihm das kleine Intermezzo und wiederholte das Gehörte wörtlich.

„Versetzt das Sie etwa in Unruhe?" fragte er.

„Natürlich, Señor, Sie geben doch zu, daß die Äußerungen sehr befremdlich klingen?"

„Wieso? Ich finde das nicht."

„Die Leute sprachen von einem Risiko!"

„Jeder Pferdekauf bringt ein solches mit sich."

„Sie hatten Grund, ängstlich zu sein, wenn auch nicht in Beziehung auf ihre Personen. Sie meinten, die Angelegenheit sei dedurch schwieriger geworden, daß Sie der Teilhaber der Estanzia seien."

„Sie werden meinen, daß ich als erfahrener Yerbatero höhere Preise stellen werde als mein Bruder."

„Und ich denke, daß diese Worte sich auf etwas ganz anderes beziehen müssen. Sollte nicht vielleicht der angebliche Kommissar seine Hand wieder im Spiel haben?"

„Ich möchte wissen, wie! Sie sehen zu schwarz. Ihr Mißtrauen ist einmal erwacht und scheint sich nicht beruhigen zu können.

Nun ahnen Sie hinter den einfachsten Dingen Gefahr. Ihr Verdacht ist unbegründet. Glauben Sie mir das! Dort kommt meine Schwägerin mit ihrer Tochter und dem Offizier. Ich bitte Sie, ihre Unbefangenheit nicht zu stören!"

Monteso war heute nicht so gekleidet wie gestern abend. Wir wollten ausreiten, und darum trug er seinen alten Anzug wieder. Nur barfuß ging er nicht. Ein Paar Stiefel waren die einzige Hindeutung darauf, daß er ein reicher Herdenbesitzer sei.

Da niemand von uns eine Sympathie für den Offizier hatte, so wurde das Frühstück fast schweigend eingenommen. Die einzige kurze Unterhaltung bestand nur in der Erwähnung, daß Monteso ihm jetzt die Pferde zeigen werde und ich sie begleiten solle.

Sein Gesicht gefiel mir heute noch weniger als gestern. Bevor wir aufbrachen, begab ich mich in mein Zimmer. Ich wollte einer möglichen Gefahr nicht ungerüstet begegnen. Die Gewehre konnte ich freilich nicht mitnehmen. Das Messer oder vielmehr zwei Messer hatte ich im Gürtel. Das fiel nicht auf, da dort jedermann sein Messer stets bei sich führt. Dazu nahm ich die beiden Revolver. Ich steckte sie aber nicht in den Gürtel, denn ich wollte nicht durch eine solche Bewaffnung auffällig werden, sondern ich zog die Schäfte meiner Aufschlagstiefel ganz herauf, legte sie oben doppelt um, so daß eine Art von Tasche entstand, und steckte in jeden Schaft eine der kleinen Feuerwaffen. Dann ging ich nach dem Außenhof hinab, wo die Pferde bereitstanden.

Die Kavalleristen saßen bereits auf. Das konnte nicht auffallen, weil sie ihren Offizier begleiten mußten. Aber es fehlte einer von ihnen. Leider legte ich auf diesen wichtigen Umstand keinen Wert. Später stellte es sich heraus, daß dieser Mann abgesandt worden war, um uns das Netz zu legen, in welches wir geraten sollten.

Wir brachen auf. Voran ritten Monteso, der Leutnant und ich, hinter uns die Soldaten. Jetzt bekam ich Gelegenheit, den Herdenreichtum der beiden Brüder zu bewundern. Die Herden befanden sich teils in großen, durch Hecken voneinander getrennten Weideplätzen, teils tummelten sie sich unter der Aufsicht von Gauchos und Peons im Freien herum.

Der Offizier erklärte, daß er erst dann sich Tiere auswählen werde, wenn er sämtliche Pferdeabteilungen gesehen habe. Wir ritten also von einem Weideplatz nach dem anderen und entfernten uns so immer weiter von der Estanzia. Ich hatte die Augen überall, denn ich ahnte eine Hinterlist. Monteso mochte mir das ansehen, denn er drängte bei einer Gelegenheit, wo die anderen seine Worte nicht hören konnten, sein Pferd an das meinige und fragte:

„Sind Sie noch immer besorgt, Señor?"

„Ja."

„Aber es kann doch gar nichts geschehen!"

„Warten wir es ab!"

„Die Soldaten können uns gar nichts anhaben, selbst wenn sie wirklich etwas Feindseliges planen. Ein Ruf von mir, ein Pfiff, und alle meine Gauchos eilen zu unserer Hilfe herbei!"

„Das ist das einzige, was mich zu beruhigen vermag."

„So lassen Sie also Ihre Angst fallen!"

„Angst? Pah!"

Jetzt schob sich der Leutnant geflissentlich zwischen uns. Er wollte es verhüten, daß wir unter vier Augen miteinander sprachen. Das befestigte natürlich meinen Verdacht. Monteso machte uns jetzt darauf aufmerksam, daß wir in eine Hürde kämen, in welcher sich die besten und ungezähmtesten seiner Pferde befänden. Da war die Hecke dichter und höher als anderwärts. Der Eingang wurde durch sehr starke Holzpfosten verschlossen, welche zurückgeschoben werden mußten, damit wir hinein konnten.

Wir sahen da allerdings Pferde, welche noch nicht geritten worden waren, denn keins trug die unvermeidlichen Spuren der großen, scharfen Sporenräder. Prächtige Exemplare waren dabei; dennoch sah ich keins, für welches ich meinen Braunen hätte umtauschen mögen. Überhaupt bemerkte ich, daß der Leutnant demselben eine Aufmerksamkeit schenkte, welche mir nicht lieb sein konnte. Er erklärte, daß er hier unmöglich kaufen könne, da die Pferde zu wild seien, um in der Schwadron geritten werden zu können. Wir verließen also auch diesen Platz, welcher wohl beinah eine Wegstunde von der Estanzia entfernt lag. Einige Gauchos begleiteten uns bis an den Eingang zurück. Dort stiegen sie von ihren Pferden, um die Planken wieder zu entfernen. Wir kamen in das Freie und ritten nun die Kaktushecke entlang, um zu der letzten Pferdeherde zu kommen. Die Hecke bildete eine Ecke, um welche wir biegen mußten. Eben als wir dies tun wollten, sah ich einen Kavalleristen, welcher von der anderen Seite hervorkam.

„Halt!" rief ich. „Nicht weiter!"

Aber da gab der Leutnant meinem Pferd einen Hieb mit der Peitsche, daß es um einige Längen vorschoß. Ehe ich es zum Halten bringen konnte, waren wir von gewiß über fünfzig Reitern umgeben, welche hinter der Ecke hervorgeschossen kamen und uns umringten. Sie trugen alle dieselbe Uniform oder vielmehr Kleidung, welche ich bei den Begleitern des Leutnant beschrieben habe. Verwegene, abgelumpte Gestalten, die man viel eher für Räuber als für Soldaten hätte halten mögen.

Sie hatten uns hinter der Kaktusecke erwartet. Der Soldat, dessen Fehlen ich bemerkt hatte, war fortgeritten, um sie zu benachrichtigen, daß und wann wir kommen würden. So viel war mir nun klar.

Sie drängten sich so eng an uns, daß unsere Pferde sich kaum bewegen konnten. Deshalb rief ich:

„Was soll das bedeuten! Zurück mit euch!"

„Unsere Gefangenen seid ihr!" antwortete der Anführer.

„Weshalb?"

„Das werdet ihr erfahren."

„So gebt Raum zum Sprechen! Platz gemacht!"

Ich nahm mein Pferd hoch und schlug ihm die Fersen in den Leib. Es stieg empor, und ich riß es im Halbkreis herum. Dann ließ ich es vorn wieder nieder und zwang es, hinten auszuschlagen. Es schnellte die Hinterbeine hoch empor, und ich bekam Platz, denn diejenigen, welche mir nahe hielten, mußten zurückweichen, damit ihre Pferde nicht getroffen wurden.

„Hallo!" rief der Anführer. „Gebt keinen Weg frei! Fort, Galopp!"

Das war ein sehr kluger Streich von ihm. Seine Truppe setzte sich augenblicklich in Bewegung und riß uns mit fort. Wir schossen im Galopp über den Camp dahin, so daß ich weder Zeit noch Raum fand, mir Platz zu machen und aus der Mitte des dichten Haufens herauszukommen. Kaum fand ich Zeit, nach Monteso zu sehen. Seine Überraschung war so groß gewesen, daß er gar nicht daran gedacht hatte, seinen Gauchos zu pfeifen. Selbst wenn er das getan hätte, wäre es ohne Erfolg geblieben. Wir hätten auf jeden Fall die Übermacht gegen uns gehabt.

Wie eine Estampeda, so ninnt der Spanier eine ausgebrochene, flüchtende Pferdeherde, flogen die Tiere dahin. Ich gab mir alle Mühe, zurückzubleiben oder wenigstens mir mehr Raum zu verschaffen, vergeblich. Ich hörte Montesos fluchende und wetternde Stimme. Niemand antwortete ihm. Ich meinesteils sagte kein Wort, hielt auch endlich in meinem Sträuben inne und ließ mich mit fortreißen. Es ging weiter und immer weiter. Dabei vermieden die Kerle die Nähe von Niederlassungen. Nur einzelne Gauchos oder Peons, welche sich auf dem Feld bei den Pferden befanden, sahen uns vorüberjagen und blickten uns verwundert nach.

So ging es eine halbe Stunde lang. Von den Pferden troff der Schweiß. Es wurde nur getrabt; aber man hielt uns dabei ebenso eng umschlossen, wie vorher. Ich fand nun doch Zeit, diese Kavalleristen aufmerksamer zu betrachten.

Von einer einheitlichen Uniform war keine Rede. Die Leute trugen zwar alle die Chiripa und den Poncho in schreienden Farben; aber außer diesen beiden Kleidungsstücken hatte sich ein jeder nach Belieben ausstaffiert. Einige von ihnen hatten Schußwaffen; die übrigen befanden sich im Besitz von Lanzen. Außerdem waren alle ohne Ausnahme mit dem Lasso und der Bola versehen. Selbst wenn ich die Verhältnisse des Landes, in welchem ich mich befand, in Betracht zog, mußte ich diese Kerle eher für zusammengelaufene Abenteuerer, als für regelrechte Kavalleristen halten. Der Anführer war in eine schreiende phantasieuniform gekleidet und trug kein Abzeichen seines Rangs. So, wie er aussah, konnte man sich einen Rinaldini vorstellen.

Monteso hatte sich hinter mir befunden. Jetzt gelang es ihm, mir an die Seite zu kommen.

„Was sagen Sie zu so einer Infamie, Señor?" fragte er mich, vor Aufregung schnaubend.

„Nichts!" antwortete ich kurz.

„Ich werde die Menschen streng bestrafen lassen!"

„Zunächst wird Ihnen das unmöglich sein. Hätten Sie nur auf mich gehört!"

„Bitte, keine Vorwürfe! Sobald man anhält, werde ich sprechen. Diese Halunken sollen Respekt bekommen!"

Man verbot uns das Reden nicht; aber man lachte laut über die machtlosen Drohungen Montesos. Er war ganz der Ansicht. daß es geraten sei, allen möglichen Widerstand zu leisten. Ich riet ihm davon ab. Noch wußten wir ja gar nicht, was man von uns eigentlich wollte. Günstigen Falls hatte man uns nur zu einem unfreiwilligen Ritt über den Camp gezwungen. Und ungünstigen Falls konnte die Sache auch nicht allzu gefährlich werden, weil wir gar nichts verbrochen hatten. Ich stellte ihm das vor und beruhigte ihn dadurch wenigstens so weit, daß er jeden unnützen Widerstand aufgab.

Wir hatten eine ganz bedeutende Strecke zurückgelegt, als man endlich den Pferden erlaubte, im Schritt zu gehen. Jetzt konnte man reden. Darum wendete ich mich an den Anführer:

„Señor, wann werden wir erfahren, aus welchem Grund und zu welchem Zweck man uns zu diesem Ritt gezwungen hat?"

„Am Lagerplatz", antwortete er kurz. „Und nun schweigen Sie! Ich habe keine Lust, mich unterwegs mit Ihnen zu befassen!"

Das klang sehr streng und feindselig, so wie man einen Lumpen, einen Halunken anschnauzt. Darum antwortete ich ihm in demselben Ton:

„Ich ersuche Sie, höflicher zu sein! Sie haben keinen Knecht vor sich!"

„Was Sie sind, das werde ich Ihnen später sagen und beweisen! Wenn Sie jetzt nicht schweigen, verfahre ich strenger und lasse Sie fesseln, wie es solchen Leuten zukommt."

Ich schwieg. Monteso knirschte wütend mit den Zähnen.

Wir waren bisher durch offene Gegend gekommen. Jetzt aber sahen wir Berge vor uns, das heißt, was man in jenen Gegenden versucht ist, Berge zu nennen. Es waren nur höhere Bodenwellen mit zerstreuten Felsen darauf. Als wir sie erreicht hatten, sahen wir jenseits einen Fluß, welcher sich in fast schnurgerader Linie quer über unser Gesichtsfeld zog.

„Das ist der Rio Yi, welcher ein wenig weiter abwärts in den Rio Negro fällt", erklärte Monteso. „Da unten wird der Lagerplatz sein."

Zu beiden Seiten des Flusses gab es einen schmalen Streifen lichten Baum- und Buschwerks. Wald konnte man es wohl nicht nennen. Weit oben zur Rechten sah ich einen Rancho liegen. Im übrigen schien die Gegend sehr einsam zu sein. Nicht einmal eine Herde war zu erblicken.

Als wir von der Höhe herabgeritten waren und uns nun dem Fluß näherten, sah ich einen Reiter, welcher uns langsam von dorther entgegenkam. Ich erkannte den Menschen sofort, und auch Monteso fragte mich:

„Sehen Sie diesen Halunken? Wissen Sie, wer er ist?"

„Der *Comisario criminal*. Ich ahne, daß er seine Hand im Spiel habe."

„Hätte ich eine Flinte, so schösse ich ihn nieder!"

„Das verbietet sich von selbst. Schweigen wir jetzt."

Der Spitzbube begrüßte den Anführer sehr höflich. Er nannte denselben Major. Aus seinen Augen schien kein Blick auf uns zu fallen; aber sein Gesicht strahlte förmlich vor Befriedigung. Natürlich kehrte er um, indem er mit uns zum Fluß ritt. Dort wurde unter Bäumen Halt gemacht und abgestiegen.

Der Boden war hier sumpfig, jedenfalls der Grund, daß wir keine weidenden Tiere gesehen hatten. Man hielt uns natürlich auch jetzt noch eng umringt, doch konnte ich den Fluß bequem sehen. Er war nicht allzu breit, schien aber tief zu sein.

Wir waren ebenfalls abgestiegen. Der Platz, an welchem wir uns befanden, stach vorteilhaft von seiner Umgebung ab, da er sandig und trocken war. Dennoch eignete er sich nicht zum Lagern. Wer befindet sich gern in sumpfiger Gegend, wo böse Dünste herrschen und allerlei Insekten die Menschen und Tiere belästigen! Aus diesem Grund beabsichtigte die famose Kavallerie wohl nicht, sich lange hier zu verweilen und unser Schicksal sollte hier entschieden werden.

Der Ort war frei von Sträuchern und groß genug, daß die Leute mit ihren Pferden einen undurchdringlichen Kreis bildeten, in dessen Mitte wir beide uns befanden. Es wurden einige Pferde abgesattelt. Man legte die Sättel in den Sand, damit sie den Herren, welche über uns richten sollten, als Sitze dienen möchten. Die Richter waren der Major, der Leutnant und drei andere Kerle, welche wir Rittmeister, Oberleutnant und Wachtmeister nennen hörten. Der liebe Kommissar stand bei ihnen. Monteso befand sich in einer außerordentlichen Aufregung. Gleich als wir von den Pferden stiegen, hatte er losbrechen wollen, doch hatte ich ihn gebeten, vorläufig zu schweigen und erst abzuwarten, was man beginnen und wessen man uns beschuldigen werde.

So standen wir ruhig nebeneinander und sahen zu, wie die fünf Señores sich niedersetzten und die größte Mühe gaben, ihre Gesichter in würdevolle Züge zu legen. Jetzt begann der Major in strengem Ton:

„Sie haben vorhin gefragt, weshalb wir Sie hierher geführt haben. Sie werden nun unsere Antwort und auch Ihr Urteil erhalten. Sie sind nämlich wegen Aufruhr und Landesverrat in Anklagestand zu setzen."

Er schien der Ansicht zu sein, daß er uns mit diesen Worten förmlich niedergeschmettert habe; das war aus dem Gesicht zu ersehen, welches er uns machte. Monteso wollte losplatzen; ich winkte ihm, zu schweigen, und antwortete dem Offizier:

„Wer hat diese Anklage gegen uns erhoben?"

„Dieser Señor". Er zeigte auf den Kommissar.

„Das ist unmöglich. Eine Anklage kann nicht von einem einzelnen Menschen, sondern sie muß von einem Gericht erhoben werden. Der Mann, den Sie meinen, könnte höchstens als Zeuge auftreten."

„Das tut er auch. Das Gericht aber sind wir, nämlich das Militärgericht."

„Selbst wenn ich Sie als Militärrichter anerkennen wollte, würden Sie in dem vorliegenden Fall nicht kompetent sein. Ich bin ein

Fremder, aber dennoch weiß ich, daß das Verbrechen des Aufruhrs und des Landesverrats von den Geschworenen und in höherer Instanz von dem Appellationsgericht abzuurteilen ist."

„Nach Ihrer Anerkennung haben wir nicht zu fragen!"

„O doch! Selbst ein Verbrecher hat seine unantastbaren Rechte, und als einen Verbrecher darf man nur dann einen Menschen bezeichnen, wenn er überführt worden ist."

„Wir werden Sie überführen!"

„Das bezweifle ich. Hätte ich Waffen bei mir, so würde ich überhaupt gar nicht mit Ihnen sprechen, wenigstens nicht durch Worte, sondern mit Kugeln."

Mit diesen Worten verfolgte ich eine bestimmte Absicht. Die Kerle sollten gar nicht auf den Gedanken kommen, mich nach Waffen zu durchsuchen. Ich begann zu ahnen, daß es zum Kampf kommen werde. Über fünfzig Mann gegen nur zwei? War es nicht Wahnsinn oder Lächerlichkeit, da an Kampf zu denken? Nun, man sieht eben, wie es geht. Ein wenig List ist unter Umständen von besserer Wirkung, als eine Armstrongrevolverkanone. Die Señores, wenn es überhaupt welche waren, machten auf mich nicht den Eindruck, als ob sie nicht zu überlisten seien. Mit Gewalt war nichts zu erreichen, wenigstens nicht mit Gewalt allein. Ich tat also, als ob ich mich ganz wehrlos befände.

„Ja, Gewehre haben Sie nicht!" meinte er befriedigt. „Und Ihre Messer werden Sie jetzt ablegen."

„Das tue ich nicht! Sie haben kein Recht, sie mir abzufordern."

„Was Sie bestreiten oder nicht, das ist uns sehr gleichgültig. Was wir einmal entschlossen sind, zu tun, das werden wir auch tun, ohne zu fragen, ob es Ihnen gefällt. Nehmt Ihnen die Messer ab!"

Diesem Befehl kamen einige der Soldaten nach, welche zu uns traten und die Hände nach uns ausstreckten. Monteso weigerte sich, sein Messer herzugeben. Sie hielten ihn fest und nahmen es ihm mit Gewalt. Ich gab ihnen meine beiden, ohne es zu einer Gewalttätigkeit kommen zu lassen. Der Major steckte die drei Messer in seinen Gürtel, als ob sie jetzt sein Eigentum geworden seien. Dann sagte er:

„Ich werde das Verhör beginnen und hoffe, daß ihr mir brav antworten werdet. Ihr steht beide am Rand des Grabes und werdet wohl nicht so unverständig sein, euch den Tod zu erschweren. Zunächst mag der Zeuge beginnen. Wessen beschuldigen Sie diese beiden Leute, Señor Carrera?"

„Des Mordversuchs, der Körperverletzung, des Aufruhrs und der Verschwörung."

„Haben Sie hierfür Beweise?"

„Ja, Beweise, denen gar nicht widersprochen werden kann."

„So steht es schlecht um die Gefangenen. Also zunächst den Mordversuch. Wo ist das geschehen?"

„In Montevideo, vor drei Tagen."

„Wer sollte ermordet werden?"

„Ein Vetter von mir. Er wurde von diesem Deutschen des Abends an dem Haus des Organisten überfallen."

„Aber nicht getötet?"

„Nein. Es gelang ihm glücklicherweise, zu entkommen. Dann aber kamen die beiden Angeklagten ihm bis in seine Wohnung nach, welche er bei einem seiner Freunde hatte. Dort haben sie ihn überfallen, festgebunden und so geschlagen, daß er halb tot war, als sie ihn verließen."

„Gibt es dafür Zeugen?"

„Ja. Ich kann ihre Namen nennen, sie wohnen aber in Montevideo."

„Das schadet nichts. Wir brauchen sie nicht, denn wir haben keine Zeit, diese Leute von so weit herzuholen. Wir werden die Angeklagten auch ohne diese Zeugen überführen. Übrigens bin ich überzeugt, daß Sie die volle Wahrheit gesagt haben, Señor Carrera, denn man sieht es den beiden sofort an, wes Geistes Kinder sie sind. — Was haben denn nun Sie zu der Anklage zu sagen?"

Diese Frage war an uns gerichtet. „Ich fühlte mich nicht im mindesten aufgeregt, denn seit ich den Kommissar gesehen hatte, wußte ich, daß man uns mit Lügen bedienen werde. Darum konnte seine Aussage mich ganz und gar nicht befremden. Monteso aber war nicht so ruhig. Es wäre ihm, der Südländer war, ganz unmöglich gewesen, so kaltblütig zu sein, wie ich es war. Er trat einige schnelle Schritte auf den Major zu und antwortete:

„Was wir sagen? Lüge, nichts als Lüge ist es, was dieser Mensch gegen uns vorbringt. Nicht mein Freund hat jenen Mann überfallen, sondern er ist von demselben angegriffen worden."

„So! Können Sie das beweisen?"

„Natürlich. Mein Gefährte hier kann es beschwören."

„Das geht nicht, denn der Angeklagte darf nicht sein eigener Zeuge sein."

„So kann es der Organist beschwören, an dessen Haus es geschehen ist und welcher Zeuge des Vorgangs war."

„Ist der Organist hier?"

„Nein. Das wissen Sie ebenso gut wie ich."

„So kann er eben nicht zeugen."

„Ich verlange, daß er geholt werde!"

„Dazu haben wir keine Zeit, Señor. Übrigens brauchen wir ihn gar nicht, denn wir wissen auch ohne ihn, daß ihr schuldig seid."

„Nichts, gar nichts können Sie wissen!"

„Wollen Sie mich nicht in dieser Weise anschreien! Ich bin der Vorsitzende dieses Militärgerichts und würde nötigenfalls dafür sorgen, daß Sie sich höflicher benehmen!"

Das stachelte den Zorn Montesos noch mehr auf.

„Ich bin höflich genug!" rief er aus. „Der Zeuge sagt gegen uns aus, und wir bestreiten die Wahrheit seiner Behauptungen. Seine Zeugen befinden sich ebenso wie die unsrigen in Montevideo. Also handelt es sich nur noch um die persönlichen Behauptungen. Was diese betrifft, so stehen wir zwei gegen einen!"

„Er ist aber bereit, die Wahrheit seiner Anklage zu beschwören!"

„Wir erklären uns ebenso bereit, zu beeiden, daß er lügt."

„Da ihr die Angeklagten seid, könnt ihr nicht zum Schwur kommen, und der Prozeß ist also für euch verloren."

„Nun, dann hole euch der Teufel!"

„Nein, er wird uns nicht holen!" rief der Major beleidigt. „Ich warne euch. Wenn ihr noch einen solchen Wunsch aussprecht, werde ich euch prügeln lassen. Merkt euch das!"

„Wagt es nur! Sie werden sich wegen Ihres heutigen Verhaltens zu verantworten haben, Señor! Ich werde Sie anzeigen!"

„Lächerlich! Sie haben gar keine Zeit dazu. Sie werden überführt und erschossen oder da im Wasser ersäuft!"

„Das sollte man wagen!"

„Wir werden es getrost wagen, wenn es Ihnen nicht gelingt, Ihre Unschuld zu beweisen."

„Aber Sie machen uns diesen Beweis zur Unmöglichkeit! Wir werden ja Zeugen bringen."

„Dazu gibt es keine Zeit und also ist es unnötig."

„Nun, so können wir nur einfach sagen, daß dieser Señor Carrera lügt."

„Das glauben wir nicht. Ihm schenken wir mehr Vertrauen als euch. Der Fremde hat seinen Freund wirklich erstechen wollen."

„Nun wohl! Aber, was habe denn ich dabei getan?"

„Nichts. Aber dann sind Sie nach der Wohnung des Betreffenden gekommen, haben ihn überfallen und blutrünstig geschlagen. Leugnen Sie das?"

„Nein."

„Also erklären Sie sich der Körperverletzung für schuldig?"
„Nein. Wir haben einen Schuft durchgeprügelt. Seine Haut hat dabei einige Risse erhalten. Wenn das Körperverletzung ist, nun wohl, so rechnen Sie es dafür."
„Nun, was reden Sie denn da von Unschuld! Sie machen sich den Tod schwer!"
„Den Tod? Wer sollte mich zum Tode verurteilen, weil es mir gelungen ist, einem Schuft die Haut zu gerben?"
„Wir, Señor! Wir werden Sie verurteilen, und Sie müssen sich in das Urteil fügen. Sie würden sehr klug handeln, wenn Sie sich bemühten, alles Leugnen und allen Widerspruch aufzugeben. Wir werden leider gezwungen sein, sie beide zu töten; doch wünschte ich, daß ihr Tod ein möglichst sanfter und milder sei."
„Den Teufel auch! Ich will weder sanft noch unsanft ermordet sein! Verstehen Sie, Señor! Und für einen Mord erkläre ich es, was Sie vorhaben. Wegen des Durchprügelns eines schlechten Kerls verurteilt man doch nicht zum Tode!"
„O doch! Wir haben nach den Kriegsgesetzen zu richten! Ich erkläre den Ort, an welchem wir uns gegenwärtig befinden, in Belagerungszustand. Nun werden Sie wohl einsehen, daß ich zur allergrößten Strenge gezwungen bin!"
„Das sehe ich ganz und gar nicht ein. Ich erkläre abermals, daß ich mir von Ihnen gar nichts sagen und gefallen lassen werde!"
„Und ich wiederhole Ihnen, daß ich keine Lust habe, mich von ihnen beleidigen zu lassen. Wenn Sie fortfahren, in dieser Weise zu mir zu sprechen, so haben Sie es sich selbst zuzuschreiben, daß ich zu strengeren Maßregeln greife!"
„Wollen Sie etwa drohen? Es fällt mir denn doch nicht ein, mich wie einen Verbrecher von Ihnen behandeln zu lassen."
„Nun, so versuchen Sie einmal, was Sie dagegen zu tun vermögen! — Bindet den Mann!"
Auf diesen Befehl traten fünf oder sechs Kavalleristen zu dem Yerbatero. Er wehrte sich, aber vergebens. Man band ihm die Hände auf den Rücken. Er schimpfte in allen Tonarten. Ich winkte, ich warf ihm warnende Worte zu, doch auch vergeblich. Er forderte mich auf, ihm zu helfen, ihn loszubinden, und als ich das nicht tat, schimpfte er auf mich. Er brachte es dadurch so weit, daß man ihm auch die Füße band und ihn nun lang in den Sand legte. Ich hätte zu meinen Revolvern greifen können, um die Leute vielleicht einzuschüchtern, war aber übrzeugt, daß dies unsere Lage nicht verbessern, sondern nur verschlimmern werde. Vielleicht hätten wir Raum bekommen, uns auf die Pferde zu

werfen und fortzureiten; aber auch das gefiel mir nicht. Wir standen ja mitten im Kreis. Ein Entkommen war nur dann möglich, wenn es uns gelang, uns rückenfrei zu machen und die Kerle in Schach zu halten. Ihre Messer und Lanzen fürchtete ich nicht, ihre Gewehre und Lassos auch nicht; aber die Bolas waren uns im höchsten Grad gefährlich. Wenn es uns auch wirklich gelingen sollte, ihnen den Rücken zu wenden, was konnten wir gegen fünfzig Bolas tun, welche uns nachgeschleudert wurden!

Es galt, kaltblütig und klug zu sein. Auf Monteso brauchte ich nun nicht mehr zu rechnen. Er lag gebunden an der Erde und konnte mir keine Hilfe leisten, war vielmehr auf die meinige angewiesen. Wie ich ihm und mir selber helfen solle und helfen könne, wußte ich freilich selbst noch nicht.

Jetzt wendete sich der Major zu mir:

„Ich hoffe, Señor, daß nicht auch Sie mir mein Amt schwermachen. Sie sahen, daß Widerstand nutzlos ist. Ergeben Sie sich also in Ihr Schicksal!"

„In ein unvermeidliches Schicksal sich zu ergeben, ist keine Kunst, Señor. So lange ich aber mich von dieser Unvermeidlichkeit noch nicht überzeugt habe, kann ich mich nicht ergeben."

„Sie werden bei einigem Nachdenken gewiß einsehen, daß Sie verloren sind!"

„Eben das kann ich nicht einsehen. Sie haben mich ganz widerrechtlich meiner Freiheit beraubt. Sie sind keineswegs die Behörde, welcher das Recht zusteht, sich meiner Person zu bemächtigen."

„Ich habe Ihnen bereits gesagt, daß es vollständig genügt, daß wir selbst uns für kompetent halten."

„Nun, so sage ich Ihnen, daß ich mich der Gewalt nur mit Einspruch fügen werde. Ich bin bereit, Ihnen meine Aussagen zu machen und wie ein Caballero zum Caballero zu Ihnen zu sprechen, stets aber nur mit dem Vorbehalt, daß ich Sie für nicht kompetent erkläre."

„Dieses letztere ist Nebensache; die Hauptsache ist, daß Sie nicht uns und sich selbst Schwierigkeiten bereiten. In dieser Beziehung freut es mich, zu vernehmen, daß Sie zu ruhigen und sachgemäßen Antworten bereit sind. Sie geben also wohl zu, daß Sie sich des Mordversuchs schuldig fühlen?"

„Leider kann ich Ihnen in dieser Beziehung nicht gefällig sein, Señor. Ich habe nicht versucht, einen Menschen zu töten."

Er zog einige Zigaretten aus der Tasche, brannte sich eine an, hielt mir eine zweite entgegen und sagte:

„Sie versprachen, sich als Caballero zu verhalten. Ich denke, Sie werden dieses Versprechen erfüllen. Bitte, stecken Sie sich diesen Zigarillo an! Er wird Ihnen munden, denn die Sorte ist gut. Also, kürzen Sie das Verfahren dadurch ab, daß Sie ein kurzes, offenes Geständnis ablegen!"

Ich brannte meine Zigarette an der seinigen an, verbeugte mich dankend und antwortete:

„Selbst wenn von einem Eingeständnis die Rede sein könnte, müßte demselben verschiedenes vorangehen, was bisher unterlassen worden ist."

„So bitte, uns zu sagen, was wir vergessen haben!"

„Ich wiederhole, daß ich Sie nicht für kompetent halte. Aber selbst wenn dies der Fall wäre, muß man sich gegeseitig kennen. Die Angeklagten müssen erfahren, vor welchem Gericht sie stehen; es müssen ihre Namen und diejenigen der etwaigen Zeugen genannt werden. Es muß ein öffentlicher Ankläger, ein Staatsanwalt vorhanden sein; den Angeklagten müssen Verteidiger zur Seite stehen. Kurz und gut, ich vermisse Verschiedenes, was eigentlich vorhanden sein sollte. Sie werden das gütigst entschuldigen!"

„Ich entschuldige es ebenso, wie Sie uns entschuldigen werden, Señor. Die Verhältnisse liegen leider so, daß wir keine Zeit haben, Formalitäten zu erfüllen, welche glücklicherweise nur ganz nebensächlich sind. Sie wurden angezeigt, und wir verurteilen Sie zum Tod. Das ist die Hauptsache, und alles übrige ist zeitraubend. Ich erkenne aber an, daß Sie sich einer weit größeren Höflichkeit befleißigen, als Ihr Gefährte, und darum will ich Ihren Wünschen entgegenkommen. Ich bin Major Cadera von der Nationalgarde. Sie werden meinen Namen gehört haben?"

„Leider noch nicht, da ich mich erst seit wenigen Tagen hier befinde."

„Schadet nichts, da Sie mich nun ja gleich persönlich kennenlernen. Soll ich Ihnen meine Herren Kollegen auch vorstellen?"

„Danke! Ihr Name genügt, Señor!"

„Das freut mich! Ich sehe, daß Sie die Angelegenheit jetzt wirklich vom Standpunkt eines Caballero aus betrachten. Es tut mir außerordentlich leid, einen Mann von Ihrer Bildung und Ihren Eigenschaften hinrichten lassen zu müssen, doch hoffe ich, Ihre Verzeihung zu erhalten, da ich gezwungen bin, meine Pflicht zu tun."

„Und ich bedaure außerordentlich, Sie dadurch betrüben zu müssen, daß ich meine Hinrichtung für etwas noch sehr Fragliches halte."

„Ich ersuche Sie, von dieser irrigen Meinung abzustehen, Señor. Es ist beschlossen, daß Sie sterben müssen, denn man kennt Ihre Verbrechen."

„So bitte ich, mir den Namen des Mannes zu nennen, welcher gegen uns zeugt."

„Es ist hier Señor Mateo Zarfa, den Sie ja bereits kennen."

„Er ist wohl Kaufmann?"

„Allerdings, aber gewesen. Jetzt privatisiert er."

„Das habe ich mir gedacht. Er bekleidet also nicht das Amt eines *Comisario criminal*? Er hat uns belogen!"

„Das schadet nichts. Es stieß auf uns und machte mir die Anzeige. Er hat nichts verschweigen dürfen. Nun kennen Sie mich und auch ihn. Damit ich Sie ganz befriedige, mag nun auch die Identität der beiden Angeklagten nachgewiesen werden. Mit ihrem Gefährten werde ich wenigstens einstweilen nicht wieder sprechen; er hat mich und in mir den ganzen Militärgerichtshof beleidigt. Sie aber sind ein höflicher Mann. Sagen Sie mir, wer er ist!"

„Er ist Señor Mauricio Monteso, Mitbesitzer der Estanzia del Yerbatero, von wo Sie uns entführt haben."

„Sie täuschen sich, Señor. Ihr Gefährte ist nicht derjenige, für den er sich ausgegeben hat."

„Er ist es. Ich bezeuge es."

„Ihr Zeugnis ist hier wertlos, da Sie ja selbst Angeklagter sind. Ihr Kamerad ist ein einfacher Yerbatero, welcher sich als Verschwörer in Montevideo herumgetrieben hat. Sie haben sich von ihm täuschen lassen. Gehen wir lieber zu Ihrer Person über. Sie behaupten, ein Ausländer zu sein und sich nur seit wenigen Tagen hier zu befinden? Können Sie es beweisen?"

„Ich habe einen Paß."

„Ich bitte, mir denselben zu zeigen."

Es war gefährlich, ihm diese Legitimation in die Hand zu geben, denn es ließ sich voraussehen, daß er sie mir nicht zurückstellen werde. Da aber fünfzig Personen bereitstanden, seinem Verlangen Nachdruck zu geben, so zog ich meine Brieftasche hervor und gab ihm den Paß aus derselben. Er las ihn, legte ihn zusammen und steckte ihn ganz so, wie ich es vermutet hatte, ein. Dann fragte er: "Dieser Paß ist also wirklich der Ihrige?"

„Ja. Ich pflege nicht mit fremden Legitimationen zu reisen."

„Und Sie sind also in Wahrheit derjenige, für welchen Sie da ausgegeben werden?"

„Allerdings."

„Ich glaube Ihnen, denn Sie sehen nicht wie ein Lügner aus. Aber Sie tragen noch andere Gegenstände und Sachen bei sich. Sie wissen vielleicht, daß ein Angeklagter nichts in den Taschen haben darf. Ich muß Sie ersuchen, mir alles auszuantworten. Geben Sie Ihr Geld her!"

Ich gab ihm die Brieftasche und auch den Geldbeutel.

„Feigling!" hörte ich Monteso grimmig sagen.

Ich achtete natürlich nicht auf dieses Wort, desto mehr aber auf den Ort, an welchem mein Geld aufbewahrt wurde. Der Major steckte es in die innere Brusttasche seines blauen, mit goldenen Schnüren besetzten Uniformfracks.

„Auch eine Uhr haben Sie, wie ich sehe", fuhr er fort. „Sie werden einsehen, daß ich auch diese verlangen muß."

„Hier ist sie", antwortete ich gehorsam.

Er schob sie in die äußere Tasche des Fracks und meinte dabei in befriedigtem Ton:

„Haben Sie noch andere Gegenstände, welche ich konfiszieren muß?"

„Ich kann Ihnen weiter nichts zur Verfügung stellen. Sie besitzen nun mein ganzes Vermögen."

„Und Ihre Waffen auch", nickte er. „Wollen Sie nun überzeugt sein, daß Sie sich ganz und gar in unserer Gewalt befinden?"

„Ich sehe es ein."

„Das freut mich, denn nun darf ich erwarten, daß Sie sich in Ihr Schicksal ergeben werden. Die von ihnen erwähnten Formalitäten sind erfüllt. Wir können nun zur Sache selbst übergehen, und ich wiederhole meine Frage, ob Sie sich des Mordversuchs schuldig fühlen."

„Davon kann keine Rede sein, da gerade ich selbst es war, welcher ermordet werden sollte."

Ich berichtete kurz das Erlebnis, aber die Leute hörten nur halb auf meine Worte. Sie hatten sich gegenseitig angelächelt, als ich die Uhr und das Geld hergab. Hatte ich denn wirklich Soldaten oder Wegelagerer vor mir? Auch der Major selbst schenkte meiner Erzählung nur eine geteilte Aufmerksamkeit. Als ich geendet hatte, fragte er:

„Und Sie behaupten, die Wahrheit gesagt zu haben?"

„Ja. Ich kann es beschwören."

„Als Angeklagter kommen Sie nicht zum Schwur. Der Gegenzeuge mag sich jetzt hören lassen."

Der „Kriminal" folgte dieser Aufforderung, indem er erklärte:

„Was dieser Fremde sagt, ist Lüge. Er hat meinen Freund angefallen und ihn, als derselbe sich durch die Flucht rettete, mit den Yerbateros bis in die Wohnung verfolgt, wo der Ärmste bis auf das Blut gepeitscht worden ist."

„Aber nicht auf meine Veranlassung. Señor Monteso wird bezeugen, daß ich mich entfernt hatte, als der Mann geschlagen wurde. Ich kehrte auch bald zurück, um Einhalt zu tun."

„Lüge, nichts als Lüge!"

„Hören Sie es? Der Zeuge erklärt Ihre Worte für Lüge", sagte der Major.

„Er hat natürlich seine Gründe dazu, und es kommt nun darauf an, wem Sie glauben, ihm oder mir."

„Natürlich ihm; dazu bin ich verpflichtet."

„Und doch sagten Sie vorhin, daß ich nicht das Aussehen eines Lügners habe."

„Nur betreffs des Gegenstands, um den es sich vorhin handelte."

„Sie haben aber selbst zugegeben, daß der Zeuge ein Lügner ist. Ich kann ihn als Belastungszeugen nicht anerkennen. Er hat seinen Dienstherrn bestohlen."

„Das gehört nicht hierher, Señor. Ich habe seinen Worten Glauben zu schenken und Sie zum Tod zu verurteilen. Nun bleibt noch die Frage des Aufruhrs und des Landesverrats offen. Was haben Sie dazu zu sagen?"

„Daß ich keine Ahnung habe, in welcher Weise ich mich eines solchen Verbrechens schuldig gemacht habe."

„Man wird Ihnen gleich beweisen, daß Sie jetzt die Unwahrheit sagen. Señor Mateo, was hörten Sie im Garten des Kaufmanns Rixio in San Jose?"

Ah! Sollte der Mensch sich in den Garten geschlichen und gelauscht haben? Er hatte in dem Haus als Lehrling gewohnt und kannte also auch den Garten. Ich war begierig zu hören, was er sagen werde.

„Ich besuchte einen meiner früheren Bekannten in San Jose", erzählte er, „der sich als Peon bei Señor Rixio befindet. Wir gingen miteinander in den Garten und hatten Gelegenheit, da ein sehr interessantes Gespräch zu belauschen. Die beiden Rixios saßen mit diesem Deutschen in der Laube und sprachen davon, daß Latorre gestürzt werden müsse. Um den Plan auszuführen, sollte die Ähnlichkeit benutzt werden, welche dieser Fremde mit Latorre hat. Er sollte nach dem Norden des Landes gehen, sich dort für Latorre ausgeben und einen Aufruhr ins Leben rufen. Unterdessen sollte Latorre auf ein einsames Landgut gelockt und dort durch zudringliche Gastlichkeit festgehalten werden, damit er sein Alibi nicht beweisen und man also behaupten könne, er selbst sei der Anführer gewesen."

Ich war erstaunt. Also er hatte wirklich gehorcht, aber er drehte die Verhältnisse gerade auf die verkehrte Seite. Und dabei blickte er mir mit solch einer triumphierenden Unverschämtheit ins Gesicht, daß ich ihn am liebsten gleich niedergeschlagen hätte.

Die Soldaten schienen die Aussage des Lügners bereits zu wissen; das ersah ich aus ihren Mienen, in denen nichts zu lesen war als die Neugierde, wie ich diese Anschuldigung von mir weisen werde.

„Haben Sie es gehört, Señor?" fragte mich der Major. „Was antworten Sie?"

„Es ist erlogen!"

„So! Waren Sie in San Jose bei Señor Rixio? Haben Sie mit den beiden Señores im Garten gesessen?"

„Ich kann es nicht leugnen."

„Und über Politik, auch wohl über Latorre gesprochen?"

„Allerdings."

„Wissen Sie, daß Sie eine sehr große Ähnlichkeit mit diesem Offizier besitzen?"

„Man sagte es mir."

„Nun, so ist ja bewiesen, daß Señor Mateo die Wahrheit gesagt hat."

„Noch lange nicht. Wir haben in genau anderer Weise über Latorre gesprochen."

„Sie werden das nicht beweisen können."

„Sehr leicht sogar! Ist Ihnen vielleicht bekannt, daß der Sohn von Señor Rixio Offizier ist?"

„Ja. Ich kenne ihn persönlich. Er ist ein Colorado."

„Und Sie? Was sind Sie?"

„Wollen Sie bedenken, daß Sie keine Fragen zu stellen haben! Ich bin es, der zu fragen hat."

„Nun gut! Erkundigen Sie sich bei dem Rittmeister Rixio! Dann werden Sie erfahren, daß der Zeuge nur Lügen vorgebracht hat."

„Dazu gibt es keine Zeit. Die Kriegsartikel verlangen ein schnelles Handeln."

„Nun, meinetwegen! So tun Sie, was Ihnen beliebt. Die Folgen werden Sie zu tragen haben!"

„Die trage ich mit Vergnügen. Wir sind nämlich imstande, Ihnen nachweisen zu könen, daß Sie sich haben bereitfinden lassen, auf den gedachten Plan einzugehen."

„So lassen Sie diesen Nachweis hören oder sehen!"

„Sogleich, Señor. Mateo mag weitersprechen!"

Der Genannte erklärte:

„Es blieb nicht bei der Unterredung. Der Plan wurde angenommen und bis in das einzelne besprochen. Der Deutsche erhielt einen Empfehlungsbrief und eine Anweisung auf Bezahlung. Beides sollte er in Salto abgeben. Um ganz sicher zu gehen, wurde ein Duplikat angefertigt, welches sein Freund Monteso bei sich tragen sollte."

„Geben Sie das zu, Señor?" fragte mich der Major.

„Nein. Es ist Lüge."

„Zu Ihrem Unglück sind wir imstande, zu beweisen, daß es die Wahrheit ist. Mateo hat gesehen, wo Sie die Papiere verborgen haben."

„Sonderbarerweise weiß ich das selbst nicht!"

„Wir werden es in Ihr Gedächtnis zurückrufen. Mateo hat auch Monteso beobachtet, und es ist ihm gelungen, zu sehen, wo dieser das Duplikat versteckte."

„Ich soll Papiere versteckt haben?" rief der Yerbatero.

„Ja", antwortete Mateo. „In Ihrer Jacke."

„Kerl, du bist verrückt!"

„Beleidigen Sie mich nicht! Soll ich Ihnen die Stelle zeigen?"

„In Gottes Namen! Bin selbst darauf neugierig."

„So mögen die Herrn Offiziere mit zu dem Gefangenen kommen!"

Die Fünf standen auf und näherten sich Monteso. Mateo zog sein Messer und trennte an der Jacke des Yerbatero auf der Rückenseite die Naht des unteren Saumes auf. Zwei Papiere fielen heraus. Mateo hob sie auf und gab sie dem Major.

„Das ist der Beweis", sagte er. „Jetzt werden die Kerle nicht mehr so frech sein, zu leugnen."

Monteso brüllte vor Wut laut auf.

„Das ist ein Taschenspielerstück!" rief er. „Er hat die Papiere in der Hand gehabt, bevor er die Naht öffnete."

„Schweigen Sie! Machen Sie sich Ihre Lage durch Leugnen nicht noch schwerer! Und, Señor Mateo, hat auch dieser Deutsche solche Papiere bei sich?"

„Ja", antwortete er.

„Geben Sie das zu?" fragte der Offizier nun mich.

„Ja", antwortete ich sogleich.

Es war wirklich lustig, das Gesicht zu sehen, welches Mateo bei dieser meiner Antwort machte. Er war vollständig überzeugt gewesen, daß ich leugnen werde, da ich es ja nicht wissen konnte.

„Schön!" meinte der Major. „Es freut mich, daß Sie so weit Caballero sind, ein offenes Geständnis abzulegen. Wo sind die Papiere verborgen?"

„Das weiß ich nicht. Denn nicht ich habe die Papiere versteckt, sondern Mateo hat sie mir eingenäht. Er wird also wissen, wo sie zu finden sind."

„Er soll sie Ihnen... Señor, machen Sie bei all Ihrer Aufrichtigkeit nicht doch noch Kapriolen!"

„Es sind keine Kapriolen. Mateo hat seine Gründe uns zu schaden. Er schloß sich uns in Montevideo an, um die Gelegenheit dazu zu suchen; ich aber durchschaute ihn und jagte ihn fort. Das erhöhte seinen Haß. Er folgte uns heimlich. Ich fand Gastfreundschaft um Haus Rixio. Er kannte alle Orte desselben, da es seine Wohnung gewesen war, bis er schändlich davongejagt wurde, weil er seinen Herrn bestohlen hatte. Er schlich sich ein und kam in den Garten, wo er unsere Unterhaltung belauschte. Ich habe mich äußerst regierungsfreundlich benommen und kein illoyales Wort gesprochen. Mateo aber beschloß, das Gegenteil zu sagen und die Beweise dazu künstlich herzustellen. Während ich mich bei der Tertullia befand, schlich er sich in mein Zimmer, wo er sich jedenfalls unter das Bett verkroch. Als ich schlief, kam er hervor, um die Papiere, welche er wohl selbst geschrieben hat, in meiner Kleidung zu verstecken."

„Señor, das ist ja eine ganze Geschichte, welche Sie sich aussinnen!" sagte der Major.

„Ich sinne sie mir nicht aus. Sie hat sich wirklich ereignet. Ich wachte des Nachts auf und erblickte Mateos Gestalt. Aber ich kam zu spät, ihn zu ergreifen. Früh fand ich einen roten Faden auf der Diele. Da mein Jagdrock an den Nähten nach indianischer Weise mit roten Stichen verziert ist, so vermute ich, daß in ihm die Papiere stecken. Mateo hatte ja gesehen, daß die Naht rot ist, und sich in San Jose Zwirn von dieser Farbe verschafft. Auf einer weiteren Station erwischte ich ihn des Nachts dabei, daß er sich bei Señor Monteso zu schaffen machte. Ich bin überzeugt, daß er ihm da die Papiere in die Jacke geflickt hat. Es war dazu weiter nichts nötig, als eine Naht aufzutrennen und dann wieder zuzumachen."

„Lüge, nichts als Lüge!" lachte Mateo auf. „Wer das glaubt, macht sich lächerlich."

„Keine Sorge!" antwortete ihm der Major. „Ich glaube es natürlich nicht. Haben Sie sich die Stelle gemerkt, an welcher die Papiere bei diesem deutschen Señor stecken?"

„Sehr genau. Ich sah ja, daß der alte Rixio ihm hinten die Naht auftrennte. Weiteres abzuwarten, hatte ich keine Zeit. Aber ich möchte darauf schwören, daß die Papiere dort versteckt sind."

„Zeigen Sie uns die Stelle!"

„Hier ist sie!"

Bei diesen Worten deutete der Kerl nach dem hinteren Saum meines Jagdrocks. Ich griff hin und fühlte nun freilich, daß etwas dort steckte. Ich zog den Rock aus und sah die Stelle an. Das Futter bestand aus feinstem Hirschkalbfell, so dünn und weich wie Kattun. Hier waren die ursprünglichen Stiche, welche man des Nachts mit den Fingerspitzen fühlen konnte, aufgetrennt und dann die Stelle durch neue Stiche, welche von der ursprünglichen Naht seicht zu unterscheiden waren, wieder geschlossen worden. Ich bat mir vom Major ein Messer aus und schnitt die Naht auf. Zwei Papiere steckten da, genauso wie in Montesos Jacke.

Ich hätte den Inhalt derselben gern gelesen, aber der Major griff rascher zu als ich und nahm mir auch das Messer augenblicklich wieder aus der Hand. Strenggenommen, konnten die Zeilen mir sehr gleichgültig sein. Freilich gewann ich nun Gewißheit, woran ich war: ich befand mich in Lebensgefahr. Von wem der Anschlag ausging, wußte ich nicht genau; ich erfuhr es erst später. Ich sollte verschwinden. Meine Ähnlichkeit mit dem Oberst hatte gewisse Personen verleitet, aus sich heraus zu gehen. Wie leicht konnte ich etwas verraten!

Jetzt kehrten die Offiziere auf ihre Sitze zurück und lasen die Papiere, welche von Hand zu Hand gingen. Als sie fertig waren, besprachen sie sich leise; dann sagte der Major zu mir:

„Wir haben uns von Ihrer Schuld vollständig überzeugt. Hoffentlich haben Sie nicht die Absicht, sie zu leugnen?"

„Ich leugne nicht."

„Schön! Da Sie es also eingestehen..."

„Halt! unterbrach ich ihn. „Von einem Geständnis ist keine Rede. Sie haben mich nicht richtig verstanden. Leugnen kann man nur etwas, was man wirklich getan hat. Da ich nichts getan habe, kann ich nichts leugnen. Ich stelle vielmehr ganz entschieden in Abrede, von diesen Papieren auch nur das geringste gewußt zu haben. Mateo selbst ist es gewesen, welcher sie bei uns versteckt hat."

„Señor, nehmt es mir nicht übel, aber ihr beide habt sehr viel Phantasie, wenn ihr annehmt, daß wir euch das glauben. Und was besonders Sie allein betrifft, so habe ich Ihnen genug Noblesse zugetraut, die Wahrheit ehrlich einzugestehen!"

„Danke für dieses Vertrauen! Ich habe aber gar nicht die Absicht, mich aus reiner Noblesse aufhängen zu lassen. Darf man denn nicht den Inhalt der Papiere kennenlernen?"

„Das geht nicht. Die Sache ist so wichtig, daß sie geheimgehalten werden muß. Sie geben also nicht zu von ihr gewußt zu haben?"

„Nein."

„Aber Sie geben zu, daß die Papiere bei Ihnen gefunden worden sind?"

„Das muß ich freilich zugeben."

„Nun, das genügt. Haben Sie noch etwas zu Ihrer Verteidigung zu sagen?"

„Nein. Ich könnte manches sagen; aber ich weiß, daß jedes Wort vergeblich sein würde."

„So werden wir uns über das Urteil beraten, welches augenblicklich vollzogen werden muß."

Während sie nun leise Reden wechselten, raunte mir der noch immer auf dem Boden liegende Monteso zu:

„Ich begreife Sie nicht. Sie benehmen sich geradezu feige! Jetzt werden wir beide erschossen."

„Ich wohl, aber nicht Sie, denn es ist nicht auf Sie abgesehen."

„Das bezweifle ich."

„Ich bin es überzeugt. Das Leben nimmt man Ihnen nicht, aber ohne Schaden werden Sie auch nicht loskommen."

„Welch ein Unglück! Hätte ich auf Ihre Warnung gehört!"

„Machen Sie sich keine Vorwürfe! Es war uns bestimmt. Schade, daß Sie gebunden sind. Vielleicht können Sie sich losmachen. Die Gelegenheit dazu will ich Ihnen verschaffen."

„Wie?"

„Ich fliehe. Alles wird mich verfolgen. Dabei können Sie entkommen."

„Das ist unmöglich! An Flucht ist gar nicht zu denken."

„Ich denke so sehr daran, daß mir das, was die Señores jetzt beraten, sehr gleichgültig ist."

„Sie kommen gar nicht aufs Pferd! Man hat es sehr vorsorglich aus Ihrer Nähe geschafft. Und wenn Sie in den Sattel kämen, die erste Bola würde Ihr Tier und Sie sicher zu Fall bringen."

„Ich fliehe zu Fuß."

„So werden Sie nach wenigen Schritten ebenso gewiß eingeholt."

„Wollen sehen! Vor allen Dingen verzagen Sie nicht. Ich bin fest überzeugt, daß ich entkomme. Ich reite sogleich nach der Estanzia del Yerbatero zurück..."

„Pferde finden Sie auf dem Camp mehr als genug. Heute nachmittag wird außerdem mein Bruder kommen."

„Den hole ich zur Verfolgung. Wir befreien Sie ganz gewiß. Lassen Sie sich nur nichts merken! Ich werde Ihnen beweisen, daß ich kein Feigling bin. Ich würde drei oder vier Indianer weit mehr fürchten, als diese fünfzig Reiter. Ich entkomme ganz gewiß und werde vorher diesem lieben Señor Mateo ein unvergeßliches kleines Andenken geben."

Mein Plan war gefaßt. Die Revolver brauchte ich nicht; ein Messer war hinreichend. Ich zog die Aufschläge meiner Stiefel, in denen die ersteren steckten, nun ganz empor und schnallte sie fest zu, so daß kein Wasser hineindringen konnte und die Revolver trocken blieben. Das fiel niemandem auf. Ein Indianer oder Präriejäger hätte sofort gewußt, welchen Zweck ich hatte, daß ich die Wasserriemen der Stiefel zuschnallte.

Jetzt waren die Herren Offiziere mit ihrer kriegsgerichtlichen Beratung fertig. Sie erhoben sich von ihren Sitzen. Man sah es ihren ernsten Gesichtern an, daß jetzt das Urteil verkündet werden solle. Doch schien dieser Ernst ein gemachter zu sein, wie überhaupt die ganze Verhandlung für diejenigen, welchen keine Gefahr drohte, mehr eine lächerliche gewesen war. Alle wußten, wie das Urteil lauten werde; es lag keine Spannung in den Mienen, sondern nur die bloße Neugierde, wie ich dasselbe aufnehmen werde. Ich hingegen war fertig. Es gab nur einen einzigen Weg zur Flucht, der, welcher in das Wasser führte, wo ich vor den Bolas sicher war. Ich nahm nicht an, daß einer dieser Männer es mir im Schwimmen gleichtun werde. Der Fluß war tief und nicht breit, zwei Eigenschaften, welche mir sehr willkommen sein mußten. Zweimal Atem holen reichte wohl aus, um hinüber zu kommen. Was nun mein Eigentum betraf, welches sich jetzt im Besitz des Majors befand, so fiel es mir nicht ein, dasselbe zurückzulassen. Es steckte in den beiden Brusttaschen des Fracks, und diese Taschen befanden sich auf ein und derselben Seite, nämlich auf der linken. Die Papiere hatte der Offizier in die Schoßtasche gesteckt. Meine Uhr schloß ausgezeichnet, und auch die Brieftasche hatte einen Verschluß, welcher geeignet war, den Zutritt des Wassers für einige Zeit abzuhalten. Ich war überzeugt, ganz leidlich davon zu kommen. Freilich war der prachtvolle Frack des Majors dem Verderben geweiht. Leider aber reichten die Gefühle meines Herzens nicht so weit, mich zu veranlassen, aus Rücksicht für dieses Kleidungsstück auf Geld und Uhr zu verzichten. Auch mein Pferd gab ich keineswegs auf, wenn es auch ganz unmöglich war, mich schon jetzt desselben zu bemächtigen. Ich mußte ja Monteso zuliebe hinter den Bolamännern her. Bei dieser Gelegenheit hoffte ich, es wieder an mich zu bringen. Jetzt erhob der Major die Stimme:

„Dieses hohe und ehrenwerte Kriegsgericht hat beschlossen, und ich als der Vorsitzende desselben habe es zu verkündigen: Erstens, daß Señor Monteso von der Anklage des Mordversuchs freizusprechen, dagegen aber wegen Körperverletzung zu verurteilen ist. Infolge der bei ihm vorgefundenen Papiere ist erwiesen, daß er sich der Beihilfe zum Landesverrat schuldig gemacht hat. Der letztere ist nicht zur Ausführung gekommen, und da es sich nur um Beihilfe handelt, so ist der Angeklagte zu zehn Jahren schwerer Gefangenschaft verurteilt worden. Die Einlieferung in das Gefängnis wird schleunigst erfolgen."

„Sagte ich es nicht?" fragte ich Monteso leise. „Auf Sie ist es durchaus nicht abgesehen."

„Vielleicht etwa auf ein sehr hohes Lösegeld!"

„Sehr wahrscheinlich."

„Zweitens, daß sein Komplize, der eigentliche Anstifter der Verbrechen, zwar von der Anschuldigung der Körperverletzung freizusprechen, aber wegen Versuch des Mordes und überführten Landesverrats zu verurteilen ist. Die Richter haben sie nach reiflicher Überlegung dahin geeinigt, daß sie auf seinen Tod erkennen. Das Urteil ist augenblicklich zu vollziehen, und zwar durch Blei und Pulver."

Aller Augen waren auf mich gerichtet; ich tat, als ob ich es nicht bemerkte.

„Haben die Verurteilten etwas zu bemerken?" fragte der Offizier.

„Nein", antwortete Monteso. „Was ich zu sagen habe, wird man später hören."

Trotz dieser Worte zitterte seine Stimme, und sein Gesicht war bleich geworden. Er hatte Sorge, wohl ebenso sehr um mich, als um sich, da von dem Gelingen meiner Flucht auch für ihn viel abhing. „Ich aber fühlte mich innerlich sehr ruhig. Es ist eine alte Erfahrung, daß beim Eintritt einer erwarteten Gefahr die Angst aufhört. Ein Schüler kann sich zum Beispiel wochenlang wegen des Examens ängstigen; sobald aber die erste Frage an ihn gerichtet wird, ist wohl meistens die Angst vorüber.

„Und Sie, Señor?" fragte der Major mich.

„Ich habe zu bemerken, daß ich Sie überhaupt nicht als meine Richter anerkenne. Sie haben nicht einmal über Inländer, am allerwenigsten aber über einen Ausländer abzuurteilen. Dem Inländer würde die Appelation an die höhere Instanz freistehen; es kann also von einer sofortigen Vollstreckung des Urteils gar keine Rede sein. Da ich aber nun gar ein Ausländer bin, so verlange ich unbedingt, daß die Angelegenheit vor den Vertreter meines Landes gebracht werde."

Wie ich gedacht hatte, daß geschah — man lachte. Der Major aber antwortete mir:

„Ich habe Ihnen bereits gesagt, Señor, daß derartige Einsprüche völlig unnütz sind. Wir fühlen uns kompetent und werden das Urteil vollstrecken. Haben Sie noch etwas zu bemerken?"

„Ja, einige Wünsche habe ich freilich."

„So teilen Sie uns dieselben mit. Ist es möglich, so werden wir sie erfüllen."

„Wie lange habe ich noch zu leben, Señor?"

Er zog meine Uhr hervor, sah darauf und antwortete:

„Sagen wir, noch eine Viertelstunde. Werden Sie bis dahin mit Ihren Vorbereitungen zu Ende sein?"

„Ganz gewiß. Ich möchte als Caballero sterben, Señor, mit offenen Augen, unverbunden!"

„Das kann ich nicht gestatten."

„Warum nicht?"

„Es ist gegen die Regel. Sie werden an den Armen gefesselt und erhalten ein Tuch um die Augen."

„So möchte ich wenigstens die Stelle sehen, an welcher ich die Kugel empfangen soll."

Er blickte sich um. Sein Auge blieb an einem Baum haften, welcher sich am Rand der Lagerstelle und zugleich in nur ganz geringer Entfernung von dem Ufer befand. Man konnte von dort aus mit drei Sprüngen im Wasser sein.

„Ist Ihnen der Baum dort recht?" fragte er, nach demselben deutend. „Da können Sie sich anlehnen, und meine Leute haben dann eine sicheres Zielen."

„Das würde ich ihnen bieten auch ohne daß ich mich anlehne. Ich wanke nicht."

„Noch einen Wunsch?"

„Einen Wunsch für Sie, Señor."

„Ah, für mich! Welchen?"

„Daß Ihnen die Urteilsvollstreckung gegen mich keinen Schaden bringen möge, und daß wir uns als Freunde betrachten, wenn wir uns einst wiedersehen."

„Einen Schaden habe ich nicht zu befürchten, und unser Wiedersehen wird da oben stattfinden, wo alle Feindschaft schweigt."

„Einen Trost würde es mir gewähren", fügte ich hinzu, „wenn mein Kamerad Zeuge sein könnte, wie ich Ihre Kugel empfange. Ich bitte Sie um die Gnade, ihm die Fesseln von den Füßen zu lösen, damit er stehen kann. Er ist dann noch an den Händen gebunden und kann Ihnen ja nicht entfliehen."

„Dieser Wunsch soll erfüllt werden. Man binde dem Señor die Füße los!"

Einer der Soldaten kam diesem Befehl nach. Zu gleicher Zeit trat Mateo herbei. Er hatte einen Riemen und ein Taschentuch in der Hand.

„Was wollen Sie?" fragte ihn der Major.

„Den Verurteilten binden. Das steht mir zu, da ich der Zeuge bin."

Also sogar diese Genugtuung wollte er noch haben. Er trat, ohne die Zustimmung des Offiziers abzuwarten, nahe an mich heran und gebot:

„Legen Sie die Hände auf den Rücken! Es ist Zeit."

„Wozu?" fragte ich.

„Daß Sie endlich Ihre Strafe empfangen."

„Erst nehmen Sie die Ihrige, Sie Halunke!"

Ich gab ihm mit der Faust, und zwar die Spitze des eingebogenen Daumens nach auswärts gerichtet, einen Hieb von unten herauf in das Gesicht, welcher ihm das Nasenfleisch abschälte. Der Kerl flog weit über den Platz hinüber und stürzte dort zu Boden. Er raffte sich zwar sogleich wieder auf, blieb aber doch halb betäubt stehen, bedeckte die Nase mit den Händen und ließ ein fürchterliches Gebrüll hören. Niemand regte sich, ihm zu Hilfe zu kommen; ja man schien ihm diese kräftige Zurechtweisung zu gönnen. Der Verräter pflegt zwar Bezahlung, niemals aber Dank zu erhalten. Selbst der Major gab mir nur einen verhältnismäßig milden Verweis:

„Was fällt Ihnen ein, Señor! In meiner Gegenwart sich an diesem Mann zu vergreifen!"

„Er mag mich in Ruhe lassen! Hat er hier zu bestimmen oder Sie? Ich will nicht unschuldig sterben und mich vorher noch von diesem Schurken verhöhnen lassen."

„Unschuldig, Señor! Streiten wir nicht. Die Viertelstunde ist vergangen. Ich werde Sie selbst binden, und zwar gleich an den Baum. Kommen Sie!"

„Haben Sie schon diejenigen bestimmt, welche mich erschießen sollen?"

„Das werde ich gleich tun."

„So will ich nur noch meinem Kameraden die rechte Hand geben."

Ich umarmte den Yerbatero, welcher jetzt aufrecht stand, und raunte ihm dabei ins Ohr:

„Ich schleudere Ihnen ein Messer zu. Haben Sie Acht, und sehen Sie, ob Sie mit demselben den Riemen auseinander bringen können!"

Nun öffnete sich der Kreis, und der Major führte mich nach dem Baum. Ich sah in seinem Auge Mitleid. Das Erschießen eines Mannes war für diese Leute ein Schauspiel, welches ihre Nerven nicht aufregen konnte. Ich lehnte mich an den Baum. Der Major hatte das Tuch und den Riemen aufgehaben, die Mateo bei meinem Hieb aus der Hand gefallen waren.

„Also, Señor", sagte er, „der ernste Augenblick beginnt. Ich hoffe nicht, daß Sie zittern werden!"

„Schwerlich! Darf ich noch erfahren, was Sie mit meinem Eigentum beginnen werden?"

„Das wird der Oberbehörde eingesandt. Sie brauchen ja jetzt weder Uhr noch Geld. Legen Sie die Hände nach hinten um den Baum!"

Er hielt den Riemen bereit. Noch waren die Füsiliere nicht bestimmt. Keiner hatte die Flinte schußfertig in der Hand, und die Lanzen und Bolas hingen an den Sattelknöpfen. Es war der geeignete Augenblick gekommen, und ich sah das Auge Montesos mit erwartungsvoller Angst auf mich gerichtet. Er hielt mich für verloren.

„O doch, Señor", antwortete ich. „Ich brauche beides so notwendig, daß ich es mir jetzt ausbitten werde."

Er sah mich erstaunt an.

„Wie meinen Sie das, Señor?"

„So ungefähr in dieser Weise. Passen Sie auf!"

Ich griff in die Brusttasche seines Fracks und riß ihm diesen Teil der Uniform, in welchem sich die beiden mir gehörigen Gegenstände befanden, vom Leib. Den Uniformfetzen mir unter den Gürtel schieben und ihm die Messer aus dem seinigen ziehen, das war das Werk desselben Augenblicks. Eins der Messer nahm ich zwischen die Zähne, und das andere schleuderte ich an die Stelle, an welcher Monteso stand.

„Aber Señor, was..." schrie der Major. Er kam nicht weiter. Ich hatte ihn beim Kragen... ein Ruck... noch einer... und noch einer... ich sprang mit ihm in das tiefe Wasser des Flusses, wo ich ihn losließ. Ehe sich das Wasser über mir schloß, hörte ich den vielstimmigen Schrei der Bolamänner. Das war so blitzschnell gegangen, daß keiner von ihnen Zeit gefunden hatte, dem Anführer zu Hilfe zu kommen. Ja, dieser selbst war so überrascht gewesen, daß er nicht ein Fingerglied bewegt hatte, um sich meiner zu erwehren.

Den Hut hatte ich mir schon vorher so fest auf den Kopf gedrückt, daß er mir nicht von den Wellen genommen werden konnte. Den Major hatte ich mit in den Fluß gerissen, um die Seinen von meiner Verfolgung abzulenken, denn es war vorauszusehen, daß sie sich erst bemühen würden, ihn aus dem Wasser zu ziehen. Ich tauchte also unter und strich unter der Oberfläche aus Leibeskräften aus. Als ich zum erstenmal Atem fassen mußte und zu diesem Zweck in die Höhe kam, wurde mir doch der Hut genommen. Bevor ich ihn fassen konnte, vergingen einige Augenblicke. Da krachten mehrere Schüsse; wüstes Geschrei erscholl hinter mir vom Ufer her, und ein harter, schwerer Gegenstand flog klatschend neben meinem Kopf in das Wasser. Zugleich erhielt ich einen sehr kräftigen Hieb an die Schulter.

Es war eine Bola gewesen; eine der drei Kugeln derselben hatte mich getroffen. Wäre sie mir an den Kopf geflogen, so wäre es um mich geschehen gewesen.

Ich hatte gesehen, daß der dritte Teil der Stromesbreite hinter mir lag. Nur noch einmal brauchte ich aufzutauchen. Das durfte aber nicht in der jetzigen Richtung geschehen. Ich ließ mich also vom Wasser treiben, behielt den Hut in der Hand, arbeitete mich eifrig nach jenseits und legte mich dann, als ich wieder Luft brauchte, auf den Rücken. Die Wellen nahmen mich langsam empor; Nase und Mund erreichten die Oberfläche; ich holte tief, tief Atem und sank dann wieder nieder. Man hatte mich diesmal gar nicht gesehen, da die Blicke jedenfalls die Richtung einhielten, in welcher ich zum erstenmal in die Höhe gekommen war.

Glücklich erreichte ich das andere, tiefe Ufer. Aber ich sprang nicht etwa nun augenblicklich an demselben empor, sondern ich schob nur den Kopf bis zum Mund über das Wasser herauf. Es gab da eine Wurzel, an welcher ich mich festhalten konnte. Ein wenig weiter abwärts war eine Stelle, wo Pflanzen über dem Wasser niederhingen. Dorthin schob ich mich. Die dichten Stengel verbargen mein Gesicht, und ich konnte nach dem jenseitigen Ufer sehen, ohne selbst bemerkt zu werden.

Eben schaffte man den Major aus dem Wasser. Er bewegte sich nicht. Vielleicht war er gar tot, was freilich nicht in meiner Absicht gelegen hatte.

Niemandem war es bisher eingefallen, in das Wasser zu gehen, um mich zu verfolgen; aber die Reiter hielten zu Pferd am Ufer, um zu sehen, an welcher Stelle ich erscheinen werde. Dann erst wollten sie in den Fluß reiten, um mich zu verfolgen. Ausgenommen davon waren nur die vier oder fünf Leute, welche den Major aus dem Wasser gezogen hatten. Sie legten ihn dort nieder und beugten sich über ihn. Meine Sorge, einen unbeabsichtigten Mord begangen zu haben, wurde sehr schnell gehoben, denn ich sah, daß der Offizier sich aufrichtete und das Wasser aus den Kleidern schüttelte. Ich sah, daß er mit den anderen hinter den Büschen verschwand. Bald aber kam er zurück, und zwar zu Pferde; er saß — auf meinem Braunen.

Jetzt hielten sie alle drüben am Ufer, ganz begierig, zu sehen, wo ich erscheinen werde. Wie ich später erfuhr, war nur einer bei Monteso geblieben, um diesen zu bewachen. In diesem Augenblick mußte ich an den Gefährten denken. Wenn es überhaupt für ihn möglich war, zu entfliehen, dann nur jetzt, wo alle ihre Aufmerksamkeit nach dem Fluß gerichtet hatten. Auf mich kam es an, ihm die Gelegenheit zu bieten. Blieb ich in meinem Schlupfwinkel stecken, so kam er nicht fort. Ließ ich mich aber sehen, so folgten gewiß die meisten, wo möglich alle in das Wasser, um mich zu fangen. Ich beschloß, dieses letztere zu tun. Das war übrigens nicht etwa eine Aufopferung meinerseits, denn lange konnte ich nicht mehr im Fluß bleiben. Meine Kleider hingen mir schwer am Leib — bis zum Anbruch der Nacht durfte ich unmöglich warten. Zwar wäre mir dann die Flucht leicht geworden, aber bis dahin hätte Feuchtigkeit Zutritt in die Brieftasche gefunden und mir mein Reisegeld, welches nur in Papier bestand, verdorben. Ich mußte also heraus. Es war noch am Vormittag, bis zum Abend eine lange Zeit. Vielleicht suchten die Bolamänner das Ufer ab und fanden mich in einem Zustand, in welchem es mir schwer geworden wäre, Gegenwehr zu leisten. Also heraus aus dem Wasser, und hinauf zur Uferhöhe! Ich schob mich langsam höher. Der Oberkörper kam aus dem Wasser; ich konnte den Wurzelstock eines Strauchs ergreifen und schwang mich an demselben empor. Dabei bewegte sich der Busch und lenkte die Blikke aller auf sich.

Die ganze Bande schrie so laut sie konnte. Der Major kommendierte; die Leute trieben ihre Pferde ins Wasser. Später erzählte mir Monteso, daß in diesem Augenblick auch sein Wächter nach dem Ufer geeilt sei, um zu sehen, wie die Jagd ausfallen werde. Monteso benutzte das. Als ich ihm das Messer hinschleuderte, hatte niemand darauf geachtet, denn die Aufmerksamkeit war dadurch abgelenkt worden, daß ich mit dem Major in den Fluß sprang. Monteso hatte sich sofort niedergesetzt, dann, als der einzige Wächter ihn verließ, machte er sich an das Werk. Da ihm die Hände nicht vorn, sondern auf dem Rücken zusammengebunden waren, war es sehr schwer, die Riemen mit dem Messer zu zerschneiden. Er kam auf einen guten Einfall. Er legte sich auf den Rücken und hob das Messer auf. Dann ging er zum nächsten Busch, welcher mehrere nicht zu starke Äste hatte. Durch einen derselben stieß er das Messer, dessen Klinge so fest stecken blieb, daß er den Riemen an ihr aufscheuern konnte. Als er die Hände frei hatte, zog er das Messer wieder heraus und eilte zu seinem noch dastehenden Pferd, welches neben demjenigen des Wächters hielt. Aber eben, als er in den Sattel stieg, wurde er bemerkt. Noch waren nicht alle Reiter im Fluß, da es für fünfzig Mann nicht Platz genug gab, zugleich hineinzugehen. Diejenigen, welche sich noch am Ufer befanden, jagten dem davongaloppierenden Monteso nach.

Der Major konnte sich nicht sofort entscheiden, welche Richtung er einschlagen solle. Sollte er es machen wie der Wächter, welcher auch auf sein Pferd sprang, um sich der Verfolgung Montesos anzuschließen? Oder sollte er denen nachreiten, welche es auf mich abgesehen hatten? Er zauderte und in solcher Lage hat eine einzige Minute Versäumnis viel zu bedeuten. Die Wiedererlangung meiner Person mochte ihm doch wichtiger erscheinen, als das Ergreifen Montesos. Er trieb sein Pferd, das heißt mein Pferd, in das Wasser, als seine Leute alle das andere Ufer bereits erreicht hatten und dort verschwunden waren. Wo aber befand ich mich? Nun, ganz in der Nähe! Sobald ich sah, daß man mich erblickt hatte, rannte ich am Ufer entlang aufwärts. Die Stelle, an welcher ich aus dem Wasser gekommen war, lag ein wenig weiter abwärts, als diejenige, an welcher jenseits die Bolaleute auf mich warteten. Ich wollte und mußte sie irre leiten. Indem ich aufwärts rannte, wollte ich ihnen die Meinung beibringen, daß ich in dieser Richtung meine Flucht fortsetzen werde, was mir aber gar nicht einfiel, denn sonst wäre ich gewiß sehr bald ergriffen worden. Ich konnte nur dann entkommen, wenn es mir gelang, sie irre zu führen.

Am Ufer gab es viel Gebüsch. Sollte ich mich durch dasselbe decken oder nicht? Ließ ich mich nicht sehen, so sahen sie nicht, wohin ich lief, und ich konnte sie nicht irre leiten. Ließ ich mich aber sehen, so gab ich ihnen ein Ziel für ihre Kugeln und Bolas. Ich mußte indessen das letztere riskieren, wenn ich überhaupt entkommen wollte. Doch ich hatte Glück. Einige Schüsse wurden abgegeben, welche nebenher gingen; einige Bolas kamen geflogen, doch trafen sie nicht, sondern wickelten sich um die Zweige und Äste, welche in der Richtung lagen. So rannte ich eine Strecke von vielleicht dreihundert Schritten aufwärts. So lange ließ ich mich sehen. Dann tat ich, als ob ich mich nach dem freien Camp wende, bis wohin man nicht sehen konnte, duckte mich aber wieder und kroch unter den Büschen bis an den Rand des Wassers zurück. Ich sah unten den letzten Reiter aus dem Wasser kommen. Hinter mir, draußen vor den Büschen, welche wie ein schmales, grünes Band das Ufer säumten, hörte ich die ersten vorüberjagen. Man vermutete mich schon viel weiter oben. Der Major hielt noch unten jenseits des Flusses. Er sah den Verfolgern Montesos nach. Ach, wenn ich ihn fassen und mein Pferd bekommen könnte! Dieser Gedanke elektrisierte mich. Ich ließ mich sofort in das Wassser, tauchte unter und schwamm nach jenseits. Zweimal mußte ich Atem schöpfen, nahm mir aber dabei keine Zeit, abwärts zu blicken. Erst als ich an das Ufer stieß, sah ich hin, wo er sich befand. Er trieb soeben das Pferd in das Wasser. Das paßte ja vortrefflich! Ich tauchte wieder unter und schwamm abwärts. Das ging sehr rasch, denn das Wasser hatte hier ein starkes Gefälle, und ich stieß aus Leibeskräften aus. Als ich wieder emporkam, um Atem zu holen, hatte er zwei Drittel seines Wegs, ich aber noch mehr des meinigen zurückgelegt. Ich befand mich beinahe hinter ihm. Nun fiel es mir gar nicht ein, wieder zu tauchen. Ich schwamm ihm mit aller Kraft nach. Er sah sich nicht um. Hätte er mit dem Kopf nur eine halbe Wendung gemacht, so wäre sein Blick ganz gewiß auf mich gefallen.

Ich schwamm schneller als das Pferd und kam ihm näher und näher. Jetzt trafen die Hufe auf Grund; ich aber hatte das Pferd mit der Linken beim Schwanz; in der Rechten hielt ich das Messer. Seine einzige Waffe war der Säbel. Er hatte zwar zwei funkelnde Pistolen im Gürtel stecken, aber die Dinger sahen so hübsch aus, daß sie keine Furcht zu erregen vermochten. Nun hatte der Reiter das Ufer erreicht. Er wollte das Pferd weiter treiben, ich aber zog am Schwanz. Infolgedessen schlug es aus.

„Señor Cadera!" sagte ich.

Er fuhr erschrocken herum, als er den Namen hörte, den er selbst mir vorhin genannt hatte. Sein Schreck verzehnfachte sich aber, als er mich erblickte, noch mehr triefend als er.

„Mein Gott!" rief er aus. „Sie sind es, Sie!"

„Schreien Sie nicht so sehr, Señor, sonst zwingen Sie mich, Sie mit diesem Messer still zu machen! Kommen Sie vom Pferd herab!"

„Das sollte mir einfallen! Ich habe Sie ja fest, und wenn Sie Ihr Messer nicht sofort wegtun, schieße ich Sie nieder!"

Er gab dem Pferd die Sporen, um es halb zu wenden und mich als besseres Ziel zu haben. Der Braune aber war, seit ich ihn besaß, eine solche Behandlung nicht gewöhnt; er bäumte sich, und ich bekam den Reiter griffgerecht. Ich nahm ihn beim Gürtel, riß ihn aus dem Sattel und schleuderte ihn zu Boden. Da ich aber zugleich das Pferd am Zügel fassen mußte, damit es nicht fort könne, kam er schnell wieder auf und faßte mich an der Brust. Das Pferd schlug vorn und hinten aus. Ich durfte den Zügel nicht fahren lassen. Darum nahm ich mich zusammen und gab dem Mann mit der freien Hand einen Hieb an die Schläfe, daß er niederbrach. Dann band ich das Pferd leicht an einen Strauch, zog dem Major den Säbel aus der Scheide und trat ihn entzwei. Die eine Pistole war ihm entfallen. Ich nahm ihm auch die zweite aus dem Gürtel und warf sie eine Strecke fort. Dann band ich das Pferd wieder los und stieg in den Sattel. Eine schnelle Untersuchung der Satteltaschen belehrte mich, daß der Inhalt derselben noch beisammen sei. Jetzt hatte ich alles wieder, das Pferd und mein ganzes Eigentum. Diese Bolamänner sollten nichts bekommen, weder mich, noch meine Sachen! Der Hieb, welchen ich dem Major versetzt hatte, war nicht allzukräftig gewesen, weil ich keinen Raum gehabt hatte, weit auszuholen. Der nur leicht Betäubte schlug die Augen auf, besann sich schnell und sprang empor.

„Halt, Señor!" gebot er. „Sie bleiben! Tut Ihr Pferd einen Schritt, so..."

Er sprach nicht weiter, denn er fand seine Pistole nicht, und als er nach dem Säbel griff, fehlte die Klinge. Er sah die beiden Stücke derselben am Boden liegen.

„So... so? Was denn?" fragte ich lachend, indem ich mit der einen Hand die Wasserschnalle des Stiefels aufzog und den Revolver herausnahm.

„So... so...! Sie haben mich um meine Waffen gebracht!"

„Allerdings! Und nun sage ich Ihnen, leise können Sie sprechen; reden Sie aber noch ein einziges lautes Wort, so jage ich Ihnen eine von diesen sechs Kugeln in den Kopf!"

„Das werden Sie nicht tun! ich war ja auch freundlich mit Ihnen!"

„Dennoch wollten Sie mich, den Unschuldigen, füsilieren lassen!"

„Ich konnte nicht anders; ich hatte den Befehl dazu."

„Von wem?"

„Das darf ich nicht sagen."

„Und wenn ich Sie mit diesem Revolver zwinge, offenherzig zu sein?"

„Erschießen Sie mich! Ich bin in Ihrer Hand; aber zum Sprechen zwingen Sie mich doch nicht!"

„Gut, das achte ich. Es ist mir auch ganz gleichgültig, wer mir an den Kragen wollte; ich habe den Kragen noch."

„Ich aber nicht! Sie haben mir die Uniform zerrissen."

„Um zu meinem Eigentum zu kommen. Ich sagte Ihnen ja, daß ich die Uhr und das Geld zu meiner Reise brauche. Sie aber wollten es nicht glauben."

„Meinten Sie wirklich die Weiterreise, nicht den Tod?"

„Natürlich!"

Er sah mich ganz fassungslos an.

„Diabolo! So hatten Sie bereits den Entschluß, zu fliehen?"

„Ja."

„Dann sind Sie ein Kerl, ein Kerl... Señor, ich hatte über fünfzig Mann bei mir!"

„Die haben mich nicht halten können! Ja, wenn Ihnen wieder einmal ein Deutscher begegnet, so denken Sie, daß er mehr wiegt, als zwanzig Ihrer Guardareiter."

„Señor, Sie sind ein Teufel!"

„Aber ein sehr nasser. Übrigens habe ich keine Veranlassung, Ihnen diesen Glauben zu nehmen. Stecken Sie Ihren Haudegen in die Scheide, und suchen Sie nach Ihren Pistolen! Ich habe sie über den Rand des Ufers hinaufgeworfen, wo Sie sie finden werden."

„Wohin reiten Sie?"

„Warum fragen Sie? Wollen Sie mich nochmals fangen?"

Er war natürlich voller Ärger, biß die Zähne zusammen, blickte vor sich nieder und stieß dann trotzig hervor:

„Jetzt sind Sie mir entgangen, und ich bin durch Sie blamiert. Hüten Sie sich, mir abermals zu begegnen! Ich würde Rache an Ihnen nehmen!"

„Das mögen Sie, Herr Major!"

Ich lenkte den Braunen ins Wasser und ließ ihn zum anderen Ufer schwimmen. Dort angekommen, sah ich zurück. Der Major kroch im Gras herum und suchte nach seinen Pistolen. Zu meiner Freude bemerkte ich, daß Monteso verschwunden war. Ich glaubte, daß er entkommen sei. Als ich den Platz sorgfältig überblickte, sah ich an einem Busch einen zerschnittenen Riemen liegen. Aus den zwei Schlingen, welche er gebildet hatte, war zu erkennen, daß er als Fessel gebraucht worden sei. Es war gewiß, Monteso hatte die Flucht ergriffen. Natürlich war er nach der Estanzia des Yerbatero; ich mußte auch dorthin und schlug denselben Weg ein, welchen wir gekommen waren. Bald aber bemerkte ich Spuren vieler Pferde. Ich stieg ab und untersuchte diese Fährte. Leider kam ich sehr bald zu dem Resultat, daß Monteso verfolgt worden sei, und zwar von acht bis zehn Reitern. Es war möglich, daß diese auf demselben Weg zurückkamen. Unter gewöhnlichen Verhältnissen fürchtete ich mich vor einer so kleinen Anzahl von Leuten nicht, zumal ich ein ausgezeichnetes Pferd ritt; aber ich hatte mich vor den Bolas in acht zu nehmen, gegen welche es keine Abwehr gibt. Einer Lassoschlinge kann man entgehen, indem man das Gewehr waagerecht emporhält, so daß sich die Schlinge nicht über den Kopf herabsenken kann, oder indem man das Messer bereit hält, um den Riemen, sobald er trifft, zu zerschneiden. Wie aber entgeht man der Bola? Sie wird nach den Hinterfüßen des Pferdes geworfen und schlingt sich um dieselben; das Tier stürzt, der Reiter natürlich mit, und ehe er sich aufrafft, sind die Feinde über ihm. Oder er selbst wird von den drei fürchterlichen Kugelriemen umschlungen, die ihn für so lange wehrlos machen, daß der Feind Zeit bekommt, ihn zu fassen.

Also nur die Bola war es, die ich fürchtete, und bald sollte mir Veranlassung werden, dieser Furcht Raum zu geben.

Um den etwa Zurückkehrenden auszuweichen, wollte ich mich weiter südwärts halten. Leider aber war das nicht möglich, wegen des bereits erwähnten Sumpflands, in welches ich mich nicht tiefer wagen durfte, da ich es nicht kannte.

Nach Norden wollte ich nicht, denn da oben befanden sich die Kavalleristen. Sie waren zwar noch jenseits des Flusses, aber sobald es dem Major gelang, sie von dem Gelingen meiner Flucht zu unterrichten, kamen sie sofort herüber; das war gewiß. Aus diesen beiden Gründen sah ich mich gezwungen, doch auf dem Weg zu bleiben, welchen ich so gern vermeiden wollte, und ritt nach der Höhe empor, von welcher wir herabgekommen waren.

Das Wasser tropfte noch immer von mir. In den Stiefeln hatte ich keine Feuchtigkeit; aber die anderen Kleidungsstücke waren eingeweicht. Ich zog den Brustfetzen des Fracks aus dem Gürtel und nahm die Uhr und die Brieftasche heraus. Ich sah zu meiner Genugtuung, daß das Wasser beiden keinen Schaden getan hatte. Den Fetzen warf ich fort; Geld und Uhr steckte ich in den trockenen Stiefel.

Während dieser Untersuchung hatte ich die Höhe fast erreicht und schnallte oben den Stiefel wieder zu, damit kein Wasser von oben in denselben herabsickern könne, als zwischen den Felsstücken, welche, wie bereits erwähnt, auf dem Berg lagen, ein Reitertrupp erschien. Ich hielt an und sah scharf hin. Es waren die Kavalleristen. Sie hatten Monteso in der Mitte. Auch sie hielten an. Es gab im ganzen Land keinen Menschen, welcher einen Anzug trug wie ich, so erkannten sie mich denn. Sie erhoben ein Triumphgeschrei und sprengten auf mich ein. Ich sah, wie sie die Bolas lösten und um die Köpfe schwangen. Nun, da hatte ich ja gleich Gelegenheit, diese gefürchtete Waffe kennenzulernen. Ich riß mein Pferd herum und jagte davon, nach Norden zu, denn zurück zum Fluß konnte ich nicht. So lange ich es nur mit dieser kleinen Truppe zu tun hatte, war die Sache nicht gefährlich, denn ihre Pferde konnten meinen Braunen nicht einholen, und es war also ein leichtes, sie so weit hinter mir zu lassen, daß die Bolas mich nicht zu erreichen vermochten.

Wohl siebenhundert Schritte war ich ihnen voraus. Sie schrien und heulten wie die Wilden. Zurückblickend gewahrte ich, daß sie mir nicht direkt folgten; sie hielten sich vielmehr auf der Höhe, um mich talabwärts nach dem Fluß zu drängen und in dieser Weise ihren Kameraden in die Hände zu treiben.

Das war für mich gefährlich, zumal ich sah, daß das Terrain sich mir nicht günstig zeigte. Während sie auf dem geraden, glatten Bergrücken ritten, hatte ich einige weite Halden zu umbiegen, was mich gegen sie außerordentlich zurückhielt. Mein Pferd schien zu ahnen, daß es seine Schnelligkeit zu zeigen habe, und griff so wacker aus, daß ich überzeugt war, ihnen zu entgehen.

Aber diese Überzeugung währte nicht lange. Ein schrilles Freudengeheul ließ mich ahnen, daß irgend etwas für die Kavalleristen Vorteilhaftes geschehen sei. Ich sah mich um. Wahrhaftig! Da unten zur linken Hand kamen Reiter aus dem Saumgebüsch des Flusses. Der Major hatte seine Leute gefunden und ihnen befohlen, über den Fluß zu gehen. Sie sahen mich; sie sahen ihre Kameraden und antworteten ihnen mit einem ebenso lauten wie triumphierenden Jauchzen. Jetzt befand ich mich nun freilich in der Lage, welche der Deutsche in sehr bezeichnender Weise eine „Klemme" nennt. Hinter mir den Sumpf, links den Fluß mit vierzig und rechts die Höhe mit zehn Bolamännern. Und dabei befanden sich die ersteren mir nicht etwas parallel, sondern sie waren mir vor. Sie hatten den Fluß nicht unten in der Gegend des Lagerplatzes, sondern eine tüchtige Strecke weiter oben durchschwommen. Das schlimmste war, daß sie nun nach rechts hielten, während ihre Kameraden ihre Richtung nach links herab nahmen. Die Linien dieser beiden Richtungen bildeten einen spitzen Winkel, und wo sie zusammentrafen, lag der Rancho, welchen ich gesehen hatte, als wir bei unserer Ankunft über die Höhe geritten waren.

Es gab eine Rettung für mich, und diese lag vorn, vor mir; zurück durfte und konnte ich nicht. Gelang es mir, den Rancho zuerst zu erreichen, so durfte ich hoffen, zu entkommen. Nicht etwa, daß ich erwartet hätte, in dem Rancho selbst Rettung zu finden, nein; dort wäre ich eingeschlossen worden, wodurch meine Lage nicht verbessert gewesen wäre. Aber es war zu berechnen, daß die Trupps dort zusammentreffen würden. Kam ich ihnen vor, so konnte ich nicht von ihnen umgangen, nicht mehr zwischen sie genommen werden. Darum war die höchste Eile geboten. Unten und oben raste die wilde Jagd vorwärts. Die Kerle wirbelten die Bolas um ihre Köpfe und heulten wie die Indianer. Sie waren überzeugt, daß ich ihnen nicht entgehen könne. Hätte ich den Stutzen bei mir gehabt, so wäre mir gewiß nicht leicht so ein Kerl so nahe gekommen, daß er mich mit der Bola zu erreichen vermochte; aber was nützten mir die armseligen Revolver!

Ich erhob mich in den Bügeln, um mich leichter zu machen. Ich klopfte und streichelte den Hals des Pferdes. Es verstand mich. Auch war es durch das Geheul aufgeregt worden und strengte alle seine Kräfte an. Ich gewann an Raum, langsam zwar, aber sicher. Die anderen merkten das. Sie schrien und schlugen auf ihre Pferde ein, vergeblich! Ich berechnete das Terrain, benutzte auch den kleinsten Vorteil, um einen Schritt, einen Zoll des Wegs zu sparen, und das hatte Erfolg. Die beiden Trupps näherten sich mir mehr und mehr, aber ich kam doch vor und weiter vor. Schon waren die zehn zurück und die vierzig parallel, die doch vorher so weit vor gewesen waren. Ich jubelte, aber nicht laut, sondern im stillen. Der Rancho kam näher; es war, als ob er auf mich zugeschoben werde. Aber die zur linken Hand waren mir jetzt so nahe, daß ich fast die Gesichter unterscheiden konnte. Sie versuchten ihr Heil mit den Wurfkugeln. Vier, fünf, sechs und noch mehr Bolas flogen auf mich zu, doch keine erreichte mich. Und nun war ich ihnen so voran, daß ein Einholen nicht mehr möglich zu sein schien. Ich war gerettet, oder vielmehr, ich glaubte, gerettet zu sein.

Der Rancho war nicht groß. Sein weißes Mauerwerk leuchtete weithin, und schattige Bäume überwölbten sein Dach. Eine dicke, ziemlich hohe Mauer umgab ihn; aber über diese Mauer ragten noch die Spitzen undurchdringlicher Kaktushecken hervor. In der Mauer gab es ein breites Tor. Es war geöffnet worden. Zwei Männer und einige Frauengestalten standen vor demselben. Sie hatten von weitem das Wettrennen, die Menschenjagd, bemerkt und waren herausgekommen, zu sehen, um was es sich handle. Der eine der beiden Männer war wie ein Geistlicher gekleidet. Als mein Brauner heranschoß, um wie ein Wind an dem Tor vorüberzuschießen, trat dieser Mann weiter vor, schlug die Arme auseinander, als ob er das Pferd anhalten wollte:

„Halt! Sie reiten ins Verderben!"

Sollte ein Mann, der diesem Stand angehörte, mich belügen? Gewiß nicht! Ich sah nach rückwärts. Die Verfolger waren so weit hinter mir, daß ich getrost eine halbe Minute opfern konnte. Freilich, anzuhalten vermochte ich das Pferd nicht so schnell; ich lenkte es zur Seite, ritt einen scharfen Bogen, blieb dann vor dem Tor halten und fragte:

„In das Verderben? Wieso?"
„Sie fliehen vor den Leuten dort?"
„Ja."
„Sind Sie schuldig?"
„Vollständig unschuldig. Ich habe keinem Menschen ein Leid getan. Ich bin ein Fremder, ein ehrlicher Deutscher, welcher noch nicht..."
„Ein Deutscher?" rief die eine Frau. „Dann herein, herein, Landsmann! Schnell, schnell! Gleich werden die Bolas sausen!"

Wirklich fiel eine nach mir geworfene Bola kaum zwanzig Schritte vor mir nieder und überschlug sich einigemale auf der Erde. Ich drückte dem Pferd die Fersen in die Weichen, daß es mit einem Satz durch das Tor in den Hof flog. Männer und Frauen warfen die Torflügel zu. Zwei starke Riegelbalken wurden vorgeschoben.

Der Hof war nicht sehr groß. Das Haus stieß mit der schmalen Seite an denselben. Neben der Giebelmauer blieb noch Platz für eine starke Bohlentür, welche, wie ich später bemerkte, in einen großen, von einem Kaktuszaun eingeschlossenen Platz führte, auf welchem sich eine Rinderherde befand. Dort waren die bösartigen Tiere eingeschlossen, welche man nicht auf dem offenen Camp weiden lassen konnte, wenn man Unglück verhüten wollte.

„Also ein Deutscher sind Sie?" fragte die Frau in meiner Muttersprache. „Wie freue ich mich, daß wir Sie retten konnten!"

„Ich danke Ihnen für den großen Dienst, welchen Sie mir geleistet haben! Freilich darf ich meine Rettung leider nur eine einstweilige nennen, und Sie werden sich durch die Wohltat, welche Sie mir erweisen, wahrscheinlich selbst in Gefahr begeben."

„O nein. Bruder Hilario ist da; da gibt es keine Gefahr. Das wissen Sie wohl!"

„Ich weiß es nicht, ich kenne ihn nicht. Ich bin erst seit vier Tagen im Lande und..."

Wir wurden durch ein lautes Pferdegetrappel, Stimmengewirr, Fluchen, Schreien und Türschlagen unterbrochen.

„Macht auf, macht auf!" rief es von draußen. „Sonst rennen wir das Tor ein!" Da kam der Frater auf mich zu und fragte mich:

„Señor, ich bitte Sie, mir aufrichtig zu sagen, ob Sie wegen einer Schuld oder wegen eines Vergehens verfolgt werden. Ist es so, dann werde ich zu vermitteln suchen; sind Sie aber schuldlos, dann werden wir Sie verteidigen. Sie stehen dann unter dem Schutz Gottes und haben von uns jeden Beistand zu erwarten."

„Ich gebe Ihnen mein heiliges Wort, daß ich schuldlos bin."

„Das genügt, Señor."

„Ich werde Ihnen erzählen, welhalb man sich meiner bemächtigen will."

„Später, später! Erst wollen wir mit diesen ungestümen Leuten reden."

Der Frater war ein Mann von hohem, knochigem Körperbau. Er trug einen breitrandigen, schwarzen Filzhut, einen Rock mit langen, bis auf die Knöchel reichenden Schöffen aus schwarzen Stoff, einreihig geknöpft und mit einem Stehkragen, über welchem die weiße Perlenreihe der Halsbinde zu sehen war. An den Füßen hatte er hohe Stiefel mit den landesüblichen großrädrigen Sporen. Fast hätte ich mich gewundert, daß in dem ledernen Gürtel, welcher seine schlanke Taille umschloß, neben dem Messer auch die Griffe zweier Revolver großen Kalibers zu sehen waren. Sein Gesicht war trotz seines knochigen Körperbaus fast zart geschnitten und von ungewöhnlich sanftem Ausdruck, wozu seine großen, blauen Augen prächtig paßten. Wie stimmte die kriegerische Ausrüstung mit diesem kinderfreundlichen Gesichtsausdruck?

Im Tor befand sich ein etwa zwei Hand großes, viereckiges Guckloch, welches mit einem Deckel verschlossen war. Der Frater öffnete es, blickte hinaus und fragte:

„Was wollt Ihr, Señores?"

„Hinein wollen wir!" antwortete jemand gebieterisch. Ich erkannte die Stimme des Anführers.

„Wer seid Ihr?"

„Wir sind von der Guardia national, und ich bin der Major Cadera."

„So! Warum verlangen Sie so stürmisch Zutritt zu uns?"

„Weil wir den Flüchtling, welchen Sie aufgenommen haben, ausgeliefert verlangen. Er ist zum Tod verurteilt worden, aber kurz vor der Exekution entflohen."

„Weshalb wurde er verurteilt?"

„Wegen Mordes, Aufruhrs und Landesverrats."

„Von wem wurde er verurteilt?"

„Vom Kriegsgericht."

„Welcher Garnison?"

„Donnerwetter! Fragen Sie nicht, als ob wir Schulknaben seien! Das bin ich nicht gewöhnt."

„Und ich bin gewöhnt, jeder Sache auf den Grund zu gehen. Wenn wir Euch einen Flüchtling ausantworten sollen, muß ich vorher wissen, ob Ihr ein Recht habt, seine Auslieferung zu verlangen."

„Ja, denn wir selbst sind es, die ihn verurteilt haben."

Der Frater schwieg eine Weile; er schien die Männer genau zu betrachten. Dann sagte er:

„Ihr selbst habt ein Kriegsgericht konstituiert? Hm! Darüber sprechen wir noch. Erst will ich den Fremden fragen, um zu hören, wie er über diese Angelegenheit spricht."

„Verwünscht! Sollen wir hier warten, bis er Euch ein Dutzend Lügen aufgebunden hat? Dazu haben wir weder Lust noch Zeit. Wenn das Tor nicht augenblicklich geöffnet wird, so rennen wir es ein!"

„Dagegen werden wir uns wehren!"

„Versucht es doch einmal! Wir sind fünfzig Kavalleristen, und wir werden uns gar nicht lange bedenken, nicht nur Feuer an das Tor zu legen, sondern Euren ganzen Rancho zu verbrennen."

„Mäßigt Euch, Señor! Hier gibt es nicht Leute, welche sich einschüchtern lassen. Ich ganz allein fürchte mich nicht vor euch."

„Ah! So? Wer sind Sie denn, Sie gar so tapferer Held?"
„Ich bin Bruder Hilario."
„Ein Bruder also! Das ist etwas Rechtes! Vor einem Frater reißt kein Huhn aus, wir noch viel weniger. Wenn Sie den Flüchtigen nicht sofort ausliefern, so stürmen wir den Platz!"
„Hört erst, ich bin der Kommandant desselben."
„Ein Frater Kommandant einer Festung! Das ist lustig! Das ist zum Totlachen! Womit wollt Ihr sie denn verteidigen?"
„Zunächst mit meiner einfachen Warnung. Wehe dem, welcher Hand an dieses Haus oder einen seiner Bewohner legen wollte! Es befindet sich ein Sterbender darin."
„Danach fragen wir den Teufel, aber Sie nicht, Sie... Sie... Sie Frater Hilario!"
„Nun, so will ich Ihnen sagen, Señor, daß ich außer diesem Namen noch einen anderen habe. Man nennt mich hier und da auch wohl den Bruder Jaguar."
„Der... Bruder... Ja... guar!" rief der Major aus, indem er die Worte und Silben wie erschrocken auseinanderzog. Sein Gesicht konnte man nicht sehen. Draußen trat tiefe Stille ein. Der Frater aber wendete sich zu mir und sagte:
„Sie sind hier sicher, Señor. Diese Leute fürchten sich vor mir!"

III. Bruder Jaguar

Was ich gehört hatte, erfüllte mich mit Erstaunen. Woher hatte der seltsame Mann, in dem ich wohl das Mitglied einer Missionsgesellschaft zu verehren hatte, diesen Namen? Womit hatte er ihn verdient. Der Jaguar ist das gefürchtetste Raubtier Süd- und Mittelamerikas. Wenn ein Mann Gottes aus dem Munde des Volkes einen solchen Namen erhält, so müssen Gründe dazu vorhanden sein. Jaguar! Wie harmonisierte dieses Wort mit der Sanftmut und Milde, welche sein bleiches, bartloses Gesicht so anziehend machte! Ich ahnte, daß ich da vor einem hochinteressanten Geheimnis stand.

Die Art und Weise, in welcher er mit den Kavalleristen sprach, hatte etwas so Furchtloses, Selbstbewußtes, ja Kriegerisches. Und als er sich zu mir herumgedreht hatte, war ein so eigentümliches Leuchten in seinen Augen gewesen, als ob er sich zutraue, den stärksten und gefährlichsten Feind zu bezwingen. Er wendete sich wieder an das Guckloch und rief:

„Wartet hier! In einer halben Stunde werde ich euch Bescheid sagen. Aber wer nur einen feindseligen Griff wagt, der hat es mit Bruder Jaguar zu tun. Bedenkt das!"

Jetzt verschloß er das Guckloch. Ich war gleich anfangs vom Pferd gestiegen und hatte bis jetzt nicht aufgehört, dasselbe zu liebkosen und zu streicheln, weil es seine Schuldigkeit getan hatte.

Der Bruder sah das. Er reichte mir die Hand und sagte:

„Ich heiße Sie willkommen, Señor. Sie halten Ihr Pferd gut. Das ist hier eine große Seltenheit, und ich bin überzeugt, daß Sie ein guter Mensch sind. Kommen Sie herein in die Stube!"

Er öffnete eine schmale Tür, durch welche wir in den Wohnraum traten, der höher war, als man es gewöhnlich in Ranchos findet, und eine Bretterdecke hatte. Die Glasfenster zeigten keinen einzigen Fleck, und die einfachen Tische und Stühle waren ebenso wie die Diele blitzblank gescheuert. Das mutete einen so heimatlich an. Neben der Tür hing ein Weihwassergefäß, was ich während dieser Tage noch nirgend anderswo gesehen hatte, obgleich die Staatsreligion der Banda oriental die katholische ist. Gegenüber hing der Spiegel und zu beiden Seiten von ihm die Mater dolorosa und der Erlöser mit der Dornenkrone in nicht üblem Ölfarbendruck. In der Ecke stand ein großer Kachelofen und hinter demselben, in dem Raum, welchen man in einigen Gegenden Deutschlands die „Hölle" nennt, ein altes, mit Leder bezogenes Sofa. Es war mir ganz so, als ob ich mich in einer thüringischen oder banerischen Bauernstube befände. Und ebenso wie die Wohnung heimelten mich auch die Besitzer an. Die Frau, welche mich so herzlich bewillkommnet hatte, mochte an die vierzig Jahre alt sein; ihr Mann vielleicht zehn Jahre älter. Beide trugen sich heimatlich gekleidet, ungefähr wie die Leute im Fichtelgebirge. Die Frau hatte offene, lebhafte Gesichtszüge, in denen aber ein Zug der Trauer lag. Der Mann war von behäbigem Aussehen, wie einer, welcher von sich sagen kann: Ich bin kein reicher Mann, aber was ich brauche, das habe ich, und sogar alle Wochen zwei Groschen mehr. Das andere Frauenzimmer, welches mit vor dem Tor gestanden hatte, war eine Dienstperson indianischer Abstammung. Sie war nicht mit in der Stube geblieben, sondern durch eine zweite Tür gegangen. Das Klirren von Tellern und dergleichen verriet mir, daß dort die Küche liege.

So waren wir zu vier Personen. Während Wirt und Wirtin die Stühle an den Tisch schoben, sagte der Frater:

„Meinen Namen kennnen Sie, Señor. Ich muß Ihnen denjenigen unseres Ranchero sagen, damit Sie wissen, bei wem Sie sich befinden. Sie sind nämlich bei zwei Landsleuten, bei Señor und Señora Bürgli."

„Ah, Sie stammen aus der Schweiz?" fragte ich den Ranchero.

„Ihr Name läßt es erraten."

„Sie vermuten das richtige."

„Und Señora ist auch eine Schweizerin?" Ich sprach spanisch, da ich nicht erwarten konnte, daß der Frater deutsch verstehe.

„Nein. Sie ist eine Thüringerin aus der Gegend von Arnstadt", lautete die Antwort.

„Das habe ich mir nicht gedacht. Ein Schweizer ist hier in der Banda oriental keine Seltenheit, aber daß ich hier am Rio Negro eine Thüringerin treffen würde, das konnte ich nicht erwarten, noch dazu eine Thüringerin, welche mir das Leben rettet!"

„O, so schlimm wird es nicht gewesen sein, Señor!" meinte sie.

„Doch! Hätten die Bolas mein Pferd gelähmt, so wäre ich verloren gewesen. Man hätte mich erschossen."

„Wegen Landesverrats?"

„Ja, und wegen Mordes. Zufälligerweise aber war ich derjenige, welcher ermordet werden sollte."

„Zürnen Sie mir, wenn ich Sie bitte, uns Ihre Erlebnisse mitzuteilen?"

„O nein. Sie haben ein Recht, es zu erfahren."

Ich erzählte, was ich in den wenigen Tagen erlebt hatte, von dem Augenblick an, an welchem ich vom Schiff gegangen war, bis jetzt. Sie waren sehr aufmerksame Zuhörer. Als ich geendet hatte, sagte der Bruder:

„Eigentümlich! Es hat nicht ein jeder das Glück oder das Unglück, in so kurzer Zeit so viel zu erleben wie Sie, Señor. Sie befinden sich wirklich in Lebensgefahr."

„Wüßte ich nur, wer mir diese wütenden Bolamänner auf den Hals geschickt hat!"

„Vielleicht erfahren wir es noch."

„Ich habe Kirio im Verdacht."

„Ich auch. Übrigens kann es Ihnen, da Sie so schnell weiter und sich hier nicht verweilen wollen, eigentlich gleichgültig sein, wem Sie diese gefährliche Belästigung zu verdanken haben. Die Hauptsache ist, daß Sie von derselben erlöst werden."

„Das wird schwerfallen."

„Ich hoffe, daß es mir gelingen wird."

„Und ich denke, daß sie draußen warten werden, bis ich den Rancho verlasse."

„So bleiben Sie hier, bis ihnen die Geduld ausgegangen ist!"

„Das wäre schön!" stimmte die Señora bei. „Sie würden dadurch bei uns eine große Freude anrichten, trotzdem wir jetzt eine große Trauer im Hause haben."

„Ja, den Sterbenden?" fragte ich.

Ihre Mienen verdüsterten sich.

„Es ist ein Oheim von mir", sagte sie leiser. „Hören Sie ihn nicht draußen in der anderen Stube?"

Ich hatte wohl mehreremale ein unterdrücktes Ächzen und Stöhnen gehört, aber nicht darauf geachtet.

„Ist er sehr krank?" fragte ich.

„An Leib und Seele", antwortete sie. „Leiblich kann er nicht genesen; es sind ihm wohl nur noch wenige Tage beschieden, vielleicht nur Stunden. Und doch ist die andere Krankheit noch schlimmer, denn er will den Arzt nicht zu sich lassen und von keiner Arznei etwas wissen."

„Das ist freilich traurig. Ist er vielleicht ohne Glauben?"

„Das eigentlich nicht. Aber es scheint ihn etwas schwer zu drücken, irgendeine Schuld oder sonst eine Last, welche er vor seinem Tod von sich abwälzen möchte, ohne doch den Mut dazu zu haben. Er hat sich viel im Westen, im Gebirge umhergetrieben. Womit er sich da beschäftigte, wissen wir nicht genau. Er sagt, daß er nach vorsintflutlichen Tieren grabe. Dabei hat er sich ein kleines Vermögen gesammelt, mit welchem er für uns diesen Rancho kaufte. Er befindet sich fast das ganze Jahr in den Kordilleren und kommt nur hie und da einmal auf einige Wochen, um sich auszuruhen. Als er jetzt kam, es ist vor fast zwei Monaten, erschraken wir über sein Aussehen. Er glich einer Leiche. Von da an hat er seine Stube nicht mehr verlassen und ist wie das Abbild des Todes. Er weiß genau, daß er sterben muß."

„So geben Sie sich alle Mühe, ihn dahin zu bringen, daß er sein Herz erleichtere! Es hängt die Seligkeit daran!"

„Sie haben recht, Señor", sagte der Bruder, indem er mir die Hand drückte. Er hielt inne, denn draußen vor dem Tor erhob sich ein wahrer Heidenskandal. Der Ranchero griff zu seinem Gewehr, welches an der Wand hing, aber der Frater sagte:

„Lassen Sie, Señor Bürgli! Waffen werden wohl nicht nötig sein. Ich glaube, diese Leute bändigen zu können. Aber Sie können mit herauskommen."

Wir gingen in den Hof, in welchem mein Pferd sich nicht mehr befand. Ein Peon hatte es nach der anderen Seite des Hauses geführt, wo die auch von Kaktusgehegen eingeschlossene Pferdeweide sich befand. Sie war von außen ebenso unzugänglich, wie der für die Rinder bestimmte Platz, welcher vorhin erwähnt wurde. Man schlug gegen die Tür, und zehn, zwanzig Stimmen brüllten um Einlaß. Der Bruder öffnete das Guckloch abermals; es wurde still, und ich hörte den Major wieder reden:

„Zum Teufel, wie lange sollen wir warten! Es ist viel mehr als eine halbe Stunde vergangen!"

„So reitet weiter, wenn ihr keine Zeit zum Warten habt!"

„Wir werden reiten, aber ohne den Deutschen nicht! Gebt ihn heraus!"

„Das tun wir nicht."

„Mann Gottes, bekümmere dich nicht um irdische Dinge! Ich befinde mich auf dem Weg nach meiner Garnison. Ich werde dort erwartet und muß Sie allen Ernstes ersuchen, uns hier nicht aufzuhalten."

„Kein Mensch hält euch auf, Señor. Reitet fort, so schnell ihr könnt! Ihr tut uns und vielen anderen damit einen großen Gefallen!"

„Ohne den Deutschen nicht!
„Den bekommt ihr nicht. Er befindet sich unter meinem ganz speziellen Schutz!"
„Ich frage nicht nach diesem Schutz und erkenne ihn auch nicht an", fuhr der Major fort. „Ich gebe Ihnen noch fünf Minuten Zeit. Ist bis dahin der Deutsche nicht ausgeliefert, so werdet Ihr sehen, daß wir uns ihn holen!"
„Ihr würdet nur in Euer Verderben rennen, Señor!"
„Oho! Glaubt Ihr, daß er so sicher bei Euch ist, weil Sie ein Bruder sind? Das bilden Sie sich nicht ein. Ihre Amtswürde ist uns sehr gleichgültig. Wenn Sie uns widerstreben, so machen wir sie ebenso nieder wie jeden anderen!"
„So machen Sie Ernst! Versuchen Sie es! Ich will Ihnen die Gelegenheit dazu geben."
Er verschloß das Loch und griff nach den Riegeln. Die beiden schweren Balken flogen zurück, als ob sie Bleistifte seien. Der Frater mußte wahre Riesenkräfte besitzen. Dann öffnete er die beiden Flügel des Tores, so weit es möglich war. Wir konnten hinaussehen und die Kavalleristen herein. Wir sahen sie und sie uns.
„Dort steht der Hund, der mir den Säbel zerbrochen hat!" rief der Major. „Drauf, Leute!"
Er war ein ganz anderer geworden. Als ich sein Gefangener war, hatte er mich mit wirklicher Höflichkeit behandelt. Jetzt aber war er rücksichtslos. Er hatte seine Pistolen wieder gefunden. In jede Hand eine nehmend, schritt er auf den Frater zu. Seine Leute folgten ihm zögernd. Der Bruder stand mitten in der Toröffnung, hoch aufgerichtet und stolz.
„Zurück!" gebot er.
Die Bolamänner blieben stehen; der Major aber gehorchte nicht; er schritt weiter.
„Zurück oder...!" wiederholte der Bruder, indem er den Arm gebieterisch erhob. Jetzt hielt auch der Offizier den Schritt an. Ich konnte das Gesicht des Bruders nicht sehen; es mußte in demselben ein Ausdruck liegen, welcher dem Major imponierte. Er getraute sich nicht, an ihm vorüberzugehen, doch rief er in zornigem Ton:
„Nun gut, ich will nicht ohne Erlaubnis ein fremdes Haus betreten. Da Sie mir aber den Deutschen nicht ausliefern wollen, so mag die Sache schnell zu Ende gehen. Die Exekution mag gleich jetzt und hier stattfinden."
Er erhob den Arm, um mit der Pistole auf mich zu zielen.
„Halt! Nieder mit der Waffe!" donnerte der Frater ihn an.

Der Major erschrak wirklich vor dieser Stimme. Er ließ den Arm sinken, schien sich aber doch zu schämen, denn er richtete die Waffe von neuem auf mich und sagte:

„Pah! Ich lasse mir nichts befehlen, am allerwenigsten von einem Mönch. Dieser Deutsche soll zur Hölle fah..."

Er kam nicht weiter, denn in demselben Augenblick hatte er keine Pistole mehr. Der Bruder hatte sie ihm blitzschnell aus den Händen gerissen und warf sie in den Hof herein. Dann packte er den Major an beiden Armen, drückte sie ihm fest an den Leib, hob ihn empor und trug ihn wie eine Puppe herein. Neben der Tür bestand eine aus gestampfter Erde bestehende Bank. Auf diese steifte er den Offizier auf und fuhr ihn an:

„Hier bleibst du sitzen, Mann! Sobald du aufstehst, spreche ich noch anders mit dir!" Er kehrte an das Tor zurück, machte es zu und schob die beiden Riegel vor, ohne daß einer der Kavalleristen es gewagt hätte, ihn daran zu hindern. Der Major saß gehorsam und bewegungslos da wie ein Kind. Jetzt hatte ich gesehen, worin die Macht des Fraters lag, nämlich in seinen Augen. Diese hatten einen Glanz angenommen und einen Blick gehabt, welche beide ganz unbeschreiblich waren. Der rätselhafte Mann trat jetzt wieder an die Bank heran und sagte, indem er die Arme über der Brust kreuzte:

„So jetzt haben Sie Ihren Willen, Señor. Sie haben Einlaß erhalten und sehen den, dessen Auslieferung Sie verlangen, neben mir stehen. Sagen Sie mir, was Sie mir zu sagen haben, denn ich habe nicht Zeit, lange mit Ihnen zu verhandeln!"

„Das geht mich nichts an!" knurrte der Major grimmig. „Ich bleibe hier im Rancho, so lange es mir gefällt."

„Oder vielmehr, so lange es mir gefällt! Denn wenn ich Sie nicht mehr hier sehen will, so werfe ich Sie über die Mauer hinaus. Sehen Sie, ungefähr so!"

Er faßte ihn an den beiden Hüften, hob ihn empor und schwenkte ihn hin und her, daß der Mann voller Angst schrie:

„*Dios mio!* Wollen Sie mich denn schon jetzt hinauswerfen, Señor? Da gehe ich doch lieber selber!"

„Wenn Sie das tun wollen, so beeile ich mich, Ihnen zu erklären, daß Sie weder bleiben können, so lange es Ihnen beliebt, noch gehen dürfen, sobald es Ihnen paßt. Seit ich Sie hierher auf diese Bank gesetzt habe, besitzen Sie keinen freien Willen mehr, da Sie unser Gefangener sind."

Der Major starrte ihn erschrocken an, dann fuhr er von der Bank auf und rief:

„Was fällt Ihnen ein, mich für Ihren Gefangenen zu erklären! Welches Recht haben Sie dazu?"

„Dasselbe Recht, welches Sie hatten, diesen deutschen Señor und seinen Gefährten gefangen zu nehmen, nämlich das Recht des Stärkeren. Ich füge hinzu, daß unser Recht eine weit bessere Begründung hat als das Ihrige. Die beiden Señores hatten Ihnen gar nichts getan, als Sie sich derselben bemächtigten; Sie aber hatten uns mit Ihren Pistolen und sogar mit Einäscherung dieses Rancho bedroht, bevor ich Sie gefangennahm."

„Señor, ich bin Major und werde nächstens Oberst sein!"

„Das ist mir völlig gleichgültig. Sie haben Ihre Uniform und Ihren Rang befleckt. Sie haben Privatpersonen ergriffen und eine derselben hinrichten wollen; Sie sind also Polizist und Henker in einer Person gewesen. Wenn Sie glauben, dies mit Ihrer militärischen Würde vereinbaren zu können, so muß ich dagegen anderer Meinung sein. Übrigens flößt mir diese Würde nicht den geringsten Respekt ein, da Ihnen Ihr Säbel zerbrochen worden ist, was ja bekanntlich für die größte Beleidigung gilt, welche einem Offizier widerfahren kann."

„Señor!" brauste der Major auf, indem er die Hand ballte.

„Still! Mäßigen Sie sich, und setzen Sie sich gefälligst nieder! Sie dürfen nur dann, wenn ich Ihnen die Erlaubnis dazu erteile, sich von Ihrem Platze erheben, denn Sie haben keinen Willen mehr."

Er drückte ihn wieder auf den Sitz nieder. Der Major wußte sichtlich nicht, ob er sich zornig oder nachgebend verhalten solle. Das erstere wäre unklug und das letztere gegen seine Ehre gewesen. Er machte überhaupt ganz und gar nicht den Eindruck eines „schneidigen" Kavallerieoffiziers. Seine Beinkleider waren bis zum Sitz durchnäßt, und an dem Fracke fehlte das große Stück, welches ich ihm losgerissen hatte.

„Aber was haben Sie denn mit mir vor?" fragte er.

„Wir werden Sie wegen Bedrohung des Lebens eines Mitmenschen und ebenso wegen Bedrohung mit Brandstiftung zu einer diesen Verbrechen entsprechenden Strafe verurteilen."

„Donnerwetter! Sie... mich?"

„Jawohl. Nebenbei gesagt, bitte ich Sie, ähnliche Wörter und Flüche, wie ich jetzt hörte, zu unterlassen! Sie sind mir das schuldig."

„Aber was fällt Ihnen ein! Sie wollen sich zum Richter über mich setzen?"

„Gewiß! Warum etwa nicht?"

„Sie haben doch nicht das geringste Recht dazu!"

„Ich habe dazu wenigstens ganz dasselbe Recht, welches Sie sich anmaßten, als Sie heute ein Kriegsgericht konstituierten. Ich kenne die Rechtsverhältnisse dieses Landes und weiß sehr genau, daß Sie sich einen Übergriff erlaubten. Ja, dieser Übergriff war eigentlich eine Anmaßung, eine Gewalttätigkeit, für welche Sie hart bestraft werden, falls die beiden Betreffenden Anzeige erstatten."

„Señor, vergessen Sie ja nicht, mit wem Sie reden! Ich habe Ihnen meinen Namen und Grad genannt!"

„Ich sage Ihnen aufrichtig, daß ich Ihnen keinen Glauben schenke."

„Donner... wollte sagen, ja, was wollte ich sagen? Was ich da hörte, das ist so stark, daß ich mich fragen möchte, ob ich es wirklich gehört habe!"

„So will ich es wiederholen: Ich glaube nicht, daß Sie derjenige sind, für den Sie sich ausgeben."

„Señor, wissen Sie, welch eine Beleidigung Sie da ausgesprochen haben?"

„Sehr wahrscheinlich ist es gar keine Beleidigung. Die Armee der Banda oriental zählt nicht nach Hunderttausenden. Sie ist nicht so stark, daß man die Zahl und Namen ihrer Stabsoffiziere nicht zu übersehen vermöchte. Ich rühme mich, die Namen sämtlicher dieser Herren zu kennen; ein Major Cadera aber ist nicht dabei."

„So sind Sie ungenügend unterrichtet!"

„Bitte, wenn ich mich einmal unterweisen lasse, so pflege ich das genügend zu tun. Wohl aber kenne ich einen Señor namens Enrico Cadera. Er ist ein argentinischer Parteigänger, von welchem mir erzählt wurde, daß er jetzt zu irgendeinem noch unaufgeklärten Zweck Truppen sammle. Er rekrutiert an den Ufern des Uruguayflusses und soll es sogar einigemale gewagt haben, das diesseitige Gebiet zu betreten. Sonderbarerweise haben dann allemal die Herdenbesitzer derjenigen Gegenden, welche er mit seinem Besuch beehrte, beträchtliche Verluste an Pferden erlitten, welche ihnen fortgetrieben worden sind."

Es war ein etwas ängstlicher Blick, welchen der Major auf den Frater warf, als er sagte:

„Von diesem Mann habe ich noch nichts vernommen. Ich kenne ihn nicht."

„Wie? Sie als Major sollten von einem solchen Parteigänger nichts gehört haben? Das wäre erstaunlich. Sind Sie wirklich Stabsoffizier, so müssen Sie unbedingt benachrichtigt worden sein, daß wegen dieses Enrico Cadera ein Truppenkommando an den Uruguay gesandt worden ist, um derartige Übergriffe zurückzuweisen. Mein Zweifel an Ihrer Identität wird also immer größer. Überdies befürchte ich, Sie werden von der Veröffentlichung Ihrer heutigen Heldentaten wenig Ruhm haben."

„Desto größer wird die Strafe sein, welche man Ihnen diktieren wird! Es versteht sich ja ganz von selbst, daß ich Sie vor den Strafrichter bringe!"

„Dazu werde ich Ihnen behilflich sein. Ich bin entschlossen, einen Boten nach Mercedes zu senden, welcher die dort stehenden Truppen herbeiholt, damit ich von denselben arretiert werden kann. Da dies für Sie eine Genugtuung sein wird, welche ich Ihnen aufrichtig gönne, so werde ich Sie, wenn nötig mit Gewalt, veranlassen, bis zur Ankunft dieser Leute hier zu bleiben."

Dem Major kam die Selbstbeherrschung abhanden. Man sah, daß er erschrak.

„Alle Teufel! Das werden Sie bleiben lassen!" rief er aus.

„Glauben Sie etwa, mich zwingen zu können, diesen meinen Vorsatz aufzugeben?"

„Ja. Nötigenfalls werden meine Leute diesen Rancho mit Gewalt stürmen, um mich zu befreien!"

„Sie wollen Gewalt anwenden, um von hier fortzukommen? Sie fürchten also die Ankunft unseres Militärs? Damit liefern Sie den unumstößlichen Beweis, daß meine vorhin ausgesprochene Vermutung richtig ist. Sie sind der Anführer von Freibeutern, deren Treiben ungesetzlich ist. Kommen Sie mit herein in die Stube! Ich werde sofort einen Boten absenden, und Sie haben die Güte, bis zur Rückkehr desselben hier zu verweilen."

„Was muten Sie mir zu! Ich werde Ihnen zeigen, was ich zu tun beabsichtige oder nicht, und zwar gleich!"

Er schnellte von seinem Sitz auf und sprang nach der Stelle, an welcher seine beiden Pistolen lagen, welche der Bruder hereingeworfen hatte. Ich war darauf gefaßt gewesen, tat einen Sprung, kam ihm zuvor und schleuderte ihn zurück, so daß er mit einem lauten Schlag auf die Bank flog. Das brachte ihn außer sich. Er fuhr schnell wieder auf, stieß einen grimmigen Fluch aus und wollte sich auf mich werfen. Aber der Frater faßte ihn wie vorher an den Armen und steifte ihn abermals auf die Bank zurück.

„Sie sehen, daß Sie nichts vermögen", sagte er. „Ergeben Sie sich also in die gegenwärtige Lage! Widerstand ist vergeblich. Sie haben es nicht mit Leuten zu tun, welche sich vor einem Freibeuter fürchten. Sie werden die Früchte Ihrer heutigen Taten ernten, Sie und Ihre Leute, denn auch dieser werden wir uns versichern."

„Wie wollen Sie das anfangen?" fragte der Major kleinlaut höhnisch.

„Ich will es Ihnen sagen. Sie schließen wir ein, und dann locken wir Ihre Leute herein in den Hof und lassen unsere Toros und Novillos zu ihnen, welche sich da hinter diesem zweiten Tor befinden. Ich bin überzeugt, daß Ihre tapferen Guerilleros diesen Tieren gegenüber ganz andere Gesichter machen, als heute früh, wo es sich um zwei ungefährliche Männer handelte."

Toro ist ein alter, heimtückischer Stier, welcher leicht auf den Mann geht. Novillos werden die jungen, wilden Ochsen genannt, welche sich der Zähmung widersetzen. Beide Arten sind höchst gefährlich, denn ist ein solches Tier einmal in Wut geraten, was bei der geringsten Veranlassung geschehen kann, dann ruht es nicht eher, als bis der Feind ihm aus den Augen gekommen oder vernichtet ist. Die Drohung des Bruders verfehlte deshalb ihren Eindruck nicht, zumal er hinzufügte:

„Oder glauben Sie, daß Ihre Leute meiner Einladung nicht folgen werden? Dann gibt es ein anderes Mittel. Sie sind von den Pferden gestiegen und also nicht zu einer augenblicklichen Flucht vorbereitet. Ich brauche nur das vordere und dieses zum Ochsenplatz führende Tor zu öffnen, so stürmen die Stiere hinaus. Sie kennen das und werden zugeben, daß Ihre Leute dann sicher verloren sind. Soll ich es Ihnen etwa gleich jetzt beweisen, Herr Major?"

Er tat, als ob er zum Tor gehen wolle.

„Um Gottes willen!" rief Cadera erschrocken. „Die Bestien würden sich ja zuerst auf uns werfen!"

„Allerdings. Aber den Ranchero und mich kennen sie; wir würden uns vor den deutschen Señor stellen, und Sie würden es also allein sein, den sie auf ihre Hörner spießten. Es ist gar nicht scherzhaft gemeint, Señor! Sie befinden sich in großer Gefahr. Sie haben nichts zu erwarten als das Militär aus Mercedes und obendrein die wilden Stiere. Wir wissen sehr genau, wie man mit fremden Freibeutern umzugehen hat; das sehen Sie nun wohl ein."

„Ich mag mit Ihnen nichts mehr zu tun haben und verlange, daß Sie mich hinaus lassen!"

„Hm! Dieses Verlangen ist sehr leicht erklärlich, und ich bin vielleicht bereit, Ihren Wunsch zu erfüllen, stelle aber die Bedingung, Sie gegen Ihren Gefangenen auszuwechseln."

„Darauf lasse ich mich nicht ein! Sie müssen mich hinaus lassen. Sie haben kein Recht, mich hier zurückzuhalten!"

„Und Sie haben noch weniger Recht, sich des Señor Monteso zu bemächtigen. Streiten wir nicht. Diese Differenz wird sofort ausgeglichen werden, wenn die Truppen aus Mercedes kommen. Señor Bürgli, haben Sie einen sicheren Mann und ein schnelles Pferd?"

„Beides ist vorhanden", antwortete der Ranchero, welcher sich bisher nur mit den Augen und Ohren an der Szene beteiligt hatte.

„Lassen Sie augenblicklich satteln und bringen Sie den Mann zu mir. Ich werde ihm einige Zeilen mitgeben. Die Freischärler halten vorn am Tor; er mag also hinten durch die Öffnung der Hürde reiten. Da sehen sie ihn nicht."

Bürgli wollte in das Haus treten. Da aber rief der Major:

„Halt! Noch ein Wort! Ich habe die Truppen aus Mercedes nicht zu fürchten, denn sie sind meine Kameraden. Aber ich wäre blamiert, mich von ihnen in der gegenwärtigen Lage finden zu lassen. Ich gehe also auf Ihre Bedingung ein und liefere Monteso aus. Lassen Sie mich hinaus, so werde ich Ihnen den Mann hereinschicken."

Der Frater schüttelte lächelnd den Kopf und antwortete:

„In dieser Weise möchte ich die Sache nicht beilegen, Señor. Ich öffne das Tor, so daß Sie von den Ihrigen gesehen werden und mit Ihnen sprechen können. Sie geben ihnen den Befehl, den Yerbatero frei zu lassen. Sobald er zum Tor hereinkommt, dürfen Sie zu demselben hinaus. Dadurch wird jede Unehrlichkeit von Ihrer oder unserer Seite ausgeschlossen. Ich denke, Sie gehen auf diesen Vorschlag ein?"

„Ich bin bereit dazu."

„Gut! Aber ich verlange von Ihnen Ihr Ehrenwort, daß Sie sich dann sofort mit Ihren Leuten entfernen und jeden Versuch unterlassen, uns zu schaden. Unter diesem Wörtchen „uns" verstehe ich die Bewohner dieses Rancho, die beiden Señores, welche Ihre Gefangenen waren, und auch mich. Ich fordere also, daß Sie einen Eid darauf ablegen. Sind Sie bereit dazu?"

Er gab diese Zusage nur sehr widerstrebend; das war ihm anzusehen, aber er hatte keinen freien Willen mehr.

„Nun, so will ich öffnen", erklärte der Frater.

Er ging zum Tor, schob die Riegel zurück und machte beide Flügel auf. Mitten im Eingang blieb er stehen. Die Bolamänner waren abgestiegen und hielten in kurzer Entfernung von ihm. Monteso wurde von ihnen eingeschlossen und war an den Händen gebunden. Ich stand neben dem Major und hielt ihn scharf im Auge. Er hatte nun den betreffenden Befehl zu erteilen. Sein Auge sah das Tor offen; die Freiheit lag vor ihm; es schien ihm leicht zu sein, uns zu entkommen, ohne sein Versprechen zu halten; er schnellte plötzlich vorwärts, dem Ausgang zu. Aber er kam nicht weit. Ich sprang ihm nach und faßte ihn am Arm. Er versuchte sich loszureißen, doch vergeblich.

„Herbei, herein!" schrie er seinen Leuten zu. „Zu Hilfe!"

Ich schleuderte ihn zu Boden und hielt ihn dort fest. Mehrere der Bolamänner wollten seinem Ruf folgen; aber der Frater rief ihnen zu:

„Ihr bleibt draußen! Wer wagt es, meinem Befehl entgegen zu handeln?"

Sie wichen zurück. Er allein hielt fünfzig Männer in Schranken. Es war, als ob sein Blick lähmend auf sie wirkte.

„Verräter, Lügner!" wendete er sich an den Major. „Sie wollen Offizier sein und besitzen doch so wenig Ehrgefühl, daß Sie ein gegebenes Wort nicht achten. Ich sollte Sie dafür züchtigen, will es aber nicht tun, sondern auch jetzt noch unser Übereinkommen festhalten. Geben Sie Señor Monteso frei, so lassen wir Sie hinaus. Entschließen Sie sich schnell! Wollen Sie?"

„Ja", knirschte er. „Laßt mich nur auf!"

„Nein!" antwortete ich, ihm auf der Brust kniend. „Erst geben Sie den Befehl!"

„Nun laßt den Kerl herein!"

Er mußte dieses Gebot wiederholen, bevor es befolgt wurde. Montesos Fessel wurde gelöst, und er kam in den Hof.

„Nun aber will ich fort!" rief der Major. „Ich habe Ihre Bedingungen erfüllt. Lassen Sie mich also frei!"

„Ich werde es tun, sobald Sie jetzt in aller Form Ihr Ehrenwort wiederholen, sich mit den Ihrigen sofort zu entfernen und allen Feindseligkeiten gegen uns zu entsagen."

„Ich gebe es ja! Wir werden diese Gegend augenblicklich verlassen und nichts gegen Sie unternehmen."

„Gut! und das Pferd des Yerbatero verlange ich auch."

„Nehmen Sie es sich! Aber schnell, damit ich endlich loskomme!"

Monteso holte es sich selbst, und nun erst ließ ich die Hände von dem Major, welcher schnell aufsprang und zum Tor hinaus rannte. Draußen stieg er, ohne ein Wort zu sagen, auf und ritt mit seinen Leuten davon. Der Frater war so vorsichtig, ihnen einen Gaucho von weitem nachzusenden, welcher aufzupassen hatte, daß sie sich auch wirklich entfernten und uns nicht etwa für unsere Rückkehr nach der Estanzia del Yerbatero einen Hinterhalt legten. Er meldete uns später, daß sie über den Fluß gegangen seien, ein sicheres Zeichen, daß sie nicht die Absicht hatten, sich weiter mit uns zu beschäftigen.

Die Ranchera hatte von der Wohnstube aus den Vorgang nicht ohne Angst betrachtet, dabei aber doch Zeit gefunden, der Dienerin zu helfen, den Tisch mit den Erzeugnissen der Küche zu schmücken. Als wir hinein kamen, wurden wir aufgefordert, tüchtig zuzulangen, was wir auch taten. Dabei war natürlich das Ereignis der Gegenstand des Gesprächs. Monteso war am meisten ergrimmt und erzählte während des Essens, auf welche Weise er entkommen war. Das ihm von mir zugeworfene Messer hatte ihn gerettet, aber die Verfolger waren zu schnell hinter ihm gewesen. Er hatte zwar das Pferd zum schnellsten Lauf angespornt, aber es war jenseits der Bergeshöhe mit dem Fuß in einen Kaninchenbau geraten und gestürzt und er selbst war dadurch aus dem Sattel geschleudert worden. Um dem Pferd aufzuhelfen und wieder aufzusteigen, hatte er so viel Zeit gebraucht, daß ihm die Verfolger gefährlich nahe gekommen waren. Sie hatten sich geteilt, um ihn von rechts und links zu nehmen. Das hatte die Krisis auf kurze Zeit verzögert, so daß er noch eine bedeutende Strecke vorwärts gekommen war. Endlich hatten sie mit Bolas nach seinem Pferd geworfen und dasselbe zu Fall gebracht. Er war zwar gesonnen gewesen, sich zu wehren, hatte aber nur das Messer gehabt, während sie mit langen Lanzen bewaffnet gewesen waren, und da war er denn doch zu dem Entschluß gekommen, sich lieber zu ergeben. Auf der Rückkehr hatten die mich erblickt und sofort Jagd auf mich gemacht.

„Aber", fragte ich den Frater, „warum veranlaßten Sie mich denn, hier in den Hof einzubiegen? Warum riefen Sie mir zu, daß ich ins Verderben reiten werde?"

„Weil sich Ihnen jenseits des Rancho ein Flüßchen in den Weg gelegt hätte, über welches Sie nicht gekommen wären. Es mündet dort in den Negro."

„Nun, wenn ich über diesen letzteren gekommen bin, hätte ich wohl auch durch dieses Flüßchen reiten können."

„O nein. Die Ufer desselben sind außerordentlich sumpfig. Sie wären steckengeblieben und Ihren Verfolgern in die Hände gefallen. Es gibt nur wenige schmale Stellen, welche passierbar sind, und diese kennen Sie ja nicht. Nun sind Sie doch gerettet."

„Wenigstens einstweilen. Ich traue diesen Bolaleuten nicht. Ihr Anführer hat zwar sein Ehrenwort gegeben, daß er keine weitere Feindseligkeit unternehmen will, aber ich denke, er ist nicht der

Mann, welchem man zutrauen kann, daß er sein Versprechen halten werde. Am liebsten möchte ich selbst einmal hinunter zum Fluß reiten, um mich zu überzeugen, daß sie in Wirklichkeit fort sind."

„Das wäre nur Zeitverschwendung; bleiben Sie ruhig hier! Sie befinden sich von jetzt an in vollständiger Sicherheit. Diese Leute sehen sich verraten. Der Boden brennt ihnen unter den Füßen, und sie werden sich gewiß beeilen, schleunigst über den Uruguay zu kommen."

„So halten Sie sie für Argentinier?"

„Ja. Sie sind herüber gekommen, um hier zu remontieren, das heißt, Pferde zu stehlen. Ich glaube nicht, daß ich mich irre. Nun müssen sie gewärtig sein, daß wir Militär aus Mercedes holen. Darum fordert die Sorge für ihre eigene Sicherheit, daß sie sich so schnell wie möglich aus dem Staub machen."

Jetzt ließ sich in der Nebenstube ein Ruf vernehmen. Der Frater stand auf und ging hinaus. Als er nach einiger Zeit wiederkam, teilte er mir mit, daß der kranke Oheim mich zu sehen wünsche. Der Patient hatte gehört, daß Ungewöhnliches vorgegangen sei und danach gefragt. Als er hörte, daß ein Deutscher da sei, hatte er dringend verlangt, mit demselben reden zu dürfen, da er, außer aus dem Mund seiner Verwandten, lange Zeit kein deutsches Wort gehört habe.

„Tun Sie ihm den Gefallen, Señor!" bat der Frater. „Der Ärmste befindet sich fast unausgesetzt in einem Zustand tiefster Grübelei. Er leidet an seelischer Pein, und es ist mir bisher nicht gelungen, ihn von derselben zu befreien. Vielleicht ist es Ihnen möglich, erlösenden Eindruck auf ihn zu machen."

„Setzen Sie nicht eine solche Hoffnung auf mich! Ich bin überzeugt, daß Sie enttäuscht sein werden."

„O, ich stelle ja gar nicht das Verlangen an Sie, in der Weise eines geistlichen Beraters zu ihm zu sprechen. Ich habe aber erfahren, welchen Eindruck das unerwartete Zusammentreffen mit einem Landsmann, zumal auf einen Kranken, zu machen vermag. Die Mitteilung, daß ein Deutscher sich hier befinde, erweckte ihn aus seiner Versunkenheit. Er hat nur noch kurze Zeit zu leben; ich befürchte sogar seine baldige Auflösung. Wenn der Tod anklopft, so öffnet sich selbst das verschlossenste Herz. Es kam mir ganz so vor, als ob es nicht bloß die Landsmannschaft sei, deretwegen er Sie sehen will."

Es verstand sich ganz von selbst, daß ich den Wunsch des Kranken erfüllte. Ich begab mich in die Nebenstube. Diese stellte das vor, was man in einigen Gegenden Deutschlands die „gute Stube" zu nennen pflegt. Sie war besser möbliert als die vordere. Ich sah sogar ein Harmonium dastehen. Es hatte den ersten Gewinn bei einer zu einem mildtätigen Zweck in Montevideo veranstalteten Lotterie gebildet. Der Ranchero war zufällig dort anwesend gewesen, hatte einige Lose genommen und das Instrument gewonnen. Nun stand es als Luxusmöbel da, denn niemand besaß hier die Fertigkeit, es zu spielen.

Der Landsmann ruhte in einem sauberen Bett. Die Augen lagen ihm tief in den Höhlen, und die Wangen waren eingefallen. Seine hohe Stirn lief in einen haarlosen, glänzenden Schädel aus, und die Lippen bogen sich tief in die zahnarme Mundöffnung ein. Dadurch erhielt das Gesicht das Aussehen eines Totenkopfs. Es war, als ob der Mann jetzt eben zum letztenmal atmen dürfe.

Als ich grüßte, antwortete er nicht sofort, und sein Blick richtete sich unruhig forschend auf mein Gesicht. Vielleicht glaubte er, zu finden, was er in demselben suchte, denn nun ich zu ihm an das Bett getreten war, streckte er mir die beiden skelettartigen Hände zum Gruß entgegen und sagte, indem sein Mund ein Lächeln versuchte:

„Willkommen, Herr! Sie kommen natürlich nur ungern zu einem Sterbenden. Aber ich möchte Sie nach etwas fragen. Wollen Sie mir genau so antworten, wie Sie denken?"

„Gewiß! Ich werde Ihnen eine wahrheitsgetreue Antwort erteilen. Sie dürfen sich darauf verlassen."

„Ich bitte Sie herzlichst darum! Ihre Antwort ist für mich von der größten Wichtigkeit."

Er sprach langsam und mehr hauchend als laut. Seine Brust ging mühsam und hoch. Ich stützte seinen Oberkörper mit den Kopfkissen, so daß er eine sitzende Stellung erhielt, was ihn zu erleichtern schien. Anstatt mir nun, der ich einen Stuhl für mich an das Bett gezogen hatte, seine Frage vorzulegen, betrachtete er mich abermals eine ganze Weile, als ob er mir ins tiefste Herz sehen wolle. Es lag wirklich der Ausdruck der Angst in seinem Blick, so daß ich ein herzliches Mitleid für den Ärmsten empfand.

„Sprechen Sie getrost", munterte ich ihn auf. „Ich will denken, ich sei Ihr bester Freund, und werde als solcher zu Ihnen sprechen."

„Ja, ja, denken Sie so! Sie sollen mir ja den größten Freundschaftsdienst erweisen, den es geben kann, und ich will Vertrauen zu Ihnen haben."

Er faltete die Hände und fuhr fort:

„Ich muß sterben, ich weiß es, ich fühle es. Ich soll fort, fort, fort, und doch hängt ein Gewicht an meiner Seele, durch welches sie mit Gewalt zurückgehalten wird. Sind Sie Freigeist oder gläubig?"

„Das letztere, eigentlich auch das erstere, denn ich hege die Überzeugung, daß der Geist des Menschen nur durch den Glauben frei zu werden vermag."

„So sind Sie der richtige Mann für mich. Wie denken Sie über den Eid?"

Das war eine sonderbare Frage. Sollte ein Eid es sein, der ihn beschwerte? Sollte er ein heiliges, nicht zurücknehmbares Versprechen gegeben haben, welches ihn mit Angst vor dem Tod erfüllte? Ich antwortete nicht sogleich; darum fügte er hinzu:

„Sie verwerfen ihn wohl überhaupt?"

„Nein. Ein Eid ist ein heiliges Versprechen, bei welchem Gott als Zeuge angerufen wird. Wer ihn bricht, macht sich der Gotteslästerung schuldig."

„So meinen Sie, daß er unter allen Umständen gehalten werden muß?"

„Ja."

Er ließ die Hände sinken und seufzte: „Das war auch meine Ansicht, und so bleibt die Last auf mir liegen."

„Aber wie schworen Sie den Eid? Freiwillig?"

„O nein!"

„Also gezwungen! Ich würde mich zur Ablegung eines solchen Eids niemals zwingen lassen."

„Auch nicht durch Androhung des Todes?"

„Auch da nicht."

„So würden Sie lieber sterben?"

„Hm! Das ist eine Frage, welche ich nicht so leichthin beantworten kann. Die Angst vor dem Tod kann mächtiger als der Wille sein. Es kommt auf die Verhältnisse an. Jedenfalls würde ich alles mögliche versuchen und wagen, bevor ich mich bereiterklärte, so ein Versprechen zu geben. Müßte ich es dennoch tun, so würde ich mein Wort nur dann als bindend erachten, wenn sich mein Gewissen nicht dagegen sträubte, das heißt, wenn mein Gelöbnis mich nicht mit den göttlichen Gesetzen in Konflikt brächte, welche mir natürlich über die menschlichen gehen. Wäre ich aber durch mein Versprechen zu einer Begehungs- oder Unterlassungssünde gezwungen, so würde ich es nicht für bindend erachten."

„Das ist wirklich Ihre Ansicht?"

„Ja. Ein Eid, welcher mich zu einer Sünde zwingt, ist eben selbst auch eine Sünde, und zwar eine sehr gefährliche und große. Wer da zögern möchte, sich selbst von ihm zu entbinden, mag sich an seinen geistlichen Berater wenden, welcher ihm gewiß die Freiheit des Gewissens zurückgeben wird."

„Herr, Sie machen mir mein Herz leicht!" sagte er, indem er tief aufatmete. „Ich war Zeuge eines Verbrechens, und ich wurde von dem Täter überfallen und zu dem Schwur gezwungen, es nicht zu verraten, selbst auf dem Totenbett nicht."

„So war es ein schweres Verbrechen?"

„Ja, ein Mord. Ein Führer tötete den Reisenden, welchen er über die Kordilleren bringen sollte. Dieser Reisende war ein geistlicher Herr. Beide kamen aus Peru herüber. Ich befand mich in der Nähe und war Zeuge der schrecklichen Tat."

„Konnten Sie dieselbe nicht verhüten?"

„Nein. Dazu war es zu spät. Das Opfer lag im letzten Zucken, und zwischen mir und dem Ort gab es eine steile Felswand."

„Konnten Sie nicht wenigstens den Mörder durch einen Zuruf abschrecken?"

„Ich rief nicht nur, sondern ich brüllte geradezu vor Schreck. Er sah zu mir empor. Er bemerkte, daß ich nicht zu ihm konnte, hohnlachte zu mir herauf und würgte das Opfer vollends ab. Es war entsetzlich anzusehen."

„Hatten Sie kein Gewehr bei sich, den Kerl zu erschießen?"

„Ich hatte eins, aber kein Pulver mehr. Ich floh von der Höhe und nahm mir vor, dem Mörder zu folgen und ihn anzuzeigen. Er aber hatte das gedacht und kam mir entgegen. Ich war nicht vorsichtig genug. Eben als ich um ein Felsstück bog, trat er mir entgegen., warf mich zu Boden und setzte mir die Pistole auf die Brust."

„Haben Sie sich gewehrt?"

„Ja, aber ich war zu schwach. Ich hatte mich verirrt gehabt, droben in der öden Puna, und meine letzte Kugel verschossen, um ein Vicunna zu treffen, aber einen Fehlschuß getan. Mehrere Tage des Hungers und des mühsamen Steigens hatten mich so elend gemacht, daß ich kaum mehr die Kraft eines Kindes besaß. Der Mann hätte mich sicher auch ermordet, aber er war... ein Bekannter, sogar ein früherer Gefährte von mir."

„Hatten Sie ihn nicht sogleich erkannt?"

„Nein. Seine Gesichtszüge zu unterscheiden, war die Entfernung doch zu groß gewesen. Erst als er mich unter sich liegen hatte, erkannten wir einander. Er scheute sich noch, den Freund zu ermorden; er war mir von früher her zu Dank verpflichtet, und darum ließ er mir das Leben unter der Bedingung, daß ich einen Eid ablege, ihn nicht zu verraten. Ich war geschwächt, und nicht nur körperlich; darum gab ich den Schwur, welcher mich wie ein peinigendes Gespenst bis zu diesem Augenblick begleitet hat."

Er hielt erschöpft inne. Er hatte nur langsam und mit vielen Unterbrechungen gesprochen; nun mußte er ausruhen. Das, was ich gehört hatte, machte einen tiefen Eindruck auf mich. Ich mußte bei dieser Erzählung an den Sendador denken, von welchem mir der Yerbatero erzählt hatte. Dieser Sendador hatte mit einem Padre den Übergang über die Kordilleren unternommen und von ihm die Papiere geerbt, da der Padre unterwegs gestorben war. Sollte er jener Mörder sein? Ich hatte ja gegen Monteso ähnliche Gedanken ausgesprochen.

„Darf ich den Namen dieses Mannes erfahren?" fragte ich.

Der Kranke schüttelte den Kopf.

„Oder wenigstens den Ort und die Zeit der Tat?"

Er verneinte durch ein abermaliges Schütteln.

„Haben Sie erfahren, weshalb der Mann den Padre ermordete. War es etwa wegen gewisser Papiere, in denen von Schätzen die Rede war, welche in einen See versenkt und in einem alten Schacht versteckt sein sollten, Schätze aus der Zeit der Inkas?"

Er griff im tiefsten Schrecken mit beiden Händen nach mir.

„Um Gottes willen, still!" sagte er. „Sie wissen es, Sie wissen es?! Woher, woher?"

„Es ist mehr ein Schluß, den ich ziehe, als ein festes, bestimmtes Wissen. Der Padre wollte nach Tucuman in das Kloster der Dominikaner?"

„Er weiß es! Er weiß alles!" hauchte der Patient leise vor sich hin.

„Und der Mörder ist ein berühmter Führer?"

„Auch das, auch das ist ihm bekannt! Aber, Herr, Sie müssen zugeben, daß ich Ihnen nichts gesagt habe, gar nichts, kein Wort!"

„Ja. Ich habe alles schon vorher gewußt."

Er dachte nicht daran, daß er zwar direkt nichts verraten, aber ein indirektes Zugeständnis gemacht hatte. Um ihn nicht zu dieser Einsicht kommen zu lassen, fuhr ich schnell fort:

„Und das ist es, was Ihnen solche Sorge und Angst gemacht hat? Lieber Freund, ich an Ihrer Stelle hätte diese Last schon längst von meiner Seele geworfen! Ihre Pflicht war es, sich einem Priester anzuvertrauen. Indem Sie das nicht taten, haben Sie sich einer schweren Unterlassungssünde schuldig gemacht. Da wir nun keinen Priester haben, so ziehen Sie wenigstens Frater Hilario ins Vertrauen. Er kann Ihnen sicher raten."

„Ob ich das darf, das ist es eben, was ich nicht weiß!"

„Sie dürfen es. Die Sache ist ja kein Geheimnis mehr. Sie haben gehört, daß ich sie fast genauso kenne, wie Sie selbst. Bruder Hilario ist ein sehr würdiger Mann. Er wird, wenn Sie ihn um Rat fragen, Ihr Geheimnis ebenso sicher bewahren, wie wenn Sie es gebeichtet hätten. Freilich wird er Ihnen schwerlich eine andere Antwort geben, als ich es getan habe."

Er sah still vor sich hin. Nach einer längeren Weile meinte er:

„Wenn ich Sie so sprechen höre, muß ich Ihnen recht geben. Aber Sie wissen noch nicht alles. Der Senda... jener Mörder hat mir noch mehr mitgeteilt."

„Das tut nichts. Es kommt hier gar nicht darauf an, wie viel Sie verschweigen sollten; die Hauptsache ist, daß Ihr Eid Sie nicht dazu verpflichtet. Die Nähe des Todes, welche Sie doppelt bedenklich zu machen scheint, muß Sie veranlassen, aufrichtig zu sein. Ich spreche nicht aus mir selbst heraus, sondern ich versenke mich in Ihre Stelle und gebe Ihnen mein Wort, daß ich mich dem Bruder Hilario anvertrauen würde."

Er zupfte mit den dürren Fingern an der Bettdecke herum, lehnte den Kopf müde zur Seite und sagte:

„Ich will es mir bedenken."

„Tun Sie das, lieber Freund! Aber vergessen Sie nicht, daß einem jeden Menschen der große Augenblick kommt, an welchem es keine Zeit mehr zum Nachdenken gibt!"

„Ja, der Tod, der Tod!" seufzte er. „Herr, fürchten Sie den Tod?"

„Nein."

„Ich meine nicht, ob Sie ein beherzter Mann sind; ich meine nicht die Gefahren dieses Lebens, sondern das, was nach dem Tod kommt."

„Ich verstehe Sie schon. Der Engel des Todes ist für den Reuigen ein Friedensbote Gottes, welcher das verlorene Kind zum Vater zurückbringt. Für den Verstockten aber ist er der Türschließer am Tor zum ewigen Gericht. Wer hier nach Kräften seine Pflicht getan hat und seine Sünden aufrichtigen und gläubigen Herzens in Gottes Erbarmen legt, der kann ruhigen Herzens seine Augen schließen, denn Gott ist die Liebe!"

Er machte die Augen zu, als ob er meine letzten Worte befolgen wolle. So lag er lange, lange ruhig da; nur seine Finger zupften konvulsivisch an der Decke, und seine Brust bewegte sich. Wohl eine Viertelstunde verging. Dann öffnete er die Augen und sagte:

„Sie haben recht, Sie haben recht! Ich werde Frater Hilario fragen. Gehen Sie hinaus, und senden Sie ihn mir!"

Natürlich folgte ich dieser Aufforderung, und Bruder Hilario ging zu dem Sterbenden. Drin in der Wohnstube saßen wir wohl eine Stunde lang, doch ohne uns zu unterhalten. Dann kam der Frater zurück. Sein Gesicht war ernst; aber in seinem milden Auge leuchtete es warm. Er gab mir die Hand und sagte:

„Er verlangt nach einem Priester. Sendet sofort nach Montevideo, damit er ihn noch am Leben findet. Aber der Zweifel und die Angst sind bereits von dem Kranken gewichen."

Natürlich wurde sofort ein Gaucho nach Montevideo gesandt. Dann sagte Frater Hilario:

„Der Kranke fragte mich, wann Sie fort wollen, und läßt Sie bitten, heute noch dazubleiben."

„Aber wir müssen nach der Estanzia del Yerbatero!" widersprach Monteso.

„Nein, Sie bleiben!" bat der Ranchero.

Seine Frau und der Bruder schlossen sich dieser Bitte an, und ich blieb gern. Aber Monteso trieb es fort. Man befand sich auf der Estanzia jedenfalls in großer Sorge um uns, und er wollte hin, die Seinen zu beruhigen. Ich versuchte, ihn zum Bleiben zu veranlassen, doch vergeblich. Er bestand darauf, sofort aufzubrechen, und versprach, später wieder hier einzukehren; wir würden nach unserem Aufbruch von der Estanzia hier vorüberkommen.

„Aber der Ritt ist gefährlich, Señor", warnte ich ihn. „Sie haben gehört, daß ich den Bolamännern nicht traue."

„Pah! Die sind jetzt so weit fort von hier, daß gar nicht mehr an sie zu denken ist."

„Das möchte ich nicht beschwören. Lassen Sie sich wenigstens von Señor Bürgli einige Gauchos mitgeben, welche Sie eine Strecke begleiten, bis Sie sicher sind, daß Ihnen kein Hinterhalt gelegt worden ist."

„Das wäre ganz überflüssig. Übrigens neigt sich die Sonne nieder. Ich habe mich zu sputen und kann nicht warten, bis die Gauchos fertig sind."

Ich ließ aber nicht nach, bis er dem Ranchero erlaubte, zwei dieser Leute herbeizurufen. Bald trabten sie von dannen, nachdem ich versprochen hatte, morgen früh nachzukommen. Doch bereits nach kaum einer Viertelstunde kehrten die Gauchos zurück. Er hatte sie fortgeschickt, da ihre Begleitung eigentlich eine Beleidigung sei.

Bei seinem Aufbruch war ich mit vor das Tor gegangen und hatte ihm nachgeschaut. Unten am Fluß war kein lebendes Wesen zu sehen. Das beruhigte mich. Besser wäre es gewesen, wenn ich selbst ihn eine Strecke begleitet hätte. Mir wären sicher gewisse Spuren aufgefallen, aus denen zu ersehen war, daß sein Heimritt doch gefährlicher sei, als er glaubte.

Als ich in die Stube zurückkehrte, war der Kranke in einen tiefen, ruhigen Schlaf gefallen. Die Bewohner des Rancho waren dann bei ihrer täglichen Beschäftigung, und mich nahm der Bruder mit hinaus ins Freie, um mir die zum Rancho gehörigen Umzäunungen zu zeigen. Dann saßen wir rauchend miteinander auf der Bank vor der Tür. Bis jetzt war kein Wort über den Sterbenden gefallen. Auch über sich selbst machte Frater Hilario keine Bemerkung, obgleich ich neugierig war, etwas Näheres zu hören. Natürlich vermied ich es, eine Frage auszusprechen. Nur das eine bemerkte ich, daß er eine ziemlich große Bildung besaß. Die Unterhaltung spann sich anfangs eigentlich nur um mich und meine Erlebnisse und Reiseabsichten. Als er hörte, wen ich in Tucuman besuchen wollte, sagte er überrascht:

„Señor Pena? Wie haben Sie diesen kennengelernt?"

„Ich traf ihn vor zwei Jahren in Mexiko und hörte von ihm, daß er sich nach dieser Zeit in Tucuman befinden werde."

„Ganz recht. Sie werden ihn dort treffen. Er wohnt gegenwärtig in Tucuman, wo er sich zu neuen Ausflügen vorbereitet. Gehen Sie direkt dorthin?"

„Nein. Wir wollen vorher nach dem Gran Chaco."

„Ah, das ist mir interessant, Señor. Ein solches Zusammentreffen ist ganz unerwartet. Ich will nämlich auch nach dem Chaco und dann nach Tucuman."

„Wirklich? Dann wäre es herrlich, wenn wir zusammen reisen könnten."

„Es ist möglich. Wann brechen Sie auf?"

„In ganz kurzer Zeit, in nur einigen Tagen."

„Ich ebenso. Ich würde mich Ihnen sehr gern anschließen, wenn ich wüßte, daß ich Ihren Gefährten willkommen sei. Wer reitet mit?"

„Señor Monteso mit noch fünf seiner Gefährten. Die Leute werden nicht nur nichts gegen Ihren Anschluß haben, sondern sich herzlich über denselben freuen."

„Aber, was wollen diese Yerbateros in Gran Chaco? Sie können doch reichlich Tee in anderen Gegenden finden, welche weit weniger gefährlich sind."

„Dieses Mal reisen sie nicht als Teesucher, sondern in anderer Eigenschaft."

„Wohl ein Geheimnis?"

„Eigentlich ja. Ist dieser Gran Chaco wirklich so gefährlich, wie Ihre Worte vermuten lassen, Frater Hilario?"

„Ja. Ihnen freilich wird er nicht so gefährlich erscheinen. Wer, wie Sie, sich mit den Rothäuten und wilden Tieren des Nordens herumgeschlagen hat, der wird meinen, über den Gran Chaco lächeln zu können. Er hat indessen ebensoviele und große Gefahren wie die Savanne oder die Wüste."

„Sie meinen die wilden Tiere?"

„Nun, der Jaguar ist freilich kein bengalischer Tiger, ebenso wie der Puma nicht mit dem afrikanischen oder asiatischen Löwen zu vergleichen ist; aber beide sind doch gefährlich genug. Am meisten sind indessen die Wilden zu fürchten, welche sich mit der Unhörbarkeit einer Schlange zu bewegen verstehen!"

„Das verstehe ich auch."

„Das möchte ich bezweifeln, natürlich, ohne Sie beleidigen zu wollen."

„So wette ich mit Ihnen. Es soll finster sein. Sie sitzen hier auf dieser Bank, und ich stehe draußen vor dem Tor. Es ist Nacht. Kein Lüftchen regt sich, und man möchte darauf schwören, das geringste Geräusch hören zu können. Dennoch komme ich herein und setze mich hierher neben Sie. Wenn Sie nicht gerade an mich stoßen, sollen Sie gar nicht ahnen, daß jemand neben Ihnen sitzt."

„Señor, Ihre Worte in Ehren, aber das glaube ich nicht!"

„Sie werden es glauben lernen, da wir ja miteinander reisen. Ich denke, daß es da Gelegenheit geben wird, Ihnen zu beweisen, daß ich gar nicht zu viel gesagt habe."

„Aber wie wollen Sie herein? Das Tor ist ja verschlossen!"

„Ich steige über mit Hilfe des Lassos, dessen Schlinge ich nach oben werfe."

„Dann mag es möglich sein. Aber das ist auch der einzige Punkt, an welchem Sie herein könnten."

„Ich komme überall durch."

„Auch durch den Kaktus?"

„Ja. Er mag noch so dicht oder voller Stacheln sein. Ich schneide mir ein Loch durch die Hecke. An die Schärfe und Festigkeit meines Bowiemessers kommt keine Ihrer Macheten."

„Señor, dann sind Sie ja ein ganz gefährlicher Mensch! Sie haben alles Talent zu einem Einbrecher. Aber selbst wenn Sie hier eingestiegen wären, würde ich Ihre Annäherung hören."

„Machen wir einen Versuch?"

„Er könnte nicht gelingen. Denken Sie nur, daß ich jeden Schritt ihrer Riesenstiefel hören müßte, selbst wenn Sie noch so leise aufzutreten suchten."

„Warten Sie es ab! Wir haben zwar keine ägyptische Finsternis, aber Abend ist es doch und leidlich dunkel. Ich werde mich nach jener Ecke, da rechts, entfernen. Sie legen Ihren Hut hier neben sich auf die Stelle, an welcher ich jetzt sitze. Ich komme und hole ihn, ohne daß Sie es bemerken."

„Ja, tun Sie es! Aber fertig bringen Sie es nicht."

„Ich bringe es, obgleich sich der Hut viel leichter holen läßt, wenn der Besitzer nichts davon weiß. Ich mache aber natürlich die Bedingung, daß Sie ihn nicht festhalten."

„Das versteht sich!"

„Sobald Sie merken, daß ich da bin und ihn wegnehme, sagen Sie es; aber nach dem Hut dürfen Sie dabei nicht greifen. Von dem Augenblick meiner Entfernung an bis zum Ende des Versuchs dürfen Sie ihn nicht berühren. Sobald Sie aber merken, daß ich da bin, sagen Sie es, und ich habe verloren."

„Gut! Die Sache ist interessant. Ich werde natürlich aufpassen wie eine Eule auf die Fledermäuse."

Er saß zu meiner Rechten. Ich stand auf, und er legte seinen Hut auf meinen Platz. Es war so dunkel, daß er ihn nicht sehen konnte. Der Mond kam erst später. Der Hut lag ihm zur Linken, und ich ging nach der Ecke, welche zu seiner rechten Hand lag. Also mußte ich an ihm vorüber, wenn ich den Hut holen wollte. Das sagte er sich, und darum war er sicher, daß er mich ertappen werde. Ich aber war ganz anderer Meinung. Ich ging zwar mit lauten Schritten nach rechts hin, mußte aber von seiner linken Seite herkommen, um den Hut zu erhalten. Darum war ich gezwungen, einen Umweg zu machen und mich am Tor vorüber und den Zaun entlang nach der linken Ecke schleichen. Dies tat ich denn auch, indem ich mich lang am Boden ausstreckte und nur auf den Fingern und Fußspitzen ging. Das war ganz leicht. Der Boden war sandig und feucht; es gab nicht das geringste Geräusch.

Um ihn nun zu täuschen, als ob ich wirklich von rechts komme, und um seine ganze Aufmerksamkeit dorthin zu lenken, nahm ich alle drei oder vier Schritte ein Sandsteinchen auf und warf es nach dieser Richtung. Er hörte das und freute sich darauf, mich abfassen zu können, denn er glaubte, daß mein Heranschleichen dieses Geräusch verursache. Auf diese Weise erreichte ich seine linke Seite und kam an die Bank. Ich hätte den Hut nehmen können, machte mir aber das Vergnügen, noch einige Steinchen über ihn weg zu werfen. Er drehte sich ganz der rechten Seite, denn er glaubte mich nahe. Das gab mir Gelegenheit, den Hut zu ergreifen und mich wieder auf den Platz zu setzen, den ich vorher eingenommen hatte. Er lauschte angestrengt, doch ließ sich nichts mehr hören.

„Sie warten wohl immer noch auf mich?" fragte ich. Er fuhr ganz erschrocken herum.

„Ist es möglich! Sie sind da? Ich hörte doch nichts!"

Ich beschrieb ihm, wie ich es gemacht hatte, behielt aber dabei seinen Hut in der Hand und schlang mir den Lasso von der Hüfte los. Während ich sprach, band ich das eine Ende des letzteren an das Hutband fest.

„Ja, wenn Sie es in dieser Weise gemacht haben!" meinte er. „Da bringe ich es auch fertig!"

„Jetzt bin ich es, welcher zweifelt. Mich würden Sie nicht täuschen."

„O doch!"

„Nein. Ich würde das Geräusch eines geworfenen Sandkorns von demjenigen eines Menschenschritts sofort unterscheiden. Übrigens wirkt jede List dadurch, daß nur der sie kennt, welcher sie ausübt. Darum ist man im Leben der Wildnis gezwungen, stets neue Listen zu entdecken."

„Mit einer zweiten würden Sie mich nicht täuschen."

„Wollen Sie es versuchen, Frater Hilario?"

„Ja, ich bitte Sie darum."

„Nun gut. Aber passen Sie genau auf!"

„Daran soll es nicht fehlen. Wenn Sie auch jetzt Erfolg haben, gebe ich zu, daß Sie der beste Jäger sind, den ich gesehen habe."

„Schön. Hier ist Ihr Hut. Ich stehe auf und lege ihn wieder an dieselbe Stelle, an welcher er vorhin lag und ich jetzt gesessen habe. Wollen Sie sich überzeugen, daß er da liegt!"

Ich hatte den Hut wirklich hingelegt und trat vier oder fünf Schritte von der Bank zurück, indem ich aber das Lasso in der Hand behielt.

„Er liegt da", sagte er, ohne sich zu rühren.

„Überzeugen Sie sich besser, denn Sie sehen ihn ja nicht. Fühlen Sie danach!"

Er tat es.

„Ja, hier liegt er. Es ist gewiß."

Es war gewagt von mir, ihn nach dem Hut greifen zu lassen. Wenn er den Lasso berührte, war der Streich verraten. Glücklicherweise geschah dies nicht.

„Passen Sie also auf!" fuhr ich fort. „Ich werde wieder nach derselben Ecke rechts gehen. Sie berühren den Hut nicht, fassen aber sofort nach mir, wenn ich denselben nehmen will. Verstanden?"

Ich sagte das geflissentlich laut und hustete dabei einigemale, damit er nicht hören sollte, daß ich während des Sprechens den Hut von der Bank weg und zu mir herüberzog.

„Keine Sorge!" sagte er. „Werde schon aufpassen. Geben Sie sich nur Mühe!"

Ich ging lauten Schritts nach der Ecke, band den Hut los, stäubte ihn ab und schlang mir den Lasso wieder um die Hüften. Dann legte ich mich auf den Boden und kroch nach der Bank. Jetzt war er ganz überzeugt, daß ich ebenso wie vorhin von der linken Seite kommen werde. Daher richtete er seine ganze Aufmerksamkeit nach dieser Seite. Ich erreichte die Bank und richtete mich neben ihm auf. Mich an die Wand lehnend, zog ich eine Zigarre hervor, strich ein Zündholz an und sagte:

„Jetzt kann ich wieder rauchen, denn den Hut habe ich."

„Wirklich!" rief er und griff nach der Stelle, von wo der Hut verschwunden war.

„Ja, da sitzt er auf meinem Kopf. Hier haben Sie ihn wieder, Frater Hilario."

„Unbegreiflich! Ich schaute nach links, und da stehen Sie rechts. Aber wie ist denn das zugegangen?"

„Das mag einstweilen mein Geheimnis bleiben. Sie sehen, daß es sehr leicht möglich ist, sich Ihnen zu nähern und Ihnen sogar den Hut zu nehmen, ohne daß Sie es bemerken. Glauben Sie nun, was Sie vorhin bezweifelten, nämlich, daß ich mich in nächtlicher Finsternis von draußen hereinmachen und neben Sie setzen würde, ohne daß Sie es bemerken?"

„Ja, jetzt glaube ich es."

„Nun werden Sie wohl auch meiner Ansicht sein, daß ich mich schwerlich von Ihren Indianern überlisten lassen würde. Ich gestehe Ihnen aufrichtig, daß ich mich auf den wilden Chaco freue, besonders da ich ihn und seine Indianer an Ihrer Seite kennenlernen soll."

„Sind auch die anderen verläßliche Leute?"

„Ich kenne sie nicht und habe sie noch nicht prüfen können. Als Yerbatero sind sie jedenfallls tüchtig."

„Hm! Sie sagten vorhin, daß sie zu anderen Zwecken nach jener Gegend wollten, und ich weiß nicht, ob das Können eines Yerbatero diesen Zwecken gewachsen ist."

„Ich verstehe, Bruder Hilario! Der Zweck, welchen sie verfolgen, soll geheimgehalten werden. Aber Sie werden uns begleiten und doch bald erraten, um was es sich handelt. Sie wollen einen berühmten Sendador aufsuchen, um mit ihm in die Kordilleren zu gehen und nach vermauerten und versenkten Schätzen zu suchen."

„Und Sie gehen mit?"

„Ja. Ich soll, sozusagen, den Ingenieur dieses Unternehmens machen."

„Worin sollen diese Schätze bestehen?"

„Aus Gefäßen, Schmucksachen und ähnlichen Dingen aus der Inkazeit."

„Weiß man die Orte?"

„Man hat Pläne derselben."

„Von wem?"

„Der Sendador hat sie von einem Padre geerbt, welcher unterwegs in den Kordilleren gestorben ist."

Er hatte ruhig gefragt und ich ihm auch unbefangen geantwortet. Ich wußte ja nicht, ob er von dem Kranken erfahren hatte, daß auch ich von der Angelegenheit wisse. Jetzt sagte er:

„Wollen nicht Versteckens spielen! Sie wissen, daß mir diese Angelegenheit nicht unbekannt ist?"

„Ich denke es mir. Der Kranke hat sich Ihnen jedenfalls anvertraut."

„Ich kann darauf jetzt nicht antworten. Doch werde ich zu einer gewissen Zeit und unter gewissen Verhältnissen und Umständen sprechen. Ich bin entschlossen, mit den Yerbateros zu reiten. Ich muß diesen Sendador sehen. Doch warne ich Sie, den ersteren und am allerwenigsten den letzteren etwas ahnen zu lassen. Mein Weg hätte mich für dieses Mal über Santa Fe und Santiago nach Tucuman geführt. Es ist mir kein Opfer, ein wenig nach links und in den Gran Chaco abzuschweifen. Wir brechen frühzeitig auf, und ich bekomme da gleich Gelegenheit, die fünf anderen Männer kennenzulernen, mit denen wir reisen werden. Jetzt möchte ich einmal nach dem Kranken schauen."

Dieser schlief noch immer. Er schlief auch noch, als wir das Abendbrot eingenommen hatten; den Priester konnten wir erst nachts erwarten. Dann saßen wir ernst beieinander und sprachen von der Heimat, an welcher das Herz des Deutschen selbst dann noch hängt, wenn er sich eine Existenz in der Ferne gegründet hat. Gegen Mitternacht hörten wir seinen leisen Ruf. Der Frater ging hinaus zu ihm und holte dann das Ehepaar. Ich hörte eine Zeit lang den unterdrückten Ton ihrer Stimmen. Dann wurde es still. Später kamen sie zu mir zurück, die beiden weinend und der Bruder mit dem Gesicht eines Heiligen.

„Er ist entschlafen, ehe der Priester kam", sagte er. *„Requiescat in pace!* Er ging von uns voller Vertrauen auf die Gnade des Allbarmherzigen. Leben heißt kämpfen; sterben heißt siegen. Preis sei Gott, der uns den Sieg verliehen hat durch Jesum Christum, unsern göttlichen Heiland!"

Die Trauer um den Toten war tief und aufrichtig; doch trat die profane Notwendigkeit in ihre Rechte. Es war nicht mehr so zeitig, wie wir aufzubrechen beschlossen hatten. Bürgli machte uns den Vorschlag, nicht unsere Pferde, sondern zwei der seinigen zu nehmen. Der Frater wollte bei dem Begräbnis zugegen sein, und auch ich wurde gebeten, teilzunehmen. Da konnten wir die Pferde zurückbringen. Bürgli wollte den Geistlichen bitten, einen Tag bei ihm zu verweilen. Unterdessen hatten die unseren ausgeruht und waren größeren Anstrengungen sofort gewachsen. Natürlich gingen wir gern auf dieses Anerbieten ein, und der Abschied war ein zwar sehr herzlicher, aber kurzer, da wir ja sehr bald wiederkommen wollten. Wir ritten nur ganz kurze Zeit auf dem Weg, auf welchem ich mit Monteso als Gefangener gekommen war. Die Bolamänner hatten so viel wie möglich alle im geraden Weg liegenden Siedlungen vermieden und waren aus diesem Grund oft zu Umwegen gezwungen gewesen. Wir aber hatten das nicht nötig.

Bruder Hilario kannte die Gegend sehr genau. Er wußte alle Terrainschwierigkeiten zu vermeiden, und da wir die geradeste Richtung einschlugen, ritten wir zwei volle Stunden weniger, als ich mit den Kavalleristen gebraucht hatte.

Es war nicht viel über die Mittagszeit, als wir die Estanzia del Yerbatero erreichten. Dort sprangen wir von den Pferden, übergaben dieselben den Peons und gingen ins Haus. Droben im Empfangszimmer fanden wir einen Herrn, welcher uns fragend entgegenblickte. Seine Züge waren denjenigen des Yerbatero so ähnlich, daß ich in ihm sogleich Señor Monteso, den Haziendero erkannte.

„Willkommen, Señores!" sagte er, indem er uns musternd betrachtete. „Aus Ihrer ledernen Kleidung, von welcher man mir ge-

gewaltigung und Überlistung anderer nicht kräftig erwehren dürfen?"

„Auf diese Fragen verstehe ich nicht zu antworten, Señor. So wie Sie, gerade so würde der berühmte Frater Jaguar sich aussprechen."

„Kennen Sie diesen?"

„Gesehen habe ich ihn noch nicht, desto mehr aber von ihm gehört. Er gehört eigentlich zu den Mönchen von Tucuman, befindet sich aber stets auf Reisen. Er geht zu den Indianern des Urwalds, der Pampa und der Kordillera. Er fürchtet keine Gefahr; er greift den Jaguar mit dem Messer an und flieht vor keinem Bravomann. Man fürchtet ihn, obgleich er kein Blut vergießt, denn er steht jedem Bedrängten bei und besitzt eine ungeheure Körperkraft, die ihresgleichen sucht. Haben Sie, der Sie sein Kollege sind, noch nichts von ihm gehört?"

Der Frater antwortete lächelnd:

„Nur von den Leuten, welche ihn noch nicht gesehen haben. Diejenigen, welche ihn kennen, pflegen zu mir nicht von ihm zu sprechen."

„Señor, sollte ich vielleicht ahnen, daß Sie selbst der Bruder Jaguar sind?"

„Ich bin es allerdings, den man so zu nennen pflegt."

„Dann sind Sie mir zehnfach willkommen, und dann glaube ich auch gern, daß Sie sich uns anschließen wollen."

„Ich reite nicht etwa mit aus purer Kampfes- oder Abenteuerlust, Señor. Ihr Bruder will mit diesem Señor und seinen Yerbateros nach dem Gran Chaco. Da ich dort auch zu tun habe..., bat ich um die Genehmigung, mich anschließen zu dürfen. Sie wurde mir erteilt, und so habe ich mich als den Gefährten und Kameraden Ihres Bruders anzusehen und bin ihm zu Beistand verpflichtet. Töten werde ich keinen seiner Widersacher, denn Menschenblut, selbst das des ärgsten Feindes, darf meine Hände nicht beschmutzen; aber ich kenne den Grenzfluß genau und glaube also, Ihnen gute Dienste leisten zu können."

„Ich danke Ihnen von Herzen. Übrigens müssen wir auch mit dem Umstand rechnen, daß mein Bruder sich gar nicht bei den Bolamännern befindet, sondern unterwegs einen Unfall erlitten hat. Er kann vom Pferd gestürzt sein und nun auf einem Rancho liegen."

Er hatte dies kaum gesagt, als ein Peon meldete, daß ein Reiter unten im Hof sei, welcher mit dem Señor sprechen wolle.

„Wer ist er?" fragte Monteso.

„Einer von den Kavalleristen, welche mit dem Leutnant hier waren, um Pferde zu kaufen."

„Führe ihn hierher!"

Wir blickten einander erstaunt an. Dieser Major Cadera sandte uns einen Boten! Zu welchem Zweck?

„Jetzt werden wir hören, was geschehen ist!" sagte der Estanziero. „Ich bin im höchsten Grad gespannt darauf."

„Ich würde Ihnen sehr dankbar für die Erlaubnis sein, an Ihrer Stelle mit ihm verhandeln zu dürfen", sagte ich.

„Warum? Glauben Sie, daß mir das Geschick dazu fehlen würde?"

„O nein. Sie kennen ja die hiesigen Verhältnisse weit besser als ich; aber Sie sind der Bruder des Yerbatero, um den es sich handelt, und darum denke ich, daß ein anderer die Angelegenheit weit mehr objektiv in die Hand nehmen würde."

„Sie mögen recht haben. Sprechen Sie an meiner Stelle mit dem Mann!"

Der Kerl kam herein. Es war einer der beiden, welche ich vor der Laube im Garten belauscht hatte. Jedenfalls war er der Ansicht gewesen, nur den Estanziero zu treffen. Als er den Frater und mich erblickte, nahm sein Gesicht einen weniger selbstbewußten Ausdruck an.

„Was wollen Sie?" fragte ich ihn.

„Von Ihnen nichts", antwortete er trotzig. „Ich habe allein mit Señor Monteso zu sprechen."

„Er hat mich beauftragt, Sie an seiner Stelle zu empfangen."

„So geben Sie ihm diesen Brief!"

Er zog ein Kuvert aus der Tasche und reichte es mir. Der Name des Estanziero war mit Tinte darauf geschrieben. Ich reichte es dem letzteren hin. Er sah die Schrift und sagte:

„Von meinem Bruder. Ich kenne seine Schrift."

Er öffnete das Kuvert, las es und erbleichte. Er zog einen Bleistift aus der Tasche, schrieb eine kurze Bemerkung dazu und gab dann den Brief mir und dem Frater zu lesen. Der Inhalt lautete:

„Mein Bruder! Ich bin abermals in die Hände derjenigen gefallen, denen wir entgangen waren. Unterwegs trafen wir dann zufälliger- und unglücklicherweise auf José, welcher Santa Fe eher verlassen hat, als wir dachten. Auch er ist ergriffen worden. Sende durch den Überbringer dieses Breifes sofort 10 000 Bolivianos, mit denen ich ein ausgezeichnetes Geschäft machen kann, wenn sie zeitig genug eintreffen. Kommen Sie zu spät, so bringst du uns und dich in großen Kummer. Vertraue dem Boten, und frage ihn nicht aus. Lege ihm auch nichts in den Weg, denn dadurch würdest du uns in eine sehr üble Lage bringen. Es ist ihm sehr streng verboten worden, euch ein Wort zu sagen. Dein Bruder Mauricio."

Unter diese Zeilen hatte der Estanziero geschrieben:

„Das von Josés Gefangennahme dürfen meine Damen nicht erfahren; sie würden erschrecken."

Das war sehr richtig. Damit die Señora den Brief nicht in die Hand bekommen oder von ihrem Mann fordern könne, steckte ich ihn in meine Tasche.

„Sie kennen den Inhalt dieses Schreibens?" wendete ich mich nun an den Überbringer desselben.

„Ja."

„Was enthält es?"

„Die Aufforderung, an mich zehntausend Bolivianos zu zahlen."

„Sind Sie allein hier?"

„Ja."

Er gab diese Antwort schnell und ohne zu überlegen; ich sah es ihm dennoch an, daß er log.

„Sie sagen mir die Unwahrheit! Sie haben ja noch jemand mit!"

„Sie irren, Señor!"

„Ich irre mich nicht. Ihr Gesicht sagt es mir und mein Verstand ebenso. Man konnte Sie nicht allein schicken. Man wußte nicht, wie Sie aufgenommen werden. Man gab Ihnen darum noch jemand mit, welcher, falls Ihnen hier etwas geschieht, sofort zurückeilt und den Major benachrichtigt."

„Das ist nicht der Fall!" behauptete er.

„Werden sehen! Ich glaube Ihnen nicht. Wissen Sie, was Señor Monteso mit dem Geld tun will?"

„Nein."

„Das ist wieder eine Lüge! Sie wissen ganz bestimmt, daß es das Lösegeld sein soll. Sie sind übrigens außerordentlich kühn, indem Sie nach der Estanzia del Yerbatero kommen. Wissen Sie nicht, was Sie hier erwarten muß?"

„Ja, eine freundliche Aufnahme."

„Und wenn Sie sich nun irren?"

„So wird der Yerbatero es sehr zu beklagen haben. Wenn ich nicht bis zu einer bestimmten Zeit zurückkehre und das Geld mitbringe, dürften Sie ihn schwerlich wiedersehen. Er würde sich nach einer sehr entfernten Gegend begeben, aus welcher gewöhnlich niemand wiederkehrt."

„Hm! Ich muß freilich zugeben, daß Sie die Macht in den Händen haben, das Geld zu erpressen. Aber wer gibt uns die Sicherheit, daß Sie ehrlich handeln?"

„Der Major hat sein Ehrenwort gegeben, daß die Señores entlassen werden, sobald ich das Geld bringe."

„Ihr Major hat uns zweimal sein Wort gebrochen. Ich glaube ihm nicht. Frißt der Fuchs zum erstenmal hier, so sehnt er sich nach Wiederholung. Geben wir die Summe, so wird vielleicht noch eine zweite verlangt."

„Gewiß nicht."

„Oder der Major meint es wirklich ehrlich. Wer aber gibt uns die Sicherheit, daß auch Sie es sind? Zehntausend Pesos aus Bolivien sind ein Reichtum für Sie. Wie nun, wenn Sie das Geld für sich behalten und gar nicht zum Major zurückkehren?"

„Señor, ich bin kein Spitzbube!"

„So! Nun, Ihr Gesicht ist freilich nicht das eines Diebes, und ich möchte Ihnen Vertrauen schenken. Sie geben aber jedenfalls zu, daß diese Angelegenheit eine so wichtige ist, daß man die Entscheidung nicht in zwei Minuten treffen kann."

„Darüber habe ich kein Urteil. Ich soll nicht lange warten."

„So gehen Sie in die Küche, und lassen Sie sich etwas zu essen geben. Kommen Sie dann wieder, um den Bescheid zu hören. Ich werde mich für Ihre Forderung verwenden, denn ich sehe ein, das dies das beste ist."

Ich rief den Peon herein, welcher draußen stand, und gab ihm den Befehl, den Fremden in die Küche zu führen, was auch gleich geschah. Zehntausend Bolivianos sind nach deutschem Geld beinahe neunundzwanzigtausend Mark. Darum war es sehr erklärlich, daß der Estanziero mich jetzt fragte:

„Wollen Sie mich wirklich bestimmen, ihm das Geld zu geben, Señor?"

„Fällt mir gar nicht ein."

„Dann kommt mein Bruder nicht frei!"

„Gerade darum kommt er frei. Wir wissen nun, daß er sich wirklich bei den Bolamännern befindet."

„Aber wir wissen nicht, wo diese sind!"

„Wir werden es erfahren. Der Bote wird es sagen, darauf können Sie sich verlassen! Übrigens ist er nicht allein da."

„Denken Sie das wirklich?"

„Ja. Oder wollen Sie glauben, daß man diesem Menschen eine so große Summe anvertraut?"

„Das ist allerdings unwahrscheinlich!"

„Sehen Sie! Der Major legt dieses Geld jedenfalls nur in ganz sichere Hände. Selbst wenn der Bote ein ehrlicher Mann wäre, würde man ihn nicht so allein mit dem Geld über den Camp reiten lassen. Er hat noch andere mit. Das ist entweder der Major selbst oder der Leutnant, welcher uns so hübsch in die Falle lockte und damit dem Vorgesetzten bewies, daß er Vertrauen verdient. Ist's der erstere, so haben wir gewonnenes Spiel. Ist's der letztere, nun, so ergreifen wir ihn und zwingen ihn, uns den Weg zu den Bolamännern zu zeigen."

„Señor, das ist zu gefährlich! Man wird meinen Bruder umbringen!"

„O nein! Der Major wird ja gar nicht erfahren, was wir seinem Boten für einen Bescheid gegeben haben. Indem er auf denselben wartet, kommen wir selbst."

„Aber auch angenommen, daß Ihr Plan gut ist, wie erfahren wir, wo sich der eigentliche Bote befindet?"

„Dieser Kavallerist, welcher sich jetzt in der Küche befindet, wird es uns sagen. Haben Sie denn wirklich die verlangte Summe hier im Hause?"

„Glücklicherweise, ja. Ich hatte in den letzten Tagen Geld einkassiert."

„Das werden wir aber diesem Kerl nicht sagen, Señor. Er wird sofort glauben, daß Sie nicht so viel haben. Sie müssen zu einem Nachbarn reiten, um sich das Fehlende geben zu lassen. Er wird bis zu Ihrer Rückkehr warten, aber nicht hier im Haus, sondern er wird zu anderen zurückkehren. Dabei folge ich ihm und entdecke das Versteck. Lassen Sie mir einen gestreiften Poncho und einen anderen Hut besorgen. Auch ein Pferd wird gesattelt im Hof bereitzuhalten sein. Übrigens ist es geraten, sich mehr auf das eigene Nachdenken, als auf die Aussagen dieser Leute zu verlassen. Der Mann wird, wenn er von hier fortreitet, nicht gleich die beabsichtigte Richtung einschlagen, sondern eine falsche. Ich werde mich nicht irre machen lassen."

„Darf ich Sie begleiten, Señor?"

„Eigentlich möchte ich Ihnen die Erfüllung dieses Wunsches versagen. Ihre Begleitung könnte mir meinen Plan verderben. Aber ich will trotzdem nichts dagegen haben, falls Sie mir versprechen, sich ganz nach meinen Wünschen zu richten."

„Das versteht sich ganz von selbst."

„So lassen Sie zwei der schnellsten Pferde für uns satteln und auch zwei Lassos bereithalten."

„Sie haben ja bereits einen, und ich auch!"

„Wir brauchen noch zwei. Nehmen Sie auch eine Bola für sich mit, und lassen Sie die Pferde nicht unten im Hof, sondern anderswo in der Nähe, wo sie nicht gesehen werden können, bereit sein. Ich glaube nicht, daß das Versteck auf Ihrem Grund und Boden liegt. Die Leute sind von Westen her gekommen. In dieser Richtung, jenseits der Grenze, müssen wir suchen. Auf einer kahlen, nackten Höhe versteckt man sich nicht. Wir haben also nicht auf den Bodenerhöhungen, sondern in den Vertiefungen zu suchen. Wenn wir es klug machen, erreichen wir das Versteck noch eher als der Kavallerist."

Der Estanziero gab die betreffenden Befehle. Dann erwarteten wir die Rückkehr des Boten. Derselbe hatte sich mit dem Essen sehr beeilt und ließ sich wieder anmelden. Sein Gesicht war ein sehr zuversichtliches. Er sagte sich vielleicht, da er mit Speis und Trank regaliert worden sei, habe er ein feindseliges Verhalten nicht zu befürchten. Darum fragte er, ohne zu warten, bis er angeredet wurde:

„Nun, was haben Sie beschlossen?"

„Wir haben beschlossen, den Weg der Gütlichkeit einzuschlagen", antwortete ich ihm. „Aber Zehntausend ist zu viel!"

Ich wollte scheinbar abhandeln, um ihn desto sicherer zu machen.

„Ist nicht zu viel, gar nicht zu viel", antwortete er.

„Bedenken Sie, daß eine solche Summe geradezu ein Vermögen ist!"

„Der Yerbatero muß aber doch wissen, daß er es geben kann, sonst hätte er es nicht geboten."

„Es ist ihm abverlangt worden."

„Nein. Er hat sogleich von selbst dieses Angebot gemacht."

„Unsinn! Sagen Sie uns, wie weit Sie in Ihrer Forderung herabgehen können!"

„Um keinen Pesos. Das ist mir noch ganz ausdrücklich angedeutet worden. Der Yerbatero hat sich einverstanden erklärt und uns versichert, daß sein Bruder es geben werde."

„So ist er sehr unvorsichtig gewesen. Er mußte doch wissen, daß man zehntausend Bolivianos nicht im Haus liegen hat, selbst wenn man ein reicher Mann ist."

„Das geht mich nichts an. Das ist seine Sache und nicht die meinige!"

„Das ist sehr wohl auch Ihre Sache! Welche Instruktionen haben Sie denn für den Fall erhalten, daß Señor das Geld nicht vollständig daliegen hat?"

„Gar keine, das hängt von meiner Bestimmung ab."

„Dann will ich Ihnen einen Vorschlag tun. Wir wollen Ihnen 6000 bar und einen Wechsel über 4000 geben."

„Nein, nein! Einen Wechsel darf ich nicht annehmen. Das ist mir untersagt. Das Einkassieren desselben ist für uns zu gefährlich."

„Hm! So müßte sich Señor Monteso das Fehlende borgen. Ein Nachbar hat in den letzten Tagen eine Geldauszahlung erhalten. An diesen wird Ihnen Señor Monteso eine Anweisung geben."

„Danke! Darauf kann ich mich nicht einlassen. Ich will mit möglichst wenig Leuten zu tun haben. Ich halte mich an den Estanziero."

„So müßte er selbst es holen."

„Dauert das lange?"

„Er würde ungefähr drei Stunden bis zu seiner Rückkehr brauchen, vorausgesetzt, daß er den Nachbar daheim antrifft."

„Hm! So werde ich mich wohl gedulden müssen!"

„Wir bitten Sie darum. Sie können ja auf der Estanzia bleiben und sich da ausruhen."

„Danke sehr, Señor! Ich will Sie nicht belästigen. Ich reite indessen fort und kehre nach drei Stunden wieder."

„Ganz wie Sie wollen! Nach Empfang des Geldes verlangen wir aber natürlich Quittung!"

„Davon steht nichts in meinem Auftrag."

„Wir müssen sie dennoch haben. Hat der Major Ihnen keine mitgegeben, so mögen Sie Ihren Namen unterzeichnen."

„Den kennen Sie gar nicht. Wie leicht kann ich Sie täuschen?"

„Ihr ehrliches Gesicht ist uns Bürgschaft, daß Sie keinen falschen Namen unterzeichnen."

„Sehr schmeichelhaft für mich, Señor. Ich bemerke, daß Sie die Absicht haben, die Angelegenheit als Caballero zu erledigen. Das freut mich. — Schenken wir uns gegenseitig Vertrauen. *A Dios!*"

Er ging, und ich trat schnell an das Fenster. Hinter der Gardine versteckt, blickte ich in den Hof und sah, daß er nach links schwenkte, als er zum Tor hinaus war. Nun eilte ich hinab vor das Tor und sah ihn an der nächsten Kaktushecke abermals nach links biegen. Natürlich ging ich nun auch zu dieser Ecke, wo ich ihn im Galopp das Freie gewinnen und dann in gerader Richtung gegen Osten reiten sah. Nun kehrte ich zurück und begab mich nach meiner Wohnung, die ich heute noch gar nicht betreten hatte. Ich wollte mein Gewehr holen und fand da den Poncho und den Hut. Ich warf den ersteren über, setzte den letzteren auf, und da kam auch der Estanziero mit dem Bruder.

„Nun, wo ist er hin?" fragte der erstere.

„Nach Ost. Folglich will er nach West. Nehmen Sie mir die Frage nicht übel, Señor Monteso, ob Sie ein guter Reiter sind?"

„Welche Frage!" lachte er. „Natürlich bin ich es."

„Vielleicht wird es notwendig, dies zu beweisen. Können Sie sich während des Rittes lang an die Seite des Pferdes legen?"

„Lang an die Seite des Pferdes legen? Wie meinen Sie das? Wie macht man das? Ich habe es noch nie gesehen."

„Die Indianer Nordamerikas bringen dieses Kunststück sehr oft in Anwendung. Wenn man den Körper lang an denjenigen des Pferdes legt, kann man von der entgegengesetzten Seite weder gesehen noch von einer Kugel getroffen werden."

„Da fällt man ja herab!"

„O nein. Ich habe zu diesem Zweck zwei Lassos bestellt. Wir schlingen sie um die Hälse der Pferde. Das ist die ganze Vorkehrung, deren wir bedürfen. Gesetzt den Fall, wir haben zu unserer rechten Hand einen Feind, welcher uns nicht sehen soll, so müssen wir uns an der linken Seite des Pferdes verbergen. Zu diesem Zweck rutschen wir langsam nach links aus dem Sattel, lassen aber den rechten Fuß im Steigbügel und ziehen ihn mit demselben hinter dem Sattel über die Kruppe des Pferdes. Wir hängen also mit dem Fuß im Bügel. Mit dem Arm fahren wir in den Lasso, welcher um den Hals des Pferdes geschlungen ist. In dieser Weise liegen wir links lang am Pferd und können unter dem Hals desselben hinweg nach rechts schauen und sogar nach dieser Richtung schießen."

„Das geht ja nicht. Wie kann ich mich mit der großen Zehe im Bügel halten?"

„Ihre Steigbügel sind eben sehr unpraktisch. Glücklicherweise hängen sie im doppelten Riemen, zwischen welchen Sie den Fuß stecken können. Auf diese Weise ist der Feind zu täuschen. Befindet er sich so weit entfernt, daß er den Sattel nicht zu unterscheiden vermag, so hält er das Pferd für ein lediges, weidendes Tier."

„Señor, das bringe ich nicht fertig."

„Wir werden sehen. Kommen Sie."

Wir gingen nach dem Korral und schlangen den Pferden die Riemen mehrfach um den Hals. Im Hof stand noch das Pferd, auf welchem ich gekommen war. Es trug meine Satteltaschen, und ich nahm mein Fernrohr aus denselben. Dann ging es fort. Der Frater wünschte uns Glück, und die Damen riefen uns von oben zu, vorsichtig zu sein. Wir ritten nach Nordwest. Als wir die Estanzia so weit hinter uns hatten, daß sie uns die Fernsicht nicht mehr hinderte, blieben wir halten, und ich suchte den östlichen Camp nach dem Kavalleristen ab. Nach einiger Zeit entdeckte ich ihn. Er hielt noch immer die anfängliche Richtung bei, ritt aber nur noch Schritt.

Jetzt ging es im Carriere über den Camp dahin. Wie groß das Besitztum des Estanziero war, zeigt sich daraus, daß wir erst nach vollen zehn Minuten die Grenze erreichten und uns nun langsam südwärts wendeten. Hier gab es keine Umfriedungen. Wir hatten freies Land, da die Hecken sich nur in der Nähe der Gebäude befanden. Da gab es auch wenig Spuren von Vieh, weil die Gauchos es vermeiden, ihre Tiere bis zur Grenze zu lassen, durch deren Überschreiten sehr leicht Unzuträglichkeiten entstehen. Nun saß ich vornübergebeugt im Sattel und hielt das Camposgras scharf im Auge. Der Estanziero tat ebenso.

„Wollen sehen, wer die Spur zuerst entdeckt", sagte er. „Vorausgesetzt, daß Sie sich nicht geirrt haben und sie sich wirklich hier befindet."

„Sie muß hier sein. Passen wir nur gut auf!"

Er hatte zugeben müssen, daß ich im Reiten geschickter sei als er. Nun wollte er mich bezüglich des Scharfsinns im Auffinden einer Fährte schlagen. Ich tat, als ob ich das nicht bemerkte. Bald richtete ich mich im Sattel auf. Ich hatte die Spur entdeckt. Er aber ritt weiter, und ich blieb an seiner Seite.

„Hm! sagte er endlich. „Wir suchen vergeblich. Ich sage Ihnen, Señor, daß wir unsere Zeit verschwenden!"

„Das ist freilich wahr!"

„Sie geben das zu? Sind also nun auch meiner Meinung, daß es hier die gesuchte Fährte nicht gibt?"

„Ganz und gar."

„So sind Sie also geschlagen?"

„Nein."

„Aber Sie haben die Spur doch nicht!"

„Ich habe sie. Da hinter uns. Wir sind darüber weg."

„Warum sagten Sie es nicht?"

„Weil ich Ihnen Zeit lassen wollte, einzusehen, daß sich ein Deutscher wenigstens ebenso wie ein Orientale in der Banda Uruguay zurechtfinden kann. Kehren wir um! Wir werden sehr bald wieder an der Stelle sein."

Wir jagten zurück und stiegen ab, als wir den betreffenden Punkt erreichten. Der Boden war lehmig und das Gras ganz kurz abgefressen. Darum gab das Gras keinen Anhalt, aber im Lehm selbst hatten sich, obgleich er nicht feucht, sondern hart war, die

Hufspuren eingedrückt. Ich erklärte dem Estanziero die betreffenden Zeichen. Er blickte mich groß an, gab aber schließlich kleinlaut zu, daß wir die Spuren dreier Pferde vor uns hatten.

„So sind es also zwei, die jetzt auf den Kerl warten?" fragte er.

„Ja; anders ist es nicht. Folgen wir dieser Fährte!"

Wir stiegen wieder auf und ritten weiter, bis wir bemerkten, daß die Spur keine gerade Linie mehr bildete, sondern von jetzt an nur den Bodenvertiefungen folgte. Ich stieg ab, nahm mein Gewehr schußbereit und schlang mir den Zügel um den Arm.

„Wollen wir denn gehen?" fragte Monteso erstaunt.

„Wenn wir zu Pferde kommen, so erblicken sie uns eher als wir sie und sind also vorbereitet. Das können wir vermeiden."

Ich nahm das Fernrohr wieder zur Hand und brauchte nicht lange zu suchen. Ganz zufällig bekam ich gleich in den ersten Augenblicken eine Gestalt vor das Glas, welche auf der Höhe einer der Bodenwellen saß, uns den Rücken zukehrte und in der Richtung nach der Estanzia ausschaute. Nachdem auch der Estanziero durch das Rohr gesehen hatte, sagte er:

„Das ist jedenfalls einer von den beiden. Ein Glück, daß der nicht nach rückwärts sieht, sonst hätte er trotz der Entfernung die Pferde erkannt. Was tun wir?"

„Wir steigen wieder in den Sattel, um ihm schneller näherzukommen, halten uns aber in den Vertiefungen. Nun wir wissen, wo die beiden sich befinden, können wir uns ihnen zu Pferde nähern."

Die tiefer liegenden Wellentäler schlangen sich in mehr oder weniger engen Windungen um die Bodenerhebungen. Sie waren feucht und mit Sträuchern bestanden. Darum fanden wir die Spuren hier auf das deutlichste charakterisiert.

Als wir nahe genug gekommen waren, stiegen wir ab. Ich kroch die Böschung empor, um nach der Gestalt zu sehen. Sie war verschwunden; aber das war mir nur lieb. Ich hatte mir die Stelle, an welcher sie gesessen hatte, ganz genau gemerkt. Es waren nur noch zwei Talwindungen von uns zurückzulegen, um zu den Gesuchten zu gelangen. Da wir die Pferde hier zurücklassen mußten, banden wir sie ans Gesträuch, nahmen ihnen aber die Lassos von den Hälsen, um sie später als Fesseln zu benutzen. Nun gingen wir vorwärts, erst eine Windung nach links und dann eine nach rechts. Diese letztere brachte uns an Ort und Stelle. Die Terrainsenkung war hier weiter und tiefer als anderwärts. Auf ihrem Grund hatte sich stehendes Wasser gesammelt, welches von einem ziemlich hohen und dichten Mimosengebüsch eingefaßt wurde. Jenseits des Wassers knabberten zwei Pferde an den jungen Zweigen. Diesseits, zu unserer linken Hand, hörten wir sprechen. Sehen konnten wir die Personen nicht.

„Dort sind sie!" flüsterte mir der Estanziero zu. „Auf! Werfen wir uns auf sie!"

„Nein. Wir schleichen uns an, was ganz leicht ist, da die Mimosen unten am Boden genug freien Raum zum kriechen lassen. Folgen Sie mir; machen Sie es wie ich, und vermeiden Sie jedes Geräusch! Die Gewehre lassen wir hier liegen, sie würden uns nur hindern. Wir müssen suchen, ganz nahe hinter sie zu kommen, ich an den einen, Sie an den anderen. Wir fassen sie dann um die Hälse und drücken ihnen die Gurgel zusammen. Greifen Sie aber nicht eher zu, als bis Sie sehen, daß ich es tue!"

„Ganz wie bei den Indianern! Das kann mir gefallen, Señor."

Er war ganz begeistert, den Indianer zu spielen. Hätte ich es allein unternommen, so wäre ich des Gelingens sicherer gewesen; ich tat ihm aber den Willen, weil ich ein Mißlingen selbst dann nicht zu befürchten hatte, wenn er einen Fehler beging. Es wäre nur ein wenig schwieriger geworden. Ich kroch also voran, und er folgte mir. Die Mimosen teilten sich erst vielleicht eine Elle oberhalb des Bodens in Zweige; infolgedessen kamen wir leicht und schnell vorwärts. Die Anwesenheit des Wassers gab dem Grase ein üppiges Wachstum. Es stand vor dem Gebüsch fast über eine Elle hoch, so daß man von draußen nicht hereinblicken und uns sehen konnte. Das war höchst vorteilhaft für uns.

Die Stimmen wurden vernehmlicher, je näher wir kamen. Bald hatten wir die betreffende Stelle erreicht. Wir kauerten unter dem Gezweig innerhalb der Sträucher auf dem Boden, und sie lagen draußen, ganz nahe dem Rand des Gebüschs, im hohen Gras.

„Und wenn er aber nicht wiederkommt, wenn sie ihn festhalten?" hörten wir fragen.

„Das wagen sie nicht", lautete die Antwort.

Ich erkannte in dieser Stimme augenblicklich diejenige des Leutnants.

„Und wenn sie es dennoch wagen?"

„So soll es ihnen schlecht bekommen. Wir legen ihnen den roten Hahn an die Estanzia und schneiden dann nach unserer Rückkehr den beiden Montesos die Kehlen durch."

„Davon haben wir aber nichts! Übrigens habe ich einen Gedanken, welcher mich beunruhigt, der Gedanke, daß dieser Deutsche mit dem Bruder schon hier sein könnte. In diesem Fall wird unser Bote einen schweren Stand haben."

„Sie können ihm doch nichts anderes sagen, als Ja oder Nein!"

„Sie können wohl etwas anderes! Sie können Ja sagen, um ihn sicher zu machen; sie können ihm das Geld geben, um uns heimlich zu folgen."

Der Estanziero stieß mich an. Er brannte vor Begierde, zuzugreifen; aber ich wollte noch warten. Es lag mir vor allem daran, zu erfahren wo der Major auf seine drei Gesandten wartete. Konnte ich diesen Ort erfahren, so war das Gelingen des Untenehmens meiner Ansicht nach leidlich sicher. Gefährlich war es trotzdem; aber man wußte dann doch wenigstens, daß man die Leute gewiß treffen werde, und konnte sich die zum Suchen erforderliche Zeit ersparen.

„Das werden sie bleiben lassen", meinte der andere. „Wir haben ja für diesen Fall den strengen Befehl, die Verfolger irre zu führen. Ich weiß ein Mittel, wie uns das gelingen kann."

„Welches?"

„Wir trennen uns, um später wieder zusammenzutreffen. Da machen wir drei Fährten, und sie wissen nicht, welcher sie folgen sollen."

„Schafskopf! Sie können jeder beliebigen folgen, so treffen sie uns dann doch beisammen."

„Himmel! Daran dachte ich nicht."

„Ja, auf deine Klugheit brauchst du dir freilich nichts einzubilden. Unser einziges Gelingen liegt, falls wir verfolgt werden, in der Schnelligkeit unserer Pferde. Wir müssen sofort aufbrechen und die ganze Nacht durchreiten. Glücklicherweise scheint der Mond, daß es fast so hell ist, wie am Tag."

„Das ist aber auch für sie ein Vorteil."

„Kein großer. Sie können des Nachts trotz des Mondscheins unsere Fährte nicht sehen. Die Hauptsache ist, sobald wie möglich im Lager anzukommen. Dann unterrichten wir die Unsrigen von der Verfolgung und empfangen die Kerle, wie sie es verdienen. Werden wir aber vorher erreicht, so…"

„So hat es auch nichts zu bedeuten", fiel ihm der andere in die Rede.

„Wieso?"

„Weil man in Rücksicht auf die Gefangenen uns nichts tun darf."

„Hm! Ja! Das ist richtig. Aber wir dürfen uns nicht sehen lassen. Wenn man Militär zu Hilfe ruft und uns in der Überzahl angreift, so sind wir verloren. Kein Lopez Jordan kann uns dann retten. Glücklicherweise liegt die *Peninsula del crocodilo* für unsere Zwecke so gut, daß wir uns — horch!"

Wir hörten Hufschlag. Die beiden erhoben sich aus dem Gras. Nun war es zu spät, sie zu ergreifen, denn der Kavallerist war da. Wir sahen ihn draußen vor dem Gebüsch vom Pferd springen.

„Nun?" fragte der Leutnant.

„Wir bekommen das Geld", lautete die Antwort. „Der Estanziero hatte nicht genug. Er ist zum Nachbarn geritten, um sich das Fehlende zu borgen."

„Mit wem sprachst du?"

„Mit dem Deutschen und dem Frater."

„War der Estanziero nicht da?"

„Auch dieser."

„So hattest du doch mit ihm, nicht aber mit dem Deutschen zu reden!"

„Das wollte ich auch. Ich sagte ihm anfangs, daß ich mit Monteso allein zu sprechen habe; später aber war ich froh, daß der Deutsche für denselben sprach, denn er zeigte sich außerordentlich vernünftig. Monteso hätte das Geld wahrscheinlich verweigert; der Deutsche aber hat ihm jedenfalls zugeredet; er sagte es."

„Dem Menschen traue ich nicht weiter, als ich ihn sehe. Erzähl einmal!"

„Viele Worte kann ich nicht machen, denn ich brauche anderthalb Stunden, um den Bogen wieder zu reiten und sie irre zu führen. Ich kam nur für die wenigen Minuten, um euch Nachricht zu bringen und zu beruhigen. Also hört!"

Er erzählte wortgetreu das Geschehene. Als er geendet hatte, standen sie eine kleine Weile still beieinander. Sie überlegten. Dann fragte der Leutnant:

„Hast du nicht gesehen, ob dir jemand nachgeritten ist?"

„Ich hielt öfter an, um scharf zurückzublicken. Kein Mensch war zu sehen."

„Und der Deutsche hat wirklich abhandeln wollen und deine Unterschrift verlangt?"

„Ganz so, wie ich es erzähle."

„Hm! So scheint er einen Hintergedanken zu verbergen."

„Welcher sollte das sein?"

„Das weiß man eben nicht. Sei vorsichtig! Wenn du das Geld erhalten hast, reitest du keinen Bogen wieder, sondern kommst direkt hierher."

„Da weiß man ja gleich woran man ist!"

„Das schadet nichts. Wir müssen schnell und stracks fort und dürfen keinen Augenblick verlieren. Natürlich schreibst du nicht deinen wirklichen Namen hin, sondern einen anderen, falschen."

„Das versteht sich ganz von selbst. Nun aber muß ich wieder fort. Ich darf die Señores nicht warten lassen."

„Ja, reite und halte dich tapfer. Ich fürchte mich nicht, aber es ist doch immer eine gewisse Angst, bevor man das Geld in den Händen hat. Ich traue nicht."

„Und ich traue. Übrigens steht mein Entschluß fest, falls man die Absicht haben sollte, mich zu betrügen, dem Deutschen das Messer in den Leib zu rennen, auf das Pferd zu springen und fortzujagen. Ehe man sich vom Schreck erholt, befinde ich mich in Sicherheit. *A dios!*"

Er bestieg sein Pferd und ritt davon. Die beiden anderen gingen mit ihm. Sie stiegen auf die Bodenwelle, sahen ihm kurze Zeit nach und kehrten dann zurück.

„Mir gefällt die Geschichte wenig", erklärte der Leutnant. „Wenn er sich wenigstens das vorhandene Geld hätte geben lassen, um uns einstweilen dieses zu bringen. Gab man ihm dasselbe wirklich, so konnten wir jetzt ruhig sein. So aber schweben wir noch im Zweifel."

Der andere setzte sich ins Gras, zog eine Spielkarte hervor und meinte:

„Es ist nun nicht zu ändern und muß abgewartet werden. Brennen wir uns einen Zigarillo an und machen ein Spiel dazu! Nicht?"

„Ja, spielen wir! Mag geschehen, was da will, hier und jetzt sind wir sicher."

„Sie irren, Señor! Mit Ihrer Sicherheit steht es schlecht."

Ich hatte dem Estanziero einen Wink gegeben, fuhr, während ich die letzteren Worte sprach, zwischen den Büschen hervor, faßte mit der Linken den noch aufrecht stehenden Leutnant bei der Gurgel und schlug ihm die rechte Faust an den Kopf. Er sank zusammen. Monteso war nicht weniger schnell. Er faßte den anderen mit beiden Händen von hinten um den Hals und drückte ihm denselben zusammen. Der Mensch stöhnte und strampelte dazu mit den Beinen. Er wurde schnell entwaffnet und mit dem einen Lasso gebunden. Der Leutnant war nur für einige Augenblicke betäubt. Er begann, sich wieder zu bewegen, und wurde mit dem anderen Lasso umschnürt. Der Ausdruck seines Gesichts als er die Augen öffnete, war unbeschreiblich.

„Der Deutsche!" stieß er hervor.

„Ja, der Deutsche, Señor!" nickte ich ihm zu. „Es ist mir sehr schmeichelhaft, daß Sie sich meines Gesichts noch erinnern."

„Sie sind ein Teufel!"

„O nein, Señor! Ich bin vielmehr ein wahrer Engel an Geduld. Ich liege bereits seit über einer halben Stunde hinter Ihnen in den Büschen und höre, wie Sie auf mich schimpfen, und dennoch habe ich Ihnen den Mund nicht verschlossen. Ich verzeihe es Ihnen sogar, daß sie so unhöflich gewesen sind, uns einen Untergebenen zu senden, anstatt selbst zu kommen. Da ich aber weiß, was sich schickt, bin ich gekommen, Sie einzuladen, uns nach der Estanzia del Yerbatero zu begleiten."

„Ich verlange, daß Sie mich freilassen", brüllte er mich an.

„Gedulden Sie sich noch. Über Ihre Freiheit sprechen wir später, wahrscheinlich schon nach einigen Wochen."

„Spotten Sie nicht! Es handelt sich um das Leben des Yerbatero und seines Neffen."

„Allerdings und nebenbei auch noch um zehntausend Bolivianos. Ich komme ja, um Sie über diese Punkte aufzuklären. Sie werden nämlich nichts bekommen. weder das Geld, noch das Leben der beiden Gefangenen."

„Das wird sich finden! Vor allen Dingen verlange ich als Offizier behandelt zu werden! Ich bin Offizier der Banda Oriental und diene unter Latorre!"

„Vorhin, als Sie nicht wußten, daß Sie Ohrenzeugen hatten, haben Sie sich zu Lopez Jordan bekannt. Sie sind nicht Offizier, sondern Strauchdieb und werden als solcher behandelt werden."

„Dann sterben die Gefangenen!"

„Ich werde mir das Vergnügen machen, Ihnen zu beweisen, daß wir Sie behalten und unsere Freunde dennoch glücklich wiedersehen."

„Sie wissen nicht, wo sie sich befinden", brüllte er mich höhnisch an.

„Ich hoffe zuversichtlich, sie auf der *Peninsula del crocodilo* zu treffen. Wir werden schleunigst nach dort aufbrechen."

„Teufel!" stieß er hervor.

„Sie haben vorhin selbst gesagt, daß Sie dort erwartet werden, und daß dieser Ort sehr geeignet für ihre Zwecke sei. Es mag sein, daß der Major auf dieser Krokodilshalbinsel sich sehr leicht zu verteidigen vermag, noch wahrscheinlicher aber ist es, daß er durch unseren Angriff von der Halbinsel hinunter ins Wasser getrieben und dort von den Krokodilen gefressen wird."

„Vorher wird er die Gefangenen diesen Tieren als Fraß vorwerfen!"

„Wir werden das zu verhüten suchen. Und damit wir die dazu nötige Zeit gewinnen, wollen wir jetzt aufbrechen. Erlauben Sie mir, Ihnen beim Aufsteigen behilflich zu sein!"

„Ich bleibe liegen!"

„Pah! Meine Höflichkeit bringt Sie sehr schnell in die Höhe. Lassen Sie sich Folgendes sagen: Wir binden Ihnen die Hände auf dem Rücken und die Füße unter dem Bauch des Pferdes hinweg zusammen. Sie lassen sich das ohne Gegenwehr gefallen, sonst erzwingen wir uns den verweigerten Gehorsam."

„Wie wollen Sie das tun?"

„Sehr einfach: durch Ohrfeigen. Leute Ihres Schlags dürfen nicht zarter behandelt werden."

„Wagen Sie es nicht, sich an mir zu vergreifen!"

„Mensch, drohe nicht noch!" donnerte ich ihn nun an. „Du bist ein Schuft und wirst als solcher angefaßt. Ihr habt mich morden wollen. Ihr habt Menschen gestohlen, um Lösegeld zu erpressen! Sag noch ein Wort, so werfe ich dich hier in das Wasser! Ich kann es verantworten, wenn ich es tue. Und nun auf mit dir! Und keinen Widerstand, sonst soll dich der Teufel reiten!"

Ich riß ihn auf und stieß ihn zum Pferd. Er knirschte mit den Zähnen, wagte aber kein Wort und keine Bewegung des Widerstandes. Damit er auf das Pferd steigen könne, ließ ich ihm die Füße frei, welche ich dann festband, als er im Sattel saß. Monteso tat dasselbe mit dem anderen, welcher kein Wort sprach und ganz starr vor Entsetzen war. Wir führten die Tiere fort, hoben vorn an dem Gesträuch unsere Flinten auf und kehrten zu unseren Pferden zurück. Nachdem wir diese bestiegen hatten, ergriffen wir die Zügel unserer Gefangenen, und fort ging es im Galopp, der Estanzia zu. Dort hatte sich das, was geschehen war, unter den Gauchos herumgesprochen. Als diese Leute uns mit den Gefangenen kommen sahen, empfingen sie uns mit Jubelrufen. Ich war gezwungen, sie versammeln zu lassen, um ihnen zu sagen, wenn der dritte Bolamann komme, sollten sie freundlich zu ihm tun und ihn ja nicht ahnen lassen, welch ein Empfang seiner warte. Die beiden Kerle wurden in eine Nebenstube geschafft und dort auf Stühle gesetzt und so an dieselben gebunden, daß sie weder Hände oder Füße, noch den Oberkörper zu bewegen vermochten. Dann erzählte Monteso. Der Frater hörte leuchtenden Auges zu. Als der Bericht beendet war, gab er mir die Hand und sagte:

„Señor, Sie sind der Mann, mit dem ich gern nach dem Gran Chaco gehen will. Wir werden uns verstehen und einander nicht im Stich lassen. Aber was soll nun mit den beiden Männern geschehen?"

„Zunächst müssen die vier Pferde in den Korral geschafft werden, damit der zurückkehrende Bote sie nicht sieht. Er würde sogleich ahnen, was geschehen ist, und die Flucht ergreifen."

„Das sollte ihm nicht gelingen!" meinte Monteso. „Herein läßt man ihn, aber nicht hinaus; dafür werde ich sorgen."

„Haben Sie ein Gelaß, in welchem Sie die Gefangenen sicher aufbewahren können, Señor?"

„Mehr als eins. Eine Flucht ist unmöglich. Aber wie lange soll ich sie hier behalten?"

„Das steht in Ihrem Belieben. Wollen Sie sie sofort der Behörde übergeben?"

„Soll ich das überhaupt tun?"

„Um ihrer Gefangenen willen wenigstens nicht sofort. Übergeben Sie die Kerle gleich heute der Behörde, so spricht sich die Sache schnell fort. Sie wissen ja, welche Flügel die Fama besitzt. Wir müßten gewärtig sein, der Major erführe es, ehe wir ihn erreichten. Dann würde er sich aus dem Staub machen."

„Sie haben recht. Ich werde die Gefangenen hier einschließen, bis ich zurückkehre."

„Das ist das beste. Dann können Sie je nach den Verhältnissen tun, was Sie für klug halten, können sie dem Schafrichter übergeben oder auch , um Scherereien zu entgehen, sie laufen lassen. Was uns aber jetzt betrifft, so müssen wir uns auf den Ritt machen, sobald wir den dritten festgenommen haben. Frater Hilario, ist Ihnen in Uruguay die Krokodilshalbinsel bekannt?"

„Nein. Ich glaube, die beiden Ufer des Flusses genau zu kennen, habe aber diesen Namen noch nicht gehört. Krokodile gibt es in den Lagunen genug, Halbinseln auch. Wollen Sie es sich nicht von den Gefangenen sagen lassen,"

„Nein. Sie werden uns falsch berichten, und wir können ihnen die Lüge nicht beweisen, sondern müssen sie wohl oder übel hinnehmen. Wir werden indessen nicht nur die Spuren der Bolaleute, sondern in der Nähe des Flusses jedenfalls auch Personen finden, welche diese Halbinsel kennen. Ich bin überzeugt davon."

Jetzt eben meldete der Peon den Boten. Als der letztere hereintrat, warf er einen besorgten Blick rund umher, aber er fand gar nichts verändert. Unsere Gesichter waren zwar ernst, wie bei seinem ersten Besuch, aber nicht feindselig, und so fragte er den Estanziero:

„Nun, waren Sie bei dem Nachbarn und haben Sie das Geld empfangen?"

„Leider nicht. Er war nicht daheim. Ich kann es erst morgen erhalten."

„Aber so lange darf ich nicht warten!"

„Das sehe ich nicht ein. Warum können Sie nicht hier bleiben, bis ich das Geld habe?"

„Weil mein Auftrag lautet, höchstens zwei, drei Stunden zu warten. Geben Sie mir wenigstens das Vorhandene."

„Dadurch würde ich meinen Bruder nicht retten. Sie haben ja gesagt, daß Sie nicht weniger nehmen dürfen."

„So hole ich das Fehlende später."

„Da schlage ich Ihnen doch lieber vor, das Ganze später zu holen. Teilzahlungen haben keinen Zweck, da Sie den Gefangenen nur dann freigeben, wenn Sie die volle Summe empfangen haben."

Der Mann wurde verlegen. Er sah, daß der Bruder sich langsam nach der Tür begab, ahnte aber doch nicht, daß dies nur geschah, um ihm die Flucht abzuschneiden. Was mich betrifft, so hatte ich mich bis jetzt schweigend verhalten und war langsam nach dem einen Fenster gegangen, dessen Flügel offen stand. Ich sah da hinaus. Im Hof stand das Pferd des Mannes nicht mehr. Man war so vorsichtig gewesen, es zu entfernen.

„Da weiß ich wirklich nicht, was ich machen soll!" sagte er mißmutig.

„Ich an Ihrer Stelle wüßte es", sagte ich. „Sie reiten zu dem Major zurück und lassen sich neue Befehle geben."

„Aber das dauert lange. Sollen die Gefangenen bis dahin schmachten?"

„Es ist eben nicht zu ändern. Übrigens ist die *Peninsula del crocodilo* kein ganz unangenehmer Ort. Sie werden sich doch leidlich wohl befinden."

„Mein Gott!" rief er erstaunt. „Sie wissen, wo der Major ist und kennen die Insel?"

„Zweifeln Sie daran?"

„Señor, der Major hat Sie einen Teufel genannt. Sie sind wirklich einer!"

„Danke sehr! Grüßen Sie den Major von mir, wenn Sie sich neue Befehle holen, und sagen Sie ihm, er solle sich vor Latorre in acht nehmen!"

„Wir gehören zu Latorre!"

„Zu Lopez Jordan, wollen Sie sagen? Man darf solche Namen, hinter denen ganz verschiedene Länder, Völker und Parteien stehen, nicht verwechseln. Ich nehme an, daß Latorre ein sehr starkes Detachement nach Ihrer Halbinsel geschickt hat, um den Major auszuheben."

Der Mann vergaß sich so weit, mir zu antworten:

„Niemand sagt ihm, wo diese Halbinsel und welche sie ist!"

„Pah! Sie hören ja, daß ich sie kenne."

„So sind Sie der einzige Weiße, zu dem Petro Uynas von Ihr gesprochen hat."

„Petro Uynas?" fragte der Frater schnell, indem er mir einen bezeichnenden Blick zuwarf, denn er hatte verstanden, daß ich den Mann nach der Lage der Halbinsel ausforschen wolle. „Den kenne ich und werde, wenn ich ihn wieder aufsuche, sicherlich von ihm willkommen geheißen."

Ich wußte nun, daß wir erfahren würden, was wir wissen wollten; darum gab ich meine Aushorcherei auf und sagte:

„Sie sehen, daß Sie Ihre Geheimnisse nicht allein besitzen. Andere plaudern sie aus und sind ebenso unzuverlässig, wie Sie selbst."

„Ich, unzuverlässig?"

„Haben Sie mir nicht gesagt, daß wir Vertrauen zu einander fassen wollen? Und doch haben Sie mich belogen."

„Nein, Señor!"

„Gewiß! Sie sagten, Sie seien ganz allein nach hier gekommen."

„Das ist die reine Wahrheit."

„Es ist vielmehr die reine Lüge! In einem kleinen Tal mit einem noch kleineren Weiher, an welchem Gras und Mimosensträucher stehen, lagern Ihre Kameraden."

Er blickte starr zu mir herüber und brachte keine Entgegnung fertig. Endlich sagte er:

„Señor! Alle Wetter! Sie sind in Wirklichkeit ein Teufel!"

„Das ist gut. Man sagt, der Teufel sei kugel-, hieb- und stichfest. Also habe ich Ihren Messerstich nicht zu fürchten."

„Welchen Messerstich?"

„Sie wollten mir doch Ihr Messer in den Leib rennen, wie Sie Ihrem Leutnant erzählten, als Sie vor anderthalb Stunden von ihm fortritten."

Der Mund stand ihm offen; er war ganz fassungslos. Dennoch bewegte seine Hand sich langsam nach dem Gürtel, in welchem das Messer steckte. Ich zog den Revolver, zielte auf ihn und gebot:

„Die Hand vom Messer, sonst erhalten Sie augenblicklich die Kugel!"

Sein Gesicht wurde blutleer, und er ließ die Hand vom Gürtel. Der Bruder trat von hinten zu ihm heran und zog ihm das Messer heraus. Er wollte sich dagegen wehren, aber der Bruder sagte ernst:

„Willst du dich an mir vergreifen? Bedenke, was du tust!"

Der Mann wußte jetzt, wie die Sache stand. Er warf einen Blick rundum, sah die Tür frei, da der Frater dieselbe verlassen hatte, und sprang auf dieselbe zu. Ich hatte das vorausgesehen und stand, als er sie erreichte, schon zwischen ihm und ihr.

„Bleiben Sie!" gebot ich ihm. „Soll ich wirklich auf Sie schießen? Kommen Sie! Schauen Sie da hinab!"

Ich faßte ihn am Arm und zog ihn, ohne daß er sich weigerte, an das Fenster. Er blickte hinab.

„Wo ist mein Pferd?" fragte er.

„Zur Seite geschafft. Sie sehen, daß es Ihnen unmöglich ist zu entkommen. Draußen und unten stehen die Peons und die Gauchos. Übrigens sind Sie nicht der einzige, der hier einen Empfang findet, auf den er vor anderthalb Stunden nicht eingerichtet war. Sehen Sie einmal weiter!"

Ich schob ihn bis zur Tür des Nebenzimmers; der Haziendero öffnete dieselbe. Der Mann erblickte die beiden festangebundenen Gefangenen. Er wollte sich fassen, sich beherrschen; aber ich sah seine Lippen beben, und fast stammelnd stöhnte er mir zu:

„Señor, ich schwöre es Ihnen jetzt zu, daß Sie ein Teufel sind, der wirkliche, leibhaftige Teufel!"

„Wenn Sie davon so sehr überzeugt sind, so werden Sie einsehen, daß Widerstand der größte Unsinn wäre. Fügen Sie sich also in Ihre Lage, welche wenigstens nicht die sein wird, die Sie mir bereiten wollten. Wir denken, obgleich Sie mich einen Teufel nennen, weit menschlicher als Sie."

Er wurde auch gebunden, ohne daß er Gegenwehr versuchte, und die drei saßen nun gefesselt nebeneinander auf ihren Stühlen. Hätten Sie versucht, sich mit demselben zu bewegen, so wären sie mit ihnen umgestürzt. Keiner konnte dem anderen helfen, eine Flucht war ganz ausgeschlossen. Trotzdem wurde einstweilen ein Peon zu ihnen getan, so daß es von ihnen der reine Wahnsinn gewesen wäre, an das Entkommen zu denken. Nachdem wir aus der Stube gegangen waren und die Tür hinter uns zugemacht hatten sagte der Estanziero zu mir:

„Jetzt haben wir sie alle drei, und die Ausführung Ihres Vorhabens ist Ihnen gelungen, Señor. Aber die Hauptsache bleibt uns noch zu tun. Ob wir auch sie so gut erledigen, das erscheint mir leider als sehr zweifelhaft."

„Ich denke anders", antwortete ich ihm. „Wie ich Ihnen bereits gesagt habe, wäre ich des Gelingens vollständig sicher, wenn ich allein reiten dürfte. Ein guter Koch kann überzeugt sein, daß ihm die Speise, auf deren Zubereitung er eingeübt ist, vollständig gelingen werde. Sobald man ihm aber andere Köche an die Seite stellt, welche ihm helfen sollen, ist es sehr möglich, daß sie ihm das Gericht verderben. Er wird nur dann den Erwartungen seines Herrn entsprechen können, wenn die anderen Köche sich genau nach seinen Anordnungen zu richten haben."

„Nun gut! Ihr Beispiel ist deutlich genug. Wir reiten mit, werden uns aber ganz nach Ihrem Willen richten. Sie sollen unser Anführer sein."

„Das verlange ich nicht. Nur dann, wenn wir uns an Ort und Stelle befinden, werde ich Sie bitten, meine Vorschläge zu beachten. Sie haben vor mir die Kenntnis des Landes und der Sitten seiner Bewohner voraus; ich aber möchte die Überzeugung hegen, daß ich in der Ausführung von Aufgaben, wie die unserige ist, mehr Erfahrung und Übung besitze als Sie. Gewalt dürfen wir nur im äußersten Notfall anwenden, denn die List wird uns viel schneller und sicherer zum Ziel führen. Wir müssen wie Diebe handeln, denn wir werden den Bolamännern ihre Gefangenen zu stehlen haben. Dazu ist die äußerste Vorsicht und Verschlagenheit erforderlich, und diese Art und Weise, einen Feind zu übervorteilen, habe ich bei den Indianern des Nordens gelernt. Brechen wir bald auf; sorgen Sie für gute Bewaffnung und für Proviant und Munition! Den Gefangenen hat man jedenfalls die Waffen abgenommen; wir müssen ihnen andere mitbringen."

Der Haziendero zeigte uns nun ein festes Gelaß, in welchem die drei Gefangenen bis zu seiner Rückkehr untergebracht und auf das strengste bewacht werden sollten. Als wir sie da hinunter schafften, erging der Leutnant sich in allerhand Drohungen. Er blieb bei der Behauptung, daß seine Truppe nur aus Soldaten der Banda oriental bestehe und man uns infolgedessen für unser gewalttätiges Verhalten in hohe Strafe nehmen werde. Wir achteten aber nicht darauf.

Kurze Zeit später brachen wir auf. Es wurde ein Packpferd mitgenommen, welches den Proviant und allerlei Effekten zu tragen hatte. Da unser Unternehmen kein ungefährliches war, so verstand es sich ganz von selbst, daß die Damen den Estanziero nicht ohne große Besorgnis von sich ließen. Ich mußte seiner Frau und Tochter heimlich versprechen, über ihn zu wachen, damit er nicht zu viel wage und ihm infolgedessen ein Unglück geschehe. Ich konnte ihnen das nicht übelnehmen, obgleich sie damit indirekt sagten, daß ihre Sorge für uns andere nicht so groß sei, wie diejenige, welche sie um ihn hegten.

Wir waren vom Rancho her spät auf der Estanzia angekommen; das auf der letzteren Erlebte hatte eine lange Zeit in Anspruch genommen, und so war ein bedeutender Teil des Nachmittags vergangen, als wir die Grenze der Besitzung Montesos hinter uns hatten. Wir waren, wie bereits erwähnt, acht Personen, der Estanziero, der Frater, ich und die fünf Yerbateros, welche ganz darauf brannten, ihren Kollegen und Anführer zu befreien. Wir mußten zunächst nach dem Rancho, um dort den Toten zu begraben, wie wir es versprochen hatten. Willkommenerweise lag diese Besitzung ziemlich in der Richtung, welche wir einzuschlagen hatten, so daß unser Zeitverlust nicht bedeutend werden konnte. Wir ritten ganz durch dieselbe Gegend, durch welche wir herzugekommen waren, und erreichten, da wir die Pferde tüchtig antrieben, den Rancho kurz nach Einbruch der Dunkelheit. Dort erzählten wir, was geschehen war. Der brave Bürgli war darüber so erzürnt, daß er sich erbot, sich uns anzuschließen, um die Bolamänner bei der „Parabel" zu nehmen, wie er sich ausdrückte. Wir schlugen ihm die Erfüllung dieses Wunschs natürlich ab. Er konnte uns nicht verbessern, ganz davon abgesehen, daß seine Gegenwart auf dem Rancho nur schwer zu entbehren war.

Das Begräbnis fand noch am Abend statt unter Assistenz des von Montevideo geholten Priesters, dann nahmen wir Abschied von den lieben Leuten. Der Ranchero brachte uns trocken über den Fluß, denn er besaß ein Boot, welches an einer Stelle des Ufers untergebracht war, an welcher es von Fremden nicht so leicht entdeckt werden konnte. Ich mußte versprechen, ja wieder einzukehren, falls mein Weg mich wieder in diese Gegend führe. Möglich war es, daß wir mit dem Yerbatero und seinem Neffen zurückkamen; ebenso leicht aber konnte es geschehen, daß sich dieser sogleich bereit zeigte, die Reise nach dem Gran Chaco fortzusetzen. Überhaupt waren wie keineswegs Herren unserer Zukunft. Wir gingen ja einem Unternehmen entgegen, dessen Resultat keiner von uns wissen konnte.

Vom jenseitigen Ufer des Rio Negro an war der Frater unser Führer. Er glaubte, die Gegend besser als der Haziendero und selbst als die Yerbateros zu kennen und es stellte sich heraus, daß er recht hatte.

Der Mond schien so hell, daß der nächtliche Ritt keinerlei Beschwerde für uns hatte. Wir kamen an Ranchos, Estanzias und Haziendas vorüber, zuweilen auch an einem kleinen, bewohnten Ort, dessen Name mir wohl genannt, von mir aber schnell vergessen wurde. Bei Anbruch des Tages hatten wir eine bedeutende

Strecke zurückgelegt. Der Estanziero hatte für sich und die Yerbateros seine besten Pferde ausgewählt; das Tier, welches der Frater ritt, war ausgezeichnet, obgleich sein Aussehen nicht darauf schließen ließ, und mein Brauner hatte seine Schuldigkeit auch getan. Wir beiden letzteren hatten im Rancho unsere Pferde natürlich wieder umgetauscht. Jetzt wollten wir sie ein wenig ausruhen lassen und ihnen Wasser geben. Die Yerbateros hielten dies freilich nicht für nötig. Sie sagten, daß wir überall Pferde bekommen könnten, falls die unsrigen abgetrieben seien. Ich drang aber durch, da auch der Bruder meiner Meinung war, daß die Pferde auch Geschöpfe Gottes seien und jeder brave Reiter ebenso auf sein Tier, wie auf sich selbst zu sehen habe.

Wir sahen uns nach einem Ort um, an welchem wir absteigen könnten. Ein wenig zur rechten Hand von unserer Richtung sahen wir einen dünnen, leichten Rauch aufsteigen. Es roch brenzlich in der Luft.

„Dort liegt eine Meierei", sagte der Bruder. „Ich möchte behaupten, daß man sie von hier aus sehen müsse. Der Rauch kommt mir verdächtig vor. Es wird den braven Leuten doch nicht ein Unglück geschehen sein!"

„Kennen Sie den Besitzer?" fragte ich.

„Ja. Es ist ein alter Señor mit einer sehr ehrwürdigen Señora, die einen einzigen Sohn und vier Gauchos haben. Er ist bekannt als Züchter der besten Pferde. Er sucht eine Ehre darin. Die Gegend ist hier einsam, und es gibt im weiten Umkreis keine Siedlung. Sollte das Gebäude abgebrannt sein? Lassen Sie uns hinreiten!"

Nach wenigen Minuten konnten wir sehen, daß es allerdings ein Schadenfeuer gegeben hatte. Die Wände waren eingestürzt und bildeten einen nur noch leicht rauchenden Trümmerhaufen. Die Korrals waren leer, und nur hier und da sah man in der Ferne ein weidendes Rind, welches vor dem Rauch geflüchtet zu sein schien. Pferde aber sah man nicht ein einziges Stück.

„Da ist ein Überfall geschehen!" rief der Bruder. „Sollten sich die Bolamänner hier befunden haben?"

„Warum ein Überfall?" fragte ich.

„Weil die Tiere fort sind."

„Sie sind vor dem Feuer entflohen."

„O nein. Sehen Sie sich doch diese starken Kaktushecken an, durch welche zu dringen selbst der wildeste Stier sich hüten wird. Sie hätten nicht heraus gekonnt, sondern man hat die Tiere herausgejagt. Die Umzäunungen sind ja geöffnet. Ich ahne Unheil. Machen wir, daß wir zu der Brandstätte kommen!"

Als wir dort anlangten, sahen wir, daß alles verbrannt und wohl nichts gerettet worden war. Mit einigen Stangen, welche wir fanden, stocherten wir in der noch heißen Asche und fanden zu unserer Beruhigung keine Überreste menschlicher Körper.

„So müssen wir weiter suchen", meinte der Frater. „Zerstreuen wir uns zunächst in die Korrals. Vielleicht entdecken wir wenigstens eine Spur."

Dieser Weisung wurde gefolgt. Die Yerbateros ritten nach den entfernteren Einfriedungen, und wir anderen suchten zu Fuß die näherliegenden ab. Bald vernahmen wir einen lauten Ruf. Die Yerbateros schienen etwas gefunden zu haben, und wir eilten zu ihnen. Wir fanden sie beschäftigt, mehrere Personen zu befreien, welche mit Lassos tief in eine stachlige Hecke gezogen und dort festgebunden worden waren. Es war der alte Besitzer der Meierei mit seiner Frau und drei Gauchos. Sie waren von den Stacheln verletzt, und besonders die beiden ersteren befanden sich in einem sehr erschöpften Zustand. Wasser war für sie die Hauptsache. In der Nähe des Hauses befand sich ein Ziehbrunnen, fast ganz so angelegt, wie man sie in der ungarischen Pußta zu sehen bekommt. Dorthin schafften wir die fünf Personen, welche wir mehr tragen als führen mußten. Die beiden alten Leute waren vollständig ermattet, und selbst die kräftigen Gauchos konnten nur mit Mühe gehen. Sie wollten uns erzählen, was geschehen war; wir baten sie aber, jetzt noch zu schweigen und sich erst zu kräftigen.

Das Wasser tat die gewünschte Wirkung. Bei den Gauchos waren es nicht der Schreck, die Angst und der Durst allein, durch welche sie so ermattet worden waren. Wir bemerkten bald, daß sie schwere körperliche Mißhandlungen erduldet hatten. Die Alten saßen still da, die Blicke traurig auf die Trümmer des Hauses gerichtet, sie sagten nichts; der Mann stieß zuweilen einen tiefen Seufzer aus, und die Frau weinte leise vor sich hin. Die drei Peons oder Gauchos aber erhielten sehr bald die Fähigkeit zurück, ihrem Zorn in den kräftigsten Ausdrücken Luft zu machen. Nur die Gegenwart des Bruders, dessen Kleidung ihn kennzeichnete, hielt sie ab, allzu drastisch zu werden.

„Bitte, nicht fluchen!" sagte er. „Das kann die Sache nicht besser machen. Ihr seid wohl erst seit kurzer Zeit hier, denn ich habe euch noch nie gesehen. Der Señor und die Señora aber kennen mich; sie wissen, daß ich Hilfe bringen werde, wenn dieselbe überhaupt möglich ist."

„Hilfe?" lachte einer der Gauchos. „Woher soll die kommen? Man hat das Haus in Brand gesteckt und dann all unsere Pferde davongeführt."

„Wer ist's gewesen?"

„Eine Bande von Freibeutern war es, die sich für Regierungstruppen ausgab."

„Eben diese Leute suchen wir. Wohin sind sie?"

„Das wissen wir nicht. Sie sind von hier aus südlich geritten."

„Wann kamen sie hier an?"

„Sie mußten vorgestern bereits während der Nacht gekommen sein. Als wir erwachten, kampierten sie in der Nähe des Hauses. Sie wollten Pferde kaufen!"

„Das heißt sie wollten sie stehlen?"

„Natürlich! Das sagten sie aber nicht. Sie hatten, wie es schien, einen oder wohl auch mehrere Gefangene bei sich, welche gefesselt waren und von ihnen für Staatsverbrecher ausgegeben wurden."

„Das war eine große Lüge!"

„Wir mußten es glauben, obgleich der junge Señor es bestritt und von ihnen die sofortige Freilassung verlangte."

„War das euer junger Señor?" fragte der Bruder weiter.

„Nein, sondern Señor José Monteso von der Estanzia del Yerbatero. Er war am Abend gekommen, um am nächsten Morgen heimzureiten. Er kam aus Santa Fe herüber."

„Das ist mein Sohn!" erklärte Monteso. „Ich bin der Besitzer der Estanzia. Erzählt uns alles sehr genau! Wir wissen bereits, daß mein Sohn und mein Bruder Gefangene der Bolamänner sind, und befinden uns unterwegs, sie zu befreien."

„Wenn das so ist, Señor, so nehmen Sie uns mit, damit wir diesen Kerlen heimzahlen können, was sie an uns getan haben."

„Das geht nicht, denn dazu seid ihr zu schwach und werdet hier notwendig gebraucht. Ihr könnt doch unmöglich eure Herrschaft verlassen!"

„Sie haben recht, Señor. Also nehmen Sie die Vergeltung für uns mit in Ihre Hand!"

„Das verspreche ich euch. Doch muß ich natürlich alles erfahren, was hier geschehen ist. Kanntet ihr meinen Sohn?"

„Er hatte uns am Abend gesagt, wer er ist. Er wollte mit Anbruch des Tages fort. Darum weckten wir ihn, als der Tag graute. Als er dann aus dem Haus kam, erkannte er in dem Gefangenen seinen Oheim. Er forderte dessen Freiheit, aber der Erfolg war, daß er selbst gefangengenommen wurde."

„Konntet ihr das nicht verhüten?"

„Wir? Vier Männer und eine Frau gegenüber fünfzig solche Kerle! Wir sind hier vier Gauchos. Der vierte ist mit unserem jungen Señor hinauf nach Salto. Wir waren viel zu schwach und wußten auch gar nicht, wer recht hatte."

„Gut weiter!"

„Die Gefangenen wurden in die Stube geschafft, wo man heimlich mit ihnen verhandelte. Dann mußte unser Señor Schreibzeug und Papier geben. Es wurde ein Brief geschrieben. Ich glaube..., der ältere Señor mußte ihn schreiben. Und dann machten sich drei, von denen einer als Leutnant bezeichnet wurde, auf, um den Brief fortzuschaffen. Ich hörte, daß der Major ihm nachrief, er solle sich beeilen, daß er noch zur Mittagszeit am Ziel ankomme. Welches Ziel dies sei, wußten wir nicht."

„Es war meine Estanzia. Der Brief galt mir. Was geschah dann?"

„Dann ließen sich die Leute einen Ochsen von uns geben, den sie schlachteten. Sie blieben während des ganzen Tages hier und erklärten, auch noch die Nacht da warten zu wollen. Unser Señor aber glaubte, ihnen nicht trauen zu dürfen. Es waren rohe Leute. Wie leicht konnten sie des Nachts fortreiten, ohne den Ochsen bezahlt zu haben. Darum bat sie der Señor, als es spät abend geworden war und er zur Ruhe gehen wollte, um das Geld. Aber sie erklärten die Worte unseres Herrn für eine große Beleidigung, und verlangten, er solle Abbitte tun, und als er sich dessen weigerte, fielen sie über ihn her."

„Und ihr?"

„Wir eilten ihm sogleich zu Hilfe, wurden aber niedergerissen und gebunden. Auch den Herrn und die Señora fesselte man. Dann wurden wir nach dem Korral geschafft, in dem Sie uns gefunden haben, und dort angebunden, nachdem man uns drei geschlagen hatte, daß das Blut von uns lief."

„Schändlich!"

„Ja, es war schändlich; aber wir konnten nichts tun, als mit den Zähnen zu knirschen. Im Stillen aber habe ich geschworen, Rache zu nehmen. Ich habe sie alle so genau angesehen, daß ich jeden Einzelnen kenne. Wehe dem von ihnen, der mir begegnen sollte! Meine Bola würde ihm Arme und Beine zerschmettern."

„Dann brannten sie wohl die Alqueria an?"

„Noch nicht. Erst öffneten sie die Korrals und trieben alle Rinder fort. Das beste aber suchten sie sich vorher heraus, um es zu schlachten und das Fleisch als Proviantvorrat mitzunehmen. Während sie damit beschäftigt waren, wurden alle Stricke und

Riemen, welche es im Hause gab, zusammengesucht. Man schnitt auch Riemen aus den Fellen, welche wir daliegen hatten; zu welchem Zweck, das sollten wir bald sehen. Sie fingen nämlich unsere sämtlichen Pferde und banden sie zu einer Tropa zusammen."

„Die Gefangenen wurden wohl mitgenommen?"

„Wahrscheinlich. Sehen konnten wir es freilich nicht. Aber ich habe gehört, daß ihnen mit dem Tod gedroht wurde, falls die drei, welche mit dem Brief fortgeritten sind, bis morgen ihren Zweck nicht erreicht haben."

„So ist es, ganz genau so," ergriff der alte Señor zum erstenmal das Wort. „Denken Sie sich, meine Pferde gestohlen, meine prächtigen, guten Pferde, und dann das Haus ausgeraubt und verbrannt! Ich bin dadurch zum Bettler geworden!"

„Trösten Sie sich, Señor!" antwortete der Estanziero. „Wir reiten den Banditen nach. Vielleicht läßt sich noch etwas retten."

„Dazu ist keine Hoffnung vorhanden!"

„Selbst in diesem Fall dürfen Sie den Mut nicht verlieren. Sie fangen eben von neuem an. Ich bin reich. Die Anwesenheit meines Sohnes und Bruders hat Ihnen Unglück gebracht. Ich halte es für meine Schuldigkeit, Ihnen beizustehen, und werde auf dem Rückweg Sie wieder besuchen. Dann können wir ja über Ihre Angelegenheit sprechen. Sie sollen nicht zu Grunde gehen. Das Geld, welches Sie brauchen, um Ihre Verluste nach und nach wieder einzubringen, will ich Ihnen sehr gern vorstrecken."

„Wollten Sie das wirklich, Señor?"

„Ja. Damit Sie sehen, daß ich Ihnen nicht dieses Versprechen mache, nur um Sie zu trösten und dann sitzen zu lassen, will ich Ihnen gleich jetzt eine Summe geben, über deren Anwendung Sie nachdenken können, bis ich wieder zu Ihnen komme."

Er hatte für den Fall, daß er seinen Sohn und seinen Bruder nur durch Loskauf frei bekommen könne, die dazu nötige Summe eingesteckt. Jetzt zog er seine Brieftasche heraus und gab dem Alten mehrere Banknoten in die Hand. Dieser letztere warf einen Blick auf dieselben und rief erstaunt:

„So viel ist gar nicht..."

„Still!" unterbrach ihn Monteso. „Ich habe jetzt keine Zeit, Ihre Bedenken anzuhören. Wir müssen fort. Gern würden wir hierbleiben, um Ihnen zu helfen, Ihre Rinder einzufangen. Aber die Gauchos werden sich bald so weit erholt haben, daß sie es tun können. Die Tiere sind gezeichnet und können Ihnen nicht verlorengehen. Übrigens werden wir bei Ihrem nächsten Nachbar vorsprechen, um Ihnen von dort aus Hilfe zu senden."

So schnitt der brave Mann alle Einwendungen und Dankesworte ab. Wir stiegen auf und ritten davon. Es war nicht schwer, die Spuren der Bolamänner aufzufinden; aber wir verzichteten darauf, ihnen zu folgen. Der Frater wollte uns auf dem kürzesten Weg zu dem Indianer Petro Uynas führen, von welchem zu erfahren war, wo die gesuchte Halbinsel lag. Wir ritten weit über eine Stunde im Galopp, bevor wir die nächste Besitzung erreichten. Dort hielten wir die Ruhe, auf welche der Estanziero verzichtet hatte, um den Danksagungen des Abgebrannten zu entgehen. Wir teilten den Leuten das Unglück mit, welches den letzteren betroffen hatte, und es wurden augenblicklich mehrere Männer abgeschickt, um den armen Leuten wenigstens die notwendige erste Hilfe zu bringen. So waren wir über diese Angelegenheit beruhigt. Auf der Hazienda, auf welcher wir uns jetzt befanden, hatte man die Bolamänner nicht gesehen.

„Sie sollen nach Süden geritten sein," sagte Monteso. „Warum?"

„Um nicht wissen zu lassen, wohin sie eigentlich wollen," antwortete ich.

„Señor, diese Kerle treiben eine Pferdeherde mit sich. Sie haben keine Zeit zu verlieren."

„Ja, aber sie dürfen sich auch nicht sehen lassen. Darum schlagen sie einen Bogen."

„Sollten sie doch nach einem anderen Ort wollen, als wir denken? Haben sie wirklich alles ganz genau gehört, als Sie gestern die beiden belauschten?"

„Ganz genau. Es ist gar kein Irrtum möglich. Übrigens brauchen sich die Kerle gar nicht so zu beeilen, wie sie denken."

„Aber sie müssen doch immer mit dem Fall rechnen, daß wir sie verfolgen!"

„Ganz richtig. Aber sie können es sich sehr gut ausrechnen, daß sie da sehr weit vor uns sind. Sie sind gestern am Spätabend von der Brandstätte fortgeritten und haben also einen Vorsprung von vielleicht sechs Stunden vor uns. Dazu kommt, daß sie sich nach einem Ort begeben, von dem sie meinen, daß wir gar nichts von ihm wissen, daß wir weder seinen Namen, noch seine Lage kennen. Sie sind jedenfalls der Ansicht, daß sie ganz unbesorgt sein können. Wie weit liegt der Uruguay von hier?"

„Von meiner Estanzia aus hat man über zwanzig Stunden zu reiten. Wir kommen wohl am Abend hin."

„Das ist richtig," stimmte der Frater bei. „Da wir aber erst den Indianer aufsuchen müssen, so kann es auch später werden. Er wohnt in der Nähe des Flusses; aber er ist nur selten daheim.

Wenn sein Weib uns keine Auskunft geben kann, so werden wir zu warten haben, bis er kommt, oder wir sind gezwungen, ihn zu suchen."

„Indessen kommen unsere Gegner über den Fluss."

„Gewiß nicht, denn sie müssen ja die Rückkehr des Leutnants erwarten. Brechen wir jetzt auf! Die Pferde haben sich erholt."

So ging es also wieder weiter, immer nach Westen zu. Am Mittag rasteten wir kurze Zeit auf einem Rancho, wo man von den Bolamännern kein Wort wußte und auch den Namen der Krokodilshalbinsel nie gehört hatte. Am Nachmittag kamen wir noch an anderen Siedlungen vorüber, konnten aber nirgends eine Auskunft erhalten. Wir befanden uns jetzt im Gebiet zweier kleiner Flüsse, welche in den Uruguay gehen. Wir ritten ungefähr in der Mitte zwischen ihnen, und da bot sich eine ganz andere Vegetation unseren Augen dar. Der Boden trug zwar immer noch das Pampasgras, aber es erschienen Büsche und später auch Bäume, welche das Bestreben hatten, einen Wald zu bilden, was ihnen aber freilich nicht gelingen wollte. Das, was Wald sein wollte, konnte besser Park genannt werden, denn die Bäume standen licht und nicht in der Weise, welche der Deutsche fordert, wenn er von einem geschlossenen Forst sprechen soll. Nun passierten wir noch mehrere Bäche und die schmalen Ausläufer von Lagunen, welche an ihrem anderen Ende mit dem Fluss in Verbindung standen. Das Pampasgras hörte auf. Schilf und Bambus traten an seine Stelle. Die Bäume waren meist Laubhölzer, welche von dichten Schlingpflanzen umrankt waren. Diese letzteren Gewächse umklammern ihr Opfer, mischen ihre Blätter mit den seinigen und bilden oft vom Boden bis zur Spitze des Baumes eine dichte, grüne Hülle, unter welcher der Baum vollständig verschwindet.

Die Dämmerung wollte sich niedersenken, und wir befanden uns auf einem Terrain, mit welchem im Dunkel der Nacht nicht zu scherzen war. Der Fluss mußte in ziemlicher Nähe sein, denn er schickte schmalere oder breitere Buchten zu uns herüber, welche teils eine helle Wasseroberfläche, oft aber auch eine trügerische Pflanzendecke zeigten, auf welche man in der Dunkelheit sehr leicht geraten konnte. Ich sah ein eigentümliches, dickplumpes Tier in einer dieser Buchten plätschern. Es floh bei unserer Annäherung.

„Das war ein Wasserschwein," erklärte der Frater auf meine Frage.

In einer anderen Bucht sah ich dunkle Baumstämme liegen, deren Enden aus dem Wasser ragten.

„Das sind Krokodile," belehrte er mich jetzt.
„Und da reiten wir so nahe vorüber?"
„Wir haben von ihnen nichts zu befürchten. Freilich, hineinsteigen in so einen Tümpel möchte ich nicht; da könnten mir ihre Rachen doch gefährlich werden."
„Mir scheint unser jetziger Pfad überhaupt nicht recht geheuer zu sein!"
„Das ist richtig. Reiten wir einzeln hintereinander, ich voran. Wir kommen jetzt auf ein Terrain, wo man leicht einen Fehltritt tun kann, der einen in den Sumpf bringt."
„Gibt es keinen anderen, besseren Weg zu dem Indianer?"
„Nein, Señor. Er wohnt so, daß man nur auf diese Weise und von dieser Seite an seine Hütte kommen kann. Sie ist eine kleine Festung für ihn."
Nun ging es still und langsam auf dem weichen, wankenden Boden weiter. Der Frater mußte den Weg sehr genau kennen, da er es wagte, uns hier durchzuführen. Er stieg nicht einmal vom Pferde, was ich an seiner Stelle jedenfalls getan hätte. Nun war es ganz dunkel geworden. Ich konnte nur notdürftig den vor mir reitenden Führer sehen. Dennoch ging es fast noch eine ganze Viertelstunde so fort, bis wir etwas wie einen Lichtschein vor uns sahen.
„Jetzt müssen wir absteigen," sagte der Bruder. „Jeder nehme sein Pferd beim Zügel und folge seinem Vordermann, ohne nach rechts oder links abzuweichen. Der Pfad ist sehr schmal; er geht mitten durch tiefen Sumpf."
Wir taten so, wie er angeordnet hatte. Ich fühlte, daß die weiche Erde mir über den Füßen zusammenging wie Teig, und auch mein Pferd setzte nur langsam und zögernd den einen Fuß vor den anderen. Das Licht wurde heller. Wir erreichten wieder festen Boden und brauchten den Gänsemarsch nicht mehr einzuhalten. Dann waren wir an Ort und Stelle.
Unter einem hohen, aber breitästigen Baum stand eine Hütte, deren Wände aus Rasen erbaut waren. Das Dach bestand aus Schilf. Fenster gab es nicht, sondern nur eine Tür, welche jetzt geöffnet war. Auf einem primitiven, auch aus Rasenerde gebildeten Herd brannte ein kleines Feuer, welches uns durch die offene Tür entgegengeleuchtet hatte. Über dem Feuer stand ein eiserner Topf, in welchem eine dicke, übelriechende Masse brodelte. Kein Mensch war in der Hütte.
„Hier wohnt der Indianer?" fragte ich.
„Ja."

„So ist er daheim. Man kocht hier, folglich muß jemand zu Hause sein."

„Höchstwahrscheinlich seine Frau. Lassen Sie uns sehen, was sie da zusammenbraut!"

Wir traten in den engen Raum. Der Bruder sah in den Topf und sagte:

„In diesem Gefäß steckt der Tod für mehrere hundert Geschöpfe. Es ist Pfeilgift."

„Wirklich! Das berühmte oder vielmehr berüchtigte Gift der Indianer! Lassen Sie mich sehen!"

Ich sah freilich nichts als die schon erwähnte Masse, welche eine grünliche Farbe hatte und beinahe die Konsistenz des Sirups besaß. Ein Stück Holz steckte in dem Topf um als Rührlöffel zu dienen. Der Frater rührte, zog das Holz heraus, an welchem ein Teil der Masse klebenblieb, nahm mit der Fingerspitze ein wenig weg, kostete es und sagte:

„Ja es ist Pfeilgift. Ich kenne den Geschmack."

„Sie essen davon?!"

„Das ist nicht gefährlich. Im Magen schadet das Gift gar nichts. Es äußert seine entsetzliche Wirkung nur dann, wenn es in das Blut kommt."

„Kennen Sie das Rezept?"

„Nein. Der Indianer verrät es selbst seinem besten Freund nicht. Man nimmt den Saft der Wolfsmilch, die Giftzähne und den Giftbeutel von Schlangen und die grünen Ranken einiger Kräuter und Schlingpflanzen, deren Namen ich nicht kenne. Diese Ingredenzien werden bis auf Sirupdicke eingekocht und bilden nach dem Erkalten eine harz- oder seifenartige Masse, welche vor dem Gebrauch wieder aufgewärmt wird."

„Hält sie sich lange Zeit?"

„Bis anderthalb Jahre, nämlich, wenn sie nicht schimmelig oder brüchig wird. Die Spitzen der Pfeile werden damit vergiftet. Hier sind welche."

Der Frater schien in der Hütte genau bekannt zu sein. Er trat in eine Ecke und hob ein kleines Schilfbündel empor und öffnete es. Nun sahen wir, daß das Schilf eine Anzahl von wohl fünfzig Pfeilen umschlossen hatte, die aus den harten und nicht viel über fingerlangen Dornen einer Schlingpflanze bestanden. Die Spitzen waren, wie wir an der Färbung sahen, in das Pfeilgift getaucht. Die anderen Enden waren, um die Geschosse flugfähiger zu machen, mit der Wolle von Bombar Ceiba befiedert. Die kleinen, niedlichen Waffen sahen gar nicht so gefährlich aus wie sie waren.

Vom Boden der Hütte bis zur Spitze der trichterförmigen Decke lagen drei oder vier schwache, runde Stangen, deren Zweck ich nicht erriet. Der Bruder nahm eine derselben, zeigte sie mir und sagte:

„Sie ist hohl, nicht wahr? Das sind Blasrohre, durch welche Giftpfeile geschossen werden. Man fertigt sie entweder aus einem glatten, geraden Palmentrieb oder aus Colihué-Rohr."

„Wie weit schießen die Indianer mit so einem Ding?"

„Über vierzig Schritt und zwar sicher und völlig lautlos."

„Binnen welcher Zeit tötet es?"

„Affen und Papageien binnen weniger Sekunden, den Jaguar und den Menschen in zwei bis drei Minuten."

„Und welches Gegenmittel gibt es?"

„Keins."

„Das ist ja eine schreckliche Waffe! Warum duldet man es, daß die Indianer sich derselben bedienen?"

„Erstens, weil man keine Macht hätte, einem solchen Verbot Nachdruck zu geben, und zweitens, weil der Indianer nur mit Hilfe dieses Gifts Herr seiner Feinde aus dem Tierreich zu werden vermag. Ohne das Pfeilgift wären die Wälder unbewohnbar. Die Raubtiere, denen der Wilde im sicheren Versteck auflauert, würden sich so vermehren, daß die Menschheit fliehen müßte. Ein Jaguar, ein Puma braucht von so einem Pfeil nur ganz leicht geritzt zu werden; die Spitze desselben braucht nur das kleinste Haaräderchen zu treffen, so ist das Tier dem sicheren Tod geweiht."

„Aber es ist vergiftet und also unbrauchbar!"

„Sie meinen ungenießbar? O nein. Das Gift wirkt nur dann, wenn es direkt, also durch eine Wunde mit dem Blut in Berührung kommt. Das Fleisch eines Wildes, welches mit einem solchem Pfeil erlegt wurde, ist vollständig genießbar. Sie können getrost davon essen. Ich habe es viele hundertmal getan, ohne daß es mir Schaden gebracht hat."

Er hielt inne, denn gerade in diesem Augenblick tauchte eine Gestalt unter uns auf, welche ich beim ersten Blick kaum für ein menschliches Wesen gehalten hätte. Die Person sah wie eine jener Mißgeburten aus, welche man zuweilen auf Jahrmärkten zu sehen bekommt. Klein, fast wie ein Kind, hatte sie doch die Züge eines alten Weibs. Die Backenknochen standen weit vor und die Augen waren schief geneigt. Auf dem Kopf hatte sie ein dichtes, verworrenes Gestrüpp, welches ich wohl für trokkenen, dürren Besenginster, aber nicht für Haare gehalten hätte.

Sie war so mager, daß es schien, als ob kein Lot Fleisch an ihr vorhanden sei.

„Daya, bist du es?" fragte der Frater.

Sie nickte und schlug ein Kreuz.

„Ist dein Mann hier?"

Sie nickte und schlug wieder ein Kreuz.

„So sprich doch!" forderte er sie auf.

„Gib mir was!" ließ sie sich nun vernehmen.

„Nachher, Daya! Erst mußt die mir meine Fragen beantworten."

„Ich weiß nichts!"

„Lüg nicht! Du weißt, ich verzeihe dir das nicht!"

Sie sah mit einem eigentümlichen, affenartigen, dummdreisten Gesicht zu ihm auf und antwortete:

„Du vergibst alles, du bist gut!"

„Du hast noch nicht gesehen, daß ich zornig zu werden vermag, kannst es aber heute sehr leicht erfahren. Waren heute Männer bei euch?"

„Ich weiß es nicht."

„Hm! Ich sehe wohl, daß ich dir etwas schenken muß. Was willst du denn haben?"

„Daya braucht einen schönen, glänzenden Knopf für ihr Kleid."

„Du sollst einen haben."

Er schien auf dergleichen Wünsche seiner Bekannten genügend vorbereitet zu sein, denn er zog einen Beutel aus der Tasche und gab ihr einen blankgeputzten Messingknopf, den sie sofort an einen Faden nahm und mit Hilfe desselben an ihrem ‚Kleid' befestigte. Dabei funkelten ihre Augen vor Vergnügen, und ihr Gesicht nahm einen kindlich-fröhlichen Ausdruck an, welcher einen fast zu rühren vermochte.

„Bist du nun zufrieden?" fragte der Bruder.

„Ja..., ich bin zufrieden, und du bist gut."

„So sei auch du gut! Wirst du mir die Wahrheit sagen?"

„Daya sagt dir keine Lüge."

„Waren heute Leute da?"

„Nein."

„Gar niemand?" fragte er dringlicher.

„O ja. Ein Mann."

„Siehst du, daß du vorhin die Unwahrheit sagtest! Kanntest du den Mann?"

„Nein."

„Kam er gegangen oder geritten?"

„Er war auf einem Pferd."

„Wie war er gekleidet?"
„Wie ein weißer Señor. Er hatte eine Lanze."
„Gut. Sprach er mit dir?"
„Nein, sondern mit Petro."
„Also mit deinem Mann. Was sagte er denn?"
„Ich hörte es nicht."
„So du weißt also nicht, was er gewollt hat?"
„Ich weiß es. Meinen Mann wollte er."
„So ist er mit ihm fort? Wohin?"
„Sie sagten es nicht."
„Hm! Wann wollte Petro wiederkommen?"
„Auch das sagte er nicht."
„Wann war es, als dieser Mann bei euch war?"
„Es war noch nicht dunkel."
„Hast du denn keine anderen Männer gesehen?"
„Nein."
„Hast du vielleicht einmal einen Mann gesehen, welcher Enrico Cadera heißt?"
„Nein."
„Oder einen, welcher Major ist?"
„Auch nicht."
„Hat Petro nicht zu dir von zwei Männern gesprochen, welche gefangen sind?"
„Er sagte nichts."
„Nun, so sage mit wenigstens, ob du einen Ort am Fluß kennst, welcher die *Peninsula del crocodilo* heißt!"
„Den weiß ich."
„Wo liegt er? Weit oder nahe von hier?"
„Nicht weit."
„Kannst du uns dorthin führen?"
„Ganz leicht."
„So wirst du uns jetzt dorthin bringen, aber so leise, daß niemand es hört."
„Daya wird hingehen und nachsehen, ob wer da ist."
„Gut! Wenn du aber nun deinen Mann dort findest?"
„Darf er mich sehen, Bruder?"
„Nein."
„So werde ich ganz heimlich sein."
„Das verlange ich von dir. Schau, wenn du deine Sache gut machst, schenke ich dir noch diesen Knopf."

Er zog einen zweiten Messingknopf aus der Tasche. Die Indianerin ließ einen Ruf des Entzückens hören und sagte:

„Daya wird den Knopf bekommen. Sie geht. Niemand wird sie hören oder sehen, selbst Petro nicht."

Sie huschte wie eine Fledermaus zur Tür hinaus und verschwand im Dunkel der Nacht. Der Frater ließ die Schilfmatte herab, welche den Zweck hatte, den Eingang zu verdecken.

„Ihre Daya scheint nicht sehr verlässlich zu sein?" fragte ich.

„Sie ist es, wenn man nichts verlangt, was über ihr Begriffsvermögen geht. Sie ist verwahrlost, halb Weib, halb wilde Katze. In diesen Sümpfen ist sie daheim, und ich bin überzeugt, daß ihr Mann sie nicht sieht, selbst wenn sie an ihm vorüberhuscht. Sie besitzt die Gewandheit und Gelenkigkeit eines wilden Tiers."

„Ich bin begierig, ob die Kerle schon da sind!"

„Natürlich sind sie da, denn der Mann, von welchem Daya sprach, war sicher einer von ihnen."

„Es kann auch ein anderer gewesen sein."

„Das glaube ich nicht, da er eine Lanze getragen hat. Lanzen tragen nur die Indianer und die Kavalleristen. Warten wir es ab!"

Wir acht Personen standen still an der kleinen, engen Hütte. Ich fluchte, ob ich in derselben noch etwas Interessantes finden könnte, doch vergebens. Nach Verlauf von ungefähr einer Viertelstunde kehrte die Indianerin zurück. Sie zog die Matte hinter sich zu und sagte:

„Frater, meinen Knopf!"

„So schnell geht das nicht. Erst mußt du ihn dir verdienen. Was hast du gesehen?"

„Nichts."

„Daya, du mußt dich geirrt haben!"

„Daya irrt sich nie. Ihre Augen sehen auch des Nachts."

„Oder lügst du?"

„Daya sagt dem heiligen Mann keine Lüge, denn er ist gut."

„Willst du uns etwa verraten?"

„Das tue ich nicht, denn du gibst mir einen Knopf."

„Nun gut, ich will dir glauben. Hier hast du den Knopf! Aber nun mußt du uns auch nach der Peninsula führen!"

Sie nickte zustimmend, indem sie sich beeilte, auch diesen Knopf zu befestigen.

„Aber ganz heimlich!" fuhr er fort. „Es darf uns niemand hören."

„Das geht nicht."

„Warum?"

„Weil du Pferde dabei hast."

„Die lassen wir hier."

„Wenn aber jemand hierher kommt!"
„So würden sie freilich entdeckt."
„Soll Daya sie verstecken?"
„Gibt es einen Ort, wo niemand sie finden kann?"
„Ja. Er liegt in der Nähe."
„So wollen wir sie hinschaffen."
„Das geht nicht. Nur ein Mensch und nur ein Pferd können miteinander hin. Mehrere würden in den Sumpf fallen und ersticken."
„So führe mich! Ich allein werde die Pferde transportieren."
„Nein. Du vermagst es nicht, denn du kennst den Weg nicht. Daya wird das allein machen, wenn du mir noch einen Knopf gibst."
„Höre Daya, du wirst unbescheiden!"
Sie sah ihn an, als ob sie der Erfüllung ihres Wunsches ganz gewiß sei, und kicherte:
„Daya liebt die Knöpfe."
„Das weiß ich, und da ich Daya liebe, so soll sie noch einen dritten haben, aber erst dann, wenn wir unsere Pferde wieder haben. Du sollst dieselben bewachen."
„Daya wird gut aufpassen. Jetzt schafft sie die Pferde fort."
Sie ging wieder hinaus. Ich wollte mit.
„Warum?" fragte der Bruder.
„Ich habe so wichtige Sachen in meinen Satteltaschen."
„Die sind sicher."
„Haben Sie mir nicht selbst gesagt, daß die Indianer Ihres Landes ganz unverschämte Diebe sind?"
„Mich bestiehlt keiner. Und da sie sich bei mir befinden, sind Ihre Sachen vollständig sicher."
„Wollen es hoffen!"
„Ich gebe Ihnen mein Wort. Dieser Daya ist ein Knopf von mir lieber als sämtliche Gegenstände, welche sie bei sich haben."
Wir hörten den dumpfen Auftritt der Pferde im weichen Boden. Dieses Geräusch wiederholte sich so viele Male, wie Pferde da waren, da die Indianerin sie einzeln in das Versteck schaffte. Dann holte sie uns ab. Es ging nicht auf demselben Weg zurück, auf welchem wir gekommen waren, sondern gerade dem Fluß entgegen. Der Pfad ging im Zickzack zwischen Sümpfen hin. Vielleicht hätten wir ihn selbst am Tag nicht gefunden. Da ich der Indianerin doch nicht traute, ging ich hinter ihr und hielt den gespannten Revolver in der Hand. Nicht auf sie, auf dieses arme, beklagenswerte und unzurechnungsfähige Wesen wollte ich

schießen, aber auf jeden, der sich etwa feindlich in den Weg gestellt hätte. Es geschah aber nichts dergleichen.

Sie hatte den Weg vorhin wohl doppelt so schnell zurückgelegt als wir, denn wir brauchten eine Viertelstunde, ehe wir uns durch den Schilfbruch quer durchgearbeitet hatten und nun am Wasser des Flusses standen, welches wie eine schmale Bucht in das Land hineintrat.

„Das ist doch Wasser, aber keine Peninsula," flüsterte der Bruder der Indianerin zu.

„Die Bucht ist das Land hier links," antwortete sie. Jenseits dieses schmalen Landes gibt es wieder Wasser; also ist es eine Peninsula."

„Und es ist wirklich die *Peninsula del crocodilo?* Solltest du es wirklich ganz genau wissen, Daya?"

„Ganz gewiß! Daya weiß es, und Petro weiß es..., und sonst niemand."

„Das ist nicht wahr! Andere wissen es!"

„Nein. Daya und Petro verraten es nicht. Sie wissen auch, warum."

„Nun, warum?"

„Das sagt Daya nicht."

„Auch nicht, wenn ich dir noch einen schönen Knopf gebe?"

„Auch für den Knopf nicht!"

„Aber warum auch dann nicht? Ich habe so schöne Knöpfe, und du liebst sie ja!"

„Petro hat es verboten."

„Richtig! So mußt du gehorchen. Das ist wahr. Aber befindet sich wirklich niemand hier?"

„Nein."

„Willst du nicht lieber noch einmal nachschauen?"

„Ich sehe nach, Bruder."

Sie verschwand. So still und bewegungslos wir standen, es war kein Laut, nicht das Rascheln eines Schilfhalmes zu hören. Dieses Weib war außerordentlich gewandt im Schleichen. Als sie nach ungefähr zwei Minuten zurückkehrte meldete sie, daß kein Mensch vorhanden sei.

„Gut, gehe nun in deine Hütte zurück!" sagte ihr der Bruder.

„Ja, ich kann nicht dableiben," sagte sie; „ich muß Gift kochen. Soll ich wiederkommen?"

„Nein. Wir kommen selbst, wenn es Tag geworden ist."

„Was tut ihr hier?"

„Das wirst du später erfahren."

„Darf Petro wissen, daß ihr hier seid?"

„Ja, Daya. Aber sage es ihm so, daß nur er allein es hört."

„Es wird niemand bei ihm sein, denn es ist kein Mensch da."

Sie huschte fort, und nun waren wir auf uns selbst angewiesen.

„Nun, Señor, Sie wollten uns Ihre Vorschläge machen," sagte der Estanziero zu mir. „Wir befinden uns jetzt bei der Halbinsel. Was sollen wir tun?"

„Warten, bis sie kommen," antwortete ich, „vorausgesetzt, daß sie wirklich noch nicht da sind."

„Diese Daya behauptete es doch!"

„Ich traue ihr nicht."

„Sie tun ihr unrecht," sagte der Bruder. „Ich kenne sie. Die Indianer sind ja alle listig und verschlagen, wenn es gilt, einen Weißen zu betrügen. Mich aber und meine Begleiter wird diese Frau niemals täuschen."

„Dennoch will ich mich lieber auf mich selbst verlassen. Ich werde die Halbinsel selbst untersuchen. Warten Sie hier! Ich lasse mein Gewehr da. Es würde mir hinderlich sein."

Wenn die Erwarteten sich hier befanden, so hatte ich es mit Bolamännern, aber nicht mit Apachen oder Sioux zutun. Ich brauchte mir also keine Mühe zu geben, zumal es so dunkel war, daß ich mich nicht zu verbergen brauchte. Ich ging also aufrecht vor und suchte zunächst die Umrisse der Halbinsel kennenzulernen. Sie war schmal und lief auch nicht sehr weit in den Fluß hinein.

Warum hatte man ihr den Namen der Krokodilshalbinsel gegeben? Es befand sich sicherlich kein einziges dieser Tiere auf ihr, denn sie hatte hohe Ufer, und Krokodile klettern nicht. Sie war mit Bäumen ziemlich dicht bestanden. Ich schritt von Baum zu Baum. Mein Auge war das Dunkel gewöhnt. Ich hätte die Kavalleristen sicher bemerkt, wenn sie dagewesen wären, aber sie waren eben wirklich nicht da.

Als ich dieses Resultat den Gefährten brachte, sagte der Bruder:

„Jetzt werden sie zugeben, daß Daya ehrlich gewesen ist."

„Dennoch möchte ich noch zweifeln. Die Bolaleute müssen hier sein. Und ferner sage ich mir, daß sie da, wo sie sind, auch ihre Pferde haben werden und daß die Stelle, an welcher sie sich befinden, zum Übersetzen geeignet sein muß."

„Dieser Ansicht bin ich auch. Sie müssen sich bereithalten, in jedem Augenblick an das andere Ufer zu gehen. Dazu scheint aber diese Stelle gar nicht passend zu sein."

„Auch Pferde können hier nicht gestellt werden. Ich werde wirklich ganz irre."

„Warten wir ab, bis der Mond kommt! In einer halben Stunde ist er da. Dann können wir uns leichter orientieren als jetzt."

Wir setzten uns, so gut es eben ging, in das Schilf nieder und warteten. Nichts, gar nichts regte sich rund um uns her, und nur zuweilen hörten wir das Wasser des Flusses am Ufer gurgeln. Auch wir schwiegen. Die Augenblicke der Entscheidung waren nahe, und in solcher Lage wird der Mensch am liebsten wortkarg.

Eine Viertelstunde verging und noch eine. Der Mond kam herauf, aber wir sahen ihn nicht. Sein Licht färbte die Oberfläche des Flusses, daß sie wie flüssiges Silber erglänzte. Nun konnten wir unsere Umgebung deutlich sehen.

Blickten wir über die Bucht hinüber, so bemerkten wir, daß der Strom durch einzelne Inseln eingeengt wurde, jedenfalls ein schlechter Punkt zum Übergang über den Fluß, da das Wasser zwischen den Inseln eine doppelte Schnelligkeit erhielt, welcher die Pferde wohl kaum widerstehen könnten. Gerade vor uns hatten wir das Wasser der Bucht..., links lag die Halbinsel. Rechts schob sich das Ufer nur langsam vor. Wir saßen in dem Schilfbruch, hinter welchem sich der Wald aus feuchten Tümpeln und gefährlichen Sümpfen erhob.

Mir schien es, als ob wir vergeblich auf die Bolamänner warten müßten, und auch der Bruder brummte:

„Hm! Wenn ich nicht wüßte, daß Daya mich nie belügt, so würde ich glauben, daß diese Landzunge zwar eine Halbinsel, aber nicht diejenige des Krokodils ist. Ich traue diesem Platze nicht."

„Ich auch nicht."

„Warum?"

„Kann es eigentlich nicht deutlich sagen. Warum gefällt einem irgendein menschliches Gesicht nicht, was doch anderen ganz gut gefällt?"

„So ist es. Dieser Ort hat so etwas Abstoßendes an sich. Meinen Sie nicht?"

„Ja. Er ist ganz und gar nicht zum Beschleichen und Überraschen geeignet. Wohin sollen wir uns verstecken?"

„Weiß es auch nicht. Hier aber können wir nicht bleiben."

„Gewiß nicht. Wenn die Kerle kommen, sehen sie uns sofort. Aber es gibt kein anderes Versteck, als unter den Bäumen der Halbinsel. Das können wir auch nicht benutzen."

„Nein, denn da würden sie uns erwischen, anstatt wir sie. Wie leicht könnten sie uns da in das Wasser drängen."

„Wohin also uns wenden? Weiter aufwärts oder abwärts?"

„Das überlassen wir Ihnen. Wir haben ja beschlossen, uns nach Ihren Bestimmungen zu richten."

„So gehen wir abwärts. Ich denke, daß wir da einen passenderen Ort finden werden. Freilich müssen wir so in der Nähe bleiben, daß wir sehen und hören können, was auf der Halbinsel vorgeht."

Wir standen auf und gingen leise südwärts, doch nur eine kurze Strecke, bis links von uns eine Baumgruppe stand, welche uns ein recht passendes Versteck zu bieten schien. Ihr Schatten verbarg uns ganz und gar, wenigstens nach drei Seiten. Die vierte war ganz offen, und gerade von dieser her schien der Mond herein. Das gefiel mir freilich nicht; aber es war kein besser geeigneter Platz vorhanden, und die offene Seite lag der Halbinsel entgegengesetzt, also so, daß wir wahrscheinlich von ihr nichts zu befürchten hatten. Wir machten es uns also unter diesen Bäumen bequem und warteten der Dinge, welche kommen sollten. Aber leider schien nichts kommen zu wollen.

„Sollten sich diese Kerle ganz anders besonnen haben?" fragte der Estanziero. „Dann warten wir freilich vergeblich hier."

„Sie können sich nicht anders entschließen," antwortete ich. „Sie müssen ihre drei Boten doch da erwarten, wohin sie dieselben bestellt haben."

„Da ist richtig. Aber sie denken vielleicht, daß sie noch nicht da sein können, und haben sich aus diesem Grund anderswo gelagert."

„So kämen sie also doch noch hierher."

„Das freilich, aber wann?"

„Vielleicht mit Tagesanbruch. Sie können sich des Nachts unmöglich hierher zwischen die Sümpfe wagen. Übrigens wiederhole ich, daß es sehr unvorsichtig von ihnen sein würde, von hier aus über den Fluß zu gehen. Derselbe ist zwischen den Inseln so reißend, daß er die Pferde mit sich fortziehen würde."

„Hm! Die Pferde unseres Landes schwimmen sehr gut!"

„Auch nicht besser als die Pferde anderer Länder, Señor. Übrigens haben diese Leute eine Herde gestohlener Tiere bei sich, welche sehr schwierig über den breiten Fluß zu bringen sein wird."

„Das ist wahr."

„Ich kann mir überhaupt gar nicht denken, daß sie selbe durch Schwimmen hinüberbringen können."

„Hinüber aber müssen sie doch! Vielleicht durch einen Kahn."

„Eine solche Tropa mit einem Kahn übersetzen? Nehmen wir an, die gestohlenen Pferde zählten fünfzig Stück, so wären über hundert hinüberzuschaffen. Bei der Breite, welche der Uruguay hier zu besitzen scheint, würde das die Zeit eines ganzen Tages erfordern. Aber sagen Sie einmal, kommen nicht auch zuweilen Flöße den Fluß herab?"

„Sehr oft sogar. Sie sind entweder aus unbehauenen Stämmen zusammengesetzt, oder aus Balken, Planken und Brettern, welche bearbeitet worden sind. Im Süden ist das Holz so rar, daß diese Flößer ein ganz gutes Geschäft machen."

„Nun, so ein Floß wäre das einzige praktische Mittel für die Bolaleute, über den Fluß zu kommen. Ist das Floß groß genug, so trägt es sämtliche Pferde und Menschen auf einmal."

„Aber wird der Flößer bereit dazu sein?"

„Gegen gute Bezahlung, gewiß. Und wenn er nicht will, so muß er."

„Sie meinen, man könnte ihn zwingen?"

„Ja. Ein Floß muß sich ganz nach der Stömung richten. Läuft diese nahe am Ufer hin, so können die Flößer von dort aus mit den Gewehren gezwungen werden, anzulegen und die Tropa aufzunehmen. Diese Überfahrt könnte freilich nicht in gerader Linie bewerkstelligt werden, weil man erst viel weiter unten das gegenüberliegende Ufer erreichen könnte. Wie gesagt, ich halte das für das einzige Mittel, dessen sich die Bolamänner bedienen könnten, und darum sollte es mich wundern, wenn sie es nicht taten und..."

Ich hielt inne, denn ich hatte in diesem Augenblick einen Schlag auf die Brust erhalten. Niederblickend gewahrte ich zu meinem Schreck einen Pfeil..., welcher vorn in meinem Jagdrocke steckte.

„Weiter! Was wollten Sie vorhin sagen?" fragte nun der Estanziero.

„Werfen Sie sich schnell auf die Erde, schnell, schnell!"

Ich selbst legte mich augenblicklich nieder, und die anderen folgten meinem Beispiel.

„Warum denn?" fragte der Bruder.

„Man schießt auf uns."

„Ich höre doch gar nichts!"

„Pfeile hört man nicht."

„*Dios!* Man schießt mit Pfeilen? Woher wissen Sie das?"

„Daher... sehen Sie?"

Ich zog den Pfeil aus meinem Jagdrock und reichte ihm denselben hin.

„*Cielo mio!*" sagte er erschrocken. „Waren Sie getroffen?"
„Nur der Jagdrock."
„Wissen Sie das genau?"
„Ja. Unter demselben befindet sich noch das lederne Jagdhemd. Der Pfeil hat nicht durch den ersteren, noch viel weniger durch alle beide zu dringen vermocht. Sie sehen, wozu so eine lederne Kleidung gut ist."
„Señor, wenn Sie dieselbe nicht trügen, wären Sie in weniger als zwei Minuten eine Leiche! Der Pfeil ist vergiftet. Ich werde diesem Mann sogleich das Schießen verbieten!"
„Er wird sich nicht befehlen lassen."
„O doch. Hier hat nur einer solche Pfeile, und dieser eine ist Petro Uynas. Der Mann ist gefährlicher, als ich dachte. Schießt auf Leute, die ihm nichts getan haben. Hätte er einen anderen getroffen, so wäre derselbe verloren gewesen.!"
Er nahm einen Finger in den Mund und ließ einen eigenartigen, halblauten Pfiff hören, fast wie die Stimme eines Regenpfeifers.
„Ist das ein Signal für den Indianer?" fragte ich.
„Ja. Er weiß nun, daß er auf einen guten Freund geschossen hat. Alle seine Bekannten, welche zuweilen zu ihm kommen, kennen diesen Pfiff. Wenn sie ihn nicht daheim antreffen, rufen sie ihn durch denselben."
„So meinen Sie, daß er kommen wird?"
„Ganz gewiß. Er wird nicht wenig darüber erschrocken sein, daß er einem Freund den fast sicheren Tod entgegengeschickt hat."
„Wo mag er stecken?" fragte der Estanziero.
„Natürlich da drüben, nach welcher Seite unser Versteck offen ist. Von dorther scheint der Mond herein, und er hat uns sehen können. Horch."
Es ertönte von jenseits des Sumpfes genau derselbe Pfiff, aber leise, hörbar absichtlich leise, als ob er nicht weit gehört werden solle.
„Ist das der Indianer?" fragte ich den Bruder.
„Ja."
„Antworten sie ihm, aber ebenso leise! Die Bolamänner sind in der Nähe."
„Woher wissen Sie das?"
„Eben daher, daß er leise pfeift. Er hat sie an dem Pfiff als einen Freund erkannt, dessen Anwesenheit er bei ihnen nicht bemerken lassen will."

„Möglich..., daß Sie recht haben."

„Stehen Sie beim Pfeifen auf, daß Sie von drüben gesehen werden können!"

Er erhob sich vom Boden und ließ das Signal gedämpft hören. Sofort sahen wir drüben auch eine Gestalt unter den Bäumen hervortreten. Sie winkte mit dem Arm und verschwand dann. Die Entfernung betrug ungefähr fünfzig Schritte. Also so weit hatte der Mann mit dem Pfeil getroffen!

„Er kommt," sagte der Bruder. „Für einen Mörder habe ich ihn bisher nicht gehalten. Ob er im eigenen oder im fremden Interesse gehandelt hat? Die Schuld ist in beiden Fällen gleich groß. Er mag nur kommen!"

Da der Sumpf zwischen dem Indianer und uns lag, so mußte der Mann einen Umweg machen, wenn er zu uns kommen wollte. Doch sahen wir ihn schon nach kurzer Zeit herbeikommen, von der anderen Seite und in gebückter Haltung, wie derjenigen eines Schuldbewußten.

„Was fällt dir ein, auf uns zu schießen, Petro!" begrüßte ihn der Bruder, als er zu uns unter die Bäume trat.

Der Indianer antwortete erschrocken: „Sie sind es, Bruder, Sie selbst! Hat der Pfeil sie getroffen?"

„Ja."

„*Dios!* So ist der Mann verloren!"

„Glücklicherweise nicht. Der Pfeil kam diesem Señor auf die Brust, drang aber nicht durch das Leder seines Gewandes."

„Leder? Ah! O! Also ist..."

Er hielt inne.

„Weiter! Was wolltest du sagen?" fragte der Frater.

„Nichts, gar nichts; ich bin nur so sehr erschrocken."

Aber ich wußte wohl, was er hatte sagen wollen. Daß ich ein ledernes Gewand hatte, war die Veranlassung seines unterbrochenen Ausrufs gewesen. Er mußte also von meiner hier zulande auffälligen Kleidung wissen. Er konnte von ihr nur duch die Bolamänner erfahren haben. Folglich befanden sie sich hier, und zwar gar nicht etwa weit entfernt. Der Bruder ließ sich täuschen und sagte:

„Erschrocken bist du? Das könnte aber diesen Señor nicht retten, wenn der Pfeil ihn getroffen hätte. Petro, Petro, das hätte ich von dir nicht gedacht, daß du ein Mörder bist!"

„Ich ein Mörder? O Bruder, wie kränken Sie mich!"

„Kannst du leugnen, auf uns geschossen zu haben?"

„Nein. Aber ich habe nicht gewußt, daß es Menschen sind!"

„Was denn? Für was hast du uns gehalten?"
„Nur für Affen."

Anderswo hätte diese Ausrede auch anders geklungen als hier. Es gibt am Uruguay in Wirklichkeit Affen; ja dieselben sind dort zahlreich anzutreffen.

„Für Affen!" meinte der Bruder. „Menschen für Affen zu halten. So eine Dummheit traue ich dir gar nicht zu."

„Der Mondschein trügt. Ich glaubte, eine Affenherde zu sehen. Sie saßen so beisammen, wie Affen zu tun pflegen."

„So hat sich die Schärfe deiner Augen gegen früher sehr verschlechtert. Nimm dich in Zukunft in acht, abermals Menschen für Affen zu halten!"

Der Bruder hatte diese Mahnung in erhobenem Ton gesprochen. Darum sagte der Indianer rasch:

„Pst, Bruder..., nicht so laut, nicht so laut!"
„Warum?"
„Weil es gefährlich ist, des Nachts am Fluß laut zu reden."
„Sind Menschen da?"

„Nein. Aber seit einigen Tagen schleicht sich ein Jaguar mit seinem Weibchen hier herum. Ich weiß schon, er geht auf Menschenfleisch; aber wir fürchten uns nicht. Petro und Daya sind klüger als der Jaguar."

„Auch ich fürchte ihn nicht!"

„Ich weiß es. Kein Jaguar tut Ihnen ein Leid; aber auf Ihre Begleiter hat er nicht Rücksicht zu nehmen. Darum wollen wir leise sprechen, um ihn nicht herbeizurufen."

Der Indianer war ein schlauer Patron. Er hielt es mit den Bolamännern und hegte doch auch Freundschaft für den Bruder. Er wollte die eine Partei der anderen nicht verraten und erfand also das Märchen vom Jaguar.

„Er mag kommen mitsamt seinem Weib!" sagte der Bruder. „Wir fürchten beide nicht. Dennoch hast du recht. Es ist nicht nötig, daß wir allzu laut reden. Setze dich! Ich habe dich zu fragen."

Der Indianer gehorchte nur widerstrebend. Er sagte:

„Wollen wir uns nicht anderswo setzen, Bruder? Hierher könnte leicht der Jaguar kommen."

Er wollte uns fortlocken, um uns vor den Bolamännern zu retten, ohne uns von ihnen sagen zu müssen.

„Nein, wir bleiben hier," erklärte der Bruder.
„Aber ich weiß einen anderen und viel besseren Platz!"
„Dieser hier gefällt uns ausgezeichnet. Woher kommst du?"
„Von der Jagd."

„Das kann ich nicht glauben. Du hast ja keine Beute. Das wäre zum erstenmal in deinem Leben, daß du kein Fleisch nach Hause brächtest."

„Habe es drüben niedergelegt, wo ich glaubte, auf Affen zu schießen."

„So! Aber dann bist du sehr spät ausgegangen, denn Daya..."

Der gute Bruder mochte ein ganz vorzüglicher Klostermann sein; als ein Jurist, ein Untersuchungsrichter erwies er sich aber nicht, wenigstens jetzt nicht. Er schenkte dem Indianer zu viel Glauben. Petro Uynas meinte es zwar nicht böse mit uns, davon war ich überzeugt; aber er wollte unsere Gegner nicht verraten und suchte infolgedessen uns zu täuschen. Mit dem Bruder und den anderen wäre ihm dies wohl gelungen, denn der fromme Herr legte ihm die Antworten geradezu in den Mund, oder vielmehr..., er gab ihm Fragen, aus denen Petro ersehen konnte, wie die Sache stand. Dem schlauen Menschen mußte man anders kommen. Darum ergriff ich den Bruder noch bevor er ausgesprochen hatte, beim Arm und sagte:

„Mit Erlaubnis! Nicht solche Fragen. Lassen Sie lieber mich mit ihm reden!"

„Ganz gern! Ich höre zu."

„Nein. Der Bruder mag mit mir reden, kein Fremder!" sagte der Indianer, indem er mich mit einem ängstlichen Blick streifte.

Er saß so, daß ihm der Mond ins Gesicht schien. Dasselbe war nicht so schmutzig, wie dasjenige seines Weibes, auch nicht so abstoßend. Er war überhaupt in seinem Äußeren nicht mit Daya zu vergleichen. Seine Figur war nicht hoch, aber stark und breitschultrig. Er war ein Gegner, den man im Kampfe nicht gering schätzen durfte. Seine starken Glieder steckten in Kaliko. An den Füßen trug er nichts, trotz der schlangenreichen Gegend, in welcher er wohnte. Auch sein Kopf war unbedeckt. Das Haar trug er kurz geschoren. Seine Bewaffnung bestand aus einem Messer, dem Blasrohr und einem kleinen ausgehöhlten Kürbis, welcher ihm an einer Schnur von der Schulter hing. In diesem Kürbis steckten die vergifteten Pfeile. Er wollte sich nicht von mir ausfragen lassen, weil er mich mehr fürchtete als den Bruder. Das war mir ein Beweis, daß er mit den Bolamännern gesprochen hatte, und daß dabei auch von mir, vielleicht ganz besonders von mir die Rede gewesen war. Man hatte mich wohl als denjenigen bezeichnet, vor welchem man sich in acht nehmen müsse.

„Petro Annas, haben Sie denn ein böses Gewissen, daß Sie sich vor uns anderen fürchten?" fragte ich ihn.

„Nein," antwortete er. „Hätte ich ein böses Gewissen, so müßte ich doch gerade den Bruder am meisten fürchten."

Der Mann war nicht nur schlau, sondern auch spitzfindig.

„Nun, wenn Sie so ein gutes Gewissen haben, so können Sie auch mit uns reden. Weigern Sie sich dessen, so müssen Sie unser Mißtrauen erwecken."

„Sie brauchen mir nicht zu mißtrauen, denn ich bin ein ehrlicher Mann!"

„Das glaube ich Ihnen gern. Wo befindet sich denn Ihre Wohnung?"

„Gar nicht weit von hier."

„So! Könnten wir vielleicht dort übernachten?"

„Nein, nein…, Señor!" antwortete er schnell und ängstlich.

Daraus war zu schließen, daß die Bolamänner dort zu tun hatten.

„Warum nicht?" fragte ich. „Der Bruder hat uns von Ihnen erzählt. Nach seiner Schilderung von Ihnen hätte ich Sie für einen gastfreundlicheren Mann gehalten als Sie zu sein scheinen."

„Meine Hütte paßt nicht für Sie, denn das Fieber schleicht um sie."

„Das fürchte ich nicht."

„Es wird Sie ergreifen, ganz gewiß, weil Sie neu im Land sind."

Jetzt vergaloppierte er sich trotz seiner Schlauheit abermals.

„Woher wissen Sie denn, daß ich ein Neuling bin?"

Er sah ein, daß er eine Dummheit begangen hatte, antwortete aber ohne alle Verlegenheit:

„Ich sehe es Ihnen an."

„So haben Sie ein sehr scharfes Auge für Fremde, Petro. Da wir nicht in Ihrer Hütte bleiben können, so weisen Sie uns wohl einen besseren Platz zum Lagern an. Sie kennen ja die Gegend."

„O, sehr genau! Ich weiß einen herrlichen Platz für Sie, am Fluß aufwärts."

„Wie weit?"

„Nur eine ganz kleine halbe Stunde."

Er ahnte nicht, daß er mit diesen Angaben mir sehr wichtige Fragen beantwortete, welche ich nicht direkt an ihn richten wollte. Da er uns stromaufwärts bringen wollte, so lagerten unsere Gegner stromabwärts. Aus der ganz kleinen halben Stunde wären vielleicht drei große Viertelstunden geworden. Wollte er uns des Abends eine so bedeutende Strecke weit nach der einen Seite fortbringen, so war mit Sicherheit zu schließen, daß wir nach der anderen Seite gar nicht weit zu gehen hätten, wenn wir auf unsere

Feinde stoßen wollten. Diese letztere Annahme wurde auch durch den Umstand bestätigt, daß er uns gebeten hatte, nicht so laut zu sprechen.

„Wollen wir gleich aufbrechen, Señor?" fügte er hinzu.

„Nicht sofort. Ich möchte vorher noch einiges wissen. Waren Sie heute lange Zeit auf der Jagd?"

„Sehr lange."

„Wann gingen Sie von Ihrer Hütte fort?"

„Schon früh."

„Aber bis dahin waren Sie einige Male wieder dort?"

„Kein einziges Mal!"

Der gute Mann wollte ein Alibi stellen für den Fall, daß es eines solchen bedürfe. Er beachtete nicht, daß wir uns so nahe seiner Hütte befanden. Da der Bruder dieselbe kannte, so stand doch zu erwarten, daß wir sie aufgesucht hatten. Auch hatten wir unsere Pferde nicht bei uns. Sie mußten irgendwo untergestellt sein.

„So wissen Sie also auch nicht, wer heute bei Ihnen gewesen ist?" fuhr ich fort.

„Nein. Ich werde es erfahren, wenn ich heimkehre."

„Ich hätte nämlich gern erfahren, ob einige Personen bei Ihnen eingekehrt sind, welche wir hier treffen wollten."

„Ich werde Daya fragen und es Ihnen dann sagen, Señor. Was für Personen meinen Sie?"

„Soldaten."

„Da sind keine bei mir gewesen."

„Woher wissen Sie das, da Sie so lange Zeit von der Hütte fort waren?"

„Sie würden meine Hütte nur durch großen Zufall finden. Indessen werde ich Daya fragen."

„Ja, tun Sie das, Petro! Haben Sie einmal die Namen Monteso und Cadera gehört?"

„Nein. Welche Fragen sind das, die Sie mir vorlegen, Señor! Sie erscheinen mir ganz sonderbar."

„Nun, ich will Ihnen nur noch die eine vorlegen: Wer hat Ihnen den Auftrag erteilt, auf einen Mann zu schießen, der lederne Kleidung trägt?"

„Kein Mensch! Niemand! Es ist ja nur aus Versehen geschehen. Sie können mir das glauben."

„Gut, ich will es glauben und Ihnen verzeihen, daß Sie mich in Lebensgefahr gebracht haben."

„Sind Sie nun mit Ihren Fragen zu Ende?"

„Ja."

„So darf ich Sie nach dem Lagerplatz führen, von welchem ich Ihnen vorhin sagte?"

„Wir bitten darum, Petro. Vorher aber können Sie uns die Jagdbeute verkaufen, welche Sie drüben niedergelegt haben? Ich bezahle sie Ihnen gut."

„Das geht nicht, Señor!" antwortete er erschrocken.

„Warum nicht?"

„Weil Sie das Fleisch nicht essen können."

„Ich esse jedes Fleisch."

„Auch das des Meerschweins, das den Europäern so sehr nach Tran schmeckt?"

„Wer sagt Ihnen, das ich Europäer bin?"

„Ich sehe es Ihnen an."

„Lieber Freund, Ihr Scharfblick beginnt mir beinah unbehaglich zu werden. Vor Ihrem Auge scheint kein Geheimnis sicher zu sein. Wollen Sie uns das Fleisch verkaufen?"

Nach einigem Nachdenken antwortete er:

„Ich brauche es selbst sehr nötig."

„Ein ganzes Wasserschwein, welches wohl einen Zentner wiegt, für zwei Personen? Wir wollen nur einige Stücke davon. Sie werden doch den guten Bruder Hilario nicht hungern lassen wollen?"

„Nein, nein! Aber Wasserschweine braucht er nicht zu essen. Ich habe gute, frische Fische daheim. Mein Weib hat sie gefangen."

„Dennoch ziehen wir das Wasserschwein vor. Holen Sie es!"

„Nun, wenn Sie durchaus wollen..., so muß ich freilich gehorchen. Ich bin gleich wieder da!"

Er entfernte sich. Als seine Schritte nicht mehr zu hören waren, sagte der Bruder sehr leise:

„Wer hätte das gedacht! Er will uns betrügen!"

„Nicht betrügen, sondern nur täuschen," antwortete ich. „Er sagt die Unwahrheit, um uns nützlich zu sein. Gar nicht weit von hier, da, zur linken Hand, befinden sich unsere Feinde."

„Woher wissen Sie das?"

„Er hat es gesagt."

„Ich hörte kein Wort!"

„Und ich habe meine Fragen so gesetzt, daß er mir es sagen mußte. Er hat kein Wasserschwein erlegt."

„Sollte er da auch gelogen haben?"

„Ich bin überzeugt davon. Er wird es uns nicht bringen."

„So straft er sich selbst Lügen!"

„Nein. Er wird eine Ausrede machen, vielleicht, daß der Jaguar gekommen ist."

„So meinen Sie, daß es mit unseren Feinden hält?"

„Ja, aber auch mit uns. Nur fragt es sich, was bei ihm schwerer wiegt, die Zuneigung für Sie oder der Vorteil, welcher ihm von den anderen versprochen worden ist."

„Ich hoffe..., das erstere."

„Ich auch. Sollte das nicht sein, so werde ich noch eine kleine Drohung für uns in die Waagschale legen. Pst, er kommt!"

Es war ganz so, wie ich es erwartet hatte: Er kam mit leeren Händen.

„Nun, wo haben Sie das Wasserschwein?" fragte ich im Tone der Enttäuschung.

„O, Señor, habe ich nicht recht gehabt, als ich Sie zur Vorsicht mahnte? Der Jaguar war in der Nähe!"

„Was geht uns der Jaguar an?"

„Sehr viel. Er hat mein schönes Wasserschwein geholt! Ich beklage das sehr, da ich Ihnen nun nicht davon geben kann; aber es ist ein großes Glück dabei. Hätte er das Wasserschwein nicht gefunden, so wäre er hier über uns hergefallen. Wir wollen diesen Ort sofort verlassen!"

„Das hat keine Eile. Hat der Jaguar das Schwein gefressen, so ist er satt, daß er nach uns kein Verlangen trägt."

„Aber sein Weibchen ist auch da!"

„Setzen Sie sich getrost noch einen Augenblick nieder! Ich hege die Überzeugung, daß der Jaguar so höflich und liebevoll gewesen ist, seine Señora an der Mahlzeit teilnehmen zu lassen."

„Herr, Sie sind sehr verwegen!"

„Nein, sondern ich lasse mir nur nicht leicht da bange machen, wo gar keine Gefahr vorhanden ist."

Er setzte sich zögernd wieder nieder und meinte in mürrischem Ton:

„Ganz..., wie Sie wollen! Aber auf mich kommt keine Schuld, wenn ein Unglück geschieht. Wir sollten lieber sogleich aufbrechen."

„Dazu bin ich unter der Bedingung bereit, daß Sie uns nicht flußauf-, sondern flußabwärts führen, weil wir überzeugt sind, daß wir dort gutes Essen finden werden."

„Bei wem denn?"

„Beim Major Cadera und seinen Leuten."

„Señor, ich verstehe Sie nicht!"

„Mag sein. Um so besser aber habe ich Sie verstanden. Petro Uynas, Sie sind wirklich ein ganz schlechter Kerl!"

„Ich? Wie kommen Sie dazu, mich so zu beschimpfen?"

„Durch Lügen, welche Sie uns vorgemacht haben."

„Señor, es ist kein unwahres Wort aus meinem Mund gekommen!"

„Schön! Sie behaupten, seit heute früh nicht daheim gewesen zu sein. Und doch waren Sie dort."

„Keinen Augenblick!"

„Auch nicht, als der Major den Boten schickte, der Sie holen sollte?"

Er ließ vor Überraschung eine kurze Zeit verstreichen, bevor er antwortete:

„Davon weiß ich nichts."

„Besinnen Sie sich! Es war ein Mann mit einer Lanze. Sie gingen mit ihm zur Hütte hinaus, damit Ihr Weib nicht hören sollte, was Sie mit ihm sprachen."

„Señor, ich... ich... ich weiß eben kein Wort davon. Ich war gar nicht daheim!"

„Und doch sagten Sie vorhin, daß Sie in der Hütte gewesen seien!"

„Das habe ich nicht gesagt. Ich habe stets nur behauptet, daß ich früh fort und seitdem bis jetzt nicht wieder heimgekommen bin!"

„Besinnen Sie sich! Sie waren doch da, als Ihre Frau kurz vor der Dämmerung die Fische brachte! Sie haben diese Fische selbst in die Lache getan! Sie sagten uns das doch vorhin!

„Señor...!"

„Nun, was? Verteidigen Sie sich!"

„Es war Scherz. Ich war nicht daheim. Ich habe keine Fische gesehen."

„Ganz wie Sie wollen! Ich mag Sie nicht zwingen, uns etwas zu sagen, was Sie uns verschweigen wollen. Aber dann müssen Sie auch klüger sein als bisher und mir nicht alles sagen."

„Was soll ich gesagt haben?"

„Daß der Major mit seinen Leuten da am Wasser liegt."

„Davon habe ich nichts gesagt!"

„Pah! Ferner, daß diese Menschen heute abend bei Ihrer Hütte zu tun haben werden. Daß wir getötet werden sollen, Sie uns aber retten wollen, indem Sie uns von hier fortschaffen. Ist es nicht so?"

„Nein."

„Mich mögen Sie immerhin belügen. Aber wollen Sie diese Unwahrheit auch dem guten Bruder Hilario gegenüber aufrecht erhalten?"

„Ich... ich... ich kann nicht anders!"

„Sie können anders, wenn Sie nur wollen."

„Nein. Ich... ich... ich weiß von nichts, von geradezu gar nichts."

„Ist das wirklich, wirklich wahr? Es ist das nun meine letzte Frage. Von der Art und Weise, wie Sie antworten, hängt die Art und Weise ab, wie ich mich dann zu Ihnen verhalten werde."

„Es ist... wirklich wahr."

„Nun gut! Haben Sie schon einmal so ein Ding gesehen?"

Ich hielt ihm meinen Revolver hin.

„Ja, Señor!"

„So nehmen Sie sich vor demselben in acht, Petro Uynas!"

„Wollen Sie mir drohen? Das wird der Bruder nicht dulden!"

„Er will es gerade so haben, denn Sie belügen ihn!"

„Dann, Señor, bedenken Sie, daß ich Ihren Revolver nicht zu fürchten brauche! Ich habe Waffen, welche noch gefährlicher sind als er!"

„Jetzt noch... jetzt aber nicht mehr!"

Zwischen den beiden „Jetzt" griff ich ihm rasch in den alten Zeugfetzen, welcher ihm als Gürtel diente, riß ihm denselben ab und schleuderte ihn mit samt dem Messer und dem kleinen Flaschenkürbis weit fort.

„Señor...!"

Er wollte aufspringen und diesen lauten Ausruf ausstoßen; aber ich riß ihn neben mir nieder, kniete ihm auf die Brust und preßte ihm die Kehle zusammen.

„Um Gottes willen, Sie erwürgen ihn, Señor!" sagte der Bruder, indem er meinen Arm faßte.

„Fällt mir nicht ein. Ihm geschieht kein Leid."

„Ich garantiere Ihnen, daß er nichts Feindseliges unternimmt!"

„Ihr Wort in Ehren, Bruder, aber ich verlasse mich doch lieber auf mich selbst."

„Ich verbürge mich für ihn!"

„Er hat Sie getäuscht. Wie können Sie da Bürge sein? Sie behaupteten, daß er Sie nie belügen werde, und doch hat er eine ganze, lange Reihe von Lügen aufgestellt!"

„Lassen Sie wenigstens für einen Augenblick los!"

„Na, ja. Ich werde ihm nur erst die Hände zusammenbinden, und zwar auf dem Rücken. Oder vielmehr, Señor Monteso mag dies tun."

Während ich dem Indianer den Revolver vor die Nase hielt und ihm drohte, ihn augenblicklich zu erschießen, falls er einen lauten Schrei ausstoße, band ihm der Estanziero mit meinem Taschentuch die Hände. Der liebe, aufrichtige Petro Uynas sagte kein Wort; er holte nur tief Atem. Er war im höchsten Grad eingeschüchtert. Nun lag er am Boden, blickte voller Angst im Kreis umher und bat endlich den Bruder mit fürsorglich gedämpfter Stimme:

„Retten Sie mich, Bruder! Der Germano ist schrecklich!"
„Woher weißt du denn, daß er ein Germano ist?"
„Man sagte es mir."
„Wer denn?"
„Das darf ich nicht sagen."
„Hast du es geschworen?"
„Nur versprochen."
„Ein Versprechen, welches ein Unrecht enthält, darf man nicht halten."
„Aber dieser Germano ist ein Mörder, Dieb und Räuber!"
„Gewiß nicht!"
„Er will die Banda oriental nach Brasilien verraten!"
„Das fällt ihm gar nicht ein. Willst du denen, welche dich in dieser Weise belogen haben, mehr glauben, als mir?"
„Sie machen mir keine Lügen, Bruder, das weiß ich. Aber vielleicht werden Sie selbst von ihm getäuscht?"
„Das ist nicht der Fall, Petro. Diesen Germano kenne ich noch genauer als dich. Er will zu den Indianern, um ihnen Gutes zu tun und ihnen Geschenke zu bringen. Man hat dich grauenhaft belogen. Die Leute, welche dich vor ihm gewarnt haben, sie sind Diebe, Räuber und Mörder."
„Sollte das wahr sein?"
„Ja. Nicht wahr, es sind Reiter?"
„Über fünfzig, mit noch mehr Pferden."
„Diese Pferde haben sie gestern einem armen, alten Ranchero gestohlen und ihm dann dazu das Haus verbrannt."
„Bruder, ist's möglich!"
„Es ist so, wie ich dir sage. Befinden sich nicht zwei Gefangene bei ihnen?"
„Mehrere!"
„Ah! Sollten noch andere dazu gekommen sein?"

„Erst hatten sie weniger; die anderen haben sie heute festgenommen."

„So! Die beiden ersten sind der Bruder und Sohn dieses Señors, welcher an meiner Seite sitzt. Man hat sie geraubt, um ein großes Lösegeld zu erpressen."

Der Indianer schüttelte erstaunt den Kopf. Der Bruder Jaguar fuhr fort:

„Und diesen Germano wollten sie an einen Baum binden und erschießen, obgleich er ihnen nicht das Geringste zuleide getan hatte. Diejenigen, denen du vertrautest, sind die Missetäter. Wir aber haben sie verfolgt, um ihnen ihre Gefangenen abzunehmen."

„Sie wollen das tun? Sie selbst wollen dabei helfen?"

„Ja, Petro."

„Dann glaube ich, daß dieser Germano ein guter, ehrlicher Mann ist, und daß auch die Gefangenen keine Missetäter sind. Sie, Bruder, werden keine Räuber und Mörder befreien wollen!"

„Nein, gewiß nicht. Jetzt also hast du Vertrauen zu uns?"

„Ja. Binden Sie mich los! Ich helfe Ihnen."

„Willst du mir das versprechen? Willst du nichts gegen uns unternehmen?"

„Ich bin Ihr Freund und werde nur tun, was Sie wollen!"

„Dann sollen Sie wieder frei sein," sagte ich jetzt zu ihm, indem ich mein Taschentuch von seinen Händen löste. Er richtete sich in sitzender Stellung auf, reichte mir die Hand und sagte:

„Ich danke Ihnen, Señor! Ich habe auf Sie geschossen und Sie haben mich fast erwürgt. Wir sind also quitt."

„Noch nicht. Bei Ihnen war es Ernst, mich zu töten; ich aber hielt Ihnen die Kehle nur in der Absicht zu, Sie am Schreien zu hindern; erwürgen wollte ich Sie nicht."

„So vergeben Sie mir!"

„Gern, denn ich hoffe, daß Sie Ihren Fehler gutmachen werden. Vor allen Dingen, gestehen Sie ein, daß der Major sich hier flußabwärts in der Nähe befindet?"

„In zehn Minuten ist man dort."

„Hat er Wachen aufgestellt?"

„Ja."

„Aber Patrouillen sendet er nicht aus?"

„Nein. So lange man uns nicht hört, wird keiner seiner Leute hierher kommen."

„So sind wir also sicher, und Sie mögen uns erzählen, wie Sie dazu gekommen sind, der Beschützer dieser Menschen zu werden."

„Ja, ich will alles erzählen, Señor! Und da muß ich bei dem Mann anfangen, welcher vor ungefähr einer Woche bei mir war, um sich nach den Holzflößen zu erkundigen."

„Zu welchem Zweck tat er das?"

„Das wußte ich nicht. Er fragte, ob ich die Ufer des Flusses genau kenne, und als ich das bejahte, erkundigte er sich, ob es hier eine Stelle gebe, welche einsam liege und an welcher doch zuweilen die Flöße anlegen."

„Gibt es eine solche?"

„Ja. Unterhalb derselben ist der Strom sehr reißend, so daß das Flößen gefährlich wird. Man darf nur bei vollem Tageslicht und mit frischen Kräften dort fahren. Darum pflegen die Flößer vor Einbruch des Abends ihre Flöße dort anzulegen, nämlich oberhalb der gefährlichen Strömung, um den Morgen abzuwarten."

„Ist die Anlegestelle weit von hier?"

„Nein. Sie befindet sich eben da, wo jetzt die Reiter lagern, vielleicht zehn Minuten abwärts von hier."

„Hat diese Stelle einen Namen?"

„Ja. Es liegt eine Halbinsel da, welche man die *Peninsula des Jacaré* nennt."

„Nicht *del crocodilo?*"

„Nein, diese Halbinsel liegt da vor uns."

„Hm! So muß eine Verwechslung stattgefunden haben, denn wir hörten, daß die Reiter an der *Peninsula del crocodilo* lagern würden."

„Der Ihnen das sagte, hat Krokodil mit Alligator verwechselt."

„Sonderbar, daß die beiden Halbinseln, welche so ähnliche Namen haben, so nahe beieinander liegen!"

„Die *Peninsula del Jacaré* geht sehr seicht in das Wasser, und dort halten sich in einer Bucht zahlreiche Alligatoren auf. Die schmale Halbinsel hier aber hat die Gestalt eines Krokodils; daher ihr Name."

„Aber ein Geheimnis birgt diese Insel doch und Sie wissen es."

„Wie kommen Sie zu dieser Meinung?"

„Ich habe gehört, daß Sie von dieser Insel nicht gern sprechen."

„Das ist wahr. Ich habe meine Gründe dazu, die aber niemanden etwas angehen."

„Ich habe nicht die Absicht, in dieses Geheimnis einzudringen. Wir interessierten uns nur für die Halbinsel *del Jacaré*. Sie haben wohl heute erst erfahren, welchen Zweck jener Mann mit seiner Erkundigung erfolgte?"

„Ja, erst heute."

„Ist inzwischen etwas geschehen?"

„Nein. Aber heute früh kam der Mann wieder, und zwar zu Pferd. Sein Tier war ermüdet und ganz abgehetzt. Er ließ es im Wald fressen und setzte sich am Ufer der Halbinsel nieder und beobachtete die Schiffe und Flöße, welche hier vorüberkamen."

„Was sagte er?"

„Er sagte, daß Latorre eine Schar seiner Reiter senden werde, welche hier über den Fluß wollen. Sie hätten sehr gefährliche Gefangene bei sich, und ich solle mit Achtung geben, daß dieselben nicht entfliehen könnten."

„Gingen Sie darauf ein?"

„Nein, denn mich interessierte die Sache gar nicht. Ich legte mich in meiner Hütte nieder, um den ganzen Nachmittag zu schlafen. Am späten Nachmittag aber kam einer, um mich zum Major Cadera zu holen. Dieser lagerte mit seinen Reitern auf der Halbinsel. Er bot mir ein Goldstück, wenn ich mit dafür sorgen wolle, daß die Gefangenen, welche er bei sich hatte, nicht entfliehen könnten. Und darauf ging ich ein, denn ein Goldstück ist viel, sehr viel für mich."

„Aber das konnte Sie doch nicht veranlassen, auf mich zu schießen!"

„Das nicht, aber ein anderes. Er erzählte mir nämlich, einer seiner Leute habe mehrere Räuber belauscht, welche von der *Peninsula del crocodilo* gesprochen und den Entschluß gefaßt hätten, dieselbe zu untersuchen."

„Haben Sie eine solche Untersuchung zu befürchten?"

„Unter Umständen, ja."

„Sie haben ein Geheimnis dort. Der Fluß bildet die Grenze. Sind sich vielleicht Pascher?"

„Ich könnte ja oder auch nein sagen, um Sie irre zu führen. Ich höre, daß Sie unsere Verhältnisse nicht kennen, und will Ihnen nur sagen, daß man auf der Halbinsel etwas finden könnte, dessen Verlust mir sehr schaden würde."

„Wie konnte der Major davon wissen?"

„Das frage ich mich auch. Vielleicht habe ich gegen seinen ersten Boten ein Wort fallen lassen, ein unvorsichtiges Wort, aus welchem er auf das Übrige geschlossen hat."

„Sollte denn ich mit zu den Räubern gehören?"

„Sie sollten der Anführer sein und mein ganzes Geheimnis kennen. Der Major beschrieb Sie mir so genau, daß ich Sie selbst beim Mondschein erkennen mußte. Er sagte mir, daß einer Ihrer Leute wahrscheinlich als Bruder verkleidet sei. Wie viele Männer

Sie mitbringen würden, das wisse er nicht, sicher aber sei, daß Sie, wenn Sie überhaupt kämen, morgen oder übermorgen hier eintreffen würden."

„Wie klug! Er hatte mit der Möglichkeit zu rechnen, daß wir ihn verfolgen würden, und ersann das Märchen, um Sie auf uns zu hetzen."

„Das ist wahrscheinlich. Heute abend nun strich ich hier am Fluß auf und ab, gleich vom Beginn der Dunkelheit an, von einer Halbinsel zu anderen. Ich hatte mit auf die Gefangenen aufzupassen und dachte auch an die Räuber, welche zu mir kommen wollten. Drüben, jenseits des Sumpfs, blieb ich einmal stehen und schaute herüber nach dem Crocodilo. Da sah ich Sie sitzen. Der Mond schien in Ihr Versteck; ich konnte acht Männer zählen und erkannte auch den Germano, welcher der Anführer der Bande war, die mich berauben und sogar die Banda oriental an Brasilien verraten wollte."

„Solchen Unsinn haben Sie sich vormachen lassen?"

„Ich glaubte es, Señor."

„So sind Sie wohl ein sehr loyaler Untertan?"

„Nur wie jeder andere auch. Wo es mir wohl geht, da bleibe ich."

„Oder hassen Sie Brasilien?"

„Sehr! Ich habe schlimme Zeiten dort verlebt."

„Haben Sie das gegen den Major erwähnt?"

„Ja, denn er fragte mich, zu welcher Partei ich gehöre."

„Der Schlaukopf. Er hat sich Ihren Haß zu nutze gemacht und Ihnen den ganz heidenmäßigen Bären aufgebunden, daß ich ein brasilianischer Agent sei. Weiter! Also Sie sahen uns sitzen?"

„Ja. Ich sagte mir, daß Sie im Besitz meines Geheimnisses seien, welches Sie mir entreißen wollten. Waren Sie tot, so hatte ich nichts zu befürchten. Ich steckte einen Pfeil in das Rohr, legte auf Sie an und schoß. Ich hatte auf Ihr Gesicht gezielt, aber die Entfernung nicht genau berechnet; sie war zu groß; darum senkte sich der Pfeil und traf Sie an der Brust."

„Was ein Glück für mich und auch für Sie ist, denn ehe ich gestorben wäre, hätte meine Kugel Sie getroffen."

„Das war unmöglich. Sie wußten ja nicht, wo ich mich befand?"

„Das wußte ich genau. Sie befanden sich in der Richtung aus welcher der Pfeil gekommen war. Er steckte in dem Leder und zeigte die Richtung an. Schauen Sie hinüber, jenseits des Sumpfes! Sehen Sie den schmalen Busch, welcher sich aus dem Schilf erhebt?"

„Ja."

„Nach diesem Busch hätte ich meine Kugel gesandt."

„*Dios!* Dahinter steckte ich!"

„Sehen Sie! Ich hätte auf die halbe Höhe des Busches gezielt, denn ich nahm an, daß Sie dort knien würden, um den Erfolg Ihres Pfeilschußes zu beobachten."

„Das ist richtig. Señor, Sie hätten mich gerade in den Kopf getroffen! Es ist wahr, Sie sind ein entsetzlicher Mann!"

„Sagte das der Major?"

„Ja. Er riet mir die äußerste Vorsicht an, denn Sie seien ein wahrer Teufel."

„Er freilich konnte keinen Engel in mir finden. Die Hauptsache ist, daß Sie mich nicht verwundet haben."

„Ich bin jetzt ganz glücklich darüber. Wie erschrak ich, als ich dann den Pfiff hörte, welchen nur meine Freunde kennen. Es befand sich einer von ihnen bei Ihnen, und Sie konnten also doch wohl nicht in feindlicher Absicht hierher gekommen sein."

„So sind wir also einig und haben Frieden geschlossen. Nun zu der Hauptsache. Sie sprachen von Gefangenen, welche der Major hier gemacht hat. Was sind das für Leute?"

„Die acht Personen des Floßes, welches am Nachmittag an der Halbinsel anlegte, um morgen weiterzufahren."

„Es wundert mich, daß er Gewalt gebraucht hat. Hätte er sie bezahlt, so hätten Sie ihm wohl gern seinen Willen getan."

„Es handelte sich nicht um die Bezahlung, sondern um die Zeit. Er weiß noch nicht, wann er hinüber kann, ob morgen oder erst später. Er erwartet jemand, bis dahin sollen die Flößer warten. Sie weigerten sich aber, dies zu tun, weil sie da den hohen Lohn nicht bekommen, welchen die Fremden ihnen versprochen haben."

„Fremde sind bei Ihnen?"

„Zwei."

„Aus welchem Land sind sie?"

„Ich weiß es nicht. Sie sprechen ein Mischmasch von Spanisch und einer anderen Sprache, welche ich nicht verstehe."

„Wie sind sie gekleidet?"

„Blau, fast wie Seeleute. Der eine hat einen Hut mit einer so breiten Krempe, wie ich noch keine gesehen habe. Gerade dieser hat sich so giftig gegen den Major benommen, daß dieser höchst zornig auf ihn geworden ist. Beide haben sich gewehrt wie die Elefanten und konnten nur durch die große Übermacht überwunden werden. Viele der Reiter haben Beulen und Flecke davongetragen."

„Brave Kerls! Wir machen Sie frei."
„Das ist unmöglich!"
„Pah! Zwei alte und acht neue Gefangene, macht zehn. Wir sind acht Mann, das ergibt Summa achtzehn Mann, wobei Sie noch nicht gerechnet sind."
„Ich helfe mit, Señor!"
„So sind es neunzehn gegen fünfzig, immerhin kein ganz schlimmes Verhältnis. Übrigens sollen Sie das Goldstück, welches der Major Ihnen geboten hat, nicht einbüßen, denn..."
„Ja, er soll es nicht einbüßen," fiel der Estanziero ein. „Wenn es wirklich gelingt, meinen Bruder und meinen Sohn zu befreien, so zahle ich zehn Goldstücke an Petro Uynas."
„Ist's wahr, Señor?" fragte der Indianer, vor Freude viel lauter, als die notwendige Vorsicht es gestattete.
„Ja, ich zahle Ihnen sogar zwanzig!"
„Welch ein Glück! Halten Sie aber auch Wort?"
„Ich versichere es auf meine Ehre."
„Dann bin ich mit hundert Freuden bereit, bei der Befreiung mitzuwirken! Señor, nehmen Sie meine Hilfe an?"
Diese Frage war an mich gerichtet. Darum antwortete ich:
„Ja; aber ich stelle die Bedingung, daß Sie genau nach meiner Weisung handeln."
„Natürlich! Ich werde nichts, gar nichts tun, was Sie nicht wollen."
„Gut. Vielleicht müssen Sie die Hauptrolle übernehmen. Wollen Sie uns nun den Ort beschreiben, an welchem die Gefangenen sich befinden! Ist die Halbinsel lang und breit?"
„Zweihundert Schritte breit und vielleicht doppelt so lang."
„Mit Bäumen besetzt?"
„Nur mit Bäumen. Sträucher gibt es nicht mehr, denn die Flößer, welche hier seit Jahren übernachten, haben das Unterholz entfernt, um guten Platz zu erhalten."
„Wie sind die Posten aufgestellt?"
„Da, wo die Halbinsel an das Ufer stößt, stehen vier Soldaten, je fünfzig Schritt auseinander. Sie sperren also die Halbinsel vom Land ab. Es kann niemand dort hindurch, zumal bei Mondschein. Höchstens könnte meine Daya es fertig bringen, sich auf die Peninsula zu schleichen. Sie versteht das wie eine Schlange."
Ich wollte indessen die Indianerin für einen solchen Zweck nicht benützen und antwortete:
„Ich bringe es auch fertig, und darum denke ich, daß..."
„Sie?" unterbrach er mich. „Das ist unmöglich, Señor!"

„Er bringt es viel leichter und besser fertig als Daya," nickte ihm der Bruder zu. „Ich weiß es sehr genau. Wir brauchen deine Daya nicht."

„Haben Sie ein Feuer auf der Insel brennen?" fragte ich.

„Zwei sogar. Sie braten daran das Fleisch, welches sie mitgebracht haben."

„Es ist gestohlenes. Und wo befinden sich die Gefangenen?"

„Sie sind mit dem Rücken an Bäume gebunden, und zwar so weit auseinander, daß sie nicht heimlich miteinander reden können. Der Major sprach aber davon, daß er sie zur größeren Sicherheit auf das Floß bringen und obendrein auch noch bewachen lassen werde. Das wäre wohl sehr unangenehm für uns?"

„Nein. Ob wir sie vom Land oder vom Floß holen ist im allgemeinen gleich schwer. Die größere Schwierigkeit des einen vor dem anderen liegt nur in den nebensächlichen Hindernissen, welche zu überwinden sind. Darum ist es notwendig, daß ich mir die Sache einmal selbst anschaue."

„Señor, was denken Sie! Das ist unmöglich!" sagte der Indianer. „Man wird Sie unbedingt ergreifen!"

„Unsinn! Einen Mann, welcher zwei Revolver mit zwölf Schüssen hat, zu ergreifen, das fällt keinem Menschen ein, und diesen Kerlen am allerwenigsten."

„Bedenken Sie: Fünfzig gegen einen und bei Mondschein."

„Diese Fünfzig sehen mich gar nicht und der Mondschein schadet nicht. Mein helles Ledergewand sticht nicht von der Farbe des Schilfs ab. Ich wage nicht das mindeste dabei."

„Nun, ich habe Ihnen nichts zu befehlen, aber ich bin überzeugt, daß Sie in Ihr Verderben rennen. Und durch Ihre Anwesenheit verraten Sie diejenige Ihrer Gefährten."

„Haben Sie nur keine Sorge. Sie werden mich jetzt so weit begleiten, bis ich die Halbinsel von weitem sehe. Das weitere überlassen Sie dann mir."

„Sie befehlen mir das, und ich gehorche; aber ich habe Sie gewarnt!"

Auch die anderen forderten mich auf, möglichst vosichtig zu sein, eine sehr überflüssige Bitte, da mein einziges Interesse mir schon gebot, mich nicht in allzu große Gefahr zu begeben.

Der Indianer führte mich fort. Ich wußte jetzt, daß ich ihm Vertrauen schenken könne, dennoch aber behielt ich jede seiner Bewegungen im Auge. Wir kamen über eine kurze, ziemlich sumpfige Strecke; dann standen wir am Ufer der Bucht, welche sich zwischen den beiden Halbinseln *del crocodilo* und *del Jacaré* hereinzog. Ich schickte den Führer zurück und überschaute das Terrain. Da ich im Schatten einer Mimose stand, konnte mich niemand sehen, obgleich der Mond seinen vollen Glanz über die Bucht ausbreitete. Das Floß befand sich hier nicht. Es mußte jenseits des Jacaré verankert sein. Die Halbinsel selbst erstreckte sich wie eine sanfte Böschung nach dem Wasser herab. Das Licht der beiden Feuer, welche unter den Bäumen brannten, zuckte in brillianten Blitzen unter den dunkeln Wipfeln dahin. Menschen waren nicht zu sehen.

Ich konnte zwei Wege einschlagen. Der eine führte rechts unten am Ufer hin. Meine Kleidung konnte da von dem angespülten Geröll gar nicht unterschieden werden. Dann kam ich aber vielleicht dem ersten Posten zu nahe, welcher nach der Aussage des Indianers da stehen mußte, wo die Grundlinie der Halbinsel vom Ufer aus nach dem korrespondierenden Punkt der anderen Seite führte. Der zweite Weg ging in einiger Entfernung vom Ufer parallel mit demselben durch Schilf und Büsche hin und war weniger gefahrvoll, und darum schlug ich ihn ein.

Ich hatte ungefähr an die hundert Schritt kriechend zurückzulegen, was keine Anstrengung bedeutete. Ich gab mir keine Mühe, Geräusch zu vermeiden, denn die Kerle, welche ich vor mir hatte, besaßen nicht die Augen und Ohren erfahrener Präriemänner. Bald lag ich am Boden, gerade über dem Punkt, an welchem die Halbinsel begann. Ungefähr dreißig Schritt von mir entfernt sah ich einen Kerl an einem Baum lehnen. Es war der erste Posten.

Ich kroch nun etwas vorsichtiger weiter und gewahrte auch den zweiten, dritten und vierten Posten. Sie standen in der von dem Indianer angedeuteten Entfernung auseinander und schienen ihrer schläfrigen Haltung nach alles in der Welt angenehmer zu finden als das Wachestehen.

Nun fragte ich mich, ob es geraten sei, mich zwischen zweien von ihnen hindurchzuschleichen. Ich getraute mir wohl, es fertig zu bringen. Aber erst, wenn ich hindurch war, begann die Gefahr. Wenn sie gegen das Feuer blickten, mußten sie mich unbedingt bemerken. Das sagte ich mir sehr wohl. Lieber kroch ich noch eine Strecke weiter, um nach dem Floß zu sehen. Es lag jenseits der Halbinsel und war doppelt verankert, einmal an der Spitze der Halbinsel und das andere Mal an einem abwärts liegenden Punkt des Ufers. So entstand ein Dreieck, dessen Linien von der Halbinsel, dem Floß und dem Ufer gebildet wurden. Das Floß war ziemlich groß. Auf der Mitte desselben war eine Bretterhütte erbaut, bei welcher zwei Männer standen. Indem ich diese beobachtete, entfernten sie sich langsam von der Hütte nach demjenigen Teil des Floßes, welcher an das Ufer stieß. Sollten sie, oder wenigstens einer von ihnen, dort an Land steigen wollen? Das mußte ich schleunigst benützen, aber sehr schnell, wenn ich nicht zu spät kommen wollte.

Ich kroch rasch weiter, bis ich aus den Augen des vierten Postens war, richtete mich dann auf und rannte dem Ufer parallel, immer Deckung vor den beiden suchend, welche mich sonst wohl erblicken konnten.

Gegenüber der Stelle angekommen, an welcher das hintere Ende des Floßes am Ufer saß, bückte ich mich nieder und kroch näher. Es gab da ein Gewirr von hohem Pampasgras und Schilf. Es gelang mir, da hineinzukommen und es mir bequem zu machen. Ich lag höchstens fünf Schritte vom Floß entfernt.

Keine Minute war ich zu früh gekommen, denn kaum hatte ich mich überzeugt, daß mein Körper vollständig verborgen sei, so kamen die beiden Männer auch schon über das letzte Feld des Floßes nach dem Ufer zu.

Welche Freude! Der eine war der Major! Er hatte die Absicht, das Floß zu verlassen und sich von da aus nach der Halbinsel zurückzubegeben. Der andere schien, seiner Haltung nach, auf dem Floß zurückbleiben zu wollen. Vielleicht hatte er die Wache auf demselben.

Als der Major das Ufer erreichte, blieb er stehen und sagte:

„Also, die Gefangenen werden lang auf die Stämme gebunden, wo sie bis früh zu liegen haben. Du beaufsichtigst die Wächter. Entkommt ein einziger, so ist dir eine Kugel sicher. Melde das vorn!"

Der Mann drehte sich um und ging nach dem vorderen Teil des Floßes zurück. Mir kam ein verwegener Gedanke. Wie, wenn ich mich des Majors bemächtigte!

Ich sah nach der Halbinsel. Von dort aus konnte man nichts sehen, da die Stelle des Ufers, an welcher der Major stand, ein wenig rückwärts trat. Der einzige Zeuge konnte der Mann sein, welcher jetzt den Major verlassen hatte. Aber ich schloß aus seinem eiligen Gang, daß er sich nicht nach uns umdrehen werde. So schnell, wie der Gedanke gekommen war, so schnell wurde derselbe ausgeführt. Noch stand der Major am Ufer und sah dem Mann nach, da erhob ich mich aus meinem Versteck. Das tat ich nicht etwa langsam und vorsichtig, denn Geräusch war gar nicht zu vermeiden, sondern ich schoß blitzschnell aus dem Schilf auf und stand mit einem Satz hinter dem Major.

Er drehte sich um. Der Mond erleuchtete sein Gesicht. Ich hatte ihn augenblicklich fassen und niederschlagen wollen, aber ich sah sogleich, daß das nicht nötig war. Sein Gesicht wurde erst leichenblaß. dann schoß ihm das Blut in den Kopf. Er taumelte vor Schreck, er wollte schreien und brachte doch keinen Laut hervor, als sei ihm der Wille und auch die Bewegungsfähigkeit abhanden gekommen. Er hatte den Mund offen, aus welchem nun endlich einige Stammellaute hervorquollen. Schnell hatte ich mein Taschentuch da und stieß es ihm in den Mund, und ebenso schnell riß ich mir den Lasso los und schlang ihm denselben um die herabhängenden Arme. Noch nie hatte ich ein so verkörpertes Bild des Schreckens gesehen, wie der Major es jetzt bot. Nun machte er endlich eine Bewegung der Gegenwehr, aber es war zu spät. Mein Lasso hielt ihm bereits die Arme fest an den Leib.

„Keine Bewegung, Señor!" raunte ich ihm drohend zu, „sonst stoße ich Ihnen das Messer in den Leib. Ah, Sie haben einen anderen Rock an, da ich Ihnen den Frack verschimpfiert habe! Tut mir leid, nun auch den Rock nicht schonen zu können. Ich brauche ein Band zur Befestigung des Knebels."

Ich riß ihm den Rockschoß ab und schnitt mit dem Messer einen Streifen daraus, den ich dem Offizier um den Mund band, damit er mit der Zunge nicht das Taschentuch herausstoßen könne.

Wie oft habe ich mich später darüber gewundert, daß der Mann nicht wenigstens den Versuch gemacht hat, mir davonzulaufen. Er brauchte nur auf das Floß zu springen, so wurde er von seinen Leuten gesehen. Freilich hätte ich es doch versucht, ihn herunterzureißen und mit ihm zu entkommen. So aber rührte er kein Glied, obgleich er nicht an den Beinen gebunden war. Es war ihm eben vor Schreck die ganze Geistesgegenwart und Tatkraft abhanden gekommen. Er stand wie ein willenloses Kind vor mir. Ich zog das Messer, faßte ihn am Arm und sagte:

„Nun vorwärts, Señor! Und keine Weigerung! Ich gebe Ihnen mein Ehrenwort, daß Sie meine Klinge fühlen, sobald Sie einen Augenblick aufhören, mir zu gehorchen."

Ich stieß ihn vorwärts. Nun erst kam ihm der Gedanke des Widerstands. Er hielt den Schritt an.

„Allons, sonst steche ich!" drohte ich.

Ich schob wieder, aber er gehorchte nicht. Sogleich stach ich ihn in die Muskel des Oberarms, die am wenigsten gefährliche Stelle. Man mag das Grausamkeit nennen, aber es handelte sich um mein Leben. Brachte ich ihn nicht so fort, wie ich wollte, so konnte es sehr leicht um mich selbst geschehen sein. Ehe ich mein Leben aufs Spiel setzte, nahm ich ihm lieber einige Tropfen seines Bluts, was ihm übrigens weder körperlich, noch moralisch etwas schaden konnte.

Das Mittel half. Er begann fast schneller zu laufen, als mir lieb war. Natürlich leitete ich ihn nicht nach der Halbinsel zu, sondern ich entfernte mich zunächst noch weiter von derselben, bis ich gute Deckung hatte, dann kehrte ich um. Ich konnte nicht wagen, allzuweit von ihr entfernt vorüber zu kommen, denn dort gab es Sumpf; ich mußte mich vielmehr so nahe wie möglich an sie halten. Da aber konnte mir der Säbel des Majors gefährlich werden, denn das Klirren desselben war weithin zu vernehmen. Ich schnitt ihn also von dem Riemen ab und legte ihn ins dichte Schilf. Dann ging es weiter.

Nur vierzig Schritte waren wir von den Posten entfernt, als wir parallel mit der Grundlinie der Halbinsel dahinschritten. Er schien Luft zu haben, einen Fluchtversuch zu wagen; aber ich nahm ihn fester und hielt ihm das Messer vor die Brust.

Der Duft des Fleisches, welches über den beiden Feuern gebraten wurde, drang zu mir herüber. Das konnte mich nicht irreleiten; desto aufmerksamer aber wurde ich auf den Ruf, den ich jetzt hörte:

„Holla, hier ist der Braten!"

Sollte etwa eben jetzt das Fleisch verteilt werden? Diziplin war bei den Leuten nicht zu erwarten. Vielleicht ließen sich die Wachen durch den Braten verlocken, ihre Posten zu verlassen. Wirklich! Alles lief nach den Feuern zu, die Posten auch. Einer von ihnen nahm sein Gewehr mit, die anderen aber lehnten die ihrigen an die nächsten Bäume.

Sollte ich es wagen? Ich konnte einige Gefangene befreien, setzte aber dagegen mich selbst und den Major aufs Spiel.

In solchen Augenblicken gilt kein Zagen. Der Gedanke, den der erste Moment bringt, muß ausgeführt werden. Gewöhnlich ist er der richtige. Ich riß dem Major das Wehrgehänge vom Leib, schnallte es ihm um die Unterschenkel und warf ihn zu Boden. Dann flog ich auf die Halbinsel zu.

Die ganz eng sich um die Feuer drängenden Leute warfen ihre Schatten hinter sich, und ich gelangte glücklich aus der vom Mond beschienenen Fläche in den dunklen Bereich derselben. Nur zwei Männern konnte ich Hilfe bringen; die anderen waren mir fern. Ihnen mit dem Messer die Riemen durchschneidend, forderte ich sie auf, mir schleunigst nachzurennen, und kehrte um.

Die zwei kamen hinter mir her, und wahrhaftig, sie hatten Flinten in der Hand. Sie waren so geistesgegenwärtig gewesen, die Gewehre der Wachen aufzunehmen.

„*Heigh-day! Qué alagria!*" sagte der eine von ihnen, als sie bei mir ankamen, in englischer und spanischer Sprache. „Das war brav! Ich sah Sie kommen. Rief dann dem Steuermann zu, nach der alten Schlüsselbüchse zu greifen, die am Baum lehnte. Ist Rettung in großer Not. Wohin jetzt, Sir? Wer seid Ihr, und wohin gehört Ihr, Señor?"

Diese Stimme mußte ich schon früher gehört haben; aber welchem Bekannten konnte ich hier an diesem Ort und unter diesen Umständen begegnen? Ich hatte auch keine Zeit, auf ihn zu achten. Ich sah nur, daß er einen Panamahut mit fürchterlich breiter Krempe trug, unter welchem sein Gesicht verschwand, und antwortete ihm:

„Nur immer mir nach, und zwar schnell!"

Ich nahm mir nicht Zeit, dem Major den Säbelriemen aufzuschnallen; ich schnitt ihn einfach durch, riß den Mann in die Höhe und stieß ihn wieder vor mir her.

„Alle Teufel!" meinte der Breitkrempige. „Das ist der General, dieser Spitzbube! Da habt Ihr einen herrlichen Lachs gefangen. Werde ihn mit in den Hafen bugsieren!"

Er faßte den Major am anderen Arm und dann ging es mit verdoppelter Geschwindigkeit vorwärts, genau denselben Weg zurück, den ich gekommen war, bis wir das Versteck erreichten, in welchem die Gefährten auf mich warteten.

Da sie anstatt einen Mann vier Männer kommen sahen, schöpften sie Verdacht. Sie sprangen auf und griffen nach ihren Waffen.

„Bleiben Sie sitzen, Señores!" rief ich ihnen zu. „Sie haben nichts zu befürchten. Ich bin es!"

„Sie? Gott sei Dank!" antwortete der Bruder, indem er mir entgegentrat. „Wir hatten bereits große Sorge um Sie. Wen bringen Sie denn da mit?"

„Zwei Gefangene, welche ich befreit, und einen Freien, den ich gefangengenommen habe."

„Die beiden Fremden vom Floß!" rief der Indianer.

„Der Major!" rief der Bruder.

„Ja, der Major," antwortete ich. „Ich habe den Señor ersucht, Ihnen einen Besuch zu machen, und da ich annehmen mußte, daß er nicht gleich dazu bereit sein werde, kam ich seinem Widerstand zuvor, indem ich ihn band."

„So haben wir gewonnen; so haben wir gewonnen!" jubelte der Estanziero. „Nun müssen die Kerle meinen Bruder und meinen Sohn gegen diesen Mann auslösen!"

„Nicht so laut, Señor!" bat ich. „Wir haben noch keine Veranlassung, wissen zu lassen, daß wir hier sind und wo wir uns verborgen haben. Ich vermute, daß man nach diesen drei Personen suchen wird. Hier könnte man uns leicht finden. Petro Uynas, haben Sie keinen Ort, wo wir die Nacht zubringen und ein Feuer brennen können, ohne gesehen zu werden?"

„Ich weiß einen. Kommen Sie! Wie freue ich mich, daß die Sache so glücklich abgelaufen ist!"

Er führte uns durch schilfige Stellen, über mooriges Grün, durch dichtes Gebüsch bis an einen Platz, wo wir zu unserer Überraschung unsere Pferde stehen sahen. Er hatte während meiner Abwesenheit über alles Aufklärung erhalten und also auch erfahren, daß wir bei seinem Weib gewesen waren und ihr unsere Pferde übergeben hatten.

Der Platz war ausgezeichnet zum Lagern. Er wurde von Laubbäumen überdacht und ringsum von Büschen umgeben. Ein kleines Wasser floß dem Strom zu. Die lästigen Mücken konnten wir durch Feuer vertreiben, welches wir anzündeten.

Kaum hatte es begonnen, seinen Schein zu verbreiten, so tat der Breitkrempige einen Sprung auf mich zu und schrie:

„*Heavens!* Ist es die Möglichkeit? Ihr seid es, Charley, Ihr? Kommt in meine Arme, in alle meine Arme! Schnell, schnell!"

Er riß den Hut vom Kopf, so daß ich sein Gesicht erkennen konnte, schlang die Arme um mich und drückte mich an sich, als ob es seine Absicht sei, mich und sich zu gleicher Zeit zu zermalmen.

Man denke sich mein Erstaunen: Es war mein alter Turnerstick, mein alter Kapitän Frick Turnerstick, der originelle Seebär und Sprachkünstler, mein Gefährte in China und Bekannter schon von früher her! Meine Verwunderung war ebenso groß wie meine Freude über dieses so ganz unerwartete Wiedersehen, doch hatte ich augenblicklich keine Zeit, die vielen Fragen zu beantworten, mit denen er mich überschüttete, und bat ihn:

„Setzt Euch nieder, und wartet noch eine Weile, Kapt'n; dann sollt Ihr erfahren, was ich hier zu suchen habe. Wir müssen zunächst das tun, was uns der Augenblick gebietet."

Er sah ein, daß ich recht hatte, und folgte meiner Weisung, obgleich ihn dies Überwindung kostete. Der Major war für uns die Hauptsache. Wir banden ihn in der Nähe des Feuers an einen

Baumstamm. Als ich kurz erzählt hatte, wie es mir gelungen war, ihn gefangenzunehmen, entfernte ich den Knebel aus seinem Mund, sagte ihm aber, daß er beim ersten lauten Hilferuf mein Messer bekommen werde.

„Sie haben sich bereits einmal in unseren Händen befunden," fuhr ich dann fort. „Sie gelobten, auf alle Feindseligkeiten gegen uns zu verzichten, und wir schonten Sie. Sie haben Ihr Wort gebrochen, und von einer abermaligen Schonung kann also keine Rede sein. Das haben Sie sich selbst zuzuschreiben. Petro Uynas, nehmen Sie ihm einmal alles heraus, was er in den Taschen bei sich trägt!"

„Schurke!" knirschte der Major dem Indianer zu, als dieser ihm die Taschen leerte.

Petro gab ihm eine tüchtige Ohrfeige und antwortete:

„Der Schurke bist nur du, Lügner! Jetzt weiß ich alles. Schimpfst du noch einmal, so schlage ich dir den Schädel entzwei."

Der Major hatte eine Uhr, eine Brieftasche und einen Geldbeutel einstecken. Die Uhr gab ich ihm in die Tasche zurück. Den Beutel und die Brieftasche öffnete ich. Beide enthielten in Summa ungefähr achtzehntausend Papiertaler, was nicht ganz dreitausend Mark beträgt. Mein Entschluß bezüglich dieses Geldes war gefaßt. Ich fragte die Yerbateros:

„Könnten nicht zwei von Ihnen gleich nach der eingeäscherten Alqueria zurückreiten?"

„Warum?"

Um dem Besitzer zwölftausend Papiertaler von dem Major Enrico Cadera zu überbringen als Entschädigung für den Schaden, welchen er mit seinen Leuten angerichtet hat."

Alle fünf waren sofort bereit dazu.

„Losen Sie untereinander! Und zugleich sagen Sie dem alten Herrn, er soll schnell seine Gauchos senden, um die gestohlenen Pferde in Empfang zu nehmen."

„Die haben wir bis jetzt noch gar nicht," warf Monteso ein.

„Wir werden sie aber bekommen. Oder glauben Sie, daß ich diesen sogenannten Major freigebe, ohne daß er die Pferde zurückliefert?"

„Darüber ist erst Beschluß zu fassen!" sagte der Major zornig.

„Der ist bereits gefaßt, nämlich ich bin es, der ihn gefaßt hat, und das genügt, Señor!"

„Nein, das genügt nicht. Ich habe da vor allen Dingen ein Wort zu sprechen."

„Wenn ich es Ihnen verbiete, müssen Sie schweigen."
„Noch sind keine Präliminarien verhandelt!"
„Was verstehen Sie von Präliminarien! Jedenfalls nicht mehr als der Frosch vom Zitherspiel. Gebärden Sie sich um aller Welt willen nicht etwa, als ob Sie klüger seien, oder mehr zu befehlen hätten, als wir! Das könnte Ihnen schlecht bekommen!"
„Señor, ich bin Stabsoffizier unter Latorre!"
„Dann ist es eben zu Ihrem Unglück, daß es so ist, denn ich bin ein Gegner Latorres. Wenn Sie sich zu ihm bekennen, verschlimmern Sie nur Ihre Lage."
„Ich weigere mich entschieden, auf einen Vergleich einzugehen!"
„Wir fragen weder nach dem, was Sie wollen, noch nach dem was Sie nicht wollen. Wir tun, was uns beliebt."
„Bedenken Sie, daß sich Geiseln in den Händen der Meinigen befinden!"
„Machen Sie sich nicht lächerlich! Was sind denn wohl Sie in unseren Händen? Glauben Sie, daß ich Sie beim Kragen genommen habe, um mit Ihnen Staat zu machen? Sie weisen jeden Vergleich von sich. Wie wollen Sie denn Ihre Freiheit wieder erlangen, wenn nicht durch einen Vergleich?"
„So bleiben die Montesos in Gefangenschaft und werden gar getötet!"
„Bilden Sie sich auch das nicht ein! Ich habe Sie ergriffen und dabei gleich zugleich zwei Ihrer Gefangenen befreit. Denken Sie etwa, es falle mir schwer, auch die beiden Montesos zu befreien? Ich allein bringe das fertig. Und hier sind noch andere Männer, welche sich ebensowenig vor euch fürchten, wie ich."
„Sie werden also eine Auswechslung der Gefangenen beantragen?"
„Jawohl, Señor! Fällt es mir ein, Sie gegen den Yerbatero und dessen Neffen freizugeben, so werde ich es tun. Beliebt es mir, diese beiden zu befreien und Ihnen dann eine Kugel durch den Kopf zu jagen, so werde ich auch das tun, und meine Gefährten werden vollständig mit mir einverstanden sein."
„Streiten wir jetzt nicht darüber! Auf alle Fälle aber unterlassen Sie, sich an meinem Gelde zu vergreifen!"
„Ist es das Ihrige?"
„Ja."
„Das erklären Sie hiermit vor allen diesen Zeugen?"
„Natürlich!"
„So bin ich befriedigt. Das Eigentum eines anderen hätte ich nicht angegriffen, um den Schaden zu ersetzen, welchen Sie her-

vorgebracht haben. Da Sie aber fest erklären, daß das Geld Ihnen gehöre, so bestimme ich eben zwölftausend Papiertaler als Entschädigung für das niedergebrannte Haus und Inventar des Alquerio."

„Oho! Sie haben mich um Erlaubnis zu fragen, und diese verweigere ich!"

„Haben auch Sie etwa um die Erlaubnis gefragt, die Alqueria niederzubrennen? Sie wäre Ihnen natürlich auch verweigert worden, und doch haben Sie es getan."

„Señor, Sie bestehlen mich!"

„Nun gut, so bin ich ein ehrlicher Dieb, Sie aber ein ehrloser Brandstifter und Pferderäuber. Es bleiben Ihnen sechstausend Papiertaler übrig, welche ich Ihnen hiermit in die Tasche zurückstecke, ebenso wie Sie die Uhr zurückerhalten haben. Das ist ehrlich. Sie aber kaufen und schlachten Rinder und bezahlen Sie nicht. Sie nehmen brave Menschen, die Ihnen nie etwas zuleide taten, gefangen, um von den Angehörigen derselben ein Lösegeld zu erpressen!"

„Ein Lösegeld? Davon weiß ich kein Wort. Ich habe mich des Yerbatero bemächtigt, weil er mit Ihnen eines schweren Verbrechens bezichtigt ist. Ich würde mich auch Ihrer bemächtigen, wenn ich in der Lage dazu wäre. Von einem Lösegeld aber hat kein Mensch ein Wort gesprochen."

„So! Sie führen Ihre Verteidigung so sprachselig, weil Sie glauben wir seien zu Ihrer Verfolgung aufgebrochen, als Ihre Boten die Estanzia del Yerbatero erreichten."

„Meine... Boten?" fragte er stockend.

„Ja, Ihr Leutnant mit seinen beiden Begleitern."

„Die sind auf der Estanzia gewesen?"

„Pah! Tun Sie doch nicht, als ob Sie nichts davon wüßten! Wie konnten Sie nur so dumm sein, einen solchen Schulbubenstreich zu begehen! Wir haben diese Kerle natürlich eingesperrt, so klug sie es auch angefangen zu haben vermeinten; sie sind geständig und sehen ihrer Bestrafung entgegen! Ihr Name wird dabei eine bedeutende Rolle spielen, und Ihre Person wahrscheinlich auch, denn ich habe große Lust, Sie einzuladen, mit uns nach der Estanzia del Yerbatero zu kommen. Dann schaffen wir Sie nach Montevideo, wo Sie Ihren famosen *Commisario criminal* ersuchen können, Ihre Verteidigung zu übernehmen."

Er schwieg. Er sah sogar ruhig zu, als ich den beiden Yerbateros, welche das Los getroffen hatte, das Geld gab, mit welchem sie sogleich aufbrechen sollten.

Zwölftausend Papiertaler waren noch lange nicht zweitausend Mark. Mochte ich unrecht handeln oder nicht, mochte daraus werden, was da wollte, der alte Alquerio mußte und sollte das Geld bekommen. Die beiden Yerbateros entfernten sich mit ihren Pferden, und der Indianer übernahm es, sie so weit zu führen, bis das Sumpfland hinter ihnen lag und sie dann offenen Weg vor sich hatten. Der Mond leuchtete ihnen hell zu ihrem Ritt.

Der Major kochte vor Wut. Sein Blick schweifte von einem auf den anderen. Wären diese Blicke Dolche gewesen, so hätten sie uns sicherlich getötet. Um ihn nicht so vor Augen haben zu müssen, wurde er vom Baum gelöst. Wir banden ihm die Füße auch zusammen und legten ihn dahin, wo er nicht gesehen werden konnte, aber auch nichts von unserem Gespräch hören konnte. Doch waren wir so vorsichtig, ihn noch extra mit einem Riemen lose an einen Stamm zu binden. Er hätte sonst, indem er sich fortrollte, uns entkommen können. Nun wurden die Speisevorräte ausgepackt, und wir aßen. Daya, welche herbeikam, mußte sich auch zu uns setzen und mitessen.

Turnerstick hatten seinen Gefährten "Steuermann" genannt; er saß mir gegenüber. Dieser lange, starke, breitschultrige Kerl war ein Seemann vom echtesten Schrot und Korn. Blond und blauäugig, wie er war, hatte ich große Lust, ihn für einen Friesen zu halten. Darum sagte ich in deutscher Sprache zu ihm:

„Wie haben denn eigentlich Sie bei Ihren Fäusten sich gefangennehmen lassen können?"

„Ich?" antwortete er deutsch. „Was? Wie? Sie reden deutsch?"

„Ich bin ein Deutscher."

„So will ich mich kielholen lassen, wenn ich das geahnt hätte! Ich bin ein Friese von der Nordsee her und heiße Hans Larsen."

„Hätte nicht vermutet, hier in diesem Sumpf einen Landsmann zu treffen!"

„Und herauszuangeln, nicht wahr, Herr! Und meine Fäuste..."

Er hob sie empor und blickte sie wehmütig an. Ja, das waren Fäuste! Für diese Größe und Stärke hätte er keine passenden Glacehandschuhe bekommen, denn Handschuhe Nummer sechsunddreißig werden meines Wissen in keiner Fabrik der Welt gefertigt. Er schüttelte den Kopf, sah mich betrübt an und fuhr dann fort:

„Herr, ja meine Fäuste, auf die halte ich große Stücke, denn ich brauche sie gar notwendig. Glauben Sie es mir oder nicht, mit diesen Fäusten schleppe ich eine Buganker zweimal längs der Reling um das ganze Deck, und wo ich sie nur hinlege, ohne groß zuzuschlagen, da wächst weder Reseda noch Ranunkel wieder.

Darum ist es jammerschade, daß ich sie heute nicht in Gebrauch nehmen konnte; ich kam nicht recht dazu, denn es ging alles zu schnell. Einige Beulen werde ich wohl gequetscht haben, doch sind sie jedenfalls von keiner Bedeutung. Wenn man sich nicht sehr in acht nimmt, so greift man diese zarten La Plataleute gleich durch und durch. Und geradezu zerdrücken wollte ich doch keinen."

Er schob ein Stück Fleisch in den Mund, welches wenigstens ein viertel Pfund wog, schüttelte abermals den Kopf und kaute ruhig weiter. Die Bekanntschaft war gemacht; was sollte da sonst noch viel gesprochen werden: Turnerstick fragte mich:

„Gefällt er Euch, Charley?"

„Sehr!" nickte ich.

„Ist mein liebster Mate, der Larsen. Ein Kerl aus Eisen und Buttermilch, so fest und doch so zart von Gemüt. Nun aber sagt mir, wie es Euch seit unserer Trennung ergangen ist, und wie Ihr eigentlich hier in dieser traurigen, dummen Gegend wollt!"

„Davon später, wenn's Euch beliebt, Kapt'n. Für jetzt ist's von größerem Vorteil, zu wissen, wie Ihr dazu gekommen sein, der Gefangene dieser Leute zu werden."

Er kratzte sich hinter dem Ohr, zog ein verlegenes Gesicht und antwortete:

„Gerade so, wie mein ,*The wind*' in das Loch gekommen ist, was sie da unten in Buenos Aires einen Hafen nennen — ohne eigentliche Absicht von mir. War nach Bahia in Ballast gekommen und erhielt Ladung nach Buenos Aires — schlechter Hafen, dieser Froschteich! Wollte neue Ladung nehmen, wußte aber nicht, was. Hörte da von den Produkten vom Rio Grande do Sul, welche auf dem Uruguay verschifft werden, kostbare Holzarten, Paraguantee, Kupfer, Zink, Berkristalle, Achate, Jaspis und anderes. Wollte das selber sehen und machte mich per Dampfer nach da oben. Bin bis zum Salto Grande gekommen und habe Fracht bestellt. Wollte wieder hinab nach Buenos, hatte aber Lust, mir die Gegend etwas genauer zu betrachten, und setzte mich also mit meinem Mate auf das Floß, welches heute hier anlegte. Sind wohl fünf Tage lang auf demselben geschwommen, wie die Fliege auf dem Gurkenblatt."

„Und hier wurdet ihr überfallen?"

„*Well!* Sogar sehr. Wir lagen in der Koje, was diese Leute hier zulande eine Cabanna, eine Bretterhütte nennen, als das Floß anlegte. Was ging uns das an? Wir rauchten ruhig weiter und blieben liegen, denn morgen schwammen wir wieder fort. Da erhob sich auf dem Vorderdeck, wollte sagen, auf dem Vorderteil des Floßes ein Heidenspektakel und eben als ich den Kopf aus dieser Cabanna stecken wollte, bekam ich einen Klapps auf denselben, daß ich ihn schleunigst zurückzog. War gar nicht überhöflich von diesen Leuten. *Well!* Dann krochen einige Kerle zu uns herein, welche sagten, wir dürften nicht weiter, wir müßten morgen und übermorgen hier vor Anker bleiben. Darauf gingen wir nicht ein, denn wir hatten das Passagegeld bezahlt, nicht aber sie. Sie wurden grob, und darum multiplizierten wir sie hinaus und krochen ihnen nach, um ihnen für den Klapp, den ich bekommen hatte, noch einen Extragrog zu geben. Aber alle Wetter, wir hatten geglaubt, es seien so zehn, fünfzehn oder zwanzig; aber ‚Prosit‘ die Mahlzeit, es waren über die fünfzig! Sie ließen uns gar nicht Zeit, ihre Gesichter einzeln auszuluven, sonder sie fielen gleich über uns her, bevor wir noch recht aus der Hütte waren. Wir bekamen keinen rechten Platz zum Zuschlagen und wurden von ihnen und mit ihnen nur so hin und her gewickelt, bis sie uns in ihren verteufelten Riemen hatten, was sie hier zu Lande Lasso oder Bola nennen. Aber einige Knüllen, Schrammen, Risse und sonstige Kleinigkeiten haben wir ihnen doch verehrt. Wir selbst sind mit heiler Haut davongekommen. Dann strickte man uns förmlich in Riemen ein und schaffte uns auf die Landzunge, die man hier vielleicht das Vorgebirge der Prügeleien nennt. Dort wurden wir wenigstens von der Übermasse der Riemen befreit und nur so an die Bäume gebunden, daß es euch gelang, uns mit zwei Schnitten wieder flott zu machen. Werde Euch das nicht vergessen, Sir! War zwar keine gefährliche Situation, aber verteufelt unangenehm."

„Wie steht es mit Eurem Eigentum? Hat man Euch in dieser Beziehung geschädigt?"

„Nein, abgleich man große Lust dazu zu haben schien. Aber Frick Turnerstick ist nicht dasjenige Mannskind, welches sich so leicht den Kopf barbieren läßt. Habe ihnen gar keine Haare gezeigt. Hatte im Beutel nur einige Papiere, welche sie in dieser gesegneten Gegend ‚Taler‘ schimpfen. Das andere ist versteckt, ausgezeichnet versteckt, so daß ich selbst es nicht zu finden vermöchte, wenn ich nicht wüßte, wo es steckt. Die Taler haben sie mir freilich abgenommen. Mögen sie immerhin behalten. Will sie ihnen gern als Almosen lassen. Aber, Sir, was hat nun zu geschehen? Bin zwar nicht sehr pressiert, möchte aber doch gern so bald wie möglich nach Buenos Aires, und mich nicht in diesen Sumpf setzen, um das Fieber zu bekommen."

„Hoffentlich könnt Ihr bereits morgen fort von hier."

„Wird die Bande das Floß freigeben?"

„Ich denke es. Wenn sie es nicht gutwillig tut, werden wir sie dazu zwingen."

„Wohl dadurch, daß Ihr nur unter dieser Bedingung den Major freigebt?"

„Ja."

„Hm! Die Sache hat aber doch einen Haken. Gesetzt den Fall, Ihr gebt den Offizier frei und erhaltet dafür die Gefangenen heraus und die Erlaubnis für uns, mit dem Floß in See zu stechen, so seid Ihr doch nicht eher sicher, als bis das die Kerle fort sind, hinüber an das andere Ufer. Ist das richtig?"

„Ja."

„Ihr müßt also dafür sorgen, sie so bald wie möglich los zu werden. Das kann aber eben nur mit Hilfe unseres Floßes geschehen. Ferner kalkuliere ich, daß auch dem Major daran liegen wird, schnell von hier zu verschwinden. Er wird dazu eben auch unser Floß benutzen wollen. Ich kann also die Sache betrachten, wie ich will, so kommt nur das heraus, daß die Bolamänner mit Hilfe unseres Floßes über den Fluß setzen. Dagegen aber muß ich Einsprache erheben."

„Warum?"

„Weil diese Entscheidung mir großen Schaden machen würde. Es würde da einer von zwei Fällen eintreten. Entweder die Kerle fahren ohne mich über; dann ist das Floß für mich fort, denn es kann nicht wieder zurück. Oder ich fahre mit Larsen gleich mit; dann falle ich den Kerlen in die Hände, und sie nehmen Rache an mir. Ich kann also auf keinen Fall zugeben, daß sie unser Floß benutzen. Das wird euch freilich nicht sehr lieb sein."

„Es wird sich wohl ein Ausweg finden lassen. Vielleicht kommt am Morgen ein anderes Floß vorüber, welches diese Leute benutzen können."

„Das ginge wohl an. Oder... hm, ich glaube, es wird am besten sein, wenn ich es ihnen dennoch lasse und lieber hier warte, bis ein Dampfer talwärts kommt. Es ist ja in diesem guten Land Sitte, daß man nur vom Ufer aus zu winken braucht, um aufgenommen zu werden."

„Das rate ich Euch an, Kapt"n, denn durch diesen Entschluß vermeiden wir alle Unbequemlichkeiten für uns und jede Gefahr für Euch."

„Richtig! Also mögen sie mit dem Floß abdampfen; ich warte auf den nächsten Dampfer oder das nächste Schiff, welches mich aufnehmen wird. Wo aber wollt Ihr von hier hin, Sir?"

„Das kommt auf den Ausgang an, welchen das gegenwärtige Abenteuer nimmt. Ich kann nicht eher einen Entschluß fassen, als bis ich mit dem Yerbatero gesprochen habe, welcher jetzt noch gefangen ist."

„Wollt Ihr nicht mit nach Buenos Aires? Zwar ist der Hafen miserabel; aber wir könnten doch ein wenig beisammen sein, um über vergangene Zeiten zu sprechen."

„Da hinab komme ich wohl nicht. Ich will nach einer ganz anderen Richtung."

„Wohin denn, wenn ich fragen darf?"

„Nach dem Gran Chaco und dann durch Pampa hinüber nach Tucuman."

„Hm!" brummte er dann nachdenklich. „Eigentlich beneide ich Euch, Sir. Habe mir oft gewünscht, auch einmal so einen Ritt durch diese Pampa zu machen, doch fehlt mir die Gelegenheit. Bevor die Ladung für meinen ‚Wind' beisammen ist, kann eine lange Zeit vergehen, die ich dazu benutzen könnte, einmal einen wilden Gaucho aus mir zu machen. Wenn ich nicht erst nach Buenos Aires müßte, würde ich sagen, daß ich Euch begleite."

„Versteht Ihr die Sprache des Landes?"

„Ausgezeichnet! Ich spreche überhaupt alle Sprachen, wie Ihr von früher her wißt. Reiten und Schießen kann ich auch; was verlangt Ihr mehr?"

Ich hatte keine Zeit, ihm zu antworten, denn jetzt kam der Indianer zurück und meldete, daß er die beiden Yerbateros durch das unsichere Gebiet des Sumpfes gebracht habe. Er teilte uns mit, daß er soeben auch sich nach der Halbinsel geschlichen und dort gesehen habe, daß man über das Verschwinden des Majors und der beiden Seeleute ganz bestürzt zu sein scheine und eifrig nach ihnen suche.

„Wird man dabei auch nach Ihrer Hütte kommen?" fragte ich ihn.

„Wahrscheinlich, Señor."

„Kann man auch hierherkommen?"

„Nein. Einem Fremden ist das des Nachts ganz unmöglich. Sogar am Tag würde er sich schwerlich hierherfinden, denn der Weg geht durch Wasserlachen, in welche sich niemand wagen darf."

„So senden Sie Ihre Daya hin! Sie mag Ihnen, falls sie kommen, sagen, daß die Gesuchten nicht dort gewesen sind."

Petro Uynas folgte dieser Aufforderung. Seine Frau ging fort, kehrte aber bald wieder zurück und teilte uns mit, daß soeben einige der Leute bei der Hütte gewesen seien, um nach dem Verschwundenen zu suchen. Sie hatten auch nach ihrem Mann gefragt und dabei merken lassen, daß sie ihm zu mißtrauen begannen. Er hatte sich, seit er mit uns zusammengetroffen war, nicht wieder bei ihnen sehen lassen, ein Umstand, welcher freilich ganz geeignet war, ihren Verdacht zu erregen. Uynas fragte, ob es nicht angezeigt sei, daß er sich einmal zu ihnen begebe; es werde ihm dabei nicht schwerfallen, ihre Nachforschungen von uns abzulenken. Darauf antwortete der Bruder an meiner Stelle:

„Nein, das würde überflüssig oder gar verkehrt sein. Warum soll die Aufmerksamkeit dieser Leute von uns abgelenkt werden, da doch soeben gesagt wurde, daß sie uns ganz unmöglich finden können? Und ist es nicht gerade notwendig, daß sie erfahren, was geschehen ist? Wir fürchten sie nicht und wollen ihnen dies dadurch zeigen, daß wir ihnen ihren Anführer finden helfen. Sind Sie nicht auch meiner Meinung, Señor?"

Er richtet diese Frage an mich, und ich stimmte ihm mit den Worten bei:

„Ich geben Ihnen vollständig recht. Wir wollen ihnen zu wissen tun, daß die Gesuchten sich in unserer Gewalt befinden. Nur fragt es sich, wer ihnen diese Mitteilung machen soll. Ich selbst erkläre mich bereit dazu."

„Nein, das ist zu gefährlich für Sie."

„Pah! Ich fürchte mich nicht!"

„Davon bin ich überzeugt; aber Sie dürfen sich nicht in Lebensgefahr bringen. Viele Hunde sind des Hafen Tod. Man wird Sie festhalten; man wird Sie nicht zurücklassen. Dann wird man sich bereit zeigen, Monteso und seinen Neffen gegen den Major auszuwechseln, und Sie bleiben gefangen."

„Ich lasse mich aber nicht ergreifen!"

„Das heißt, wenn man versucht, dies zu tun, so wollen Sie sich wehren? Das ist es ja eben, was ich vermeiden will. Nein, Sie bleiben hier, Señor. Ich weiß einen, welcher gehen kann, ohne daß ihm die geringste Gefahr droht."

„Wer ist das?"

„Ich selbst bin es. Es wird niemand wagen, sich an dem Bruder Jaguar zu vergreifen. Davon dürfen Sie überzeugt sein, Señor."

„Sind Sie wirklich sicher, daß die Macht, welche Sie ausüben, ihre Wirkung nicht auch einmal versagen kann!"

„Es ist möglich, aber keineswegs wahrscheinlich. Und wenn ich mich nicht irre, so weiß ich, daß ich mich auf Sie verlassen kann. Hält man mich zurück, so ist das nicht so schlimm, wie wenn man

Sie gefangen nimmt. Man trachtet nach Ihrer Person, aber nicht nach der meinigen."

Er war, während er sprach, von seinem Platz aufgestanden, als ob er es für ganz außer allem Zweifel halte, daß er den gefährlichen Gang unternehmen werde. Ich wollte nicht einwilligen; aber er wußte die anderen auf seine Seite zu bringen, so daß ich schließlich gezwungen war, ihm seinen Willen zu lassen.

„Nun gut, gehen Sie!" sagte ich ihm. „Aber ich werde Sie begleiten."

„Unmöglich! Zu zweien zu kommen, wäre das schlimmste, was wir tun könnten!"

„Ich will nicht ganz mit hin. Ich bleibe an einer Stelle zurück, von welcher aus ich beobachten kann, was geschieht."

„Gut, so begleiten Sie mich, so weit es Ihnen beliebt, aber nicht bis ganz mit zur Halbinsel! Und seien Sie so klug, ein Gewehr mitzunehmen!"

„Das würde im Gegenteil unklug sein. Ich darf mich beim Anschleichen nicht mit einem Gewehr schleppen, welches mich nur hindern würde. Die Revolver genügen vollständig. Nehmen Sie auch die Ihrigen mit?"

„Natürlich, obgleich es mir gar nicht einfällt, auf einen Menschen zu schießen. Schon der bloße Anblick zweier Revolver erweckt Respekt. Dazu kommt die heilige Scheu, welche ihnen mein Stand einflößt, und endlich gibt es für einen jeden, der von mir gehört hat, noch einen Grund, mir nicht feindlich zu nahe zu kommen."

„Welchen?"

„Ich will es Ihnen zeigen. Passen Sie mal auf! Fürchten Sie nicht, daß ich Ihnen weh tue."

Er faßte mich mit seiner Rechten unter der Brust beim Jagdrock und hob mich langsam mit dieser einen Hand empor, um mich ebenso langsam wieder auf die Füße zu setzen.

„Alle Wetter!" rief ich aus. „Ich habe Ihnen freilich eine ungewöhnliche Körperkraft zugetraut, aber eine solche Riesenstärke doch nicht!"

„Nicht wahr, Señor?" lächelte er. „Diese Stärke ist es, welche man fürchtet. Glauben Sie mir, daß es nicht so leicht jemand wagen wird, Hand an mich zu legen. Ich würde zwar nicht auf ihn schießen, aber ihn so zwischen die Finger nehmen, daß es ihm vergehen müßte, den Versuch zum zweitenmal zu machen."

Hans Larsen, der friesische Steuermann, hatte außer den wenigen Worten, welche er mit mir gewechselt hatte, keine Silbe hören lassen. Jetzt stand er plötzlich auf und sagte zu mir, und zwar zu meiner Verwunderung in einem ganz leidlichen Spanisch:

„Sie reden von Riesenstärke, Señor? Meine Hände hab ich Ihnen schon gezeigt; nun aber sollen Sie auch sehen, was sie machen können. Wer einen Anker schleppen kann, der schaukelt auch zwei Männer auf und nieder. Passen Sie auf!"

Er ergriff mich geradeso mit der Rechten, wie vorher der Bruder, faßte auch diesen mit der Linken an der Brust, hob uns beide empor, streckte seine Arme aus und ließ uns abwechselnd und langsam auf und nieder gehen wie zwei Waagschalen an dem Waagbalken, den seine Arme bildeten. Dann setzte er uns nieder und meinte:

„Hätte ich auch hinten zwei Arme, so würde ich gern vier nehmen, anstatt nur zwei."

„Aber Mann," rief ich ganz erstaunt, „Sie sind der richtige Goliath! Sie können Häuser einreißen!"

„Pah! Das kann der schwächste Kerl, wenn er es richtig anfängt! Ick knacke die härtesten Köpfe auf wie Walnüsse, habe aber leider keine Gelegenheit dazu. Verschaffen Sie mir eine solche, so sollen Sie Ihr blaues Wunder sehen!"

„Aber können Sie auch mit Gewehren umgehen?"

„Das ist nichts. Habe es da oben in Westindien gelernt, wo ich jahrelang von Hafen zu Hafen gesegelt bin. Könnt mich auch mit auf die Wiese nehmen, der ihr Leute hier den unbegreiflichen Namen Pampa gebt!"

Während er das sagte, setzte er sich wieder nieder und machte Miene, als habe er soeben die längste Rede seines Lebens gehalten. Auch er war ein halbes Original. Der Bruder gab zu, daß er sich in Beziehung auf Körperkraft doch nicht mit diesem Mann messen könne. Die rohe Kraft freilich tut es nicht allein. Ein gewandter und beweglicher Mann, der die erforderliche Intelligenz und Geisteskraft besitzt, vermag einen Riesen von doppelter Körperstärke zu besiegen.

Als dieses kleine Intermezzo vorüber war, brachen wir auf, der Bruder und ich. Ich hatte mir die vielen Windungen des Weges ganz genau gemerkt, so daß wir glücklich die gefährlichen Stellen desselben hinter uns brachten. Wir mußten dafür sorgen, daß wir nicht beisammen gesehen wurden. Darum schritt der Bruder nun eine kurze Strecke voran, und ich folgte ihm in angemessener Entfernung.

Bald traf er auf zwei von den Bolaleuten. Er blieb einige Augenblicke mit ihnen stehen. Ich hörte sie mit ihm sprechen, und dann kehrten sie mit ihm um. Sie hatten nach den drei Vermißten gesucht und führten ihn nun nach der Halbinsel des Jacaré. Ich huschte hinter ihnen drein und kam, als sie die Peninsula ereichten, an die Stelle, an welcher ich vorhin dem Major die Füße gebunden und ihn auf die Erde gelegt hatte. Von hier aus konnte ich ziemlich gut sehen, was vorging. Die beiden Begleiter des Bruders machten ihre Meldung; aber sie schienen dieselbe noch gar nicht beendet zu haben, als ich die lauten Rufe der anderen hörte. Sie hatten den Bruder erkannt. Er wurde von ihnen umringt. Ich vernahm ihre verworrenen Stimmen, dazwischen die seine, welche laut, fest und bestimmt erklang. Er sprach wie befehlend zu ihnen. Sie antworteten erregt. Ihre Entgegnungen schienen zornig zu sein. Dann hörte ich deutlich, daß nur zwei sprachen, nämlich der Bruder und einer der Leute, welcher jedenfalls der Rangnächste des Majors war. Es dauerte ziemlich lange, doch befürchtete ich nichts mehr für den mutigen Herrn. Ich hätte es gewiß ihren Stimmen angehört, wenn er von ihnen feindselig behandelt worden wäre.

Es fiel mir der Umstand auf, daß sich alle eng um seine Person gedrängt hatten. Selbst die Posten waren hinzugelaufen; sie vergaßen die Lehre, welche sie vorhin durch mich bekommen hatten. Es war mir jetzt wohl nicht schwer, mich auf die Halbinsel zu schleichen, und ich beschloß bei mir, diese Sorglosigkeit der Leute, wenn möglich für uns auszunutzen.

Endlich öffnete sich der Kreis der Leute, und ich sah den Bruder hervortreten. Er verließ die Halbinsel, und einer der Männer ging mit ihm. Die anderen blieben zurück. Jedenfalls wollte er den Mann mit nach unserem Versteck nehmen. Derselbe durfte nicht sehen, daß auch ich mich hier befunden hatte, und darum schlich ich mich hinter ihnen her, ohne aber zu ihnen zu stoßen. Als beide eine kurze Strecke zurückgelegt hatten, blieben sie stehen, und ich sah, daß der Bruder dem anderen die Augen verband. Das war lobenswert von ihm; denn dadurch wurde das Geheimnis unseres Aufenthaltsortes gewahrt, und ich konnte mich ihnen so weit nähern, daß es mir möglich wurde, dem Bruder mit einem Zeichen zu bedeuten, daß er nicht mit mir reden solle. Er verstand mich, denn er nickte. Nun huschte ich an ihnen vorüber und ging voran. An den gefährlichen Stellen führte der Bruder den Mann an der Hand. So gelangten wir in unser Versteck, ohne daß der letztere gemerkt hatte, daß der erstere nicht allein gewesen war. Dies war für mich von großer Wichtigkeit.

Die am Boden Sitzenden standen auf, als sie uns kommen sahen. Der Bruder nahm seinem Begleiter das Tuch von den Augen und dieser sah sich bei uns um.

„Sie bringen jemand mit?" fragte ich Bruder Hilario. „War denn das notwendig?"

„Ja, Señor," antwortete er. „Er mag als Unterhändler zwischen uns und den Seinigen dienen."

„Gut. Wie hat man Sie denn aufgenommen?"

„Man war natürlich ganz erstaunt bei meinem Anblick. Man hatte doch nicht geglaubt, daß wir kommen würden, oder wenigstens nicht angenommen, daß wir schon jetzt hier eingetroffen sein könnten."

„Verhielt man sich feindselig?"

„Man hatte große Lust dazu, aber ich sagte ihnen, daß in diesem Fall der Major sofort erschossen würde."

„Das wäre jedenfalls geschehen. Hätte man Ihnen nur ein Haar gekrümmt, so wären nicht allein er, sonders auch die drei Kerle, welche wir in der Estanzia del Yerbatero gefangen nahmen, dem Tod verfallen gewesen. Ich habe keine Lust, mit solchen Menschen allzu freundlich umzugehen. Also, man glaubte Ihnen nicht, daß wir den Major haben?"

„Nur schwer."

„Und nun will dieser Mann ihn sehen?"

„Ja, und auch mit ihm sprechen."

„Das kann ich nicht erlauben."

„Warum nicht, Señor?"

Ich zog ihn zur Seite und erklärte ihm: „Der Mann darf nicht erfahren, auf welche Weise ich die beiden Seeleute befreit habe. Er würde es seinen Kameraden sagen, und diese sollen nicht wissen, daß ich auf der Halbinsel war. Ich will nochmals hin, um die beiden Montesos zu holen."

„Señor, das ist zu gefährlich!"

„O nein. Es wird sogar ziemlich leicht sein, wenn Sie die Rolle gut spielen, welche ich Ihnen dabei zugedacht habe."

„Welcher Art ist sie, Señor?"

„Bevor wir darüber sprechen, muß ich erst wissen, ob sich die Bolamänner bereit gezeigt haben, ihre Gefangenen frei zu geben."

„Sie wollen es nicht tun."

„Was verlangen sie denn?"

„Sie wollen die beiden Montesos nur gegen den Major, den Leutnant und dessen beide Begleiter herausgeben."

„So! Das würde uns zu lange aufhalten."

„Das ist auch meine Ansicht."

„Haben Sie ihnen nicht gedroht, daß wir den Major und die anderen drei auch töten, oder diese letzteren wenigstens dem Gericht übergeben werden?"

„Ich gab mir alle mögliche Mühe, sie umzustimmen. Sie blieben aber bei ihrer Forderung."

„Das ist freilich zu begreifen. Sie haben uns ebenso fest, wie wir sie. Keine der beiden Parteien darf den in ihren Händen befindlichen Geiseln Gewalt antun, da in diesem Fall die andere sich augenblicklich rächen würde. Aus diesem Grund habe ich den Vorsatz, Monteso und seinen Neffen herauszuholen. Gelingt mir das, so ist uns geholfen."

„Aber Sie begeben sich dabei in eine ganz bedeutende Gefahr!"

„Ich habe es bereits einmal getan, und es ist mir gelungen. Sie werden den Unterhändler, welchen Sie mitgebracht haben, wieder zurück zur Halbinsel zurückbringen. Dabei haben Sie nur zu beachten, daß Sie dieselbe nicht betreten. Sie können sich ja verstellen und so tun, als ob Sie unseren Gegnern doch nicht trauten. Ich bin überzeugt, daß sie alle zu Ihnen kommen werden. Dadurch locken Sie sie von der Jacare fort, und ich gewinne freie Hand."

„Hm! Der Plan ist nicht schlecht. Aber ich bleibe dabei, daß Sie zu viel wagen."

„Gewiß nicht. Gehen Sie mit dem Mann nicht zu schnell, und stellen Sie sich an einem solchen Ort auf, daß mir, wenn die Kerle zu Ihnen kommen, Raum bleibt, mich zu den Gefangenen zu schleichen."

„Wollen Sie etwa auch die Flößer mit befreien?"

„Wenn es möglich ist, ja."

„Sechs Mann! Bedenken Sie, welche Zeit das erfordert!"

„Nun, ob ich es tue, das kommt eben ganz darauf an, ob ich denken werden, daß ich die dazu nötige Zeit habe. Muß ich sie dort lassen, so ist es auch kein Unglück für sie, denn ich bin überzeugt, daß die Bolamänner nur beabsichtigen, mit Hilfe des Floßes überzusetzen, sonst aber nichts Böses gegen sie vorhaben."

Jetzt wendeten wir uns wieder zu dem Unterhändler zurück, welcher seinen Vorgesetzten zu sehen verlangte.

„Wollen Sie mit ihm sprechen?" fragte ich ihn.

„Natürlich!" antwortete er. „Ich muß ihn doch fragen..., was wir tun sollen!"

„Das ist nicht nötig. Sie sind über fünfzig Männer, welchen ich doch wohl Verstand genug zutrauen muß, um zu wissen, wie man in einer solchen Lage zu handeln hat."

„Ohne seinen Befehl können wir nichts unternehmen!"

„Er kann Ihnen nichts befehlen, da er sich in unserer Gewalt befindet. Wählen Sie einen anderen Anführer!"

„Den haben wir."

„Nun, so haben Sie sich nach diesem zu richten, nicht aber nach unserem Gefangenen. Ich werde Ihnen denselben zeigen, damit Sie Ihren Kameraden sagen können, daß er wirklich unser Gefangener ist. Mehr kann ich nicht tun. Auch werde ich keinen Ihrer Leute wieder hierher zu uns zu lassen. Ich gebe Ihnen den Bruder mit, welchem Sie sagen können, was Sie tun wollen. Dann sind wir fertig."

Ich ging zum Major, gab ihm seinen Knebel wieder, band ihn vom Baum los, machte ihm auch die Füße frei, so daß er gehen konnte, und führte ihn zum Feuer. Als er seinen Untergebenen sah, wollte er diesem trotz des Knebels etwas zurufen, man hörte aber nichts als einen aus der Nase kommenden röchelnden Ton.

„Nun", fragte ich den Mann, „ist das der Major Cadera?"

„Ja", antwortete er. „Sie knebeln ihn? Wir werden das mit unseren Gefangenen nun auch machen."

„Ganz wie es Ihnen beliebt! Übrigens hat er den Knebel nur für diesen ganz kurzen Augenblick bekommen, damit er nicht zu sprechen vermag. Sobald Sie fort sind, wird er von demselben befreit. Haben Sie noch etwas zu bemerken?"

„Darf ich dem Major eine Frage vorlegen?"

„Ja", antwortete ich, da ich sicher war, daß Cadera nicht verraten konnte, was geheim bleiben sollte.

„Sollen wir Sie gegen unsere Gefangenen auswechseln?" fragte der Mann seinen Vorgesetzten.

Dieser schüttelte sehr energisch den Kopf.

„Was aber sollen wir sonst tun?"

Der Major deutete nach Osten und hob drei Finger in die Höhe.

„Wir sollen auch den Leutnant mit den zwei Begleitern verlangen?"

Der Major nickte, zeigte auf mich und machte mit den Händen die Pantomime des Geldzählens.

„Was bedeutet das? Ich verstehe es nicht," sagte der Mann.

„Ich will es Ihnen sagen," antwortete ich ihm. „Der Major hat einen Teil des Geldes, welches er bei sich trug, hergegeben, und ich sandte es dem Alquerio, dessen Haus Sie niedergebrannt haben, als Ersatz des ihm zugefügten Schadens. Er will es wieder haben."

Cadera nickte. Sein Untergebener fragte ihn nun weiter:

„So sollen wir also unsere Gefangenen nur unter der Bedingung freigeben, daß wir Sie, den Leutnant nebst seinen zwei Gefährten und auch Ihr Geld herausbekommen?"

Ein abermaliges Nicken gab die Bestätigung des Gefragten. Dann sagte der Mann zu mir:

„Sie hören es, Señor. Wir müssen diesem Befehl gehorchen. Was sagen Sie dazu?"

„Jetzt gar nichts. Ich gebe Ihnen den Bruder mit, welcher den Ihrigen sagen wird, was ich verlange."

„Aber Sie können mir doch jetzt schon sagen, ob Sie auf die Forderung unseres Majors eingehen!"

„Ich gehe nicht auf sie ein. Das Geld gebe ich auf keinen Fall zurück; ich habe es nicht mehr. Ferner verlange ich auch die Pferde, welche Sie dem Alquerio gestohlen haben."

„Die geben wir nicht her. Sie sind gar nicht gestohlen. Wir haben sie ihm abgekauft und bezahlt."

„Das ist nicht wahr!"

„Es ist wahr, und er hat Sie belogen. Auch sind nicht wir es, welche das Haus in Brand gesteckt haben!"

„Lassen wir das! Wir wollen uns darüber gar nicht streiten. Wir sind miteinander fertig. Bruder Hilario wird mir Ihre Entscheidung bringen. Ich verlange die Gefangenen und die Pferde und gebe Ihnen dafür den Major frei. So, da haben Sie nun doch meinen Entschluß, den Sie verlangten. Damit ist's genug für jetzt. Man wird Ihnen die Augen wieder verbinden."

Das geschah. Der Major wurde wieder so an dem Baum befestigt, wie vorher, und dann entfernte sich der Bruder mit dem Mann. Ich befahl den anderen leise..., ihre Gewehre aufzunehmen und mir zu folgen. Der Estanziero blieb als Wächter des Majors zurück; die übrigen gingen mit mir, auch der Indianer, welchen ich doch nicht zurücklassen wollte. Sie waren sehr neugierig..., was geschehen werde. Ich sagte es ihnen noch nicht und winkte ihnen nur zu, mir ganz geräuschlos zu folgen.

Der Bruder ging infolge der Weisung, welche ich ihm gegeben hatte, sehr langsam. Wir hielten uns möglichst nahe hinter ihm, aber doch so weit, daß sein Begleiter uns nicht hören konnte. An der vor der Jacaré liegenden Bucht angekommen, stellte ich die Leute in den Schatten der Bäume und Sträucher auf, übergab ihnen meine Gewehre und sagte:

„Hier bleiben Sie stehen, Señores, und treten nicht unter dem Schatten heraus. Man darf Sie nicht sehen."

„Was geht denn los, Sie?" fragte der Turnerstick. „Sollen wir etwa einige dieser Halunken erschießen?"

„Das werdet Ihr erfahren, wenn ich wiederkomme."

„Wie! Ihr wollt fort?"

„Ja, aber nicht weit. Also begehen Sie keine Unvorsichtigkeit, Señores! Es mag geschehen, was da wolle, Sie haben hier zu bleiben. Sollten Sie aber meinen Revolver hören, so kehren Sie mit dem Bruder, welcher hier vorüberkommt, nach unserem Versteck zurück und warten das Weitere ruhig ab!"

Auf der Halbinsel brannten die beiden Feuer noch hell, so daß man die Gestalten sah, welche an denselben saßen und sich in der Nähe bewegten. Der Bruder hielt sich mehr links und blieb dann stehen. Er nahm dem Mann die Binde ab und ließ ihn gehen. Ich bemerkte, daß die Bolamänner ihn kommen sahen und sich neugierig erhoben. War meine Berechnung richtig, so verließen sie für kurze Zeit die Halbinsel, um mit dem Bruder zu verhandeln, welcher außerhalb derselben stand und sich klugerweise sogar noch ein Stück weiter zurückzog. Ich legte mich auf das Sandgeröll des Ufers und kroch auf die Halbinsel zu. Ich war sicher, daß man mich nicht sehen werde, denn mein Anzug war von dem Sand nicht zu unterscheiden.

Zu meiner großen Genugtuung hörte ich die zornigen Rufe der Leute. Sie waren mit den von mir gestellten Bedingungen nicht einverstanden und suchten den Bruder auf. Kein einziger blieb zurück. Jetzt bewegte ich mich mit doppelter Schnelligkeit vorwärts und erreichte ganz glücklich die ersten Bäume der Halbinsel. Dort richtete ich mich halb auf. Die Gefangenen waren noch da. Man hatte nach dem Major gesucht und infolgedessen noch keine Zeit gehabt, sie auf das Floß zu bringen.

In der Nähe des Feuers waren die beiden Montesos in einiger Entfernung voneinander an Bäume gebunden. Die Floßleute befanden sich in weit größerer Entfernung von mir. An sie konnte ich die kostbare Zeit nicht verschwenden. Ich kroch also schnell zu dem Yerbatero heran. Er sah mich kommen und sagte:

„Señor, Sie? Um Gottes willen, was wagen Sie!"

„Still! Ich zerschneide Ihre Riemen."

„Schön! Aber schnell, damit wir fortkommen!"

„Nein, Sie bleiben. Sehen Sie, daß schon einige zurückkommen! Bleiben Sie so an dem Baum gelehnt, als ob Sie noch gefesselt seien, und warten Sie ab, bis ich glücklich fort bin. Ich werde Ihnen durch einen Pfiff das Zeichen geben. Sobald Sie ihn hören, springen Sie fort, hier am Ufer hin, bis zum ersten Gebüsch, an welchem wir Sie empfangen werden."

Schnell kroch ich auch zu seinem Neffen und sagte ihm ganz dasselbe, indem ich ihm gerade so wie dem Oheim die Riemen zerschnitt. Und nun war es die höchste Zeit, daß ich fortkam, denn ich sah einzelne, welche langsam zum Feuer zurückkehrten. Es gelang mir, den sandigen Uferstreifen zu erreichen und da unbemerkt zu den Gefährten zurückzukehren.

„Alle Wetter, ich glaube gar, Ihr seid auf der Halbinsel gewesen!" empfing mich der Kapitän.

„Allerdings."

„Um die Gefangenen geradeso loszuschneiden, wie vorhin uns?"

„Ja. Sie sind frei."

„Warum kommen sie nicht?"

„Weil erst der Bruder bei uns sein muß. Man könnte sich seiner bemächtigen, wenn man sieht, daß sie entfliehen."

„*Well!* Das ist hochinteressant!"

„Nicht wahr? So paßt also auf! Ich werde pfeifen. Da kommen sie gerannt, hierher auf uns zu. Im ersten Augenblick wird man aus Bestürzung gar nicht daran denken, sie zu hindern, auf sie zu schießen, oder ihnen nachzuspringen. Dann aber wird man desto eifriger hinter ihnen her sein. Da geben wir eine Salve ab, aber blind. Wir wollen sie nur abschrecken, nicht aber töten. Nur ich allein werde nicht in die Luft schießen, sondern meine Kugel für den Fall aufheben, daß es nötig ist, einen allzu eifrigen Verfolger zurückzuhalten. Man scheint mit dem Bruder fertig zu sein. Sie kehren auf die Insel zurück."

Ich hatte bis zu meiner Rückkehr doch fast eine halbe Stunde zugebracht; das war Zeit genug gewesen, die Verhandlung zu Ende zu bringen. Wir sahen den Bruder kommen. Er mußte nahe an uns vorüber, wußte aber nicht, daß wir alle uns hier befanden.

„Pst!" machte ich, als er nahe genug war. Er trat zu uns unter die Bäume.

„Sie alle hier?" fragte er. „Es ist mir angst um Sie gewesen, Señor. Ist es gelungen?"

„Ja. Und Sie? Welche Antwort ist Ihnen geworden?"

„Sie gehen nicht darauf ein."

„Nach fünf Minuten werden sie es sehr gern tun. Passen wir jetzt auf! Also nur in die Luft schießen, Señores!"

Ich steckte den Finger in den Mund und ließ einen schrillen Pfiff hören. Ein kurzer Augenblick der tiefsten Stille trat ein. Man fragte sich, woher dieser Pfiff komme und was er zu bedeuten habe. Da sahen wir die Gestalten der Montesos unter den Bäumen hervor und über den schmalen Streifen des Ufersandes springen. Ein wüstes Geschrei erscholl. Einige Schüsse krachten, ohne daß die Kugeln trafen. Man hatte sich nicht Zeit genommen, richtig zu zielen. Dann aber brachen auch die Verfolger aus dem Wäldchen der Halbinsel hervor; aber schon waren die beiden Flüchtigen herüber und bei uns. Wir ließen die Kerle bis halb herüber, dann gaben meine Begleiter Feuer. Die Verfolger stutzten und blieben stehen. Auf unserer Seite wurde schnell wieder geladen und abermals abgedrückt. Das wirkte, obgleich niemand getroffen worden war. Sie wußten, daß wir alle da waren und getrauten sich nicht näher. Sie standen im hellen Mondschein, wir aber im Schatten der Bäume. Wir mußten sie, sie aber konnten nicht uns mit den Kugeln treffen. Darum zogen sie sich unter die schützenden Bäume zurück.

„So habe ich es gewollt," sagte ich. „Wir haben nun Zeit, gemächlich nach dem Versteck zu gehen. Ich glaube nicht, daß vor Tagesanbruch einer der Kerle es wagt, hierher zu kommen. Gehen wir also!"

Die Freude der beiden Befreiten war groß. Sie wollten sich ihrem Dank in Worten Luft machen, doch mahnte ich sie, still zu sein, da die Bolamänner sonst hören würden, daß wir uns entfernten. Aber als wir dann so weit gekommen waren, daß wir unmöglich noch gehört werden konnten, blieb Monteso stehen, faßte mich am Arm und sagte:

„Ich kann nicht schweigen. Es ist mir ganz unmöglich. Wie seid Ihr eigentlich hierher gekommen?"

„Zu Pferde," lachte ich.

„Natürlich! Ich ahnte zwar, daß Ihr mich nicht im Stich lassen würdet, Sie und meine Yerbateros, aber es war doch ungeheuer schwer, unsere Spur zu finden und uns aus so Vielen herauszuholen!"

„Es ist uns ganz im Gegenteil sehr leicht geworden. Sie werden alles erfahren. Jetzt wollen wir machen, daß wir in Sicherheit kommen."

„Haben Sie wirklich den Major?"

„Ja. Sie wissen das?"

„Ich erriet es aus den Flüchen der Kerle. Zwei Gefangene waren fort und der Major auch. Sie waren ganz außer sich. Es stand nun zu erwarten, daß sie mit uns desto strenger verfahren würden. Es war mir wirklich nicht ganz wohl zu Mute."

„Desto größer wird nun Ihre Freude sein, zumal Sie mit Ihrem Bruder zusammentreffen werden, den Sie hier wohl nicht vermuten."

„Mein Bruder ist da?" fragte er voller Freude, während der junge Monteso aufjubelte. „Das ist freilich prächtig! Eilen wir, damit ich ihn beim Kopf nehmen kann!"

„Nur langsam, Señor! Wir wollen die Sache möglichst ruhig abmachen, Der Major soll nicht sofort merken, daß Sie nun auch frei sind. Es gelüstet mich, zu sehen, welch ein Gesicht er machen wird, wenn er Sie erblickt. Begrüßen Sie sich also leise mit Señor Monteso."

Als wir das Versteck erreichten, gingen wir so zu dem Feuer, daß der Major die beiden nicht sehen konnte. Die Verwandten umarmten und küßten sich auf das herzlichste, vermieden aber dabei, allzu laut zu sein. Dann versteckte sich der Yerbatero mit seinem Neffen hinter den Bäumen, und der Indianer mußte den Major bringen. Dieser warf einen forschenden Blick auf mich, um mir anzusehen, welche Folgen die Verhandlung mit seinen Leuten gehabt habe. Ich machte ein sehr ernstes Gesicht und sagte zu ihm:

„Señor Cadera, Sie werden es sich wohl noch lange Zeit bei uns gefallen lassen müssen."

„Das ist mir eben recht," lachte er höhnisch. „Wollen es abwarten. Übrigens haben Sie sich dieses Mal verrechnet. Meine Leute sind nicht so dumm gewesen, auf Ihre Vorschläge einzugehen."

„Das ist freilich wahr."

„Nun warten Sie, bis Sie Ihren Monteso und seinen Neffen bekommen!"

„Sie bilden sich wohl ein, daß ich sehr lange Geduld haben werde? Das ist keineswegs der Fall! Ich hole mir die beiden."

„Lächerlich!"

„Lachen Sie immerhin, wenn das Ihnen so beliebt! Ich habe Sie dingfest gemacht und die beiden Seeleute geholt. Ich denke, daß ich da auch zu den anderen kommen werde, wenn ich nur will."

„Ja, wenn es auf Ihr Wollen ankäme, so holten Sie den Mond vom Himmel herab. Aber ziehen Sie mit in Berechnung, daß meine Leute nun doppelt vorsichtig sein werden."

„Schön! Übrigens kann ich Sie wirklich nicht begreifen. Sie stehen sich doch selbst im Licht, wenn Sie meinen Auswechslungsvorschlag zurückweisen. Sie könnten sofort frei sein.

„Das will ich nicht."

„Nun, was haben Sie denn davon? Gar nichts. Ich werde Sie ganz einfach nach Montevideo schaffen."

„Pah! Nach Montevideo bringen Sie mich nicht; dafür ist gesorgt."

„Sie täuschen sich. Wir werden direkt dorthin reiten."

„Vielleicht auch nicht."

Er sagte das in so bestimmter Weise, daß anzunehmen war, er habe irgendeinen Plan, von welchem wir noch gar nichts ahnten. Vielleicht stellte er sich auch nur so getrost, um uns zur Nachgiebigkeit zu bewegen. Ich hatte keine Lust, lange mit ihm zu verhandeln. Darum sagte ich:

„Wenn es uns beliebt, werden wir sofort dorthin aufbrechen."

„Das machen Sie mir nicht weis. Sie lassen Ihre Montesos nicht zurück!"

„Allerdings. Aber, wenn wir sie nun schon hätten, Señor?"

„Den Teufel haben Sie, aber nicht diese beiden Männer!"

„Den Teufel kann ich nicht haben, weil ich selbst der Teufel bin, wie Sie wiederholt sagten. Wollen Sie sich die beiden Señores ansehen, welche sich Ihnen jetzt vorstellen werden!"

Die beiden Montesos traten hinter den Bäumen hervor. Der Major zuckte ganz erschrocken zusammen, als er sie erblickte. Er riß an dem Riemen, welcher seine Hände auf dem Rücken zusammenhielt und schrie:

„*Diabolo!* Das sind sie! Ja, das sind sie wirklich!"

„Ja, Halunke, wir sind es!" antwortete der Yerbatero. „Dieser Señor hat uns befreit, und nun ist Ihr Pferd gesattelt. Sie reiten zur Hölle. Ich werde mir das Messer wetzen."

„Ist das möglich!"

„Sie sehen, daß es sogar wirklich ist," antwortete ich ihm. „Glauben Sie noch, daß wir nicht nach Montevideo reiten werden?"

„Sie sind ein Teufel, ja ein wirklicher, wahrhaftiger Teufel!"

„Aus Ihrem Mund ist das ein Lob für mich. Sie sehen, daß Sie nun auch Ihre letzte Karte verspielt haben. Wollen Sie trotzdem weiterspielen!"

„Ja, jawohl!" knirschte er.

„Womit denn? Sie haben doch keine Karte mehr!"

„Daran ist nur dieser Halunke, dieser Verräter schuld!"

Indem er diese Worte ausstieß, machte er, noch ehe wir es hindern konnten, zwei Schritte auf Petro Uynas zu und trat ihm mit aller Gewalt den Fuß auf den Leib. Der Indianer stürzte nieder. Er wollte aufspringen, um sich zu rächen, blieb aber liegen; er schien verletzt worden zu sein.

„Sind Sie wahnsinnig!" fuhr ich den Major an. „Sie befinden sich nun ganz in unseren Händen, ohne jede Waffe und ganz nur unserer Gnade anheimgegeben. Wenn Sie nicht Verstand annehmen, werden Sie es zu bereuen haben!"

„Ich renne dem Halunken das Messer in den Leib!" fügte der Mauricio Monteso hinzu, indem er seinem Bruder das Messer aus dem Gürtel zog und sich dem Major in drohender Haltung näherte.

Dieser mochte nun doch einsehen, daß es geradezu wahnwitzig sei, die Rache gegen sich herauszufordern. Er wendete sich zu mir und fragte:

„Machen Sie es kurz! Was werden Sie mit mir tun?"

„Eigentlich wollte ich Sie der Justiz übergeben, aber ich will das doch nicht tun, denn ich denke, daß..."

„Nein!" unterbrach mich der Estanziero. „Wir halten ihn fest und nehmen ihn mit und lassen ihn bestrafen."

„Machen Sie es lieber, wie man es mit jedem Lumpen macht: Werfen Sie ihn hinaus, und lassen Sie ihn laufen! Er kommt gewiß nicht wieder. Was sagen Sie, Frater Hilario?"

„Ich bin ganz Ihrer Meinung, Señor," antwortete der Bruder.

„Gut!" wendete ich mich an den Major. „So hören Sie, was ich von Ihnen verlange! Wir sind bereit, Sie freizulassen, stellen aber unsere Bedingungen. Erstens verlangen wir die gestohlenen Pferde heraus."

„Immerhin. Weg damit!"

„Sodann versprechen Sie uns, mit Anbruch des Tages mit dem Floß an das andere Ufer zu setzen."

„Sehr gern. Ich bin sogar bereit, das augenblicklich zu tun, nur um Ihr verwünschtes Gesicht nicht mehr sehen zu müssen!"

„An dem Ihrigen ist uns wohl noch weniger gelegen. Sodann werde ich hier in meinem Notizbuch einen Revers eintragen, welchen Sie unterzeichnen, und in dem Sie bestätigen, daß Sie dem Alquerio das Geld als Entschädigung gern und willig gesandt haben."

„Gern und willig! Kann man so eine Forderung denn für möglich halten! Und wenn ich nicht darauf eingehe?"

„So gehen Sie eben mit uns."

„*Caracho!* Schreiben Sie! Ich werde unterzeichnen. Verlangen Sie außerdem noch etwas von mir?"

„Allerdings. Sehen Sie Petro Uynas da liegen! Sie haben ihm wahrscheinlich Schaden getan, und ich verlange ein Schmerzensgeld für ihn."

„Sind Sie bei Sinnen?"

„So bleiben Sie gefangen!"

„Señor, wenn jetzt aus heiterem Himmel ein Blitz käme und Sie träfe, so würde ich keine kleine Freude darüber empfinden!"

„Davon bin ich vollständig überzeugt. Glücklicherweise steht es nicht in Ihrem Belieben, Blitze zu versenden. Also wollen Sie, oder wollen Sie nicht?"

„Wieviel verlangen Sie?"

„Fünfhundert Papiertaler."

Das waren achtzig Mark. Der Major wollte handeln, aber ich ließ nichts ab. Er ging endlich auf meine Forderung ein; freilich verlangte ich noch:

„Sie stellen ihm einige Zeilen darüber aus, daß Sie ihm das Geld geschenkt haben! Gehen Sie auf all diese Bedingungen ein?"

„Ja."

„Wann bekommen wir die Pferde?"

„Wann Sie wollen, meinetwegen sogleich."

„Darauf verzichte ich. Bei Übernahme der Pferde ist eine Berührung unsererseits mit Ihren Leuten gar nicht zu umgehen. Darum wollen wir uns besser so sicher stellen können, daß wir keiner Hinterlist verfallen."

„So wollen Sie mich also so lange hier behalten?"

„Ja. Wahrscheinlich aber wird Bruder Hilario sich nochmals zur Peninsula del Jacaré verfügen, um einen Ihrer Leute herbeizuholen, welchem Sie mitteilen können, daß der Friede zwischen uns geschlossen ist. Sie werden sich jetzt an meine Seite setzen und die Zeilen schreiben, welche ich diktiere:

„Mit gefesselten Händen schreiben?"

Es lag etwas Lauerndes in seinem Blick. Er dachte, daß ich ihm die Hände freigeben werde. In diesem Fall lag die Aussicht vor, plötzlich aufspringen und im Dickicht verschwinden zu können.

„Da Sie mit geschlossenen Füßen sitzen können," antwortete ich, „so wird man sie Ihnen wieder zusammenbinden. Aber die Hände binden wir Ihnen nach vorn, und zwar so weit auseinander, daß Sie schreiben können."

Er mußte sich zu mir setzen; er wurde in der bezeichneten Weise gebunden und schrieb nun ohne alle Weigerung das, was ich ihm diktierte. Das Geld nahm ich aus seiner Tasche und gab es dem Indianer, welcher große Freude darüber hatte. Noch weit größer wurde dieselbe, ja, sie verwandelte sich geradezu in Entzücken, als der Estanziero zwanzig Goldstücke hervorzog und sie ihm hinreichte als den versprochenen Lohn. Der arme Teufel fühlte große Schmerzen. Als Linderung derselben gab der Haziendero ihm noch das Versprechen, ihm bei sich eine gute Stellung zu erteilen.

Bruder Hilario ging nochmals nach der Peninsula und brachte denselben Mann mit, welcher schon vorher dagewesen war. Diesmal hatten wir ihm nichts als nur die Lage unseres Verstecks zu verheimlichen. Er durfte mit dem Major reden und erfuhr genau, wie es uns gelungen war, uns des letzteren zu bemächtigen und dann auch die Gefangenen zu befreien. Der Major sandte durch ihn seinen Leuten den Befehl, sich während der Nacht ruhig zu verhalten und dann am Tag betreffs der Pferde den Anordnungen des Bruders zu gehorchen, den man zu ihnen senden werde.

Als der Mann fort war, trafen wir unsere Vorkehrungen zum Schlaf. Der Major wurde wieder angebunden. Wir alle konnten uns der Ruhe hingeben, denn Petro Uynas wollte mit seinen Weib wachen. Aber es wurde spät, bevor wir die Augen schlossen. Es gab so viel zu fragen, zu erklären, daß die Unterredung fast kein Ende nehmen wollte.

Was den jungen José Monteso betrifft, so war er ein stiller, ernster, junger Mann, welcher den besten Eindruck auf mich machte. Ein Held schien er nicht zu sein, und er gestand auch ganz aufrichtig, daß er während seiner Gefangenschaft große Angst ausgestanden hatte.

Es verstand sich ganz von selbst, daß Turnerstick und ich die letzten waren, die zum Schlaf kamen. Wir hatten uns ja so viel zu erzählen. Doch ist hier kein Grund, die Fahrten aufzuzeichnen, welche er nach unserer letzten Trennung unternommen hatte.

Als der Indianer uns weckte, graute der Morgen. Der Major lag ruhig an seinem Baum und tat, als ob er schlafe. Jedenfalls aber hatte er keine Ruhe gefunden. Nun galt es zunächst, einen Platz ausfindig zu machen, an welchem wir die Pferde, welche uns übergeben werden sollten, unterbringen konnten. Bevor die Bolamänner fort waren, mußten wir die Tiere verstecken. War der Major wieder frei, so lag die Möglichkeit vorhanden, daß er auf den Gedanken geriet, uns alles wieder abzufordern. Wir fürchteten uns vor seinen Leuten nicht; wenn es uns aber durch Vorsicht gelingen konnte, neue Feindseligkeiten zu vermeiden, warum sollten wir das nicht tun?

Uynas wußte einen passsenden Platz. Er wollte ihn mir zeigen. Derselbe lag nach derjenigen Richtung zwischen den Büschen, aus welcher wir an den Fluß gekommen waren. Wir mußten an seiner Hütte vorüber und dann noch eine Strecke weiter. Indem wir still hintereinander gingen, vernahmen wir vor uns das Schnauben von Pferden.

Wir traten natürlich hinter das Gesträuch, um ums zu verbergen. Wir erkannten die beiden Yerbateros, welche wir mit dem Geld nach der Alqueria geschickt hatten; acht oder neun Männer waren bei ihnen. Die beiden ersteren waren froh, uns zu treffen, da sie den Weg durch das Gesumpf doch nicht genau kannten und auch nicht wußten, wie sonst die Sache stand. Ihre schnelle Rückkehr war leicht erklärt. Sie hatten in der nächsten Hazienda Licht gesehen und waren dort auf einige Augenblicke eingekehrt. Sie fanden die Fremden da, welche kaum vor einer Stunde hier angekommen waren und am Morgen weiter reiten wollten. Zu ihrer freudigen Genugtuung erfuhren sie, wer diese Leute seien.

Es wurde bereits erwähnt, daß der Alquerio einen Sohn hatte, welcher nach Salto oder Belen verreist war. Kurz nachdem wir die niedergebrannte Besitzung verlassen hatten, war er zurückgekommen. Voller Wut über das Geschehene, hatte er beschlossen, uns zur Verfolgung der Täter nachzueilen. Er war auch sogleich aufgebrochen, als die ersten Leute eintrafen, welche wir seinen alten Eltern zur Hilfe geschickt hatten. Unterwegs war er bemüht gewesen, Leute für sich anzuwerben und hatte es bis auf die Zahl seiner gegenwärtigen Begleiter gebracht.

Als er nun auf der Hazienda die Yerbateros traf, welche zu seinen Eltern wollten, hatte er große Freude gehabt. Daß der Estanziero Monteso seinen Eltern eine Summe vorgestreckt hatte, war nicht geeignet gewesen, seinen Grimm zu mildern, denn dieses Geld mußte früher oder später zurückgezahlt werden. Als er aber von den Yerbateros das Geld erhielt, welches ich dem Major abgezwungen hatte, fühlte er sich zur Milde gestimmt, und nun er erfuhr, daß auch die Pferde zu retten seien, war er bereit, die Diebe und Brandstifter laufen zu lassen.

Das war mir lieb, denn es konnte uns nichts an neuen Feindseligkeiten liegen, und so tat ich mein möglichstes, ihn zur Güte zu stimmen. Am besten war es, wenn er und seine Begleiter die Bolamänner gar nicht zu sehen bekamen. Darum wurde ausgemacht, daß wir ihm die Pferde, sobald wir sie erhalten hatten, übergeben würden, worauf er sogleich die Rückkehr antreten sollte. Wir führten die Leute nach unserem Versteck. Es war nicht zu umgehen, daß er den Major sah und auch erfuhr, daß diese der Anführer sei. Er gab ihm einige derbe Fußtritte, bekümmerte sich dann aber nicht mehr um ihn.

Nun sollte der Bruder aufbrechen, um anzugeben, in welcher Weise die Auslieferung der Pferde erfolgen sollte.

„Das ist eine heikle Sache," sagte er. „Es kann sehr leicht zu Tätlichkeiten kommen."

„Nein," antwortete ich. „Es wird möglich sein, dieselben zu vermeiden, wenn wir den Major nicht sofort freilassen, nachdem wir die Tiere empfangen haben."

„Man wird nicht damit einverstanden sein."

„O doch. Der Major hat den Befehl gegeben, daß Ihren Weisungen Gehorsam zu leisten sei."

„Das ist wahr; ich dachte nicht daran."

„Die Pferde werden zu einer Tropa zusammengebunden. Nur vier Männer dürfen sie bringen, und zwar auch nur dahin, wo wir gestern standen, als Monteso mit seinem Neffen floh. Dort stehen wir alle und nehmen die Tiere in Empfang. Der rechtmäßige Besitzer derselben ist hier. Er mag untersuchen, ob es die richtigen sind, was er am Brandstempel erkennt. Sind sie es, so bricht er sogleich mit ihnen auf, und dann lassen wir den Major frei."

„Wenn dieser ihn nun verfolgt?"

„Das können wir leicht verhüten. Seine Leute müssen im Gänsemarsch durch den Sumpf reiten. Wenn wir uns ihnen in den Weg legen, können sie doch nicht fort."

„Gut! Wir lassen sie überhaupt nicht anders fort als auf dem Floß."

„Gewiß. Das ist so ausgemacht. Doch auch da traue ich ihnen nicht ganz, denn sie können mit Hilfe des Floßes wieder an dieses Ufer zurück, um uns zu überfallen."

„Zuzutrauen ist es ihnen, denn sie werden nach Rache dürsten. Aber wir können ja aufpassen, ob sie drüben aussteigen."

„Ist es möglich, das andere Ufer zu sehen?"

„Hier an dieser Stelle ja. Auch haben Sie doch ein Fernrohr bei sich. Wenn sie an das jenseitige Ufer gehen und das Floß weiterlassen, so haben wir von ihnen nichts zu befürchten."

„Davon bin auch ich überzeugt. Wollen Sie also jetzt zu den Leuten gehen, Bruder Hilario?"

„Ja."

„Wir werden nach einiger Zeit folgen, um die Pferde an der angegebenen Stelle zu erwarten. Der Estanziero wird bei dem Major bleiben. Gehen Sie!"

Zehn Minuten folgten wir anderen alle ihm. Er hatte seine Aufgabe sehr gut gelöst, denn wir befanden uns noch gar nicht lange an dem bezeichneten Punkt, so kam er von der Halbinsel her, hinter ihm die Pferde, welche von nur vier Männern getrieben wurden. Die Tiere gingen eins hinter dem anderen. Das folgende war immer an den Schwanz des vorangehenden gebunden. Diese halbwilden Tiere gehorchten hier ganz vortrefflich, denn sie hatten Angst vor dem sumpfigen Terrain. Als die Tropa bei uns anlangte, kehrten die vier schleunigst um. Ihre Kameraden standen drüben unter den Bäumen und sahen zu. Der junge Alquerio untersuchte die Pferde und erklärte dann, daß sie alle sein Eigentum seien.

Der junge Mann wußte nicht, wie er seinem Dank Worte geben solle. Wir versprachen ihm, auf seiner Alqueria einzukehren, falls wir in der Nähe derselben vorüberkommen sollten. In diesem Fall sollte der Estanziero sein Geld zurückerhalten, welches nun doch nicht gebraucht wurde, da dem Schaden nun viel besser beigekommen war.

Wir warteten, bis die Tropa hinter den Büschen, durch welche der Indianer ihren Führer machte, verschwunden war, und kehrten zu unserem Versteck zurück. Der Major wurde nun von den Riemen befreit; nur die Hände blieben noch gebunden. Er erhielt ein Tuch um die Augen, denn er durfte den Weg nicht sehen, welcher zu uns führte, und dann brachten wir ihn nach derselben Stelle, an welcher wir die Pferde in Empfang genommen hatten. Dort nahm ich ihm die Binde ab und band ihm auch die Riemen los.

„So, jetzt sind Sie frei, Señor," sagte ich. „Es ist nun alles in Ordnung."

„Meinen Sie?" antwortete er. „Ich denke da ganz anders. Wir haben eine bedeutende Abrechnung miteinander, Sie dreifacher Satan! Ich treffe Sie sicher und dann werden Sie alles bezahlen."

„Hoffentlich geht diese Ihre Erwartung nicht in Erfüllung."

„Jedenfalls, jedenfalls, sage ich Ihnen!" rief er, indem er mich mit seinem glühenden Blick fast verschlang.

„Es ist von Ihnen eine große Unvorsichtigkeit, das zu sagen, denn nun werde ich mich doppelt in Acht nehmen."

„Das hilft Ihnen gar nichts. Ich treffe Sie doch!"

„Nun, das könnte eben wohl nur hier geschehen! Wenn Sie irgend eine Heimtücke beabsichtigen, so werden wir gegen dieselbe gerüstet sein."

„Hier? Halten Sie mich wirklich für so dumm? Bleiben Sie nur noch kurze Zeit hier stehen, so werden Sie sehen, daß wir mit dem Floß an das Ufer gehen."

„Um dann weiter unten wieder herüber zu kommen! Nicht wahr? Ich vermute das."

„Teufel! Sie täuschen sich sehr. Hier habe ich nichts mehr mit Ihnen zu schaffen. Aber später, Señor, später!"

„Pah, später!"

„Lachen Sie nicht! Denken Sie, ich habe nicht gehört, daß Sie auch über den Fluß wollen, nach dem Gran Chaco und dann nach Tucuman? Irgendwo da treffen wir uns."

„Ist's so gemeint? Meinetwegen auch! Aber lassen Sie sich sagen, daß ich Sie, wenn wir uns wieder einmal feindselig gegenüberstehen sollten, nicht so schonen werden wie bisher!"

Er schritt davon, indem er ein widerliches, höhnisches Gelächter ausstieß.

„Señor," fragte Monteso, „soll ich ihm eine Kugel nachsenden?"

Es war sein Ernst.

„Nein, wir morden keinen."

„Aber jetzt ist es noch Zeit. Später werden wir es bereuen!"

„Nehmen Sie das Gewehr nieder! Er ist die Kugel nicht wert."

„Wie Sie wollen. Ich ahne aber, daß es besser wäre, wenn ich ihm eine gäbe!"

Wir lagerten uns unter den Bäumen, um die Bolamänner zu beobachten. Sie empfingen ihren Kommandanten still. Wir sahen, daß er unter sie trat und eine Weile zu ihnen sprach. Dann wurden die Flößer losgebunden, auch mit ihnen sprach er eine ganze Weile. Die Leute holten ihre Pferde herbei und schafften sie mit allen ihren Sachen auf das Floß. Als die Halbinsel verlassen war, gingen wir hin.

Hinter ihr sahen wir das Floß vom Ufer gelöst und schon im Wasser schwimmen. Flößer und Soldaten standen an den Rudern und arbeiteten mit Anstrengung, um das Floß ohne viel Abtrift an das jenseitige Ufer zu bringen.

Wir gingen diesseits langsam stromabwärts und ließen es nicht aus den Augen. Es war freilich nicht leicht, diesem sumpfigen Ufer zu folgen. Von einer weit in das Wasser gehenden Landzunge aus sahen wir dann, daß das Floß drüben anlegte. Ich hatte mein Fernrohr mitgenommen und konnte alles beobachten. Die Reiter gingen an Land und stiegen auf. Der Major gab den Flößern Geld, die Bezahlung für die Überfahrt; dann ritt er mit den Seinigen davon, und das Floß verließ das Ufer wieder, um nach der Mitte des Stromes zu lenken und die so gewaltsam unterbrochene Reise nun fortzusetzen.

Wir kamen wieder nach der Halbinsel del Jacaré und suchten dort nach etwa zurückgelassenen Gegenständen, fanden aber nichts. Der Kapitän hörte von dem Indianer, daß erst kurz nach Mittag ein talwärts gehendes Schiff zu erwarten sei. Infolgedessen bat Frick Turnerstick, noch nicht gleich aufzubrechen, falls wir dies beabsichtigen sollten. Wir waren gern bereit, seinen Wunsch zu erfüllen, denn ein halber Tag der Ruhe tat uns sehr not. Außerdem gab es noch immer so viel zu erzählen, daß wir uns gern zusammensetzten, um uns gehörig auszusprechen.

Es wurde beschlossen, auf der Halbinsel zu lagern und dort ein gutes Frühstück zu halten. Das wurde getan. Auch unsere Pferde holten wir herbei. Da ich aber doch dem Major nicht traute, so stellte ich eine Wache auf, welche von Halbstunde zu Halbstunde abgelöst werden sollte.

Wie der Yerbatero wieder in die Hände der Bolamänner gefallen war, läßt sich leicht denken. Er war sehr schlimm behandelt worden und brannte vor Begierde, dem Major später einmal zu begegnen. Sonst aber waren alle froh, daß das Abenteuer ein so gutes, zufriedenstellendes Ende gefunden hatte. Nur der Indianer war nicht so zufrieden wie die anderen. Er fühlte noch immer Schmerzen im Unterleib und ging in seine Hütte, um sich dort niederzulegen und von seinem Weib einen heilsamen Trank brauen zu lassen.

IV. In der Höhle des Löwen

Wir hatten die Bolamänner am jenseitigen Ufer verschwinden sehen, und auch das Floß war fort; es war also wohl kein eigentlicher Grund zur Besorgnis vorhanden, und doch fühlte ich eine Unruhe, welche mich vom Lagerplatz forttrieb. Ich stand auf und ging, um zu rekognoszieren, wobei ich mich hart am Ufer hielt. Ich konnte nichts Verdächtiges bemerken und kehrte nach etwas über einer halben Stunde um. Dabei war ich ganz ohne Ahnung, daß ich einem feindlichen Wesen begegnen könne, da gegen Süden der schon erwähnte Posten aufgestellt worden war, welcher ihre Annäherung unbedingt bemerken mußte. Ein Überfall konnte also hier unmöglich gelingen.

Indem ich so langsam durch das Schilf stieg, hörte ich seitwärts hinter mir ein Geräusch. Schnell drehte ich mich um. Ein Mann war hinter einem Busch, wo er sich versteckt hatte, hervorgetreten und warf soeben die Schlinge seines Lasso nach mir. Ich hatte gerade noch Zeit, meine Büchse in der Mitte zu fassen und dieselbe in waagerechter Lage mir über den Kopf zu halten. Dadurch hielt ich zwar die Schlinge ab, so daß sie nicht auf mich niederfallen konnte, aber sie schlang sich um den Lauf des Gewehrs und riß mir dasselbe in der Weise aus der Hand, daß der Kolben mir mit aller Kraft an den Kopf geschlagen wurde.

Einen Augenblick stand ich halb betäubt. Es flimmerte mir vor den Augen. Dennoch sah ich, daß noch mehrere Kerle aus dem Gebüsch traten. Ich griff nach dem Gürtel, um die Revolver zu ziehen; da aber flogen zu gleicher Zeit drei Bolas auf mich zu. Ich wollte zur Seite springen, brachte es aber nicht fertig. Die drei Kugeln der einen Bola wirbelten mir um die Beine, so daß die Riemen sich mir um die Füße schlangen. Die beiden anderen trafen mich an Kopf und Oberleib. Ich wurde augenblicklich niedergerissen und hatte nun an mir selbst den Beweis von der Gefährlichkeit dieser Schleuderwaffen. Kaum war ich gestürzt, so warfen sich die Männer auf mich. Ich konnte mich gar nicht wehren, da die Bolas sich mir auch um die Arme geschlungen hatten. Im Nu war ich gebunden und aller meiner Habseligkeiten beraubt. Die sechs Kerle grinsten mich höhnisch an und überschütteten mich mit beleidigenden Fragen und Drohungen, für welche ich natürlich kein Wort der Entgegnung hatte.

Sie gehörten zu den Bolamännern. Ich erkannte sie sofort. Wie war es ihnen möglich gewesen, unbemerkt zurückzukommen? Jedenfalls hatte der Posten seine Pflicht versäumt.

Ich hatte keinen einzigen Schuß, keinen Ruf, ja nicht den geringsten Laut gehört, aus welchem ich auf einen Kampf hätte schließen können. Also war es meinen Gefährten ebenso ergangen, wie mir: sie waren auf dem Lagerplatz während meiner jetzigen Abwesenheit überfallen worden, ohne Gegenwehr leisten zu können.

Da ich gebunden war, konnte ich nicht gehen und glaubte daher, daß man mich forttragen werde. Das geschah aber nicht. Man schlang mir einen Lasso unter den Armen hindurch und schleifte mich auf diese Weise nach der Halbinsel. Wäre mein Anzug nicht von Leder gewesen, so wäre er vollständig zerfetzt worden. Die Männer kündeten ihren Sieg durch laute Rufe an, so daß diejenigen, welche sich auf der Halbinsel befanden, bereits benachrichtigt waren, ehe wir dort ankamen.

Wie ich nicht anders erwarten konnte, befand sich der Major mit seinen Leuten dort. Außer den sechs waren noch andere abgeschickt worden, mir aufzulauern, denn man hatte nicht gewußt, aus welcher Richtung ich kommen werde. Diese Leute kamen nun auch herbei, da sie durch die jubelnden Rufe belehrt wurden, daß man sich meiner bemächtigt habe. Meine Gefährten lagen unter den Bäumen, ebenso gefesselt wie ich. Keiner von ihnen fehlte, und keiner war verwundet. Wie hatten diese Menschen sich nur so überraschen und ohne allen Widerstand festnehmen lassen können! Es war mir unbegreiflich.

Freilich war ich selbst auch nicht aufmerksam und vorsichtig genug gewesen; aber man hätte mir doch keinen Hinterhalt legen können, wenn die Gefährten weniger sorglos gewesen wären. Hätte nur einer von ihnen einen Schuß abgegeben, so wäre dieser von mir gehört worden, und ich hätte Verdacht gefaßt. Selbst im Fall ihre Verteidigung ohne Erfolg gewesen wäre, hätte wenigstens ich die Freiheit behalten und dieselbe natürlich nur dazu benutzt, ihnen auf irgend eine Art und Weise Hilfe zu bringen.

Ich wurde vor den Major geschleift. Er kreuzte die Arme über die Brust und begrüßte mich unter höhnischem Lachen:

„Mein Kompliment, Señor! Es freut mich sehr, Sie wiederzusehen! Wie geht es Ihnen?"

Ich antwortete ihm nicht.

„Reden Sie!" schnauzte er mich an, indem er mir einen Tritt gab. Auch diese Aufforderung war ohne Erfolg.

„Ah!" lachte er. „Ich verstehe! Der Deutsche ist ein vornehmer Señor. Sein Stolz verbietet ihm, mit uns zu sprechen, wenn er an der Erde liegt. Richtet ihn also auf, und lehnt ihn an den Baum! Vielleicht hat er dann die Gnade, mich einer Antwort zu würdigen."

Man gehorchte diesem Befehl. Der Mann hatte mich erschießen lassen wollen. Vielleicht war er gewillt, dies jetzt zu tun. Ich verhehlte mir nicht, daß ich mich in Lebensgefahr befand, zumal ich es war, auf den sein Haß und seine Absicht der Rache vorzüglich gerichtet sein mußte. Darum erschien es mir nicht geraten, seinen Zorn absichtlich herauszufordern. Es war jedenfalls vorteilhafter für mich, anstatt zu schweigen, ihm seine Fragen zu beantworten.

„Nun, Señor", sagte er, „Sie nehmen jetzt diejenige aufrechte Stelle ein, welche Ihrer Würde angemessen ist, und werden nun wohl Ihre liebe Stimme hören lassen. Freuen Sie sich nicht ebensosehr, wie ich, über unsere jetzige Begegnung?"

„Außerordentlich!" nickte ich.

„Sie geschah schneller, als Sie dachten. Ich hatte es Ihnen vorausgesagt. Sie wollten es mir aber nicht glauben. Jedenfalls haben Sie noch nicht vergessen, was Sie mir für den Fall eines nochmaligen Zusammentreffens angedroht haben? Sie sagten, daß Sie mich nicht so schonen würden wie bisher. Erinnern Sie sich dessen, Señor?"

„Sehr gut."

„Nun aber ist es anders gekommen. Nicht ich befinde mich in Ihren Händen, sondern Sie sind in den meinigen. Erwarten Sie vielleicht Schonung von mir?"

„Ich weiß nicht, was Sie Schonung nennen."

„Schonung ist's zum Beispiel, wenn ich Ihnen nicht das Leben nehme, Sie aber dadurch unschädlich mache, daß ich Ihnen eine Ladung Pulver in die Augen schieße. Was sagen Sie dazu?"

„Sie werden weder das eine, noch das andere tun!"

„Meinen Sie? Wie kommen Sie zu dieser ganz unbegründeten Ansicht?"

„Dadurch, daß ich Sie nicht für ein wildes Tier, sondern für einen Menschen halte. Sie wissen sehr genau, daß nicht ich es bin, welcher die Schuld an den bisherigen Feindseligkeiten trägt."

„Ich doch wohl auch nicht! Sie sind ein Landesverräter und Mörder. Man muß Ihnen die Kugel oder den Strick geben!"

„Sie selbst glauben nicht an die Anschuldigung, welche Sie aussprechen. Selbst wenn ich das, was Sie mir vorwerfen, getan hätte wären Sie nicht zuständig und nicht berechtigt, über mich ein Urteil zu fällen oder gar dasselbe auszuführen."

„Was ich bin und was ich tun werde, daß weiß ich selbst; Ihre Ansicht brauche ich da nicht, Señor. Damit Sie aber nicht in Zweifel bleiben über das, was Ihrer wartet, will ich es Ihnen mitteilen. Ja, ich hatte die Absicht, Sie erschießen zu lassen, denn es gab Gründe, Sie zu entfernen, und bei Ihrer Gewalttätigkeit war nicht anzunehmen, daß ich Sie glücklich bis hierher bringen würde. Nun wir uns aber hier befinden, so fällt es mir gar nicht ein, Ihnen das Leben zu nehmen. Sie werden Soldat, verstanden?"

Diese letzteren Worte beruhigten mich außerordentlich. Wenn man mir das Leben ließ, so war ja alles gut. Was man sonst mit mir vorhatte, konnte mir sehr gleichgültig sein, denn ich wußte im voraus, was ich dagegen zu tun hatte. Freilich konnte ich mir nicht erklären, welche Gründe der Major gehabt hatte, mich am Rio Negro erschießen zu lassen, und welche andere Gründe ihn jetzt hier am Uruguay veranlassen konnten, darauf zu verzichten.

„Ich verstehe!" antwortete ich.

„Natürlich werden Sie sich bei mir für diesen Entschluß, den ich gefaßt habe, auf das herzlichste bedanken!"

„Das kann mir nicht einfallen, denn Sie haben weder das Recht, mich erschießen zu lassen, noch dasjenige, mich unter die Soldaten zu stecken!"

„Ich nehme es mir! Ich bin Ihr Kommandeur und werde Sie beim ersten Vergehen gegen die Subordination erschießen lassen!"

„Ich bin Ihnen keinen Gehorsam schuldig!"

„Und ich werde Ihnen das Gegenteil beweisen, indem ich Ihre Angelegenheit dem General vortrage und diesen entscheiden lasse. Da ich überzeugt bin, daß er meine Bestimmungen bestätigen wird, so betrachte ich Sie bereits jetzt als Soldat."

„Und ich nehme nach wie vor an, daß ich Zivilist bin. Nur derjenige ist Soldat und kann wegen etwaiger Subordination bestraft werden, der zur Fahne geschworen hat."

„Das werden Sie sehr bald tun. Übrigens sind Sie es nicht allein, sondern Ihre sämtlichen Gefährten werden gezwungen, in unsere Reihen zu treten. Sie haben sich schon dazu bereit erklärt."

„Das ist nicht meine, sondern ihre Sache. Ich werde niemals meine Zustimmung geben."

„Sie werden sie geben, denn das ist der einzige Weg, auf welchem Sie Ihr Leben retten können. Was hindert mich, Sie gleich jetzt erschießen zu lassen? Nichts, gar nichts! Sie haben es nur meiner ungewöhnlichen Güte und Nachsicht zu verdanken, wenn ich es nicht tue. Diese Nachsicht haben Sie nicht verdient, und ich stehe soeben im Begriff, Ihnen Gelegenheit zu geben, sich derselben würdig zu machen. Warten Sie einen Augenblick!"

Er prüfte all die Gegenstände, welche man mir abgenommen hatte, ließ dann meine Taschen und den Gürtel nochmals genau untersuchen und sagte, als nichts gefunden wurde:

„Ich habe gesehen, welch ein vorzüglicher Reiter Sie sind. Sie haben auch bewiesen, daß Sie Mut, ja Verwegenheit besitzen. Sobald Sie auf Ihren jetzigen Widerstand verzichtet haben, werden Sie ein höchst brauchbarer Soldat sein. Waren Sie vielleicht schon Militär?"

„Nein."

„So werde ich Sie einexerzieren lassen, und Sie können dann sicher sein, daß Sie schnell avancieren. Ich weiß, daß Sie mir das später Dank wissen werden. Wenn ich diese Absicht ausführen soll, muß ich für eine geeignete Ausrüstung für Sie sorgen. Dazu reicht aber Ihr Geld nicht aus."

Diese Worte sagten mir, was er jetzt verlangen werde. Darum antwortete ich ihm:

„Wer für die Ausrüstung sorgt, hat sie auch zu bezahlen! Übrigens reicht die Summe, welche Sie mir abgenommen haben, aus, zehn Offiziere auszustatten."

„Das verstehen Sie nicht. Sie werden nachzahlen müssen. Haben Sie noch weitere Mittel?"

„Ich habe kein Geld weiter."

„Aber Sie besitzen Kredit?"

Ich kannte in den ganzen La Plata-Staaten keinen Menschen, welcher geschäftliche Veranlassung gehabt hätte, mir auch nur einen Pfennig zu borgen; aber um die Verhandlung abzukürzen und diesem Menschen alle Veranlassung zu nehmen, mich zu quälen, antwortete ich:

„Der Kredit, über welchen ich verfüge, ist nicht bedeutend."
„Wer ist Ihr Geschäftsfreund?"
„Bankier Hauser in Buenos Aires."
„Dem Namen nach ein Deutscher?"
„Ja."
„Wie hoch beläuft sich Ihr Kredit?"
„Eine Summe ist nicht genannt. Ich bin nicht wohlhabend."

„Ihr Auftreten ist ein Beweis, daß Sie reich sind. Sie werden mir eine Anweisung an diesen Mann geben!"

„Das werde ich nicht!" weigerte ich mich scheinbar.

„Nun, ganz wie Sie wollen! Sie sind selbst schuld, wenn ich infolgedessen unser Verhältnis genau so nehme, wie ich es am Rio Negro betrachten mußte. Das heißt, Sie werden erschossen."

„Sie gaben bereits Ihr Wort, daß dies nicht geschehen soll."

„Ich setzte dabei voraus, daß Sie meine Güte anerkennen und sich nicht weigern würden, auf meine Absichten einzugehen. Da Sie diese Hoffnung täuschen, nehme ich mein Wort zurück."

„Ist das wirklich Ihre feste Entschließung?"

„Meine festeste. Ich gebe Ihnen auch keine Bedenkzeit. Wollen Sie die Anweisung schreiben oder nicht?"

Ich tat, als ob ich noch überlege, und antwortete dann mißmutig:

„Sie zwingen mich dazu!"

„Ich übe keinen Zwang aus, Señor. Merken Sie sich das, denn Sie werden mir es vielleicht bescheinigen müssen."

„Wenn Sie eine Bedrohung mit dem Erschießen keinen Zwang nennen, so habe ich freilich nie gewußt, was Zwang ist."

„Also, was tun Sie?"

„Ich kann nicht anders; ich muß Ihnen die Anweisung geben."

„Aber jetzt gleich! Mir genügt es für jetzt, daß Sie einstweilen unterschreiben, mir die Summe von zehntausend Papiertalern zu schulden. Eine regelrechte Anweisung werden Sie mir später ausfertigen."

„Zehntausend! Da muß die Ausstattung Ihrer Soldaten eine höchst brillante sein!"

„Wenigstens die Ihrige wird es sein. Nun setzen Sie sich! Hier ist Ihr Notizbuch!"

Ich wurde niedergesetzt, und dann lockerte man mir die Riemen, welche meine Hände hielten. Gerade als ich schrieb, kam Petro Uynas mit seinem Weib am Fluß herab. Auch diese beiden hatten keine Ahnung von dem, was geschehen war. Als sie die Bolamänner erblickten, stutzen sie und blieben stehen.

„Vorwärts! Herbei mit euch, sonst schießen wir!" rief ihnen der Major entgegen.

Er hatte diesen Befehl vergeblich gegeben, denn die beiden rannten schleunigst von dannen.

„Ihnen nach!" gebot der Major einigen von seinen Leuten. „Sucht auch in ihrer Hütte nach dem Geld, welches sie erhalten haben!"

Die Kerle entfernten sich, kamen später aber unverrichteter Sache zurück. Sie hatten weder das Indianerpaar gesehen, noch in der Hütte etwas gefunden, was des Mitnehmens wert gewesen wäre.

Ich war indessen, nachdem ich geschrieben hatte, wieder enger gefesselt und dann zu den anderen Gefangenen gelegt worden. Da es lichter Tag war und man uns infolgedessen leicht beobachten konnte, so wurden wir weder an die Bäume gebunden, noch voneinander getrennt. Man hielt es nicht einmal für nötig uns das Sprechen zu verbieten. Der Major sandte zwei seiner Leute flußaufwärts. Sie sollten sich bei der nächsten Krümmung des Stroms aufstellen und ihn benachrichtigen, wenn ein zur Überfahrt passendes Fahrzeug sich nahe. Dann wendete er sich noch einmal zu mir und sagte:

„Sie hören, daß wir wieder über den Fluß wollen. Wahrscheinlich möchten Sie gern wissen, wie wir herübergekommen sind!"

Ich antwortete nicht, und so fuhr er jetzt fort:

„Sie selbst tragen die Schuld, daß es uns möglich war, so schnell zu Ihnen zurückzukehren. Ich habe Sie von den Flößern zu grüßen. Sie lassen sich auf das herzlichste für ihre Befreiung bedanken!"

„Das ist der höchste Unverstand von diesen Leuten."

„Hätten Sie auch sie frei gemacht, so wäre es anders gekommen."

„Wozu sollte ich sie befreien? Sie schwebten ja in keiner Gefahr. Und außerdem hatte ich keine Zeit dazu."

„Das ist ganz gleichgültig. Sie haben diese Leute in der Falle stecken lassen und sich dadurch ihren Zorn zugezogen. Um sich dafür an Ihnen zu rächen, waren sie sogleich bereit, uns wieder herüberzuschaffen. Um Sie irre zu führen, entfernten wir uns, und auch das Floß schwamm weiter. Aber unten, wo Sie es nicht sehen konnten, legte es wieder an, um uns aufzunehmen. Wir haben Ihnen nun bewiesen, daß wir es in Beziehung auf die Klugheit mit Ihnen recht gut aufnehmen. Sie sind von jetzt an Soldat, und da ich annehme, daß Sie bei nächster Gelegenheit zu desertieren beabsichtigen, so behalten Sie Ihre Fesseln, bis ich überzeugt bin, daß die Flucht Ihnen nicht mehr möglich ist. Jetzt sind wir einstweilen miteinander fertig, Señor."

Er wendete sich ab. Man hatte mich zwischen den Bruder und den Kapitän gelegt. Meine Mitgefangenen hatten jedes Wort gehört, welches mit mir gesprochen worden war. Jetzt meinte Frick Turnerstick in gedämpften Ton zu mir:

„Miserable Geschichte! Armseliges Verhältnis, Sir! Nicht?"

„Hättet Ihr euch nur nicht ergreifen lassen!"

„Soldat werden! Und was für einer! Werde mich natürlich an die Vertretung der Vereinigten Staaten wenden!"

„In welcher Weise?"

„Ich desertiere."

„Und laßt Euch fangen und erschießen!"

„Zum Teufel! Das klingt nicht tröstlich. Ist es denn in dieser schönen Gegend Sitte, sich Soldaten zusammenzustehlen?"

„Es scheint so."

„Das ist aber doch gegen alles Völkerrecht!"

„Habt Ihr denselben Paragraphen des Völkerrechts nicht vielleicht auch schon übertreten? Euch also noch niemals mit Gewalt eines Matrosen bemächtigt?"

„Hm! Meint Ihr es so? Ja, in der Not frißt der Teufel Fliegen. Und wenn sie keine Lust haben, sich von ihm fressen zu lassen, muß er sie eben fangen."

„Da habt Ihr es! Ihr dürft also gar nicht über andere reden."

„Sie, das sind ganz verschiedene Verhältnisse. Wenn meine Matrosen desertieren, so muß ich andere haben, sonst kann ich all mein Lebtag vor Anker liegenbleiben."

„Ja, da Ihr nun einmal persönlich in so einer Presse steckt, so schreit Ihr Ach und Weh über dieselbe. Wie seid Ihr denn eigentlich hineingeraten?"

„Auf die albernste Weise von der Welt."

„So ohne alle Gegenwehr!"

„Es ging so schnell, daß wir gar nicht daran denken konnten!"

„Wie ist das möglich? Ihr seid doch Meister im Gebrauch der Büchse, des Säbels und des Messers! Ihr schießt sogar mit einer Kanonenkugel einer Mücke den vordersten Zahn aus dem Maul."

„Spottet nur! Ihr wart ja nicht dabei!"

„Und euer Steuermann, dieser Koloß von einem Menschen, konnte er sich nicht wenigstens seiner Riesenfäuste bedienen?"

„Nein. Er hätte die Kerle alle zu Brei gequetscht, aber das war unmöglich, da er leblos im Schilf lag."

„Worüber ist er denn so gewaltig erschrocken, daß er in diese Ohnmacht fallen konnte?"

„Sir, ärgert mich nicht! Fragt nicht so höhnisch! Das kann ich nicht vertragen. Wenn Ihr wissen wollt, wie es zugegangen ist, so erkundigt Euch bei dem Bruder, Eurem anderen Nachbar. Ich habe keine Lust, mich in solcher Weise anrudern zu lassen. Der Ärger, der mich würgt, ist ohnedies groß genug. Und was Euch betrifft, so braucht Ihr gar nicht so großartig in Eure eigenen Segel zu blähen, denn Ihr liegt geradeso gefangen da, wie wir anderen, und habt Euch ebenso übertölpeln lassen. Wenn Ihr hier gewesen wärt, hättet Ihr es auch nicht ändern können."

„Nein", ließ sich jetzt der Bruder hören, welcher bisher geschwiegen hatte. „Der Señor wäre nicht in diese plumpe Falle gegangen; davon bin ich überzeugt."

„Was war es denn für eine Falle?" erkundigte ich mich.

„Eine so dumme, daß ich mich geradezu schäme, davon zu sprechen, Señor. Aber haben Sie wenigstens die Güte, mich nicht auszulachen!"

„Die Sache ist auf alle Fälle viel zu ernst zum Lachen."

„Leider ja! Der Steuermann war gegangen, um den Posten abzulösen. Als er an die betreffende Stelle kam, war die Wache, welche dort gestanden hatte, nicht mehr da. Indem er nach ihr suchte, erhielt er einen Kolbenhieb auf den Kopf, der ihn besinnungslos niederstreckte."

„So waren die Feinde schon da und hatten den Posten überrumpelt?"

„Ja, und zwar in aller Stille, so daß wir es gar nicht bemerkt hatten. Nach einer kurzen Weile wurde Señor Monteso gerufen. Er glaubte es sei die Stimme des Postens, und folgte ihr, um sofort auch überwältigt zu werden. Dann rief man mich."

„Und Sie gingen auch, ohne daß Ihnen ein Verdacht kam? Hm!"

„Was wollen Sie; es ging alles so schnell und glatt ab, daß man gar keine Zeit fand, mißtrauisch zu werden."

„Und Sie wurden auch ergriffen?"

„Sogar mit dem Kolben niedergeschlagen! Auf diese Weise waren der Posten, Señor Monteso, ich, der Steuermann und nach uns der junge Monteso unschädlich gemacht worden. Mit den übrigen glaubten die Feinde leichtes Spiel zu haben. Sie sprangen plötzlich nach der Halbinsel und überrumpelten sie im wahrsten Sinne des Wortes, ohne daß einer Zeit fand, die Hand zur Gegenwehr zu erheben."

„Es ist freilich nicht jedermanns Sache, geistesgegenwärtig zu sein!" fuhr ich weiter fort. „Doch ist es nun unnütz, zu kritisieren und Vorwürfe auszusprechen. Wir sind gezwungen, die Tatsachen zu nehmen, wie sie sind. Hauptsache ist, zu überlegen, wie wir aus der Falle herauskommen."

„Haben Sie Hoffnung dazu?"

„Ich habe stets Hoffnung. Es gibt kein Unglück, welches nicht von einem Glück begleitet ist."

„Wie aber hat man denn Sie ergreifen können, Señor? Das dünkt mir schwieriger gewesen zu sein, als alles Vorhergegangene."

„Danke für dieses Kompliment! Ich bin eben genauso unvorsichtig gewesen, wie Sie."

Ich erzählte, wie ich durch die Bolas niedergerissen worden war. Die anderen hörten es alle und gaben dem Bruder recht, welcher meinte, daß mir das nicht hätte geschehen können, wenn sie mehr achtsam gewesen wären. Übrigens befanden sich diejenigen von ihnen, welche die Kolbenschläge empfangen hatten, in noch üblerer Stimmung als die anderen. Ihre Köpfe brummten ihnen gewaltig, und der Steuermann knurrte grimmig:

„Habe ich nur erst die Hände frei, dann werde ich es sein, der Kopfnüsse austeilt! Die Hände frei und eine tüchtige Handspeiche dazu, dann haue ich sie zusammen, daß die Köpfe wie Kegelkugeln herumkollern sollen!

„Das werden Sie bleiben lassen!" antwortete ich ihm. „Keiner von uns darf etwas tun, ohne die Einwilligung der anderen zu haben. Zunächst geben wir uns den Anschein, als ob wir gesonnen seien, uns in unser Schicksal zu fügen. Unser Leben ist nicht bedroht; daß muß und kann uns beruhigen."

„Aber später gibt es noch viel weniger Rettung, als jetzt", meinte der Yerbatero, „weil man uns trennen wird. Oder bezweifeln Sie, daß wir unter das Militär gesteckt werden?"

„Nein. Ich bin sogar überzeugt davon."

„So wird man jeden von uns zu einer anderen Abteilung tun. Wie können wir uns dann gegenseitig beistehen!"

„Bis dahin haben wir noch lange Zeit. Übrigens verlangt es mich, zu wissen, welche Armee oder Truppe es ist, welcher uns einzuverleiben man beabsichtigt."

„Doch die Schar, welche Lopez Jordan um sich versammelt."

„Hm! Wenn man nur genau wüßte, ob dieser Mann eine Erhebung gegen die bestehende Regierung beabsichtigt."

„Alle Welt spricht ja davon!"

„So wird man ihm schnell die Flügel stutzen!"

„Das geht nicht so schnell, Señor. Jordan soll sich in den Besitz großer Pferdeherden gesetzt haben, so daß seine Gegner, daß heißt die Regierungstruppen, sich nur schwer oder schlecht beritten machen können. Das ist hier zulande ein ungeheurer Vorteil, den er für sich hat."

„Besitzt er auch das nötige Geld?"

„Er hat ja das ungeheure Vermögen seines Stiefvaters, des Präsidenten Urquiza."

„Den er ermorden ließ, eben um sich in den Besitz dieses Geldes zu setzen! Das Vermögen mag groß sein; aber zu einem Aufstand gehören, wenn er glücken soll, Millionen!"

„Nun, so raubt er sich eben so viel wie er braucht, zusammen. Wir haben ja selbst gesehen, daß er seine Spitzbuben sogar über die Grenze schickt, um Pferde zu stehlen. Und Geld stiehlt er auch, wie wir jetzt beschwören können."

„Hat der Major auch Ihnen alles abnehmen lassen?"

„Alles, alles! Unsere Taschen sind vollkommen leer. Das viele Geld, welches mein Bruder bei sich hatte, ist auch fort."

„Nur das meinige nicht!" lachte Frick Turnerstick leise.

„Ihr habt es noch, Kapt'n?" fragte ich ihn.

„*Yes!* Habe euch ja bereits gesagt, daß es so gut verstaut ist, daß ich selbst es nicht finden würde, wenn ich es mir nicht gemerkt hätte, wo es steckt. Bin noch niemals auf die Nase gefallen gewesen!"

„Sagt einmal, Ihr seid doch gut in New York bekannt?"

„Will's meinen."

„So will ich einmal sehen, ob Ihr vielleicht einen Mann dort kennt, welcher uns aus der Falle helfen soll."

„Das wäre ein Hauptkunststück! Was ist denn der Mann?"

„Exporteur."

„Also Seetransport! Wo hat er sein Geschäft?"

„Auf dem Exchange-Platz. Er arbeitet in allen möglichen Geschäften, ohne viel nach den Klarpapieren zu fragen und heißt…"

„Hounters etwa?" unterbrach mich der Kapitän schnell.

„Ja, William Hounters."

„Der also, der! Sir, den kenne ich freilich wie meine eigene Hand."

„Habt Ihr Geschäfte mit ihm gehabt?"

„Einige Male, bin aber dann nicht wieder zu ihm gekommen. Der Mann war zu sehr pfiffig und zu wenig ehrlich. Soll dieser Kerl es etwa sein, auf den Ihr euch verlaßt?"

„Ja."

„So bleiben wir in der Buttermilch kleben, Sir! Wer uns befreien soll, der muß doch anwesend sein!"

„Ist nicht nötig, wenigstens in diesem Fall nicht. Die Hauptsache ist, daß Ihr in dieselbe Trompete blast, wie ich."

„Gebt sie nur her! Blasen werde ich schon."

„Schön! Zunächst ist nur nötig, daß Ihr zwar sagt, daß Euer Schiff im Hafen von Buenos Aires liegt, was Ihr aber für eine Fracht habt, darüber dürft Ihr kein Wort verlieren. Ihr müßt so tun, als ob das Euer größtes Geheimnis sei."

„Warum?"

„Davon später. Ihr wißt eigentlich selbst nicht, was in den Kisten und Fässern steckt, welche ich bei Euch verstaut habe."

„Ihr?" fragte er verwundert."

„Ja. Ich bin mit Euch von New York gekommen, direkt von New York. In Montevideo habt Ihr mich an Land gesetzt und seid dann nach Buenos Aires gegangen, um mich dort zu erwarten."

„Aber, Sir, von dem allen begreife ich kein Wort!"

„Ist auch gar nicht nötig. Ihr seid von New York halb in Ballast abgesegelt. Die Fracht besteht fast nur aus meinen Kisten und Fässern, welche eben dieser William Hounters verfrachtet hat. Mich hat er als Superkargo mitgegeben, und Ihr habt von ihm die Weisung erhalten, daß Ihr Euch in allen Stücken nach mir richten müßt."

„Jetzt wird der Storch ein Elefant, Sir! Das sind ja lauter Sachen, die mir wie Raupen im Kopf herumkriechen."

„So eine Raupe kann zum schönsten Schmetterling werden; paßt nur auf! Also ich bin in Montevideo an Land gestiegen und habe nach ungefähr einer Woche in Buenos Aires wieder mit Euch zusammentreffen wollen. Die Zeit ist Euch zu lang geworden, und so seid Ihr den Uruguay aufwärts gegangen, um zu sehen, ob Ihr da Rückfracht finden könnt. Dabei sind wir ganz unerwarteter Weise hier zusammengetroffen."

„Sir, ist das wirklich Euer Ernst? Diesen Unsinn soll ich jemandem weismachen? Man wird ihn nicht glauben!"

„Man wird ihn nur zu gern glauben. Ja, man wird außerdem erfreut sein, diesen Unsinn zu hören."

„Und wem soll ich das sagen?"

„Keinem anderen Menschen, als nur Lopez Jordan allein."

„Aber den kenne ich nicht! Mit ihm habe ich ganz und gar nichts zu tun!"

„Bisher nicht; aber wir werden sehr wahrscheinlich mit ihm zu tun bekommen. Nur ihm sagt Ihr das. Gegen jeden anderen hüllt Ihr Euch in ein geheimnisvolles Schweigen. Und wenn Ihr es ihm sagt, muß auch ich dabei sein. Ihr dürft ihm nur in meiner Gegenwart dieses Geheimnis verraten, weil wir danach trachten müssen, daß wir bei jedem Verhör alle beisammen sind. Einer muß hören, was der andere sagt, damit keiner sich versprechen kann. Dadurch sorgen wir auch dafür, daß wir nicht sobald getrennt werden. Weiß einer von euch nicht, was und wie er antworten soll, so muß er den Betreffenden an mich weisen."

„Haben denn auch andere von uns noch solche Dummheiten zu verschweigen?"

„Señor Mauricio Monteso."

„Ich?" fragte der Yerbatero.

„Ja, Sie. Sie geben auf Befragen an, daß Sie mich bei Señor Tupido in Montevideo getroffen haben."

„Das ist keine Lüge, sondern Wahrheit."

„Desto besser. Ihr genießt das volle Vertrauen Tupidos, und er hat Euch den Auftrag erteilt, mich nach der Provinz Entre-Rios zu begleiten. Er hat Euch aber verantwortlich gemacht, mich wohlbehalten dorthin zu bringen. Alles übrige könnt Ihr genau so sagen und erzählen, wie es geschehen ist."

„Und wozu soll das führen?"

„Zu unserer Freiheit, wenn sich nämlich meine Vermutung als richtig erweist, daß wir zu einer Truppe gebracht werden, welche zu Lopez Jordan gehört."

„Begreifen kann ich nicht, was Sie damit wollen, Señor, aber tun werde ich, was Sie verlangen. Wäre es aber nicht besser, wenn Sie uns die Sache offener und ausführlicher mitteilten?"

„Nein; ich bin zum Schweigen verpflichtet, und gerade für diese Verschwiegenheit wird Jordan Dank wissen."

Jetzt kamen die beiden flußaufwärts geschickten Männer zurück und meldeten, daß ein Floß von oben herabkomme. Der Major ergriff eine Flinte und eilte mit ihnen fort. Nach einigen Minuten hörten wir den Schuß. Er mußte oberhalb unseres Lagers ihnen sagen, was er wollte, weil es sonst für sie zu spät gewesen wäre, an der Halbinsel anzulegen. Bald kehrte er mit seinen Begleitern zurück. Wir erhielten Knebel in den Mund. Dann kam das Floß in Sicht und legte gerade da an, wo das vorige gelegen hatte. Wir wurden auf dasselbe getragen, und unsere Pferde mitgenommen. Der Major sprach mit den Floßknechten leise und gab ihnen Geld. Sie warfen finstere, verächtliche Blicke auf uns. Wer weiß, welche Lüge er vorgebracht hatte.

Die Einschiffung hatte kaum einige Minuten in Anspruch genommen, dann wurde das Floß wieder flott gemacht. Wir verließen das linke Ufer des Uruguay, welches uns schließlich doch noch gefährlich geworden war. Über eins aber freute ich mich, nämlich darüber, daß sie den Indianer und sein Weib nicht auch ergriffen hatten.

Das Floß wurde nach rechts gesteuert, und der Major gab an, wo er landen wolle. Dort wurden wir wieder vom Floß an das Ufer getragen. Unsere Fährleute bedankten sich sehr höflich bei

Cadera. Er schien sie sehr gut bezahlt zu haben. Das Ufer war nicht hoch. Es gab dichtes Schilf, aus welchem rotblühende Zeibobäume emporragten. Man trug uns eine ganze Strecke weit durch dieses Schilf; die Pferde wurden hinterher gezogen, bis wir einen ziemlich großen, freien Grasplatz erreichten, wo fünf oder sechs Bolamänner mit den Pferden zurückgeblieben waren. Die Kerle äußerten eine ausgelassene Freude, als sie uns erblickten. Der Major befahl, daß sogleich aufgebrochen werde, und wir wurden in der schon mehrfach angedeuteten Weise auf die schlechtesten Pferde gebunden. Cadera hatte als guter Pferdekenner sich meinen Braunen ausgewählt. Das nahm ich ihm gar nicht übel, denn der Braune war das beste der vorhandenen Tiere. Aber neugierig war ich, was das Pferd dazu machen werde. Es war bis jetzt willig gefolgt. Nun aber, als der Major den Zügel ergriff und den Fuß in den Bügel setzte, stieg es in die Höhe, riß sich los und kam zu mir.

„Was hat denn die Bestie!" rief er.

Man hatte uns die Knebel nur zu dem Zweck angelegt, daß wir nicht mit den Flößern sprechen konnten; jetzt waren sie uns wieder abgenommen worden. Darum konnte ich antworten:

„Es hat eine eigene Mucke, Señor; es läßt nur wirklich gute Reiter in den Sattel."

„Meinen Sie, daß ich nicht reiten kann?"

„Was ich denke, ist Nebensache; der Braune aber scheint es zu meinen."

„Ich werde ihm zeigen, daß er sich irrt."

Zwei Männer mußten das Pferd halten; dennoch gelang es ihm nicht, den Fuß in den Bügel zu bringen.

„Ein wahrer Teufel, gerade wie sein Herr!" rief er zornig. „Aber es soll doch gehorchen lernen."

Er wollte es schlagen.

„Halt!" warnte ich. „Prügel ist es nicht gewöhnt. Es wird sich losreißen und entfliehen."

„Aber, es läßt einen nicht auf!"

„Es läßt nur mich in den Sattel. Aber führen Sie es her an meine Seite; vielleicht ist es da williger."

Er folgte diesem Rat und siehe da, der Braune sträubte sich nicht mehr. Kaum aber saß der Major fest und dirigierte es von mir weg, so machte das Tier einen Katzenbuckel, ging erst hinten, dann vorne in die Höhe und tat dann schnell einen Seitensprung, so daß Cadera Bügel und Zügel verlor und in einem weiten Bogen zur Erde flog. Das hatte ich vorausgesehen, sonst wäre ich ihm gar nicht behilflich gewesen, auf das Pferd zu kommen, welches sicherlich keinen anderen als mich im Sattel litt. Die Sache machte mir Spaß. Der Major war mit dem Rücken so derb aufgeflogen, daß er, als er sich aufgerafft hatte, sich nur schwer gerade aufrichten konnte.

„Schießt die Kanaille nieder!" schrie er. „Gebt ihr eine Kugel."

Sofort wurden mehrere Gewehrläufe auf das Pferd gerichtet.

„Halt!" rief ich, „Wollen Sie denn wirklich ein so prachtvolles Pferd töten? Ist es nicht besser, es zu schulen? Später wird es seinen Reiter willig tragen."

„Das ist wahr!" stimmte Cadera bei. „Es kennt mich noch nicht. Perez, steig du auf!"

Der Aufgeforderte versuchte es, diesem Befehl nachzukommen, vergeblich! Erst als er es wieder an meine Seite brachte, ließ es ihn aufsteigen, warf ihn dann aber sofort wieder ab. So erging es noch einigen.

„Ein wahres Höllenpferd!" zürnte der Major. „Keiner kann es reiten. So bleibt uns wohl nichts anderes übrig, als daß wir seinen bisherigen Herrn darauf setzen."

Ich wurde von meiner Mähre los- und dann auf den Braunen gebunden, welcher dabei so ruhig wie ein Lamm war. Dann ging es fort. Man nahm uns in die Mitte, und als wir die Uferregion mit ihrem Schilf und ihren Sumpflachen hinter uns und dann freien Camp vor uns hatten, setzte sich die Truppe in Galopp. Das Land war hüben ganz dasselbe wie drüben, wenigstens der Teil, durch welchen wir kamen. Die Pferde wurden möglichst angestrengt; sie erhielten nur selten einmal die Erlaubnis, in Schritt zu fallen, so daß wir um die Mittagszeit eine bedeutende Strecke hinter uns gelegt hatten.

Einen gebahnten Weg gab es auch hier nicht. Einigemale erkannte ich an den Spuren, daß schwere Wagen da gefahren seien. Hier oder da war ein Rancho, eine Hazienda rechts oder links von uns aufgetaucht, ohne daß wir auf sie zu- und dort angehalten hätten. Auch wurde kein Wort mit uns gesprochen, so daß wir über das Ziel des Ritts ganz im Dunkeln blieben. Nach Mittag belebte sich der Camp immer mehr. Herden hatten wir auch vorher gesehen; jetzt aber erblickten wir Reiter, erst einzelne, dann zu kleineren oder größeren Trupps vereinigt, welche nach einer bestimmten Richtung gingen oder aus derselben kamen. Die Begegnenden wechselten einige Worte mit dem Major, zu dem sie sich sehr respektvoll verhielten; sie warfen neugierige oder gar feindselige Blicke auf uns und ritten dann weiter.

Später sahen wir seitwärts sich größere Reitergeschwader bewegen. Sie schienen zu exerzieren, und endlich stieg vor uns ein großer Gebäudekomplex aus dem Camp empor, dem wir zustrebten.

„Das ist das Castillo del Libertador ‚Schloß des Befreiers'", sagte der Major, zu uns gewendet. „Dort wird Ihr Schicksal entschieden werden."

Ein Schloß also! Hm! Je mehr wir uns demselben näherten, desto weniger schloßähnlich sahen die Gebäude aus. Auch hier bestanden die Mauern aus gestampfter Erde, und auch hier waren die Gebäude mit Schilf gedeckt; aber sie waren zahlreich und umfaßten ein weites Areal. Der Besitzer dieses "Castillo" war ganz gewiß ein reicher Mann. Rinder- und Schafherden sahen wir hier nicht, desto mehr aber Pferde und Reiter, welch letztere alle einen militärischen Anstrich hatten. In der Nähe der Gebäude wimmelte es förmlich von solchen Kriegern, welche in den buntesten Kleidungsstücken oder vielmehr Kleiderfetzen steckten und auf die verschiedenste Art bewaffnet waren. Keiner glich dem anderen und doch waren sie sich alle ähnlich, nämlich in Beziehung auf den Schmutz und auf die feindseligen Blicke, welche sie für uns hatten. Die meisten waren barfuß, aber die riesigen Sporen fehlten bei keinem. Ich sah die verschiedensten Hüte und Mützen, sogar einige alte Zylinder, welche mit Federn besteckt oder irgendeinem roten Fetzen umwunden waren. Die glücklichen Besitzer dieser "Angströhren" schienen Chargierte zu sein. Gewehre hatten nur wenige. Viele waren mit Lanzen, alle aber ohne Ausnahme mit Lasso und Bola versehen.

Vor dem Hauptgebäude hielten wir an. Ein halbes Tausend Helden standen da, hielten sich aber von der Front des Hauses ziemlich fern, was uns vermuten ließ, daß wir uns am Hauptquartier irgendeines Napoleon oder Moltke befanden.

Der Major stieg ab und ging in das Haus, jedenfalls um seine Meldung zu machen. Die anderen blieben zu Pferde und behielten uns in ihrer Mitte. Erst nach Verlauf von wohl einer halben Stunde kehrte der Major zurück. Sein Gesicht sah streng und verschlossen aus.

„Herab mit ihnen!" gebot er. „Bringt sie herein!"

Wir wurden an den Beinen losgebunden und in das Innere des Hauses geführt. Dort standen einige Kerle, welche eine Tür öffneten, die in einen selbst jetzt am Tag völlig dunklen Raum führte. Da hinein steckte man uns, und dann wurde die Tür hinter uns verriegelt.

„Da also werfen wir Anker!" sagte Frick Turnerstick. „Verteufelt schlechter Hafen! Fast noch schlechter als die Pfütze in Buenos Aires, wohin ich eigentlich wollte und nicht gekommen bin. Mein Kurs ist ein ganz anderer geworden. Bin neugierig, was man nun mit uns anfangen wird. Jetzt aber die Hände frei! Werde zunächst die Riemen zerreißen. Habe es bisher nur aus Vor- und Rücksicht nicht getan."

„Unterlassen Sie das!" bat ich ihn. „Sie verwunden sich doch nur selbst. Die Riemen dringen in das Fleisch. Wir knüpfen uns gegenseitig die Riemen auf."

„Wie ist das möglich? Wir haben ja alle die Hände auf dem Rücken. Ja, wenn wir sie vorn hätten!"

„Ist ganz dasselbe. Der Yerbatero ist kleiner als ich. Er mag sich Rücken an Rücken zu mir stellen. Auf diese Weise bekomme ich wohl die Knoten seiner Riemen in die Finger. Wollen sehen, ob ich sie aufknüpfen kann."

Das Vorhaben gelang, allerdings erst nach einiger Anstrengung. Dann löste der Yerbatero mir meine Riemen, und nun machten wir beide auch die anderen los.

„So!" rief der Kapitän. „Mag nun kommen, wer es auch sei, ich gebe ihm eins auf die Nase, daß er zu Grunde fährt!"

„Das werdet Ihr hübsch bleiben lassen!" warnte ich. „Mit Gewalt ist hier nichts zu erreichen. Ihr habt gesehen, daß sich wohl über tausend Soldaten hier in der Nähe befinden."

„Aber, warum habt Ihr uns da losgebunden?"

„Weil wir wohl baldigst vor einen höheren Offizier geführt werden, vor welchem ich nicht gefesselt erscheinen mag."

„Pah! Man wird Euch wieder binden!"

„Das mag man bleibenlassen. Ich ersuche Sie alle, Señores, keine Unvorsichtigkeit zu begehen. Wir würden uns damit nur schaden. Wieder binden werden wir uns freilich nur dann lassen, wenn es gar nicht zu umgehen ist. Im übrigen aber wiedersetzen wir uns nicht. Befindet Lopez Jordan sich hier, so verspreche ich Ihnen, daß wir bald frei sein werden."

Die Füße waren uns nicht wieder zusammengebunden worden, so daß wir uns jetzt frei bewegen konnten. Wir untersuchten unser Gefängnis. Es bestand aus den vier nackten, kahlen Wänden; auch der Boden war nur Erde. Wir ließen uns nieder und warteten der Dinge, die da kommen sollten. So vergingen einige Stunden. Dann wurde die Tür aufgeriegelt und es erschien der Major und ein schäbig angekleideter Soldat.

„Der Deutsche mag kommen!" sagte er.

„Ich allein?" fragte ich.
„Ja."
Schnell flüsterte ich dem Yerbatero zu:
„Schlingen Sie mir einen Riemen um die Hände, doch so, daß ich ihn leicht aufreißen kann!"
Ich legte die Hände auf dem Rücken zusammen. Es war dunkel bei uns, so daß der Major nichts sah.
„Nun, schnell!" gebot er. „Zum General!"
„Was soll ich dort?"
„Das werden Sie hören."
„Warum ich allein und nicht auch meine Kameraden mit?"
„Das geht Sie nichts an. Vorwärts!"
Da der Yerbatero indessen fertig geworden war, so gehorchte ich jetzt. Es sah ganz so aus, als ob ich noch gefesselt sei. Nun erst konnte ich sehen, daß der Major noch vier Soldaten draußen bei sich hatte, welche mich in ihre Mitte nahmen.

Gegenüber unserer Tür wurde eine andere geöffnet. Wir traten in eine Stube, in welcher es sehr kriegerisch aussah. Soldaten hockten am Boden und spielten Karten oder Würfeln. Waffen aller Art standen umher. Überall lagen, als ob es geschneit hätte, weiße Zigarettenstummel, und eine Luft war hier, als ob man sich in einem Pesthaus befände. Durch diese Stube kamen wir in eine zweite, in welcher eine etwas bessere Luft war. Ein Tisch stand da, auf demselben eine Öllampe. Neben demselben befanden sich mehrere Schemel, auf denen Männer saßen, welche ihrem stolzen Gebaren nach Offiziere sein mußten. Abzeichen ihres Ranges konnte ich nicht entdecken.

Von hier aus gelangten wir in einen dritten Raum, den feinsten von allen. Da standen zwei Tische, einer am Fenster, welches keine Glasscheiben hatte, und einer in der Mitte des Zimmers. An dem ersteren saßen zwei Offiziere, rauchend und Weingläser vor sich. An dem letzteren hatte ein älterer Kriegsmann Platz genommen. Er schien auf der Karte die berühmte Gegend zu suchen, wo der Pfeffer wächst, konnte sie aber nicht finden, denn ich stand mit dem Major wohl fünf Minuten lang an der Tür, ohne daß der Señor General uns die geringste Beachtung schenkte. Die übrige Eskorte war draußen in der vordersten Stube geblieben.

Der General war wohl sechzig Jahre alt, hatte aber noch kein graues Haar. Er trug weiße Pantalons, kurzschäftige Stiefel mit gelben Stulpen, wie ein deutscher herrschaftlicher Kutscher, eine rote Samtweste und einen mit Goldborten überladenen blauen Frack. Die Raupen seiner Epauletten hingen ihm fast bis zum Ellbogen herab. Es kam mir ganz so vor, als ob ich mich während der Probe eines kriegerischen Lustspiels auf der Bühne befände. Angst fühlte ich gar nicht. Nur ärgerte ich mich über den Major, welcher meine beiden Revolver in seinem oder vielmehr meinem Gürtel stecken hatte. Der Kerl befand sich also im Besitz aller Gegenstände, welche ich in demselben aufbewahrt hatte.

Erst räusperte er sich einigemale vergeblich. Dann hustete er, laut und lauter. Erst als das gar zu auffällig wurde, erhob der General den Kopf von der Karte und musterte mich mit finsterem Blick.

„Ist das der Deutsche?" fragte er den Major.

„Er ist es", antwortete dieser.

„Gut! Sie bleiben natürlich hier, um den Mann dann wieder abzuführen."

Der Offizier zog eine Zigarette aus dem Päckchen, welches neben der Karte auf dem Tisch lag, steckte sie in Brand, legte bequem das eine Bein über das andere, warf mir noch einen ebenso drohenden wie geringschätzigen Blick zu und fragte mich dann:

„Du bist in Deutschland geboren?"

Der Major stand hinter mir. Ich trat zur Seite und sah ihn an, als ob ich der Ansicht sei, daß die Frage ihm gegolten habe.

„Ob du in Deutschland geboren bist, oder ob du von deutschen Eltern stammst, frage ich dich!" fuhr mich der General an.

Dennoch warf ich dem Major einen Blick zu, als ob ich ihm sagen wolle, daß er doch antworten solle.

„Dich frage ich, dich!" schrie der General, indem er aufsprang und auf mich zutrat.

„Mich?" fragte ich im Ton des Erstaunens.

„Ja, dich! Und nun antworte, sonst lasse ich dir den Mund öffnen!"

„Ich glaubte wirklich, die Frage sei an Señor Cadera gerichtet, und freute mich herzlich über das familäre Verhältnis, welches zwischen einem argentinischen General und seinem Untergebenen stattfindet."

„Mensch! Weißt du, bei wem du dich befindest?"

„Natürlich, bei dir!"

Er fuhr zurück; die beiden Offiziere am anderen Tisch sprangen auf, und der Major ergriff mich drohend beim Arm.

„*Chispas!*" rief der General. „Hat man schon einmal so etwas gehört? Dieser Halunke duzt mich!"

„Das ist noch lange nicht so unglaublich, als daß ein General einen Halunken duzt!" antwortete ich.

Die beiden Offiziere griffen an ihre Säbel. Der Major schüttelte mich, griff nach der Türklinke und fragte:

„Soll ich den Profoß rufen, Señor General?"

Dieser winkte ab. Er kehrte zu seinem Stuhl zurück, setzte sich nieder und sagte:

„Nein! Ein solcher Kerl kann mich nicht beleidigen. Aber Sie haben schon Recht gehabt, Major, als Sie diesen Menschen schilderten. Ihm ist alles zuzutrauen. Daß er es wagt, mich du zu nennen, kennzeichnet ihn so genau, wie nichts anderes. Bleiben wir ruhig! Er soll dann erfahren was geschieht."

Er setzte sich wieder zurecht und fragte mich nun:

„Sie sind in Deutschland geboren?"

„Ja, Señor," antwortete ich höflich.

„Was sind Sie?"

„Gelehrter."

„*Ojala!* Wenn Ihr Vaterland solche Gelehrte hat, so möchte ich erst einmal einen Ungelehrten, einen Ungebildeten, kennen!"

„Die gibt es in Deutschland nicht, denn es wird keinem Deutschen einfallen, einen Fremden du zu nennen. Dazu achtet sich der Deutsche viel zu hoch. Selbst der niedrigste Knecht tut das nicht."

„Mensch! Wissen Sie, daß ich Sie zermalmen kann?"

„Das weiß ich nicht und glaube es auch nicht. Einen Alemano zermalmt man nicht so leicht. Ich begreife überhaupt nicht, wie Sie dazu kommen, in einem solchen Ton mit mir zu reden. Daß Sie General sind, stellt Sie nicht höher als mich. Vielleicht besitzt ein deutscher Sergeant mehr Geschick und Kenntnis als Sie. Ich frage aber nicht danach, weil mir dies gleichgültig sein kann. Wohl aber muß ich fragen, welch ein Recht Sie haben, mich einen Halunken zu nennen. Kennen Sie mich? Haben Sie bereits untersucht, weshalb ich vor Ihnen stehe? Können Sie sagen, daß man Sie nicht belogen habe? Die Halunken sind diejenigen, welche mich hierher brachten, und ich verlange von Ihnen die Bestrafung derselben!"

Ich hatte das so schnell hervorgebracht, daß es unmöglich gewesen war, mich zu unterbrechen. Ganz unbeschreiblich waren die Gesichter, welche mir entgegenstarrten. Der General sah aus, als ob er ein Dutzend Ohrfeigen erhalten habe, ohne zu wissen. woher sie gekommen seien. Daß ich mich in dieser Weise benahm, war keineswegs zu viel gewagt von mir. Ich wußte sehr genau, was ich wollte. Vor diesen vier Männern brauchte ich mich gar nicht zu fürchten. Ein schneller Blick rundum hatte mir gleich bei meinem Eintritt die Situation klar gemacht. Die Fenster waren so klein, daß niemand durch dieselben heraus oder herein konnte. Die Tür hatte den Riegel nach innen. Der General war ganz unbewaffnet, sein Säbel hing an der Wand. Und die beiden Offiziere trugen nur ihre Degen, weiter nichts. Und der Major? Nun der stand mir eben recht.

Nachdem sie mich eine Weile angestarrt hatten, sagte der General, nach dem Fenster gewendet:

„Setzen Sie sich wieder nieder, Señores! Der Mann ist verrückt. Man kann ihm nichts übelnehmen. Wollen aber doch mal hören, welchen Unsinn er vorbringt."

„Bitte!" fiel ich ein. „Darf ich vielleicht vorher hören, welcher Unsinn gegen mich vorgebracht worden ist?"

„Nein, mein Bester, daß ist nicht nötig. Ich habe nicht Lust, diese Geschichte zweimal anzuhören. Beantworten Sie einfach folgende Fragen: Haben Sie sich an dem Major Cadera vergriffen?"

„Ja, nachdem er sich an mir vergriffen hatte."

„Kennen Sie einen gewissen Señor Esquilo Anibal Andaro?"

„Ja."

„Wo lernten Sie ihn kennen?"

„In Montevideo."

„Bei welcher Gelegenheit?"

„Er hielt mich für den Oberst Latorre."

„Weiß schon, weiß! Sie haben dem Major den Degen zerbrochen, ihn gestern abend gefangengenommen und ihm sein Geld geraubt?"

„Ja."

„Das ist genug. Weiter brauche ich nichts zu wissen. Treten Sie einmal an das Fenster, und sehen Sie hinaus!"

Ich gehorchte dieser Aufforderung.

„Was sehen Sie?"

„Zwölf Soldaten, welche vor der Tür aufmarschiert sind."

„Womit sind Sie bewaffnet?"

„Mit Gewehren."

„Sie werden die zwölf Kugeln dieser Gewehre binnen zehn Minuten im Kopf oder im Herzen haben. Sie werden erschossen!"

Es war ihm Ernst mit diesen Worten. Ich kehrte vom Fenster nach der Tür zurück, stellte mich dort neben den Major und sagte:

„Señor, Sie sagen da ein leichtes Wort, dessen Bedeutung für mich sehr schwer ist. Ich habe zwar Ihre Fragen beantwortet, aber diese Fragen behandeln Tatsachen, welche aus dem Zusammenhang gerissen sind und also anders erscheinen, als sie beurteilt werden müssen. Ich habe nichts getan, wofür ich auch nur einen Verweis verdient hätte, am allerwenigsten aber habe ich mich eines todeswürdigen Verbrechens schuldig gemacht. Und selbst wenn dies der Fall wäre, hätte ich das Recht, zu verlangen, von einem ordentlichen, zuständigen Gericht abgeurteilt zu werden!"

„Das ist geschehen. Diese beiden Herren waren die Beisitzer, ich war der Vorsitzende des Gerichts. Das genügt."

„Ah so! Und mein Verteidiger?"

„Ist nicht nötig."

„Nicht! Und ich selbst, der Angeklagte? Wo war ich während des Verhörs?"

„Wir brauchten Sie nicht. Es herrschen hier Ausnahmezustände. Sie haben sich an einem unserer Offiziere vergangen. Sie werden erschossen!"

„So gibt es keine Appellation gegen dieses Urteil?"

„Nein. Ich habe vom Generallissimo Generalvollmacht."

„Und wie ist der Name dieses hohen Señorissimo?"

„Lopez Jordan."

„Jordan! Ist es dieser, so verlange ich, mit ihm sprechen zu dürfen."

„Er ist nicht hier. Und selbst wenn er anwesend wäre, würde ich diese Bitte nicht erfüllen dürfen. Ich kann ihn nicht mit solchen Dingen belästigen."

„Und was geschieht mit meinen Gefährten?"

„Sie werden den Truppen eingereiht."

„So sage ich Ihnen, daß ich an Lopez Jordan eine höchst wichtige Mitteilung zu machen habe."

„Das glaube ich nicht."

„Ohne diese Mitteilung ist das Gelingen seines Pronunciamento eine Unmöglichkeit!"

„Jeder Verurteilte behauptet, eine solche Mitteilung zu machen zu haben. Und wenn man ihn hört, so ist es eine Lappalie, die er vorbringt, um das verwirkte Leben um einige Augenblicke zu fristen. Sie können den Generallissimo nicht sprechen. Überhaupt war Ihr ganzes Verhalten so ein freches, daß ich nicht die geringste Veranlassung habe, Ihnen eine Wunsch zu erfüllen."

„Ich soll also wirklich augenblicklich füsiliert werden, obgleich ich ein Fremder bin, der von Ihnen gar nicht abgeurteilt werden darf?"

„Ja. Ich sagte schon, daß hier Ausnahmezustände herrschen."

„General, Sie werden Ihr Verhalten zu verantworten haben!"

„Ich trage die Verantwortung mit Leichtigkeit. Major, führen Sie den Mann ab, und rapportieren Sie mir seinen Tod!"

„Aber so erschießt man keinen!" fiel ich ein, indem ich meine Hände im Riemen lockerte. „Darf ich denn nicht wenigstens vorher mit einem Geistlichen sprechen?"

„Auch das nicht. Fort mit Ihnen!"

„General, Sie kennen mich nicht, sonst würden Sie anders handeln. Sie werden mich nicht erschießen. Sie haben kein Recht dazu. Ich dulde das nicht!"

„Pah! Hinaus mit ihm, Major!"

Der General erhob den Arm und deutete nach der Tür. Der Major griff nach mir, erhielt aber einen Faustschlag, daß er wie ein Klotz auf den Boden fiel. In demselben Augenblick hatte ich ihm die beiden Revolver aus dem Gürtel gerissen und den Riegel vorgeschoben. Ich richtete den einen auf den General und den anderen auf die beiden Offiziere.

„Señores", sagte ich, gar nicht laut, sondern in gedämpftem Ton, um die im Vorzimmer Befindlichen nicht aufmerksam zu machen, „wer von Ihnen eine laute Silbe spricht oder eine Bewegung macht, die ich ihm nicht erlaube, den schieße ich nieder. Ich gebe Ihnen mein Wort darauf!"

Sie schwiegen und starrten bald einander, bald mich an. Das hatten sie freilich nicht erwartet. Um sie noch mehr einzuschüchtern, fuhr ich fort:

„Sie haben vorhin selbst gesagt, daß mir alles zuzutrauen sei. Nun wohl, trauen Sie mir also getrost zu, daß ich Sie alle drei erschieße, bevor ich mich füsilieren lasse. Meine Kugeln sind schneller als Ihre Degen. Sie haben sich verrechnet. Ich bin kein argentinischer Schafsjunge, der sich von dem Wort General in die Enge treiben läßt. Bei mir gilt der Mann, nicht aber der Titel. Von Spitzbuben lasse ich mich nicht verschüchtern. Dieser sogenannte Major ist als Räuber jenseits der Grenze eingebrochen. Wir haben uns allen Rechtens seiner erwehrt, und dafür soll ich erschossen werden? Das fehlte noch! Setzen Sie sich auf Ihre Stühle!"

Sie zögerten.

„Setzen Sie sich!" wiederholte ich. „Diese Revolver, welche der Major mir stahl, sind mein Eigentum. Ich kenne sie genau und weiß, daß sie augenblicklich losgehen, wenn man einen meiner Befehle nicht sofort erfüllt. Setzen Sie sich also!"

Ich trat um zwei Schritte vor und hielt ihnen die Läufe drohend entgegen. Vielleicht sah mein Gesicht noch gefährlicher aus als die Revolver. Die drei ließen sich zögernd auf ihre Stühle nieder.

„Sie werden nicht schießen. Sie wagen es nicht!" stieß der General hervor.
„Nicht wagen? Was kann ein zum Tode Verurteilter noch wagen?"
„Sie können sich dadurch nicht retten!"
„Das fragt sich sehr! Jedenfalls hätte ich da meine Unschuld vorher an meinen Richtern gerächt. Aber wer sagt Ihnen, daß ich nicht doch entkäme? Die Knaben, welche sich im Vorzimmer befinden, fürchte ich nicht; es würde eben Leben gegen Leben, Tod gegen Tod gelten. Aber so weit kommt es gar nicht. Ich stehe im Begriff, Ihnen Gelegenheit zu geben, eine Fehler zu verhüten, den Sie später außerordentlich bereuen würden. Major Cadera hat sich mir gegenüber für einen Untergebenen Latorres ausgegeben. Hätte er mir gesagt, daß er Lopez Jordan dient, so wären Feindseligkeiten unterblieben. Ich habe Jordan eine wichtige Botschaft zu bringen."
„Das geben Sie nur vor!"
„Gut, zweifeln Sie meinetwegen einstweilen! Ist Lopez weit von hier?"
„Nein."
„Wann könnte er hier sein?"
„In drei Stunden."
„So senden Sie zu ihm."
„Das kann ich nicht. Ich bin überzeugt, daß Sie lügen."
„Ich will diese Beleidigung ruhig hinnehmen und Ihnen einen Vorschlag machen, welchen anzunehmen Sie wohl nicht zögern werden. Bedenken Sie, daß Ihr Leben sich in meiner Hand befindet! Sie entlassen mich jetzt, geben mir und meinen Gefährten ein menschenwürdiges Gemach zum Aufenthalt und lassen uns in demselben bewachen. Zugleich senden Sie eine Staffette an Jordan, und sobald dieser kommt, führen Sie mich vor. Bestätigt er mein Todesurteil, so werde ich mich ohne Weigern erschießen lassen."
Der General blickte die anderen fragend und dann mich mißtrauisch an.
„Sie haben einen heimlichen Hintergedanken?" fragte er.
„Nein, ich meine es ehrlich."
„Alle Teufel! Was soll Jordan denken, wenn er erfährt, daß... daß..."
Er zögerte, seinem Gedanken Worte zu geben, darum sprach ich ihn aus:
„Daß Sie sich von einem deutschen Halunken so in die Enge haben treiben lassen? Er wird es Ihnen verzeihen. Besser ist es auf

alle Fälle, als wenn er später hört, welch ein unersetzlicher Schaden ihm zugefügt worden ist, indem man mich füsiliert oder vielmehr ermordet hat. Denn, Señor, ich schwöre darauf: Sie sind vollständig überzeugt, daß ich unschuldig bin!"

Er zog es natürlich vor, diese letztere Behauptung nicht zu beantworten, und fragte:

„Und wenn ich nun auf Ihren Vorschlag eingehe, geben Sie da diese Revolver an mich ab?"

„Nein, die gebe ich erst an Jordan ab. Ich sehe da links eine Tür. Wohin führt dieselbe?"

„In ein leeres Hinterzimmer."

„Kann man von dort hinaus?"

„Nein."

„So lassen Sie meine Gefährten holen. Wir quartieren uns in dieses Zimmer ein, und Sie lassen uns Essen, Trinken und Zigarren bringen. Jordan kommt in dieses Zimmer hier. Sobald er da ist, gebe ich ihm meine Revolver durch die Tür. Bis dahin aber behalte ich sie bei mir."

„Geben Sie Ihr Ehrenwort, daß Sie keinen Fluchtversuch unternehmen und das Sie sich ruhig in diesem Nebenzimmer verhalten werden?"

„Ja."

„Und überhaupt nichts Gewalttätiges und Hinterlistiges unternehmen werden?"

„Ja. Dabei setze ich aber Ihr Ehrenwort voraus, daß auch Sie meine Bedingungen erfüllen!"

„Ich gebe es. Ihre Hand, Señor!"

Ich hielt ihm die meinige hin. Er schlug langsam und zögernd ein.

„Major Cadera hat mir wiederholt sein Wort gegeben, es aber gebrochen", fuhr ich fort. „Ich denke, daß Sie, General, mehr Ehre besitzen als er. Ich vertraue Ihnen und werde mich sofort in das Zimmer verfügen, in welches Sie mir meine Gefährten nachsenden werden."

„Ich halte Wort. Doch fordere ich von Ihnen das Versprechen, daß Sie auf keinen Fall einem meiner Untergebenen sagen, was hier geschehen ist. Nur Jordan muß es leider erfahren."

„Ich verrate es nicht."

„So gehen Sie in das Zimmer. Ich werde Ihre Kameraden sogleich kommen lassen", sagte er, indem er die Tür öffnete.

Der Major lag noch immer bewußtlos da. Ich bückte mich zu ihm nieder, schnallte ihm meinen Gürtel ab, um denselben mitzunehmen, denn er enthielt die Patronen, und ging hinaus. Während ich die Tür langsam hinter mir zuzog, hörte ich den General sagen:

„Wirklich ein Teufel, genau so, wie uns der Major..."

Mehr vernahm ich nicht; die Schlußworte konnte ich mir selbst hinzufügen. Der hohe Offizier hatte sicher nicht geahnt, daß die Szene auf diese Weise enden werde. Warum hatte er mich nur mit dem Major und nicht unter Bedeckung der vier Soldaten eintreten lassen! Doch selbst in diesem letzteren Fall hätte ich mich meiner Haut gewehrt, lebte aber wohl in diesem Augenblick nicht mehr. Ich traute dem General zu, daß er Wort halten werde, und hatte mich wirklich nicht in ihm getäuscht. Es vergingen nur wenige Minuten, bis die Kameraden alle hereinkamen. Hinter ihnen wurde die Tür verriegelt.

„Was ist denn geschehen?" fragte der Bruder. „Im Vorzimmer liegt der Major als Leiche!"

„Nicht Leiche. Es ist ihm ein wenig übel geworden."

„Übel? Ich sehe es Ihnen an, worüber ihm übel geworden ist. Haben Sie ihn niedergeschlagen?"

„Ja."

„*Cielos!* Welch ein Wagnis! Man bringt uns hierher. Bedeutet das eine Verbesserung oder Verschlimmerung unserer Lage?"

„Verbesserung, wenigstens was Sie betrifft. Für mich bedeutet es nur eine Gnadenfrist. Ich soll erschossen werden."

Sie erschraken, und ich erzählte ihnen, was geschehen war. Sie schüttelten die Köpfe über meine Verwegenheit, welche gar nicht so verwegen gewesen war. Wenn man mit dem Tod bedroht wird, so gibt es keine Verwegenheit mehr, da kein Risiko vorhanden ist. Natürlich waren sie erfreut, daß es so glücklich abgelaufen war, doch sie hatten kein Vertrauen zu meiner Unterredung mit Jordan; glaubten vielmehr, dieser werde rächen, was ich seinen Untergebenen getan hatte. Ich aber war guten Muts und sagte ihnen, wie sie sich zu verhalten hätten.

Man brachte uns Fleisch und Salz, Wasser und sogar eine Flasche Wein. Mehr konnten wir nicht verlangen, zumal auch zwei Zigarren für jeden dabei lagen. Die Stube war ganz leer. Wir saßen auf dem Boden, erst essend und trinkend, dann rauchend und uns in Erwartungen über unsere nächste Zukunft ergehend. Neben uns herrschte Stille. Erst nach Verlauf von beinahe vier Stunden bemerkten wir, daß gedämpfte Stimmen miteinander sprachen. Zuweilen tönte ein lautes Wort dazwischen.

Dann hörten wir taktmäßige Schritte. Ein kleines Weilchen später wurde unsere Tür geöffnet, nur eine Lücke weit, in welcher der General erschien. Er sagte:

„Ich habe Ihnen mein Wort gehalten; Señor Jordan ist hier und erwartet Sie. Nun halten Sie auch das Ihrige, und geben Sie die Revolver zurück!"

„Hier sind sie", antwortete ich, indem ich ihm die Waffen gab.

„Wann kann ich den Señor sprechen?"

„Sogleich."

„Dürfen wir alle eintreten?"

„Nur Sie allein. Kommen Sie!"

Die Szene hatte sich verändert. Die beiden Offiziere saßen wieder an ihrem Tisch; aber sie hatten sich jetzt mit Revolvern versehen; der General ebenso. Am anderen Tisch, an welchem er sich nun niederließ, saßen noch drei Herren. Zwei von ihnen waren ihrer Kleidung nach auch Offiziere; der dritte, obenansitzende, schien Zivilist zu sein. Jeder von ihnen hatte eine Pistole vor sich liegen.

An der Tür stand Major Cadera. Er sah bleich und angegriffen aus, jedenfalls von den Nachwehen meines Fausthiebs. Sein Gesicht war der personifizierte Haß, und aus seinen tückischen Augen fiel ein Blick auf mich, welcher jedenfalls den höchsten Grad der Rachgier bedeutete. Auch er hatte zwei Pistolen, eine in jeder Hand. Das sah schrecklich aus, war aber noch nicht alles, denn rundum an den Wänden waren Soldaten postiert, welche ihre geladenen Gewehre „bei Fuß" hatten. Es war klar, bei der geringsten drohenden Bewegung meinerseits wurde ich wie ein Sieb durchschossen.

Bei so einem Anblick kann es einem unmöglich wohl zu Mute sein, und doch konnte ich mich eines Lächelns nicht erwehren. Wenn diese Kerle alle auf mich schossen, so mußten die Kugeln die Gegenüberstehenden treffen, denn alle konnten nicht in meinem Körper stecken bleiben. Gerade die Größe dieses Apparats, einem einzelnen Menschen Furcht einzuflößen, war lächerlich.

Der General deutete mir durch einen Fingerzeig den Punkt an, wohin ich mich stellen sollte. Ich stand dem in Zivil gekleideten Mann gegenüber. Er betrachtete mich mit durchbohrendem Blick. Ich ließ meine Augen rundum laufen und sah auf jedem Gesicht mein Todesurteil verzeichnet. Sollte ich doch zuviel gewagt haben? Wie nun, wenn der einzige Halt, auf welchen ich mich verließ, mich doch betrog?

Der Zivilist was es welcher begann:

„Ich heiße Lopez Jordan. *Du* hast verlangt, mit mir zu sprechen. Ich hoffe, daß ich meine kostbare Zeit nicht grundlos an *dich* verschwenden muß. Stellt es sich heraus, daß *du* keine Veranlassung hattest, nach mir zu schicken, so werde ich die Todesstrafe verschärfen lassen."

Er legte einen ganz besonderen Ton auf das Du und Dich. Der General hatte also erzählt, daß ich ihm sofort sein Du zurückgegeben hatte, und nun wollte Jordan sehen, ob ich das bei ihm auch wagen werde. Gewonnen oder verloren! Hatte ich diese Du vorher nicht gelitten, so brauchte ich es mir auch jetzt nicht gefallen zu lassen. Verschlimmert konnte meine Lage dadurch gar nicht werden. Darum antwortete ich getrost:

„Nachdem ich von anderer Seite mit so großer Feindseligkeit behandelt worden bin, tut es mit herzlich wohl, in diesem Haus ein so warmes Entgegenkommen zu finden. Schon der Señor General hat mich mit dem traulichen Du erfreut, und da ich nun auch von Dir dieses brüderliche Wort vernehme, so hege ich die Überzeugung, daß…"

„Hund!" schrie mich Jordan an, indem er aufsprang. „Wagst du es auch bei mir!"

„Warum nicht?" antwortete ich möglichst harmlos. „Ich folge ja nur deinem eigenen Beispiel."

„Ich lasse dich durch Ochsen zerreißen!"

„Das würde dein eigener Schaden sein, Jordan, denn in diesem Fall könnte weder William Hounters, noch Señor Tupido, welche mich zu dir senden, mit ihrer Bereitwilligkeit…"

Weiter kam ich nicht. Das fürchterlich drohende Aussehen dieses von den Leidenschaften beherrschten Mannes veränderte sich wie mit einem Schlag. Sein Gesicht nahm plötzlich den Ausdruck freudigster Spannung an. Er trat zwei Schritte auf mich zu und fragte heftig:

„Señor, Sie nennen da zwei Namen. Kennen Sie die Männer?"

„Ja. Ich wurde von Hounters zu Tupido gesandt, und dieser…"

„Schickt Sie nun zu mir?"

„So ist es."

„Mit einem Ja oder einem Nein?"

„Mit dem ersteren. Es ist alles bereits unterwegs."

„*Ah, que alegria.* Und Sie, Sie sollten erschossen werden! Der Mann, der Bote, auf den ich so lange mit Schmerzen gewartet habe! Hinaus mit euch, Kerle! Schnell, sonst schieße ich euch in die Beine!"

Dieser Befehl galt den an den Wänden postierten Soldaten, welche sich auf das schleunigste davonmachten. Mir war es, als ob ich in allen möglichen Staatslotterien das große Los gewonnen hätte. Der Major aber machte ein Gesicht, dessen Ausdruck gar nicht zu beschreiben ist.

„So, die Kerle sind fort," sagte Jordan. „Willkommen, Señor! Nun sind wir unter uns, und Sie können Ihren Auftrag ausrichten."

Er gab mir die Hand und schüttelte die meine herzlich.

„Nicht so schnell, Señor!" antwortete ich. „Ich bin fürchterlich beleidigt worden. Ich bin gekommen, Ihnen einen Dienst zu erweisen, von dessen Größe und Bedeutung Sie selbst wohl noch keine Ahnung haben, denn Ihre Wünsche werden über Ihr Erwarten erfüllt. Statt Willkommen und Dank zu finden, bin ich mit einer Feindseligkeit behandelt worden, welche ihresgleichen sucht. Beinahe hätte man mich erschossen! Ich werde nicht eher von meinem Auftrag sprechen, als bis mir diejenige Genugtuung geworden ist, welche ich verlangen kann."

„Sie soll Ihnen werden, Señor, gewiß, ganz gewiß. Nur eine eigenartige Verkettung der Umstände kann schuld sein, daß Sie so verkannt wurden."

„Die Schuld liegt nicht an den Umständen, sondern an den Personen. Man hat den Señor General und man hat auch Sie belogen. Ich muß unbedingt um die Erlaubnis bitten, Ihnen erzählen zu dürfen, wie alles in Wahrheit geschehen ist."

„Das dürfen Sie; das sollen Sie; tun Sie es!"

„Dazu bedarf ich meiner Gefährten. Darf ich sie hereinrufen?"

„Nein. Sie dürfen nicht erfahren, daß Sie..."

„Was ich einstweilen sage, dürfen sie hören. Ich muß sie hier haben als Zeugen gegen unseren lügenhaften Ankläger, welcher unser aller Verderben wollte."

„Sie mögen hereinkommen. Ich erlaube es."

Ich ging zur Tür, welche ich aufmachte, und meine Gefährten traten herein, voran der Frater. Er trat sofort auf Jordan zu und sagte:

„Señor, ich vermute, daß Sie derjenige sind, welchen man hier als Generalissimo bezeichnet. Ich fordere Genugtuung für die schmachvolle Behandlung, welche wir erduldet haben. Ich kenne Ihre Pläne nicht; aber wie können sie vom Segen begleitet sein, wenn die Ihrigen als Diebe, Räuber und Mörder auftreten und nicht einmal den Stand achten, dem ich angehöre!"

Jordan betrachtete ihn ernst, beinahe unwillig, und antwortete:

„Sie führen eine kühne Sprache, Bruder! Ich habe Ihren Namen gehört und weiß, daß Sie ein mutiger Mann sind; aber allzuviel dürfen Sie denn doch nicht wagen!"

„Ich wage nichts, als daß ich die Wahrheit sage, Señor. Man hat uns wie Schurken behandelt und in Fesseln hierher geschleppt. Sollen solche Gewalttätigkeiten ungerochen bleiben?"

„Sie sind ja nicht gefesselt!"

„Wir waren es, und würden es noch jetzt sein, wenn wir uns nicht selbst davon befreit hätten. Man hat sie uns nur aus Furcht vor den Revolvern dieses unseres Freundes nicht wieder angelegt."

„Ich werde alles untersuchen, muß Sie aber bitten, Ihren Ton zu mäßigen. Ich achte den Mut, liebe es aber nicht, ihn gegen mich selbst erprobt zu sehen. Mögen Sie oder mag Major Cadera im Recht sein, in beiden Fällen habe ich Szenen zu rügen, welche man für unmöglich halten sollte. Mitten in meinem Hauptquartier umgeben von festen Mauern und vielen hundert Soldaten, wagt es ein einzelner Mann, noch dazu ein Fremder, sich gegen uns aufzulehnen und die höchsten meiner Offiziere mit dem Tod zu bedrohen!"

„Er tat es notgedrungen, weil man ihn ohne alles Recht erschießen wollte!"

„Selbst dann, wenn das Recht auf seiner Seite war, müssen Sie zugeben, daß er eine geradezu verblüffende Verwegenheit entwickelt hat. Wäre es mir nicht von Zeugen erzählt worden, denen ich vollen Glauben schenken muß, so würde ich eine solche Tollkühnheit für unmöglich erklären. Der Mann nimmt am Rio Negro einen Offizier gefangen, welcher über fünfzig bewaffnete Begleiter bei sich hat, und nachdem er ihn entwaffnet und ihm den Säbel zerbrochen hat, holt er ihn am Uruguay abermals aus der Mitte der Soldaten heraus, und nicht nur ihn, sondern außerdem noch vier Gefangene, welche an Bäumen festgebunden waren! Er wird gefangen und gefesselt hierher geschafft, und anstatt von der Gewißheit seines Todes niedergeschmettert zu werden, schlägt er den Major nieder und schreibt, mit den Waffen in der Hand, dem Kommandierenden eine Kapitulation vor, welche geradezu ihresgleichen sucht! Das ist eine Blamage, von welcher wir uns gar nicht reinigen können."

„Señor," sagte ich, „wollen Sie William Hounters zürnen, daß er seinen für Sie so wichtigen Auftrag einem Mann erteilt hat, auf den er sich verlassen kann?"

„Nein; ich muß ihn vielmehr darum loben. Aber Sie geben doch wohl auch zu, daß Sie eine Karte gespielt haben, welche jeder andere liegengelassen hätte?"

„Ich hob sie dennoch auf, da sie die einzige übriggebliebene war und ich nicht Lust hatte, das Spiel ohne sie aufzugeben. Was wollen Sie, Señor! Ein Ertrinkender erblickt ein Seil, an welchem er sich aus dem Wasser ziehen kann; es ist die letzte Gelegenheit zu seiner Rettung. Soll er das Seil nicht ergreifen, weil es vielleicht zerreißen kann? Er wäre der größte Dummkopf den es gäbe! Ich habe es ergriffen, und es ist nicht gerissen."

„Aber, wenn wir Sie nun wieder in das Wasser zurückstoßen?"

„Das werden Sie nicht tun!"

„Sie sagen das in einem so sicheren, selbstbewußten Ton! Vielleicht irren Sie sich!"

„So würde mein Irrtum zum größten Schaden für Sie ausschlagen. Mit wem wollen Sie das betreffende Geschäft abschließen, wenn ich getötet worden bin?"

„Mit Ihnen natürlich, vorher."

Er warf bei diesen Worten einen lauernden Blick auf mich. Er war neugierig, was ich ihm jetzt antworten würde, denn von dieser meiner Antwort hing alles ab. Zwar war er, als ich mich für den von ihm erwarteten Boten ausgegeben hatte, sofort eines anderen Tones beflissen gewesen. Es hatte geklungen, als ob ich von diesem Augenblick an nichts mehr zu befürchten hätte. Aber es fiel mir gar nicht ein, ihm mein Vertrauen zu schenken. Es ging von ihm das Gerücht, daß sein Stiefvater auf seine Veranlassung ermordet worden sei. Ein Mann, welcher seinen eigenen Vater umbringen läßt, ist auch imstande, sein Wort zu brechen und einen Fremden töten zu lassen, nachdem er denselben ausgenutzt hat. Ich mußte ihm die Überzeugung beibringen, daß dieser Plan, wenn er ihn hegen sollte, nicht auszuführen sei. Darum antwortete ich:

„Señor, Sie täuschen sich ebenso in mir, wie ich vorher von Ihren Offizieren und Leuten falsch beurteilt worden bin. Es wird Ihnen ganz unmöglich sein, nach Abschluß des Geschäfts Ihre freundlichen Gesinnungen gegen mich fallen zu lassen, denn ich werde Ihnen nicht eher eine Mitteilung machen, als bis Sie sich mit Ihrem Ehrenwort für unsere Sicherheit verbürgt haben."

„Aber, wenn ich dann mein Wort nicht halte?"

„So haben Sie sich das allgemeine Vertrauen für immer verscherzt, was keineswegs vorteilhaft für Ihre gegenwärtigen Intentionen sein kann. Übrigens bin ich nicht gekommen, um mich in eine Gefahr zu begeben, welcher ich nicht gewachsen bin."

Er zog die Stirn in Falten, machte eine wegwerfende Handbewegung und sagte:

„Sie glauben sich also uns und speziell mir gewachsen? Das hat mir noch niemand zu sagen gewagt!"

„Ich aber habe das schon vielen gesagt, und sie sind stets in die Lage gekommen, zu erfahren, daß ich recht hatte. Auch im jetzigen Fall sind meine Vorbereitungen so getroffen, daß ich nichts zu fürchten habe. Ob Sie Ihr Wort halten werden, kann mir sehr gleichgültig sein, denn ich bin in der Lage, Sie zwingen zu können, es zu halten. Dennoch erkläre ich Ihnen, daß ich nur dann über unser Geschäft sprechen werde, wenn Sie uns die Versicherung geben, daß Sie keine Hintergedanken gegen uns hegen."

„Das kann ich tun", sagte er unter einem versteckten Lächeln. „Nehmen Sie also mein Ehrenwort, daß meine Absichten gegen Sie sehr offene sind."

„Das ist zweideutig; es genügt mir aber. Ich könnte eine bestimmt formulierte Erklärung von Ihnen verlangen, weiß jedoch, daß sie mir auch keine größere Sicherheit bieten würde."

„So sind wir also so weit, daß wir unser Geschäft vornehmen können."

„Noch nicht. Ich habe vorher unsere Anklagen gegen den Major Cadera vorzubringen."

„Das können wir ja für später lassen."

„Nein; denn von der Art und Weise, wie Sie sein Verhalten beurteilen, hängt die Art und Weise ab, in welcher ich mich meiner Aufträge gegen Sie entledige."

„Nun gut! Welchen Ausweis aber haben Sie darüber, daß Sie wirklich der Beauftragte der beiden bereits genannten Herren sind?"

„Bitte, mir zu sagen, welche Art von Legitimation Sie von mir verlangen."

„Eine schriftliche Vollmacht natürlich."

„Erlauben Sie, Señor, mich über diese Forderung zu wundern. Ich würde Prügel verdienen, wenn ich eine solche Dummheit begangen hätte. Was würde aus mir und auch aus Ihren Plänen, wenn man ein solches Schriftstück bei mir fände!"

„Sie befinden sich also nicht im Besitz einer Legitimation?"

„O doch; nur ist dieselbe keine schriftliche, sondern eine mündliche. Da ich in die Angelegenheit eingeweiht bin und Ihnen die gewünschte Lieferung machen werden, muß ich der Bevollmächtigte Ihrer Korrespondenten sein. Sollte Ihnen das nicht genügen, so werde ich einen Boten nach Montevideo senden, und Sie sind also gezwungen, den definitiven Abschluß des Geschäfts bis zur Rückkehr desselben aufzuschieben."

„Dazu habe ich weder Lust, noch Zeit. Ich bin also bereit, Sie als den Beauftragten anzuerkennen, und sehe der Mitteilung Ihrer Bedingungen entgegen."

„Dieselben werden Ihnen nicht hier, sondern in Buenos Aires gemacht werden."

„Sind Sie des Teufels!" rief er erschrocken. „Gerade dort befinden sich ja meine Feinde! Die dortige Regierung ist es, gegen welche ich kämpfen will. Dort präsidiert Sarmiento, dessen Sturz wir beabsichtigen. Wie also können Sie von dieser Stadt sprechen!"

„Aus zwei Gründen, Señor. Erstens liegt unsere Ladung, welche für Sie bestimmt ist, dort vor Anker, und zweitens..."

„Dort vor Anker?" unterbrach er mich. „Das soll ich glauben?"

„Warum nicht?"

„Weil es eine Tollkühnheit wäre!"

„Sie haben vorhin bereits von meiner Verwegenheit gesprochen. Warum sollte ich bezüglich des letzten Punkts weniger mutig sein als sonst? Gerade weil man ein solches Wagnis für unmöglich hält, ist die Ladung dort sicherer, als anderswo. Die Fässer, Ballen und Kisten sind bezüglich ihres Inhalts als Petroleum, Tabak und Spielwaren deklariert und verzollt worden."

„Hat man die Kolli nicht untersucht?"

„Nur einige, welche wir den Beamten ganz unauffällig in die Hände spielten, und die auch wirklich das enthielten, was wir angegeben hatten."

„So können Sie von großem Glück sprechen; aber es hieße, dieses Glück versuchen, wenn Sie das Schiff nur einen Augenblick länger, als unbedingt nötig ist, vor Buenos Aires liegen ließen. Zu welcher Gattung von Schiffen gehört es?"

„Es ist die Barke ‚*The Wind*', ein amerikanischer Schnellsegler."

„Also ein Barkschiff, ohne Rahen am hinteren Mast. Dieses Fahrzeug kann doch in Parana bis wenigstens Rosario gehen?"

„Sogar bis Parana selbst, der Hauptstadt von Entre Rios."

„So muß es sofort Buenos Aires verlassen, dessen Hafen ja überhaupt so schlecht ist, daß jeder Pamperosturm den Schiffen mit dem Untergang droht. Ich gebe Ihnen einen am Parana gelegenen Ort an, wo es Anker werfen soll, und Sie senden an den Kapitän einen Boten, welcher ihn davon zu benachrichttigen hat."

„Das geht nicht an, Señor!"

„Warum nicht?"

„Weil Sie selbst es uns unmöglich machen, auf diesen Vorschlag einzugehen. Ihr ganzes Verhalten ist der Art, daß ich bei der Vorsicht bleiben muß, mit welcher ich bisher gehandelt habe. Es kann mir nicht einfallen, den ‚Wind' nach einem Ort segeln oder schleppen zu lassen, welcher zur Provinz Entre Rios gehört, deren Herr Sie vielleicht schon in einigen Tagen sein werden. Wir würden uns damit vollständig in Ihre Hände geben."

„Das heißt, Sie mißtrauen mir?" brauste er auf.

„Ja, ich mißtraue Ihnen. Sie selbst erwähnten ja die Möglichkeit, daß Sie uns Ihr Wort nicht halten würden. Ich muß also ein Arrangement treffen, durch welches mir die vollständige Sicherheit unserer Personen, unserer Freiheit gewährleistet wird."

„Señor, Sie wagen zu viel! Sie rechnen allzu sehr auf meine Nachsicht! Ihre Worte enthalten eine Beleidigung, welche ich nicht auf mir liegen lassen darf!"

„Sie enthalten nichts als die reine Wahrheit, welche sich auf Tatsachen stützt. Da diese Tatsachen von Ihnen ausgegangen sind, so sind Sie selbst es, der Sie beleidigt. Übrigens ist es unmöglich, dem Kapitän einen Boten zu senden, unmöglich und auch überflüssig. Der Kapitän kennt das Verlangen, welches Sie an mich richten, bereits ebenso genau wie ich."

„Wie ist das möglich?"

„Er befindet sich bei Ihnen und hat Ihre Worte gehört. Da steht er, Kapitän Frick Turnerstick aus New York, welchem Master Hounters die Ladung anvertraut hat."

Bei diesen Worten deutete ich auf den Genannten, welcher des Spanischen nicht so mächtig war, um meine Worte ganz verstehen zu können. Da er aber seinen Namen hörte und auch sah, daß ich auf ihn zeigte, erkannte er, daß von ihm die Rede sei. Er trat also einen Schritt vor und sagte:

„*Yes,* Señoro! Ich bin Kapitäno Fricko Turnerosticko aus Newo Yorko. Meine Barko heißt ‚*The windo*', und ich hoffe, das wird genügen!"

Jordan musterte ihn mit einem erstaunten Blick und sagte dann zu mir:

„Was ist das für eine Sprache? Es scheint Englisch zu sein!"

„Ja, der Kapitän ist des Spanischen nicht mächtig, Señor."

„Und da vertraut man ihm eine solche Aufgabe an!"

„Gerade deshalb ist er der Mann dazu. Wenn er der Landessprache nicht mächtig ist, wird man ihm nicht zutrauen, ein Unternehmen zu beginnen, zu dessen Ausführung die Kenntnis der spanischen Sprache unbedingt erforderlich zu sein scheint. Übrigens hat er Leute auf dem Schiff, deren er sich als Dolmetscher recht wohl bedienen kann, wie zum Beispiel hier den Steuermann, welcher ihn bis hierher begleitet hat."

„Auch der Steuermann ist da! Zu welchem Zweck denn?"

„Von einem Zweck ist da keine Rede. Sie haben nicht zu Ihnen gewollt, sondern gemußt, Señor."

„Aber sie hatten Buenos Aires und das Schiff verlassen. Weshalb?"

„Aus Geschäftsrücksichten. Ich wurde von Master Hounters dem Kapitän als Superkargo mitgegeben. Meine Sendung ging zunächst an Señor Tupido in Montevideo. Dort stieg ich an Land, um mich diesem Herrn vorzustellen. Der Kapitän aber segelte nach Buenos Aires weiter, um dort meine Ankunft zu erwarten. Bevor diese erfolgte, unternahm er mit dem Steuermann eine Fahrt auf dem Uruguay, um zu erfahren, ob es da oben vielleicht Handelsgegenstände gebe, welche zur Fracht geeignet seien, nachdem er die jetzige an Sie abgeliefert haben würde. Auf der Rückfahrt, welche auf einem Floß geschah, wurde er von Major Cadera überfallen, und es war der reine Zufall, daß wir anderen da mit ihm zusammentrafen."

„Allerdings sonderbar, Señor!" sagte er, indem er mich mit einem mißtrauischen Blick musterte.

„Ja! Sie sehen, daß Ihr Major seine Feindseligkeiten nur gegen solche Personen gerichtet hat, welche gekommen waren, um in Ihrem Vorteil zu handeln, welcher natürlich auch der seinige ist. Anstatt als Geschäftsfreunde zu Ihnen kommen zu können und als solche willkommen geheißen zu werden, sind wir als Gefangene hierher geschleppt worden. Ich erwähnte bereits, daß ich mich gezwungen sehe, Genugtuung dafür zu fordern."

„Die soll Ihnen je nach den Umständen werden."

„Das ist wiederum zweideutig, Señor!"

„Weil Sie selbst mir im höchsten Grad zweideutig erscheinen. Was Sie mir sagen und erzählen, kommt mir sehr unwahrscheinlich vor, Señor!"

„Wirklich? Sie glauben mir nicht? So wird es geraten sein, die jetzige Unterredung zu beenden. Wenn Sie mir ebenso wenig trauen, wie ich Ihnen, kann der Zweck meiner Reise unmöglich erreicht werden. Ich bitte also, uns zu entlassen."

„Entlassen? Meinen Sie damit, daß ich Ihnen Ihre Freiheit zurückgeben soll? Davon kann auf keinen Fall die Rede sein!"

„Nun, so handeln Sie ganz nach Belieben. Ich bin mit Ihnen fertig!"

Ich trat zurück und machte das gleichgültigste Gesicht der Welt. Das blieb nicht ohne Wirkung. Die Sicherheit, welche ich ihm zeigte, imponierte ihm. Dennoch drohte er:

„Sie erinnern sich doch des Versprechens, daß Sie sich ruhig in das Schicksal fügen wollen, welches ich Ihnen diktiere?"

„Allerdings. Ich habe gesagt, daß ich mich ruhig erschießen lassen werde, wenn Sie mein Todesurteil bestätigen."

„Nun, ich denke, daß ich das tun werde! Was sagen Sie dazu?" fragte er.

„Nichts, Señor."

„Ist Ihnen der Tod denn wirklich so gleichgültig?"

„Nein, aber ich halte eben mein Versprechen. Wegen eines Menschen weniger auf der Erde geht die Weltgeschichte keinen anderen Gang, obgleich mein Tod für Sie von großem Einfluß sein wird, weil dann das beabsichtigte Geschäft nicht abgeschlossen werden kann."

„Das sehe ich doch nicht ein. Ich habe den Kapitän hier!"

„Der hat weder den Auftrag noch die Macht, mit Ihnen zu verhandeln."

„Aber er hat die Fracht. Ich gebe ihn nur dann frei, wenn die Fracht in meine Hände gelangt. Sie sehen, saß ich den Zwang besitze."

„Sie irren sich. Kapitän Turnerstick hat über gar nichts zu verfügen. Señor Tupido ist derjenige, welcher jetzt auf dem Schiff gebietet. Töten Sie mich, und behalten Sie den Kapitän und den Steuermann zurück, ich habe nichts dagegen. Aber in den Besitz der Fracht kommen Sie dadurch nicht."

„*Caspita!* Was hat Tupido auf dem Schiff zu tun?"

„Sehr viel, denn er ist Kompagnon von Master Hounters und also Miteigentümer der Fracht. Kehren wir nicht bis zu einem bestimmten Tag zurück, so weiß er, daß ich in Ihrem Hauptquartier verunglückt bin, und es kann ihm nicht einfallen, mit Ihnen im Verkehr zu bleiben."

„Pah! Es wäre ein großer Verlust für ihn, wenn das Geschäft nicht zum Abschluß käme!"

„Für ihn? Nur für Sie! Er wird die Fracht sofort Ihren Feinden verkaufen, und Sie wissen nur zu gut, wie schnell diese zugreifen würden. Die brauchen Gewehre und Munition fast noch notwendiger als Sie!"

„Aber sie würden ihm keinen Peso bezahlen!"

„Im Gegenteil; sie würden sofort bezahlen, während Sie die Ladung auf Kredit erhalten sollen."

„Sie sind noch sehr befangen, Señor", lachte er. „Die Fracht ist eingeschmuggelt worden. Sagt Tupido der Regierung worin dieselbe eigentlich besteht, so wird der Präsident Sarmiento sie einfach konfiszieren, aber nicht kaufen!"

„Ich glaube, Ihre Befangenheit ist größer, als die meinige. Tupido wird sich natürlich hüten, seinen Antrag während der Zeit zu machen, in welcher ,*The wind*' vor Buenos Aires vor Anker liegt. Er wird das Schiff vorher nach Montevideo zurücksegeln lassen. Von einer Konfiskion kann also gar keine Rede sein. Sie befinden sich überall im Nachteil, denn Tupido wird dem Präsidenten alle möglichen Mitteilungen machen, zu denen er imstande ist. Ich habe da in Montevideo mit ihm besprochen. Die beiden Kompagnons sind auch bereit, Ihnen die verlangte Summe, trotz der bedeutenden Höhe derselben, vorzustrecken. Auf dieses Geld müssen Sie natürlich verzichten, und ich glaube nicht, daß Ihnen ein Vorteil aus einem solchen Verzicht erwachsen kann."

Der „Generalissimo" ging einigemal in der Stube auf und ab, trat dann in die ferne Ecke, winkte den General zu sich und unterhielt sich leise mit ihm. Dann kehrte der General auf seinen Platz zurück, Jordan aber wendete sich an mich:

„Beantworten Sie mir die Frage: Warum haben Sie das Schiff nach Buenos Aires gehen lassen, in die Höhle des Löwen, den ich erlegen will?"

„Aus Vorsicht, um Sicherheit zu haben, daß ich nicht von Ihnen betrogen werden kann."

„*Diabolo!* Das ist aufrichtig, Señor!"

„Ich erwarte, daß Sie ebenso aufrichtig gegen mich sind!"

„Wohl! Ich halte Sie für einen außerordentlich scharf geschliffenen Schurken!"

„Danke, Señor! Aus Ihrem Mund ist dies Wort ein Lob für mich. Übrigens bin ich nicht zu Ihnen gekommen, um über Worte mit Ihnen zu rechten. Ich verlange zu erfahren, ob Sie das Geschäft fallen lassen wollen oder nicht!"

„Sagen Sie mir vorher, warum Sie nicht auch mit nach Buenos Aires gegangen, sondern durch die Banda oriental geritten sind."

„Weil dies der nächste Weg zu Ihnen war. Freilich war es nicht meine Absicht, die Richtung einzuschlagen, zu welcher der Major uns gezwungen hat. Ich glaubte, Sie in San Jose zu finden, dem Landgut, auf welchem Urquiza, Ihr Vater, ermordet worden ist."

Ich wußte, was ich wagte, indem ich diese Worte aussprach. Er war ja der Mörder gewesen. Ich beabsichtigte, ihn durch diese Verwegenheit zu verblüffen, und ich hatte richtig gerechnet, denn

er fuhr zwei Schritt auf mich los und streckte beide Hände nach mir aus, als ob er mich fassen wolle, aber er besann sich doch noch eines Besseren. Dicht vor mir stehend, herrschte er mich an:
„Was wissen Sie von jenem Mord?"
„Nicht mehr, als was jeder andere auch weiß."
„Spricht man auch im Ausland davon?"
„Ja."
„Was denn?"
„Ich habe nicht die Verpflichtung, den Berichterstatter zu machen."
„Es waren Gauchos, welche ihn töteten, niederträchtige Kerle, die sich gegen ihn aufgelehnt hatten!"
„Mag sein!"
„Oder denken etwa andere, daß..."
Er hielt inne.
„Was?" fragte ich.
„Daß diese Gauchos etwa nur Werkzeuge gewesen sind?"
„Das sagt man allerdings."
„Alle Wetter! Wessen Werkzeuge?"
Seine Augen hatten sich weit geöffnet; es war, als ob er mich mit seinem Blick verschlingen wolle. Dennoch antwortete ich ruhig:
„Die Ihrigen, Señor."
Bruder Hilario stieß einen Ruf des Schreckens aus. Die Offiziere sprangen von ihren Sitzen auf. Jordan taumelte zurück, sprang dann auf mich, packte mich an der Brust und schrie:
„Hund, das ist dein Tod! Ich erwürge dich!"
Er schüttelte mich hin und her. Ich ließ es mir ruhig gefallen, sagte aber:
„Señor, bewahren Sie Ihre Besonnenheit! Sie haben die Wahrheit von mir verlangt, und ich habe sie Ihnen gesagt. Wenn Sie sich durch dieselbe in dieser Weise aufregen lassen, geben Sie sich in die Gefahr, daß man schließlich doch an solches Geschwätz glaubt!"
„Geschwätz! Ah, das ist Ihr Glück!" sagte er, indem er die Hand von mir nahm. „Sie halten dieses Gerücht also für ein Geschwätz!"
„Natürlich, denn nur Schwätzer können etwas aussprechen, was ihnen unter Umständen den Kopf kosten kann."
„Also, man spricht wirklich von mir, man sagt, daß..."
„Ja", nickte ich. „Man sagt es."
„Wo? Auch drüben in Europa?"

"Auch dort."

"Welche Büberei! Es ist entsetzlich! Und Sie? Glauben auch Sie es?"

"Diese Frage ist vollständig überflüssig, Señor. Würden wir einem Mörder ein so großes geschäftliches Vertrauen schenken, wie ich durch meinen Auftrag Ihnen entgegenbringe?"

"Das ist wahr... das ist wahr!"

Er wendete sich ab. Ich hatte ihn in eine außerordentliche Aufregung versetzt. Er ging eine Weile mit großen Schritten auf und ab, blieb dann aber vor mir stehen, legte mir die Hand auf die Schulter und sagte:

"Mensch, Sie sind entweder ein ganz verrückter Kerl, der nicht weiß, was er tut, oder der Major hat recht, indem er Sie einen Teufel nennt! In beiden Fällen aber sind sie ein hochgefährliches Subjekt. Welche Meinung ist die richtige?"

"Keine von beiden. Ich bin nur außerordentlich aufrichtig. Ich habe geglaubt, Ihnen einen Gefallen zu erweisen, indem ich Ihnen die Wahrheit sagte. Wer seine Situation erkennen und die Verhältnisse beherrschen will, muß vor allen Dingen wissen, welche Ansicht man von ihm hegt."

"So! Man hält mich für einen Mörder! An meinen Händen soll Blut kleben! Ich werde mich in meinem Handeln nach dieser Ansicht, welche man von mir hegt, zu richten haben. Aber wenn Sie etwa meinen, daß ich Ihnen für Ihre Aufrichtigkeit Dank schuldig sei, so haben Sie sich geirrt. Es gibt eine Aufrichtigkeit, welche in die Kategorie der Frechheit gehört, und dahin ist Ihre Offenheit zu rechnen. Ich werde Sie töten und einen Unterhändler an Tupido nach Buenos Aires senden."

"Der Mann mag getrost hier bleiben. Tupido darf ohne mich nichts unternehmen. Ich bin in dieser Angelegenheit Stellvertreter Master Hounters. Ich verbiete hiermit dem Kapitän Turnerstick, Ihnen, ohne daß ich selbst auf dem Schiff anwesend bin, ein Faß oder eine Kiste ausfolgen zu lassen! Sie haben die ersten Schritte getan und können nicht mehr zurück. Ihre Vorbereitungen haben Ihr Vermögen verschlungen, und Sie können nur mit Hilfe unseres Geldes und der Waffen, welche wir Ihnen liefern, zum Ziel kommen. Töten Sie mich, verhalten Sie sich feindselig gegen meine Gefährten, so bekommen Sie keinen Peso und keine Handvoll Pulver. Das sage ich Ihnen allen Ernstes. Und nun machen Sie, was Sie wollen!"

Er blickte fragend auf seine Offiziere. Der General zuckte die Schultern; die anderen verhielten sich ganz schweigend. Meinen

Gefährten war himmelangst; das sah ich ihnen an. Ich selbst mußte mir sagen, daß ich durch Höflichkeit weiter und jedenfalls schneller an das Ziel gekommen wäre, aber das wäre mir wie eine Feigheit erschienen.

Endlich ließ er sich hören:

„Angenommen, es sei wirklich alles so, wie Sie sagen, so habe ich es nur mit Ihnen, dem Kapitän und dem Steuermann zu tun. Was aber sollen die anderen? Gegen sie, mit denen ich nichts zu tun habe und von welchen ich keinen Vorteil erwarte, kann ich unmöglich so nachsichtig sein!"

„Ich habe Señor Mauricio Monteso engagiert. Er sollte mich mit seinen Yerbateros begleiten, um mich sicher zu Ihnen zu bringen. Sie sind in die Sache eingeweiht, und mit ihrer Hilfe sollte die Ladung den Parana heraufgeschmuggelt werden. Ich habe diese Männer geprüft und für treu befunden. Nur ihnen allein vertraue ich mich an. Wollen Sie das nicht gelten lassen, nun so kann aus unserem Geschäft eben nichts werden."

„Sie sind verteufelt halsstarrig, Señor. Wie aber kommt denn der Estanziero und sein Sohn zu Ihnen?"

„Major Cadera wird es Ihnen erzählt haben."

„Und was hat der Bruder mit Ihnen zu schaffen?"

„Er ist mein Freund, an welchem sich Ihre Leute ohne allen Grund vergriffen haben. Ich kann weder ihn, noch einen anderen ausnehmen, falls von einer friedlichen Einigung zwischen uns die Rede sein soll.

„Hol Sie der Teufel! Warum haben Hounters und Tupido mir einen Mann geschickt, mit welchem man weder verkehren, noch anständig verhandeln kann?"

„Die Ansichten über Verstand und Anständigkeit sind sehr verschieden, Señor. Die beiden Herren haben geglaubt, ich sei der richtige Mann für sie; ob ich auch Ihnen passe, das ist denselben sehr wahrscheinlich gleichgültig gewesen."

„So sagen Sie wenigstens, wie Sie sich die Sache denken! Es müssen doch Kontrakte ausgefertigt und unterzeichnet werden! Wo sind dieselben?"

„Señor Tupido hat sie mit nach Buenos Aires genommen."

„Wer hat sie Ihrerseits unterschrieben?"

„Noch niemand. Wir wissen ja nicht im voraus, über welche Punkte wir einig werden. Tupido unterzeichnet für sich und ich für Master Hounters. Daraus ersehen Sie, daß meine Person unverletzlich ist. Gebe ich meine Unterschrift nicht oder kann ich sie nicht geben, so wird das Geschäft ins Wasser fallen."

„Und wer unterzeichnet meinerseits?"

„Sie oder einer Ihrer Vertrauten, welchem Sie Vollmacht erteilen. Er wird mich nach Buenos Aires begleiten."

„Das ist zu gefährlich für ihn!"

„Noch weit gefährlicher ist's für mich hier bei Ihnen. Ich darf doch annehmen, daß Sie unter Ihren Offizieren wenigstens einen einzigen haben, welcher etwas wagt, was weniger gefährlich ist als das, was ich gewagt habe, indem ich die Reise zu Ihnen unternahm."

„Sie werden abermals beleidigend! Ich habe keine Feiglinge unter meinen Leuten!"

„So dürfen Sie auch nicht sagen, daß die Fahrt nach Buenos Aires gefährlich sei."

„Können Sie Ihr Ehrenwort geben, daß keiner von Ihren Leuten in Buenos Aires verrät, was mein Beauftragter mit seinen Begleitern, die ich ihm jedenfalls mitgeben würde, dort will?"

„Ich gebe es Ihnen hiermit."

„Ich nehme es an und verlasse mich auf dasselbe. Trotzdem aber sage ich damit noch nicht, daß ich auf Ihre Vorschläge eingehe. Ich werde mich erst mit den anwesenden Herren beraten, und Sie kehren in Ihre Stube zurück, um das Resultat unserer Besprechung dort abzuwarten."

„Einverstanden, Señor! Nur werden Sie mir vorher erlauben, nun endlich das vorzubringen, was ich gegen den Major Cadera zu sagen habe."

„Das ist nicht nötig!"

„O doch. Es liegt sehr in meinem Interesse, dafür zu sorgen, daß Sie unsere Erlebnisse auch einmal von unserem Standpunkt aus betrachten. Ich werde mich natürlich möglichst kurz fassen."

„So erzählen Sie!"

Er setzte sich wieder nieder und hörte mir ohne die geringste Unterbrechung bis zu Ende zu. Auch Cadera selbst sagte kein Wort, obgleich sich meine ganze Darstellung gegen ihn richtete. Desto beredter aber waren seine Augen. Er war mein Todfeind; das sagte mit sein Gesichtsausdruck und jeder Blick, den er auf mich warf. Als ich geendet hatte, rief ich die Gefährten auf, mir zu bezeugen, daß ich mich genau an die Wahrheit gehalten und weit eher zu wenig als zu viel gesagt hatte. Sie bestätigten es.

„Was Sie erzählt haben", bemerkte Jordan, „ist genau dasselbe, was ich von dem Major gehört habe. Es versteht sich ganz von selbst, daß jede Partei die Leinwand mit ihren Farben bemalt. Betrachten wir also die Sache als ungeschehen!"

„Auch ich bin dazu bereit, Señor", antwortete ich. „Ich will also von der geforderten Genugtuung absehen. Aber ich verlange, wie sich ganz von selbst versteht, alles zurück, was uns abgenommen worden ist."

„Oho! Das ist zuviel verlangt!"

„Kommandiert der Major Soldaten oder Räuber?"

„Soldaten!"

„Das hoffe ich, denn mit einem Anführer von Räubern würden wir kein Geschäft abschließen, bei welchem es sich um so bedeutende Summen und Beträge handelt. Aber ein ehrlicher Soldat raubt nicht! Nachdem Sie erfahren haben, daß ich Ihr Freund, daß heißt Ihr Geschäftsfreund bin, können Sie keinen Augenblick zögern, uns unser Eigentum zurückzugeben."

„Das sind Ansichten. Wir werden auch darüber beraten und Ihnen das Ergebnis mitteilen. Gehen Sie; entfernen Sie sich! Ich werde Sie rufen, sobald wir mit unserer Beratung zu Ende sind."

Wir folgten dieser Aufforderung und kehrten in die hintere Stube zurück. Die Tür wurde hinter uns verriegelt, und dann vernahmen wir die gedämpften Stimmen der Sprechenden, ohne aber verstehen zu können, was geredet wurde. Erwartungsvoll setzten wir uns auf den Boden nieder. Meine Gefährten wollten sich in Ausstellungen an meinem Verhalten ergehen; ich bat sie aber, das zu unterlassen. Sie schwiegen also. Nur der Kapitän sprach leise mit seinem Steuermann. Er ließ sich erzählen, was ich mit Jordan verhandelt hatte. Als er alles wußte, gab er mir die Hand und sagte:

„Charley, das habt Ihr vortrefflich gemacht! Die anderen werden es zwar toll nennen; ich aber weiß, wie Ihr seid und daß Ihr uns durchbringen werdet."

Es war wohl eine Stunde vergangen, als man uns wieder holte. Wir durften eintreten. Ich ging sofort bis ganz an den Tisch und stellte mich in die unmittelbare Nähe Jordans. Und das geschah nicht ohne Absicht, denn er hatte meine beiden Revolver neben sich liegen. Major Cadera machte ein ganz eigenartiges Gesicht. Er schien sich geärgert zu haben, und doch lag ein versteckter Triumph in seinen hämischen Zügen. Jedenfalls war der Entschluß, den man für augenblicklich gefaßt hatte, ihm nicht angenehm, und man hatte ihm als Entschädigung für später Hoffnung gemacht.

„Wir sind fertig, Señor", sagte Jordan. „Sie können sich über den Entschluß, welchen wir gefaßt haben, gratulieren!"

„Das tue ich nicht eher, als bis ich ihn kennengelernt habe. Jedenfalls ist er für Sie wenigstens ebenso vorteilhaft, wie für uns. Vorteile, Gnade verlangen wir ja überhaupt gar nicht, sondern nur Gerechtigkeit. Was haben Sie zunächst in Beziehung auf meine Person beschlossen?"

„Sie werden nicht erschossen."

„Schön! So kann ich auch meine Revolver wieder zu mir nehmen."

Ich ergriff sie schnell, steckte sie in den Gürtel und trat um einige Schritte zurück.

„Halt!" fuhr Jordan auf. „So ist's nicht gemeint. Wir können Ihnen nicht erlauben, Waffen zu tragen."

„Dagegen protestiere ich natürlich, Señor. Sie werden mir schon erlauben, daß ich sie behalte!"

„Nein. Sie haben versprochen, sich in mein Urteil zu fügen!"

„Ich versprach mich erschießen zu lassen, falls Sie mcih dazu verurteilen. Sie haben das nicht getan, folglich...!"

„Sie zwingen mich, Gewalt zu brauchen!"

„Ich zwinge keinen Menschen. Die Revolver sind mein Eigentum; ich behalte sie also."

„Ganz wie Sie wollen! Wer nicht hören will, muß fühlen. Major Cadera nehmen Sie ihm die Waffen ab!"

Deiser Befehl kam dem Major ebenfalls sehr ungelegen. Er schickte sich an gehorsam zu sein, aber nur sehr widerstrebend. Er trat langsam auf mich zu, blieb zwei Schritt vor mir stehen und gebot:

„Her damit!"

„Nehmen Sie, was Sie wünschen, Señor!" lachte ich. „Aber hüten Sie sich, meiner Faust allzu nahe zu kommen. Sie haben sie schon einmal gefühlt."

Ich machte eine Faust und hielt sie ihm entgegen. Er wendete sich zu Jordan und sagte:

„Sie hören, Señor. Er will nicht!"

„Aber ich will!" antwortete dieser. „Ich befehle sogar. Gehorchen Sie augenblicklich!"

Der Major kam dadurch in die größte Verlegenheit; ich zog ihn aus derselben heraus, indem ich Jordan bat:

„Zwingen Sie ihn nicht, sich an mir zu vergreifen, Señor! Ich schlage ihn nieder, sobald er es wagt, mich anzurühren."

„Vergessen Sie nicht, daß er im Widersetzungsfall von seiner Waffe Gebrauch machen wird. Er hat eine Pistole!"

„Bis jetzt, ja..., nun aber nicht mehr!"

Zwischen diesen beiden Sätzen war ich blitzschnell auf den Major zugetreten und hatte ihm die Pistole aus der Hand gerissen. Er stieß einen Fluch aus und machte Miene, nach mir zu fassen.

„Zurück!" drohte ich. „Sonst jage ich Ihnen Ihre eigene Kugel durch den Kopf!"

„*Diabolo!*" rief Jordan. „Das ist stark! Bemerken Sie, daß wir anderen auch bewaffnet sind? Was wollen Sie gegen uns ausrichten! Geben Sie die Waffen ab, und zwar augenblicklich, sonst rufe ich meine Soldaten herein!"

„Die Waffen werde ich abgeben, Señor, ja, aber nicht an Sie, sondern an diese da. Sehen Sie!"

Ich gab dem Yerbatero die Pistole und dem Kapitän einen meiner Revolver, da dieser als Amerikaner im Gebrauch dieser Waffe vielleicht erfahrener war als die anderen. Dann schwenkte ich rasch nach der Tür, schob den Riegel vor, hielt Jordan den zweiten Revolver entgegen und fuhr fort:

„Ihre Leute können nicht herein. Übrigens, wenn Sie rufen, so schießen wir!"

Das war alles so schnell geschehen, daß der Major noch unbeweglich und wie angenagelt stand. Die Offiziere hatten zwar auch nach ihren Pistolen gegriffen, hüteten sich aber zu schießen. Der Steuermann war hinter Jordan getreten und blinzelte listig zu mir herüber. Ich verstand, was er sagen wollte, winkte ihm aber noch nicht zu, da er sonst vielleicht voreilig gehandelt hätte.

„Himmel!" rief Jordan. „Ist so etwas denn nur möglich?"

„Nicht nur möglich, Señor! Sie sehen es ja."

„Aber wenn Sie sich wirklich an uns vergreifen, so werden Sie von meinen Leuten buchstäblich in Stücke gerissen!"

„Sie mögen kommen! Jedenfalls haben wir die Genugtuung, daß wir Sie vorher dahin geschickt haben, wo Sie keinen Gefangenen mehr machen können."

„Nur Sie sollen gefangen sein. Ihre Leute können frei umhergehen!"

„Sie werden sich wohl keinen Augenblick von mir trennen."

„Aber meinen Sie wirklich, daß es Ihnen so leicht sein wird, uns niederzuschießen. Ich greife zum Beispiel hier nach..., o weh!"

Er hatte nach der vor ihm liegenden Pistole greifen wollen, stieß aber diesen Schmerzensschrei aus, da der Steuermann ihm die Riesenhände an die beiden Arme legte und ihm dieselben an den Leib preßte.

„Liegenlassen, Mann, sonst zerdrücke ich dich wie eine Zitrone!" drohte der riesige Seemann. „Nur los, Señor!" fuhr er dann fort, zu mir gerichtet. „Das ist endlich einmal die gewünschte Gelegenheit, ein Mannskind so richtig in die Schrauben zu nehmen, daß ihm der Most aus den Stiefeln läuft!"

„Laß mich los!" rief Jordan. „Kerl, du zerdrückst mich ja!"

Niemand wagte es, ihm zur Hilfe zu kommen. Seine Offiziere sahen zwei Revolver und eine Pistole gerade auf sich gerichtet, und zum Überfluß erklärte ich ihnen:

„Wenn Sie Ihre Pistolen nicht augenblicklich auf den Tisch legen, befehle ich diesem Mann, daß er dem Generalissimo den Brustkasten eindrückt. Ich sage Ihnen, daß Sie sofort die Knochen krachen hören werden! Also weg mit den Waffen! Eins..., zwei..."

Ich hatte die zwei kaum ausgesprochen, so lagen die Pistolen auf dem Tisch. Übrigens hatten die Herrn keine Angst vor uns. Sie wußten, daß ihnen nichts geschehen werde, falls sie sich nicht feindselig gegen uns verhielten. Auf dem Gesicht des Generals war sogar der leise Ausdruck der Genugtuung zu bemerken. Ihm war ganz gewiß eine außerordentlich lange Nase erteilt worden dafür, daß er sich vorhin von mir ins Bockshorn hatte jagen lassen. Und nun geschah seinem Vorgesetzten ganz dasselbe. Das mußte ihn mit stiller Freude erfüllen.

„Nehmt die Waffen weg!" gebot ich den Yerbateros.

Sie säumten keinen Augenblick, diese Befehl auszuführen, so daß unsere Gegner nun nur noch ihre Säbel hatten, welche wir nicht zu fürchten brauchten, da sich nun fast jeder von uns im Besitz einer Schußwaffe befand.

„Gehen Sie von der Tür fort, hinten in den Winkel, Señor!" herrschte ich den Major an.

Er gehorchte auch, zwar langsam, aber doch. Dann gab ich dem Steuermann einen Wink. Er nahm die Hände von Jordan weg, blieb aber hinter demselben stehen. Jordan sank ganz ermattet in seinen Stuhl und rief seufzend:

Cascaras! Was für Menschen sind das! Das muß man sich mitten in seinem Hauptquartier gefallen lassen. Und Sie, Señores, stehen mir nicht bei!"

Dieser Vorwurf war gegen seine Offiziere gerichtet. Sie konnten ihm natürlich nicht antworten, wie sie wollten; darum tat ich es an ihrer Stelle:

„Warum haben Sie sich denn selbst nicht helfen können? Ein Generalissimo sollte stets selbst wissen, was zu tun ist. Sie haben nun erfahren, daß es nicht so sehr leicht ist, über Leben und Eigentum anderer zu verfügen, wenn diese anderen nicht zugelaufene Landstreicher, sondern erfahrene, ehrliche und mutige Männer sind."

„Vergessen Sie nicht, daß Sie von einigen Tausenden meiner Truppen umgeben werden!"

„Pah! Vor diesen Kerlen fürchten wir uns nun nicht mehr."

Er warf einen Blick auf mich, in welchem sich ein ganz unbeschreibliches Erstaunen aussprach.

„Ich bin überzeugt", fuhr ich fort, „daß keiner Ihrer Leute sich an einem von uns vergreifen wird!"

„Oho! Man wird Sie zerreißen, wie ich Ihnen schon gesagt habe."

„Fällt niemandem ein! Kein Mensch wird etwas tun, wodurch er Ihren augenblicklichen Tod herbeiführen würde."

„Meinen Tod?"

„Ja. Wir sind zehn Männer; sie zählen nur sechs. Jedenfalls sind Sie überzeugt, daß es uns leicht ist, Sie zu binden?"

„Was kann Ihnen das nützen?"

„Sehr viel. Wir binden Sie und fesseln Sie aneinander, einen an den anderen, wie eine Tropa Pferde. Wir führen Sie fort, aus dem Haus hinaus, mitten durch Ihre Soldaten. Man wird es nicht wagen, Hand an uns zu legen, denn sobald man nur einen von uns berührte, würden wir Sie alle augenblicklich niederschießen. Nennen Sie das immerhin ein wahnsinniges Unternehmen! Ich bin fest entschlossen, es auszuführen, falls Sie mich zwingen, Ihnen den Beweis zu liefern, daß zuweilen auch etwas geradezu Verrücktes ganz vortrefflich gelingen kann. Ich habe noch mit ganz anderen Leuten, als Sie sind, zu tun gehabt. Ich habe mich durch Hunderte von Comantschos und Apatschos geschlagen, von denen einer so viel wiegt, wie zwanzig Ihrer Leute. Nicht die Masse fürchte ich. Der Scharfsinn und die Verwegenheit des einzelnen führt oft schneller zum Ziel, als das ordnungslose Zusammenwirken vieler. So wie wir hier stehen, und so wie Sie sich hier befinden, schaffen wir Sie hinaus und nach dem Fluß. Wollen sehen, ob wir uns auf diese Weise nicht unser Leben, unsere Freiheit und unser Eigentum retten! Ich komme als Freund zu Ihnen, werde mit meinen Gefährten wie ein Lump und Vagabund behandelt und soll selbst jetzt, wo ich Sie überzeugt habe, welche ungeheuren Vorteile ich Ihnen bringe, mir alle mögliche Tücke und Hinterlist gefallen lassen! Dazu bin ich nicht der Mann. Mag es biegen oder brechen! Für mich sind Sie jetzt nichts als ein Mann, dem ich kein Vertrauen schenken kann, und so dürfen Sie sich nicht wundern, wenn ich in der dadurch gebotenen Weise mit Ihnen verfahre."

Diese Worte machten den beabsichtigten Eindruck.

„Aber was verlangen Sie denn von mir?"

„Ehrlichkeit, weiter nichts. Ich will von jetzt an frei sein!"

„Ich hatte die Absicht Sie morgen früh abreisen zu lassen, nach Buenos Aires, und Ihnen meinen Bevollmächtigten mitzugeben."

„Das ist ja recht gut, aber gar kein Grund, mich heute noch einzusperren. Wer soll denn dieser Bevollmächtigte sein?"

„Major Cadera."

„Warum gerade er? Sie befürchten Feindseligkeiten zwischen ihm und mir und sperren mich deshalb ein; morgen aber soll ich eine Reise mit ihm antreten. Das ist lächerlich!"

„Ich habe ihn gewählt, weil ich mich auf ihn verlassen kann und weil ihn niemand in Buenos Aires kennt. Ein Beauftragter von mir muß dort natürlich höchst vorsichtig sein."

„Ich habe gar nichst dagegen, daß er es ist, der mich begleiten soll; aber ich verlange die Behandlung, auf welche ich Anspruch erheben kann."

„Nun wohl, ich will meinen Entschluß zurücknehmen, Sie werden also bis morgen mein Gast sein. Fühlen Sie sich dadurch zufriedengestellt?"

„Ja, wenn sich Ihre Worte auch auf alle meine Gefährten beziehen."

„Das ist der Fall. Morgen reiten Sie mit Cadera ab. Natürlich gebe ich Ihnen Begleitung mit, welche gerade aus so vielen Köpfen besteht, wie auch Sie bei sich haben."

„Warum das?"

„Ich kann Sie doch nicht ohne Schutz gehen lassen!"

„Meinetwegen, obgleich ich der Ansicht bin, daß er durch diese Begleitung nur die Aufmerksamkeit Ihrer Gegner auf sich ziehen muß. Übrigens werden nicht alle mit mir gehen. Der Estanziero reitet mit seinem Sohn direkt heim. Nur die Yerbateros begleiten mich, da ich sie für unser Geschäft engagiert habe. Der Kapitän und der Steuermann sind natürlich auch dabei, und Bruder Hilario, wird uns nicht verlassen wollen. Mit welcher Gelegenheit sollen wir fahren?"

„Wieder mit einem Floß. Einen Dampfer dürfen Sie nicht betreten, weil Sie da Verdacht erwecken würden."

„Ich bin einverstanden. Der Major hat also Vollmacht, ganz wie Sie zu handeln, und Sie werden seine Unterschrift so respektieren wie Ihre eigene?"

„Ja."

„Da genügt mir; Señor Tupido aber wird eine schriftliche Vollmacht verlangen."

„Die werde ich dem Major mitgeben."

„Schön! Und wie steht es mit Ihrem Entschluß bezüglich unseres Eigentums?"

Er hatte jedenfalls vieles behalten wollen, war aber jetzt der Ansicht geworden, daß ich nicht darauf eingehen würde. Darum sah er den General fragend an, und dieser nickte ihm zu, nachgebend zu sein. Da antwortete Jordan:

„Sie sollen alles zurückerhalten, außer der Summe, welche Sie dem Major abgenommen haben."

„Die lasse ich nicht abziehen. Der Major hat sie als Entschädigung zahlen müssen."

„Was geht Sie der Brand eines fremden Hauses an?"

„Ein braver Mensch ist mein Nächster und mir niemals fremd!"

„Der Abzug soll nicht Ihnen gemacht werden. Wir nehmen das Geld von der Summe, die dem Estanziero Monteso gehörte."

„Ob mir oder ihm, das ist mir ganz gleich. Ich willige nicht ein."

„So soll an diesem nebensächlichen Punkt unser ganzes friedliches Übereinkommen scheitern?"

„Ja, wenn Sie die Forderung nicht fallen lassen."

„Aber Cadera verlangt sein Geld zurück!"

„Und wir das unsrige! Er mag keine Ranchos niederbrennen."

„Bedenken Sie, daß Sie ihm bereits die Pferde abgenommen haben!"

„Mit vollem Recht. Sie gehören nicht ihm. Er mag nicht stehlen!"

„Señor, Sie haben einen ganz entsetzlich harten Kopf!"

„Leider! Und unglücklicherweise besitzt er die Eigentümlichkeit, immer härter zu werden, falls etwas nicht nach seinem Willen geht. Beharren Sie bei Ihrer Weigerung, so ist es sehr leicht möglich, daß ich das zurücknehme, was ich bisher bewilligt habe."

„Cadera wird Ersatz von mir verlangen!"

„Das ist Ihre Sache, aber nicht die meinige. Übrigens bin ich überzeugt, daß das Geld nicht sein persönliches Eigentum war. Er hat in Ihrem Auftrag gehandelt und ist also von Ihnen mit Kasse versehen worden. Sie nennen mich zwar einen Verrückten, zuweilen aber habe ich doch ausnahmsweise ein klares Auge."

„Basta! Mit Ihnen ist nichts anzufangen! Nehmen Sie also auch dieses Geld. Ich habe nichts dagegen! Nun aber sind Sie doch vollständig befriedigt?"

„Nein. Sie haben die Güte, Ihre Zugeständnisse schriftlich zu bestätigen, wozu die anderen Herren die Güte haben werden, ebenso schriftlich ihr Ehrenwort zu geben."

„Das ist beleidigend!"

„Nur eine Folge Ihrer eigenen Bemerkung, daß ein Bruch Ihres Wortes möglich ist. Ich muß das zu unserer Sicherheit unbedingt fordern."

„Aber es wäre doch auch die Möglichkeit vorhanden, daß ich dieses schriftliche Zugeständnis ebensowenig halte, wie ein mündliches!"

„Deshalb verlange ich die Unterschrift der Señores Offiziere. Von ihnen bin ich überzeugt, daß sie ihr Ehrenwort respektieren und also auf die Erfüllung unserer Abmachungen dringen werden."

Der Kapitän, der Yerbatero und ich, wir hatten noch immer unsere Waffen drohend in den Händen. Jordan war mürbe geworden. Er stieß einen Seufzer aus und sagte:

„Sie sind wirklich ein entsetzlicher Mensch! Ein solcher Starrkopf ist mir noch niemals vorgekommen! Wie soll ich schreiben?"

„Ich werde diktieren."

„Gut! Der Rittmeister mag schreiben, und dann unterzeichnen wir. Aber nun tun Sie die Waffen weg!"

„Nach vollzogener Unterschrift. Nicht eher."

Derjenige, welchem er den Titel Rittmeister gab, nahm Papier und Feder zur Hand und schrieb mein Diktat nieder. Ich gab demselben die vorsichtgste Fassung. Der ‚Generalissimo' hätte sich nicht an dasselbe gekehrt. Von den anderen aber nahm ich an, daß Ihre Unterschrift wenigstens einigen Wert für sie haben werde. Jordan unterzeichnete; dann fügten auch die anderen ihren Namen bei.

„So!" sagte Jordan, indem er vom Stuhl aufstand. „Es ist geschehen. Wir sind einig, und nun geben Sie uns unsere Pistolen zurück!"

„Warum? Ist Ihnen denn gar so viel an dem Besitz dieser Waffen gelegen, Señor! Ich möchte mir zunächst den Beweis erbitten, daß Sie Ihr Wort halten. Haben Sie also die Güte, uns unser sämtliches Eigentum ausfolgen zu lassen!"

„Das muß der General tun, an den alles abgegeben worden ist."

„So erteile ich ihm die Erlaubnis, sich zu entfernen. Die anderen Señores aber bleiben hier. Zehn Minuten werden wohl genügen, alles herbeischaffen zu können. Beeilen Sie sich, General, sonst erwacht mein Mißtrauen von neuem. Und versuchen Sie keine

Hinterlist! Sie würden das Leben Ihrer Kameraden aufs äußerste gefährden!"

Er gab mir keine Antwort, sondern nickte mir nur zu. Ich sah es ihm an, daß er keine Unehrlichkeit beabsichtigte, und ließ ihn hinaus, riegelte aber hinter ihm die Tür wieder zu. Die anderen blieben still auf ihren Plätzen. Keiner sprach ein Wort. Sie fühlten sich geschlagen und in ihrer Ehre beleidigt; ich gebe auch gern zu, daß es eine Schande für sie war, daß sie unter solchen Verhältnissen und auf diese Weise gezwungen worden waren, alle meine Forderungen zu bewilligen. Nur der Rittmeister warf zuweilen einen nicht unfreundlichen Blick auf mich. Er war ein noch junger und sehr hübscher Mann, der in seinem Benehmen etwas Chevaleresques zeigte. Ich schien ihm keine Abneigung eingflößt zu haben.

Ein wenig nach der angegebenen Zeit wurde angeklopft. Ich öffnete die Tür ein wenig, hielt den gespannten Revolver in der Hand und sah duch den Spalt hinaus. Der General stand draußen, hinter ihm einige Soldaten, welche unsere Gewehre und sonstigen Sachen trugen.

„Öffnen Sie immerhin ganz, Señor!" sagte er. „Ich habe, wie Sie sich überzeugen können, beide Vorzimmer räumen lassen. Es ist keine Wache mehr da."

Ich ließ ihn mit den Leuten hereintreten. Sie legten alles auf den Tisch. Als jeder sein Eigentum an sich genommen hatte, zeigte es sich, daß noch verschiedenes fehlte. Die Bolamänner hatten sich manches angeeignet und es nicht abgegeben. Der General ging, um die Leute vorzunehmen, und bald wurde alles Fehlende gebracht, so daß wir uns im vollen Besitz unserer Habe befanden — außer dem Geld.

Das meinige hatte ich vollständig wieder erhalten, ebenso die anderen, ausgenommen der Estanziero. Ihm fehlten dreitausend Papiertaler, welche dem General nicht ausgehändigt worden waren. Entweder irrte sich der Estanziero, oder der Major hatte die Summe für sich behalten. Der letztere stellte das sehr entschieden in Abrede. Der erstere behauptete, ganz genau zu wissen, wieviel er bei sich getragen hatte, doch erklärte er, um des Friedens willen verzichten zu wollen. Da aber sagte der Steuermann:

„Dreitausend Taler sind kein Pappenstiel. Sie dürfen nicht verzichten. Der Señor Major mag mir die Hand darauf geben, daß er das Geld wirklich nicht hat."

Er streckte Cadera seine breite Hand entgegen. Dieser war so unvorsichtig, die seinige hineinzulegen, und versicherte:

„Hier mein Ehrenwort, daß ich alles abgegeben habe."

Kaum aber hatte er das gesagt, so schrie er laut auf vor Schmerz. Der Steuermann ließ die Hand nicht los; er hielt sie fest und immer fester.

„*Cielo, cielo!*" rief der Major. „Lassen Sie mich doch los!"

„Wo ist das Geld?" fragte der Steuermann ruhig, indem er die Hand immer fester drückte.

„Ich habe es nicht, wirklich nicht!"

„Du hast es, Spitzbube! Ich drücke dir die Hand zu Kleister, wenn du es nicht gestehst!"

„*Quen dolor, qué tormento!*" zeterte Cadera, indem er mit beiden Füßen sprang. „Ich habe nichts, ich... ich...!"

„Lassen Sie ihn los!" gebot der General. „Wir können so etwas unmöglich..."

Er kam nicht weiter, denn der Steuermann unterbrach ihn rauh:

„Schweigen Sie! Ich weiß, woran ich bin! Diesem Kerl ist der Spitzbube nur zu deutlich an die Stirn geschrieben. Passen Sie auf; er wird es sogleich gestehen!"

Ein abermals verstärkter Druck seiner gewaltigen Faust; der Major tat einen Luftsprung und schrie:

„Ich... ich... o Himmel...! Ja doch, ja!"

„Wo hast du das Geld?" fragte Larsen ohne loszulassen.

„Im Hut hier!"

„Heraus damit — aber gleich!"

Cadera hatte einen anderen Hut auf als früher. Er riß ihn vom Kopf. Er konnte ihn mit der schmerzenden Hand gar nicht halten, die ein bräunlich blaues Aussehen bekommen hatte.

„Unter dem Schweißleder!" sagte er. „Nehmt es heraus!"

Larsen zog das Geld hervor, zeigte es dem General und sagte:

„Nun, wer hatte recht, Señor, Sie oder ich? Lassen Sie sich auch solche Hände machen wie die meinigen, dann können Sie jeden Dieb zum Geständnis bewegen! Dieser famose Herr Major wird eine Zeitlang glauben, er habe hundert Finger an der Hand, die alle zerquetscht sind, hoffentlich aber maust er nicht mehr mit ihnen!"

Der Estanziero steckte sein Geld ein. Der ‚Generalissimo', welcher sich während der letzteren Szene, obgleich dieselbe jedenfalls für ihn sehr peinlich gewesen war, ganz ruhig verhalten hatte, trat jetzt mit der Frage zu mir:

„Sind Sie nun zufriedengestellt, Señor?"

„Vollständig. Und ich hoffe, daß der geschlossene Friede ein dauernder sein wird."

„Das wird von jetzt an nur auf Sie ankommen. Wir werden unser Wort halten; nun liegt es an Ihnen, das Ihrige zu Ehren zu bringen. Ich gehe jetzt, um in eigener Person für Ihr Unterkommen zu sorgen, da Sie mein Gast sind."

„Bitte, Señor, ich werde mich keinesfalls von meinen Gefährten trennen und bitte Sie also, Ihre Anweisung dahin zu erteilen, daß wir beisammen bleiben."

„Ganz wie Sie wollen. Im übrigen weise ich Sie an den Rittmeiser hier, welchen ich mit der Sorge für Sie betrauen werde."

Er ging. Die anderen folgten, auch Cadera, welcher uns keines Blickes würdigte, aber gewiß unter Haß und Scham auf Rache sann. Nur der Rittmeister blieb für einige Augenblicke zurück. Er wendete sich mit mir von den anderen ab und sagte in unterdrücktem Ton:

„Señor, man ist ganz unverantwortlich verfahren, und zwar nicht nur gegen Sie und Ihre Begleiter. Ich habe mich der hiesigen Angelegenheit angeschlossen, weil ich glaubte, in derselben einer guten Sache zu dienen; aber Sie haben mir die Augen geöffnet. Ich bin Ihnen dankbar dafür. Indem ich Sie bitte, aus dem Bisherigen nicht ein Urteil über mich zu fällen, stelle ich mich Ihnen zur Verfügung, bin dabei aber von Ihrer Diskretion überzeugt. Meines Bleibens wird hier nicht mehr lange sein; jedenfalls aber können Sie auf mich rechnen."

„Meinen Dank, Señor", antwortete ich. „Es freut mich aufrichtig, hier einen Mann zu finden, welcher sich mit seinem Urteil auf die Seite der gerechten Sache stellt. Ich konnte das, nach dem, was wir hier erfahren haben, wohl kaum erwarten. Die hier anwesenden Truppen scheinen sich ja nur aus Bravos und Briganten rekrutiert zu haben?"

„Leider haben Sie recht. Ich mußte das schon bald nach meiner Ankunft hier bemerken und fragte mich infolgedessen, ob es sich mit meiner Ehre vertrage, auf solcher Seite zu kämpfen. Nach allem, was ich nun gesehen und gehört habe, kann ich nur wünschen, so bald wie möglich von hier fortzukommen. Doch wird das außerordentlich schwierig sein. Ich bin in Jordans Absichten eingeweiht, infolgedessen er mich wohl mit Gewalt zurückhalten würde."

„So entfernen Sie sich heimlich."

„Das würde sich unter irgendeinem Vorwand tun lassen; aber ich bin überzeugt, daß ich schnell die Verfolger hinter mir haben würde."

„Pah! Es wird hier zwar sehr viel Pulver verschossen; erfunden wurde es anderswo. Wurden Sie von Jordan vereidigt?"

„Nein."

„So sind Sie nicht gebunden. Haben Sie wirklich die Absicht, sich zu entfernen, so kann ich Ihnen vielleicht behilflich sein."

„Sie?" fragte er mit einem Lächeln des Erstaunens. „Sie befinden sich doch selbst in einer Lage, in welcher Sie der Hilfe bedürfen, Señor!"

„Wohl schwerlich. Da wir uns wieder im Besitz unserer Waffen befinden, werden wir uns schon selbst zu helfen wissen. Jordan muß uns gehen lassen. Vielleicht finden Sie dabei die Gelegenheit, sich uns heimlich anzuschließen."

„Nun, wollen sehen. Jedenfalls aber können Sie überzeugt sein, daß ich auf Ihrer Seite stehe und es möglichst verhüten werde, daß Sie von neuem in Gefahr gebracht werden. Jetzt muß ich fort, damit man nicht aus meinem Verweilen bei Ihnen schließt, daß ich gesonnen bin, mich Ihrer anzunehmen."

Er ging, kehrte aber sehr bald zurück, um uns nach der für uns bestimmten Wohnung zu bringen. Diese lag in einem Nebengebäude, so daß wir über den Hof gehen mußten, welcher voller Menschen war, die uns mit neugierig feindseligen Blicken betrachteten. Einige wollten sich an uns drängen; sie schienen die Absicht zu haben, sich an uns zu vergreifen; der Rittmeister wies sie aber in strengem Ton zurück.

Das Gebäude war mehr Schuppen als Haus. Es bestand aus Bretterwänden mit schmalen Luftlöchern und einem Dach aus demselben Material. Der vollständig leere Raum war so groß, daß ich den Rittmeister bitten konnte, unsere Pferde bei uns haben zu dürfen. Er erfüllte diesen Wunsch und ließ die Tiere bringen, erhielt aber dafür, wie wir später erfuhren, einen scharfen Verweis, aus welchem wir schließen konnten, daß man doch noch Hintergedanken gegen uns hegte. Daß wir die Pferde bei uns hatten, erhöhte natürlich unsere Sicherheit und erleichterte unsere Flucht, falls wir zu derselben gezwungen sein sollten.

Hier blieben wir nun ganz für uns, und niemand schien sich um uns zu kümmern, bis nach eingebrochener Dunkelheit uns der Rittmeister zwei Lampen schickte, welche mit Stutenfett gespeist wurden. Auch Fleisch, an welchem wir uns satt essen konnten, wurde uns gebracht.

Draußen brannten zahlreiche Feuer, und wir konnten durch die Luftlöcher das halbwilde Treiben sehen, welches sich um dieselben gruppierte.

Es wurde später und immer später. Die Feuer verlöschten, und eine Trommel gab das Zeichen zum Schlaf. Auch wir waren müde. Wir mußten uns auf den nackten Boden legen und trafen zu unserer Sicherheit die Vorkehrung, daß nach der Reihe einer von uns wachte.

Spät in der Nacht wurde ich geweckt. Der Rittmeister hatte sich unbemerkt herbeigeschlichen und leise klopfend Einlaß begehrt. Unsere Lampen waren erloschen. Kein Mensch sah, daß ich ihm öffnete und ihn einließ.

„Verzeihung, Señor, daß ich nicht früher kam!" sagte er. „Man hatte draußen Wächter aufgestellt, um zu erfahren was bei Ihnen geschehe. Um die Aufmerksamkeit nicht auf mich zu lenken und überhaupt keinen Argwohn zu erregen, blieb ich fern. Der Kerl, welcher die Tür im Auge behalten soll, hat sich jetzt niedergelegt und schläft."

„So könnten wir fliehen, wenn wir wollten!"

„O nein. Der Huftritt Ihrer Pferde würde Sie sofort verraten, und dann wären alle hinter Ihnen her."

„Nun, ich habe auch keineswegs die Absicht, mich heimlich davonzumachen. Ich will offen und am Tag diesen Ort verlassen. Haben Sie etwas über unsere Abreise in Erfahrung gebracht?"

„Ja. Ich bin zum erstenmal in meinem Leben Horcher gewesen und habe gehört, welche Instruktion der Major erhalten hat."

„Also bleibt es dabei, daß er es ist, welcher uns nach Buenos Aires begleitet?"

„Ja. Er bekommt so viele Begleiter mit, wie Sie haben. Da er die Pferde nur bis zum Fluß braucht, muß ich mit einigen Reitern mit, um die Pferde zurückzubringen und dabei die Nachricht, daß Sie glücklich und richtig auf einem Floß untergebracht worden sind."

„Also abermals per Floß?"

„Aus Vorsicht. Es gehen ja auch Dampfer vorüber, deren jeder bereit wäre, Sie aufzunehmen; aber da gibt es zahlreiche Menschen an Bord, während Sie sich auf einem Floß allein befinden und von keiner Seite Störung haben."

„Ich verstehe. Jordan befürchtet, daß wir auf einem Dampfer uns in den Schutz anderer begeben würden."

„Mag sein. Er hat dem Major schriftliche Vollmacht gegeben, in seinem Namen zu unterzeichnen und das Geschäft abzuschließen. Das Schiff soll dann den Parana hinaufgehen, bis zu einer Stelle, welche zwischen Jordan und dem Major verabredet worden ist, und dort die Ladung an die Leute abgeben, welche Sie dort am Ufer treffen werden."

„Welche Stelle ist das?"

„Ich weiß es nicht. Sie sprachen darüber so leise, daß ich es nicht verstehen konnte. Aber ich warne Sie. Bleiben Sie an Bord und gehen Sie nicht an das Ufer, weil der Major die Weisung hat, sich Ihrer zu bemächtigen, nämlich sobald sich alles in seinen Händen befindet und der Verrat an Ihnen für Jordan keine Verluste mehr zur Folge haben kann."

„Das habe ich erwartet. Bekommen wird der Major mich keinenfalls, viel eher kann es geschehen, daß er in meine Hände fällt. Wo befindet sich Jordan?"

„Noch hier."

„So wird er uns zu sich kommen lassen, ehe er uns entläßt?"

„Jedenfalls. Er wird Sie dabei wohl mit großer Freundlichkeit behandeln. Sie dürfen ihm jedoch nicht trauen."

„Ich habe kein Vertrauen mitgebracht, und das, was hier geschehen ist, war keineswegs geeignet, mein Mißtrauen zu zerstreuen. Haben Sie in Beziehung auf Ihre Person einen Plan gefaßt?"

„Gefaßt noch nicht, wenigstens keinen festen, sicheren Plan. Doch bin ich entschlossen, zu verschwinden, sobald sich mir eine passende, nicht allzu gefährliche Gelegenheit dazu bietet."

„Nach meiner Ansicht ist dieselbe da. Sie fahren mit uns."

„Das ist unmöglich!"

„O nein. Man darf überhaupt das Wort ‚unmöglich' nicht bei jeder Schwierigkeit in Anwendung bringen."

„So bitte ich, mir zu sagen, in welcher Weise dieser Plan in Ausführung gebracht werden könnte!"

„Gern. Aber ich müßte wissen, daß ich mich auf Sie verlassen kann, daß Sie es wirklich aufrichtig mit uns meinen."

„Das tue ich ja. Ich gebe Ihnen mein Ehrenwort, daß ich Ihnen freundlich gesinnt bin, keine Hinterlist beabsichtige und sehr froh sein würde, wenn es mir gelänge, von hier zu entkommen!"

„Ich habe hier in Beziehung auf das Ehrenwort keine aufmunternden Erfahrungen gemacht, will aber trotzdem Ihrer Versicherung Glauben schenken, da ich Sie für einen Ehrenmann halte."

„Tun Sie das, Señor! Sie werden sich nicht in mir täuschen."

„So sagen Sie mir zunächst, ob Ihre Habseligkeiten einen bedeutenden Raum einnehmen!"

„Ganz und gar nicht. Man lebt hier wie im Feld. Ich habe mir nichts Überflüssiges angeschafft. Mein ganzer Besitz besteht in meinem Pferd, meinen Waffen, zwei Anzügen und einen kleinen Vorrat an Wäsche."

„Das würde doch ein Paket ergeben, welches Mißtrauen erregte, falls Sie es bei sich führen wollten. Können Sie den zweiten Anzug und die Wäsche nicht heimlich zu uns bringen?"

„Ich denke es."

„So tun Sie es! Wir nehmen die Sachen zu uns. Sie müssen uns ja begleiten und werden auf unser Floß kommen."

„Geht das? Ich soll wieder zurück."

„Pah! Sie sollen; aber ob Sie auch wollen, ob Sie es tun, daß ist eine ganz andere Sache."

„Was würde der Major dazu sagen?"

„Den überlassen Sie mir. Ich werde ihm die Sache so plausibel machen, daß er sich fügen wird oder fügen muß."

„Er ist mein Vorgesetzter!"

„Nur so lange, als Sie ihn als solchen gelten lassen. Wir stehen auf Ihrer Seite, und Sie haben selbst gesehen, wie ich mit Cadera umgesprungen bin. Ich gebe Ihnen mein Wort, daß Sie freikommen werden."

Er schwieg eine kleine Weile und sagte dann:

„Es ist ein großes Wagnis!"

„Gar nicht, Señor! Bedenken Sie, was ich gewagt habe, inmitten einer solchen Menge von Feinden! Es ist gelungen. Es fällt mir also nicht ein, mich vor den wenigen Leuten zu fürchten, welche man uns mitgeben wird."

„Es kann sehr leicht zum Kampf kommen!"

„Das bezweifle ich stark. Ihre Leute wissen, daß wir ihnen in Beziehung auf unsere Waffen überlegen sind. Übrigens ziehe ich natürlich die List der Gewalt vor. Das versteht sich ganz von selbst."

„Nun gut! Sie sprechen in einer so Vertrauen erweckenden Ruhe und mit solcher Überlegung, daß ich mich auf Sie verlassen will. Ich werde Ihnen meine Sachen heimlich bringen. Innerhalb einer Viertelstunde bin ich wieder da."

Er schlich sich davon und brachte in der angegebenen Zeit die Gegenstände. Auf eine Fortsetzung der Unterredung verzichteten wir. Es gab nichts zu besprechen, da wir ja nicht im voraus wußten, wie das Ereignis sich gestalten werde. Auch konnte der Posten aufwachen, und wenn er dann den Rittmeister von uns kommen sah, so war zu vermuten, daß er dies melden werde.

Wir schliefen weiter, bis draußen das rege Lagerleben erwachte. Die Leute ritten ihre Pferde zur Tränke und brannten Feuer an, um sich das Fleisch zu braten, aus welchem ausschließlich ihre täglichen drei Mahlzeiten bestanden.

War ich der Ansicht gewesen, daß Jordan uns zu sich kommen lassen werde, so hatte ich mich geirrt; er kam in Begleitung des Generals zu uns, höchst wahrscheinlich, um seinen Leuten unterwegs nicht Gelegenheit zu Feindseligkeiten gegen uns zu geben.

„Ich will Ihnen mitteilen, daß Sie jetzt Essen bekommen und dann aufbrechen werden", sagte er. „Sie sehen, daß ich mein Wort halte."

„Das ist selbstverständlich!" antwortete ich. „Wir haben also vollste Freiheit wieder und dürfen keine weiteren Feindseligkeiten erwarten?"

„Nein. Wir sind Verbündete. Nach dem aber, was geschehen ist, dürfen Sie nicht erwarten, daß ich Ihnen den Major ohne Begleitung mitgebe."

„Ihr ganzes Heer mag ihn begleiten; ich habe nichts dagegen!"

„Der Major hat schriftliche Vollmacht von mir bekommen", fuhr Jordan fort, „welche er in Buenos Aires Ihnen und Señor Tupido vorlegen wird. Er weiß genau, wie weit er gehen darf, und wenn Sie mit ihm einig werden, ist es gerade so, als ob Sie das Geschäft mit mir selbst abgeschlossen hätten. Natürlich aber kann die Ladung nicht in Buenos Aires von Bord geschafft werden. Sie müssen auf dem Parana heraufkommen."

„Bis wohin?"

„Das wird Ihnen der Major mitteilen."

„Lieber wäre es mir, wenn ich es sogleich erfahren könnte."

„Noch ist das Geschäft nicht abgeschlossen; noch weiß ich nicht, ob ich Ihre Bedingungen annehmen darf. Darum müssen Sie mir erlauben, gewisse Dinge noch geheim zu halten."

„Ich habe nichts dagegen."

„Sie reiten bis an den Fluß und werden das erste Floß benutzen, welches herankommt. Außer den Begleitern des Majors bekommen Sie ein kleines Detachement mit, welches unter der Leitung des Rittmeisters steht, den Sie kennengelernt haben. Diese Leute aber gebe ich Ihnen nicht aus Mißtrauen mit, sondern weil sie die Pferde zurückbringen sollen, welche der Major nicht mitnehmen kann."

„Ich habe nichts dagegen."

„Das erwarte ich. Wir wollen alles bisherige vergessen und von jetzt an nur im gegenseitigen Interesse handeln. Der Major wird Ihnen beweisen, daß er Ihr Freund geworden ist."

„Das ist nur gut für ihn, denn ein anderes Verhalten würde nur zu seinem eigenen Schaden ausfallen."

„Señor!" rief er in strengem Ton. „Sie bedienen sich wieder einer Sprache, welche ich nicht hören darf! Sie wissen, daß ich nachsichtig mit Ihnen verfahren bin, und ich hoffe, daß Sie das mit Dankbarkeit belohnen!"

„Gewiß, denn jede Tat trägt den Dank, nämlich ihre Folgen, in sich selbst."

„Haben Sie noch eine Bemerkung, eine Erkundigung oder sonst etwas?"

„Nichts, als nur noch die Bitte, für hinreichenden Proviant bis Buenos Aires zu sorgen, da es doch nicht geraten erscheint, uns unterwegs mit der Jagd aufzuhalten."

„Daran habe ich schon gedacht. Für jetzt also sind wir einig und miteinander fertig. Wenn wir uns wiedersehen, mag es in Freundschaft geschehen. An mir würde die Schuld nicht liegen, wenn das Gegenteil stattfände."

„An mir auch nicht, Señor. Nehmen Sie unseren Dank für die Gastfreundschaft, welche wir hier genossen haben!"

„Bitte, Señor! Leben Sie wohl!"

Er entfernte sich mit seinem Begleiter, welcher kein Wort gesprochen hatte. Dann wurde uns Fleisch und auch Pferdefutter gebracht. Als die Tiere dasselbe verzehrt hatten, stellte sich der Major ein, um uns zu sagen, daß es Zeit zum Aufbruch sei. Man war so vorsichtig gewesen, die Mannschaften zum Exerzieren ausrücken zu lassen, so daß sich nur wenige Zurückgebliebene in der Nähe befanden, die Leute ausgenommen, welche uns begleiten sollten. Die letzteren waren gut bewaffnet, eine Vorsichtsmaßregel, welche wir dem Befehlshaber nicht übelnehmen konnten. In ihren Mienen war nicht viel Freundschaftliches zu lesen, und auch dem Major sah man es an, daß es ihm nur mit Anstrengung gelang, uns wenigstens ein gleichgültiges Gesicht zu zeigen.

Gesattelt hatten wir schon. Wir zogen also unsere Pferde aus dem Schuppen und stiegen auf. Der Kapitän und der Steuermann, welche nicht im Besitz von Pferden gewesen waren, hatten welche geborgt bekommen.

Unsere eigentliche Eskorte, welche uns nach Buenos Aires begleiten sollte, bestand aus derselben Anzahl Personen, wie wir selbst. Die anderen zählten mit dem Rittmeister zehn Mann. Als wir aufbrachen, erschienen Jordan und der General unter der Tür und winkten uns mit der Hand den Abschied zu. Wir beachteten es nicht. Es geschah ja doch nur, um uns in Sicherheit zu wiegen.

Wir ritten nicht den Weg, auf welchem wir gekommen waren, sondern hielten eine mehr südliche Richtung bei. Auf mein Befragen nach dem Grund erklärte der Major, daß dort der Fluß eine Krümmung uns entgegen mache und wir ihn also früher erreichen würden, als auf dem gestrigen Weg. Ich hatte diese Frage an ihn und nicht an den Rittmeister gerichtet, um allen Schein zu vermeiden, als ob ich mit demselben in besserem Einvernehmen stände.

Gestern waren wir an die Pferde gebunden gewesen, wobei es natürlich unmöglich war, zu sehen, ob einer ein guter oder schlechter Reiter sei. Heute, wo wir als freie Männer im Sattel saßen, konnte es viel leichter beurteilt werden. Es fiel mir auf, daß der Steuermann recht leidlich ritt. Er sagte, daß er früher im Süden der Vereinigten Staaten sehr oft an Land gewesen sei und da tagelang im Sattel gesessen habe. Der Kapitän ritt weniger gut, befand sich aber in vorzüglicher Stimmung.

„Charley, das war eine schlimme Falle, der wir entgangen sind. Ihr habt Euch wirklich ganz vortrefflich Eurer Haut gewehrt. Was werden die Kerle sagen, wenn sie nach Buenos Aires kommen und da bemerken, daß sie betrogen sind!"

„Sie kommen gar nicht hin."

„Nicht? Sie fahren doch mit!"

„Ich nehme sie nur eine Strecke mit; dann zwinge ich sie, daß Floß zu verlassen."

„Das gibt einen Kampf. Habe große Lust, einigen von ihnen meinen Namen hinter die Ohren zu schreiben. Aber wenn sie fort sind, so fahren wir doch zusammen nach Buenos?"

„Das ist noch unbestimmt. Wir wollen ja nach dem Gran Chaco. Leider aber werden wir es kaum wagen können, die erst beabsichtigte Richtung einzuhalten. Der Weg ist uns durch diese Leute verlegt, welche uns wohl schwerlich zum zweitenmal entkommen lassen würden."

„So ist es am besten, wenn Ihr geradezu nach Buenos Aires schwimmt und die Reise von dort antretet. Ich reite dann mit."

„O, habt Ihr denn Zeit dazu?"

„Ja. Ich muß monatelang vor Anker liegen. Was soll ich machen, mir die Zeit zu vertreiben? Kalender? Das ist mir zu langweilig. Nehmt mich mit, Sir! Ich werde es Euch herzlich Dank wissen."

„Nun wollen sehen. Ich denke freilich, wir werden gezwungen sein, nach Buenos zu gehen, denn ich habe eine Ahnung, daß man, ohne es uns zu sagen, eine Abteilung Militär ausgesandt hat, welche längs des Flusses reitet, um sich zu überzeugen, daß wir wirklich mit unseren bisherigen Feinden zusammen friedlich nach Buenos Aires fahren. Auch weiß man nicht, was noch geschieht."

„Was soll noch geschehen?"

„Ich meine... Ah, seht, da kommen uns zwei Reiter entgegegen! Sie scheinen große Eile zu haben. Sie halten gerade auf uns zu, wohl um sich nach dem Weg zu erkundigen."

Wir beide hatten ziemlich leise gesprochen, so daß uns niemand hören konnte. Zwar bedienten wir uns der englichen Sprache, aber es war doch immerhin möglich, daß es unter den Reitern einen gab, welcher derselben mächtig war.

Die erwähnten Reiter hielten vor uns ihre Pferde an. Sie nahmen an, daß der Major der Anführer von uns sei, und so wendete sich der eine von ihnen an diesen;

„Verzeihung, Señor! Wir wollen zu Señor Jordan. Können Sie uns nicht sagen, wo dieser Herr zu treffen ist?"

„Das kann ich Ihnen am besten sagen, da wir von ihm kommen", antwortete der Gefragte.

„So gehören Sie zu ihm?"

„Ja. Ich bin Major in seinem Dienst. Was wollen Sie dort?"

„Wir haben eine sehr wichtige Botschaft an ihn."

„Was für eine?"

„Das dürfen wir nicht sagen."

„Ist sie mündlich?"

„Ja", antwortete der Mann so zögernd, daß ich annahm er habe nicht die Wahrheit gesagt.

„Sie haben keine Schriftstücke, keinen Brief bei sich?"

„Nein, Señor."

„Wo kommen Sie her?"

„Vom Fluß", antwortete der Reiter sehr zurückhaltend.

„Das sehe ich. Aber von jenseits, aus der Banda oriental?"

„Ja."

„Welcher Stadt?"

„Das dürfen wir nur Señor Jordan sagen."

„Aber von wem Sie gesendet worden sind, das darf ich wissen?"

„Auch nicht?"

„*Tormenta!* Da muß es sich doch um ein großes Geheimnis handeln!"

„Allerdings."

„Wie nun, wenn ich Sie zwinge, mir dasselbe zu verraten!"

„So würden Sie sich den Zorn des Señor Jordan zuziehen."

„Hm! Eigentlich sollte ich Sie gar nicht passieren lassen. Ich möchte..."

Er hielt inne und blickte die beiden nachdenklich an. Ich begann zu ahnen, wen ich vor mir hatte. Waren diese beiden Männer vielleicht Boten von Tupido? Ich hatte es ihm abgeschlagen, die Kontrakte zu besorgen; er mußte sie aber doch an ihre Adresse senden und sich also nach anderen Boten umsehen. Um mich zu überzeugen, ritt ich an die zwei heran und sagte:

„Ich will nicht in Ihre Geheimnisse dringen, aber Sie können mir eine Frage getrost beantworten, denn ich kenne Sie und weiß, was Sie wollen. Sie kommen aus Montevideo?"

Keiner antwortete.

„Señor Tupido sendet Sie?"

Auch jetzt schwiegen sie. Ich wußte genug. Ich hatte mich nicht geirrt. Darum fuhr ich fort:

„Ich kenne Ihre Botschaft, welche allerdings im höchsten Grad wichtig ist. Der Major wird Sie nicht aufhalten. Reiten Sie weiter!"

„Oho!" rief Cadera. „Wer hat hier zu befehlen, Sie oder ich?"

„Natürlich ich", antworte ich.

Es war notwendig zu verhüten, daß der Major sich weiter mit ihnen einließ und dann erfuhr, daß sie die Kontrakte bei sich hatten, welche sich meiner Aussage nach bei Tupido befinden sollten. Darum trat ich so schroff auf. Er antwortete:

„Sie? Ich bin Major und habe die Aufsicht über Sie!"

„Unsinn! Ich stehe unter keines Menschen Aufsicht, aber ich werde Ihnen zeigen und beweisen, daß Sie selbst sich unter Aufsicht befinden. Diese Leute reiten augenblicklich weiter."

„Nein. Sie bleiben. Ich werde sie durchsuchen lassen!"

„Wagen Sie das nicht!"

„Wollen Sie mich etwa hindern?"

„Ja, indem ich Sie niederschieße, sobald sich eine Hand gegen die beiden Männer erhebt, welche in meiner Angelegenheit gesendet worden sind. Es handelt sich um das Wohl und Wehe von Señor Jordan und um das Zustandekommen unseres beabsichtigen Geschäfts. Da gilt mir Ihr Leben nicht mehr, als dasjenige einer Fliege oder eines Regenwurms."

Ich hatte meine Revolver gezogen. Meine Gefährten scharten sich um mich und hielten ihre Waffen auch kampfbereit. Die Soldaten hingegen drängten sich an den Major, doch schienen sie nicht recht Lust zu haben, sich mit uns zu messen. Sie waren uns um zehn Mann überlegen. Was tat das? Es galt, ihnen gleich bei dieser ersten Gelegenheit zu beweisen, daß wir nicht gesonnen seien, uns von dem Major gebieten zu lassen.

Ich hielt den einen Revolver auf ihn gerichtet. Er wollte nach seiner Pistole greifen; da rief ich ihm drohend zu:

„Halt! Die Hand weg! Sobald Sie zugreifen, schieße ich!"

Er nahm die Hand wieder weg und sagte:

„Sollte man so etwas für möglich halten! Sie tun ja, als ob Sie der Herr von Entre Rio seien!"

„Das bin ich nicht, aber ebensowenig haben Sie uns irgendeinen Befehl zu erteilen. Das merken Sie sich! Man hat mir versichert, daß Sie jetzt mein Freund seien; ich aber sehe, daß das Gegenteil stattfindet, und werde mich danach zu verhalten wissen."

Und zu den beiden Boten gewendet fügte ich hinzu:

„Reiten Sie weiter! Grüßen Sie Señor Jordan von mir; erzählen Sie ihm, was Sie hier gesehen haben, und sagen Sie ihm, daß ich mich ganz ergebenst empfehlen lasse! Wenn Sie immer geradeaus reiten, werden Sie sein Hauptquartier nicht verfehlen."

Sie galoppierten sofort weiter, froh, uns entkommen zu sein.

„*Tempestad!* Das werde ich mir freilich hinter die Ohren schreiben, Señor!" knirschte der Major.

„Tun Sie das! Ich habe Sie ja darum gebeten. Und nun, bitte, wollen wir den unterbrochenen Ritt fortsetzen."

Ich ritt weiter, um mich die Gefährten. Der Major folgte mit den Seinen. Er dachte nicht daran, die beiden Boten zurückzuhalten. Wir aber nahmen ein scharfes Tempo an, und hatten alle Veranlassung dazu. Auch der Bruder sah das ein. Er sagte zu mir:

„Glauben Sie wirklich, daß die beiden von Tupido kamen und die Kontrakte bei sich hatten?"

„Gewiß."

„Ah! Wenn sie früher gekommen wären, als wir uns noch bei Jordan befanden! Welch ein Unglück hätte es da gegeben!"

„Wir hätten um unser Leben kämpfen müssen."

„Dazu können wir auch jetzt noch gezwungen sein, denn Jordan wird uns, wenn er die Kontrakte erhält, sofort verfolgen lassen."

„Das ist freilich wahr."

„Wir befinden uns erst eine Stunde unterwegs. In eben dieser Zeit werden die Boten bei ihm sein. In vier Stunden erreichen wir erst den Fluß. Wir müssen uns außerordentlich beeilen, sonst holen uns die Verfolger ein."

„Sie haben recht. Und selbst wenn wir uns beeilen, werden Sie auf uns treffen, wenn wir lange auf ein Floß warten müssen."

„Was ist da zu tun? Können wir nicht Blutvergießen verhüten?"

„Vielleicht doch. Sehen wir kein Floß, so bleiben wir nicht am Ufer halten, sondern wir reiten ihm entgegen."

„Das ist wahr. Dadurch verlängern wir den Weg, welchen die Verfolger zu machen haben, wenn sie uns erreichen wollen. Aber wird der Major es zugeben?"

„Er muß."

„Er wird uns mit Gewalt zurückhalten wollen."

„Pah! Sie haben gesehen, daß seine Leute sich vor den Revolvern fürchten."

Wir ließen also unsere Pferde tüchtig ausgreifen. Cadera versuchte mehrere Male uns Einhalt zu tun, doch vergebens. Wir taten, als ob seine Zurufe uns gar nichts angingen. Trotzdem vergingen fast noch vier Stunden ehe wir den Fluß erreichten. Es war das an einer Stelle, wo er einen geraden, langgestreckten Lauf zeigte, so daß wir weit aufwärts blicken konnten. Es war kein Floß und auch kein anderes Fahrzeug zu sehen.

„Warten wir also hier", sagte Cadera. „Die Pferde mögen sich ausruhen. Wir sind ja geritten wie Verrückte!"

„Hier bleibe ich nicht", antwortete ich.

„Warum nicht?"

„Es gibt kein Gras für die Pferde, nur dürres Schilf."

„Sie wollen eine Weide aufsuchen? Das ist überflüssig. Die Pferde haben die ganze Nacht Gras gehabt."

„Aber die unsrigen nicht. Die standen seit gestern im Schuppen und erhielten einige dürre Maisblätter. Man darf seine Pferde nicht hungern lassen, wenn man sie anstrengen will."

„Auf dem Floß werden sie nicht angestrengt. Da können sie ruhen."

„Aber auf dem Floß wächst kein Futter. Reiten wir also aufwärts!"

Ich trieb mein Pferd nach der angegebenen Richtung.

„Halt! Sie bleiben hier!" gebot er.

Ich ritt weiter, ohne seinen Ruf zu berücksichtigen.

„Halt, sage ich!" brüllte er. „Sie bleiben hier, sonst schieße ich!"

Da drehte ich mich um. Er hatte seine Pistole in der Hand. Im Nu zog ich die Revolver.

„Weg damit!" befahl er. „Sonst schieße ich!"

„Dummheit!" antwortete ich. „Ich habe zwölf Schüsse gegen Sie. Übrigens, was würde Señor Jordan sagen, wenn aus dem Geschäft nichts würde, weil ich ermordet worden bin! Überlegen Sie genau, was Sie tun!"

„Ja, Sie meinen, man dürfe Ihnen kein Haar krümmen!"
„Diese Überzeugung habe ich allerdings. Ich reite weiter. Wollen Sie schießen, so tun Sie es!"
Wir ritten fort, ohne uns nach ihm umzusehen. Sie hätten uns alle töten können, hüteten sich aber sehr wohl, es zu tun, sondern ritten gezwungenermaßen hinter uns drein, natürlich aus Leibeskräften wetternd und fluchend. Freilich war es kein Reitweg, welcher vor uns lag. Sumpf, nichts als Sumpf und Schilf. Wir mußten die gefährlichen Stellen oft in großem Bogen umgehen; aber den Weg, welchen wir machten, hatten auch unsere Verfolger zu machen, wenn sie uns erreichen wollten.
Freilich hatten wir ihnen die Bahn gebrochen, infolgedessen wir langsamer vorwärts kamen, als voraussichtlich sie dann später. Aber es wollte sich auch weder ein Floß noch ein Fahrzeug sehen lassen. Der Major rief unausgesetzt hinter uns. Er war voller Grimm, gezwungen zu sein, uns folgen zu müssen, und seine Begleiter stimmten in seine Scheltworte ein, woraus wir uns aber gar nichts machten.
Endlich erreichten wir eine Stelle, an welcher das Ufer ein wenig weiter in das Wasser trat, und da erblickten wir oberhalb von uns ein sehr langes Floß, welches langsam stromabwärts geschwommen kam.
„Gott sei Dank!" rief der Major. „Da hat nun die Niederträchtigkeit ein Ende. Diese Leute müssen uns mitnehmen."
„Wenn Sie wollen!" fiel ich ein.
„Sie müssen! Wir zwingen sie."
„Das versuchen Sie lieber nicht. Es ist besser, wir bieten ihnen eine reichliche Bezahlung."
„Wer soll das Geld geben?"
„Ich."
„Schön! Das will ich mir gefallen lassen. Machen also Sie den Handel fertig."
Ich ritt ganz vor, legte beide Hände an den Mund und rief den Flößern entgegen:
„Hallo! Können wir mit nach Buenos Aires?"
„Wir fahren nicht bis ganz hin."
„Schadet nichts!"
„Wieviel Personen?"
„Zwanzig Mann, zehn Pferde. Wieviel ist zu bezahlen?"
„Hundert Papiertaler."
„Die werden wir geben!"
„Gut, so legen wir an!"

Das Floß bestand aus zwölf langen Feldern. Es ging tief im Wasser und trug hinten und vorn je eine Bretterbude. Regiert wurde es von zwölf oder dreizehn kräftigen, fast nackten Männern. Es verging weit über eine Viertelsunde, ehe es am Ufer lag, und ich lauschte scharf nach der Landseite, ob sich vielleicht Pferdegetrappel hören lasse. Hatten die Boten Jordan sofort gesprochen, so mußten die Verfolger uns nahe sein. Der Major war abgestiegen, seine Leute ebenso wie auch wir. Ich näherte mich dem Rittmeister und fragte ihn leise:

„Nun, Señor, jetzt ist's Zeit. Wollen Sie?"

„Wird es gehen?"

„Ganz gut."

„Aber wie?"

„Führen Sie, als der allererste, Ihr Pferd auf das Floß, und bleiben Sie dort, was auch geschehen möge. Stellen Sie sich hinter eine der Hütten auf."

Diesen letzteren Rat flüsterte ich auch dem Frater zu, welcher ihn den Gefährten weiter vermittelte.

Jetzt lag das Floß fest.

„Da, nehmt die Pferde!" gebot der Major den Leuten, welche die Tiere zurückbringen sollten. „Wir steigen jetzt... was ist das?"

Er unterbrach sich mit dieser verwunderten Frage, denn er sah, daß der Rittmeister auf das Floß ging. Meine Gefährten folgten diesem sofort.

„Was ist da s? Was meinen Sie?" fragte ich ihn, indem ich so tat, als ob ich nicht wisse, was ihn so in Erstaunen setze. Dabei winkte ich dem Yerbatero, mein Pferd mitzunehmen. Ich selbst blieb stehen.

„Der Rittmeister geht auch auf das Floß!" antwortete Cadera. „Was will er dort?"

„Mitfahren. Was sonst?"

„*Diabolo!* Wer hat das befohlen?"

„Señor Jordan sagte es Ihnen nicht?"

„Nein."

Während er und die Soldaten ganz betroffen dastanden, trat ich hart an das Wasser, wo die Floßknechte standen, und sagte Ihnen leise:

„Fünfzig Papiertaler mehr, wenn Sie diese Soldaten nicht mitnehmen."

„Gut, Señor!" antwortete der Führer des Floßes ebenso leise.

„Das wundert mich freilich nicht", fuhr ich jetzt laut und zu dem Major gewendet fort. „Sie haben es jetzt erst erfahren sollen."

„Was denn?"
„Das Sie unter Aufsicht stehen."
„Ich? Was fällt Ihnen ein!"
„Pah! Ich habe es Ihnen bereits vorhin gesagt, als Sie behaupteten, daß Sie uns zu beaufsichtigen hätten."
„Señor, ich verstehe keins Ihrer Worte!"
„So will ich deutlicher sprechen. Señor Jordan traut Ihnen wahrscheinlich nicht."
„Wollen Sie mich beleidigen!"
„Nein. Sie können höchstens durch die Bestimmung Jordans beleidigt werden, nicht durch mich. Wahrscheinlich glaubt er, Sie fangen Händel mit mir an."
„Fällt mir nicht ein!"
„Oder Sie kommen gar auf den verrückten Gedanken, sich später, wenn wir Ihnen auf dem Parana die Ladung übergeben haben, meiner Person zu bemächtigen."
„Señor!"
„Bitte! Tun Sie nicht so, als ob ich es nicht vermöchte, Ihre Gedanken zu erraten! Um aber solche Torheiten zu hintertreiben, ist Jordan wahrscheinlich auf den Gedanken gekommen, Ihnen den Rittmeister als Kurator mitzugeben."
„Was fällt Ihnen ein?"
„Dem Generalissimo ist es eingefallen, nicht mir."
„Beweisen Sie es!"
„Kommen Sie auf das Floß und lassen Sie sich von dem Rittmeister die Vollmacht geben, welche er erhalten hat."
„*Tormento!* Hat er eine?"
„Fragen Sie ihn!"
„Er soll sie zeigen! Warum spricht er nicht? Warum versteckt er sich hinter der Hütte? Wenn er diese Vollmacht hat, bin ich beleidigt und fahre um keinen Preis mit. Ich muß ihn sprechen!"
„So kommen Sie!"

Er sprang auf das Floß und ich ihm nach. Er hatte in seinem Zorn nicht auf das, was die Flößer taten, acht gehabt. Das Floß hing nur noch mit einem Ende am Ufer. Das andere schwamm schon weit draußen, sich im Wasser nach abwärts drehend. Der Major gab seinen Leuten noch einen Wink, am Ufer zu bleiben, und eilte zu dem Rittmeister.

„Jetzt los!" gebot ich den Floßknechten, indem ich dem Zornigen folgte. Als ich ihn erreichte, stand er bei dem Rittmeister und warf demselben Fragen ins Gesicht, welche er gar nicht zu beantworten wußte.

„Zanken Sie nicht, Señor!" sagte ich zu Cadera. „Sie machen die Sache nun doch nicht anders. Und damit Sie nicht in die Versuchung kommen, im Zorn eine Übereilung zu begehen, werde ich Ihnen den Freundschaftsdienst erweisen, Sie daran zu hindern."

Während dieser Worte riß ich ihm die Pistolen aus dem Gürtel.

„Señor, was wagen Sie!" donnerte er mich an.

„Nichts, gar nichts."

„Das nennen Sie nichts, gar nichts! Sie rauben mir..."

Er hielt inne. Seine Leute erhoben am Ufer ein Geschrei, welches kreischend zu uns herüberscholl und seine Blicke auf sie richtete. Das Floß war gelöst worden und hatte sich bereits um mehrere Mannslängen von dem Ufer entfernt, wo das Wasser eine bedeutende Tiefe besaß.

„Was ist das? Was soll das heißen?" schrie Cadera. „Sofort wieder angelegt!"

„Das soll heißen", antwortete ich ihm, „daß Sie mein Gefangener sind, und daß ich Sie augenblicklich niederschieße, wenn Sie einen Schritt von hier tun!"

Ich hielt ihm seine eigenen Pistolen gegen die Brust.

„Gefangener? Niederschießen? Señor, sind Sie toll?" fragte er erbleichend.

„Ich bin jedenfalls besser bei Sinnen als Sie, der Sie auf diese schöne Leimrute geflogen sind."

„Rittmeister, helfen Sie!"

Der Angerufene zuckte mit der Schulter, sagte aber kein Wort.

„Sie schweigen, anstatt drein zu hauen! Halten Sie es etwa mit diesem..."

„Bitte, keinen Ausdruck, welcher mich beleidigen könnte", unterbrach ich ihn drohend. „Ich dulde das nicht."

„Und ich dulde diese Behandlung nicht. Meine Leute sollen auf Sie schießen. Ich werde es ihnen befehlen. Ich werde..."

„Nichts werden Sie, gar nichts! Sie befinden sich in meiner Hand und müßten die erste falsche Bewegung, den ersten Ruf mit Ihrem Leben bezahlen. Sehen Sie, daß Ihre Leute Ihnen nicht zu helfen vermögen?"

Ich faßte ihn am Arm und zog ihn hinter der Bretterhüte vor. Das Floß war in schnelleres Wasser gekommen und entfernte sich von der Stelle, an welcher es gelegen hatte, zusehends. Die Soldaten waren wieder aufgestiegen und folgten am Ufer abwärts.

„*Chispas!*" fluchte der Major. „Da schwimmen wir hin, und da drüben sind meine Leute! Und da drunten, da drunten, da kommt wahrhaftig Jordan selbst mit einer ganzen Menge von..."

„Von Häschern", fiel ich lachend ein, „welche uns ergreifen wollen. Das ist für Sie eine sehr ärgerliche, für uns aber eine sehr lustige Geschichte."

Da, wo wir am Ufer hergekommen waren, tauchte ein langer, langer Trupp von Reitern auf. Ich erkannte wirklich den ‚Generalissimo' mit mehreren Offizieren an der Spitze. Sie trafen jetzt mit denen zusammen, welche wir zurückgelassen hatten. Man sah sie Fragen und Antworten austauschen. Die Hände streckten sich aus, um nach uns zu deuten, und dann erscholl ein vielstimmiges Wutgeschrei zu uns herüber.

Die Reiter saßen ab und griffen zu ihren Gewehren. Schüsse krachten; aber wir waren glücklicherweise schon so weit vom Ufer entfernt, daß bei der großen Breite des Stroms keiner derselben traf.

Der Major befand sich in einem Zustand, welcher an Verzweiflung grenzte. Er tobte eine Weile gegen uns, gegen sich selbst und setzte sich dann auf einen Klotz, um da wortlos vor sich niederzustarren.

Drüben am rechten Ufer aber folgten uns die Soldaten. Als ihnen das Schilf- und Buschgewirr das Reiten zu beschwerlich machte, sahen wir sie verschwinden. Sie hielten mehr vom Fluß ab, um den freien Kamp zu erreichen, wo sie leichter und schneller reiten konnten. Jedenfalls folgten sie uns so weit wie möglich. Mochten sie! Wir waren ihren Händen glücklich entrückt.

V. Der Pampero

Wenn ich geglaubt hatte, unseren Verfolgern glücklich entgangen zu sein, so war dies nur meine Meinung gewesen, denn meine Gefährten hielten es für leicht möglich, daß wir ihnen noch in die Hände fallen könnten. Wir bemerkten, daß die Truppen bemüht waren, das ganze rechte Flußufer zu alarmieren, aber die Krümmungen des Flusses und der Fall desselben waren uns so günstig, daß unser Floß schneller schwamm, als sie reiten konnten, und so kam es, daß meine Begleiter sich schon nach einigen Stunden beruhigten und sicher fühlten.

Major Cadera war wütend; wir aber lachten über seinen Grimm und setzten ihn gegen Mittag auf einer der schwimmenden Inseln aus, welche der Fluß so zahlreich mit sich führt. Mochte er sehen, wie er mit ihr das Ufer erreichte. Kurze Zeit später legten wir an das linke Ufer an, um den Estanziero und seinen Sohn mit ihren Pferden dort abzusetzen, weil beide nach Hause wollten. Nach einem herzlichen Dank und Abschied ritten sie mit dem freundlichen Wunsch des Wiedersehens davon.

Nach glücklicher Fahrt brachte uns das Floß nach Buenos Aires, wo die Flößer den ausbedungenen Lohn und auch noch etwas mehr erhielten. Der Rittmeister verabschiedete sich da mit dankenden Worten, welche ganz gewiß aufrichtig waren. Wir hielten natürlich an unserem ursprünglichen Plan, nach dem Gran Chaco zu gehen, fest, und Turnerstick redete mir so lange zu, ihn und den Steuermann, seinen Liebling, mitzunehmen, bis ich meine Einwilligung gab. Einige Tage genügten für ihn, in Beziehung auf sein Schiff die nötigen Dispositionen zu treffen, dann waren wir reisefertig.

Da es geraten und vorteilhaft war, von Buenos Aires bis hinauf nach Corrientes das Dampfschiff zu benutzen, so verkauften meine Gefährten ihre Pferde, ich aber behielt meinen Braunen, denn ich durfte nicht hoffen, sogleich wieder ein so vortreffliches Tier zu finden. Freilich wurden mir wegen des Pferdes einige Schwierigkeiten gemacht, doch ließ der Kapitän des Dampfers endlich mit sich sprechen. Der Braune kam zwischen Ballen,

Kisten und Fässern zu stehen, welche auf dem Vorderdeck untergebracht waren. Er befand sich wie in einem kleinen Stall, nur daß er kein Dach über sich hatte.

Der La Plata bildet nach dem Amazonas das größte Stromsystem Südamerikas. Der wird durch den Zusammenfluß des Uruguay mit dem Parana gebildet und muß als die breiteste Flußmündung der Erde bezeichnet werden. Sie ist unmittelbar nach der Vereinigung der beiden Flüsse 40 Kilometer breit. Bei Montevideo erreicht sie eine Breite von 105 und an der Öffnung sogar von 220 Kilometer. Diese 220 Kilometer breite Mündung hat ein schlammig gelbes Wasser, welches noch 130 Kilometer weit in der See draußen sich vom Meerwasser unterscheiden läßt.

Die Tiefe des Parana beträgt da, wo er den La Plata bilden hilft, dreißig Meter. Entsprechend ist seine Breite. Er ist unbedingt der größte südamerikanische Fluß, bildet aber nicht einen geschlossenen Stromlauf, sondern teilt sich oft in mehrere Arme und bildet Inseln, welche zuweilen von bedeutender Größe sind. Er ist äußerst fischreich, obgleich man seines schmutzigen Wassers wegen nur selten sich eine Flosse bewegen sieht.

Wir hatten außer in Rasario noch einigemale angelegt, doch hatte ich das Schiff nicht verlassen, da ich an Bord bleiben wollte, so lange wir an der Provinz Entre Rios vorüber kamen. Wir hätten leicht einem begegnen können, welcher uns bei Jordan gesehen hatte, und dann waren wir unseres Lebens wohl kaum sicher. Sogar Santa Fe und Parana hatte ich mir nicht angesehen, denn gerade an diesen beiden Orten war eine solche Begegnung am meisten zu erwarten. Erst als wir diese beiden Städte hinter uns hatte, fühlten wir uns leidlich sicher. Wir kamen weiter an Puerto Antonio und La Paz vorüber und steuerten auf den Einfluß des Rio Guayquiaro zu, welcher von Osten in den Parana mündet.

Es war ein außerordentlich reges Leben an Bord. Leute aus allen Provinzen befanden sich da, sogar Indianer mit ihren Frauen, welche aber keineswegs den Eindruck machten, welchen ich von den Sioux, Apatschen und Comantschen mitgenommen hatte. Sie sahen verkommen, unselbstständig und gedrückt aus.

Die Weißen hatten alle ein sehr kriegerisches Aussehen. Sie wußten, daß die Provinz Entre Rios den Aufstand plante, und unter sochen Verhältnissen konnte man sich selbst auf dem Schiff nicht sicher heißen. Darum hatte ein jeder so viele Waffen, als er besaß, an sich gehängt.

Unter den Indianern fiel mir ein junger Mann auf, der sehr vorteilhaft von den anderen abstach. Er war keineswegs schöner als die übrigen Roten, auch nicht besser gekleidet, aber er hatte eine, wie mir schien, kranke Begleiterin bei sich, für welche er eine außerordentliche Sorgfalt an den Tag legte. Sie war alt und schien seine Mutter zu sein, aber Liebe zur Mutter ist bei diesen Leuten eine Seltenheit. Das Weib ist für die Arbeit da; sie wird weder als Frau noch als Mutter geachtet. Beide waren sehr ärmlich gekleidet. Der Indianer hatte nichts als ein Hemd, eine kurze Hose, ein Paar alte Schuhe und ein Messer, welches in dem Strick steckte, den er um den Leib gebunden hatte. Sein Auge zeigte mehr Intelligenz, als man bei diesen Leuten zu finden gewohnt ist. Vielleicht aber war es sein liebevoller, besorgter Blick, welcher mich zu dieser Annahme verführte.

Und noch ein anderer war es, welcher meine Aufmerksamkeit erregte, kein Indianer, sondern ein Weißer, welcher in allem das gerade Gegenteil von dem ersteren war.

Er saß auf dem Hinterdeck in der Nähe des Steuermanns und hatte seinen Platz so gewählt, daß er das ganze Deck überblicken konnte, ohne selbst viel bemerkt oder gar belästigt zu werden. Es war, als ob er sich Mühe gebe, so wenig wie möglich Aufmerksamkeit zu erregen. Gekleidet war er sehr fein und nach französischem Schnitt. Den Bart trug er nach der hiesigen Mode. Seine Züge, sein dunkles, scharfblickendes Auge ließen auf ungewöhnliche Intelligenz und Willenskraft schließen. Die sonnverbrannte Farbe seines Gesichts gab nicht zu, ihn für einen Salonhelden zu halten. Seine sitzende, zusammengebeugte Haltung erlaubte nicht, seine Gestalt zu beurteilen, doch war es mir, als ob ich in ihm einen Militär, einen Offizier, und zwar nicht einen subalternen, erkennen müsse. Nicht weit von ihm saß ein Neger, welcher wohl sein Diener war, denn er hielt das Auge fast unausgesetzt mit einer zugleich liebe- und respektvollen Aufmerksamkeit auf ihn gerichtet, um jeden Wunsch oder Befehl des Herrn sogleich zu erraten. Beide waren in Rosario an Bord gekommen und hatten sich gleich von da an abseits der anderen Passagiere gehalten.

Kapitän Frick Turnerstick hatte schon in der ersten Viertelstunde unserer Fahrt die Bekanntschaft des Schiffsführers gemacht und war fast stets an der Seite desselben zu sehen. Er hielt immer Vortrag, und der andere hörte ihm schweigend und oft lächelnd zu. Hans Larsen, unser ruhiger Steuermann, hatte mit niemand auch nur ein einziges, überflüssiges Wort gesprochen. Er saß schweigsam zwischen den Kisten und anderen Gepäckstücken und betrachtete die Szenerie, welche ihm das Deck und der Fluß mit seinen Ufern bot. Bruder Hilario hielt sich zu mir. Die Yerbateros aber schwärmten überall herum und machten mir aller Welt Bekanntschaft, wie das die Art und Weise dieser Leute ist.

Eine Fahrt auf dem Parana ist allerdings sehr verschieden von einer solchen auf dem Rhein, der Donau oder Elbe. Die menschliche Staffage auch abgerechnet, bietet der Strom mit seinen Ufern und Inseln ein stets wechselndes Panorama, besonders interessant durch einen Pflanzenwuchs, welcher desto tropischer wird, je weiter man nach Norden kommt. Die Ufer steigen zu beiden Seiten ziemlich steil empor, eine Bildung, welche man hierzulande ‚Barranca' nennt. Sie sind von grauer Farbe und fast immer mehr als zwanzig bis dreißig Ellen hoch und bestehen aus zwei durch eine fortlaufende Linie von versteinerten Muscheln getrennten Lagerungen von Kalkstein und Tosca, unter welch letzterem Namen man einen harten, aber doch zu verarbeitenden Lehm versteht.

Diese Barrancas sind teils kahl, teils mit dichtem Strauchwerk besetzt, zwischen welchem je nördlicher, desto öfter die hier auftretenden Palmenarten zu bemerken sind. Zuweilen werden diese Ufersteilungen durch einen Einschnitt unterbrochen, welchen ein Bach oder ein kleines Flüßchen sich ausgewaschen hat.

Man darf aber nicht meinen, daß die Ufer stets zu sehen seien. Die breite des Stroms und der Reichtum der zwischen seinen Armen liegenden Inseln verhindert das. Das Schiff fährt stets auf einem dieser Arme, welche langgestreckte Kanäle bilden, die ihr Fahrwasser während der Zeit der Regen und Überschwemmungen so verändern, daß die Schiffahrt den Kurs sehr oft zu wechseln hat.

Wir waren übereingekommen, nur bis Coya zu fahren, und von dort aus in den Gran Chaco einzudringen. Für diese über siebenhundert Seemeilen lange Strecke hatte ich in erster Kajüte nach deutschem Geld nicht ganz hundert Mark bezahlt, welcher Preis sich einschließlich sehr guter Beköstigung und sogar des Weines versteht. Die Yerbateros fuhren als Passagiere niederer Klasse wohl halb so billig. Überhaupt schien man es in diesem Punkt nicht allzu genau zu nehmen. Ich sah Indianerinnen an Bord kommen, welche trotz ihrer Erklärung, daß sie arm seien und kein Geld hätten, doch einen Platz erhielten und mitgenommen wurden.

Gegessen wurde gewöhnlich auf dem Deck. Dann versammelten sich um die Tafel die Indianer und Indianerinnen und erhielten soviel Speisereste zugereicht, daß auch sie satt wurden. Des Nachts lagen die Leute oben, wie und wo es ihnen beliebte. Wenn man da einen Gang unternahm, mußte man sehr aufpassen, nicht über den einen oder anderen Schlafenden hinwegzustürzen.

Da alle Welt mit Waffen versehen war und es keine Jagdeinschränkungen gab, so hörte man vom Morgen bis zum Abend die Gewehre knallen. Es wurde auf alles mögliche geschossen, und Tiere, auf welche man zielen konnte, gab es mehr als genug. Da ist zuerst das Wassergeflügel zu nennen, welches in großer Menge vorhanden war. Am häufigsten ließ sich der Cuervo sehen, eine schwarz gefärbte Scharbenart. Er ist wegen seiner eigentümlichen Manieren für den Reisenden sehr interessant. Er sitzt in Trupps beisammen, auf kleinen Inseln, schwimmenden Gegenständen oder Baumstümpfen und Ästen, welche an seichten Stellen aus dem Wasser ragen. Wird er aufgeschreckt, so stürzt er sich in urkomischer Weise in das Wasser und schwimmt davon; der Körper ist dabei untergetaucht, so daß nur der Kopf und ein Teil des Halses zu sehen sind. Das eifrige Nicken und ängstliche Verdrehen dieser Köpfe muß selbst den Ernstesten zum Lachen reizen.

Scheuer als der Cuervo sind die Enten, welche man oft zu Hunderten beisammen sieht, ohne aber leicht zum sicheren Schuß zu kommen. Die schönste unter ihnen ist die Pato real mit ihrem grün-metallisch schimmernden Gefieder. Neben der Bandurria, einer Schnepfenart, sieht man Möwen und Seeschwalben, auch den weißen und schwarzhalsigen Schwan. An den Lagunen oder auf niedrigen Inseln steht der Storch, hier Tujuju genannt, und im Schilf der Sümpfe sucht sowohl der weiße als auch der Löffelreiher fleißig nach Beute.

Auch Wasserschweine und Nutrias sahen wir oft. Dieser letztere Name bedeutet eigentlich Fischotter, doch wird hier eine große Rattenart so genannt, während man den eigentlichen Fischotter mit dem Worte Lobo bezeichnet, welches richtiger ‚Wolf' bedeutet.

Zuweilen, besonders am frühen Morgen, sieht man einen Jaguar am Ufer schleichen, um sich ein Wasserschwein zu holen, dessen Fleisch er demjenigen anderer Tiere vorzuziehen scheint.

Am eifrigsten schoß man auf Alligatoren, hier Jacare genannt. Sie liegen an sandigen Stellen, welche nicht steil, sondern flach zum Ufer gehen, und sind nicht leicht aus ihrem Gleichmut zu bringen. Schlägt auch ein halbes Dutzend Kugeln in der Nähe einer solchen häßlichen Reptilie ein, so rührt sie sich darum doch nicht im mindesten. Erst wenn eine oder mehrere Kugeln direkt auf den harten Panzer prallen, bequemt sich das Tier, seinen Platz zu verlassen und in das Wasser zu gehen, aus welchem es im Schwimmen gewöhnlich die Hälfte des Kopfes streckt. Die

Schüsse waren alle verloren, denn nur diejenige Kugel, welche die Weichteile trifft, die aber durch den Panzer geschützt liegen, kann das Tier verletzen.

Durch eins dieser Tiere knüpfte sich eine Art schweigender Bekanntschaft zwischen mir und dem vorhin erwähnten Passagier an. Er hatte sich nicht an der Jagd beteiligt, doch wenn auf Krokodile geschossen wurde, so stand er auf, um den Erfolg zu beobachten. Er kehrte dann immer mit einem verächtlichen Kopfschütteln an seinen Platz zurück.

Wir näherten uns einer niedrigen Stelle des Ufers, auf welcher zahlreiche Jacares lagen. Das schien endlich seine Jagdlust zu erwecken. Ich stand zufällig ganz in seiner Nähe und hörte, daß er von dem Neger sein Gewehr verlangte. Vielleicht hatte er die Absicht, zu beweisen, daß es ihm ein leichtes sei, einen Alligator zu erlegen. Er trat mit dem Gewehr an die Brüstung des Decks und gab auf eins der Tiere die zwei Schüsse ab. Die erste Kugel ging fehl; man sah, daß sie sich in den Sand wühlte; die zweite Kugel traf die Bestie gerade auf den Rücken. Das Tier hob den Kopf ein wenig empor, ließ ihn wieder sinken und — blieb ruhig liegen, als ob nur eine Erbse auf seinen Körper gefallen sei.

War die Miene des Schützen erst ziemlich siegessicher gewesen, so legte sie sich jetzt in den Ausdruck zorniger Enttäuschung. Er warf mir einen kurzen Blick zu, als ob er sich schäme, und gab dem Diener das Gewehr zurück.

„Soll ich laden?" fragte der Schwarze.

„Nein. Die Alligatoren sind unverwundbar," antwortete er, indem er sich wieder niedersetzte.

„In dieser Stellung, wenn sie auf dem Bauch liegen, kann man sie freilich wohl kaum erlegen," sagte der Frater, welcher die Worte auch gehört hatte, zu mir.

„Warum nicht?" fragte ich.

„Wo sollte man die Kugel anbringen?"

„Im Auge."

„Unmöglich! Ich schieße doch auch gut."

„Man braucht nicht genau das Auge zu treffen. Es gibt über den Augen eine Stelle, an welcher der Knochen nur dünn ist, so daß eine Kugel durchdringt."

„Und diese Stelle glauben Sie zu treffen?"

„Gewiß. Ich hoffe sogar, die Kugel genau ins Auge zu bringen."

„Das möchte ich sehen! Bitte, wollen Sie?"

„Wenn Sie wünschen, gern, lieber Bruder. Bestimmen Sie mir das Tier, auf welches ich schießen soll!"

Bei diesen Worten nahm ich meine Büchse zur Hand, auf welche ich mich verlassen konnte. Ich hatte mit derselben schon andere Schüsse tun müssen, als so einen Bestienschuß, Schüsse, bei denen es sich um das Leben handelte. Die erwähnte Stelle lag bereits hinter uns. Wir mußten warten, bis wir wieder einen Jacare sahen. Der Passagier betrachtete mich mit neugierigem Blick; ich zeigte das gleichgültigste Gesicht. Nach einiger Zeit sahen wir zwei der Tiere am flachen Ufer liegen. Sie waren vielleicht zwanzig Schritte voneinander entfernt, beide aber kaum halb so weit vom Wasser.

„Nun jetzt?" fragte der Bruder.

„Ja," antwortete ich. „Passen Sie genau auf!"

Ich trat an den Bord und nahm das Gewehr halb auf. Der Fremde folgte mir mit dem Ausdruck großer Spannung im Gesichte, was eigentlich gar nicht begründet war, denn ein Krokodil zu schießen ist für einen Westmann kein Meisterstück.

Die beiden Tiere lagen halb im Profil zu dem Schiff, die beste Stellung für einen sicheren Schuß. Es gab noch einige andere, welche auch auf sie schießen wollten; aber der entfernt stehende Yerbatero sah, daß ich das Gewehr in der Hand hatte, und rief ihnen zu:

„Schießen Sie nicht, Señores! Dort steht einer, der Ihnen zeigen wird, wie man treffen muß."

Aller Blicke richteten sich auf mich, was mir gar nicht lieb war, denn wenn die beiden Patronen, die ich geladen hatte, nicht ganz fehlerfrei gearbeitet waren, so schoß ich fehl und war blamiert.

Jetzt war das Schiff so weit heran, daß der gegenwärtige Augenblick der geeignetste war. Ich warf nach Westmannsart das Gewehr an die Wange und drückte zweimal ab, scheinbar, ohne genau gezielt zu haben, aber eben nur scheinbar. Der Präriejäger drückt noch, bevor er das Gewehr aufnimmt, das linke Auge zu, um das Ziel zu visieren. Durch lange Übung hat er die Geschicklichkeit erlangt, den Lauf sofort in die Sehachse zu bringen, ohne lange probieren zu müssen. In demselben Augenblick, in welchem das Gewehr seine Wange berührt, liegt auch schon das Korn in der Kimme, und der Schuß kann abgegeben werden. Die ganze Kunst liegt eben nur darin, den Lauf sofort in die Sehachse zu werfen. Das erspart das lange Suche und Visieren, durch welches der linke Arm ermüdet und wohl gar ins Zittern kommt. Der angehende Westmann steht stundenlang, um sich mit dem ungeladenen Gewehr einzuüben. Er wirft, indem er das linke Auge geschlossen und das rechte scharf auf das Ziel gerichtet hält, das

Gewehr mit schnellem Ruck auf und nieder, bis er die Fertigkeit erlangt, den Lauf sofort auf das Ziel und das Korn in die Kimme zu bringen. Viele bringen es nie zu dieser Gewandtheit und sind dann schlechte Jäger, da oft das Leben davon abhängt, der erste am Schuß zu sein.

Für andere freilich erscheint es unbegreiflich, daß jemand, ohne langsam anzulegen und scheinbar ohne sorgfältig zu zielen, das Gewehr geradezu emporwirft, augenblicklich abdrückt und... einen Nagel durch das Schwarze treibt. Die Schnelligkeit, mit welcher das geschieht, ist verblüffend, aber eben weiter nichts als das erklärliche Resultat einer langen und ermüdlichen Übung.

So war es auch jetzt. Das Gewehr aufnehmen, zweimal abdrükken und es wieder sinken lassen, das war in einer Sekunde geschehen. Der erste Kaiman fuhr empor, tat mit dem Schwanz einen Schlag und sank dann wieder nieder. Der zweite schoß vier oder fünf Schritte vorwärts, blieb dann halten, richtete den Kopf auf, sank auf die Seite, dann auf den Rücken und blieb so bewegungslos liegen. Beide waren tot. Lauter Beifall erscholl.

„Zwei außerordentliche und meisterhafte Schüsse!" rief der Fremde. „Oder waren sie Zufall?"

„Nein, Señor. Sie waren kinderleicht," antwortete ich.

Er warf mir unter den hoch emporgezogenen Brauen hervor einen erstaunten Blick zu, zog den Hut, machte mir eine tiefe, höfliche Verbeugung und kehrte auf seinen Sitz zurück. Von da an bemerkte ich, daß er mir und allem, was ich tat, eine nicht ganz zu verbergende Aufmerksamkeit schenkte. Ich gab dem Yerbatero den Auftrag, sich unter der Hand zu erkundigen, wer er sei. Dieser gab sich alle Mühe und brachte mir endlich den Bescheid, daß niemand außer dem Kapitän ihn kenne; diese aber habe seinen Namen nicht nennen wollen und nur angedeutet, daß der Señor ein Oficialo nombrado (berühmter Offizier) sei, der ihm Schweigen anbefohlen habe. Natürlich war diese Auskunft nur geeignet, meine Neugier zu vergrößern.

So waren wir also bis in die Nähe des Rio Guayquiaro gekommen. Das Wetter hatte uns bisher begünstigt, jetzt aber schien es dessen müde zu sein. Der südliche Horizont nahm eine schmutzig gelbe Färbung an, und die hohen Halme des Schilfs, die Zweige der Büsche begannen sich zu bewegen. Der Kapitän wendete den Blick wiederholt nach Mittag. Sein Gesicht verfinsterte sich. Dann kam Frick Turnerstick zu mir und sagte:

„Sir, der Kapt'n glaubt, daß ein Pampero im Anzug sei. Er machte dabei ein Gesicht wie ein Taifun. Ist denn so ein Pampalüftchen so gefährlich? Wir befinden uns doch nicht auf hoher See!"

„Eben darum ist Grund zur Sorge vorhanden. Auf hoher See ist, wenn weder Land noch Riffe in der Nähe sind, ein Sturm nicht sehr zu fürchten. Hier aber kann er uns ans Ufer oder auf eine der Inseln werfen."

„So mag der Kapt'n doch vor Anker gehen und warten, bis die Prise wieder eingeschlafen ist!"

„Das ist leicht gesagt, Sir. Zum Ankern gehört ein geeigneter Platz, und selbst wenn dieser gefunden ist, reitet das Schiff vor dem Sturm leicht so lange auf der Kette, bis es sich losreißt und zu Lande geht.

„Das kann ich mir nicht denken."

„Weil Ihr noch keinen Pampero erlebt habt."

„Na, er mag kommen, dieser Master Pampero. Man wird ja sehen, ob er Zähne hat."

„Wollen nicht hoffen, daß wir zwischen sie geraten!"

So wenig Zeit dieses kurze Gespräch in Anspruch genommen, hatte sich doch der Himmel während desselben stark verändert. Es war, als ob es schnell Nacht werden wolle, und ein starker aber unhörbarer Luftstrom bog die Pflanzen tief zum Boden nieder.

Ich ging nach dem Vorderdeck, um nach meinem Pferd zu sehen und es fester anzubinden. Eben rief der Kapitän mit lauter Stimme:

„Der Pampero kommt. Er wird nicht ein trockener, sondern ein nasser sein. Eilen Sie unter das Deck, Señores!"

Die Schiffsbediensteten rannten hin und her, um alles gehörig zu befestigen. Ich zog mein Pferd zwischen den Kisten und Ballen, durch deren etwaigen Zusammensturz es scheu gemacht werden konnte, hervor und führte es, ohne zu fragen, ob dies erlaubt sei, nach der Mitte des Schiffs unter die dort ausgespannte Sonnenleinwand, wo ich es an einen im Boden angebrachten eisernen Ring band.

Als ich unter diesem Zeltdach hervortrat, war der Himmel rundum schwarz geworden, und der heranheulende Sturm überschüttete mich mit einer sehr großen Menge von Staub, Sand und Schmutz. Der bisher glatte Spiegel des Flusses wurde tief aufgewühlt und schickte seine schäumenden Wogenkämme hoch am Bug des Dampfers empor. Der Kapitän klammerte sich mit aller Gewalt an das eiserne Geländer der Kommandobrücke. Vier Männer standen am Steuer, dessen Rad sie kaum halten konnten. Ich wurde fast zu Boden geworfen. Ein Ruck — die Zeltleinwand wurde losgerissen und fortgefegt. Mein Pferd wollte sich losreißen und schlug hinten aus. Ich rollte den Lasso auf, warf ihn dem Tier um die Hinterfüße und zog ihn dort zusammen, so daß es niederstürzte; dann band ich das andere Ende um die Vorderbeine; der Braune konnte also nicht auf und keinen Schaden anrichten. Und nun war es auch schon vollständig Nacht um uns. Haselnußgroße Regentropfen fielen, erst einzeln, dann aber in geschlossener Masse, als ob ein See herniederstürze.

„An die Glocke! Läuten, läuten, ohne Unterbrechung läuten!"

So rief der Kapitän mit einer Stimme, welche im Heulen des Sturms kaum gehört werden konnte. Ich vernahm den Klang der Glocke dann leise, wie aus weiter Ferne und mußte nun bedacht sein, unter Deck zu kommen. Es war bei dieser geradezu dicken Finsternis und der Gewalt des Orkans nicht leicht, die Treppe zu erreichen. Dort traf ich auch Turnerstick, welcher in seinem seemännischem Stolz dem „Lüftchen" hatte trotzen wollen, nun aber von demselben auch hinabgetrieben wurde.

„All devils!" sagte er, als wir unten ankamen. „Das hätte ich nicht gedacht. Da ist ja rein die Hölle offen!"

Er mußte die Worte brüllen, damit ich sie verstehen konnte. Ich antwortete nicht. Und wie sah es da unten aus! Wo gab es da einen Unterschied zwischen Passagieren erster und zweiter Klasse! Da stand, saß, lag und fiel alles bunt durch- und übereinander. Das Schiff stampfte und schlingerte so, daß nur kräftige Männer sich aufrecht halten konnten. Wer seine Stütze nur für einen Augenblick losließ, der kollerte sicher über den Boden hin. Jemand war auf die gute Idee gekommen, die Hängelampen anzubrennen. Das Licht derselben beleuchtete eine bunte, tolle Szene. Hans Larsen stand mit ausgespreizten Beinen, fest wie ein Fels im Meer. Drei Indianer und ein Weißer umklammerten ihn. Da kollerte ihnen der Neger des Offiziers zwischen die Beine, und aus war es mit dem Halt — die schöne Gruppe fiel nieder und wälzte sich bis dahin, wo es nicht mehr weiter ging.

Die kranke, alte Indianerin lag neben der Treppe in der Ecke. Ihr Sohn kniete bei ihr und suchte sie mit seinem Leib zu schützen. Ich benutzte einen verhältnismäßig guten Augenblick, zog mein Messer und trieb die Klinge desselben mit dem als Hammer gebrauchten Gewehrkolben bis an das Heft in die dünne Holzwand. Indem ich mich nun an dem Messergriff festhielt, stand ich schützend über den Beiden, bemüht, die zu uns Herankollernden mit den Füßen abzuwehren. Der Indianer dankte mir durch einen warmen Blick.

Bei den langen Wogen einer offenen See hätte die Verwirrung nicht so groß werden können. Die hohen, kurzen, scharfkantigen Wellen des Flusses aber spielten dem Schiff so mit, daß ich mich kaum am Messer halten konnte. Ich mußte mit den Händen, welche mich schmerzten, oft wechseln.

Dazu das Heulen und Pfeifen des Sturms; das Brausen des Regens, welcher das Deck durchschlagen zu wollen schien; das Ächzen und Stöhnen der Dampfmaschine. Wenn eine der Lampen brach und explodierte! Es war wirklich ganz, um angst und bange zu werden. Ein Glück, daß man unter dem Tosen der entfesselten Elemente die Stimmen der vielen Menschen nicht vernehmen konnte.

Desto deutlicher aber hörte man die Donnerschläge, wie ich sie so fürchterlich noch nie vernommen hatte. Durch die starken Scheiben der kleinen Fenster sahen wir Blitz auf Blitz herniederkommen. Aber diese Blitze bildeten nicht zuckende Linien oder Bänder, sondern sie fielen wie große, dicke Feuerklumpen herab. Es gab nur den einen Trost, daß ein so außerordentliches Wüten nicht lange anzudauern vermöge. Ich hatte schon manches Wetter über mich ergehen lassen müssen, so schlimm aber noch keins, außer einmal einen Schneesturm mit Blitz und Donner im Gebiet der Sioux.

Eben dachte ich an dieses letztere Ereignis und verglich es mit dem gegenwärtigen, als es noch viel, viel schlimmer kommen sollte. Wir erhielten nämlich alle einen Stoß, dem auch eine Riesenkraft nicht hätte widerstehen können. Selbst diejenigen, welche sich bis jetzt gehalten hatten, wurden niedergeworfen oder vielmehr niedergeschmettert. Wem die Glieder den Dienst nicht versagten, der raffte sich wieder auf. Und siehe da, es ging, denn das Schiff stampfte nicht mehr; es schien festen Halt gefunden zu haben und schlingerte nur hinten hin und her.

Aber die Freude, welche jemand darüber hätte empfinden können, wäre nur eine kurze gewesen, denn wir bemerkten, daß der Fußboden nicht mehr waagerecht blieb. Er hob sich vorn empor, und während einer Pause, welche der Sturm machte, hörte ich deutlich jenes eigenartige Geräusch, welches entsteht, wenn die Räder eines Dampfschiffs in die Luft anstatt in das Wasser greifen.

Ich hatte mich wieder emporgerichtet und hielt mich am Messergriff fest. Turnerstick kam auf mich zu und brüllte mich an:

„An das Ufer gerannt!"

„Nein, sondern auf ein Fahrzeug oder Floß gerannt!" antwortete ich ihm, auch brüllend, damit er mich verstehen könne.

„Well! Könnt recht haben. Also schnell hinauf!"

Von dem Stoß, welchen wir erhalten hatten, war glücklicherweise keine der Lampen herabgeschleudert worden. Sie erleuchteten eine im Vergleich mit vorher friedlichere Szene. Da das Schiff nicht mehr stampfte, konnte man sich trotz der schiefen Lage des Bodens leichter auf den Füßen halten, und die wenigsten ahnten, welch furchtbare neue Gefahr die Krallen nach uns ausstreckte.

Turnerstick eilte fort; der Steuermann arbeitete sich durch das Gedränge nach der Treppe. Ich wollte folgen und zog mit Anstrengung aller Kräfte mein Messer aus der Wand. Dabei fiel mein Auge auf den Indianer und seine Mutter. Ich hob die letztere auf und trug sie nach der Treppe, indem ich ihm einen Wink gab, mir zu folgen.

Droben angekommen, hatten wir einen Anblick, welcher einem die Haare zu Berge treiben konnte. Der Regen hatte wie mit einem Schlag aufgehört. Vor und über uns sah der Himmel schwarz aus; im Süden aber färbte er sich bereits heller. Infolgedessen begann die Finsternis zu weichen, und wir konnten sehen, wie es mit uns stand.

Das Schiff war auf ein gewaltiges Floß gefahren und hatte sich, vorn mehr und mehr sich hebend, in den Vorderteil desselben hineingearbeitet. Es stak zwischen mächtigen Baumstämmen. Die Räder hingen über Wasser, bewegten sich aber nicht mehr, da die Maschine gestoppt worden war. Dagegen wurde das Hinterteil so tief niedergedrückt, daß nur noch das Steuerrad aus dem Wasser hervorragte, das Rad mit den vier Männern, welche nicht von ihrem Posten wichen, obgleich die Wogen ihnen bis über die Schultern schäumten. Diese mutigen Leute boten ein Bild treuester Pflichterfüllung.

Man konnte nicht sehen, ob wir uns zwischen zwei Inseln oder zwischen einer und dem Ufer befanden. Zu beiden Seiten gab es flaches Land, welches links von uns nur mit dichtem Schilf bewachsen war, während rechts ein nackter Sandboden langsam anstieg, den ein Buschwerk begrenzte, über welches weiter oben die Wipfel von Bäumen hervorragten.

Der Sturm blies der Richtung des Flusses gerade entgegen. Seine Gewalt staute das Wasser und wühlte tiefe Wellentäler in dasselbe, aus welchen hohe Wasserkämme aufstiegen und sich überstürzten, zu Schaum geschlagen und in Gischt zerstäubt. Der Wasserlauf, in welchem wir uns befanden, war nicht breit. Bei hellem, ruhigem Wetter konnten zwei Fahrzeuge einander ausweichen; auch ein Floß hätte an einem Dampfer vorüber gekonnt; aber bei diesem Sturm und der Finsternis, welche wir gehabt hatten, war das Unglück fast gar nicht zu vermeiden gewesen.

Die Flößer hatten zwar die Glocke läuten gehört, aber erst dann, als es zu spät gewesen war. Der Dampfer war, vom Sturm getrieben, auf das Floß gefahren und mit dem Vorderteil auf dasselbe gehoben worden.

Glücklicherweise hatte sich beim Zusammenprall der Himmel so weit gelichtet, daß die Flößer ihre Lage überschauen konnten. Sie hatten sich geteilt gehabt. Die eine Hälfte arbeitete vorn, die andere hinten an den langen Rudern. Die ersteren hatten kaum Zeit, schnell zurück zu springen, so schmetterte der Dampfer auch bereits auf das erste Feld des Floßes und schob sich auf dasselbe empor. Sie rannten nach den auf dem hinteren Feld arbeitenden Ruderern zurück und halfen dieses Feld an das Ufer zu drängen, und zwar auf das zu unserer linken Hand liegende, welches ihnen am nächsten lag und wo sie das Floß mittels der stets bereitliegenden Seile und einiger Pfähle befestigten.

Der Kapitän hatte die Maschine stoppen lassen, aber doch zu spät. Das Vorderteil hatte sich auf die Stämme gearbeitet und saß nun fest. Das Hinterdeck stand, wie bereits erwähnt, unter Wasser. Das Rettungsboot war zu kurz gebunden gewesen und mit niedergezogen worden. Es hatte Wasser geschöpft und war gesunken.

Die starken Lianen, welche die Stämme des Floßes verbanden, rissen teilweise, und die gewaltigen Hölzer schlugen und stampften unaufhörlich gegen den Schiffskörper. Bohrten sie ein Leck, so mußte das Schiff binnen weniger Minuten sinken. Dem Strudel, welcher dabei entstehen mußte, fielen dann gewiß zahlreiche Passagiere zum Opfer. Es war also geraten, sich so schnell wie möglich an das Land zu retten. Das aber konnte nur durch Schwimmen geschehen, da das Boot gesunken war.

Der Kapitän ließ Rückdampf geben; da aber die Räder nicht in das Wasser griffen, war das Schiff auf diese Weise nicht loszubringen. Vielleicht war es möglich, den Dampfer dadurch zu befreien, daß die Stämme, auf denen er saß, mit Hilfe von Äxten losgeschlagen wurden. Das war aber kein ungefährliches Unternehmen, da das Floß mit dem Schiff auf und nieder getrieben wurden und am leichtesten ein Leck entstehen konnte.

Solange durften wir unmöglich warten. Hinter uns kamen die Yerbateros und der Offizier mit seinem Neger an Deck. Andere drängten nach. In kurzer Zeit war eine außerordentliche Verwirrung zu erwarten, welche die Rettung noch erschweren mußte.

Ich hatte die Indianerin bis zu meinem Pferd getragen, welches noch gefesselt am Boden lag und sich alle Mühe gab, loszukommen. Ich fragte ihren Sohn, ob er schwimmen könne. Er nickte zwar, gab mir jedoch durch einen Wink zu verstehen, daß er zweifle, seine Mutter bei diesem Wogengang schwimmend an das Land zu bringen. Eben band ich den Braunen los, um die Frau mit in den Sattel zu nehmen, da faßte mich der Offizier am Arme und rief mir mit aller Anstrengung zu:

„Ich komme hinüber, habe aber wichtige Papiere, welche nicht naß werden dürfen. Wollen Sie dieselben mitnehmen?"

Ich nickte. Er gab mir eine Brieftasche, welche ich unter den Hut steckte, und mit dem Taschentuch auf dem Kopf festband. Nachdem ich den Lasso mir um die Schultern gelegt und die Gewehre umgehängt hatte, stieg ich in den Sattel und nahm die Indianerin zu mir.

Es war die allerhöchste Zeit. Die Passagiere drängten in Menge nach dem Deck. Ihr Geschrei übertäubte sogar das Wüten des Sturms. Der Frater war ins Wasser gesprungen. Die Yerbateros folgtem ihm; der Offizier mit seinem Neger ebenso. Ich lenkte das Pferd nach dem Hinterdeck, bis die dasselbe überspülende Flut bis an den Sattel ging; dann trieb ich es vom Schiff in das Wasser. Der Indianer folgte mir; er wollte an der Seite seiner Mutter sein.

Wir wurden so kräftig von den Wogen gepackt, daß der Kopf des Pferdes verschwand und sie mir bis an die Brust stiegen; doch arbeitete sich das kräftige Pferd schnell wieder in die Höhe.

Es war ein Glück, daß der Pampero die Wogen nicht ab-, sondern aufwärts trieb, sonst wären wir fortgerissen worden bis dahin, wo das Ufer steil aus dem Wasser stieg und wir nicht landen konnten. Dennoch bedurfte es gewaltiger Anstrengung, das Land zu erreichen. Das Pferd hielt aus. Ich mußte beim Nahen jeder Sturmwelle die Indianerin emporheben, damit ihr Gesicht nicht überspült wurde.

Endlich faßte der Braune festen Boden, den die anderen Schwimmer noch nicht erreicht hatten. Ich stieg ab, legte die Indianerin auf die Erde, warf die Gewehre ab und band den Lasso wieder los. Ich warf ihn zunächst dem Bruder zu, den ich an das Land zog, dann dem Teesammler Monteso, welcher, als er am

Ufer war, sich sofort auch seines Lasso bediente, um das Gleiche zu tun. So gelang es uns, nach und nach alle an das Ufer zu ziehen, wo ich dem Offizier seine Brieftasche zurückgab, welche vollständig trocken geblieben war. Übrigens war ich ebenso durchnäßt wie die anderen.

Indessen war es fast vollständig hell geworden. Das Schiff hing gar nicht allzuweit vom Ufer auf dem Floß, und wir sahen jeden einzelnen der Passagiere, welche sich jetzt alle auf den aus dem Wasser ragenden Teil des Verdecks gedrängt hatten. Wir hörten ihr Geschrei durch den Sturm hindurch und ersahen aus ihren Bewegungen, daß sie sich in großer Angst befanden. Das Schiff sank hinten immer tiefer. Die vier Steuerer hatten sich endlich nach vorn begeben müssen, denn das Rad wurde von den Wogen vollständig überspült. Auch vorn begann es zu sinken. Die Flößer hatten sich mir ihren Äxten auf das zweite Feld gewagt, um das erste, auf welchem das Schiff saß, loszutrennen. Die Lianen wurden durchhauen, und das Wasser riß einen Stamm nach dem anderen mit fort, wobei es nicht zu vermeiden war, daß die mächtigen Baumriesen scharf gegen den Schiffskörper stießen.

Jetzt konnten die Räder wieder Wasser fassen. Das Schiff ging mit Rückdampf ein wenig abwärts und kam dann wieder vor, um sich am flachen Ufer festzusetzen. Es war die allerhöchste Zeit, denn es hatte sich herausgestellt, daß ein Loch in den Bug gestoßen worden war. Das Wasser drang durch dasselbe ein und begann den unteren Raum zu füllen. Das Hinterdeck war wieder emporgekommen und wurde, als die beiden Anker ausgeworfen worden waren, ebenso wie das Vorderteil durch die vorhandenen starken Staken gesteift, so daß sich das Fahrzeug nicht auf die Seite legen konnte. Dann wurde das Boot aus dem Wasser gezogen und ausgeschöpft, um die Passagiere dann, wenn die Wogen nicht mehr so hoch gingen, an Land zu bringen.

Hätten wir gewußt, daß die Gefahr auf diese Weise bewältigt wurde, so wären wir an Bord geblieben und nicht so arg durchnäßt worden.

Von einer Weiterfahrt war keine Rede. Das Schiff konnte mit dem Leck nicht fort und mußte bis zur Ausbesserung desselben an Ort und Stelle bleiben. Das Wasser stieg schnell bis in den Maschinenraum und löschte das Feuer aus.

Das alles war freilich nicht so schnell gegangen, wie man es zu erzählen vermag. Seit dem Zusammenstoß hatte es fast zwei Stunden bedurft, um den Dampfer in Sicherheit zu bringen. Bis dahin hatte die Wut des Sturms leidlich abgenommen, und die Passagiere wurden nach und nach an Land gebracht.

Dann ließ sich der Kapitän nach dem Floß rudern, um den Flößern eine Strafpredigt zu halten, welche sie aber nicht verdient hatten. Er verlangte Schadenersatz, sie aber auch, die die Lösung des Dampfers ihnen ein ganzes Feld des Floßes gekostet hatte. Er warf ihnen vor, daß sie nicht auf seine Warnungsglocke geachtet hätten. Sie aber bewiesen ihm, daß er sich von dem Sturm in einen Arm des Flusses hatte treiben lassen, welcher ausschließlich von Flößern befahren werden sollte. Er mußte das schließlich zugeben und die Leute an die Kompagnie verweisen, welche die Besitzerin seines Dampfers war.

Was sollten wir nun tun?

In dem scharfen Wind trockneten unsere Anzüge außerordentlich schnell. Unterhalb des Gürtels hatte das Wasser bei mir aber nicht eindringen können; doch gehörte eine feste Gesundheit dazu, ohne Erkältung davonzukommen.

Sonderbarerweise hatte das Wasserbad auf die erkrankte Indianerin sehr günstig gewirkt. Ihr hemdartiges Gewand war sehr schnell trocken, und sie behauptete, sich wieder ganz wohl zu fühlen.

Der Kapitän sagte uns, daß wir erst übermorgen einen aufwärtsgehenden Dampfer zu erwarten hätten, mit welchem wir die Fahrt fortsetzen könnten. Er riet uns, mit Hilfe des Buschwerks und Schilfs Hütten zu bauen und war dazu bereit, alle auf dem Schiff vorhandenen Bequemlichkeiten an Land schaffen zu lassen. Auch glaubte er, daß der Proviant bis dahin reichen werde. Wir stimmten ein, da es voraussichtlich keine andere und bessere Unterkunft für uns gab.

Indessen kam der Indianer, welcher mir für die Hilfe, die ich seiner Mutter geleistet hatte, eine große Dankbarkeit widmete, zu mir und sagte:

„Señor, wenn Sie nicht hier bleiben wollen, wo Sie es vor den Moskitos nicht aushalten können, wenn der Sturm sich gelegt haben wird, so könnte ich Sie an einen besseren Ort bringen."

„Wo ist das?"

„Es gibt in der Nähe einen Rancho, auf welchem ich gedient habe. Der Besitzer ist auch ein Indianer und ein entfernter Verwandter von mir. Er heißt Señor Antonio Gomarra und würde Sie mit Freuden bei sich aufnehmen."

„Wie weit ist es von hier?"

„Zu gehen hat man drei Stunden, während man zu Pferd den Weg in nicht viel mehr als einer Stunde machen kann."

„Ich werde Ihr Anerbieten wohl nicht annehmen können, da ich mich nicht von meinen Gefährten trennen kann."

„Die können ja mit!"

„Es sind aber neun Mann außer mir!"

„Das sind nicht zu viel, nur möchte ich dem Ranchero nicht zumuten, sämtliche Passagiere bei sich aufzunehmen. Darum werde ich Ihnen die Bitte ans Herz legen, zu verschweigen wohin Sie gehen."

Das Anerbieten war mir nicht unwillkommen. Auf dem Rancho wohnte und schlief es sich jedenfalls besser, als hier am Flußufer. Dort konnten wir auch des Schadens, den wir doch vom Wasser davongetragen hatten, leichter Herr werden. Ich stellte also meinen Gefährten die Sache vor, und sie zeigten sich gern bereit, auf das Anerbieten des Indianers einzugehen.

Vom Kapitän erfuhren wir, daß das Schiff vor übermorgen mittag nicht zu erwarten sei, also konnten wir bis früh auf dem Rancho bleiben, ohne zu befürchten, die Fahrgelegenheit zu versäumen. Wir sagten denen, die uns fragten, daß wir lieber landeinwärts nach einem Unterkommen suchen wollten, und standen eben im Begriff, uns auf den Weg zu machen, als der Offizier mich um einige Worte bat.

Er hatte sich bereits dafür bedankt, daß ich seine Brieftasche trocken an das Ufer gebracht hatte, und sagte jetzt:

„Ich höre, daß Sie ein Fremder sind, Señor. Darf ich fragen welchen Reisezweck Sie verfolgen?"

„Ich möchte den Gran Chaco kennenlernen," antwortete ich.

„Das ist eine eigentümliche und fast gefährliche Aufgabe, welche Sie sich gestellt haben, Señor. Sind Sie vielleicht Naturforscher?"

„Ja," antwortete ich, um ihn zu überzeugen, daß ich keine landesgefährlichen Absichten verfolge.

„Beschäftigen Sie sich auch mit Politik?"

„Nein. Dieses Feld liegt mit so fern wie möglich."

„Das freut mich, und so will ich Sie denn auch fragen, ob Sie für sich ein festes Unterkommen wissen, oder nur ins Ungewisse hineinwandern wollen?"

„Ich soll nach einem Rancho geführt werden. Wir halten das geheim, damit nicht alle anderen nachgelaufen kommen."

„Würden Sie mich und meinen Neger mitnehmen? Ich habe dringende Gründe, mich hier nicht zu verweilen."

„Sehr gern. Sie sind uns willkommen."

So schloß er sich uns also an, und der Indianer hatte nichts dagegen. Ob zehn oder zwölf auf dem Rancho ankamen, das war wohl gleichgültig. Nur sollten nicht so viele Leute mitgebracht werden, welche essen und trinken wollten, ohne bezahlen zu können oder bezahlen zu mögen.

Ich wollte die Indianerin, welche natürlich auch mitging, in den Sattel setzen; sie ging aber nicht darauf ein. Sie erklärte, sich plötzlich ganz gesund zu fühlen. Da es lächerlich ausgesehen hätte, wenn ich geritten wäre, während die anderen liefen, so ging ich auch und wies die Gesellschaft an, ihre Habseligkeiten auf das Pferd zu packen.

Das Ufer stieg, wie bereits gesagt, an der Stelle, an welcher wir uns befanden, langsam an, bis es die Höhe der Barranca erreichte. Das Gebüsch, welches wir zu durchschreiten hatten, war nicht dicht. Hohe Mimosen standen in demselben zerstreut. Zuweilen gab es eine Sumpfläche, die wir umgehen konnten, sonst aber bot uns der Weg gegen unser Erwarten gar keine Schwierigkeiten. Der Grund davon war, daß der Indianer die Gegend sehr genau kannte. Er sagte, daß es genug undurchdringliche Dickichte und weit in das Land gehende Lagunen gebe, die er aber zu vermeiden wisse.

Später verlor sich das Gebüsch und wir gingen durch einen lichten Mimosenwald. Die Bäume standen weit auseinander. Sie werden hier wohl nur höchst selten über zehn Meter hoch, bilden aber wegen der sich an ihnen bis zur Spitze emporrankenden und blühenden Schlingpflanzen einen allerliebsten Anblick.

Der Sturm hatte sich fast völlig gelegt, und die Sonne kam wieder zum Vorschein. Es war einer jener Pamperos gewesen, die nur kurze Zeit anhalten, aber dafür zehnfache Stärke enthalten. Hier im Wald bemerkten wir vom Wind fast gar nichts mehr.

Ich hatte mich unterwegs mit Bruder Hilario unterhalten. Der Offizier war nebenher gegangen und hatte unserem Gespäch wohl zugehört, sich aber nicht daran beteiligt. Erst als der Frater eine Bemerkung fallen ließ und ganz zufälligerweise den Namen des Major Cadera erwähnte, fragte der Offizier schnell:

„Cadera? Kennen Sie diesen Menschen?"

„Ja," antwortete ich, „falls Sie nämlich denselben meinen, von welchem auch wir sprechen."

„Es muß derselbe sein, denn es gibt nur einen einzigen Major Cadera. Sind Sie Freunde oder Feinde von ihm?"

„Hm! Das ist eine Frage, welche sich nicht so ohne weiteres beantworten läßt."

„O doch. Wer nicht mein Freund ist, der muß doch mein Feind sein!"

„Wohl nicht. Es gibt Menschen, welche uns sehr gleichgültig sind, und das ist mir Cadera jetzt."

„Früher war er es also nicht. So ist er entweder Ihr Freund oder Ihr Feind gewesen. Es wäre mir höchst interessant zu erfahren, welches von beiden der Fall war."

„Es steht nicht in meiner Macht, Ihnen die gewünschte Auskunft zu erteilen."

„Aus welchem Grund denn, Señor?"

„Auch den muß ich verschweigen, da ich Sie nicht kenne. Wir haben Cadera in einer Weise kennengelernt, daß es uns am liebsten ist, wenn wir seinen Namen nicht mehr hören."

„Ah! So ist er also feindlich gegen Sie aufgetreten?"

„Ja."

Er betrachtete mich mit prüfendem Blick; ich aber wendete mich ab, zum Zeichen, daß ich dieses Thema fallenlassen wolle. Er aber hielt es fest und sagte:

„Verzeihung, Señor! Ich bemerke zwar, daß Sie nicht gern von diesem Mann sprechen, aber ich möchte doch gern noch einige Fragen über ihn an Sie richten. Wollen Sie mir das erlauben?"

„Es wird zu nichts führen. Ich kann jemandem, der mir unbekannt ist, keine Auskunft erteilen über Personen, an die ich nicht mehr denken mag."

„Sie können mit aber doch vertrauen! Sehe ich denn wie ein Mensch aus, vor welchem man sich in acht zu nehmen hat?"

„Nein; aber der bravste Mensch kann unser Gegner sein."

„Das bin ich jedenfalls nicht."

„Können Sie mir das beweisen?"

Er blickte still vor sich nieder und sagte dann:

„Auch ich kenne Sie nicht. Ich weiß nicht, ob ich wirklich glauben darf, daß Sie ein Fremder sind."

„So will ich es Ihnen beweisen."

Ich zog meine Brieftasche heraus, durch welche das Wasser nicht hatte eindrinen können, und gab ihm meinen Paß. Er las ihn, reichte er mir zurück und sagte:

„Da sind Sie freilich als ein Fremder legitimiert, und ich ersehe aus dem Visum, daß Sie sich kaum zwei Wochen im Land befinden."

„Kann ich mich also mit parteilichen Umtrieben befaßt haben?"

„Doch! Wer ist denn Ihr Begleiter?"

Diese Frage bezog sich auf den Frater, welcher neben uns her schritt und alles hörte.

„Mein Name ist Frater Hilario," antwortete er selbst.

„Ich kenne Sie nicht."

„Nun, so haben Sie vielleicht unter einen anderen Namen von mir gehört. Man nennt mich zuweilen auch den Bruder Jaguar."

„Jaguar!" rief der Offizier aus. „Ist das wahr? Wenn das so ist, so kann ich freilich sicher sein, daß ich Ihnen vertrauen darf. Haben Sie vielleicht einmal den Namen Alfina gehört?"

„Alfina? Meinen Sie vielleicht Rudolfo Alfina, den berühmten argentinischen Oberst, welcher so siegreich im Süden gewesen ist?"

„Denselben meine ich."

„Kennen Sie ihn?"

„Versprechen Sie mir, mich nicht zu verraten?"

„Ja, gern. Sind etwa Sie selbst dieser Señor?"

„Ja, Bruder."

„Cielo! Dann wagen Sie viel, sich in diese Gegend zu begeben!"

„Das weiß ich wohl; aber ich bin gezwungen, dieses Wagnis zu unternehmen."

„Wissen Sie, daß sich die ganze Provinz Entre Rios in Aufruhr befindet?"

„Ja."

„Und wissen Sie, daß wir uns gegenwärtig noch in dieser Provinz befinden?"

„Wir sind der Grenze nahe."

„Desto gefährlicher für Sie, da man gerade die Grenze gut besetzt haben wird. Wenn man Sie entdeckt, werden Sie ergriffen."

„Ich werde mich möglichst wehren. Am allergefährlichsten war es für mich dort am Fluß. Der Verkehr ist stark. Flöße und Boote kommen und gehen. Wie bald konnte ich von Leuten des Generals Lopez entdeckt und festgenommen werden! Lieber gehe ich tiefer in das Land."

„Um dann wieder zu dem Schiff zurückzukehren?"

„Wenn ich muß, ja. Findet sich aber eine passende Gelegenheit, so schlage ich den Landweg ein bis nach Palmar am Corrientesfluß, wo ich für kurze Zeit Station machen muß."

„Wohl um Jordans willen?"

„Jordan! Wo lernten Sie ihn kennen?"

„Bei ihm selbst. Wir waren als Gefangene bei ihm."

„Ist das möglich! Sie? Warum?"

„Das ist eine höchst abenteuerliche Geschichte. Wollten wir sie Ihnen erzählen, so würde das eine bedeutende Zeit in Anspruch nehmen."

„Und doch möchte ich Sie dringend ersuchen, sie mir mitzuteilen. Ich komme eben jetzt nach der Provinz Corrientes, um von hier aus Jordan anzugreifen, während er zu gleicher Zeit im Süden gepackt wird. Ich teile Ihnen das natürlich unter dem Siegel tiefster Verschwiegenheit mit."

„Señor, das wird Ihnen schwer werden."

„Warum?"

„Weil er einen Anhang besitzt, welchem Sie wohl kaum gewachsen sind."

„Augenblicklich bin ich schwach. Ich hoffe aber nach Verlauf von einigen Wochen ein so starkes Korps beisammen zu haben, daß ich den Angriff unternehmen kann."

„Dazu bedarf es vieler Pferde, welche Ihnen Corrientes nicht liefern kann."

„Ist er denn gar so stark?"

„Ich glaube, daß er um sein Hauptquartier mehrere tausend Reiter versammelt hat. Rechnen Sie dazu die zahlreichen übrigen Orte, an welchen er Garnisonen errichtet hat, so kommt ein ansehnliches Heer zusammen."

„Das habe ich freilich nicht gedacht."

„Und zudem liegt die Provinz Entre Rios zwischen Flüssen, welche eine natürliche Schutzwehr bilden."

„Pah! Wir haben Schiffe!"

„Denen die Ladung versagt wird, wenn der Kampf einmal ausgebrochen ist."

„Das ist freilich wahr. Aber diese Provinz kann sich unmöglich gegen die anderen halten! Und bedenken Sie, welch ein Geld Jordan braucht, um sein Unternehmen auszuführen!"

„Das hat er."

„Gehabt! Ich bin überzeugt, daß sein Vermögen bereits zur Neige ist. Er muß seine Leute gut besolden, wenn sie ihn nicht verlassen sollen."

„Das kann er. Das Ausland gibt ihm das Geld."

„Das wird sich hüten. Welcher Staat wird ein Unternehmen unterstützen, welches gleich von Anfang an den Keim des Mißlingens in sich trägt?"

„Ein Staat wird das nicht tun, aber es können sich Privatpersonen finden."

„Mit Millionen? Schwerlich!"

„Gewiß! Bedenken Sie nur zum Beispiel die Eisenbahnverhältnisse in Argentinien! Es haben sich Yankeegesellschaften zum Bau großer Straßen angeboten. Sie sind abgewiesen worden. Wenn nun so eine Gesellschaft Jordan unterstützt und dafür die Konzession zugesprochen erhält, falls er siegt?"

„Halten Sie das für möglich?"

„Sogar für sehr wahrscheinlich."

Der Oberst sah dem Bruder prüfend in das Gesicht und sagte dann:

„Sie scheinen diese Ansicht nicht ohne allen Grund zu hegen. Ihr Gesicht verät mir das. Ich möchte Sie herzlichst bitten, offener mit mir zu sein!"

„Dazu kennen wir Sie zu wenig."

„Frater, ich bitte Sie, wir haben doch keine Zeit, uns kennenzulernen, und das, was Sie wissen, kann von der höchsten Bedeutung für die gerechte Sache und die Ruhe des Landes sein!"

„Das ist allerdings der Fall. Aber zum Sprechen ist es noch nicht Zeit. Übrigens widerstrebt es meinem Beruf, dergleichen Mitteilung zu machen."

„So adressieren Sie mich an einen anderen, der mich gleichfalls zu unterrichten vermag!"

„Das kann ich tun. Wenden Sie sich an meinen Freund, diesen Señor, welcher Ihnen noch weit bessere Auskunft erteilen vermag als ich."

„Ist das wahr, Señor?" fragte der Oberst nun mich.

„Vielleicht erzähle ich Ihnen alles, was wir erfahren haben," antwortete ich ihm. „Doch ist hier nicht der Ort dazu. Warten wir, bis wir uns auf dem Rancho befinden, wo wir alle Ruhe und Bequemlichkeit zu einer Besprechung haben wie Sie wünschen!"

„Das mag sein, Señor. Aber ich bitte Sie, ja Ihr Wort zu halten!"

Wir waren gegen eine Stunde lang durch den Wald gekommen, welcher von zahlreichen Papageien bevölkert wurde. Auch hier hatte der Pampero große Verwüstungen angerichtet. Mächtige Zweige waren abgebrochen und davongeführt worden. Dichte Schlingpflanzenlauben hatte der Sturm losgerissen, zusammengeballt und dann in die Wipfel gehängt. Zerschmetterte Vögel und andere Tiere lagen auf dem Boden.

Dann wurde der Wald dünner und immer dünner, bis er ganz aufhörte und in einen mit Gras bewachsenen Camp überging, welcher genau den Camps von Uruguay glich.

Das war zunächst eine einsame Gegend, in welcher wir nur Ratten, Eulen und Aasvögel bemerkten. Später aber sahen wir im

Nordwesten weidende Pferde und noch zahlreiche Rinder. Die Herden gefanden sich in Kaktusumzäunungen, wie wir sie früher gesehen hatten. Und dann tauchten hinter diesen Zäunen die niedrigen Gebäude des Ranchos auf, welcher unser Ziel bildete. Wir waren doch länger als drei Stunden gegangen, und als wir den Rancho erblickten, war die Sonne dem Untergang nahe.

Bei den Korrals hielten einige indianische Gauchos Wache, welche aber keine Lust zu haben schienen, uns Auskunft zu erteilen. Sie ritten davon, als sie uns kommen sahen. Jedenfalls hielten sie uns für ganz verkommene Leute, für Gesindel, denn hierzulande besitzt selbst der ärmste Mensch ein Pferd, während wir nur ein einziges bei uns hatten, obgleich wir zwölf Männer waren. Dieser Umstand konnte uns für den ersten Augenblick kein freundliches Willkommen bereiten.

Der Rancho lag auf einem freien, viereckigen Platz, um welchen sich vier Umzäunungen gruppierten. Um zu ihm zu kommen, mußte man nun von Nord oder Süd, von Osten oder Westen kommen.

Diese Lage war ganz geeignet, eine gute Schutzwehr gegen etwaige Überfälle zu bilden. Ein Bach, der in der Nähe vorüberfloß, war in vier Armen in die einzelnen Korrals geleitet. Neben und hinter den Gebäuden gab es Gärten. Vor dem Hauptgebäude, welches aber die Bezeichnung Haus nicht verdiente, befanden sich einige auf Pfähle genagelte Bretter, welche als Sitze dienten.

Kein Mensch ließ sich sehen. Die Tür war verschlossen. Wir klopften. Keine Antwort. Wir suchten hinter den Gebäuden und fanden keinen Menschen. Das war freilich keineswegs die gastliche Aufnahme, welcher der Indianer mir versprochen hatte. Die Läden standen auf. Ich trat an einen derselben, um in das Innere zu blicken. Da aber sah ich den Lauf eines Gewehrs, welcher mit entgegengehalten wurden, und eine Stimme rief in drohendem Ton:

„Zurück, sonst schieße ich!"

Ich wich aber nicht zurück, sondern antwortete:

„Gott sei Dank! Endlich überzeugt man sich, daß hier Menschen wohnen! Warum schließen Sie sich ein?"

„Weil es mir so beliebt. Sie sollen sich schleunigst wieder fortpacken."

„Wir sind friedliche Leute!"

„Das glaube ich nicht. Spitzbuben seid ihr, welche keine Pferde haben und also stehlen wollen."

„Wir haben keine Pferde, weil sie uns lästig gefallen wären. Wir sind zu Schiff gekommen, und der Pampero hat uns an Land getrieben."

„Das machen Sie mir nicht weis! Warum sind Sie nicht mit dem Schiff weitergefahren?"

„Weil es ein Loch, einen Leck bekommen hat und nun hilflos am Ufer liegt. Dort sollten wir warten bis übermorgen; aber einer unserer Begleiter hat uns hierher geführt und uns versprochen, daß wir gastlich aufgenommen würden und bis übermorgen bleiben könnten."

„Ich brauche keine Gäste! Machen Sie, daß Sie fortkommen!"

Ich wendete mich ratlos ab. Da trat der Indianer an das Fenster und fragte hinein:

„Wo ist Señor Gomarra?"

„Der ist nicht da," erklang es von drinnen heraus. „Er ist fort."

„Aber wohin?"

„Das geht euch nichts an."

„Aber so seien Sie doch verständig, Señor! Ich habe mich lange Zeit auf dem Rancho befunden und bin sogar mit Señor Gomarra verwandt. Ich kann doch unmöglich von hier fortgewiesen werden!"

„Wie heißen Sie denn?"

„Gomez."

„Ah! So ist Ihre Mutter die Haushälterin gewesen?"

„Ja. Sie ist auch mit hier."

„Das ist etwas anderes. Da werden ich Sie bei mir empfangen. Warten Sie, ich komme gleich!"

Nach kurzer Zeit wurde die Haustür aufgeriegelt, und der Mann kam heraus. Er hatte das Aussehen eines echten verwegenen Gaucho. Mit ihm kamen noch drei andere Männer, welche von ganz demselben Kaliber zu sein schienen und uns sehr aufmerksam betrachteten.

„Also Sie sind Gomez!" sagte er zu dem Indianer. „Hätten Sie das sogleich gesagt, so wären Sie sofort empfangen worden. Sie wollen also bis übermorgen dableiben?"

„Bis übermorgen früh. Señor Gomarra, mein Vetter, wird nichts dagegen haben, sondern es gern erlauben und sich sogar darüber freuen."

„Der hat nichts mehr zu erlauben hier. Ich habe ihm den Rancho abgekauft."

„Also wohnt er nicht mehr da?"

„Doch, aber nur als Gast."

„Das ist mir sehr unlieb. Warum hat er verkauft?"

„Weil er das ruhige Leben nicht länger aushalten konnte. Er wollte wieder Abwechslung und Abenteuer haben. Er ist fortgeritten, kommt aber heute abend zurück.

„Erlauben Sie uns dennoch, zu bleiben?"

„Natürlich, Sie sind mir willkommen."

„Ich bleibe gern im Freien, die Yerbateros auch. Aber für die anderen Señores werden Sie vielleicht einen Platz im Haus haben?"

„Leider nicht. Dieser Platz ist bereits versagt. Es kommen noch andere Gäste. Wenn Sie sich ein Feuer anbrennen wollen, so werden Sie sich unter dem freien Himmel viel wohler als in der dumpfen Stube befinden."

„Das ist richtig," fiel ich ein. „Wir werden also im Freien bleiben. Bitte, uns einen Platz anzuweisen, an welchem wir ein Feuer anbrennen können."

„Gleich hier vor dem Haus. Dieser Platz wird stets dazu verwendet."

„Und darf ich mein Pferd in den Korral bringen?"

„Es ist besser, wenn Sie darauf verzichten, weil ich fast lauter störrische Tiere darin habe, welche einander gern beißen und schlagen. Ich werde Ihnen für das Ihrige dort den Schuppen einräumen. Er ist leer, außer einigem Handwerkszeug, welches sich darin befindet."

„Und Futter?"

„Werde ich besorgen, auch Wasser."

„Schön! Und wenn Sie dann noch Fleisch für uns haben, sind wir zufriedengestellt und werden alles reichlich bezahlen."

Bei diesen Worten hellte sich seine Miene auf. Er wurde zusehends freundlicher und brachte mein Pferd in den hölzernen Schuppen, in welchen ich ihn begleitete. Dort band er es an, nachdem er ihm den Sattel abgenommen hatte. Ich sah einige Hacken und Schaufeln und ähnliche Werkzeuge, wie Spaten und Beile, daliegen. Der Boden war nicht einmal festgerammt, sondern weich. Das Dach bestand aus Brettern. Der Schuppen war ziemlich groß und hätte über 20 Pferde aufnehmen können. Da er an der Nordseite des Rancho lag, hatte er von dem aus Süden kommenden Pampero nicht gelitten. Die Tür des Rancho lag gegen Norden, so daß man sie vom Schuppen aus vor Augen hatte.

Ich erwähne das, weil es später für uns wichtig wurde. Die Tür lag nicht weiter als 20 Schritte vom Schuppen entfernt. Dieser hatte nur rechts und links seines Eingangs je einen Laden, welche von innen verriegelt werden konnten.

Das Pferd bekam grünes Futter vorgelegt, welches von den Gauchos mit Sicheln geschnitten worden war. Dann begab sich der Ranchero mit seinen Begleitern in seine Wohnung, um Essen für uns zu besorgen, während die Gauchos uns eine Menge Brennmaterial zum Feuer herbeibrachten. Ein kleines Trinkgeld, welches ich ihnen gab, machte sie so gutwillig, daß sie uns einen Haufen trockener Kaktuspflanzen brachten, welcher gewiß zwei Tage für uns ausgereicht hätte. Das Feuer wurde ganz in der Nähe des Schuppens angebrannt, ungefähr fünf Schritte von der Tür desselben entfernt. Das Brennmaterial war an der Schuppenwand aufgerichtet worden. Beide Umstände sollten uns später zum großen Vorteil gereichen.

Der Ranchero kehrte mit den anderen zurück. Er brachte uns so viel Fleisch, daß wir uns weit mehr als satt essen konnten. Aber es waren eigentümliche Blicke, welche er dabei auf den Oberst warf. Jetzt fielen mir dieselben freilich nicht auf. Später jedoch erinnerte ich mich derselben und wußte mir dann zu sagen, was sie zu bedeuten gehabt hatten.

Die Sonne war untergegangen, und der Abend brach an, als wir das Feuer in Brand gesetzt hatten. Jeder erhielt sein Fleischstück und steckte es an das Messer oder an ein Stück Holz, um es über der Flamme Bissen für Bissen zu braten. Wasser wurde aus dem nahen Bach geholt. Der Ranchero sah uns dabei zu, ohne sich aber in eine Unterhaltung mit uns einzulassen. Seine Begleiter, welche ich nicht für Untergebene von ihm hielt, waren fortgegangen und ließen sich nicht wieder sehen. Auch dieser Umstand fiel mir erst später auf, als ich erfuhr, daß sie heimlich fortgeritten waren, um ihre Kameraden herbeizuholen.

Als wir gegessen hatten, zog sich der Oberst in den Schuppen zurück und bat mich und den Bruder, uns zu ihm zu setzen. Wir saßen da gleich am Eingang, so daß wir alles übersehen konnten.

„Jetzt haben wir Zeit, Señores, und sind auch unbeobachtet," sagte er. „Nun denke ich, daß Sie mir sagen können, was Sie von Jordan wissen."

Der Frater winkte mir, daß er lieber nicht sprechen wolle; darum antwortete ich:

„Nachdem ich Ihren Namen und Charakter weiß, kann ich Ihnen wohl ohne Gefahr Auskunft geben. Freilich widerstrebt es mir einigermaßen, da ich mir fast wie ein Verräter vorkomme."

„Verräter? Gewiß nicht. Ich diene der von Gott eingesetzten Obrigkeit. Jordan ist ein Empörer. Wenn Sie mir mitteilen, was

Sie wohl über seine Pläne und Absichten wissen, so sind Sie nicht ein Verräter, sondern Sie tun etwas, was Ihre Pflicht ist. Nicht?"

„Ja, Sie mögen recht haben."

„Ist das, was Sie wissen, wichtig?"

„Sogar außerordentlich wichtig."

„So säumen Sie ja nicht, es mir mitzuteilen! Vielleicht verhüten Sie dadurch viel Blutvergießen, jedenfalls aber großes Elend."

„Das glaube ich auch. Darum will ich Ihnen gleich die Hauptsache sagen. Jordan soll Geld und Waffen erhalten."

„Ah! Woher?"

„Von einem Kaufmann namens Tupido in Montevideo, welcher den Unterhändler macht."

„Tupido? Also der! Wir haben schon längst ein Auge auf diesen Tupido gehabt. Wissen Sie es aber auch genau, daß es wahr ist?"

„Jawohl. Ich sollte sogar die Kontrakte zu Jordan bringen."

„Haben Sie das nicht getan?"

„Nein."

„Ah! Sie sollten sie nehmen und uns nach Buenos Aires bringen!"

„Danke! Die Sache geht mich nichts an. Ich bin kein Spion. Jetzt aber sehe ich mich moralisch gezwungen, Ihnen die Mitteilung zu machen. Übrigens sind wir dann später alle bei Jordan gefangen gewesen."

Warum?"

„Hören Sie!"

Ich erzählte ihm unsere Erlebnisse, natürlich so kurz wie möglich, und auch, daß die für Lopez bestimmte Lieferung in Buenos Aires lagere. Er hörte mit der gespanntesten Aufmerksamkeit zu. Sein Erstaunen wuchs von Minute zu Minute, und als ich geendet hatte, sagte er:

„Aber, Señor, das ist doch ganz und gar außerordentlich! Das sollte man gar nicht für möglich halten! Können Sie beschwören, was Sie sagen?"

„Mit dem allerbesten Gewissen."

„So haben Sie sich durch Ihre jetzige Mitteilung um unsere gerechte Sache außerordentlich verdient gemacht. Ich werde sofort einen Kurier absenden nach Buenos Aires, um den Präsidenten auf das schleunigste zu benachrichtigen. Sehr wahrscheinlich ist die Übergabe dieser Geld-, Waffen- und Munitionssendung noch nicht erfolgt und kann verhindert werden."

„Wen wollen Sie senden?"

„Meinen Neger. Er ist zuverlässiger als jeder andere."

„Aber wie soll er nach Buenos Aires kommen?"
„Mit dem Schiff natürlich."
„So senden Sie ihn möglichst unauffällig fort!"
„Warum?"
„Weil niemand davon zu wissen braucht."
„Trauen Sie dem Ranchero nicht?"
„Ich kenne ihn nicht; das ist genug. Er hat ein finsteres, trotziges Gesicht. Besser ist's, er erfährt es nicht eher, daß der Neger fort ist, als bis er es bemerkt oder es ihm auffallen muß."
„Sie haben recht. Ich werde sofort schreiben, und zur Vorsicht den Auftrag dem Neger auch mündlich erteilen. Er mag gleich aufbrechen. Man weiß nicht, wodurch er später gehindert werden könnte."
„Und wird er den Weg zum Schiff finden?"
„Ganz gewiß, denn er besitzt einen ungemein scharf ausgebildeten Ortssinn."

Er zog seine Brieftasche, in welcher sich allerlei Dokumente und auch eine ansehnliche Zahl großer Banknoten zu befinden schienen, riß ein Blatt heraus, schrieb einige Zeilen und winkte dann einen Neger herbei.

Der Ranchero war einmal in das Haus gegangen. Darum sah er nicht, daß der Schwarze seine Instruktion erhielt und dann, ohne vorher mit jemandem ein Wort gesprochen zu haben, fortging.

Das war also besorgt; aber nun wollte der Oberst noch weit mehr wissen, und erfahren. Ich erteilte ihm die möglichste Auskunft. Dann erkundigte er sich:

„Und nun wollen Sie direkt nach dem Gran Chaco, Señor?"
„Ja."
„Das ist mir nicht lieb, denn Sie könnten mich vorher nach Palmar begleiten."
„Das hat für uns keinen Zweck."
„Aber für mich! Für Sie ist es übrigens höchst wahrscheinlich auch von Vorteil. Ich fühle mich auf dem Schiff nicht sicher. Ich möchte lieber reiten, und wenn Sie mich begleiten, würde ich doppelt sicher sein. Die Pferde würden wir ja hier bekommen. Ich würde sie gern für Ihre Kameraden bezahlen."
„Das ist nicht nötig. Sie brauchen sie später doch."
„Und sodann würde ich Ihnen aus Dankbarkeit einige wichtige Empfehlungen geben, die Ihnen später von großem Nutzen sein würden."

Dieses Versprechen des Oberst, welcher später zu noch weit größerer Berühmtheit gelangte, fiel natürlich gewichtig in die

Waagschale. Er sah, daß ich zauderte, hielt mir die Hand entgegen und bat:

„Schlagen Sie ein! Reiten Sie mit!"

„Ich kann nicht allein darüber entscheiden."

„So sprechen Sie mit Ihren Kameraden."

Mauricio Monteso kam auf einen Wink herbei und antwortete, als ich mich nach der zwischen hier und Palmar liegenden Gegend erkundigte:

„Wir haben von hier aus verschiedenes Terrain, offenes Camp, Wald, aber nicht dichten, und zuweilen auch Sumpf, doch nicht viel."

„Und wie lange reiten wir?"

„Wenn wir am Morgen aufbrechen, so können wir übermorgen am Mittag in Palmar sein. Es ist anderthalber Tagesritt, nämlich nach meiner Schätzung. Wenn die Sümpfe, welche wir umgehen müssen, nicht wären, würden wir wohl schon am Abend am Ziel sein. Warum fragen Sie?"

„Dieser Señor will hin, und wir sollen ihn begleiten. Er ist Oberst Alfina."

„Himmel! Señor Alfina, der Indianerbezwinger? Welch eine Überraschung!"

„Schreien Sie nicht so sehr!" warnte ich ihn. „Es darf niemand wissen, wer wir überhaupt sind. Wir befinden uns doch noch auf dem Boden von Entre Rios?"

„Jawohl."

„So sind wir keineswegs sicher, müssen daher möglichst vorsichtig sein."

„Ich denke, bis hierher an die Grenze wird Jordan noch nicht gekommen sein."

„Wenn er ein kluger Mann ist, wird er gerade auf die Grenzen sein schärfstes Augenmerk gerichtet haben."

„Also der Señor will nach Palmar, und wir sollen mit? Das ist gut."

„So fragen Sie die anderen, aber leise, daß die Bewohner des Rancho nichts davon merken."

„Sie werden doch erfahren, was und wohin wir wollen, da wir ihnen die Pferde abkaufen müssen!"

„Vom Pferdehandel brauchen sie erst morgen zu erfahren. Übrigens können wir uns die Tiere ja nur am Tage aussuchen, und selbst dann brauchen diese Leute nicht zu wissen, wohin wir reiten."

Der Yerbatero ging. Bald kam der Kapitän zu uns und meldete:

„Sir, wir alle reiten mit, es ist uns lieb, zu Lande bleiben zu können. Auf diesen argentinischen Fahrzeugen ist ja kein Mensch seines Lebens sicher. Ich habe noch niemals eine solche Fahrt gemacht wie heute. Also wir reiten mit, und morgen früh werden wir die Pferde kaufen. Well!"

Er kehrte wieder zu dem Feuer zurück, wo er sich mit den anderen so gut wie möglich in seinem englisch-spanischen Kauderwelsch zu unterhalten suchte.

Der Oberst war aufrichtig erfreut, daß wir so bereitwillig auf seinen Vorschlag eingingen. Ich hatte sehr gern ja gesagt. Das Land zu sehen war mir weit lieber, als nur auf dem Fluß zu bleiben. Am allerliebsten wäre ich mit bis in das Gebiet der Missiones geritten. Er reichte mir dankend die Hand und sagte:

„Ich habe Ihnen diese Bitte ganz besonders deshalb vorgetragen, weil ich mich bei Ihnen sicher fühlen kann. Sie und Ihre kleine Truppe sind mehr wert als dreißig oder fünfzig Argentinier."

„O bitte!"

„Gewiß! Sie haben mir nicht alles erzählt, und das übrige nur oberflächlich. Aber ich kann doch dazwischen herauslesen, daß Sie sich selbst vor dem Teufel nicht fürchten."

„Wer ein gutes Gewissen hat, der hat das freilich nicht nötig."

„Ich meinte es auch nur bildlich. Es hat eine Verwegenheit sondergleichen dazu gehört, Jordan zu entgehen. Sollten wir unterwegs ja zwischen Feinde geraten, so bin ich überzeugt, daß Sie sich nicht ergeben werden."

„Feinde habe ich eigentlich nicht. Ich bin weder Anhänger noch Gegner von Jordan. Aber wenn mir Hindernisse in den Weg gelegt werden, so werde ich dieselben freilich beiseite zu stoßen trachten."

„Und sehen Sie den Steuermann an, der doch auch ein Deutscher ist! Dieser Mann nimmt es mit seiner Riesenkraft wohl mit Zehnen auf. Ich stehe also unter einem ganz vortrefflichen Schutz und Schirm. Übrigens habe auch ich ein Messer und zwei Revolver nebst Munition bei mir. Sind wir dann beritten, so müßten es schon viele sein, denen es gelingen sollte, mich in Ihre Hand zu bekommen."

„Sie haben wichtige Papiere bei sich?"

„Papiere und Gelder. Es wäre ein sehr großer Verlust, wenn diese in feindliche Hände fielen."

„Nun, so wollen wir versuchen, Palmar glücklich zu erreichen. Jetzt aber dürfte es Zeit sein, sich zur Ruhe zu begeben, da wir jedenfalls morgen früh aufbrechen wollen."

„Ja, Señor. Wo schlafen wir? Im Freien oder in diesem Schuppen?"

„Ich ziehe das letztere vor."

„Ich auch."

„So mögen auch die anderen, damit wir beisammen bleiben, sich mit hereinlegen. Aber wie war es denn? Sagte nicht der Ranchero, daß er noch andere Gäste erwarte?"

„Ja."

„Es müssen mehrere sein, da wir in der Wohnung keinen Platz finden konnten. Und warum ließ er mein Pferd nicht in den Korral?"

„Weil seine Pferde beißen und schlagen, sagte er."

„Pah! Die Beißer und Schläger muß er doch der übrigen Pferde wegen anbinden. Seine Weigerung scheint also einen anderen Grund zu haben. Am liebsten möchte ich warten, bis die erwarteten Gäste angekommen sind, weil ich wissen möchte, wer sie sind. Wie nun, wenn sie Anhänger Jordans wären?"

„Das wäre freilich höchst unangenehm, denn es befinden sich nicht nur Offiziere, sondern auch Soldaten bei ihm, welche mich gesehen haben und genau kennen."

„Nun, so wollen wir also warten! Übrigens kommt es mir sonderbar vor, daß der Ranchero sich jetzt nicht wieder sehen läßt."

„Er wird bei seinen Pferden sein."

„Dazu hat er die Gauchos. Wir sind seine Gäste und gehen also vor. Und wo sind die Leute, die sich bei ihm befanden, als er uns empfing? Auch fort ohne Adieu zu sagen oder, wenn sie hier geblieben sind, sich um uns zu bekümmern. Das ist mir auffällig. Hat der Ranchero keine Frau, keine Magd? Man sieht kein weibliches Wesen. Das Haus scheint ganz leer zu stehen. Ich werde mir das Innere einmal ansehen."

Ich verließ den Schuppen und ging hinein. Man kam duch die Tür gleich in die Stube, welche die ganze Breite des Hauses einnahm. Von hier aus, wo ein Licht brannte, führten zwei Türen weiter, die eine links und die andere rechts. Letztere war nur angelehnt. Der Boden war mit Schilfmatten belegt, durch welche meine Schritte gedämpft worden waren. Ich trat leise zu der Tür und sah durch die schmale Öffnung derselben. Da lag ein kleiner Raum, jedenfalls zum Schlafen bestimmt. Zwei Lager nahmen den Boden ein, ein breites und ein schmales. Auf dem letzteren lagen zwei Kinder. Auf dem ersteren saß eine Frau, welche beim trüben Schein einer Talglampe irgend ein schadhaftes Kleidungstück ausbesserte.

Da war nichts zu hören und auch nichts zu erfahren. Ich begab mich also nach der anderen Tür, welche zur linken Hand lag. Diese war nicht mit einem Riegel, sondern mit einer Holzklinke versehen, welche sowohl von innen wie auch von außen geöffnet werden konnte, und zwar duch ein kleines Loch, durch welches es möglich war, den Finger zu stecken. Ich machte sie auf.

Beim Schein der Lampe, der aus der Stube hinausfiel, sah ich, daß es eine Art von Küche war, aus welcher wieder eine Tür weiter führte, und zwar ins Freie, wie ich mich überzeugte. Diese Tür konnte ebenso von innen wie von außen geöffnet werden. Trat man durch sie, so kam man hinter das Hauptgebäude des Rancho.

Dorthin ging ich und kehrte dann an das Feuer zurück, wo jetzt auch der Oberst mit dem Frater stand.

Eben wollte ich den Gefährten mitteilen, daß ich eine Frau mit zwei Kindern gesehen hätte und daß es mit sehr auffällig sei, daß diese drei Personen sich gar nicht blicken lassen, als der Ranchero zwischen zwei Korrals nach dem Rancho kam. Er war auch jetzt wieder nicht allein, sondern es begleitete ihn ein Mann, den ich noch nicht gesehen hatte, der vorher nicht bei ihm gewesen war.

Dieser Mann war noch ziemlich jung und trug die Jacke, die Schärpe und den Hut eines Gaucho. Aber seine Stiefel waren diejenigen eines vornehmeren Mannes. Seine Sporen leuchteten wie Gold, und seine Haltung zeigte eine Eleganz, welche ein Gaucho unmöglich besitzen konnte. Sollte dieser Mann nicht der sein, für den er sich ausgeben wollte? Sollte er verkleidet sein?"

Die beiden kamen auf uns zu, und der Ranchero fragte:

„Haben die Señores alles genug gehabt? Oder wünschen sie noch etwas?"

„Ich danke!" antwortete ich. „Wir haben keinen Wunsch und werden baldigst schlafen gehen."

Der junge Mann betrachtete den Oberst prüfend. Ich sah, daß dieser letztere sich schnell abwendete, damit er sein Gesicht in den Schatten bringe. Dann sah der Mensch auch mich, den Bruder und die anderen scharf an und fragte schließlich:

„Darf ich das Pferd noch versorgen und ihm Wasser geben, Señor?"

Mit dieser Frage hatte er sich an mich gewendet. Ich antwortete:

„Schon gut! Das Pferd bedarf nichts. Übrigens will ich doch nicht Sie belästigen?"

„Warum nicht?"

„Weil Sie kein Diener sind."

„Aus welchem Grund bezweifeln Sie das?" fragte er, indem er die Farbe wechselte.

„Aus verschiedenen Gründen. Wo kommen Sie her?"

„Vom Korral."

„So! Nun, ich kann nichts dagegen haben; doch sind wir mit allem versorgt und brauchen wirklich nichts."

Die beiden gingen, und zwar in das Innere des Rancho. Der Oberst wollte mir eine Bemerkung machen. Ich ahnte aber schon, was er mir zu sagen hatte, und durfte auch keine Minute oder Sekunde verlieren, ihm zuzuhören. Ich rannte in höchster Eile hinter das Haus, öffnete die Hintertür, schlich mich in die Küche und von da an die Tür, welche zur Stube führte. Dort sah ich jetzt nur den jungen Mann stehen. Der Ranchero war nicht zu sehen. Nach weniger als einer Minute aber hörte ich seine Stimme. Er war bei der Frau und den beiden Kindern gewesen, kam jetzt zurück und rief der ersteren noch zu, ehe er die Tür zumachte:

„Also ihr löscht nun das Licht aus und kommt nicht eher zum Vorschein, als bis ich euch hole; vor morgen früh gar nicht."

Ich hörte, daß er die Tür zuschob, und nun erst kam er zu dem anderen und sagte:

„Nun, Leutnant, hat der Sergeant recht gesehen? Ist es Oberst Alfina?"

„Kein Zweifel! Ich habe ihn in Buenos Aires sehr oft gesehen."

„*Tempestad!* Machen wir da einen Fang!"

„Größer als Sie denken!" lächelte der Leutnant. „Aber gefährlich ist er."

„Oho! So viele Reiter werden wohl einen Oberst ergreifen können! Seine Begleiter schlagen wir einfach nieder!"

„Das geht nicht so leicht. So ein Kerl fürchtet sich vor fünf oder zehn nicht, falls ich mich nicht irre. Wir machen nämlich einen doppelten, einen dreifachen, einen zehnfachen Fang. Diese Kerle werden von Jordan auch gesucht."

„Wer sind sie denn?"

„Wenn meine Vermutung richtig ist, so sind sie die niederträchtigsten Schwindler, welche es nur geben kann. Sie haben die Absicht gehabt, Jordan zu betrügen und seine ganze Politik zu Schanden zu machen."

„Ist das möglich?"

„Leider! Major Cadera nahm sie gefangen und brachte sie zu Jordan. Von dort haben sie sich losgelogen. Sie machten Jordan

Teufelszeug weiß, haben aber nicht Wort gehalten und Cadera sogar auf einer Flußinsel ausgesetzt."

„Ist er ertrunken?"

„Nein. Er kam schnell und glücklich an das Ufer, nahm dem ersten besten Reiter, welcher ihm begegnete, das Pferd und jagte zu Jordan zurück. Dieser sandte den Kerlen natürlich sogleich heimlich Boten nach. Diese erfuhren in Buenos Aires, daß die Halunken Schiffsbillets nehmen würden, um im Parana wohl bis nach Corrientes zu gehen. Nun ist der Fluß besetzt, um alle Schiffe anzuhalten."

„Und sind sie denn nicht angehalten worden?"

„Nein. Sie wären ja sonst nicht hier. Man hat nicht schnell genug sein können. Glücklicherweise aber hat der Pampero sie zum Aussteigen gezwungen."

„Sind es diese Leute wirklich?"

„Ich glaube es. Die Beschreibung stimmt genau. Der allerschlimmste soll derjenige mit dem ledernen Anzug sein. Wer ihn fängt, wird dreitausend Papiertaler von Jordan erhalten."

„Animo! Die verdiene ich mir!"

„Übrigens werde ich ganz genau gehen und mich überzeugen, daß ich mich nicht etwa täusche. Wir haben einen mit, welcher im Hauptquartier war, als die Kerls sich dort befanden. Er hat sie alle ganz genau gesehen, und ich werde ihn herschicken, damit er sie sich ansehen kann."

„Aber vorsichtig, damit sie nicht Verdacht fassen!"

„Ja. Dieser Weißlederne glaubte mir doch auch nicht, daß ich ein Gaucho sein. Er ist ein niederträchtiger Mensch! Aber wir werden ihm die Flügel beschneiden!"

„Ist er wirklich so gefährlich?"

„Jeder von dieser Gesellschaft. Wir werden besser mit List als mit Gewalt verfahren."

„Das ist doch überflüssig, Señor. Denken Sie, daß hier gegen vierhundert Soldaten, welche nach der Grenze sollen, zufälligerweise vorhanden sind. Die Hälfte ist bereits da und hat die Gänge und Korrals besetzt. Die andere Hälfte wird in kaum einer Viertelstunde kommen. Wozu da eine so große Vorsicht?"

„Weil Sie diese Leute nicht kennen. Der Major Cadera hat gesagt, daß sie den Teufel im Leib haben. Wir müssen warten, bis sie schlafen. Dann beschleichen wir sie und fallen über sie her. Da haben wir sie, ohne daß ein Tropfen Blut vergossen wird. Wo werden sie schlafen!"

„Im Freien oder im Schuppen."

„Warum nicht hier in der Stube?"

„Weil die Herren Offiziere da schlafen wollten."

„Davon konnten Sie getrost abweichen. Schliefen die Männer hier, so könnten wir uns am allerleichtesten ihrer bemächtigen."

„Ja, das habe ich freilich nicht gewußt. Ich hielt sie nur für Vagabunden."

Die beiden sprachen noch weiter. Da ich aber beim Feuer sein wollte, wenn sie aus dem Rancho kamen, so schlich ich mich zurück und wartete dort. Es dauerte gar nicht lange, so kam der Leutnant heraus, leider allein. Sollte ich ihn entkommen lassen, um den Ranchero nicht mißtrauisch zu machen? Es war das eine wichtige Frage. Hielt ich den Leutnant fest, so konnte mir der Ranchero entgehen, indem er schnell entfloh. Ließ ich ihn aber fort, so half mir die Festnahme des Ranchero nichts. Ich verzichtete also darauf, einen oder den anderen von ihnen allein zu ergreifen, und ließ den Leutnant an uns vorübergehen.

Bis jetzt hatte ich den Gefährten nichts gesagt. Sie wußten aber doch, daß irgend etwas geschehen sei, worüber ich schon noch sprechen werde. Nun, als der junge Offizier fort war, fragte ich den Oberst:

„Sie wendeten sich vorhin ab. Warum?"

„Señor, ich bin verraten," antwortete er.

„Dieser sogenannte Gaucho kannte Sie?"

„Ja. Er war ein Offizier, ein Leutnant im Dienst von Lopez."

„Er stand früher in Buenos Aires, und dann hörte ich, daß er zu Lopez Jordan übergegangen sei. So sagte er dem Ranchero."

„Sie haben ihn belauscht?"

„Ja. Einer der Männer, welche vorhin hier waren, ist Sergeant. Er hat sie erkannt und es gemeldet."

„So müssen sich also doch Soldaten hier befinden?"

„Allerdings. Zweihundert Mann, welche bereits die Ausgänge besetzt haben. In wenigen Minuten aber kommen noch weitere zweihundert Mann."

„*Demonio!* Was wollen so viele Soldaten plötzlich hier?"

„Sie sind nach der Grenze beordert, und da Sie zufälligerweise von dem Sergeanten erkannt wurden, hat man sie schnell herbeigeholt, um Sie zu ergreifen. Übrigens ist nun auch der Fluß besetzt, um sich unserer zu bemächtigen."

„So dürfen wir nicht dorthin zurück, was wir ja auch gar nicht beabsichtigen, sondern wir müssen schleunigst nach der Grenze!"

„Wie wollen Sie das anfangen?"

Er hatte schnell gesprochen. Jetzt kratzte er sich hinter dem Ohr und antwortete viel langsamer:

„Ja, ja, da haben Sie recht. Daran dachte ich ja gar nicht. Die Ausgänge sind doch besetzt. Sollte es keine Hilfe geben?"

„Pah! Man bekommt uns noch lange nicht. Vor Anbruch des Tages wird sich freilich nicht viel tun lassen, denn wir müssen sehen, gegen wen wir uns zu verteidigen haben. Allzulange aber dürfen wir uns auch nicht verweilen, sonst zieht man noch mehr Truppen herbei, so daß dann ein Entkommen ganz und gar unmöglich ist. Wir werden also am besten den Tagesanbruch abwarten."

„Sind Sie denn so gewiß, daß es uns dann gelingen wird?"

„Ich denke es. Geht es nicht auf die eine Weise, so wird es auf die andere erzwungen."

„Aber meinen Sie denn wirklich, daß wir es mit vierhundert Mann aufzunehmen vermögen.? Das wäre doch ein außerordentliches Selbstbewußtsein!"

„Ich habe es. Wenigstens ist mir bis jetzt noch nicht bange. Für Sie ist die Hauptsache, daß Sie Ihre Botschaft glücklich fortgebracht haben, und ich hoffe, daß es dem Neger gelungen ist, nach dem Fluß zu gelangen."

„Aber wie wollen Sie es denn anfangen, beim Tagesgrauen durch diese Leute zu entkommen?"

„Entweder geschieht es ganz offen oder heimlich. Werden erst sehen."

Bis jetzt hatte nur der Oberst gesprochen. Nun fragte der Kapitän Turnerstick, welcher unser Spanisch nicht sogleich verstand, was wir so eifrig zu besprechen hätten. Als ich es ihm erklärte, meinte er zornig:

„Schon wieder! Diese Schufte mögen uns doch einmal in Ruhe lassen! Wir haben ja gar nichts mit ihnen zu schaffen und wollen auch nichts von ihnen wissen. Wenn sie uns nicht fortlassen, nun, so habe ich verschiedene Dutzende von Patronen für die Revolver und auch für das Gewehr, welche ich glücklich durch die Nässe gebracht habe. Fangen lasse ich mich nicht wieder und erschießen nun vollends nicht. Ich habe keine Lust, hier in diesem Camp zu allen meinen Vätern versammelt zu werden!

Und sein Steuermann fügte seinerseits hinzu, indem er seine gewaltigen Hände freundlich anschaute:

„Jetzt endlich könnte es die ersehnte Gelegenheit geben, einige von diesen Menschenkindern zwischen die Finger zu bekommen. Ich freue mich darauf!"

Jetzt kam der Ranchero aus dem Haus. Er wollte zu uns, damit der Soldat, den er erwartete, dadurch Veranlassung bekäme, auch nahe an uns heranzutreten und uns genau zu betrachten. Eben sahen wir diesen Mann durch einen der Kaktusgänge herankommen. Er trug die Kleidung eines Gaucho.

„Steuermann," flüsterte ich Larsen schnell zu, „wenn ich Ihnen einen Wink gebe, nehmen Sie den Ranchero schnell beim Kragen, doch so, daß er nicht schreien kann!"

„Soll geschehen, Herr!" nickte der Riese.

Der Ranchero war nun da. Er tat, als ob er den Gauchosoldaten erst jetzt bemerke und wendete sich zu ihm:

„Was willst du? Diese Señores brauchen nichts."

„Ich wollte nur fragen, ob ich ihr Pferd vielleicht hinaus zum Camp auf die Weide bringen soll."

„Nein," antwortete ich. „Es bleibt bei uns, wo es sich in größerer Sicherheit befindet."

„Wer sollte ihm draußen etwas tun? Raubtiere gibt es hier ja nicht."

„Aber Raubmenschen."

„Auch nicht. Pferdediebe sind seit Menschengedenken nicht hier gewesen. Und selbst wenn so ein Kerl käme, halten wir Gauchos so gut Wache, daß er sich unverrichteter Dinge wieder zurückziehen müßte."

„Aber wenn nun ihr selbst es auf das Pferd abgesehen hättet?"

„Wir?" fragte er lang gedehnt und im Ton des Erstaunens.

„Ja, ihr!"

„Señor, wir stehen im Dienst des Ranchero und werden doch seine Gäste nicht in Schaden bringen! Übrigens sind wir ehrliche Leute, und keiner von uns hat jemals ein Pferd gestohlen."

„Das glaube ich nicht. Es würde euch sehr lieb sein, das einzige Pferd zu bekommen, welches wir haben. Ich kann es mir denken."

„Sie irren sich sehr!"

„Sie kennen mich ja und wissen also, daß ich mich nicht irre."

„Ich? Sie kennen?! Ich habe Sie noch niemals in meinem Leben gesehen."

„Sie wissen es nur zu genau. Ihr Leutnant hat Sie gesandt."

„Leutnant? Wer ist das?"

„Der Gaucho, welcher vor einigen Minuten hier war. Er hat Sie hergesandt, um sich zu überzeugen, daß ich wirklich derjenige bin, für den ihr mich haltet."

„Davon weiß ich kein Wort!"

„Wissen Sie auch nichts davon, daß Sie sich noch vor einigen Tagen bei Lopez Jordan befunden haben?"

„Ist mir nicht eingefallen!"

„Sie sahen uns, als wir aus dem Haus nach dem Brettergebäude geführt wurden, in welchem wir während der Nacht bleiben sollten?"

„Nein."

„Sie befanden sich sogar unter den Leuten, welche uns bedrohten und nur auf den strengen Befehl des uns begleitenden Rittmeisters zurückwichen?"

„Señor, ich habe keine Ahnung davon!"

„Sie sind wirklich Gaucho im Dienst dieses Ranchero?"

„Ja."

„Nun, so werden Sie sich auch nicht scheuen, unserer Einladung zu folgen und während der Nacht hier bei uns im Schuppen zu bleiben."

„Gern! Vorher aber muß ich noch einmal in den Korral!"

„Das ist nicht nötig. Aus einem Korral können die Pferde nicht ausbrechen; sie befinden sich da ganz sicher. Sie bleiben also sogleich bei uns, um uns Gesellschaft zu leisten."

„Aber es kann Ihnen doch sehr gleichgültig sein, ob ich bei Ihnen schlafe oder anderswo!"

„Nein! Das ist uns eben nicht gleichgültig. Sie sollen uns dadurch beweisen, daß Sie wirklich Gaucho sind und zu diesem Ranchero gehören."

Der Mann hatte keine andere Waffe als sein Messer bei sich. Er konnte uns keinen Widerstand leisten. Meine Gefährten hatten um ihn und den Ranchero einen Kreis geschlossen. Der Steuermann stand hinter dem letzteren und ich vor dem Soldaten.

„Wozu ein solcher Beweis?" fragte dieser. „Mein Herr hier kann es mir bezeugen."

„Ja, Señores," fiel der Ranchero ein. „Sie haben diesen braven Gaucho in einem ganz falschem Verdacht."

„Der Verdacht ist richtig," antwortete ich ihm. „Und nicht er allein, sondern auch Sie selbst stehen unter demselben. Haben Sie nicht gehört, daß ich einen Leutnant erwähnte, welcher soeben auch als Gaucho hier gewesen ist?"

„Das ist eben ein ganz gewaltiger Irrtum Ihrerseits."

„So ist wohl auch alles das, was Sie mit ihm in der Stube besprochen haben, Irrtum gewesen?"

„Was?"

„Daß Sie zunächst Ihrer Frau befohlen haben, die Schlafkammer nicht eher zu verlassen, als bis es ihr erlaubt wird? Sie wollten diese Maßregel treffe, damit Ihr braves Weib nicht erfahren solle, welche Schlechtigkeiten hier unternommen werden."

„Welche Schlechtigkeiten wären das? Ich muß mir solche Reden verbitten!" brauste der Ranchero auf.

„Nicht so laut, Señor! Ist es nicht eine Schlechtigkeit, wenn jemand seine Gäste an das Messer liefern will?"

„Wer ist dieser Jemand?"

„Sie sind es!"

„Nein und abermals nein!"

„Pah! Sie sprachen von einem Sergeanten, von Boten, welche fortgeschickt worden sind, von zweihundert Soldaten, welche hier die Ausgänge besetzt halten, von abermals zweihundert, welche noch kommen wollen, von diesem Mann hier, welcher nachschauen solle, ob wir wirklich diejenigen sind, welche Jordan so gar zu gern fangen will! Wollen Sie auch jetzt noch leugnen?"

„Sie haben gehorcht?" fragte er betroffen.

„Allerdings, und ich habe ein jedes Wort gehört."

„Das war nur ein Scherz. Gehen Sie nach jeder Richtung. Sie werden keinen einzigen Soldaten finden!"

„Danke! Ich würde Ihnen geradezu in die Hände laufen."

„Nein. Es ist wahr!"

„Nun, wenn Sie das so fest versichern, so kann es Ihnen ja sehr gleichgültig sein, wenn wir auch Sie auffordern, die ganze Nacht bei uns im Schuppen zu bleiben."

„Das geht nicht. Ich muß natürlich in meiner Wohnung sein."

„Damit machen Sie sich verdächtig!"

„Meinetwegen. Lassen Sie mich fort!"

Er wurde zornig.

„Bleiben Sie nur!" lachte ich ihm ins Gesicht. „Der Leutnant sagte Ihnen vorhin, daß wir wahre Teufel seien. Sie aber hielten es für leicht, uns zu ergreifen. Sie werden jetzt erfahren, daß er recht gehabt hat. Sie bleiben bei uns!"

„Und wenn ich nicht will?" fuhr er auf.

„So werden wir Sie zwingen."

„Ich gehe!"

„Versuchen Sie es!"

Er wollte fort. Ich gab dem Steuermann den Wink, und dieser nahm ihn bei Brust und Rücken, eine Hand vorn, die andere hinten, daß ihm der Atem ausging und er kein Wort mehr sagen konnte.

„Soll ich ihn zerquetschen, Señor?" fragte mich der Riese.

„Nein. Aber binden müssen wir ihn, an den Händen und den Füßen."

Larsen legte den Ranchero auf den Boden nieder. Sogleich waren Riemen genug da, ihn zu fesseln. Er konnte wieder Atem schöpfen, stöhnte ängstlich auf, wagte aber nicht zu rufen, da der Yerbatero ihm das Messer vor die Brust hielt. Der Soldat hatte das mit angesehen, ohne sich von der Stelle zu rühren. Es war, als ob er vor Schreck sich gar nicht mehr bewegen könne.

„Aber, Señor!" rief er jetzt aus. „Was tun Sie da? Der Ranchero ist doch Ihr Feind nicht!"

„Pah! Er ist es ebenso, wie Sie es sind. Oder wollen Sie leugnen, daß Sie nicht Gaucho, sondern Soldat sind?"

„Lassen Sie mich fort von hier," antwortete er, ohne auf meine Frage ein direktes Wort zu sagen. Er machte eine Bewegung, als ob er sich schnell entfernen wolle; ich hielt ihn aber beim Arm zurück und sagte:

„Nicht so plötzlich, mein Lieber! Sehen Sie diesen Revolver! Sobald Sie ohne meine Erlaubnis noch einen Schritt tun, sitzt Ihnen die Kugel im Kopf! Wir sind nicht Leute, welche Spaß mit sich treiben lassen!"

Jetzt bekam er Angst.

„Señor," sagte er in bittendem Ton, „was kann ich dafür?...Bin ich Schuld?...Muß ich nicht gehorchen?"

„Das weiß ich, und darum soll Ihnen kein Leid geschehen, obgleich Sie als Spion zu uns gekommen sind. Wenn Sie meine Fragen der Wahrheit gemäß beantworten, so soll Ihnen nichts geschehen; ich werde Sie sogar zurückkehren lassen. Aber sobald ich Sie auf einer Lüge ertappe, ist es um Sie geschehen. Wollen Sie aufrichtig antworten?"

„Ja, Señor!"

Der Mann war kein Held. Daß er zu uns geschickt worden war, hatte er nicht etwa seinem Mut, sondern nur dem Umstand zu verdanken, daß er uns kannte. Sein Blick irrte von einem zum anderen und blieb angstvoll auf unseren Waffen haften.

„So sagen Sie mir, wo Lopez Jordan sich jetzt befindet!" forderte ich ihn auf.

„Noch im dermaligen Hauptquartier."

„Major Cadera?"

„In Parana. Er leitet die Truppen, welche Sie auf den Schiffen suchen sollen."

„Wie viele Leute sind jetzt am Rancho beisammen?"

„Vierhundert."

„Wer kommandiert sie?"

„Ein Major."

„Ist Antonio Gomarra, der frühere Besitzer dieses Rancho, mit dabei?"

„Ja. Als Führer, da er diese Gegend genau kennt. Er hat den Rang eines Oberleutnants."

„Warum kam er nicht zum Rancho?"

„Weil wir ihn noch mit den anderen zweihundert Mann erwarten."

„Wo wollten Sie hin?"

„Über die Grenze nach Corrientes, Pferde zu holen und Soldaten zu werben."

„Das heißt so viel wie Pferde stehlen. Ich weiß es. Sind noch andere Trupps hier in der Nähe?"

„Nein."

„Aber es könnten schnell welche herangezogen werden?"

„So schnell nicht. Es würde wohl einige Tage dauern."

„Ist Euer Major bei Euch oder kommt er erst?"

„Er ist da, rechts am Ausgang der beiden Korrals."

„Wie hat er seine Truppen verteilt?"

„An jedem Ausgang fünfzig."

„Patrouillieren sie?"

„Nein. Dann wären sie ja nicht da, wenn Sie durchbrechen wollten."

„Sehr klug! Wie werden die zweihundert verteilt, welche noch kommen?"

„Gerade auch so, so daß vor jedem Durchgang zwischen den vier Korrals je hundert Mann stehen."

„Das ist dumm, sehr dumm! Auf diese Weise kommen wir nicht durch!"

Ich sagte das im Ton des Bedauerns, ja sogar im Ton großer Besorgnis. Der Mann fiel schnell ein:

„Da haben Sie sehr recht, Señor. Sie können uns unmöglich entkommen."

„Das scheint wirklich so. Hm! Mit hundert Mann nehmen wir es freilich nicht auf!"

„Nein. Und dazu kommt noch ein wichtiger Umstand, welchen Sie nicht vergessen dürfen. Sobald Sie auf der einen Seite durchbrechen wollen, ruft der Major die Besatzung der drei anderen Ausgänge herbei. Sie haben dann alle vierhundert Mann gegen sich."

„Pah! So gescheit ist der Mann nicht!"

„O doch! Ich habe ja gehört, was er sagte."

„Er wird Ihnen, der Sie ein gewöhnlicher Soldat sind, doch nicht etwa seine Dispositionen mitteilen?"

„Nein. Aber ich hielt in der Nähe, als er den anderen Offizieren seine Befehle gab. Da hörte ich es."

„*Caspita!* Das ist allerdings sehr schlimm! Wir können ausbrechen, wo wir nur wollen, so haben wir vierhundert Mann gegen uns! Da werden wir augenblicklich zusammengeschossen!"

„Ganz gewiß, Señor! Darum rate ich Ihnen, sich lieber gleich freiwillig zu übergeben."

„Freiwillig!" brummte ich, indem ich mir den Anschein gab, als ob ich im höchsten Maß verdrießlich sei. „Das hätte ich nicht gedacht! Ich wollte mich meiner Haut wehren."

Es gelang mir, ihn durch dieses Verhalten irre zu machen. Dieser Schwachkopf nahm alles für bare Münze und glaubte nun gar, mir gute Lehre geben zu können.

„Es ist das Klügste und Allerbeste, was ich Ihnen raten kann, Señor," sagte er in einem plötzlich sehr zutraulichen Ton. „Sie können wirklich nicht fort, denn Sie sind ja von allen Seiten so gut eingeschlossen, daß wohl keine Ratte oder Maus hindurch könnte. Befolgen Sie also meinen Rat. Ich meine es sehr gut mit Ihnen; das können Sie mir glauben. Es ist sonst keine Rettung vorhanden."

„Hm! Sie scheinen allerdings recht zu haben. Wir sind da ganz ahnungslos in eine schlimme Falle gegangen. Dennoch möchte ich mich nicht so ohne allen Widerstand ergeben. Es muß doch noch irgendein Rettungsweg vorhanden sein. Wie nun, wenn wir ganz ruhig hier sitzen bleiben?"

„So kommen wir herein."

„Wir postieren uns an die vier Korralgänge und verteidigen dieselben."

„Bitte, Señor, wie wollen Sie das denn eigentlich anfangen?" lachte der gute Mann in überlegener Weise.

„Sehr einfach. Wir sind doch gut gewaffnet!"

„Wir auch. Durch jeden Gang kommen hundert Mann von uns. Sie aber haben diesen hundert kaum drei entgegenzustellen. Es bleibt Ihnen wirklich nichts anders übrig, als sich zu ergeben."

„Das will ich mir doch erst noch einmal überlegen."

„Tun Sie das! Aber es wird wohl vergeblich sein. Vielleicht gibt Ihnen der Herr Major eine kurze Bedenkzeit. Soll ich ihn fragen?"

„Jetzt noch nicht. Sie sind ja noch nicht bei ihm!"
„So senden Sie mich hin!"

Es schien ihm sehr darum zu tun sein, möglichst schnell von uns fortzukommen, obgleich unser Aussehen bedeutend weniger drohend war, als vorher. Sobald ich eine scheinbar bedenkliche Miene angenommen hatte, taten auch meine Gefährten ganz so, als ob sie nun von großen Befürchtungen erfüllt seien und den Gedanken an Rettung aufgeben wollten. Sie verstellten sich natürlich ebenso, wie ich mich selbst verstellte. Was mir der Mann mitteilte, war nicht nur nicht beunruhigend, sondern sogar sehr beruhigend für uns. Es erschien mir jetzt als eine ziemlich leichte Sache, uns aus dieser Falle zu ziehen. Dennoch sagte ich auch jetzt in sehr bedenklichem Ton zu dem Soldat:

„Ich kann hin- oder hersinnen, so ersehe ich keinen Ausgang. Sie haben uns geradezu überrumpelt!"

„Nicht wahr?" lachte er gemütlich. „Ja, wir wissen einen Lasso zu werfen!"

„Befanden Sie sich denn so gar sehr in der Nähe?"

„Ja. Wir wollten eben nach dem Rancho, um da Nachtlager zu machen. Wir hatte unsere Quartiermacher vorausgeschickt."

„Ah! Unter denen der Sergeant war?"

„Ja. Sie gingen natürlich nicht als Soldaten, denn man muß vorsichtig sein."

„Warum hatten Sie denn gerade diesen Rancho gewählt?"

„Er war uns vom Führer vorgeschlagen worden, welcher ihn ja ganz genau kannte, da er bis vor kurzer Zeit Besitzer desselben gewesen war."

„Und Ihre Pferde habe Sie in den Korrals untergebracht, wie sich ja von selbst versteht?"

„Nein, so dumm waren wir nicht. Das hätten Sie ja doch bemerken müssen."

„Was hätte das geschadet?"

„Sie hätten je gesehen, daß Truppen einrückten, und wären uns da ganz gewiß entflohen. Darum haben wir die Pferde außerhalb des Korrals gelassen, welche nun freilich leer stehen."

„Leer? Die Tiere des Rancho befinden sich doch wohl jedenfalls darinnen?"

„Nein, sie wurden still fortgetrieben, um den unsrigen Platz zu machen."

„Ah so! Nun, dann können Sie ja Ihre Pferde in die Umzäunung treiben, da es nichts mehr zu verraten gibt. Wir wissen ja nun, daß Sie sich hier befinden und uns eingeschlossen haben."

„Auch das werden wir wohl schwerlich tun. Wie nun, wenn es Ihnen gelingt, sich durchzuschlagen? Man muß eben mit allem rechnen. Man ist ja Soldat!"

„Nun, was meinen Sie?"

„Dann können wir Sie nicht verfolgen, denn ehe jeder sein Tier aus den Korrals gefunden hat, sind Sie ja über alle Berge fort."

„Hm! Auch das ist richtig. Ich sehe jetzt, wie klug Ihr Major seinen Plan angelegt hat. Sie können ihm meinetwegen sagen, daß ich ihn für einen außerordentlich gescheiten Mann halte!"

„Danke! Werde mich hüten! Er braucht nicht zu wissen, wie lange und was ich hier geschwatzt habe."

„Auch wieder richtig! Aber es gibt wohl doch noch ein Mittel, mich zu wehren. Soeben fällt es mir ein. Ich habe ja Geiseln."

„Ah so! Etwa mich?"

„Nein. Ich habe Ihnen ja versprochen, Sie fort zu lassen."

„Der Major würde Sie meinetwegen auch nicht verschonen."

„Das glaube ich selbst. Ja, wenn Sie ein hoher Offizier wären! Ich habe aber doch Personen, wegen derer Ihr Kommandant Rücksicht gebrauchen muß. Ich werde sie Ihnen jetzt zeigen."

„Wohl den Ranchero hier? Auf den wird der Major nicht allzu viel geben."

„So hole ich die anderen. Der Herr Oberst Alfina, dessen Namen ich nun wohl nennen kann, weil er doch erkannt worden ist, mag Sie indessen weiter fragen."

Der Oberst wollte jedenfalls möglichst viel über Jordan und seine Pläne wissen; darum konnte ich mir denken, daß er diesen Soldaten auszufragen beabsichtigte. Konnte er von demselben auch nichts Direktes erfahren, so war es doch möglich, aus den Angaben und Antworten dieses Mannes indirekte Schlüsse zu ziehen.

Ich ging in den Rancho, und zwar nach der Schlafstube. Als ich die Tür derselben öffnete, war es dunkel darinnen. Aber der Schein der Stubenlampe war hinreichend, mir zu zeigen, daß die Frau noch wach sei. Sie bewegte sich. Als sie sah, daß ein Fremder dastand, fragte sie erschrocken:

„Wer sind Sie? Was wollen Sie?"

„Ich will Sie zu Ihrem Mann holen."

„Ich komme gleich!"

„Bringen Sie auch die Kinder und einige Betten mit in den Schuppen."

„Warum?"

„Die Offiziere werden das ganze Haus haben wollen, und so gibt es hier keinen Platz für Sie."

„Ich komme gleich, Señor."

Sie hielt mich für einen Soldat. Sie mußte mich ja bei unserer Ankunft gesehen haben. Da sie jetzt glaubte, daß ich im Auftrag des Militärs handle, konnte sie also noch gar nicht wissen, daß die Soldaten unsere Gegner seien. Ihr Mann hatte alles vor ihr geheim gehalten.

In so einem Rancho schläft man nur selten entkleidet. Die Frau war sofort fertig, mir zu folgen. Sie lud einige Decken auf und rief die Kinder zu sich. Wir gingen hinaus.

Ich führte sie in den Schuppen und ging so an ihrer Seite, daß sie ihren noch an der Erde liegenden Mann nicht sehen könnte. Drin machte sie sich dann für sich und die Kinder das Lager zurecht, und ich winkte einen der Yerbateros an die Tür, welcher darüber wachen sollte, daß sie sich nicht entferne. Ebenso winkte ich den Indianer zu mir und erkundigte mich bei ihm;

„Glauben auch Sie, daß Sie sich in Gefahr befinden?"

„Natürlich, ich und meine Mutter. Mitgegangen, mitgefangen."

„Hm! Angst brauchen Sie aber nicht zu haben. Was für ein Mann ist denn eigentlich Ihr Verwandter, der frühere Besitzer dieses Rancho? Ein böser Mensch?"

„O nein. Er ist nur sehr ernst und verschlossen. Es wurde ihm ein Bruder getötet, den er sehr lieb gehabt hat. Seit jener Zeit ist er Menschenfeind."

„Und Anhänger von Jordan?"

„Wie er dazu kommt, das weiß ich wirklich nicht. Er ist niemals Anhänger einer Partei gewesen."

„Sie sagten, er sei Indianer?"

„Ja, gerade wie ich."

„Nun, Jordan scheint den Indianern große Vorteile und Freiheiten vorzuspiegeln. Da ist es kein Wunder, wenn er unter ihnen Anhänger findet. Aber begeistert kann der Mann doch nicht sein!"

„Man weiß es nicht, da er zum Oberleutnant gemacht worden ist. So etwas pflegt nicht ohne Eindruck zu sein."

„Was war er früher?"

„Chinchilla-Jäger."

Die Chinchilla gehört zu den Wollmäusen, lebt in bedeutender Höhe in den Anden und wird unter großen Gefahren wegen ihres wertvollen Pelzwerks gejagt. Hatte sich der Ranchero mit der

Jagd dieser Tiere beschäftigt, so besaß er also Eigenschaften, welche man zu achten und anzuerkennen hatte.

„Ich werde ihn mir schicken lassen," sagte ich zu dem Indianer, „um zu unterhandeln."

„Diesen Wunsch wird man erfüllen; nur wird es zu nichts führen."

„Ich weiß das; aber ich habe eine gewisse Absicht dabei."

Jetzt trat ich wieder zu dem Feuer, an welchem der Oberst noch mit dem Soldaten sprach. Aus der befriedigten Miene des ersteren war zu ersehen, daß seine Erkundigungen wohl nicht so ganz ohne Resultat gewesen seien. Als ich kam, machte er mir Platz und sagte:

„Es wird wohl dabei bleiben, Señor, daß wir uns ergeben müssen. Diese Leute sind uns an Zahl weit überlegen."

„Ja," nickte ich. „Und dazu haben sie ihre Vorkehrungen so außerordentlich gut unternommen und getroffen, daß kein Mensch entkommen kann, ohne kämpfen zu müssen."

„Was tun wir also?"

„Nun, haben Sie denn gar so große Lust, möglichst bald Gefangener von Jordan zu sein?"

„Das freilich nicht. Ich möchte mich gern meiner Haut wehren. Es geht aber nicht. Und mich ganz unnötigerweise und ohne den geringsten Erfolg in den Tod stürzen, das kann mir doch auch nicht einfallen."

„Mir ebensowenig. Aber ich habe da ein Mittel entdeckt, wenigstens einen Angriff abzuwehren und Zeit zur Verhandlung zu gewinnen. Der Ranchero ist gefangen, und soeben habe ich auch seine Frau und Kinder in den Schuppen geschafft. Sobald man uns überfällt, werden wir diese Personen erschießen."

„Alle Wetter! Das ist freilich ein guter Gedanke!"

„Nicht wahr? Ich bin vollständig entschlossen, diese Leute zu töten, sobald der Feind hier durch einen der vier Gänge brechen oder eine Kugel nach uns senden sollte!"

„*Que desgracia* — welch ein Unglück!" stieß der Ranchero hervor.

„Sie sind selbst Schuld daran!" antwortete ich ihm. „Sie haben den Verräter gegen uns gespielt. Wir waren Ihre Gäste, uns Sie lieferten uns dem Feind aus. Nun hängt Ihr Leben an einem einzigen Haar. Larsen, schaffen Sie ihn fort, und bringen Sie ihn zu seiner Frau! Aber diese muß auch gebunden werden, damit sie nicht etwa auf den dummen Gedanken geraten kann, ihm die Fesseln zu lösen."

„Soll besorgt werden, Señor!"

Nach diesen Worten nahm der riesige Steuermann den Ranchero auf die Schulter und trug ihn in den Schuppen. Ich aber wendete mich an den Soldaten:

„Sie sehen, wozu wir entschlossen sind. Seien Sie überzeugt, daß wir tun, was ich gesagt habe."

„Das ist Mord, Señor!" antwortete er. „Und Sie verbessern sich dadurch Ihre Lage nicht. Sie können höchstens die Entscheidung um einige Stunden hinausschieben."

„So ist wenigstens Zeit gewonnen."

„Die Ihnen aber nichts nützen wird!"

„Wollen sehen. Übrigens ist dies nicht das einzige, was ich tun will. Ich bin erbötig, mit dem Major zu unterhandeln und seine Bedingungen zu hören."

„Soll ich ihm das sagen?"

„Ja. Ich bitte Sie darum. Warten Sie aber noch einen Augenblick! Ich wünsche, daß er seinen Führer, den Oberleutnant Señor Gomarra sendet."

„Warum gerade diesen?"

„Weil er die Gegend und die hiesigen Verhältnisse genau kennt. Was er sagt, muß also den doppelten Wert für uns haben."

„Das gebe ich zu und werde also Ihren Wunsch dem Major mitteilen."

„Und sodann... doch, ich will mich erst mit dem Oberst besprechen."

Ich wandte mich an den letzteren, nahm ihn einige Schritte beiseite und sagte ihm leise, wie er sich jetzt verhalten solle. Dann taten wir, als ob wir uns eifrig und mit halber Stimme besprächen, und endlich sagte der Oberst wie im Eifer und zwar so, daß der Soldat es hörte, aber scheinbar ohne es hören zu sollen:

„Darauf gehen sie nicht ein!"

„Sie müssen!"

„Nein! Wir können sie nicht zwingen."

„So überfallen wir sie, höchstens eine Stunde, nachdem der Unterhändler sich entfernt hat. Aber reden Sie doch nicht so laut, denn dieser Kerl darf das nicht hören!"

Wieder sprachen wir leise; dann tat ich, als ob ich zornig werde und sagte lauter und für den Soldaten hörbar:

„Es ist gar nicht schwer und gefährlich!"

„Sogar sehr! Wir können alle miteinander erschossen werden!"

„Ja, wenn die Kerle aufpaßten. Aber ich wette, daß sie müde werden. Wir kommen ganz plötzlich und schnell über sie."

„Nach welcher Richtung?"

„Nach Süd, weil da das Schiff liegt, mit welchem wir fort wollen. Wir werfen uns plötzlich zwischen die beiden Korrals, zwischen denen der Gang südwärts führt. Binnen einer Minute haben wir uns durchgeschlagen."

„Hm! Es mag vielleicht gehen."

„Auf alle Fälle geht es; es muß ja gehen. Aber sprechen Sie nicht so laut! Der Mann könnte es hören, und dann würde er es verraten. In diesem Fall würde es dann keine Rettung für uns geben."

Wir gaben uns noch für ein kleines Weilchen den Anschein, als ob wir miteinander verhandelten, dann wendeten wir uns zu den anderen zurück. Um die Lippen des Soldaten spielte ein triumphierendes Lächeln. Er war vollständig überzeugt, in unser tiefstes Geheimnis eingedrungen zu sein. Die Art und Weise, wie wir das ausgeführt hatten, hätte wohl auch einen Klügeren als dieser war, zu täuschen vermocht. Unsere Unterhaltung hatte einen so natürlichen Anstrich gehabt, daß nur schwer auf eine beabsichtigte Täuschung zu schließen war.

„Ich bin mit diesem Señor einig geworden," sagte ich zu dem Mann. „Er hat sich auch entschlossen, daß wir unterhandeln. Der Major soll uns sagen, wen er überhaupt gefangennehmen will."

„Alle natürlich alle!"

„Oho! Es sind auch Männer bei uns, mit denen er gar nichts zu schaffen hat."

„Das weiß ich nicht. Das ist seine Sache."

„Und das Lösegeld will ich wissen."

„Das wird's nicht geben, weil er die Gefangenen abzuliefern hat."

„Das wollen wir doch sehen. Also sagen Sie dem Major, daß wir nur Señor Gomarra als Parlamentär haben wollen!"

„Wenn er nun nicht darauf eingeht, sondern einen anderen schickt?"

„So behalten wir diesen als Gefangenen, als Geisel bei uns. Nur Señor Gomarra lassen wir wieder fort, weil er der Freund unseres Führers ist. Er weiß vielleicht schon, daß dieser sich hier befindet, nämlich Gomez, sein Anverwandter."

„Er wird es wohl gleich bei seiner Ankunft erfahren haben. Soll ich auch noch anderes melden?"

„Ja. Gomarra soll allein kommen, ohne alle Begleitung."

„Das versteht sich ganz von selbst."

„Sagen Sie ferner, daß wir die vier Ausgänge der Kaktushecken, welche nach dem Rancho münden, besetzen werden, um jeden niederzuschießen, welcher sich zu uns wagt. Ich betrachte nämlich die Zeit zwischen jetzt und dem Ende unserer Verhandlung als die Zeit des Waffenstillstandes, während welcher jede Feindseligkeit zu unterbleiben hat. Sollte das nicht beachtet werden, so würden wir den Unterhändler augenblicklich erschießen. Jetzt gehen Sie!"

„Gott sei Dank!" rief er tief aufatmend. „Endlich, endlich!"

Als er verschwunden war, fragte der Oberst:

„Señor, Sie scheinen eine Rettungsplan zu haben?"

„Einen ganz vortrefflichen. Wir rücken aus, vielleicht noch während der Verhandlung."

„Das ist doch nicht möglich!"

„Sogar sehr wahrscheinlich. Wenigstens beabsichtige ich es."

„Zwischen Absicht und Ausführung pflegt ein bedeutender Weg zu sein."

„Hier nicht."

„So! Aber wohin?"

„Nach Nord."

„Also nicht nach Süd! Sie sagten vorhin doch so?"

„Weil ich diesen Mann täuschen wollte. Man wird nun südwärts die meisten Leute stellen. Übrigens wäre es eine Dummheit nach dieser Richtung zu fliehen, da wir ja nach Corrientes, also nach Norden wollen, uns es uns überhaupt versagt ist, zum Schiff zurückzukehren."

„Ganz recht! Aber in welcher Weise?"

„Nun, durchbrechen."

„Das kostet Blut!"

„Allerdings."

„Ah, ich begreife Sie. Sie werden einen Scheinangriff nach Süd unternehmen, aber sich dann schnell nach Norden wenden?"

„Dieses letztere jedenfalls."

„Also eine Finte! Sie denken, daß die nordwärts postierten Soldaten ihren Ort verlassen, wenn sie im Süden die Schüsse hören?"

„Wahrscheinlich. Wir können dann recht gemächlich fort. Wir gehen durch die Kaktushecken."

Er war starr vor Erstaunen.

„Ah... so! Glauben Sie denn, daß dies gelingt?"

„Ja. Wenn der Major seine bisherigen Dispositionen nicht verändert, so muß es gelingen, und zwar sehr leicht."

„Man wird auf uns schießen!"

„Das bezweifle ich. Man schießt nicht auf jemand, den man weder sieht, noch hört."

„Señor, Señor, stellen Sie sich die Sache nicht so leicht vor!"
„Das pflege ich nie zu tun. Ich male mir im Gegenteil alles schwer aus, um dann nicht enttäuscht zu werden. Hören Sie!"

Indem ich meine Ausführung mit den erklärenden Handbewegungen begleitete, fuhr ich fort:

„Die Besitzung bildet ein großes Viereck, welches aus wieder vier zusammengeschobenen Vierecken besteht, in deren Mittelpunkt, da, wo sie mit den Ecken zusammenstoßen, der Rancho liegt. Diese Vierecke sind durch vier gradlinige Wege voneinander getrennt, welche alle zum Rancho führen. Sie sind ferner von Kaktushecken umgeben, welche Ausgänge nur hier gegen den Rancho und gegen die äußeren Ecken haben. Es stoßen also hier am Rancho vier Ausgänge aufeinander; an den Grenzen der Korrals aber sind nur die Ecken zu öffnen. Nun aber hat der Major die Wege besetzt; es steht zu erwarten, daß er auch die Ecken besetzt hat, da wir sonst so einen Ausgang öffnen und entfliehen könnten. Die ganze Linie des einzelnen Korrals ist aber nicht besetzt. Posten stehen an den Ecken und Gängen, dazwischen aber niemand. Und da müssen wir hindurch."

„Aber wenn Sie ein Loch in den Kaktus machen, zerreißen Sie sich die ganze Haut!"

„Bei meinem ledernen Anzug? Sie werden sehen, wie glatt das geht. Ich habe das nicht zum erstenmal unternommen. Doch still, ich höre Schritte!"

Es war eigentümlich, daß es mir gar nicht einfiel, die Mündungen der Gänge zu besetzen. Eigentlich konnte es gar keine größere Unvorsichtigkeit geben. Aber ich hatte die feste Überzeugung, daß man wenigstens jetzt an keinen Angriff denken werde. Und wie leicht hätte man uns überwältigen können! Die Soldaten brauchten nur eben leise herbeizuschleichen und über uns herzufallen. Jeder Widerstand unsererseits wäre vergeblich gewesen. Stattdessen kam ein einzelner Mann langsamen Schrittes herbei. Er trug keinerlei Waffen an sich, wie das von einem Unterhändler sich ganz von selbst versteht. Seine lange, hagere Gestalt steckte in keiner außergewöhnlichen Kleidung. Er trug den ordinären Gaucho-Anzug. Um seinen breitkrempigen Hut hatte er ein buntes Tuch gebunden, welches unter dem Kinn fest geknüpft war. Die Züge waren indianisch, sehr ernst, ja finster. Sein großes Auge schien gar nicht freundlich blicken zu können, zeigte aber ungewöhnliche Intelligenz und Willenskraft.

Als unser Füher ihn erblickte, sprang er schnell auf, trat auf ihn zu, reichte ihm die Hand und sagte:

„Endlich, Sobrino, bist du da! Endlich sehe ich dich! Nun wird alles gut!"

Der Ernste nickte ihm zu und sagte in einfachem Ton:

„Bleib sitzen! Was ereiferst du dich?"

„Soll man sich da nicht ereifern?"

„Gar nicht! Dich geht's nichts an!"

„Sogar sehr viel, ebenso wie jeden anderen. Es wurde ja gesagt: Mitgegangen, mitgefangen!"

„Das betrifft dich nicht, Vetter. Dir wird niemand etwas tun. Aber die anderen sind verloren."

„Sie sind meine Freunde! Ich habe sie hierher geführt!"

„So müssen sie dich sogar dafür bezahlen!"

„Aber ich habe sie ins Verderben geleitet! Und dieser Señor hat meiner Mutter während des Pampero des Lebens gerettet!"

„Das ist sehr hübsch von ihm. Sie wird sich doch auch bei ihm bedankt haben!"

„Dafür soll er gefangen werden?"

„Gefangen? Pah! Sterben muß er."

„Cielo!"

„Was gibt es da zu erschrecken? Was ist das Sterben weiter? Mancher muß fort, sogar durch Mörderhand!"

„Denke doch nicht stets und immer an deinen Bruder!"

„Ich muß aber an ihn denken, immer und immer wieder."

„Das gehört nicht hierher!"

„Das gehört dahin, wohin ich selbst gehöre. Und nun schweig! Du bist in Sicherheit. Ich werde dich dann gleich mitnehmen."

„Ich gehe nur mit, wenn die anderen gehen."

„So kann ich es nicht ändern. Bleibe also da!"

Er blickte uns der Reihe nach an, setzte sich dann mir gegenüber nieder und sagte:

„Nach der Beschreibung vermute ich, daß Sie der Deutsche sind?"

„Ich bin es," antwortete ich.

„Sie führen hier das Wort, wurde mir gesagt, und ich wende mich deshalb an Sie. Was haben Sie mir zu sagen?"

„Zunächst und mit mehr Recht möchte ich wissen, was Sie mir zu sagen haben."

„Ich habe Ihnen vom Major zu melden, daß ich mit Ihnen verhandeln soll, da Sie es so gewünscht haben."

„Gut! So wollen wir zunächst die Grundlagen feststellen, auf denen eine solche Unterhandlung möglich ist. Was verlangt der Major?"

„Sie alle."
„Wir sollen uns ihm als Gefangene überliefern?"
„So ist es."
„Und wenn wir uns weigern?"
„So werden Sie niedergeschossen."
„Was wird mit uns geschehen, wenn wir uns ausliefern?"
„Das hat Lopez Jordan zu bestimmen."
„Wir würden in diesem Fall wenigstens Garantie verlangen, daß keiner von uns getötet wird."
„Die kann der Major nicht geben."
„Aber, Señor, bemerken Sie denn nicht, was Sie verlangen? Wir sollen uns auf Gnade und Barmherzigkeit ausliefern, ohne dafür irgend etwas zu empfangen, keine Garantie, kein Versprechen, kein Wort, nicht einmal ein Trost!"
„So ist es."
„Darauf können wir nicht eingehen."
„Schön! So sind wir also schon fertig, und ich kann gehen."
„Ich wollte Sie nur noch fragen, was wir verbrochen haben!"
„Das geht mich nichts an. Sie wissen das jedenfalls besser als ich."
„Wir selbst sind es, an denen man sich vergangen hat!"
„Streiten wir uns nicht! Ich habe meinen Auftrag auszurichten; das andere alles mag ich nicht hören."
„Wir können uns nicht ausliefern. Bedenken Sie doch, daß wir unterhandeln wollen und daß wir uns noch keineswegs in Ihrer Gewalt befinden!"
„Nicht? Das ist verrückt!"

Ich behielt trotz seines harten Wesens meine gedrückte Haltung und den Ton meiner Stimme bei, indem ich antwortete:

„Das ist Ihre Ansicht, aber nicht die meinige."
„Jede Gegenwehr ist nutzlos!"
„Vielleicht warten wir gar nicht, bis für uns die Gegenwehr notwendig ist."
„Weiß schon!" lachte er höhnisch. „Man kennt das!"

Jedenfalls hatte er erfahren, daß wir nach Süden hatten durchbrechen wollen. Ich sah seinem Gesicht an, daß mein Plan bereits Früchte trug. Aber eben darum zeigte ich keine Spur von Freude, sondern ich sagte so, als ob ich meiner eigenen Versicherung nicht traue:

„Wir können immerhin noch durchbrechen, selbst wenn sie uns von allen Seiten umgeben haben! Und greifen sie uns an, so besetzen wir die Eingänge, durch welche sie kommen müssen!"

„Drei Mann gegen hundert!" lachte er.

„Ja, aber die drei Mann haben über zwanzig Schüsse!"

„Pah! Man schießt selbst mit Revolvern nicht zwanzigmal in einer Minute."

Er zog die Stirn in die Falten, musterte mich mit einem verächtlichen Blick, zuckte die Achseln und fragte:

„Señor, darf ich Ihnen etwas aufrichtig, ganz aufrichtig sagen?"

„Tun Sie es!"

„Ich will Ihnen nämlich sagen, daß Sie ein Dummkopf sind!"

Das war eine sehr überraschende Mitteilung. Meine Gefährten richteten sogleich alle ihre Blicke auf mich. Sie mochten glauben, daß ich zornig über den Sprecher herfallen werde. Das kam mir aber gar nicht in den Sinn. Ich mußte mir Mühe geben, nicht laut aufzulachen. Ruhig zu bleiben, das fiel mir gar nicht schwer. Ich blickte ihm also weder erstaunt noch zornig ins Gesicht und antwortete:

„Daß Sie das sagen, nehme ich Ihnen nicht übel. Sie scheinen zu denken, daß Sie diese Reden wagen dürfen, weil wir uns an Ihnen als einem Unterhändler nicht zu vergreifen wagen?"

„Pah! Sie würden es auch außerdem nicht wagen!" rief er stolz.

„Sie kennen mich nicht. Ich bin zwar nur von indianischen Eltern geboren, aber ich habe Lesen und Schreiben gelernt wie Sie. Und ich habe in den Bergen nach Gold gesucht und nach der Chinchilla gejagt und dabei tausenderlei Gefahren überstanden. Wer von Ihnen tut mir das nach? Ich tausche mit keinem von Ihnen, mit keinem einzigen! Das will ich Ihnen sagen!"

Dieses Selbstbewußtsein ließ mich ernsthaft bleiben. Ein schlechter Mann ist derjenige, welcher nicht weiß, was er kann; freilich ein noch schlechterer Mann ist der, welcher meint, er könne mehr, als er vermag. Aber wer erwartet auch, bei einem südamerikanischen Indianer den richtigen Maßstab für sich selbst zu finden?

Da ich ernsthaft blieb, gaben auch die anderen sich Mühe, es zu sein. Nur der Steuermann konnte es nicht über das Herz bringen, still zu sein. Er sagte:

„Señor, tragt den Teer nicht gar zu dick auf, sonst bleibt Ihr kleben. Das Lesen und Schreiben soll mich jetzt einmal nichts angehen, aber mit Euch selber will ich mich ein wenig beschäftigen."

Er trat zu ihm, faßte ihn mit der rechten Hand schnell beim Gürtel, hob ihn empor, schwang sich ihn acht- oder zehnmal um den Kopf und legte ihn dann wie ein Kind lang auf den Boden nieder. Dann stellte er sich aufrecht neben ihn, stemmte die Fäuste in die Seiten und sagte:

„So! Und nun, Señor, machts's einmal mir nach!"

Der Indianer raffte sich auf, sah dem Goliath erstaunt in das Gesicht und meinte ganz betroffen:

„Ja, das... das... das kann ich nicht!"

„Nun, so haltet auch nicht mehr von Euch, als recht und billig ist. Wir sind hier drei oder vier, die es ebenso machen wir ich, indem sie Euch wie eine Puppe durch die Luft drehen. Und außerdem hat dann ein jeder noch einige andere Griffe, Kunststücke und Eigenschaften, bei denen Ihr ebenso sagen würdet wie jetzt: ‚Ja, das... das... das kann ich freilich nicht!' Seid froh, wenn wir Euch nicht zeigen, was wir können!"

Er setzte sich wieder nieder, und auch Gomarra nahm seinen Platz von neuem ein. Der letztere suchte den Eindruck, den die Stärke des Friesen auf ihn gemacht hatte, zu verwischen und sagte zu mir:

„Trotz alledem kann Euch diese Stärke nichts helfen. Was nützt die Stärke eines Riesen gegen eine Kugel! Und Sie, Señor, sind wohl der Ungefährlichste von allen. Ich weiß gar nicht, mit welchem Recht man mir solche Beschreibung von Ihnen gemacht hat!"

„So! Hat man das?"

„Ja. Nach dem, was ich von Ihnen hörte, hätte man sich bereits schon vor Eurem Anblick fürchten mögen. Und Scharfblick, Scharfsinn sollten Sie haben, einem jeden die Gedanken sofort aus dem Kopf zu lesen! Aber Sie sind nicht der Mann, mit uns zu kämpfen! Ihnen fällt es gar nicht ein, Ihr Leben an eine Kugel zu wagen. Sie werden sich uns ergeben."

„Natürlich! Aber ich möchte doch gern günstige Bedingungen haben."

„Für sich selbst haben Sie solche nicht zu erwarten."

„Aber für meine Gefährten?"

„Vielleicht."

„Nun gut, so will ich Ihnen meine Vorschläge machen. Ich hoffe trotz alledem, auch eine bessere Beurteilung meiner Person selbst zu finden. Ich verlange also, daß mein Führer und seine Mutter freigegeben werden. Wir dagegen geben uns gefangen..."

„Gut."

„Wollen auch unsere Waffen abliefern..."

„Das ist unumgänglich nötig."

„Aber alles andere, unser Geld zum Beispiel, behalten wir."

„Was noch?" fragte er höhnisch.

„Auch die Pferde. Wir brauchen sie natürlich zum Reiten."

„Pferde? Sie haben doch nur eins!"

„So wissen Sie nicht, daß wir unsere Pferde auf dem Dampfer haben. Wir müssen ja ihrethalben dorthin zurück. Wir nahmen nur das eine für die Mutter unseres Führers mit, weil dieselbe krank geworden war."

„Ah so! Also gut, die Pferde holen wir. Was noch?"

„Wir werden nicht gefesselt. Sie nehmen uns in die Mitte, so daß wir nicht fliehen können."

„Sind Sie nun fertig?"

„Ja. In genau einer halben Stunde erwarte ich Ihre Antwort, weder eher noch später, sonst schießen wir. Ich werde sogleich die Gänge besetzen lassen."

Ich gab den Yerbateros einen Wink. Sie und der Steuermann mit dem Kapitän gingen sofort, um sich zu je Zweien mit den Gewehren an den betreffenden Punkten aufzustellen. Gomarra blieb stehen, bis das geschehen war, nickte ernst vor sich hin, legte mir die Hand auf die Schulter und sagte:

„Señor, besser wäre es, Ihr könntet die Sache mit dem Major abmachen, der euch allen gleich Bescheid zu geben vermag."

„Auf welche Weise ist das möglich?"

„Sie kommen mit zu ihm."

„Danke! Das ist denn doch zu viel von mir verlangt!"

„Sie kommen als Unterhändler und sind also unverletzlich!"

„Ich kenne das! Man hat mir nicht nur einmal das Wort gebrochen!"

„Nun gut, so mag der Major zu Ihnen kommen!"

„Das kann er ohne Sorge. Bei uns hat niemand einen Wortbruch zu befürchten."

„Geben Sie mir Ihr Ehrenwort, daß der Major als Parlamentär von Ihnen betrachtet wird und sobald es ihm beliebt, zu uns zurückkehren kann?"

„Ja."

„Der Herr Oberst auch?"

„Ich auch," antwortete der Gefragte.

„So werde ich es ihm sagen."

„Schön!" stimmte ich bei. „Aber nun sind wir auch nicht gewillt, einen anderen zu empfangen. Entweder den Major oder keinen. Verstanden? Wir wollen sogleich sicheren Bescheid haben. Und damit Sie dem Major alles hier Gesehene und hier Gehörte gehörig mitteilen können, wollen wir Ihnen eine volle Stunde Zeit lassen. Auf jeden, der vorher oder nachher kommt, wird geschossen. Sollte aber ein Angriff unternommen werden, so erschießen wir den Ranchero mit seiner Familie."

„So sind wir nun fertig."

Er kreuzte die beiden Arme über seine Brust, sah mich dann mit einem ganz eigenartigen Blick an und sagte:

„Señor, ich kann nicht anders, wirklich nicht. Sie haben aber das Pulver nicht erfunden. Das muß ich Ihnen unbedingt noch sagen, bevor ich gehe. Man hat mich wirklich über Sie belogen. Sie lokken keine Papagei vom Baum — wirklich nicht!"

Er lachte heiser vor sich hin, drehte sich um und entfernte sich. Ich blickte ihm nach, bis er nicht mehr in dem dunklen Gang zu sehen war, dann sagte der Bruder:

„Schon oft habe ich Sie nicht begriffen und dann stets erfahren, daß das für mich Unbegreifliche eine Klugheit von Ihnen war. Jetzt aber werde ich wirklich ganz irre. Warum duldeten Sie die Grobheiten dieses Mannes?"

„Um ihn irre zu führen, was mir auch ganz vortrefflich gelungen zu sein scheint. Er sollte mich für ziemlich befangen halten, und das tut er jetzt. Er sollte zu der Überzeugung gelangen, daß wir weder die nötige Klugheit und Einsicht, noch den Mut besitzen, uns hier herauszufinden. Übrigens habe ich jetzt keine Zeit zu langen Erklärungen. Ich muß fort in den Korral."

„Was wollen Sie dort?"

„Davon später! Sehen Sie darauf, daß die bisherige Ordnung bleibt. Lassen Sie vor einer Stunde keinen herein!"

„Und wenn doch jemand kommt?"

„So schießen Sie, ganz so, wie ich gesagt habe!"

Ich ging am Schuppen hin und nach der Tür, welche von dem Rancho aus in den nördlichen Korral führte. Sie bestand aus starken Holzplanken, welche kein Pferd oder Stier einzurennen vermochte. Damit mein Körper hindurch könne, brauchte ich nur zwei dieser Bohlen zurückzuschieben. Dann stand ich in dem Korral.

Er war leer. Der Mond war noch nicht aufgegangen, doch konnte ich zur Genüge sehen. Eigentlich hätte die Vorsicht erfordert, den ganzen Platz mit seinen vier Seiten abzusuchen. Aber dazu mangelte mir die Zeit. Auch hegte ich die Überzeugung, daß ich mich in der Lage der Sache gar nicht täusche.

Ich stand am Eingang, hinter mir der Rancho. Rechts und links zogen sich die zwei Seiten des Korrals, gerade mir quer gegenüber die vierte hin. Diese Seiten bestanden aus hohen Kaktusstauden.

In den beiden Ecken, rechts und links schief vor mir, gab es ähnliche Bohlentüren wie diejenige, durch welche ich jetzt gestiegen war. Dort waren Soldaten postiert, damit wir nicht hinaus könnten. Gerade vor mir aber war die Mitte des langen Kaktuszaunes frei. Dort stand gewiß niemand, und dort also mußte ich einen Ausweg bahnen. Ich schritt also nach dieser Stelle.
Der Boden war von den Tieren weichgestampft, so daß man die Schritte nicht hören konnte. Dazu war der Korral so groß, daß von den beiden Seiten sicherlich kein Blick zu mir reichte.
An der Hecke angekommen, legte ich mich nieder, um zu horchen. Es war kein Mensch da.
Nun begann die Hauptarbeit, das Schneiden einer Tür in den Kaktus. Wer das für ein Leichtes hält, der irrt sich gar sehr. Erstens durfte ich nicht etwa ein Loch schneiden, denn es wäre sehr leicht möglich gewesen, daß jemand vorüberkam, der dasselbe bemerkte, noch bevor wir es hatten benutzen können. Nein, es mußte eine Tür geschnitten werden, welche bis zum Augenblick der Flucht nicht geöffnet werden durfte. Das macht man folgendermaßen:
Der Kaktus bildet eine mehr oder weniger hohe und dicke, stets aber fest verwachsene Wand. In diese Wand schneidet man nun, aber durch und durch, eine ganz schmale, vielleicht nur zwei oder drei Finger breite Lücke von oben nach unten. Dann schneidet man von dieser Lücke aus eine mehr als doppelt so breite waagerecht unten in der Nähe des Bodens hin. Dadurch entsteht im Zaune ein Doppellinienschnitt, welcher einen rechten Winkel bildet. So ist nun die Tür fertig.
Sie ist links und unten von der Hecke getrennt und hängt rechts noch vollständig mit derselben zusammen. Die einzelnen, Stauden, Stängel, Zweige und Blätter greifen vermöge ihrer Stacheln noch fest ineinander. Die Tür bildet also eine feste Fläche. Da nun der Zaun nicht dürr, sondern saftig, lebend ist, so läßt sich diese Tür wie in einer Angel bewegen.
Aber wie unendlich schwierig ist es, die beiden Schnitte zu machen! Man muß ein ausgezeichnetes Messer haben, und glücklicherweise war mein Bowiekneif ein solches, und trotzdem kommt man nicht durch, wenn der Kaktus trocken ist. In diesem Fall entsteht auch zu starkes Geräusch, durch welches man verraten wird. Darum sucht man sich möglichst saftige und zugleich dünne Stellen des Kaktus aus. Dann ist es notwendig, sich vor den Stacheln zu schützen, deren jeder, wenn er sich in das Fleisch

sticht und dort abbricht, eine langsam schwärende, sehr schmerzhafte Wunde verursacht.

Hier ist nun ein lederner Jagdrock von außerordentlichem Vorteil. Man knüpft ihn zu, zieht den Kragen hoch, stülpt den Hut tief herein und zieht die Ärmel weit vor über die Hände. So legt man sich zur Erde nieder, schiebt sich an die Stacheln von unten heran, sie mit dem Rücken hebend und zerdrückend und dabei mit dem Messer weiter arbeitend. Und das muß geräuschlos geschehen, damit man nicht entdeckt wird! Aber Übung und Vorsicht macht auch hier den Meister. Freilich darf man eine solche Tür nicht mit den Händen öffnen, welche man sogleich voller Stacheln haben würde. Man muß das Gewehr oder sonst einen harten Gegenstand dazu nehmen.

Es währte weit über eine Viertelstunde, bevor ich fertig wurde. Dann kehrte ich nach dem Feuer zurück, wo ich alles noch in derselben Ordnung fand.

„Nun?" fragte mich der Oberst. „Wir hatten Angst um Sie."

„Es war eine schwere Arbeit, eine Tür durch den Kaktus zu schneiden."

„Das ist nicht möglich! Wie wollen Sie denn das gemacht haben?"

„Mit dem Messer in die Kaktuswand geschnitten."

„Noch dazu des Nachts! Wie sieht denn da Ihre Haut aus?"

„Wie vorher. Doch, lassen Sie uns jetzt noch die letzte Vorbereitung treffen."

Ich zog das Pferd aus dem Schuppen und führte es in den Korral, wo ich es hinter der Tür festband, daß ich es leicht erlangen konnte. Was wir an Kleinigkeiten bei uns liegen hatten, mußte ein jeder zu sich stecken. Dann waren wir fertig und konnten den Major ruhig kommen sehen.

Genau als die Stunde vergangen war, meldete der Steuermann, daß er einen Menschen durch den Gang sich nähern sehe. Die acht, welche an den Eingängen standen, blieben dort stehen. Wir anderen saßen am Feuer.

Der Mann, welcher jetzt kam, war wohl im Anfang der fünfziger Jahre und militärisch gekleidet, trug aber auch keine Waffen bei sich. Er kam auf uns zu, hielt vor uns an, machte dem Oberst eine Verbeugung und sagte, ohne daß er die anderen zu bemerken schien:

„Señor, Sie haben gewünscht, mit mir zu sprechen, und ich hielt es für eine Pflicht der Höflichkeit, diesem Wunsch nachzukommen."

Wenn er eine Antwort erwartet hatte, so war er sehr im Irrtum gewesen. Der Oberst tat, als ob er ihn weder gesehen noch gehört hätte. Er warf nur mir einen bezeichnenden Blick zu, daß ich an seiner Stelle sprechen solle. Darum antwortete ich:

„Das ist sehr freundlich von Ihnen, Señor. Ich hatte gehofft, mit Ihnen bedeutend schneller zum Ziel zu gelangen als mit einem Ihrer Leute."

Ich war bei diesen Worten langsam aufgestanden. Er warf mir einen leidlich verächtlichen Blick zu und fragte:

„Wer sind Sie?"

„Hoffentlich wissen Sie es!"

„Mag sein. Aber mit Ihnen habe ich nicht zu sprechen, sondern mit Ihrem Vorgesetzten, dem Oberst."

Sein Betragen bedurfte einer Verbesserung. Ich gab dieselbe, indem ich ihm erklärte:

„Sie scheinen sich in einem mehrfachen Irrtum zu befinden, Señor. Ich bin nicht ein Untergebener des Herrn Oberst, sondern augenblicklich der Befehlshaber dieser kleinen Truppe."

Er zuckte verächtlich die Achsel.

„Ich spreche nicht mit Ihnen. Sie sind nicht Offizier. Ich habe mit dem Oberst zu reden."

„Das können Sie nicht von ihm verlangen, weil kein braver Offizier mit einem Empörer, einem Aufrührer in Verhandlung tritt. Ich als Zivilist kann das leichter tun, ohne meiner Ehre zu schaden."

„*Tormento!*" fuhr er auf. „Ich werde Sie züchtigen lassen, wenn Sie mich beleidigen!"

„Jetzt wohl noch nicht. Dazu müssen Sie mich erst in Ihren Händen haben."

„Das wird in kurzer Zeit der Fall sein."

„Möglich. Ich halte diesen Fall sogar für wahrscheinlich, und darum habe ich gewünscht, mit Ihnen sprechen zu können."

„Ich erklärte Ihnen bereits, daß ich nicht mit Ihnen rede!"

„Dann, Señor, begreife ich gar nicht, weshalb und wozu Sie sich zu uns bemüht haben! Wir sind fertig!"

Ich wendete mich ab. Das brachte ihn in Verlegenheit. Ohne Resultat wollte er doch nicht fort. Er sagte:

„Nun, ich will mit Ihnen verhandeln, Señor. Bitte kommen Sie näher."

Daraufhin drehte ich mich wieder um, schritt langsam zu ihm hin und setzte mich ihm gegenüber. Er fühlte, daß er die erste Karte verloren hatte; das verbesserte seine Laune keineswegs. Es war seinem Gesicht anzusehen, daß wir keine Gnade finden würden, sobald wir in seine Hände übergegangen seien.

„Was haben denn die dort zu tun?" fragte er, auf unsere Posten zeigend.

„Jeden niederzuschießen, welcher es wagt, sich uns ohne meine ausdrückliche Erlaubnis zu nähern."

„Pah! Ziehen Sie diese Posten getrost ein! Sie sind doch zu nichts nütze, und Sie werden wohl binnen einer Viertelstunde hier nichts mehr zu befehlen haben."

„Davon bin ich selbst überzeugt."

„Also spielen Sie doch nicht Soldaten! Das ist ein Spiel, wovon Sie nichts verstehen."

„Keine solche Bemerkung! Ich bin vielleicht ein besserer Soldat als Sie, obgleich ich den Krieg und die Aufwiegelung nicht zu meinem Handwerk mache! Beurteilen Sie mich nicht falsch! Es wäre für manchen Major besser, wenn er Holzhacker geworden wäre!"

Diabolo! Lassen Sie endlich das Gift sehen, von welchem Gomarra nichts bemerkt zu haben behauptete? Nun, mir kann es lieb sein, daß die Unterredung ein wenig belebter und erregter wird als es den ersten Anschein hatte.

„Gut! Beginnen wir!"

„Schön! Vorher aber die notwendigste Frage: Ich habe unter allen Umständen freies Geleit?"

„Nicht unter allen."

„So! Welche Ausnahme machen Sie?"

„Wenn während Ihrer Anwesenheit etwas Feindseliges gegen uns geschieht, so holt die Katze Ihr Leben!"

„Ich beabsichtige nichts derartiges.

„So sind Sie bei uns sicherer als ich bei den Offizieren Ihrer Farbe."

„Dort haben Sie allerdings Ihr Leben verwirkt."

„Meinetwegen. Sie wissen, wie hier am Ort die Verhältnisse stehen. Glauben Sie wirklich, daß es für uns keine Rettung gibt?"

„Ja, davon bin ich vollständig überzeugt, Señor."

„Aber wir können uns doch wehren."

„Pah! Mit Tagesanbruch können wir sehen. Dann schlagen wir Bresche in die Kaktushecken und stürmen den Kram!"

„Dasselbe können wir umgekehrt tun, nämlich wir schlagen ebenso Bresche und fliehen."

„Sie haben keine Pferde!"

„Desto leichter können wir uns im Gesträuch verbergen."

„So weit lassen wir Sie ja gar nicht kommen!"

„So sagen Sie mir doch einmal gefälligst, warum Sie erst am Tage sich durch den Kaktus wagen wollen."

„Da hört man es, daß Sie kein Offizier sind und von der Taktik nichts verstehen! Während wir hüben, von außen am Kaktus arbeiten, geben Sie uns von drüben, von innen, Ihre Kugeln."

„Ah, welch ein Glück, daß wir nicht auf den Gedanken gekommen sind, durch den Kaktus zu brechen!"

„Wir hätten Sie schön empfangen wollen! Was nicht unter unseren Kugeln gefallen wäre, das hätten unsere Bolas niedergerissen."

„Schrecklich! Denken Sie nur Frater!"

Diese ironischen Worte richtete ich an den Bruder, welcher sehr ernst nickte, so daß der Major fortfuhr:

„Sie haben doch gar keinen Begriff, wie schwer es ist, durch den Kaktus zu kommen! Dazu muß man Äxte, Beile und Stangen haben. Und das Geräusch, das Prasseln, welches eine solche Kaktuswand verursacht! Ich hätte sofort meine tausend Mann dort beisammengehabt."

„Tausend?" fragte ich. „Ich denke vierhundert!"

„Da irren Sie sich. Ich habe tausend. Sie sehen, daß Sie unmöglich entrinnen können."

„Wenn wir von einer solchen Übermacht eingeschlossen sind, so können wir allerdings nicht an Rettung denken!"

„Es wäre Wahnsinn. Ergeben Sie sich also auf Gnade und Ungnade. Wenn Sie sich ohne Widerstand ergeben, werde ich mein möglichstes tun, Ihnen ein mildes Urteil zu erwirken."

„Meinen Gefährten auch?"

„Ja."

„Und der Führer mit seiner Mutter?"

„Beide sind frei. Mit ihnen haben wir nichts zu schaffen."

„Dürfen wir frei mit Ihnen reiten? Ungefesselt?"

„Nein. Das kann ich nicht zugeben."

„Wir würden wohl auf die übrigen Bedingungen eingehen, nur aber auf diese nicht."

„Ich kann nicht von derselben abgehen. Ich will Ihnen noch eine Bedenkzeit von zehn Minuten geben. Ist diese verstrichen, so sind wir fertig, und ich habe als Unterhändler nichts mehr mit Ihnen zu schaffen."

„Nun gut! Kommen Sie in das Haus."

„Was soll ich dort?"

„Sie sollen erfahren, daß wir einen Parlamentär höflich zu behandeln verstehen."

„Das will ich mir gefallen lassen. Ich trank am ganzen Tag nichts als Wasser. Vielleicht gibt es noch einen besseren Tropfen im Rancho."

Der Steuermann band die Frau los. Sie mußte mit mir und dem Major in die Stube. Dort erklärte sie, daß Wein vorhanden sei, den sie holen wolle. Auch Fleisch und Brot sollte der Major bekommen. Sie ging fort, und ich wartete, bis sie die Sachen auf den Tisch stellte. Als er sich da niedersetzte, um zu essen und zu trinken, sagte ich:

„Speisen Sie indessen; ich gehe jetzt. Also zehn Minuten geben Sie uns Zeit?"

„Ja, von jetzt an."

„Wir werden uns im Schuppen beraten."

„Warum nicht außen am Feuer?"

„Sie möchten aus unserem Verhalten erraten, wer dafür und dagegen ist, und die letzteren dann strenger nehmen."

„Sie sind äußerst vorsichtig! Aber... Sie planen doch nicht etwa Verrat gegen mich?"

„Fällt uns nicht ein!"

„Ich kann gehen, wenn ich will?"

„Sobald es Ihnen beliebt."

„Schön! So beraten Sie! Aber ich gebe Ihnen nochmals zu bedenken, daß es für Sie kein Entrinnen gibt."

Ich verließ ihn und ging wieder hinaus.

Ohne das ich es den Gefährten gesagt hatte, wußten sie, daß der Augenblick jetzt gekommen sei. Sie hatten sich alle, während ich in der Stube war, nach dem Eingang des Korrals geschlichen und dort auch bereits das Pferd losgebunden. Dort erwarteten sie mich mit meinen Gewehren, welche ich nicht mit in die Wohnung hatte nehmen können.

„Fort?" fragte der Oberst.

„Ja," antwortete ich. „Schnell, aber leise. Doch vorher schieben wir von innen die Planken wieder vor, damit der Major nicht sofort merkt, wo wir hinaus sind."

Das wurde getan, dann machten wir uns auf den Weg. Das Pferd führte ich, da es an meiner Hand am ruhigsten war. An der Hecke angekommen, zog ich die künstlich natürliche Tür mit meinem Flintenlauf auf und huschte hinaus. Niemand war zu hören und zu sehen. Die anderen kamen nach. Dann schritten wir möglichst leise und geradeaus ins Feld hinein. Dabei legte ich meinem Pferd die Hand auf die Nase, damit es nicht schnauben oder gar wiehern solle. Erst ungefähr sechshundert Schritte von der Kaktushecke entfernt hielt ich an.

„Was hier?" fragte der Oberst. „Warum nicht weiter fort."

„Zu Fuß? Damit sie unsere Spuren finden, wenn es Tag ist, und uns einholen? Nein, wir müssen Pferde haben."

„Ah! Woher aber nehmen?"

„Von den Soldaten."

„Stehlen?"

„Ja. Unter diesen Verhältnissen halte ich das für keine Sünde, zumal ich vollständig überzeugt bin, daß keiner dieser Männer sein Pferd ehrlich bezahlt hat."

„Aber, Señor, wenn man Sie bemerkt, werden Sie ergriffen, oder man entdeckt uns!"

„Keins von beiden."

„Wie wollen Sie es denn anfangen, um zehn Pferde zu erhalten?"

„Das kommt darauf an, wie ich die Verhältnisse finde."

„Hm! Sie benehmen sich ja wie ein professioneller Pferdedieb!"

„Das muß man auch, wenn man Pferde stehlen will. Nur Señor Mauricio Monteso mag mich begleiten. Wir nehmen die Gewehre nicht mit, denn ich glaube, daß wir nur die Messer brauchen werden. Die anderen warten, bis wir wiederkommen."

„Pferde stehlen!" lachte der Yerbatero leise vor sich hin. „Das wird höchst interessant. Ich gehe gar zu gern mit."

Wir schlichen miteinander dem Kaktuszaun wieder zu, aber weiter nach rechts, da, wo ich Soldaten vermutete. Bald hörten wir das Schnauben von Pferden.

„Legen Sie sich jetzt auf den Boden," flüsterte ich dem Yerbatero zu. „Und kriechen Sie hinter mir her, aber leise, ganz leise!"

„Werden wir denn Pferde bekommen?" fragte er gespannt.

„Gewiß. Die besten, die es gibt. Un ich will noch mehr, weit mehr."

„Stehlen?"

„Ja. Einen Menschen sogar!"

„Sind Sie bei Sinnen?"

„Sehr gut. Aber sprechen Sie leiser! Sonst entgeht mir der Fang, den ich machen will."

„Sie werden uns dadurch den Pferdediebstahl verderben und sich ganz unnötigerweise in Gefahr bringen."

„Wenn ich das bemerke, so lasse ich ab davon."

„Auf wen haben Sie es denn abgesehen, Señor?"

„Auf keinen anderen als auf den Herrn Oberleutnant Antonio Gomarra."

„Warum auf diesen?"

„Um ihn für seinen Übermut zu strafen und weil er diese Gegend sehr genau kennt. Er ist der Führer dieser Leute. Zwinge ich ihn, mit uns zu reiten, so vermögen sie uns nicht zu folgen, während seine Ortskenntnis uns zugute kommt."

„Das ist klug!"

„Nicht wahr? Aber wir müssen uns beeilen. Es sind nun, seit ich den Major verlassen habe, über zehn Minuten vergangen. Er wird noch ganz ahnungslos beim Fleisch sitzen. Aber sobald er bemerkt, daß wir verschwunden sind, wird er ein lautes Hallo erheben. Kommen Sie also weiter!"

Wir brauchten gar keine bedeutende Strecke zurückzulegen. Bereits nach ganz kurzer Zeit sahen wir die Gestalten von weidenden Pferden vor uns. Das uns nächste war höchstens zwölf Schritte von uns entfernt.

„Warten Sie!" flüsterte ich dem Yerbatero zu. „Verlassen Sie diesen Ort nicht eher, als bis ich zu Ihnen zurückkehre!"

Wo weidende Pferde sind, muß sich auch der Hirt, der Aufseher, der Posten befinden. Dieser war unschädlich zu machen. Ich schob mich also weiter und weiter fort, bis ich mich inmitten der Pferde befand. Und da sah ich hinter zwei nebeneinander stehenden Tieren nicht einen, sondern zwei Wächter stehen. Das war dumm! Sollte oder vielmehr konnte ich zwei Menschen auf mich nehmen? Jawohl, aber während ich den einen niederschlug, und den anderen packte, konnte dieser um Hilfe rufen. Dennoch kroch ich näher. Sie sprachen miteinander. Ich hörte ihre Stimmen, ihre Worte ganz deutlich. Und fast hätte ich vor Freude die Hände zusammengeschlagen, als ich in der Stimme des einen diejenige des Oberleutnants erkannte.

Ich hatte mich darauf gefaßt gemacht, lange und unter Gefahr nach ihm suchen zu müssen, und nun war ich ihm gerade vor die Fährte gekommen! Beide zugleich konnte ich nicht fassen. Ich mußte darauf rechnen, daß Gomarra nur für einen Augenblick hierher gekommen sei, um nach seinen Pferden zu sehen und dann wieder zurückzukehren. Darum kroch ich noch eine Strecke weiter und blieb dort still im Camposgras liegen. Wohl fünf Minuten hatte ich gewartet, da erklangen von dem Rancho her laute Rufe:

„Herein, herein, alle! Die Kerle sind weg! Sie haben sich versteckt. Herein, herein!"

Das war der Major. Hinter mir, gegen die Kaktushecken zu, hörte ich nun Stimmengewirr und eilende drängende Schritte. Vor mir hatte sich der Indianer, der Oberleutnant, auch sofort in Bewegung gesetzt. Er eilte auf den Rancho zu und mußte an mir vorüberkommen. Jetzt war der da!

Er sah mich nicht. Indem er vorbei wollte, ergriff ich seinen Fuß. Er stürzte zu Boden, und sofort lag ich auf ihm, indem ich ihm die Gurgel zusammendrückte. Er war mein. Nun nahm ich ihn auf die linke Schulter und ging schnurstraks zu dem Wächter der Pferde. Vor diesem Mann hatte ich gar keine Sorge, zumal ich darauf rechnete, daß er vor Schreck halbtot sein werden. Als er mich mit meiner Last erblickte, fragte er:

„Was ist denn das für ein Lärm in dem Rancho?"

„Der Major ruft die Leute," antwortete ich.

„Warum?"

„Davon nachher! Wo stehen noch andere Pferde?"

„Weit um die nächste Ecke."

„Wie viele Wächter?"

„Nur einer, gerade wie hier."

Der Mann antwortete wunderhübsch. Nun aber kam ihm doch der Verdacht, denn er fügte hinzu:

„Was ist, denn das? Was haben Sie? Das ist ja ein Mensch? Was sind Sie?"

„Der Deutsche, den ihr fangen wollt, und dieser hier ist der Oberleutnant Gomarra, den ich anstatt dessen nun mir gefangen habe. Melde das dem Major, wenn du ausgeschlafen hast! Einige Pferde nehmen wir uns mit. Gute Nacht!"

Er empfing meinen Hieb, ohne sich zur Flucht von der Stelle gewendet zu haben, und fiel zu Boden.

„Señor Monteso!" rief ich ziemlich laut, denn ich brauchte nicht mehr vorsichtig zu sein.

„Was?" fragte er.

„Holen Sie schnell die anderen herbei! Pferde sind die schwere Menge da, und zwar die besten unter allen."

Er rannte fort und brachte in kürzester Zeit die Gefährten herbei. Das Erstaunen derselben läßt sich kaum beschreiben.

„Um Himmels willen, welche Unvorsichtigkeit!" meinte der Oberst. „So nahe am Rancho, wo die Feinde stehen!"

„Die stehen nicht da, sondern sie befinden sich im Innern des Rancho, um nach uns zu suchen."

„Und wer liegt denn da?"

„Der Wächter und der Oberleutnant, den wir mitnehmen. Aber

fragen Sie nicht, sondern beeilen Sie sich, daß wir fortkommen! Jeder mag sich ein Pferd nehmen. Gesattelt sind sie ja alle!"

„Ein Pferd? Da es einmal so steht, so mag jeder so viel Tiere beim Zügel nehmen, als er fortzubringen vermag. Dann aber weiter."

Nach diesem Befehl des Oberst wurde gehandelt. Die Pferde waren alle an Lassos gepflockt. Man brauchte die Pflöcke nur aus der Erde zu ziehen, so hatte man Pferd, Lasso, Sattel und das ganze Zeug. Gewiß ein billiges Geschäft! Jeder nahm, was er erwischte; dann wurde aufgestiegen. Ich hob den ohnmächtigen Oberleutnant zu mir in den Sattel, und dann ging es fort. Nach mehreren Minuten, als wir uns nicht mehr in der gefährlichen Nähe des Rancho befanden, wurde zunächst ein ganz kurzer Halt gemacht, um den Gefangenen zu binden, damit er beim Erwachen keine Beschwerden machen könne.

„Und wo aber nun hin?" fragte der Oberst.

„Zunächst nach Nordost," antwortete der Yerbatero. „Da es dunkel ist, müssen wir langsam reiten, um zunächst aus dem Gesumpf des Parana glücklich herauszukommen. In kurzer Zeit geht der Mond auf. Dann wird es sich leichter reiten lassen."

Er hatte recht. Nach einer halben Stunde erschien der Mond am Himmel, welch letzterer jetzt so rein und wolkenlos war, daß man ein Wetter wie das heutige gar nicht für möglich gehalten hätte. Es war eben ein sehr nasser Pampero gewesen, der seinen Grimm schnell erschöpft hatte.

Nun ging es im Galopp über den Camp, immer in nordöstlicher Richtung. Zuweilen kam ein schmaler Wasserlauf, den wir leicht übersetzten. Sumpfige Stellen unterschieden wir auch nicht schwer, da die dort befindliche Vegetation sich selbst im Mondschein von dem Camposgras absehen läßt. So ritten wir eine Stunde, zwei Stunden und darüber. Mein Gefangener bewegte sich nicht. Es wurde mir Angst um ihn. Sollte ich ihn erwürgt haben? Das war nicht meine Absicht gewesen und mußte mir für immer auf der Seele liegen. Ich hob ihn hoch und sah ihm in die Augen. Sie waren geschlossen. Da hatte ich nicht länger Ruhe. Ich ließ anhalten und absteigen. Gomarra wurde in das Gras gelegt und von seinem Fußriemen befreit. Siehe da, er sprang augenblicklich auf, öffnete die Augen und ließ eine fürchterliche Strafrede los. Wir lachten allesamt. Ich ließ ihn mit seinem Zorneserguß zu Ende kommen und sagte dann:

„So schnell habe ich noch keinen ins Leben zurückkehren sehen! Ich denke, Sie sind tot, Señor! Warum bewegten Sie sich denn nicht?"

„Konnte ich?"

„Aber Sie hätten sprechen können."

„Um Ihnen zu sagen, was für ein schrecklicher Kerl Sie sind? Dazu ist's auch jetzt noch Zeit! Wäre ich nur nicht gefesselt!"

„Ja, da würden Sie wieder sagen, daß man Ihnen über mich sehr viel weißgemacht hat, daß ich ein dummer Kerl bin und keine Ehre habe. Eben weil ich klüger war als Sie, schwieg ich, und eben weil ich die Ehre hatte, ließ ich Ihre Beleidigungen einstweilen hingehen, weil ich wußte, daß Sie sich nun jetzt vor mir schämen müßten. Aber es geschieht Ihnen nichts, Sie gefallen mir."

„Aber was beabsichtigen Sie denn eigentlich mit mir?"

„Sie sollen unser Führer sein."

„Danke! Zum Führen ist niemand zu zwingen."

„Sehr leicht sogar."

„Möchte wissen! Wenn ich Sie nun irreführe?"

„So schießen wir Sie nieder. Übrigens ist es nicht so leicht, uns irre zu führen. Wir sind keine Maulwürfe, welche sich nur in der Erde fortfinden. Ich bin überzeugt, daß es Ihnen bald bei uns gefallen wird."

„Und ich sage Ihnen, daß ich so bald wie möglich von Ihnen fortzukommen versuchen werde!"

„Machen Sie diesen Versuch! Zunächst aber wird er nicht gelingen. Wir werden Sie auf das Pferd binden."

Das geschah. Die Beine wurden ihm an den Pferdegurt gebunden, und die Zügel bekam er in die gefesselten Hände. So ging es weiter und weiter, bis wir alle nach den Anstrengungen des vorhergehenden Tages der Ruhe bedurften. In einer Vertiefung des Campos gab es ein Gebüsch. Dort stiegen wir ab. Die Pferde wurden angepflockt. Dann legten sich die Reiter nieder. Einer mußte Wache halten und ganz besonders acht auf Gomarra geben. Es gab hier weder etwas zu essen noch etwas zu trinken. Danach aber fragte auch keiner. Nur Ruhe wollten alle.

So, wie wir uns nebeneinander legten, in derselben Reihenfolge traf uns die Wache. Ich war der erste. Und da ich Gomarra neben mir hatte haben wollen, so lag er jetzt, indem ich auf und nieder ging, am Ende der Schlafenden.

Der Mond stand hoch über uns und warf einen magischen Schimmer über den Campo. Frösche schrien in nahen Pfützen, welche von dem Pampero gefüllt worden waren; sonst lag tiefe Stille über die Ebene ausgebreitet.

Um die Kameraden nicht durch meine Schritte zu stören, setzte ich mich nach einer Weile auf meinen Platz, zog die Knie empor, stemmte den Ellbogen darauf und legte den Kopf in die hohle Hand. Was man in solchen Stunden denkt? Wer weiß es; wer kann es später sagen! Vielleicht hat man an sehr viel, vielleicht aber auch an gar nichts gedacht. Oft ist es ein eigenartiges Halbdunkel, in welchem sich die Seele befindet. So hatte ich längere Zeit gesessen, als ich plötzlich leise hörte:

„Señor?"

Es war Gomarra.

„Was wollen Sie?" fragte ich ihn.

„Werden Sie mir etwas sagen, ganz aufrichtig sagen?"

„Gewiß, wenn ich es weiß."

„Sie sagten zu mir, ich gefiele Ihnen. Ist das keine Ironie, kein Hohn gewesen?"

„Nein, Señor, ich habe es aufrichtig gemeint, als ich sagte, daß Sie mir gefallen."

„Nun, nennen Sie mich kindisch. Aber es kommt selbst dem härtesten Menschen einmal eine weiche Stunde, und in einer solchen möchte ich Sie fragen, aus welchem Grund ich Ihnen gefalle. Bitte, Señor, haben Sie die Güte, es mir zu sagen!"

Wie so ganz verschieden von seinem ersten Auftreten war sein jetziges! Seine Stimme klang beinahe weich; es mochte wirklich so sein, wie er sagte: er hatte eine weiche Stunde. Ich selbst wußte eigentlich nicht, warum dieser Mann auf mich einen mehr als oberflächlichen Eindruck gemacht hatte. Und dieser Eindruck war nicht ein böser, sondern ein guter gewesen. Antonio Gomarra hatte wohl Erlebnisse hinter sich, welche ihn in sich selbst zurückgetrieben hatten. Nun zeigte er eine rauhe Schale, welche aber wohl einen guten Kern in sich schloß. Ich konnte sein Gesicht nicht sehen; aber es war mir, als müsse ich einen wehmütigen Zug in demselben erblicken, einen Zug, der mir sympathisch sein werde. Darum antwortete ich in freundlichem Ton:

„Sie sollen es erfahren. Habe ich recht, wenn ich annehme, daß Sie früher nicht der finstere, verbitterte Mann waren, der Sie jetzt sind?"

„Ja, da haben Sie wohl recht, Señor. Ich war ein munterer, lebenslustiger Mann."

„Irgend ein trauriges Ereignis hat die Veränderung hervorgebracht?"

„Allerdings."

„Darf ich erfahren, welches Ereignis das gewesen ist?"

„Ich pflege nicht davon zu sprechen."

„Aber wenn man eine Last auf dem Herzen hat, kann man sich ihrer nicht dadurch entledigen, daß man sie still mit sich herumschleppt und sie keinem teilnehmenden Herzen anvertraut!"

„Das mag richtig sein. Aber suchen Sie mir doch ein wirklich aufrichtig teilnehmendes Herz, Señor! Es gibt keinen solchen Menschen!"

„O doch! Sie scheinen Menschenfeind geworden zu sein. Bedenken Sie aber, daß es neben den bösen Menschen noch viel mehr gute gibt!"

„Das will ich keineswegs bestreiten, aber was nützt es mir, von vergangenen Dingen zu sprechen, welche doch nicht mehr zu ändern sind?"

„Geteiltes Leid ist halbes Leid. Dieses alte Sprichwort kennen Sie doch?"

„Aber ebenso wahr ist es, wenn man sagt, geteiltes Leid ist doppeltes Leid. Und was hätte ich davon, wenn ich wirklich einen fände, welcher aufrichtig teil an mir nähme? Könnte er mich in meiner Rache unterstützen? Könnte er mir den Menschen bringen, den ich, um ihn zu bestrafen, seit Jahren gesucht habe, ohne ihn zu finden? Nein, gewiß nicht! Also sehe ich nicht ein, weshalb ich von Dingen sprechen soll, welche nun einmal nicht zu ändern sind."

„Wenn Sie nicht wollen, so kann ich Sie freilich nicht zwingen; aber ich ahne doch, was Sie so verbittert hat."

„Sie? Ein so Fremder?"

„Ja. Ist es nicht die Ermordung Ihres Bruders?"

„Señor," fragte er überrascht, „was wissen Sie von Juan, meinem Bruder?"

„Eben, daß er ermordet wurde, hat Ihr Verwandter, unser Führer, mir gesagt."

„Diese Plaudertasche! Wer hat ihm geheißen, von meinen Angelegenheiten zu sprechen?"

„Zürnen Sie ihm nicht! Hätte er es nicht getan, so lebten Sie wahrscheinlich jetzt nicht mehr. Sie sind so gegen mich aufgetreten und haben mich eigentlich so schwer beleidigt, daß ich Ihnen nicht mit Worten, sondern ganz anders geantwortet hätte, wenn ich nicht vorher durch Ihren Vetter über Sie unterrichtet gewesen wäre."

„Pah! Ich war Parlamentär!"

„Ein solcher hat aber doppelt höflich und vorsichtig zu sein; beides aber waren Sie nicht, wie Sie zugeben werden. Ihr Leben hing an einem Haar. Ich hatte aber gehört, daß Sie seit der Ermordung Ihres Bruders ein ganz anderer Mann geworden seien.

Wer sich den Tod eines lieben Anverwandten so sehr zu Herzen nimmt, muß aber ein braver Mensch sein. Und das ist der Grund, welhalb ich Ihnen die Teilnahme widme, über welche Sie soeben Aufklärung verlangten."

„Das also war es, das!"

Er schwieg eine Weile, und ich unterbrach dieses Schweigen nicht. Wollte er über diesen Gegenstand mit mir sprechen, so sollte das freiwillig geschehen. Erst nach längerer Zeit fragte er:

„Hat mein Vetter Ihnen alles gesagt, was er wußte?"

„Ich weiß nicht, wie weit er unterrichtet ist. Er teilte mit nur mit, daß man Ihren Bruder ermordet habe."

„Nun, viel mehr weiß er allerdings nicht. Ich bin auch gegen ihn nicht mitteilsam gewesen. Es hätte keinen Zweck gehabt."

„Dann darf ich mir freilich nicht einbilden, daß Sie gegen mich, den Fremden, mitteilsamer sein werden."

„Vielleicht doch, Señor!"

„Sollte mich freuen, wenn Sie Vertrauen zu mir fassen wollten."

„Das ist es eben, Señor! Vertrauen habe ich zu Ihnen. Sie sind zwar mein Feind; ich bin Ihr Gefangener und weiß nicht, was Sie mit mir vorhaben. Aber Sie haben eine Art und Weise, welche keine Angst und auch keine wirkliche Feindschaft aufkommen läßt. Ich sehe ein, daß ich mich sehr, sehr in Ihnen geirrt habe. Ich hörte auf dem Ritt hierher Ihre Gespräche und weiß nun, was für ein Mann Sie sind. Sie allein sind es, dem es zu verdanken ist, daß Ihre Gesellschaft uns entkommen konnte. Und wenn ich bedenke, wie Sie sich meiner bemächtigt haben, so möchte ich meinen, Sie müßten alles können, was Sie nur wollen. Dazu habe ich während unseres jetzigen Ritts gehört, daß Sie nicht hier bleiben, sondern nach dem Gran Chaco wollen. Beabsichtigen Sie das wirklich?"

„Jawohl."

„Und dann gar nach dem Gebirge?"

„Vielleicht über dasselbe hinüber bis nach Peru."

„Hm! Letzteres ist es, was mir den Mund öffnet. Vielleicht könnten Sie durch Zufall die Spur finden, nach welcher ich bisher vergeblich geforscht habe. Das Blut meines Bruders schreit nach Rache. Ich fühle und höre diesen Schrei des Tags und des Nachts in meinem Innern, und doch ist er bis heute ohne allen Erfolg erklungen. Sollten aber Sie in jene Gegend kommen, so ist es mir, als ob Ihrem Auge die betreffende Spur nicht entgehen könne."

„Trauen Sie mir nicht so viel zu! Wie alt ist diese Spur?"

„Freilich viele Jahre. Aber es gibt noch einen Punkt, an welchem sie beginnt und von dem aus ich sie immer wieder aufgenommen habe, um sie stets gleich wieder zu verlieren. Könnte ich Sie an diese Stelle bringen, so würden Sie vielleicht... doch nein, es ist gar nicht menschenmöglich!"

„Was?"

„Daß jemand, und sei er noch so klug und noch so scharfsinnig, den Mörder zu entdecken vermag, wenn man ihn nach einer so langen Reihe von Jahren nach der Stelle führt, an welcher die Tat geschehen ist."

„Das ist freilich fast undenkbar."

„Ja, zumal der Ort in einer grausen Einöde liegt, in welcher die Stürme schon nach Tagen jede Spur verwischen."

„Ist Ihr Bruder dort begraben?"

„Ja."

„Und sein Grab ist der einzige Anhalt, den Sie für die Auffindung des Mörders jetzt besitzen?"

„Nein. Die Flasche ist zum Glück noch da."

„Welche Flasche?"

„Die Flasche mit den Schnuren, welche der Mörder dort damals vergraben hat."

„Schnuren? Meinen Sie etwa Ripus, peruanische Dokumente, in Schnuren geknüpft? Dann dürfen Sie gegen mich nicht schweigen; Sie müssen mir erzählen, was geschehen ist!"

Ich mußte unwillkürlich an den Sendador denken, gegen welche ja schon früher mein Verdacht erwacht war. Er befand sich jetzt nur im Besitz der alten Zeichnungen, der beiden Pläne; von den Ripus hatte er zu dem Yerbatero nichts gesagt. Jedenfalls hatte er sie versteckt, damit sie nicht etwa in die Hände eines Menschen kämen, welcher sie entziffern und dann den Ort, an welchem die Schätze verborgen waren, aufsuchen und finden könne. Wie nun, wenn das dieselben Ripus wären, von denen jetzt Gomarra sprach! Ich war durch das Gehörte überrascht und hatte die letzten Worte wohl mit größerer Hast ausgesprochen, denn der Indianer fragte:

„Was haben Sie? Sie tun ganz erstaunt, Señor!"

„Nun, weil Sie von Ripus sprachen, für die ich mich außerordentlich interessiere."

„Können Sie solche Schnuren lesen?"

„Hm! Ich habe einige Bücher in den Händen gehabt, welche sich mit der Enträtselung der Ripus befaßten; auch bin ich der betreffenden Sprache leidlich mächtig; dennoch bezweifle ich, daß es mit gelingen würde, solche Schnuren zu lesen."

„Ist es schwer?"

„Sehr schwer. Eine große Erleichterung aber ist es, wenn man weiß, wovon ein Ripu überhaupt handelt. Unter dieser Voraussetzung wäre es vielleicht auch mir möglich, die Knoten wenigstens stellenweise zu entziffern."

„Wüßte ich nur, auf was sich diese Schnuren beziehen!"

„Vielleicht könnte man es erraten? Hängen sie denn mit der Ermordung Ihres Bruders zusammen?"

„Natürlich, Señor!"

„Nun, so erzählen Sie mir doch, wie die Untat sich zugetragen hat! Vielleicht finde ich einen Zusammenhang zwischen ihr und dem Inhalt der rätselhaften Schnuren. Wo ist der Mord geschehen?"

„Droben in der wüsten Pampa de Salinas in den bolivianischen Anden. Kennen Sie dieselbe?"

„Ich war noch nie in Südamerika und also auch noch nicht in den Anden; aber ich habe von der Pampa de Salinas gelesen. Ist die Gegend dort wirklich so traurig, wie man sie beschreibt?"

„Über alle Maßen. Es gibt da mehrere Tagereisen weit außer einigen Salzpflanzen weder Baum noch Strauch. Auch ich wäre nie da hinaufgekommen, wenn mich nicht die Jagd hinaufgelockt hätte. Wir mußten da vorüber, wenn wir in das Gebiet gelangen wollten, wo die Chinchillas in Massen anzutreffen sind."

„Es gibt dort einen Salzsee?"

„Einen höchst bedeutenden. Er bedeckt die ganze Sohle des weiten, einsamen Tales. Man sagt, daß früher, bevor die Weißen in das Land kamen, an diesem Salzsee mehrere blühende Ortschaften gelegen haben, welche im Krieg zerstört worden seien. Jetzt ist keine Spur mehr von ihnen vorhanden."

„Vielleicht sind die Ruinen versunken, wie so etwas besonders in Gegenden vorkommt, in denen es Vulkane gibt."

„Die gibt es dort freilich überall."

„Oder ist der See früher kleiner gewesen und dann gestiegen und hat sie überflutet. Hat dieser See Zuflüsse?"

„Ja, mehrere; aber sie sind klein und von kurzem Lauf."

„Ich hörte, daß der See eine feste Salzdecke habe?"

„Die ist vorhanden. Sie besitzt eine solche Stärke, daß man über sie gehen und sogar auch reiten kann. Ich habe das sehr oft versucht. Zur Regenzeit schwillt aber der Fluß an und hebt die Salzdecke empor. Dann schwimmt sie obenauf und gekommt Risse und wird stellenweise so weich, daß man sich nicht mehr auf sie wagen darf."

„So ist es freilich möglich, daß der See gewachsen und jetzt viel größer ist als früher."

„Wieso?"

„Sein Wasserinhalt wird durch die Zuflüsse bereichert, und da die Oberfläche eine Salzdecke besitzt, welche die Sonnenstrahlen abhält, so kann nicht ebensoviel Wasser verdunsten wie zufließt. Also kann man wohl annehmen, daß der See in einem zwar wohl langsamen, aber steten Wachstum begriffen sei und dabei die Ruinen der Ortschaften, welche an seinem früheren Ufer lagen, verschlungen hat. Also da oben haben Sie den Bruder verloren? Das war wohl während einer Jagdpartie?"

„Ja. Wir wollten hinauf in das Gebiet der Chinchillas und waren bis an die Pampa de Salinas gekommen."

„Sie mit Ihrem Bruder allein?"

„Nein. Zwei Personen dürfen sich nicht in jene Gegend wagen. Wir waren acht Personen, lauter tüchtige und erfahrene Andensteiger und Jäger. Wir hatten an dem See übernachtet und uns an einem kleinen Feuer erwärmt, welches wir mit trockenen Salzpflanzen mühsam unterhalten konnten. Am Morgen brachen wir wieder auf, um weiter zu reiten. Das Maultier meines Bruders hatte sich verlaufen, und er mußte es suchen. Wir wollten ihm dabei helfen, aber er meinte, es sei das nicht nötig. Da wir für diesen Tag einen weiten Ritt vor uns hatte, so sagte er, wir sollten die Zeit nicht versäumen und immer langsam voranreiten."

„Gibt's dort keine wilden Tiere?"

„Wenigstens reißende nicht. Es können Jahre vergehen, ehe sich einmal ein Jaguar dorthin verirrt, denn diese Tiere wissen, daß sie dort hungern müssen, da die Geier alles Aas sofort wegnehmen."

„Aber Menschen kann man dort begegnen, denen man nicht trauen darf?"

„Nicht so leicht. Es gibt da zwar einen Paß, welcher über die Anden führt; er er ist sehr hoch und ungeheuer beschwerlich. Wer ihn benutzen wollte, müßte ein großer Wagehals sein und nur die beste Jahreszeit benutzen, da er Täler zu passieren hätte, welche fast ganz mit Schnee gefüllt sind. Höchstens versteigt sich einmal ein kühner Goldsucher hinauf, der aber auch nur auf kurze Wochen dort auszuhalten vermag."

„Ah, dachte es mir!"

Diese Worte entfuhren mir, da ich jetzt unwillkürlich an den sterbenden Oheim bei dem Ranchero Bürgli denken mußte.

„Was dachten Sie?" frage Gomarra neugierig.

„Ich habe eine Goldsucher getroffen, welcher da oben gewesen ist."

„Ganz allein? Wirklich? Den müßte ich kennen. Es gibt nur zwei Menschen, die sich allein da hinauf gewagt haben, nämlich ich und ein alter Gambusino, welcher ein Deutscher war."

„Kennen Sie seinen Namen?"

„Nein. Er ließ sich nur Gambusino nennen. Aber ich weiß, daß er drüben in der Banda oriental Verwandte hatte, wenn ich mich nicht irre, in der Nähe von Mercedes."

„Das stimmt. Ich kenne ihn."

„Welch ein Zufall! Wissen Sie, wo er sich jetzt befindet?"

„Er ist tot. Ich habe an seinem Sterbebett gestanden."

„Tot! Im Bett gestorben, anstatt nach echter Gambusinoart droben im Gebirge zu verschwinden! Ihm sei die ewige Ruhe! Er war stets still und in sich gekehrt. Man konnte ihn nur schwer zum Sprechen bringen. Er schien etwas auf dem Herzen zu haben. Wissen Sie nichts davon?"

Ich antwortete ausweichend. Der Sterbende hatte mir gestanden, daß der gesehen habe, wie ein Mensch — der Sendador — einen anderen tötete. Der Mörder nahm ihm einen Schwur ab, daß er ihn niemals verraten wolle. Dasselbe erzählte der Sterbende dem Frater. Es war sicher, daß er Ermordete Gomarras Bruder und der Mörder der Sendador war.

Ich antwortete also:

„Warum sollte er mich zu seinem Vertrauten gemacht haben, da er mit anderen, die er weit besser kannte, nicht sprach?"

„Nun. Vielleicht haben Sie ein besonderes Interesse, über diesen Punkt etwas zu erfahren?"

„Möglich. Hat dieser Gambusino gewußt, daß Ihr Bruder ermordet worden ist?"

„Nein. Ich habe ihm nichts davon gesagt, da ich überhaupt nicht davon sprach. Übrigens war ich nur ganz zufällig und vier Stunden mit ihm beisammen. Er ließ merken, daß er lieber allein sei. Da ich ganz denselben Wunsch hatte, so gingen wir, wenn wir uns ja einmal trafen, nach etlichen Fragen und kurzem Gruß schnell wieder auseinander. Ich erfuhr nichts von ihm und er nichts von mir."

„Also das ist der einzige Mensch, den Sie jemals da oben getroffen haben?"

„Wenigstens der einzige, die Wollmausjäger natürlich ausgenommen, von welche man sagen konnte, daß sie in ehrlicher Absicht in die Berge gegangen seien."

„So gibt es also auch Leute, von denen man das nicht sagen kann?"

„Ja. Das sind Halunken, welche sich für Arrieros ausgeben und den Reisenden weismachen, daß es da hinauf einen guten Übergang über die Anden gebe. Solche Reisende verunglücken stets. Man hört nie wieder von ihnen; die Führer aber, die Arrieros, kommen stets glücklich zurück. Und so einem Menschen ist mein Bruder in die Hände gefallen."

„Das möchte ich doch bezweifeln, weil er doch wohl ebensogut wie Sie die Verhältnisse kannte. Er wird sich also nicht einem solchen Menschen anvertraut haben."

„Das hat er auch keinesfalls. Aber ist von ihm überfallen und ermordet worden."

„Wie können Sie da wissen, wie die Tat sich zugetragen hat? Wenn er ermordet wurde, kann er es doch Ihnen nicht gesagt haben."

„Er lebte noch; der Mörder ließ ihn für tot liegen."

„Und so fanden Sie ihn?"

„Ja, Señor. Das Herz bebt mir noch heute im Leib, wenn ich daran denke. Wir hatten ihn zurückgelassen und waren aufwärts geritten. Vom See weg krümmt sich der Bergpfad in engen Serpentinen von einem Felsenabsatz zum nächsten empor. Tritt man an die Kante dieser Absätze, so kann man den darunterliegenden genau überblicken. Wir ritten sehr langsam, damit mein Bruder uns bald einholen könne. Nach einiger Zeit begegnete uns ein Arriero, welcher allein von den Bergen kam. Das mußte uns auffallen, zumal er zwei Maultiere hatte."

„So hatte er einen Reisenden über das Gebirge geführt und kehrte nun allein zurück, weil er drüben niemand fand, der die Reise zurück machen wollte."

„So sagte er auch."

„Also haben Sie mit ihm gesprochen?"

„Nein, ich nicht, sondern meine Gefährten. Ich war zufällig seitwärts geritten, um von einer Höhe nach meinem Bruder auszuschauen. Als ich mich wieder zu den anderen fand, war der Arriero schon wieder fort."

„Haben sie ihn nach seinem Namen gefragt?"

„Ja. Er hat ihnen allerdings einen genannt; aber durch fortgesetzte Nachfragen überzeugte ich mich, daß es ein falscher gewesen war, denn einen Arriero, einen Andenführer dieses Namens hatte es gar nie gegeben."

„Aber Sie würden ihn wohl wieder kennen, wenn Sie ihn jetzt sähen?"

„Gewiß; aber sie sind nicht mehr da. Einige sind in den Bergen verunglückt; einer ging ins Brasilien hinein und ist nicht wiedergekommen, und die anderen kamen in den Kämpfen dieses Landes ums Leben."

„So sind Sie freilich auf sich allein angewiesen, ohne allen Anhalt als den Ort der Tat, den Sie wissen, und… die Flasche, von welcher Sie sprachen. Welche Verwandnis hat es mit dieser?"

„Lassen Sie es sich erzählen! Es war Mittag geworden, als wir anhielten. Wir wollten jetzt nicht eher weiter, als bis mein Bruder zu uns gestoßen sei. Aber wir warteten vergeblich. Mir wurde es angst und bange, denn nach allem, was die Gefährten mir von dem Arriero sagten, mußte er mir verdächtig vorkommen. Ich brach also auf, um zurückzureiten, und nahm noch einen Kameraden mit. Die Tage waren kurz und der Abend war nahe, als ich auf dem letzten Felsenabsatz ankam, welcher sich über dem See erhob. Da sah ich meinen Bruder liegen, ganz drüben an der Kante des Absatzes. Ein Blutstreifen auf dem Boden zeigte, daß er sich bis dorthin geschleppt hatte. Wir sprangen von den Tieren und eilten hin zu ihm. Er bewegte sich nicht."

„Aber er war nur ohnmächtig?"

Gomarra antwortete nicht. Erst nach einer langen Pause sagte er:

„Soll ich Ihnen beschreiben, was ich empfand, was ich noch heute darüber empfinde, wenn ich an jenen Augenblick denke? Nein! Nur wem dasselbe passiert ist, der kann mich verstehen!"

„Ich kann es mir denken."

„Nein, auch denken nicht! Mein Bruder war mein zweites Ich und mir so lieb wie mein Leben. Damit ist alles gesagt. Es war mir, als ob ich den Schuß in meine eigene Brust erhalten hätte. Die Kugel war ihm in der Nähe des Herzens eingedrungen und hinten am Rücken wieder aus dem Leib gegangen. Ich warf mich über ihn und jammerte überlaut. Da öffnete er die Augen und sah mich an. Er lebte noch. Ich nahm mich mit aller Gewalt zusammen, um ruhig zu sein. Ich fragte ihn und legte mein Ohr an seine Lippen, um seine leisen Antworten zu hören, welche er nur hauchen konnte. Dann starb er."

„Hoffentlich hat er Ihnen noch genug mitteilen können, so daß Sie wissen, wie die Tat geschehen ist?"

„Genug! Es war, als ob das Leben nicht eher von ihm weichen wolle, als bis er es mir offenbart habe."

„Der Arriero war der Mörder?"

„Ja, natürlich. Und die schwarze Tat geschah jedenfalls, um ein Geheimnis zu verbergen. Mein Bruder fand sein Maultier sehr spät. Er ritt uns nach. Als er die erste Höhe erreichte, sah er zwei Maultiere am Felsen stehen. Daneben kauerte ein Mann, welcher im Begriff stand, eine Flasche zu vergraben. Mein Bruder befand sich, nachdem er um den Felsen gebogen war, sogleich hart neben ihm und rief ihn an. Der Mann erschrak, fuhr empor und starrte ihn erschrocken an. Dann aber riß er sein Gewehr empor und schoß auf meinen Bruder, ehe dieser sich zu wehren vermochte. Juan stürzte sogleich aus dem Sattel und verlor die Besinnung. Als er erwachte und um sich blickte, war er allein. Sein Maultier war fort, und das Loch, in welches der Mörder die Flasche hatte vergraben wollen, stand offen und leer. Er nahm seine Kraft zusammen und kroch nach der äußersten Kante des Felsens, um den Arriero vielleicht noch zu erblicken."

„Gelang ihm das?"

„Ja. Der Mörder kniete unten am See und grub hart an einem Felsen ein zweites Loch. Drei Maultiere befanden sich bei ihm. Infolge der Anstrengung verlor Juan abermals die Besinnung. Er erwachte erst, als ich mich bei ihm befand. Als er mir das alles zugeflüstert hatte, starb er."

„So hatte der Arriero ihn für tot gehalten?"

„Ja, und ihn vollständig ausgeraubt. Ich fand nicht den geringsten Gegenstand mehr bei ihm."

„Konnte er Ihnen die Stelle am See bezeichnen, wo der Arriero das zweite Loch gemacht hatte?"

„Ja; ich merkte sie mir."

„Und was taten Sie dann? Jagten Sie nicht dem Mörder nach?"

„Dazu war es zu spät, denn der Abend brach herein. Im Dunkel der Nacht konnte ich keine Spur sehen. Wir gruben dem Toten in der Dunkelheit ein Grab, damit die Condors seine Leiche nicht zum Fraß bekämen. Beim Morgengrauen begruben wir ihn, beteten drei Paternoster und Ave Maria an der Grube, deckten sie zu und legten ihm aus einzelnen Steinen ein Kreuz darauf. Dann trennten wir beide uns."

„Warum trennen? Ein Gefährte mußte Ihnen doch notwendig sein!"

„Noch notwendiger war er dazu, die anderen von dem Geschehenen und daß ich den Mörder verfolgen werde, zu benachrichtigen. Auch hatte ich... noch einen anderen Grund, ihn nicht mitzunehmen. Ich konnte mir denken, daß es sich mit der Flasche um ein Geheimnis handle. Das wollte ich keinen zweiten wissen lassen."

„Aber er hatte doch von der Flasche gehört?"

„Nein. Mein Bruder konnte seine Worte nur hauchen, so daß kaum ich sie vernahm. Und was Juan mir sagte, habe ich dem Gefährten nicht alles gesagt."

„Vielleicht war das klug, vielleicht auch unklug gehandelt. Sie haben also am Morgen die Verfolgung sofort aufgenommen?"

„Nicht sofort. Als der Kamerad sich entfernt hatte, bin ich erst nach dem See geritten, nach der Stelle, an welcher der Arriero das zweite Loch gemacht hatte. Während der Nacht hatte sich ein starker Wind erhoben; dennoch aber fand ich den Ort, da ich ihn mir oben von der Felskante aus sehr genau gemerkt hatte. Ich grub nach und fand die Flasche. Sie enthielt aber nur geknüpfte Schnuren."

„Wußten Sie denn nicht, welche Bedeutung diese Schnuren haben, daß sie alte Dokumente sind?"

„Damals noch nicht; als ich mich aber erkundigte, erfuhr ich es und freute mich, daß ich sie nicht vernichtet hatte."

„Sie nahmen sie wohl mit?"

„O nein; so dumm war ich nicht. Ich mußte die Flasche samt ihrem Inhalt genau so wieder vergraben, wie sie vorher im Loch gesteckt hatte, damit der Mörder nicht ahnen sollte, daß sein Geheimnis entdeckt sei."

„Sie glauben also, daß er zurückkehren werde?"

„Natürlich! So etwas vergräbt man doch nicht, um es für immer stecken zu lassen. Übrigens ist er öfter dagewesen."

„Das wissen Sie?"

„Ja. Ich hatte mir ein bestimmtes Zeichen gemacht, an welchem ich so oft, als ich wiederkam, bemerkte, daß er auch wieder dagewesen sei. Ich grub allemal nach und machte das Zeichen von neuem."

„Aber sonst haben Sie keine Spur von ihm entdecken können?"
„Nein."

„Hm! Hoffentlich haben Sie sich bei den nächsten Ansiedelungen genau erkundigt?"

„Mehr als genau. Ich bin sogar peinlich verfahren, habe mich monatelang dort aufgehalten und nachgeforscht, vergeblich!"

„Haben Sie denn nicht daran gedacht, den Inhalt der Flasche einmal jemandem zu zeigen, welcher die Ripus entziffern konnte?"

„Ja, aber ich fand keinen, welcher diese Kunst verstand. Nun ich aber Sie gefunden habe, wünsche ich, daß..."

Er hielt inne, als ob er zu viel gesagt habe.

„Was?" fragte ich.

„Es ist unmöglich! Ich bin ja Ihr Gefangener, Ihr Feind, und ich vermute, daß Sie kurzen Prozeß mit mir machen und mir eine Kugel geben werden."

„Da irren Sie sich sehr, mein Lieber. Ware es unsere Absicht, kurzen Prozeß mit Ihnen zu machen, so hätten wir Sie nicht so weit mitgenommen und Sie schon längst erschossen."

„Was aber wollen Sie denn mit mir?"

„Das wird sich bald zeigen, denke ich. Wahrscheinlich freilassen."

„Señor, wenn das Ihr Ernst ist, so hätte ich nur den Wunsch mit Ihnen reiten zu dürfen, um Sie nach der Pampa de Salinas zu führen. Sie wollten ja in die Berge?"

„Aber nicht da hinauf!"

„Vielleicht aber verlohnt es sich für Sie, den Ort aufzusuchen und die Flasche zu untersuchen."

„Wahrscheinlich. Übrigens bin ich schon seit einer Viertelstunde beinahe entschlossen, den Salzsee aufzusuchen. Ich denke sogar, daß es mir gelingen kann, den Mörder zu finden."

„*Cielos!* Wenn das wäre!"

„Ich halte es nicht für unmöglich. Aber Sie sind dann später Ranchero geworden. Hatten Sie Ihr Jägerleben aufgegeben?"

„Ja. Ich fühlte mich wenigstens für einstweilen des Umherstreifens müde, besonders da es mir nicht gelingen wollte, den Mörder zu entdecken. Monatelang hielt ich mich am See verborgen, um ihm aufzulauern. Ich dachte, er müsse mir endlich doch einmal in die Hände laufen. Ich war allüberall und stets von Gefahren umgeben, litt Hunger, Durst und Kälte... vergebens; er kam nicht. Hatte ich mich dann entfernt, so bemerkte ich bei meiner Rückkehr, daß er später dagewesen war. Dieser Mensch hatte ein ungeheures Glück."

„Vielleicht ist es mehr als Glück!"

„Nur Glück, und zwar ein ganz unvergleichliches Glück. Es ist mir passiert, daß ich vorgestern die Stelle untersucht hatte; kam ich heute wieder hin, so war er dagewesen. Ist das nicht Glück."

„Ich denke, daß es mehr eine Folge der Schlauheit und Vorsicht ist. Er ist jedenfalls nicht nur ein höchst schlauer und durchtriebener Mensch, sondern auch ein ganz ausgezeichneter Kenner jener Gegend und ihrer Verhältnisse."

„Sie mögen recht haben. Er scheint wie aus den Wolken zu fallen und wieder droben in denselben zu verschwinden. Ich habe ganz genau gesehen, daß er bei dem Versteck gewesen ist, aber nie eine weitere Spur von ihm bemerkt."

„Das ist eben nur ein Beweis, daß meine Meinung die richtige ist. Er ist ein höchst erfahrener und behutsamer Mann."

„Ja, er muß der wahre Geronimo Sabuco sein."

„Wer ist das?"

„Haben Sie diesen Namen noch nie gehört. Der Mann, welcher so heißt, ist der berühmteste Kenner der Anden. Er ist als Führer so unvergleichlich, daß er nicht anders als nur el Sendador genannt wird."

„Haben Sie ihn schon einmal gesehen?"

„Sonderbarerweise das noch nicht."

„Ist er oft in jener Gegend?"

„Dort und überall. Sein eigentliches Standquartier aber soll er im Gran Chaco haben. Wissen Sie noch nichts von ihm?"

„Ich habe den Namen Sendador gehört."

„Man erzählt sich außerordentlich viel von seiner Kühnheit und seiner ganz unvergleichlichen Kenntnis des Gebirges. Er soll sogar im Winter es gewagt haben, über die Anden zu gehen."

„Das ist wohl Fabel!"

„Nach dem, was man sonst von ihm hört, ist es ihm zuzutrauen. Wenn Sie über die Anden wollen, so rate ich Ihnen, ihn zu engagieren und keinen anderen."

„Das beabsichtige ich auch."

„Wirklich? So bekomme ich zehnfach Lust, Sie bis zum Salzsee zu begleiten. Denken Sie nach, ob mir dieser Wunsch erfüllt werden kann."

„Schwerlich! Sie sind ein Anhänger von Lopez, also ein Gegner von mir."

„Pah! Was geht mich Lopez Jordan an! Es litt mich nicht länger auf dem ruhigen Rancho. Ich wollte wieder in die Berge, um den Mörder vielleicht doch noch zu ertappen. Darum ergriff ich die erste Gelegenheit, den Rancho zu verkaufen. Das Geld, welches ich erhielt, trug ich nach der Hauptstadt von Entre Rios, Conception del Uruguay, um es dort sicher anzulegen. Dann wollte ich nach den Anden. Unterwegs hielten mich Jordans Leute an, um mich als Führer nach Corrientes zu engagieren. Da mir ein gutes Geld geboten wurde, nahm ich den Vorschlag an und erhielt den Titel eines Offiziers. Das ist alles."

„Sie gebärden sich aber wie ein eingefleischter Jordanianer!"

„Zum Schein, denn mit den Wölfen muß man heulen."

„Hm! Wer kann trauen!"

„Señor, ich belüge Sie nicht!"

„Gut, ich habe Lust, Ihnen das zu glauben."

„Ich werde Ihnen sogar einen ganz eklatanten Beweis geben, daß Sie mir jetzt mehr gelten als Lopez Jordan."

„So? Wie wollen Sie das anfangen?"

„Ich gebe Ihnen Ihre Gegner, welche Sie verderben wollen, in die Hände."

„In welcher Weise ist das möglich?"

„Dadurch, daß wir sie in die Sümpfe des Espinilla locken, des Grenzflusses zwischen Entre Rios und Corrientes."

„Hm! Daß sie uns verfolgen, ist freilich sicher. Aber wir haben einen bedeutenden Vorsprung."

„Glauben Sie das ja nicht, Señor! Sie sind nahe hinter uns her."

„Des Nachts, wo sie keine Spur von uns sehen können?"

„Sie brauchen keine Spur. Sie wissen, daß Sie über die Grenze wollen und reiten in dieser Richtung. Wenn sie sich dann am Anbruch des Tages nach beiden Seiten ausstreuen, müssen sie auf unsere Bahn kommen."

„Sie haben recht. Und darum sind wir gezwungen so bald wie möglich wieder aufzubrechen."

„Ja. Dann reiten wir gerade in die Sümpfe, und die Jordanisten werden uns gewiß dorthin folgen."

„Um uns da drinnen festzunehmen!"

„O nein! Ich kenne die Wege und die Schliche zu genau, als daß wir uns verirren und da stecken bleiben könnten. Ich führe Sie wieder heraus."

„Hm! Sehen Sie denn nicht ein, daß ich Ihnen ein solches Vertrauen unmöglich schenken darf!"

„Sie dürfen es, und ich bitte Sie darum, es zu tun!"

„Das ist zuviel verlangt! Wie nun, wenn Sie uns da in eine Falle locken? Noch haben Sie mir nicht im geringsten bewiesen, daß Sie wirklich nicht mit dem Herzen zu Jordan gehören."

„Ich sagte ja, daß nur der Zufall und die Rücksicht auf meinen Vorteil mich bewog, mich diesen Leuten anzuschließen!"

„Und nun wollen Sie wieder weg von ihnen? Sehen Sie nicht ein, daß Sie da eigentlich an Ihren bisherigen Kameraden einen Verrat auszuüben beabsichtigen? Und kann man einem Verräter Vertrauen schenken?"

Er antwortete erst nach längerer Zeit:

„Sie haben recht, Señor, obgleich Ihre Worte keineswegs schmeichelhaft für mich sind. Aber Sie nehmen die Sache wohl zu scharf. Jordan ist, streng genommen, selbst ein Verräter und darf sich nicht wundern, wenn er erntet, was er gesät hat. Ich habe seiner Sache treu gedient, so lange ich bei ihm war. Jetzt bin ich von ihm fort und fühle mich aller Verpflichtungen gegen ihn ledig. Die Pietät für meinen Bruder steht mir höher als die Rücksicht gegen einen Empörer, dessen Offizier ich nur dem Namen nach war und bei dem ich, streng genommen, nur im Tageslohn stand. Ich denke, Sie können mir schon deshalb vertrauen, weil ich mich in Ihrer Gewalt befinde. Ich bin ja an Händen und Füßen gefesselt, und Sie könnten mich augenblicklich töten, sobald Sie bemerken, daß ich es nicht ehrlich mit Ihnen meine."

„Es fragt sich, ob wir Zeit und Macht hätten, Sie zu bestrafen, wenn wir uns einmal in der Falle befänden."

„Ich versichere es Ihnen mit allen möglichen Eiden, daß ich aufrichtig bin! Bedenken Sie doch, daß ich Sie nach dem Salzsee führen will! Sie wagen wirklich gar nicht, wenn Sie mir Glauben schenken. Wollen Sie, Señor?"

„Nun, ich will Ihnen gestehen, daß ich jetzt anders sprach, als ich dachte. Ich wollte nur hören, was Sie antworten würden. Hier haben Sie nun auch meinen Bescheid auf Ihre letztere Frage."

Ich bog mich zu ihm nieder und knüpfte ihm die Riemen auf. Als das geschehen war, sprang er empor, dehnte und reckte sich und fragte:

„Sie lösen mir die Fesseln? Soll das heißen, daß ich frei bin, Señor?"

„Was denn anderes?"

„Aber wenn ich nun fliehe?"

„Das wäre keine Flucht, denn nur ein Gefangener kann fliehen; Sie aber sind nun kein solcher mehr. Übrigens bin ich sehr überzeugt, daß Sie bei mir bleiben werden, Señor Gomarra."

„Ja, ja, dessen können Sie überzeugt sein. Ich weiche und wanke nicht von Ihrer Seite. Ich danke Ihnen, danke Ihnen herzlich für das Vertrauen, welches Sie mir schenken, Señor!"

Er drückte mir voller Freude die Hände und fügte hinzu:

„Was werden diese Schläfer sagen, wenn sie aufwachen und sehen, daß Sie mich freigelassen haben!"

Er sollte sogleich hören, was wenigstens einer von ihnen sagen werde. Der Oberst hatte an seiner anderen Seite gelegen und war durch seine Bewegungen aufgeweckt worden. Das schadete nichts, denn die Reihe, zu wachen, kam nach mir an ihn, und meine Zeit war schon vorüber. Er stand auf, trat zu uns und sagte erstaunt:

„Was ist denn das? Der Gefangene frei? Sind Sie des Teufels, Señor?"

„Sehr bei Verstand bin ich," antwortete ich. „Man darf einen Freund nicht mißhandeln, und dieser Mann ist zu uns übergetreten und will seine bisherigen Kameraden in unsere Hände liefern."

„*Diabolo!* Und Sie vertrauen ihm?"

„Vollständig."

„Nun, ich kenne Sie als einen Mann, welcher gar wohl weiß, was er will und warum er etwas tut. Ich kann also nichts dagegen haben, wenn Sie diesem Mann die Freiheit geben. Aber wie will er sein Wort halten?"

„Ich halte es, wenn es auch schwierig sein sollte," antwortete Gomarra. „Leicht aber, sogar kinderleicht würde es sein, wenn wir die doppelte Anzahl wären, indem wir dann die Gegner von zwei Seiten nehmen könnten."

„Hm! Wo denn?"

„Wissen Sie, daß der Grenzfluß stellenweise von gefährlichen Sümpfen umgeben ist?"

„Das weiß ich freilich. Die Sümpfe sind auf unseren Karten sehr genau verzeichnet; aber ich mag mich nicht zwischen sie wagen. Um das zu tun, müßte man sie sehr genau kennen."

„Das ist bei mir der Fall. Wie ich bereits sagte, werden die Jordanisten uns verfolgen. Wenn wir zwischen die Sümpfe reiten, kommen sie hinterher. Ich führe Sie an eine Stelle, an welcher höchstens zwei Reiter nebeneinander passieren können. Sind wir da vorüber, so brauchen wir nur zu halten und umzukehren. Einige Mann von uns halten den ganzen Zug der Feinde in Schach, da diese sich nicht in die Breite entwickeln können."

„Da werden sie wenden und sich zurückziehen."

„Das ist ja eben der Grund, weshalb ich wünsche, daß wir zahlreicher sein möchten."

„Nun," antwortete ich, „ich denke, einer von uns nimmt es recht gut mit einigen von ihnen auf."

„Das glaube ich gern, Señor, denn Sie haben es bewiesen. Aber das reicht nicht aus. Sie werden zwar nicht alle kommen können, da wir Ihnen eine ganze Anzahl Pferde entführt haben, aber sie sind doch mehrere Hundert gegen uns wenige. Bedenken Sie, daß der größte Held gegenüber der Kugel des größten Feiglings wehrlos ist!"

„Richtig! Ihr Plan wäre sehr gut. Welch ein Streich wäre es, diese bedeutende Truppe zu fangen, nachdem es ihr nicht gelungen ist, uns wenige zu halten! Aber wir werden leider verzichten müssen, da wir nicht zahlreich genug sind."

„Hm!" brummte der Oberst nachdenklich. „Wenn es so steht, so könnte uns geholfen werden. Ich weiß nur nicht, ob ich aufrichtig sprechen darf."

„Warum nicht?"

„Weil dieser unternehmende Señor Gomarra bis vor wenigen Augenblicken unser Feind war. Man kann es wohl schwerlich verantworten, ihm Vertrauen zu schenken."

„Ich verantworte es!"

„Nun, so kommen, wenn Sie sich irren, alle Folgen über Sie!"

„Ich nehme sie getrost auf mich. Sie hatten soeben einen Plan, irgendeine Idee?"

„Ja. Ich gehe nach der Provinz Corrientes, um von da aus den Angriff gegen Lopez Jordan zu organisieren. Ich werde da erwartet. Ich habe Offiziere vorausgesandt, welche bereits tätig gewesen sind. Sie bewachen vorläufig die Grenze, an welcher in gewissen Intervallen Kommandos stehen. Leider sind das einstweilen nur Fußtruppen, da uns die Pferde fehlen. Jordan ist so schlau gewesen, vor Beginn seines Aufruhrs alle Pferde aufzukaufen oder auch stehlen zu lassen. Darum freute ich mich so herzlich darüber, daß es uns gelungen ist, uns einer Anzahl dieser höchst notwendigen Tiere zu bemächtigen."

„Was das betrifft," meinte Gomarra, „so würden wir bald einige hundert Pferde haben, wenn wir nur die dazu nötigen Reiter hätten."

„Für diese könnte ich sorgen durch Zusammenziehen und Herbeirufen einiger der erwähnten Kommandos."

„Wird sich das tun lassen?"

„Jedenfalls, wenn ich einen sicheren Boten hätte, oder noch lieber selbst hin könnte, was aber nicht möglich ist, da ich den Weg nicht kenne."

„Señor, ich führe Sie!"

„Sie mich? Und wer führt die anderen?"

„Ich auch. Sie reiten mit uns, bis wir die Region der Moräste erreichen. Dort geleite ich Sie über die Stelle, an welcher der feste Weg eine nur zwei Ellen breite Brücke durch das tiefe, lebensgefährliche Moor bildet. Haben Sie diesen Pfad hinter sich, so erreichen Sie das feste Ufer des Flusses, wo Sie sich aufstellen können, um den Feind zu empfangen, der gegen Sie nichts vermag, weil er nur zweien vordrängen kann. Ist das geschehen, so setzen wir beide schleunigst über die Grenze, um die Soldaten herbeizuholen, mit denen wir dem Feind in den Rücken kommen. Dann muß er sich ohne alle Bedingungen ergeben, wenn er nicht vernichtet sein will."

„Der Plan ist ausgezeichnet!" meinte der Oberst, von dem Vorschlage Gomarras ganz begeistert, „wenn... er nämlich gelingt."

„Er muß gelingen, wenn wir Ihre Soldaten rechtzeitig zur Stelle bringen."

„Ich hoffe, daß uns das gelingt."

„Aber wohl nur dann, wenn wir keine Zeit vrsäumen und jetzt sofort aufbrechen. Wir dürfen uns die Verfolger nicht zu nahe kommen lassen, da wir Zeit brauchen, um die Kommandos herbeizuholen."

„Ganz recht. Aber können Sie denn den Weg auch in der Dunkelheit finden?"

„So gut wie am hellen Tag. Übrigens scheint ja der Mond ein wenig."

„Und... dürfen wir uns auf Sie verlassen?"

„Señor, Sie können mich wieder fesseln. Auch bin ich ohne Waffen. Sie können mich ja jeden Augenblick niederschießen, ohne daß ich mich zu wehren vermag."

„Richtig! Und das würde ich aber auch tun, sobald Sie mir Veranlassung geben, den geringsten Verdacht zu hegen. Was sagen Sie dazu, Señor?"

Da diese Frage an mich gerichtet war, so antwortete ich:

„Ich bin vollständig einverstanden und hege keinen Zweifel, daß Gomarra es ehrlich mit uns meint."

„Nun, so müssen wir die Schläfer wecken. Wir können ihnen nicht helfen. Sie mögen später weiterschlafen."

Die Leute waren zunächst darüber unwirsch, daß sie geweckt wurden. Als sie aber hörten, welchem Unternehmen es galt, zeigten sie sich sofort einverstanden. Dem Feind eine solche Nase zu drehen, dazu waren sie alle gern bereit. Es wurde aufgesessen; jeder nahm seine Pferde am Leitzügel, und dann ging es im Galopp wieder weiter, über den Camp, zuweilen zwischen Büschen und oft auch unter Bäumen dahin.

Ich ritt mit Gomarra voran. Obgleich ich volles Vertrauen zu ihm hatte, hielt ich es doch für keinen Fehler, die vollste Vorsicht anzuwenden. Darum hielt ich den Revolver locker, um dem Führer sofort eine Kugel zu geben, falls er uns etwa täuschen sollte. Doch das fiel ihm gar nicht ein; es zeigte sich vielmehr, daß er uns ganz ergeben sei.

Gegen Morgen erreichten wir den Wald. Doch war derselbe licht. Die Bäume standen so weit auseinander, daß sie uns gar nicht störten, unseren Galopp beizubehalten. Wir gaben uns nicht etwa Mühe, unsere Spur zu verbergen, sondern wir machten unsere Fährte ganz im Gegenteil so sichtbar wie nur möglich, damit die Feinde uns recht leicht zu folgen vermöchten.

Nach einiger Zeit kamen wir an kleinen Bächen vorüber, deren Wasser ein nur ganz unbedeutendes Gefälle hatte. Gomarra sagte uns, daß wir uns dem Espinilla, dem Grenzfluß näherten, in welchen diese Bäche ihr träges Wasser sendeten, nachdem sie größere oder kleinere Sümpfe gebildet hätten.

„Nun kommt die Zeit, in welcher sich Ihre Aufrichtigkeit zu bewähren hat," sagte ich zu ihm. „Bedenken Sie das!"

„Keine Sorge, Señor," antwortete er. „Sie sollen sich nicht in mir getäuscht haben."

„Wenn das der Fall ist, so werde ich Ihnen auf eine Weise dankbar sein, welche Sie nicht für möglich halten."

„Darf ich schon etwas davon erfahren?"

„Sie werden den Mörder Ihres Bruders sehen."

„Wie? Was? Sagen Sie die Wahrheit? Sie müssen also doch wohl eine Ahnung haben, wer er ist?"

„Ich ahne es allerdings."

„Señor, ich bitte Sie, sagen Sie mir seinen Namen!"

„Sie haben ihn mir selbst genannt, als Sie mir von dem Mord erzählten."

„Daß ich nicht wüßte. Ich habe da keinen Namen genannt."

„Besinnen Sie sich!"

„Ja, da fällt es mit ein: Den alten Gambusino habe ich erwähnt, den Sie sterben sahen. Aber seinen Namen nannte ich nicht, da ich denselben überhaupt nicht kenne."

„Sie sprachen ja auch noch von einem anderen, welcher da oben am Salzsee bekannt sein muß, da Sie von ihm behaupteten, daß er die ganzen Anden besser kenne als jeder andere."

„Meinen Sie etwa Geronimo Sabuco? Den Sendador? ... Unmöglich!"

„Warum unmöglich?"

„Señor, da täuschen Sie sich. Der Sendador ein Mörder! Er, der sein Leben unzähligemale gewagt hat, um Reisende, welche sich im anvertraut hatten, glücklich an das Reiseziel zu bringen!"

„Das ändert meine Ansicht nicht im geringsten. Es ist gar mancher äußerlich ein Ehrenmann, im stillen aber ein Schelm. Sie kennen ihn nicht; Sie haben ihn weder gesehen, noch gesprochen und verteidigen ihn doch in dieser Weise!"

„Weil ich genau weiß, welchen Rufs er sich erfreut und welch ein Vertrauen er genießt. Haben Sie denn Grund, so schlimmes von ihm zu denken?"

„Lassen wir das einstweilen."

„Nein. Sie können sich doch denken, daß ich vor Begierde brenne, ihn kennenzulernen."

„Später, später! Ich habe Ihnen jetzt nur zeigen wollen, daß ich Sie zu belohnen vermag, falls ich mit Ihnen zufrieden bin."

„Aber ich sterbe vor Ungeduld, Señor!"

„So beeilen Sie sich, uns noch vor Ihrem Tod die Jordaner in die Hände zu bringen, so wird es noch Zeit sein, Sie zu retten!"

„Wissen auch andere davon?"

„Nein. Nur der Frater ist eingeweiht, daß der Sendador ein Mörder ist. Mit ihm allein dürfen Sie darüber sprechen. Die anderen und ganz besonders die Yerbateros dürfen keine Ahnung haben; sie müssen Geronimo Sabuco nach wie vor für einen Ehrenmann halten."

„Es wird auch mir schwer, wenn nicht gar unmöglich, ihn für etwas anderes zu halten. Ich bin fast überzeugt, daß Sie sich irren."

„Ich irre mich nicht und will Sie nur eins fragen:

„Sie haben mir von dem alten Gambusino erzählt. Halten Sie ihn für einen Lügner?"

„Den? Alle anderen Menschen viel eher als ihn. Er sprach wenig, und was er sagte, das war sicherlich die Wahrheit."

„Nun, so will ich Ihnen sagen, daß er mir kurz vor seinem Tod erklärt hat, der Sendador sei ein Mörder."

„Señor! Sollte man das für möglich halten?"

„Es ist wahr. Der Sendador hat einen Pater ermordet, einen geistlichen Herrn. Denken Sie!"

„Das wäre eine Sünde, welche gar nicht vergeben werden kann. Woher aber wußte es denn der Gambusino?"

„Er hat es gesehen."

„Hat ihn denn der Gambusino nicht an der Mordtat gehindert?"

„Er konnte nicht, denn er befand sich auf einem Felsen hoch über dem Ort, an welchem die Tat geschah. Er rief ihm erschrocken und entsetzt zu, doch vergebens."

„So mußte der Sendador ihn als Zeugen der Bluttat fürchten und also danach trachten, ihn beiseite zu schaffen!"

„Wenigstens ihn unschädlich zu machen, ja; das tat er denn auch. Sie waren Freunde; darum tötete er ihn nicht;

aber er zwang ihm einen Eid ab, niemals etwas davon zu erzählen."

„Schrecklich, entsetzlich! Und der Gambusino hat es Ihnen doch erzählt und also seinen Eid gebrochen?"

„Erzählt nicht, denn ich hatte schon vorher einiges gehört und setzte mir das Fehlende hinzu. Als ich ihm die Sache dann genau so erzählte, wie sie geschehen war, konnte er mir nicht widersprechen."

„Also wirklich ein Mörder, wirklich! Señor, ich erschrecke. Sollte sich nicht auch der Gambusino geirrt haben?"

„Nein, das ist ganz unmöglich. Übrigens stimmt alles sehr genau. Die beiden Mordtaten haben kurze Zeit, ganz kurze Zeit nacheinander stattgefunden. Die Flasche, von welcher Sie sprechen, enthielt die Ripus, welche der Sendador dem Padre abgenommen hatte."

„Das wissen Sie genau?"

„Ja. Er hat den Padre nicht nur der Ripus wegen, sondern noch wegen anderer Umstände getötet. Doch davon später. Ich weihe Sie in dieses Geheimnis ein und schenke Ihnen Vertrauen, welches nicht einmal der Yerbatero besitzt, welcher doch mein erster Freund hier wurde. Ich hoffe, daß Sie es nicht mißbrauchen!"

„Ich werde kein Wort davon sprechen."

„Nur mit dem Frater Hilario dürfen Sie darüber reden, aber nur so, daß es kein anderer hört. Auch den Sendador selbst dürfen Sie nichts merken lassen."

„Aber wie kann ich mich denn da an ihm rächen?"

„Sie sollen sich rächen, aber das kommt später und ganz von selbst. Er würde leugnen, wenn Sie es ihm vorwürfen. Er muß überrascht, überrumpelt werden. Wir bringen ihn an den Ort, an welchem sich die Flasche befindet, ohne daß er es ahnt, daß wir es wissen."

„Auf diese Weise! Sie meinen, der Schreck werde ihm das Geständnis erpressen?"

„Ja, der Schreck. Die Gewalt der Tatsache muß ihn niederschmettern, so daß er sich gar nicht zu erheben vermag. Doch nun habe ich Ihnen wirklich alles gesagt, was ich noch verschweigen wollte. Ich bin schwach gegen Sie gewesen. Hoffentlich sehen Sie ein, wie gut ich es mit Ihnen meine."

„Ja, das sehe ich ein, und werde Ihnen dankbar sein, Señor. Wie gern würde ich noch weiter über diesen Gegenstand mit Ihnen sprechen, aber Sie werden nicht darauf eingehen, und ich sehe soeben, daß wir da angekommen sind, wo ich mich mit dem Oberst von Ihnen trennen muß."

„Von mir nicht. Ich bin entschlossen mitzureiten. Ich mag den Oberst nicht so allein reiten lassen."

„Ich bin doch bei ihm!"

„Drei sind besser als zwei, und hier an der Grenze muß man vorsichtig sein."

Als der Oberst hörte, daß man ihn begleiten wollte, freute er sich darüber, denn er traute dem Führer nicht so recht.

Wir befanden uns auf einem ebenen, grünen Plan. Die Hufe unserer Pferde standen auf Camposgras, welches nicht eine so gesättigte, fast braungrüne Farbe hatte wie die vor uns liegende Fläche. Ein schärferer Blick auf diese letztere zeigte, daß die darauf befindliche Vegetation aus Sumpfpflanzen bestand, und als ich einige Schritte weit zur Seite ritt und vom Pferd stieg, um das Terrain zu untersuchen, rief mir Gomarra schnell zu:

„Nehmen Sie sich in acht, Señor! Nur noch einen Schritt weiter, und Sie geraten in Sumpf."

„Nur hier links?"

„Auch rechts. Wir befinden uns an der Stelle, von welcher ich Ihnen erzählt habe."

Er hatte recht. Ich überzeugte mich, daß es zu beiden Seiten tiefes, weiches Moor gab, in welchem ein Mann leicht versinken konnte. Unser früherer Führer, der Indianer Gomez, welcher sich mit seiner jetzt ganz gesund gewordenen Mutter noch bei uns befand, wollte es uns beweisen, daß das Moor im höchsten Grad gefährlich sei. Er zog sich aus, ließ sich einen Lasso unter die Arme befestigen und trat auf die trügerische Decke. Er sank bis an die Knie, zwei Schritte weiter aber schon bis über die Hüfte ein, und der Sumpf schloß so fest um ihn, daß man ziemliche Kraft anwenden mußte, ihn heraus zu ziehen. Diese Probe machte er auf beiden Seiten. Daß er dabei schmutzig wurde, war ihm sehr gleichgültig. Der Fluß, in welchem er sich waschen konnte, war ja nahe.

So hatten wir also den Beweis erhalten, daß man hier nach keiner der beiden Seiten ausweichen könne. Griffen uns die Gegner hier wirklich an, so konnten sie, ganz wie Gomarra gesagt hatte, nur zu zweien nebeneinander reiten, während wir drüben auf festem Boden hinter Schilf und Sträuchern lagen und die ganze Fläche mit unseren Kugeln zu bestreichen vermochten. Auf diese Weise konnten wir sie ganz leicht paarweise wegputzen. Und wendeten sie sich zu Flucht um, und es standen dann unsere Soldaten plötzlich hinter ihnen auf festem Boden, ungefähr da, wo wir uns in diesem Augenblick befanden, so waren sie gezwungen, sich zu ergeben. Es fragte sich überhaupt, ob es ihnen gelingen werde, ihre Pferde auf der schmalen Bahn zwischen den beiden Sümpfen zu wenden. Brachten sie das nicht fertig, so war ihre Lage doppelt schlimm.

Jetzt mußten wir eine lange Reihe bilden. Gomarra ritt voran. Wir anderen folgten einzeln, und je zwei von uns hatten einige ledige Pferde zwischen sich. In dieser Weise ging es nun zwischen den Mooren hin. Durchschnittlich war der Weg zwei Ellen breit, oft schmaler, zuweilen etwas breiter. Er dehnte sich viel, viel länger aus, als ich vorher gedacht hatte, und führte auch nicht gerade, sondern in sehr unregelmäßigen Windungen nach dem Fluß. Seine Länge war so bedeutend, daß unsere Feinde völlig Platz darauf hatten. Wenn der letzte von ihnen den gefährlichen Pfad betreten hatte, war der erste noch nicht drüben angekommen. Und das will etwas heißen bei gegen vierhundert Reitern. Übrigens war der Weg nicht etwa hart, sondern ziemlich weich und schlüpfrig. Unsere Pferde versanken stellenweise bis über die Hufe in dem dicken, schwarzen Schlamm. Aber wir kamen drüben ganz glücklich an. Da gab es einen sehr hübschen, von Büschen eingefaßten und von Baumwipfeln überragten Platz, auf welchem die Gefährten lagern und in aller Gemächlichkeit unsere Rückkehr erwarten konnten. Sie wollten absteigen, aber Gomarra, welcher mehr und mehr bewies, daß er ein kluger und außerordentlich umsichtiger Mensch sei, sagte ihnen:

„Bleiben Sie noch im Sattel, Señores! Sie müssen noch eine kleine Strecke reiten, und dann zu Fuß zurückkehren."

„Warum zu Fuß?"

„Sagten Sie nicht, Señor, daß Ihre Soldaten keine Pferde hätten?"

„Ja, allerdings."

„Nun, da müssen wir ihnen helfen, schnell fortzukommen. Wir nehmen sämtliche Pferde mit, um den Truppentransport zu beschleunigen."

„Der Gedanke ist freilich nicht übel."

„Nicht wahr? Wir haben weit über dreißig Pferde. Setzen sich je zwei Mann auf eines, so kommen siebzig Soldaten schnell herbei. Und das ist notwendig, da wir nicht wissen, wie lange wir auf die Ankunft der Feinde zu warten haben."

„Gibt es denn einen guten Weg von hier fort?"

„Auch so einen verborgenen wie den bisherigen. Wir gehen über den Fluß, so daß diesseits gar keine Spur zu finden ist. Haben wir wieder festes Land, so bringen wir drei die Pferde leicht fort; bis dahin aber müssen uns die anderen Señores begleiten."

So geschah es. Wir schwenkten rechts ab, am Ufer aufwärts. Dort gab es wieder tiefen Sumpf, durch welchen wir uns nur auf sehr schmalem Pfad einzeln bewegen konnten. Die Pferde folgten langsam und vorsichtig, und keins von ihnen machte eine übermütige Bewegung, denn der Instinkt sagte ihnen, daß sie sich hier in Gefahr befanden. So erreichten wir eine härtere Stelle und sahen, daß sich am jenseitigen Ufer eine feste Sandbank befand.

„Hier setzen wir über," sagte Gomarra. „Drüben gibt es sichere Erde bis hinaus in den Campo. Nun brauchen wir die anderen Señores nicht mehr. Sie können umkehren, nachdem sie vorher uns geholfen haben, die Pferde in das Wasser zu treiben."

Wir drei, der Oberst, Gomarra und ich, ritten in den Fluß. Die anderen stiegen ab und trieben die Pferde in das Wasser, nachdem sie ihnen Zügel und Bügel kurz gebunden hatten. Das ging ganz vortrefflich, denn der Fluß war weder breit noch reißend. Drüben angekommen, bildeten wir aus den Pferden eine Tropa, welche uns aus Angst vor den fleißig geschwungenen Lassos willig folgte. Unsere Gefährten kehrten an den Platz zurück, an welchem sie vorhin hatten absteigen wollen. Wir verließen den Fluß im rechten Winkel, erst langsam, da das Terrain doch kein ganz sicheres war. Als wir aber den Campo erreichten, fielen wir in Galopp und fegten nach rechts ab, in östlicher Richtung hin, weil der Oberst dort Soldaten zu finden erwartete.

Wir waren kaum eine Viertelstunde geritten und hatten uns dabei fleißig nach Spuren umgesehen, so bemerkten wir zwei Reiter, welche am nördlichen Horizont auftauchten und schnell auf uns zukamen. Natürlich hatten sie auch uns gesehen und wollten nun wissen, wer wir seien. Der Oberst blickte ihnen gespannt entgegen und rief erfreut, als sie näher gekommen waren:

„Rittmeister Manrico! Ihn habe ich vorausgesandt. Der Señor bei ihm ist ein Leutnant. Welch ein Glück, sie zu treffen!"

Der Rittmeister erkannte seinen Chef und grüßte ihn bereits von weitem. Nahe herangekommen, konnte er seinem Erstaunen, den Oberst hier so unerwartet zu treffen, gar nicht genug Ausdruck geben.

„Davon nachher, mein Lieber," unterbrach ihn der Oberst. „Jetzt vor allen Dingen, was tun Sie hier?"

„Wir ritten zu einer Grenzdienstübung." Er deutete nach Ost. „Dort stehen unsere Truppen."

„Wie viele?"

„Zweihundert Mann mit etwa siebzig Pferden. Es waren trotz aller Mühe nicht mehr Pferde zusammenzubringen. Jordan hat sie alle weggekapert und über die Grenze geschafft."

„Weiß schon. Siebzig, und wir haben dreißig. Zwei Mann auf ein Pferd, so bringen wir zweihundert Mann fort. Getrauen Sie sich, mit zweihundert Mann vierhundert Leute von Jordan gefangen zu nehmen?"

„Wenn das Terrain halbwegs günstig ist, ganz gewiß."

„Wie sind Ihre Leute bewaffnet?"

„Alle mit Remington-Gewehren."

„Das ist vortrefflich. Das Terrain ist ausgezeichnet. Kommen Sie schnell! Führen Sie uns zu den Truppen; wir haben keine Zeit zu verlieren."

Jetzt ging es wieder vorwärts, und zwar mit möglichster Schnelligkeit. Unterwegs erzählte der Oberst den beiden Offizieren sein Abenteuer in kurzen Zügen. Sie beglückwünschten ihn ob seiner Rettung und waren ganz Feuer und Flamme, ihn zu rächen.

Bald erreichten wir den Camp, wo die Truppen standen. Sie hatten heute längs dem Fluß verteilt werden sollen, um da zur Probe zu manövrieren. Nun bekamen sie im Ernst zu tun. Es waren zwar zusammengewürfelte Leute, doch machten sie nach hiesigen Verhältnissen keinen üblen Eindruck. Ihre Uniform glich dem Anzug der Basken; ihre Gewehre waren neu und gut. Nur die kleine Hälfte war beritten; das tat aber nichts, denn unsere dreißig Pferde machten die Zahl der notwendigen Tiere voll, wenn jedes zwei Reiter tragen sollte.

Die vorhandenen Offiziere traten zusammen, und es wurde Kriegsrat gehalten, nach dessen Beendigung die Leute aufstiegen. Je einer setzte sich in den Sattel und nahm den anderen hinter sich. Dann ging es im Galopp wieder zurück, aber nicht ganz bis dahin, wo wir über den Fluß gesetzt waren. Dies geschah aus dem Grund, weil es möglich war, daß die Feinde bereits angekommen waren. In diesem Fall mußte man sich beeilen, sie schnell in den Rücken zu nehmen.

Gomarra wußte außer der ersteren Stelle eine zweite oberhalb derselben. Dort war das Uferland auch hart und wir setzten über. Dann ritten wir die betreffende Strecke abwärts, bis wir so nahe waren, daß wir uns vor dem Sumpf in acht nehmen mußten. Dieser wurde umritten und dann ritt ich mit Gomarra allein vor, um zu erkunden, ob unsere Verfolger bereits da seien. sie waren glücklicherweise noch nicht angekommen.

Späher durften nicht ausgesandt werden, da dieselben dem weichen Boden ihre Spuren eingedrückt hätten. Darum blieben die Soldaten halten, hinter den Sträuchern verborgen, und ich entfernte mich mit Gomarra, um unsere Gefährten wieder aufzusuchen. Vorher wurde verabredet, daß der Oberst, welcher bei den Truppen blieb, sobald er einen Schuß höre, hervorbrechen, einen Bogen reiten und den Feind im Rücken nehmen solle.

Gomarra wußte einen Weg, welcher uns auch von hier aus nach unserem Ziel brachte. Die Gefährten freuten sich königlich, daß unsere Sendung einen so ausgezeichneten Erfolg gehabt hatte. Sie hatten es sich bequem gemacht, und wir setzten uns zu ihnen, um der Dinge zu harren, die da kommen sollten.

Von da aus, wo wir saßen, konnten wir weit in den Campo hinausblicken. Wir mußten die Erwarteten schon aus bedeutender Entfernung sehen. An eine Überraschung war nicht zu denken, und so machte ich den Vorschlag, den versäumten Schlaf nachzuholen. Die Wache konnte die Schlafenden rechtzeitig wecken. Das wurde sehr gern akzeptiert. Bald lagen sie alle in Schlummer außer mir und dem Frater, welcher die Wache an erster Stelle übernommen hatte.

Ich nahm diese Gelegenheit wahr, ihm alles zu erzählen, was ich von Gomarra gehört hatte, und er erstaunte nicht wenig, als er vernahm, daß nun schon die Ripus entdeckt seien, welche der Sendador dem Yerbatero als nicht mehr vorhanden bezeichnet hatte.

„Da sieht man wieder, es gibt keinen Zufall. Oder sollte es ein so ganz zufälliges Zusammentreffen der Umstände sein, daß Sie erst dem Yerbatero begegnen, welcher von den Zeichnungen des Sendador weiß, dann dem sterbenden Gambusino, welcher die Mordtat kennt und die Ripus entdeckt hat? Wenn das keine Fügung des Himmels ist, so gibt es überhaupt weder Himmel noch Gott. Wollen Sie mit hinauf nach dem Salzsee?"

„Gewiß."

„Ich gehe mit. Der Sendador muß uns hinführen."

„Ob er es tun wird?"

„Ja; denn wir werden ihm eine ausgezeichnete Bezahlung versprechen. Haben Sie Hoffnung, die Ripus zu enträtseln?"

„Nein. Dazu besitze ich die Kenntnisse nicht. Ich werde sie mir aber anzueignen suchen, sobald ich die Schnuren habe, und dann ruhe ich gewiß nicht eher, als bis mir das Dechiffrieren gelungen ist."

„Aber aus den Zeichnungen, welche der Sendador hat, werden wir wohl klug werden?"

„Hoffentlich. Wenigstens habe ich keine Angst davor, obgleich ich sonst kein Bleistiftkünstler bin."

„Und so haben Sie also diesem Gomarra alles gesagt, was Sie wissen?"

„Nein. Daß es sich um verborgene Schätze handelt, weiß er nicht. Aber er soll es erfahren, allerdings so spät wie möglich, damit er sich nicht etwa Hoffnungen in den Kopf setzt, welche in keiner Weise in Erfüllung gehen können."

Der Bruder blickte mich lächelnd an und sagte:

„Sie scheinen an diesen Schatz nicht recht zu glauben?"

„Die Peruaner besaßen ungeheure Reichtümer. Es ist erwiesen, daß unschätzbare Werte vergraben wurden. Wenn echte Ripus und echte Pläne über eine Stelle, an welcher solche Kostbarkeiten vergraben wurden, vorhanden sind, so zweifle ich nicht an der Wahrheit der Sache."

„Und doch läßt diese Sache Sie so kalt! Wie erkläre ich mir das?"

„Es gibt verschiedenerlei Schätze. Ein Klumpen Gold oder ein kürbisgroßer Diamant ist gewiß etwas sehr Schönes; aber ein Schluck frischen Wassers, wenn man rechten Durst hat, ist noch viel besser und eine Handvoll Schlaf ist mir augenblicklich nötiger. Erlauben Sie mir also, die Augen zu schließen, mein lieber Frater!"

Ich legte mich um und schlief auch fast augenblicklich ein, mochte aber wohl kaum zehn Minuten geschlafen haben, als ich von des Fraters lauter Stimme geweckt wurde:

„Wacht auf, Señores; sie kommen!"

Wir sprangen alle im Nu auf und blickten auf den Camp hinaus. Ja, da kamen sie im Galopp herbei. Einige von ihnen hatten Kameraden hinter sich sitzen. Daß waren diejenigen, deren Pferde wir mitgenommen hatten. Sie ritten in breiter Reihe und schienen den Sumpf gar nicht zu bemerken.

„*Cielo!* Sie reiten hinein!" sagte der Frater. „Man muß sie warnen."

Er legte die Hände an den Mund und wollte einen Ruf ausstoßen. Ich hinderte ihn daran.

„Still, Bruder! Wenn auch einige hinein geraten, so haben sie genug Kameraden bei sich, von denen sie wieder herausgezogen werden können."

Es kam übrigens auch gar nicht so weit, daß einer hinein verunglückte. Sie riefen einander selbst zur Vorsicht an und parierten noch im letzten Augenblick die Pferde. Einige stiegen ab, um den Sumpf zu untersuchen. Sie nahmen ihre Lanzen und stießen sie in das Moor. Da erkannten sie nun freilich, daß hier nicht zu spaßen sei. Der Major rief seine Offiziere zusammen und beriet sich mit ihnen.

„Ob sie kommen werden?" fragte der Yerbatero begierig.

„Jedenfalls!" antwortete einer seiner Kameraden.

„Da wären sie verrückt."

„Sie können doch nicht wissen, daß wir uns hier befinden?"

„Aber man kann wenigstens vorher nachsehen lassen, ob... ah! Siehe da, der Major tut es wirklich. Ja, er ist ein Offizier, der seine Sache vortrefflich gelernt hat!"

Der Kommandant schickte nämlich zwei Reiter ab, welche den Weg untersuchen sollten. Sie ritten langsam vor, sich ganz in unseren Stapfen haltend.

„O weh!" meinte Turnerstick. „Jetzt schickt er die beiden Avisoboote aus. Wenn die ganz herüber kommen, so werden sie uns sehen und alles verraten."

„Sie dürfen uns eben nicht sehen," antwortete ich. „Wir müssen uns verstecken. Schilf und Büsche gibt's ja genug."

„Aber sie werden hier bleiben, um die anderen zu erwarten. Da sind sie uns im Weg."

„Werde sie aus dem Weg schaffen!" meinte Larsen, der Steuermann, indem er seine Fäuste behaglich ausstreckte. „Will auch mal was zu tun haben, Sir."

„Nur keine Übereilung!" bat ich. „Körperkraft tut es hier nicht. Man muß sie am Schreien verhindern."

„Werde schon zugreifen, daß ihnen die Musik im Hals stecken bleibt."

Es sollte ihm aber nicht so wohl werden, seine Riesenstärke in Anwendung zu bringen. Wir versteckten uns, und die beiden Reiter kamen herbei. Sie sahen sich auf dem Platz um, an welchem wir gelagert hatten. Das beunruhigte sie. Dann sahen sie die Fährten, welche ich mit dem Oberst und Gomarra gemacht hatte, als wir fortgeritten waren, und das beruhigte sie wieder. Sie schienen zu meinen, daß wir hier eine kurze Zeit geruht hätten und dann weiter geritten wären. Jetzt durften wir uns noch nicht an ihnen vergreifen. Erst mußten sie das Zeichen geben, daß alles in Ordnung sei und die übrigen kommen könnten. Aber das taten sie nicht, sondern ritten zurück, um dem Major zu rapportieren.

„Schade, jammerschade!" meinte der Steuermann. „Ich bekomme doch all mein Lebtag nichts mehr in die Hände!"

Es war aber besser so, sowohl für die beiden Reiter als auch für uns. Es hätte uns mißglücken können, sie lautlos zu überwältigen, und dann wären wir verraten gewesen.

Wir sahen, daß der Major mit den beiden sprach; dann gab er das Zeichen, dem Pfad zu folgen, und setzte sich an die Spitze des Zuges, der sich nun langsam auf uns zuschlängelte. Der Major war ungeduldig und trieb sein Pferd mehr an als die anderen, welche dem gefährlichen Weg mit mehr Vorsicht folgten. So kam er seinen Leuten ziemlich weit voran.

„Was ist da zu tun?" fragte der Bruder. „Lassen wir ihn heran oder nicht?"

„Natürlich!" antwortete ich.

„So kommen aber auch seine Leute, und wenn wir sie bis hierher auf den festen Boden lassen, so kommt es ganz sicher zum Kampf, was wir doch lieber vermeiden sollten."

„Haben Sie keine Sorge! Er wird, wenn ich ihn packe, schon so laut schreien, daß sie halten bleiben."

„Packen?" fragte der Steuermann. „Soll nicht ich das lieber besorgen?"

„Meinetwegen. Aber zerbrechen Sie ihn nicht! Setzen Sie ihn aus dem Sattel hierher auf die Erde. Das genügt."

Wir stellten uns hinter den Sträuchern so auf, daß er uns nicht sofort sehen konnte. Jetzt hatte er den Pfad hinter sich und gelangte auf festen Boden. Er trieb sein Pferd durch die Büsche und... erblickte uns. Einen Augenblick lang war er wie starr vor Schrecken; dann aber schrie er auf. Klug wäre er gewesen, wenn er zum schnellen Angriff kommandiert hätte; aber er rief:

„Halt! Zurück, zurück! Sie sind da!"

Also hatte er uns fangen wollen und jagte nun, als er uns sah, seine Leute zur Flucht! Sonderbarer Mensch! Zugleich wollte er sein Pferd wenden. Da aber hatte ihn auch schon der Steuermann beim Gürtel, riß ihn aus dem Sattel und schwang ihn im Halbkreis auf die Erde nieder, wo der Offizier nicht allzu sanft zum Aufsitzen kam.

Ein Blick überzeugte mich, daß die Kolonne zum Stehen gekommen war. Der vorderste Reiter hielt ungefähr zehn Pferdelängen vor uns. Der hinterste hatte auch schon den festen Boden verlassen und befand sich zwischen den Sümpfen, so daß wir nun die ganze Kolonne glücklich so hatten, wie wir sie hatten haben wollen. Der Major sah sich umringt. Die Flucht war ihm, wenn er nicht von den Seinen herausgehauen wurde, unmöglich. Er blickte ganz ratlos von einem zum anderen und sagte zunächst kein Wort.

„Willkommen, Señor!" begrüßte ich ihn. „Endlich sehen wir Sie wieder, aber an einem anderen Ort."

Er biß sich auf die Lippen und antwortete nicht.

„Wir warteten so lange auf ihre Rückkehr," fuhr ich fort, „aber das Essen, welches die Ranchera Ihnen präsentiert hatte, schien Sie so sehr zu fesseln, daß wir unmöglich länger warten konnten. Wir gingen also fort. Ich hoffe, daß Sie das nicht für eine Versündigung gegen die gute Sitte erklären werden."

Er schwieg noch immer. Darum meinte der Yerbatero:

„Die Freude, uns wiederzusehen, hat den armen Teufel um die Sprache gebracht!"

„*Tormenta!*" antwortete er jetzt. „Ich verbitte mir solche Beleidigungen!"

„Nun!" antwortete ich. „Sie befinden sich in einer Lage, welche keineswegs zur Hochachtung und Bewunderung hinreißt."

„Ich werde Sie darüber seiner Zeit zur Rechenschaft ziehen. Wie können Sie es wagen, sich an mir zu vergreifen!"

„Mit einem größeren Rechte als demjenigen, mit welchem Sie sich an uns vergreifen wollten. Sie sind unser Gefangener."

Er sprang von der Erde auf und griff nach seinem Säbel. Ich hielt ihm den Revolver vor die Nase und drohte:

„Die Hand vom Degen, sonst schieße ich! Sie verkennen Ihre Lage. Sie befinden sich mit allen Ihren Leuten in unseren Händen."

„Oho. Ich brauche nur den Befehl zu geben, so avancieren meine Leute und treten euch nieder!"

„Versuchen Sie das! Sehen Sie denn nicht, daß stets nur zwei Ihrer Leute Front gegen uns sind? Wir schießen die vorderen Paare nieder; diese bilden dann für uns einen Wall, über welchen die anderen nicht angreifen können. Auf diese Weise sind wir dann unangreifbar."

„So lasse ich sie umgehen und von der Seite nehmen."

„Das ist auch ein ganz unausführbarer Vorsatz, wie ich Ihnen beweisen werde. Sie sagen: ‚Ich lasse...' Sie haben nach unserem Willen zu handeln. Damit Sie denselben kennenlernen, fordere ich hiermit von Ihnen, daß Sie Ihren Leuten den Befehl erteilen, erst ihre Waffen und dann sich selbst an uns auszuliefern!"

Er machte ein so erstauntes Gesicht, wie nur selten eins zu sehen ist.

„Wir... uns Ihnen ausliefern!" rief er aus. „Vierhundert Mann sollen sich an zehn Zivilisten ergeben!"

Er schlug ein lautes Gelächter auf.

„Pah! Lachen Sie!" meinte ich ruhig. „Sie befinden sich in einer Lage, in welcher sich Ihre ganze Truppe mir allein ergeben müßte, wenn ich wollte. Wenn ich die ersten und die letzten vier oder sechs Pferde erschieße, so können Ihre Leute weder vor- noch rückwärts. Und wollten sie zur Seite, so würden sie den sicheren Untergang im Morast finden. Sehen Sie nicht, daß Ihre Pferde und Leute immer tiefer einsinken? Dieser Weg ist nicht fest genug, die Last einer solchen Reitermenge zu tragen. In zehn Minuten sinkt er ein, und Ihre gerühmten vierhundert Mann sind verloren."

Er warf einen forschenden Blick hinaus und erbleichte. Er sah, daß ich recht hatte. Der Weg gab wirklich nach; er sank ein, und die Soldaten, welche sich nicht erklären konnten, daß sie nicht vorwärts durften und auf den trügerischen, gefährlichen Terrain halten mußten, begannen laut zu murren und zu rufen. Es war wirklich keine Zeit zu verlieren, wenn die Leute nicht versinken sollten. Darum fuhr ich fort:

„Sie meinen, nur uns hier gegen sich zu haben, befinden sich aber in einem bedeutenden Irrtum. Hätten Sie die Gegend untersuchen lassen, bevor Sie sich auf dem Sumpf wagten, so hätten Sie gewiß die Falle entdeckt, welche wir Ihnen gestellt haben und in welche Sie gegangen sind. Passen Sie auf: Ich werde sie jetzt zuklappen lassen!"

Ich winkte dem Yerbatero, und dieser schoß sein Gewehr ab. Kaum war das verklungen, so kamen von links her die Truppen des Oberst herbeigejagt, je zwei Mann auf einem Pferd. Die Sattelreiter blieben sitzen. Die hinter ihnen befindlichen aber sprangen ab. Im Nu war eine Doppellinie gebildet, welche den Aufrührerischen den Rückweg versperrte, vorn hundert Mann zu Fuß und hinter ihnen ebenso viele Reiter, alle mit guten Gewehren bewaffnet, während die Leute des Majors nur wenige derselben besaßen und ihre Lassos und Bolas gar nicht gebrauchen konnten.

Diese letzteren erkannten, daß ihnen der Rückweg verlegt war, und indem nun auch wir vortraten und die Gewehre auf sie richteten, mußten sie einsehen, daß sie auch nicht vorwärts konnten, ohne sich unseren Kugeln preiszugeben.

Die Gefährlichkeit ihrer Lage wurde noch dadurch erhöht, daß der schmale Pfad, auf welchem sie hielten, sich immer mehr senkte. Er bestand nur aus einer festeren Moorlage, welche auf dem weichen Sumpf ruhte und nachgeben mußte, wenn sie eine zu große Last zu tragen hatte. Ein solches Übergewicht war jetzt vorhanden. Es war vorauszusehen, daß sämtliche Reiter einsinken und im Moor ersticken würden, wenn es ihnen nicht möglich würde, noch zur rechten Zeit festen Boden zu gewinnen. Jenseits des Sumpfes ertönte die Stimme des Oberst, welcher die Feinde aufforderte, sich zu ergeben. Diesseits richtete ich dasselbe Verlangen an den Major, welcher zähneknirschend die Lage seiner Leute überschaute und mir dennoch in grimmigem Ton antwortete:

„Mögen sie versinken und zu Grunde gehen. Meine Leute bekommen Sie nicht!"

„So mag ich auch Sie nicht haben. Ich gebe Sie frei. Kehren Sie also zu den Ihrigen zurück!"

Er sah mich ganz erstaunt an und fragte:

„Aber Sie begeben sich da eines großen Vorteils!"

„Nur aus Freundschaft für Sie. Wollen Sie Ihre Leute wirklich opfern, so will ich Ihnen Gelegenheit geben, an dem Schicksal derselben teilzunehmen. Man wird Sie als einen großen Helden preisen, wenn man erfährt, daß Sie mit den Ihrigen in den Tod gegangen sind."

Jetzt erschrak er.

„Das können Sie doch nicht wollen!" rief er aus.

„„Ich will es, Señor! Sollten aber Sie es nicht wollen, so zwinge ich Sie. Ich lasse Sie mit dem Lasso zu Ihren Leuten hinüberpeitschen, wenn Sie nicht freiwillig gehen. Ich gebe Ihnen nur eine einzige Minute Zeit. Fordern Sie bis dahin Ihre Leute auf, sich zu ergeben und uns ihre Waffen auszuliefern, dann gut. Tun Sie aber das nicht, so sollen Sie denselben Tod erleiden, in welchen Sie diese armen Menschen jagen. Ich scherze nicht! Hören Sie?"

Die Angst seiner Leute war höher und höher gestiegen; ihre Pferde gehorchten nicht mehr. Sie riefen ihm zu, sich zu ergeben. Die letzten wendeten bereits um und überlieferten sich den Leuten des Oberst, um ihr Leben zu retten. Sie sprangen, sobald sie festen Boden erreichten, von den Pferden und warfen alle Waffen von sich. Einer folgte dem anderen. Der Major sah nun ein, daß seine Weigerung fruchtlos sei. Seine Leute gehorchten ihm nicht mehr, und da es mit seinem persönlichen Heldentum im Angesicht des Todes auch nicht glänzend stand, so sagte er:

„Nun gut, für diesesmal haben Sie das Spiel gewonnen; hoffentlich aber beginnen wir baldigst eine neue Partie, welche Sie dann sicher verlieren werden. Ich ergebe mich!"

„Das ist überflüssig, denn wir haben Sie ja schon. Ich verlange von Ihnen den Befehl an Ihre Truppe, umzukehren und sich dem Oberst zu überliefern."

Er rief seinen Leuten die betreffende Weisung zu, und sie gehorchten derselben mit größter Bereitwilligkeit. Diejenigen, welche uns nahe waren, wollten nicht erst umkehren, sondern gleich zu uns herüber, da ihnen der Rückweg als gefährlich erschien, aber ich duldete es nicht, da wir hier nicht zahlreich genug waren und auch nicht den genügenden Raum hatten, sie bei uns aufzunehmen. Sie mußten zurück, obgleich der Weg von Minute zu Minute gefährlicher wurde. Da sie gezwungen waren, sehr vorsichtig und langsam zu reiten, so kamen sie nur einzeln drüben an und konnte also ohne Mühe unschädlich gemacht werden. Ihre Pferde wurden zur Seite geschafft, ihre Waffen ebenso. Sie mußten sich lagern und wurden eng umschlossen. Keinem von ihnen kam wohl der Gedanke, daß er jetzt noch fliehen könne.

Da der Sumpfpfad zu sehr gelitten hatte, so war es für uns zu gefährlich, denselben zu benutzen. Wir machten also einen Umweg am Fluß entlang, bis wir rechts abbiegen konnten und nun von dieser Seite zu dem Oberst stießen. Der Major hatte gehen müssen. Als wir drüben anlangten, stellte er sich dem Genannten mit den Worten vor:

„Señor, heute war das Glück für Sie. Ich hoffe, Sie werden Ihr Verhalten nach der Überzeugung richten, daß es nächstens gegen Sie und für uns sein kann!"

Der Angeredete warf ihm einen verächtlichen Blick zu und antwortete:

„Ich mache mein Verhalten nie vom Glück, sondern nur von meiner Pflicht abhängig. Wer seiner Pflicht untreu wird, hat von mir weder Achtung noch Rücksicht zu erwarten. Sie sind ein Aufrührer, der seinen Eid gebrochen hat. Als Anführer von Empörern sind Sie als der Verführer derselben zu betrachten und also zehnfach straffällig. Ihr Rang ist für mich nicht ein Grund, Sie besser zu behandeln als die Irregeleiteten, sondern in ihm liegt für mich die Aufforderung, so streng wie möglich gegen Sie vorzugehen. Weiter habe ich Ihnen nichts zu sagen!"

Er wandte sich ab. Der Major rief ihm zornig nach:

„Sie haben uns nur durch Verrat in Ihre Hände bekommen. Ein Mann, der seine Erfolge einem Verräter verdankt, sollte sich hüten, so stolze Worte zu sprechen!"

Und zu Antonio Gomarra gewendet, fuhr er fort:

„Du bist es, der uns in diese Falle gelockt hat. Hüte dich, je einmal in meine Hand zu geraten. Der Strick würde dir sicher sein!"

„Nun, wenn es so wäre, so dürften am allerwenigsten Sie mich anklagen, der Sie selbst ein Verräter an dem Präsidenten sind, dem Sie Treue geschworen haben. Wer ist da ein größerer Halunke, Sie oder ich!" antwortete Gomarra.

„Schurke, kommst du mir so? Ich erwürge dich!"

Er sprang auf Gomarra ein. Der Oberst aber trat schnell zwischen beide und gebot seinen Leuten:

„Bindet ihn, damit er einsehe, daß er ohne meine Erlaubnis weder etwas sagen noch unternehmen darf. Überhaupt werden allen Gefangenen die Hände mit ihren eigenen Lassos gebunden; dann mögen sie in die Sättel steigen, und wir brechen auf! Ich will nach Palmar und habe keine Zeit zu verlieren."

Dieser Befehl, gegen den sich die entwaffneten Gegner nicht wehren konnten, wurde sofort ausgeführt. Die erbeuteten Lassos bildeten die Fesseln; die Waffen wurden unter die Sieger verteilt. Dann nahmen wir die Gefangenen zwischen uns und brachen auf, um der Stadt Palmar und neuen Ereignissen entgegenzureiten.

KARL MAY
aus dem Verlag Neues Leben

Durch Wüste und Harem

Durchs wilde Kurdistan

Von Bagdad nach Stambul

In den Schluchten des Balkan

Durch das Land der Skipetaren

Der Schut

Im Lande des Mahdi (3 Bände)

Winnetou (3 Bände)

Der Schatz im Silbersee

Der Ölprinz

Der Sohn des Bärenjägers

Der Geist des Llano Estacado

Old Surehand (3 Bände)

Satan und Ischariot (3 Bände)

Am Stillen Ozean

Am Rio de la Plata

In den Kordilleren

Jeder Band gebunden im Format 12 x 19 cm